ASTROLOGÍA
ESPIRITUAL

ASTROLOGÍA ESPIRITUAL

Jan Spiller y Karen McCoy

Traducción: Paulina Hawkins y Rafael Molina

SIMON & SCHUSTER

AGUILAR LIBROS EN ESPAÑOL

SIMON & SCHUSTER
Rockefeller Center
1230 Avenue of the Americas
New York, NY 10020

Datos de catalogación de la Biblioteca del Congreso
Paede solicitarse información

ISBN 0-684-81329-7

Las *Tablas de la luna* fueron proporcionadas por cortesia del Buró
Astrológico de Idcas y se utilizan con su autorización.

Todas las demás tablas (a excepción de las tablas de los eclipses) copyright
© de Sydney Omar. Se imprimen con la autorización de la casa editora
Fleet Press Corporation,
New York, NY

ASTROLOGÍA ESPIRITUAL
Título original en inglés:
Spiritual Astrology

El trabajo que he destinado a este libro está dedicado a aquellas fuerzas espirituales que hoy en día se encuentran en el mundo, las cuales nos brindaron la inspiración necesaria, y a la gente cuya belleza interior inspiró nuestro amor, creando el espacio para que naciera este libro.

JAN SPILLER

Quiero dedicar mi colaboración en la segunda parte de este libro a mi hijo, John McCoy, por todas las noches en que se preparó sopa y atún para cenar, en que estuvo contestando el teléfono y en que sirvió de intermediario entre Jan y yo mientras utilizábamos nuestro tiempo para trabajar juntas en el libro. Gracias, John, por todo tu apoyo, tu aliento y tu paciencia. Realmente eres mi mayor bendición. Te quiero.

MAMÁ
(KAREN McCOY)

ÍNDICE

Las tres partes que conforman este volumen han sido concebidas con el fin de ofrecerle a la persona común un texto introductorio completo sobre el empleo de la astrología como herramienta para obtener un profundo conocimiento y perfeccionamiento de sí mismo.

Cada parte contiene una introducción y una sección que explica cómo utilizarla. El empleo de este libro es fácil; el único conocimiento astrológico previo que requieres es tu fecha de nacimiento.

Para saber en qué signos se encuentran tus planetas y los eclipses previos a tu nacimiento, sólo tienes que remitirte a los cuadros que aparecen en la parte III; para interpretar el significado de la situación de tus planetas, consulta la parte I, y para interpretar el significado de los eclipses previos a tu nacimiento, consulta la parte II de este libro.

PREFACIO

Este libro fue concebido como una guía para penetrar en uno mismo por medio del análisis astrológico básico. La forma de análisis utilizado es la interpretación en profundidad de los signos y de las casas para cada uno de los planetas natales. Aunque determinar las posiciones de los planetas es una tarea relativamente fácil (sencillamente hay que buscarlos en la parte posterior de este libro), la influencia y el significado que éstas encierran no deben ser subestimados. Estas posiciones constituyen, en cierto sentido, la esencia de la personalidad del individuo, el «mapa» de las fuerzas y debilidades potenciales que tiene una persona. En este respecto, esperamos que esta obra sirva como una guía verdaderamente eficaz tanto para los astrólogos principiantes como para aquellos que busquen comprenderse más profundamente a sí mismos.

Conforme el estudiante principiante vaya avanzando en sus estudios de astrología, encontrará versiones mucho más complejas y detalladas de los análisis que aquí ofrecemos. Por ejemplo, descubrirá las relaciones matemáticas que existen entre los planetas, conocidas con el nombre de «aspectos». Otra área importante de estudio será la comparación entre las posiciones que tienen los planetas ahora y las que tenían cuando nació la persona. A estas posiciones se les llama «tránsitos» (describen la dinámica «transitoria» que tienen los planetas en cualquier momento de la vida de una persona).

Lo maravilloso de la astrología es que puede describir con exactitud la dinámica psicológica o cualidades de cualquier etapa de la vida (por ejemplo, en el momento del nacimiento) y en cualquier situación (por ejemplo, en la vida de una persona). Una vez que se conocen los principios básicos de los planetas, de los signos y de las casas, el resto es, sencillamente, cuestión de arte: aplicar las múltiples posibilidades combinatorias de estos principios a un discurso que sea revelador. En este sentido, *Los planetas, los signos y las casas* representa uno de los mejores manuales que hay para comenzar el viaje hacia el dominio de la astrología.

RAYMOND A. MERRIMAN

AGRADECIMIENTOS

La primera parte de este libro no hubiera sido posible sin el cariñoso apoyo y aliento de mi exmarido, Steven Spiller. También quisiera expresar mi reconocimiento al desaparecido Kerry Tinney por su participación en la etapa formativa de la parte I. Como coautor que iba a ser de este libro, fue quien recopiló la información básica que existe sobre los planetas y sus efectos. Kerry también fue el creador de los dibujos pertinentes a la información planetaria que aparecen en este volumen.

Doy mi más sincero agradecimiento a Ray y Debby Merriman de la editorial Seek-It Publications de Birmingham, Michigan, por creer en mí y por estar dispuestos a lanzar a la venta los derechos de publicación de la parte I para que, por medio de una editorial más grande, pudiera llegar a un público más numeroso. También quisiera expresar mi gratitud a Debra Burrell y a Henry Weingarten de la Escuela de Astrología de Nueva York en Manhattan por su estímulo para que yo alcanzara más amplios horizontes.

Agradezco a la editora Judith Horton su ardua labor en la parte II y su capacidad para aclarar el significado de esta sección sin alterar la integridad del material. He comprendido la enorme importancia de tener un editor talentoso que sirva de puente entre el escritor y el lector.

Quisiera expresar mi especial reconocimiento a Karen McCoy, coautora en la parte II de este libro. Su pionera investigación respecto de los efectos que tienen los eclipses en el destino individual de la gente ha abierto una nueva dimensión en el campo de la astrología.

JAN SPILLER

Hay una serie de personas muy especiales para mí a las que quiero dar las gracias; su influencia y ayuda han sido fundamentales para el éxito de este proyecto.

Suzie Carrson, mi primera maestra de astrología, que también me enseñó otras cosas, como a escuchar mi voz interior antes de ponerme a investigar.

Quisiera hacer un reconocimiento de la deuda que tengo con Robert (Buz) Myers, uno de los mejores astrólogos y metafísicos que he tenido el placer de conocer, que me introdujo en la teoría de los eclipses. Cuando compartí los resultados de mis investigaciones con Buz y le agradecí la chispa de estímulo que me había transmitido, me pidió que hiciera extensivo ese agradecimiento al creador de la chispa, el desaparecido Robert Jansky.

También me gustaría dar las gracias a Julia Wright, Mimi Donner Levine y a Diane y Jerry Church, amigos especiales sin cuyo amor, apoyo y tiempo jamás habría salido a la luz este libro.

Finalmente, mi especial agradecimiento a mi socia y amiga Jan Spiller, por su fe y determinación.

KAREN McCoy

PARTE I

LOS PLANETAS, LOS SIGNOS Y LAS CASAS

por Jan Spiller

CAPÍTULO PRIMERO:
INTRODUCCIÓN

Eres un ejemplar único del género humano.

Una carta natal no se puede volver a repetir en un periodo menor a veinticinco mil años. Todos los planetas están viajando alrededor del sol a diferentes velocidades, y se requieren más de veinticinco mil años para que su alineación se repita. De ahí que, desde el punto de vista de una carta astrológica, cada individuo sea singular. La astrología no es el estudio de una verdad generalizada, sino que representa una llave para conocer información determinada que puede descubrir el potencial que tiene nuestro ser.

Un común denominador a todos los astrólogos es el empleo de las herramientas matemáticas básicas en relación con los planetas, los signos y las casas. Existen tantas maneras de interpretar una carta astrológica como existen astrólogos. Esto se debe a que cada uno de nosotros es un ser único, y el astrólogo contribuye con la dimensión que tiene de sí mismo a esta ciencia y a la interpretación básica de su simbología. La interpretación de una carta natal pasa por el filtro de los prejuicios y de la visión que sobre la vida tiene el astrólogo que interpreta. Por eso, el reconocimiento de ti mismo es el máximo juez en cuanto a lo preciso y cabal del conocimiento que se te ofrece, como ocurre con la psiquiatría, la psicología y cualquier otra ciencia social que estudia la singularidad del ser humano.

Cada astrólogo advierte cosas distintas al estudiar una carta natal. Por lo tanto, quisiera compartir contigo algunas de las premisas básicas que sostengo sobre la vida en general, mis prejuicios, para que estés consciente del filtro por el que ha pasado el material que aquí presento. Igualmente, quisiera compartir mis metas como coautora de este libro y hablar sobre el beneficio práctico que le puede proporcionar al lector.

Mucha gente cree que en la astrología todo está predestinado y que la voluntad propia está excluida. Sin embargo, de hecho, ocurre todo lo contrario. La carta natal representa una imagen de la persona interior, de la misma manera en que el aspecto físico es una imagen de la persona exterior.

Si no existieran los límites, tampoco existirían la libre voluntad ni las alternativas; no habría nada de dónde escoger. En ese sentido, tu carta astrológica, que representa a tu ser interior, es inamovible o está predestinada, de la misma manera en que las facultades de tu cuerpo son inalterables o están predestinadas desde tu nacimiento. Aunque tu cuerpo crezca y madure, esencialmente es el mismo; sigue siendo tu cuerpo, distinto a todos los demás sobre la Tierra y el único que tienes. Del mismo modo, la carta astrológica representa tu cuerpo intangible; es la imagen de tu ser interior, que es distinto a cualquier otro sobre la Tierra y el único ser interior del que dispones. El aspecto tangible de una persona, el cuerpo, puede verse físicamente. Los aspectos intangibles, el ser dentro del cuerpo, pueden verse matemáticamente por medio de la carta astrológica.

La voluntad y la posibilidad de escoger dependen de cómo utilicemos lo que tenemos. En el plano físico estamos conscientes de tener la capacidad de escoger. Sabemos qué acciones inevitablemente conducen al dolor, y si no queremos sufrir dolor, las evitamos. En el plano de lo intangible, estos indicios son igualmente inevitables pero de una manera menos evidente, a no ser que utilicemos las herramientas matemáticas que pueden expresar las energías gráficamente, como es el caso de la astrología.

Por ejemplo, si encendieras el motor de tu coche y después de acelerarlo hasta 75 kilómetros por hora chocaras contra una pared de ladrillo, sabes que ello te provocaría dolor físico. Es innegable que el dolor sería una consecuencia inevitable de esa acción.

Por otra parte, en el plano de lo intangible, cada uno de nosotros está continuamente llevando a la acción factores que inevitablemente nos conducen a experimentar dolor, en un sentido emocional, mental y/o físico. La única diferencia es que al no estar tratando con algo estrictamente físico, no estamos tan conscientes de la relación entre la causa y el efecto. La astrología es un medio para tomar conciencia de esa relación en el plano intangible respecto de la experiencia de uno mismo. Psicológicamente hacemos cosas igual de tontas como chocar contra un muro, y luego nos preguntamos: «¿Qué pasó? ¿Por qué no me apoya la vida?» Yo utilizo la astrología como un medio para ponerme en contacto, de una manera objetiva, con los muros que existen para mí y para los demás.

Me gustaría compartir contigo lo que «me traigo entre manos» con la astrología. Me interesa experimentar la felicidad mientras me encuentre sobre el planeta Tierra, así que para mí la astrología es una herramienta y no un fin.

Lo primero que he notado respecto de la felicidad es que la mayoría de los habitantes de este planeta no creen en ella. La mayoría de nosotros procede (consciente o inconscientemente) desde una estructura de valores basada en la creencia de que la vida se fundamenta en el sufrimiento. Por lo tanto, vivimos la vida haciendo concesiones muy importantes: vamos dando pequeños trozos de nosotros mismos; permanecemos en situaciones que son autodestructivas; renunciamos a nuestros más preciados sueños hasta que un día canjeamos nuestras fichas para encontrarnos sin nada. No tengo ninguna intención de permanecer en este planeta (o en ningún otro) si no voy a disfrutar y a sentir que todo el amor del universo fluye a través de mi ser de una forma que me funcione a mí y a todos los que me rodean. El desafío está en crear la felicidad personal en un planeta que no cree en ella.

Para poder realizar esto de una manera realista, lo primero que debemos hacer es tomar conciencia de las leyes que rigen a la felicidad y empezar a colaborar con ellas, en lugar de oponerles resistencia. El rasgo más importante que debemos advertir sobre la felicidad es que toda la dicha que hemos experimentado en este planeta la hemos sentido únicamente en un sitio: en nuestro corazón. Es ahí donde la hemos experimentado y es ésa su fuente. La felicidad personal se deriva de los momentos en que nuestra mente está centrada en nuestro corazón. Cuando la mente está dentro del corazón, está contenta porque ésa es su casa.

Existen ciertas experiencias materialistas, que la mayoría de nosotros tenemos, que pueden producir un estado temporal de felicidad. Una de ellas es enamorarse. Si nunca te has enamorado, el encariñamiento bastará como analogía. Antes de enamorarte, tu mente empieza a decirte: «Si tan sólo pudiera obtener esto, entonces estaría contento»; «Si tan sólo pudiera conseguir aquello, entonces sería feliz». Y, después, llega el momento en que te enamoras. Pero bueno, como la mente no está programada para manejar el amor, en cuanto lo sientes, ésta se desprende del mundo y se repliega al centro del corazón (con el cual está unido de manera natural), y estás contento durante un tiempo porque estás «en casa».

Estar enamorado es algo maravilloso. Uno tiene la sensación de que todo está «bien», independientemente de lo que esté sucediendo a su alrededor. Si alguien choca contigo en el supermercado, no te importa. Sencillamente, fluyes con las cosas. Si casualmente pasas al lado de personas que están discutiendo, sigues sintiendo amor dentro de ti. Puede ser que te detengas a ayudar, pero sin dejar de sentir la dicha dentro de ti. No te vuelves menos eficiente, sigues trabajando, divirtiéndote, te lavas el pelo y sigues haciendo todas las cosas que haces normalmente, pero todo posee un toque mágico, un toque de felicidad.

Desde que naces tienes derecho a esta sensación. El vivir en este estado de conciencia es como deberíamos vivir todos continuamente; es algo natural.

Por otra parte, todos sabemos que la dicha que experimentaste cuando estuviste enamorado tenía poco que ver con tu pareja, porque si ésta permanece a tu lado por un tiempo, la mente deja al corazón e intenta cambiar al otro. En el momento que lo hace, abandona el centro del corazón y entonces vuelve la sensación de desasosiego y de que «algo» falta.

Existen otras experiencias materialistas que también pueden producir la felicidad temporal. El alcanzar una meta es un buen ejemplo. Digamos que quieres ganar un millón de dólares. No es difícil alcanzar una meta —sencillamente concentras en ella toda tu energía vital a costa de excluir todo lo demás y tarde o temprano llegas a ella. Así que un día te despiertas, miras tu chequera, y ves que dice «más un millón de dólares». Pues bien, la mente no está programada para manejar el éxito (como el amor, la sensación de tener éxito es espiritual), así que en cuanto uno alcanza la meta, la mente se desprende del mundo y cae otra vez en el centro del corazón.

Durante un tiempo eres feliz. Esa felicidad dura hasta que la mente se inquieta y comienza a decir: «Bueno, pero si un millón nos ha hecho tan felices, imagínate lo felices que seríamos con dos, ¡seguramente doblemente felices!» Y allí va la mente, al mundo exterior a ganarse ese segundo millón. Al hacer esto, abandona el centro del corazón y entonces vuelve la infelicidad, junto con una sensación de falta de plenitud y de que «algo tiene que pasar» para que puedas sentirte feliz otra vez.

Aún hay otras cosas que también pueden producir la felicidad temporal, como contemplar, por un momento, la belleza de la naturaleza. El ver que alguien hace algo bondadoso por otra persona sin pensar en sacar ventaja de ello, puede producir una felicidad que provoca que la mente vuelva al corazón. Sin embargo, sigues caminando y poco después ves que tu vecino le da una patada a un perro; la mente se precipita a emitir un juicio. Al momento de hacer esto, deja el centro del corazón y se instala la infelicidad y una sensación general de insatisfacción.

Así que para llegar a la felicidad personal hace falta colocar a la mente en el corazón de manera que permanezca ahí. Entonces podremos hacer lo que queramos —sentir el gran amor, hacer mucho dinero y todas las cosas que nos brinden felicidad. Pero todo ello debe abordarse con cierta ligereza, con «juego», pues ya tenemos lo que necesitamos: esa sensación interna de felicidad.

Existen dos maneras de llegar a esta toma de conciencia de forma permanente. Una es a través de alguna forma de meditación. La meditación es eficaz porque, cotidianamente, aparta a la mente de su habitual vínculo con el mundo, volviéndola hacia el corazón y diciéndole: «Aquí es donde está la felicidad; está dentro, no afuera». Paulatinamente, pues no es rápida para aprender, la mente comienza a comprender. Por medio de una meditación adecuada, el contacto con la realidad interior, aunque sea por veinte minutos al día, puede ser tan eficaz que uno puede pasar el resto de las veintitrés horas y cuarenta minutos lidiando con el mundo sin perder la sensación de seguridad y felicidad interiores.

La segunda manera de llegar a la felicidad personal de una forma permanente (no hay razón para no practicar ambas técnicas simultáneamente) nos pide que, para empezar, nos preguntemos: ¿por qué se va la mente hacia el exterior? Cuando estabas enamorado, ¿por qué intentó la mente cambiar a la otra persona? Cuando alcanzaste tu meta, ¿por qué quiso la mente salir para alcanzar otra más? ¿Por qué, después de haber practicado la meditación profunda y sentirte feliz, pudo alguien «accionar tus botones» y lanzarte otra vez hacia fuera? Todo esto está relacionado con los desequilibrios kármicos de la mente, que tienen su origen en los patrones de comportamiento y tendencias de una vida anterior.

La astrología es la forma más rápida y precisa que conozco para ponerse en contacto con los desequilibrios del individuo y corregirlos. Por eso empleo la astrología.

Porque cada uno de nosotros es un ser totalmente singular, es necesario que un astrólogo nos haga una interpretación personal de la carta para que veamos las tendencias generales que hay en nuestra vida (que se originaron en vidas anteriores) que buscan ser corregidas para alcanzar la dicha permanente. El conocimiento de estas tendencias se obtiene a través de la síntesis de los factores que requieren una purificación en cada uno de tus planetas, signos y casas. Conforme cada uno de estos factores es purificado, se va resolviendo tu estructura interior y se establece una armonía.

Por esta razón, he dividido cada uno de los planetas en las categorías de «estática» y «dinámica» conforme pasan por cada uno de los signos. La categoría «estática» representa una imagen de las tendencias que hubo en la vida anterior, las respuestas kármicas habituales que condujeron a la derrota personal y a la falta de felicidad interior. La categoría «dinámica» sugiere un proceso de purificación que puede proporcionar el antídoto para la tendencia específica que en la vida anterior condujo a la autoderrota.

Se trata de un experimento. Conforme vayas poniendo en práctica en tu vida cotidiana una o varias de las propuestas mencionadas en la sección «dinámica» (de acuerdo con la posición del planeta y del signo que tengas en tu carta astrológica), te encontrarás menos afectado por los estímulos del medio ambiente que normalmente te descentran de tu felicidad interior.

Considero que la configuración de una carta astrológica no es accidental. El momento de tu nacimiento, sobre el cual está basada tu carta, es perfecto y ha sido cuidadosamente «escogido» de acuerdo con el nivel espiritual de tu alma. Nuestra alma escogió el momento para manifestarse y cómo quería que fueran las cosas, pero esto lo olvidamos y perdimos la autoridad sobre nuestras propias energías; el telón bajó y olvidamos por completo lo que habíamos escogido. En este sentido, la carta astrológica es una forma de volver a establecer contacto con la manera en que queríamos que fueran las cosas, con el derrotero de nuestra vida o de nuestra alma. La carta astrológica define, precisamente, cuál es el camino que necesitamos seguir para satisfacer el potencial que tenemos y obtener plenitud personal. En términos de integración, representa el camino a casa.

Al mirar una carta astrológica, lo que observo es la dirección que tiene el alma, el camino que nuestra vida quiere seguir. Independientemente de que te guste a ti o a mí, la vida sigue su propio camino. Cuando uno coopera con la dirección que lleva su energía, en el plano físico todo marcha bien (el amor, el dinero, la amistad, los negocios, etc.). En cambio, cuando uno está oponiendo resistencia al flujo natural de su propia energía, todo lo que existe en el plano físico deja de funcionar en aquellas áreas donde se manifiesta la resistencia. Lo que debemos plantearnos es colocar todo en el plano físico, alineando la dirección que llevan nuestras energías interiores y colaborando con ellas.

El propósito de este libro es, sencillamente, el de exponer, mostrar las alternativas de acción cuando los planetas se encuentran en cierto signo. Entonces, es posible ejercer la voluntad propia dentro del contexto de lo que está sucediendo. Este libro apunta hacia el desafío que encierra la posición de cada planeta en cada uno de los signos. En resumen, lo que dice es: «Si haces esto... experimentarás esto» (es decir, la felicidad); por otra parte, «Si haces esto otro... experimentarás otra cosa» (es decir, la infelicidad).

La carta astrológica es un medio para observar objetivamente la dimensión intangible (no física) que tenemos. Cuando percibimos, de una manera tangible, los aspectos intangibles que nos conforman, al menos tenemos la posibilidad de crear, de una manera realista, las condiciones singulares que nos conducirán hacia la felicidad y la satisfacción individual en la vida. El intentar afrontar los aspectos no físicos que tenemos sin conocer científicamente la forma y dimensión de nuestro ser equivale a pretender encontrar la satisfacción en la vida desde la creencia ciega y fortuita y desde la superstición. Esto no sería científico ni realista y, por lo tanto, no produciría resultados satisfactorios.

La carta astrológica muestra a la persona interior y las áreas en las que necesita manifestar su potencial hacia el exterior para experimentar una satisfacción interior.

Todos queremos ser felices, pero no existen reglas mágicas que nos conduzcan a todos hacia la felicidad. Por ejemplo, una persona que tiene la Luna en cáncer podrá encontrar seguridad emocional por medio de una relación íntima y profunda con otra persona; alguien con la Luna en libra podrá encontrar seguridad emocional a través de la cooperación armoniosa que establece en sus relaciones. Lo que le funciona a una persona, no le funciona a otra. Se trata de establecer contacto con lo que a ti te funciona. Si reconocemos y respetamos las diferencias que hay entre nosotros, podremos encontrar, de una manera más realista, la felicidad y satisfacción personales.

No es necesario creer en la reencarnación para sacar provecho de este libro. Vuelvo a repetir, para que conozcas mis prejuicios, que yo acepto la idea de la reencarnación y creo que el momento en que nació una persona no fue accidental. Uno no es víctima de su carta astrológica, ni tampoco se trata de un asunto que esté más allá de nuestro dominio. Considero que los planetas y signos que aparecen en una carta natal son perfectos y apropiados para la persona que los comporta, pues son exactamente lo que ese individuo necesita para alcanzar la plenitud y la felicidad. La carta es una imagen científica de la vida que esa alma ha escogido como parte de su proceso de crecimiento y de búsqueda de plenitud.

Toda carta es perfecta. En términos de reencarnación, antes de que nacieras tu alma dijo algo así:

«Esta vez voy a hacerme cargo de esto... y de esto... y ... de esto otro... Quisiera completar esto, así que lo voy a hacer de esta manera... y así, quedará completo. También voy a enfrentarme con esto y esto... y ya que estoy aquí, también me haré cargo de esto otro. Bueno. Ya está».

Y después, girándose hacia los seres angelicales:

«¡Nos vemos luego!»

Entonces llegaste al planeta Tierra y respiraste por primera vez. Así que la carta astral es la imagen de cómo quisiste tú que fueran las cosas. Es el papel que te prometiste a ti mismo que desempeñarías, la persona que dijiste que serías (en la sabiduría de tu alma) para llegar a la plenitud. Al intentar llegar a esta plenitud, contribuyes simultáneamente al resto de la vida. La carta muestra el papel que prometiste desempeñar; y cuando eres lo que prometiste ser, la vida funciona. La felicidad, la dicha y la satisfacción están a disposición de todos de una manera realista cuando uno se encuentra en el proceso de cumplir con sus promesas y ser lo que uno es. Las víctimas no existen.

Yo soy leo, y si he de ser sincera, me encanta la victoria. Mi visión de la vida es, claramente, un proceso que se divide entre la victoria y la derrota. La victoria es lo que funciona, lo que produce felicidad, placer, un nivel de energía superior para las personas. La derrota se refiere a lo que no funciona, lo que produce desdicha y disminuye el nivel de energía del individuo.

De ahí que este libro esté escrito desde la perspectiva de lo «estático» y lo «dinámico», de cómo ganar y cómo perder. Cuando hablo de la victoria, no me refiero a que ésta se dé a expensas de otra persona, sino en relación con los patrones de conducta que llevan a la negación de uno mismo. Cuando uno vence estos patrones y sale victorioso ante los miedos y las cosas que lo hacen desdichado, no sólo gana sino que, a través de su mejoramiento, todos los que nos rodean ganan también.

Me encantaría que te encontraras constantemente en un estado de dicha total. Lo que yo veo es que la dicha se obtiene por medio del alineamiento con el yo interior. Básicamente, estás tú y tu alma. Si llegaras a ser uno con tu alma, todo lo que tocaras se volvería de oro, pura alegría, amor y paz.

Entre tu ser y el que te vuelvas uno con tu alma hay un montón de materia inconsciente, y cada uno de nosotros tiene su propio montón. La carta astrológica es clave para observar el inconsciente en un plano objetivo y específico que es capaz de disolverlo. Además de exponer esa parte inconsciente de tal forma que pueda emerger hacia la conciencia y ser liberada, este libro ofrece varios métodos para manejar las energías individuales.

El inconsciente (o estado estático, como se le llama en este libro) es como un cuarto oscuro. Si se enciende la luz, la oscuridad desaparece en seguida; lo mismo sucede con el inconsciente. En él no hay nada que desentrañar ni qué hacer. No se trata de una cuestión psicológica. Sencillamente, se trata de exponerlo, y la luz de tu ser interior se encargará de disolverlo. Expónlo y después será liberado para que puedas escoger una alternativa.

Conforme vayas encontrando la posición de cada uno de tus planetas en los signos, ya sea por medio de una carta natal que ya tengas o a través de los cuadros que aparecen en la parte III de este libro, estarás listo para leer las descripciones estáticas y dinámicas del planeta en el signo que tengas. Al leer la sección estática, tu inconsciente será estimulado y emergerá a la superficie para ser liberado. No te sorprendas si te quedas azorado al leer esta sección; más bien es lo apropiado. El grado al que te permitas sentirte desesperanzado al leer el estado estático equivale a la profundidad con la que el inconsciente será disipado y liberado para que en su lugar quede una sensación de libertad interior y tranquilidad al leer la descripción del estado dinámico.

Nadie es capaz de romper con antiguos patrones de comportamiento inconscientes de un solo golpe. Esto constituye un proceso, un juego que consiste en escoger hacer las cosas de una forma un poco diferente, con un poco más de conciencia de lo que está pasando. Es un proceso gradual. Escoge un aspecto de ti y experimenta con él expresándolo de una manera distinta en situaciones cotidianas. Verás lo que sucede; es un experimento. De lo que se trata es de que utilices lo que te funcione, lo que te produzca un mayor nivel de felicidad y tranquilidad en tu relación con la vida.

Tu alma es la única entidad en donde se encuentra la totalidad de tu historial, y tú eres el único que sabe con certeza qué cosas te conforman. Por esta razón, el reconocimiento de tu yo interior es, en última instancia, el juez de lo verdadero y cabal de las revelaciones que se te ofrecen. Con algunos planetas puede ser que tengas una sensación interior de «sí, así es exactamente como experimento esto» y con otros planetas puede ser que no haya un reconocimiento inmediato. Tú eres la autoridad. Tu experiencia práctica de lo que te conduce a resultados productivos y no productivos para ti será tu mejor criterio de evaluación.

JAN SPILLER

CAPÍTULO SEGUNDO:
CÓMO USAR LA PARTE I

La carta astrológica es una gráfica matemática que proporciona la localización exacta de cada uno de los planetas en el momento de tu nacimiento.

Aunque los sistemas de interpretación de una carta astrológica varían, todos los astrólogos trabajan a partir de tres componentes básicos: los planetas, los signos y las casas.

LOS PLANETAS

En la astrología se trabaja con diez planetas. Todos somos idénticos en el sentido de que estos diez planetas aparecen en nuestra carta natal. El signo que contiene a un planeta y la casa en que se encuentra ese planeta varían con cada persona, pero cada uno de nosotros trabaja con los mismos planetas.

Los planetas representan y definen diez propensiones básicas y diferentes que todos tenemos. Una propensión significa el deseo de expresar y experimentar una energía singular y específica. Cada uno de nosotros pertenece a un reino distinto, y cada planeta es el rey de su propio reino de experiencia. El camino hacia la satisfacción de nuestras propensiones es diferente para cada uno de nosotros, dependiendo de lo que exprese el signo, pero la propensión o el juego básico es el mismo para todos.

Por ejemplo, tú y yo tenemos al planeta Marte situado en alguna parte de nuestra carta. Independientemente del signo o de la casa, Marte siempre representa la propensión que todos tenemos a iniciar una acción y dirigirnos hacia una meta. Para obtener una descripción más detallada de las diez propensiones básicas que cada uno de nosotros tiene, tal y como las representan y definen los planetas, se te recomienda que leas la descripción de los planetas al principio de cada capítulo.

Cada uno de los planetas está representado por un símbolo astrológico o carácter. Si tienes una carta natal hecha, notarás que tiene dibujados diez caracteres en el interior del círculo (si no, mira el ejemplo de una carta que se encuentra al final de este capítulo). A continuación aparece una lista de los símbolos o caracteres para cada uno de los diez planetas:

PLANETA		SÍMBOLO O CARÁCTER
Sol	=	☉
Luna	=	☽
Mercurio	=	☿
Venus	=	♀
Marte	=	♂
Júpiter	=	♃
Saturno	=	♄
Urano	=	♅
Neptuno	=	♆
Plutón	=	♀

LOS SIGNOS

Aunque los juegos básicos o propensiones humanas son los mismos, el camino hacia la satisfacción de estas propensiones es distinto para cada persona.

El signo que contiene a cada uno de tus planetas expresa el desafío específico a través del cual experimentas la propensión de ese planeta. Los signos caracterizan el estado de ánimo por medio del cual experimentas al planeta en cuestión. Es como si los signos fueran los disfraces que revisten a cada planeta, a través de los cuales presentan sus energías básicas. El signo modifica al planeta que encierra, filtrando su energía con sus propios matices y colores.

El signo denota el deseo específico de expresión individual y la necesidad que tiene de ser satisfecho. Únicamente expresando la propensión planetaria de acuerdo con las limitaciones del signo se podrá satisfacer y completar ese aspecto de tu persona.

Por ejemplo, el planeta Venus representa la propensión que todos tenemos a percibir nuestro valor como personas. Sin embargo, si Venus se encuentra en el signo de tauro, el procedimiento por el cual se obtiene la autovaloración será muy distinto que si se encuentra en el signo de géminis en el momento del nacimiento. Bajo tauro, la autovaloración (Venus) se construye a través de un proceso material y sensual; bajo géminis, la autovaloración (Venus) se produce y se fortalece por medio de la comunicación social. Posteriormente hablaremos del procedimiento por el cual cada planeta llega a su realización en cada uno de los signos.

Existen doce signos astrológicos, los cuales corresponden a las doce constelaciones de nuestra galaxia. Mientras los planetas viajan alrededor del sol, van pasando por la constelación de cada signo del zodiaco. Tanto la astrología como la astronomía definen la situación matemática de los planetas en la galaxia en relación con el espacio y el tiempo.

Para saber en qué signo estaban situados cada uno de los planetas en el momento de tu nacimiento, consulta los cuadros que aparecen en la parte III (en la parte final de este libro).

Una vez que hayas localizado tu planeta en el signo correspondiente al momento en que naciste, podrás interpretar su significado consultando los capítulos que tratan sobre la interpretación de los planetas en cada signo.

Nótese que si la hora de nacimiento fue muy temprano por la mañana o tarde por la noche y fue en una fecha próxima a la fecha en que un planeta cambia de un signo a otro, es posible que para ti, matemáticamente, el planeta se encuentre en el siguiente signo. Si tienes alguna duda, es recomendable que leas las descripciones de ambos signos para el planeta en cuestión. Si uno de tus planetas se encuentra en la frontera entre dos signos, también se recomienda que pidas que te hagan tu carta astrológica por computadora. De esta forma, sabrás con exactitud la situación matemática precisa del signo para cada uno de tus planetas. (Consulta el servicio computarizado en la página 442.)

A continuación aparece una lista de los doce signos de las constelaciones celestiales y el símbolo astrológico o carácter equivalente a cada signo:

SIGNO		SÍMBOLO O CARÁCTER
Aries	=	♈
Tauro	=	♉
Géminis	=	♊
Cáncer	=	♋
Leo	=	♌
Virgo	=	♍
Libra	=	♎
Escorpión	=	♏
Sagitario	=	♐
Capricornio	=	♑
Acuario	=	♒
Piscis	=	♓

LAS CASAS

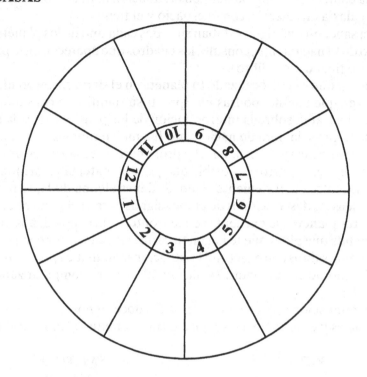

Básicamente, las casas denotan el área de tu vida en que percibes de manera tangible la energía de un planeta en determinado signo. Por ejemplo, si Venus se encuentra en la tercera casa de tu carta natal, el tema de la autovaloración (Venus) será más perceptible durante el proceso de comunicación (tercera casa); si Venus se encuentra en tu sexta casa, el tema de la autovaloración (Venus) se percibirá cuando interactúes con tus compañeros de trabajo o, sencillamente, en tu trabajo (sexta casa). Cada casa representa el campo material de tu vida en el que experimentarás de una forma más patente la propensión indicada por el (los) planeta(s) que ahí se localice(n). Las casas representan el área del mundo material en la que experimentamos las consecuencias de la manera en que manejamos el juego básico que denota ese planeta.

En la carta astrológica hay doce casas. Cada uno de tus planetas está localizado en una de las doce casas. Las casas están calculadas matemáticamente según la hora, fecha y lugar de tu nacimiento. Si ya tienes una carta natal completa que incluya tus planetas localizados en las casas, tal vez quieras localizar las casas para cada uno de tus planetas de la siguiente manera. Utilizando la lista de planetas y sus símbolos, que aparece en la primera parte de esta sección, busca al Sol y su signo correspondiente. Busca ese símbolo en tu carta. Una vez que lo hayas localizado, mira en cuál de las doce casas se encuentra. Una vez que hayas localizado las casas en las que se encuentran cada uno de tus planetas, lee la descripción de ese planeta en esa casa al final de cada sección planetaria donde aparecen las descripciones de las casas.

Nótese que existe una interesante relación entre las casas en que se encuentran tus planetas y las descripciones del signo que te proporciona este libro. Si deseas obtener más información respecto de cualquiera de tus planetas, se recomienda que utilices el siguiente sistema:

PLANETAS LOCALIZADOS EN TU	LEE LA DESCRIPCIÓN PARA ESE PLANETA BAJO EL SIGNO DE
1a. casa	Aries
2a. casa	Tauro
3a. casa	Géminis
4a. casa	Cáncer
5a. casa	Leo
6a. casa	Virgo
7a. casa	Libra
8a. casa	Escorpión
9a. casa	Sagitario
10a. casa	Capricornio
11a. casa	Acuario
12a. casa	Piscis

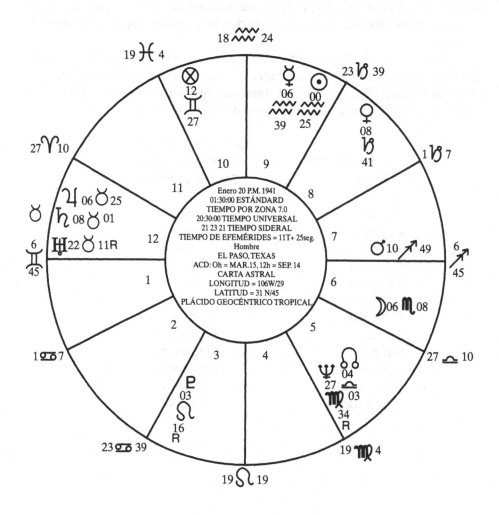

Enero 20 P.M. 1941
01:30:00 ESTÁNDARD
TIEMPO POR ZONA 7.0
20:30:00 TIEMPO UNIVERSAL
21 23 21 TIEMPO SIDERAL
TIEMPO DE EFEMÉRIDES = 11T+ 25seg.
Hombre
EL PASO, TEXAS
ACD: 0h = MAR.15, 12h = SEP. 14
CARTA ASTRAL
LONGITUD = 106W/29
LATITUD = 31 N/45
PLÁCIDO GEOCÉNTRICO TROPICAL

Muestra de Carta Astral

CAPÍTULO TERCERO:
LOS PLANETAS EN LOS SIGNOS Y EN LAS CASAS

Sol

EL SOL: CLAVE PARA LA EXPRESIÓN PLENA

El Sol en la carta natal:

- Representa tus capacidades y tu talento y el potencial que tienes para expresarte creativamente.
- Define cómo puedes manifestar tus capacidades y talentos personales de manera que estimulen a los demás para que expresen su creatividad y vincula tu capacidad de liderazgo con la suya, promoviendo así el compañerismo y el amor entre las personas que entren en contacto contigo.
- Denota el proceso mediante el cual, inconscientemente, expresas tu poder personal de manera que provoca resentimiento en los demás.
- Indica tu forma de manifestarte por derecho divino, mostrando el área de tu vida en la que tus talentos pueden ser expresados de manera espontánea.
- Señala cómo puedes incrementar tu vitalidad física y emocional al expresar de manera instintiva el calor y entusiasmo de tu naturaleza.
- Advierte en qué área necesitas expresarte espontáneamente para poder alcanzar cierto nivel de vitalidad y mantenerlo.
- Denota el área en la que tienes resplandor, creatividad y la dicha que es común en los niños; a través de ella contribuyes al bienestar de los demás por medio de tus talentos, y en ella se ve reflejada tu habilidad natural para expresarte de una manera positiva.

Las descripciones de las condiciones estática y dinámica no pretenden denotar estados absolutos. Cuando te encuentras en estado estático, estás experimentando una resistencia, por lo que sientes que te falta movimiento y productividad, mientras que en el estado dinámico te sientes poderoso, energético y dinámico.

Ninguno de nosotros se encuentra en modo dinámico todo el tiempo. Este estado representa una forma de experimentación, la posibilidad de escoger entre distintas maneras de expresarse que conduzcan a un resultado más satisfactorio. La medida en que aceptes la descripción del estado dinámico sin juzgarla indica hasta qué punto estás dispuesto a recibir energías dinámicas como agentes transformadores.

Los signos solares son, con mucho, los que más atención y cobertura han recibido por parte de los escritores modernos de astrología. Existen numerosos y detallados estudios sobre el comportamiento del Sol en los signos; por esta razón hemos preferido discutir los efectos de este planeta sucintamente. Hablaremos sobre las principales opciones que ofrece el Sol, independientemente del signo en el que se encuentre: la de emplear nuestras energías vitales para exigir ser el centro de atención, o el utilizar las energías vitales para ceder el protagonismo a los demás, confiriéndoles poder al proyectar sobre ellos tu influencia de acuerdo con la naturaleza de tu signo.

SOL EN ARIES

Las personas con el Sol en aries se sienten con el derecho de hacer lo que les plazca; de manifestar tanto sus acciones como sus pensamientos con independencia; de actuar bajo un impulso sin considerar protocolo, tiempo, ni los deseos ni opiniones de los demás.

Estático
Cuando centras tu atención en obtener reconocimiento por tu independencia, eres capaz de actuar, inconscientemente, de una manera que te aísla de los demás y que les resulta pertubadora. Al querer ser reconocido como tu propio dueño, puedes resistirte a cooperar con el esfuerzo colectivo de un equipo. Cuando te comportas de una manera precipitada y desconsiderada, sientes que los demás bloquean el curso de tus acciones. Por lo tanto, si empleas tu independencia natural de una manera dominante, insistiendo en que los demás te den preferencia, puedes acabar sintiendo una falta de confianza al ver que no te responden como deseas.

Dinámico
Cuando procuras compartir tus talentos y habilidades con los demás, te das

cuenta de que tu independencia les sirve de inspiración. Al tomar conciencia de tu capacidad natural de liderazgo, puedes animar a los que te rodean a expresar su propia independencia, eliminando así la necesidad de estar en una continua pugna. Si reconoces la presta disposición que tienes para manifestar tu espíritu positivo y arrojado, podrás servirles de inspiración a los demás. Ello te dará la libertad de retirarte de una situación en circunstancias positivas, como a ti te gustaría. El tomar conciencia del efecto que causas en los demás te permitirá manifestar tu exuberancia de una manera que te congracie con ellos; encontrarás que te responden con amor y con aprecio de tu dinámica energía.

SOL EN TAURO

Las personas con el Sol en tauro se sienten con derecho a concretar sus valores materiales y sensuales y a nunca cambiarlos, así como a obtener un nivel de seguridad material acomodado. También pueden sentirse con el derecho a establecer un estricto código de valores no materialistas y a optar por una tozuda pasividad en cuanto al empleo de sus talentos.

Estático
Cuando te esfuerzas por que los demás coincidan contigo en la legitimidad de tus valores tangibles y materiales, puedes parecer terco e intratable. Tal vez te entregues a la tendencia, que característicamente tiene tauro, de querer ser reconocido como alguien que vale y es importante. Esto puede hacer que resistas los esfuerzos de los demás por expandir tu postura, obstinándote aún más en ella. Puede que te dediques con ahínco a manifestar tu mérito a través de la acumulación de dinero y de bienes materiales. Cuando ocurre esto y te resistes a ver el punto de vista de los demás, te niegas la oportunidad de mejorar y expandir tus niveles de seguridad material y de confort.

Dinámico
Puedes dirigir tu atención hacia enaltecer a los demás por medio de la manifestación de tus talentos y habilidades. Ello le permitiría a la gente responderte compartiendo contigo sus valores. De este modo, les permites a los otros ser el centro de atención para que expresen sus valores, y te das la oportunidad de ser más objetivo respecto de tus ideas. Desde esta objetividad puedes obtener un sentido de seguridad más profundo en tus relaciones. Tu autovaloración se revitalizará conforme reconozcas el valor de los demás. Al estar consciente de sus valores, aumenta tu seguridad material.

SOL EN GÉMINIS

Las personas con el Sol en géminis se sienten con derecho a experimentar la diversidad de cosas insustanciales que ofrece la vida, a cambiar de opinión frecuentemente y a bailar sobre la superficie de la existencia.

Estático

Cuando diriges tu atención hacia la interacción superficial con los demás por medio de la conversación estimulante, tiendes a dar la impresión de no poder llevar una amistad profunda. Si te complaces en la tendencia hacia la superficialidad que tiene géminis, sin darte cuenta puedes experimentar la vida de una manera insustancial. Si te centras en ser reconocido por tu ingenio y sociabilidad, quizá la gente desconfíe de la forma en que te expresas. Puedes acabar convirtiéndote en un moscardón que rehúye hablar de sus sentimientos o de cosas que tengan profundidad alguna, y que se impacienta ante el pensamiento comprometido, buscando el discernimiento rápido y lógico. Esta disposición a lo precipitado y superficial puede hacer que tus seres queridos desconfíen de tu espontaneidad y deseen imponerte algunas restricciones.

Dinámico

Cuando diriges tu atención hacia la exaltación de los que te rodean, demuestras que tienes la capacidad de acercarte a la gente de una manera amistosa y despreocupada. Esta habilidad puede crear un ambiente distendido en circunstancias en las que reinan la seriedad y la tensión. Al darles a los demás la posibilidad de comunicarse contigo, permíteles compartir la profundidad de sus sentimientos, pensamientos y metas. Entonces podrás responder de una manera abierta que intensificará la congenialidad del momento. Al escuchar a los otros, podrás ampliar tus puntos de vista y tus oportunidades de conectarte con los demás a partir de un espectro de ideas más amplio. Cuando tomas conciencia de sus ideas, los incitas a disfrutar y a valorar una variedad de experiencias. Esto conduce al amor y a la valoración mutuos. La aceptación de las ideas de los demás aumenta tu vitalidad.

SOL EN CÁNCER

Los individuos con el Sol en cáncer se sienten con derecho a ser el centro de atención de una manera emocional, a ser mimados por los demás, a ser extremadamente maternales y a exigir que los demás respeten su sensibilidad.

Estático

Cuando te centras sobre ti mismo, tiendes a esperar que los demás salvaguarden tu sensibilidad. Esto te hace parecer hipersensible, voluble y sobre-protegido. Al desear que te reconozcan por tu sensibilidad, tal vez esperes que los demás siempre perciban el estado de ánimo en que te encuentras, y que cualquier intimidad se centre en torno a tus sentimientos. Esto conduce a que la gente se aleje de ti por miedo a una posible reacción defensiva de tu parte. Puede que te dediques tan asiduamente a proteger tu vulnerabilidad que a la menor provocación te retraigas en tu concha.

Dinámico
Cuando te esfuerzas por compartir con los demás la sensibilidad que tienes para percibir las emociones, puedes ver por la gente y ayudarla. Como resultado, además de volverte más objetivo, te sientes satisfecho de tus sentimientos y puedes emplear tu talento natural para reconocer el dolor emocional que oculta la gente. Al demostrar que comprendes su desdicha, te permites ayudarla a ella y a ti mismo. Le puedes ceder el centro del escenario y permitir que exprese sus sentimientos y vulnerabilidades. Al compadecerte de su sufrimiento, aumenta tu vitalidad y los demás te podrán apreciar por tu naturaleza cariñosa e intuitiva. Cuando manifiestas el don que tienes para comprender las emociones de los demás de una manera que les sea provecho-sa, te das cuenta de que tu máxima seguridad proviene del interés que demuestras por la gente además del que tengas por ti mismo.

SOL EN LEO

Las personas con el Sol en leo se sienten con el derecho a expresarse con grandilocuencia, a resaltar entre los demás y a ser admiradas sencillamente por ser como son.

Estático
Al centrarte en ti mismo y en obtener la atención y admiración de los demás, tal vez te comportes de una manera innecesariamente dramática, ya sea demasiado modesta o excesivamente llamativa. El deseo leonino de ser admirado puede hacer que reprimas la expresión auténtica de tus emociones, lo que a su vez te puede conducir a responder a algunas situaciones con despliegues dramáticos insustanciales. Quizá caigas en las trampas de leo: exigir atención, te la merezcas o no; volverte hipersensible; tomar la crítica como una provocación personal, y negarte a aprovechar el estímulo que te ofrecen los demás, el cual podría llevarte a manifestar tus dones más creativamente. Al tratar de obtener la atención y aprobación de los demás, puedes comprometer tu propia identidad, socavando la expresividad sana, natural y espontánea de tu ego de niño.

Dinámico
Cuando tu atención se dirige hacia enaltecer a los demás, tienes la capacidad de irradiar luz y calor. Podrás experimentar vitalidad y la plenitud de tus capacidades cuando reconozcas y enaltezcas a los que te rodean. Tu entusiasmo natural les da vitalidad a los demás cuando les permites ser protagonistas también. Tu aptitud para el dramatismo puede motivarlos a entusiasmarse respecto de sí mismos. Si te ves como parte de un equipo y buscas enriquecer y enaltecer a los que te rodean, podrás advertir no sólo su magnificencia sino también la tuya. Cuando reconoces la singularidad del otro, le permites ser el centro de atención. Ello te proporcionará la objetividad que requieres para estar seguro de ti mismo y así poder expresarte plenamente. Porque ejemplificas la inocencia y la vitalidad que tiene una criatura, puedes servir de inspiración para que los demás manifiesten su propio resplandor.

SOL EN VIRGO

Las personas con el Sol en virgo se sienten con derecho a tener razón; a discriminar, criticar y analizarse a sí mismas y a los demás, y a ser reconocidas por su probidad.

Estático
Al esperar que los demás te reconozcan por tu rectitud y pureza, inconscientemente puedes comportarte de una manera que resulte pesada, mojigata, puritana, compulsivamente ordenada y arrogante. Con el fin de obtener reconocimiento, tal vez induzcas a la gente a que te responda juzgando entre el bien y el mal y utilices tu capacidad analítica para parecer importante y distinto a los demás. Al proclamar tu probidad puedes acabar utilizando tu agudeza para señalar tus propios defectos. Cuando provocas el efecto contrario al deseado, dudas de tu seguridad en ti mismo y de tu espontaneidad. Además, tal vez intentes dar la impresión de ser más recto que los demás al señalar sus defectos según tu rígido sistema de valores respecto de cómo debe ser el comportamiento perfecto. Cuando la gente no aprecia o no entiende tus buenas intenciones, te sorprendes. Si te dejas llevar por la tendencia compulsiva que tiene este signo al comportamiento probo, desperdiciarás y menguarás tus energías. Ello puede hacerte perder la confianza que se requiere para llegar a la acción.

Dinámico
Puedes enfocar tu atención en la exaltación de los demás por medio del talento y habilidad que tienes para crear orden. Entonces sabrás en qué formas puedes servir verdaderamente a los demás sin tener que sentir constantemente que

tienes la razón. Al reconocer su valor inherente, no sólo confías en su perfección sino también en tu visión de las cosas. Esto te deja libre para cooperar con ellos de una manera que realmente les sirva de apoyo. Tu deseo de servir es valorado cuando demuestras que reconoces el valor inherente que tienen los demás; ello propicia la valoración mutua. Al tomar conciencia de cuáles son sus deseos, puedes motivarlos exitosamente a que los realicen, y el éxito que consiguen aumenta su vitalidad y autovaloración. Cuando le das preferencia al servicio a los demás, sin preocuparte de si está bien o mal que lo hagas, logras apartarte de tus reglas. Esto te da confianza en ti mismo y la posibilidad de proceder con espontaneidad de una manera que automáticamente facilita cualquier situación. Si estás seguro de la integridad de tus intenciones, tu deseo de actuar con rectitud queda satisfecho.

SOL EN LIBRA

Los individuos con el Sol en libra se sienten con derecho a desarrollar relaciones armoniosas, a saber lo que los demás desean y con derecho a ser tratados con justicia.

Estático
Cuando procuras ser reconocido como una persona justa y armoniosa, puedes llegar a comportarte de una manera que compromete y manipula. Puedes actuar como «el simpático» e ingenuamente esperar que los demás respondan de la misma forma. Cuando utilizas tus buenos modales para conseguir lo que deseas, tus manipulaciones crean una armonía ficticia. Si centras tu atención en dar una impresión positiva, fácilmente puedes caer en el juego de «ojo por ojo, diente por diente», que es característico de libra. Esto te coloca en una situación en la que tu integridad puede ser manipulada, pues estarás convencido de que te están tratando con justicia y de que estás sacando una parte equitativa de una situación. Cuando te dejas llevar por la tendencia que tienes a compartir tus ideas de una manera cooperativa, tal vez no te des cuenta de que lo mismo que haces para controlar a los demás te lo pueden hacer a ti.

Dinámico
Al poner tu interés en que los demás destaquen al compartir con ellos tus talentos, animas las situaciones sociales y potencias su armonía. Esto lo puedes lograr al contribuir con el ingrediente faltante, tu tan independiente punto de vista. Al tener una confianza general en las cosas, intuitivamente sabes que puedes contribuir con tus ideas sobre la justicia y el equilibrio en cualquier situación. Esto ocurre de una manera espontánea que crea un nivel

superior de cooperación sin ofender. El reconocer tus aptitudes para evocar una verdad general en una situación, te permite contribuir con tus ideas sobre la justicia, el equilibrio y la armonía, y el compartir estos atributos aumenta tu vitalidad y bienestar.

Puedes crear una verdadera armonía en tus relaciones a través de tu disposición a comunicar la verdad total de lo que estás experimentando y, por medio de la integridad que tienes, puede establecerse una armonía generalizada. Así, en lugar de intentar manipular a los demás para entrar en un estado armónico ficticio, aprendes a establecer una buena relación con ellos, reconociendo, de manera objetiva, si la armonía es verdadera. Esto te deja libre para compartir con ellos tu sentido intuitivo del equilibrio.

SOL EN ESCORPIÓN

Las personas con el Sol en escorpión se sienten con derecho a poseer, a investigar y a controlar, y con derecho a escudriñar los deseos y necesidades ocultos de la gente.

Estático
Cuando diriges tu atención hacia obtener una reacción de los demás que refleje tu influencia, quizá crees conflictos. Si lo haces con el solo objeto de divertirte y de probar tu dominio, puedes alejar a las personas más próximas a ti. Si insistes, disimuladamente, en que se te reconozca por tu fortaleza, puedes volverte impaciente e inseguro al ver que los demás no te ofrecen la deferencia que esperabas. Cuando no reconocen tu poder, puedes enojarte y exigir atención por medio de una provocación inapropiada.

Las impredecibles y potentes reacciones de escorpión pueden tener un trasfondo emocional y destructivo. Si te complaces en provocar a los demás, llegarán a desconfiar de ti y procederán cautelosamente en cuanto a permitirte acceder a la raíz de las cosas, que es a donde quisieras llegar. Quizá llegues a valerte de la incitación para evidenciar tu poder y capacidad de dominio por medio de la reacción que tengan. Todo esto puede acabar por socavar tu independencia.

Dinámico
Cuando te esfuerzas por servir de inspiración a los demás, puedes escuchar atentamente sus preguntas y entender de dónde provienen. Esto te permite compartir tus enriquecedores puntos de vista, que la otra persona valorará. Tienes la capacidad de emplear tu intelecto para ayudar a la gente, demostrando tu aptitud para contemplar su vida desde un punto de vista más amplio y optimista. Cuando compartes estas facultades, aumenta el nivel de confian-

za de la gente y logras potenciar su fe en sí misma. Esto automáticamente te brinda el reconocimiento y valoración de los demás.

El verte a ti mismo como parte de una gran hermandad te permite expresar tus percepciones de una manera espontánea y cariñosa, y ello le resulta beneficioso a toda la gente que te rodea e incrementa tu vitalidad y bienestar. Consecuentemente, tendrás la gratificante sensación de tener esta responsabilidad y el orgullo de reconocer con entusiasmo el valor de los que te rodean.

SOL EN SAGITARIO

Los individuos con el Sol en sagitario se sienten con derecho a ser libres, a ser una autoridad intelectual y a ser reconocidos y valorados como personas nobles y meritorias.

Estático
Si insistes continuamente en que los demás te reconozcan por tu superioridad intelectual, sin darte cuenta adoptas un aire petulante y autosuficiente al expresarte. Cuando esto ocurre, puedes terminar por comunicarte con el solo fin de probar tu rectitud moral. Si te complaces en la necesidad sagitariana de ser reconocido por tu amplia perspectiva intelectual sobre las cosas, quizá acabes por restringir tu campo de percepción. Entonces, tal vez exijas ser el centro de atención, lo merezcas o no, exponiendo una retahíla de ideas sobre el tema en cuestión. Esto puede llevar a que, sin darte cuenta, alejes a los demás al insistir en que coincidan con tu forma de pensar. Consecuentemente, la base sobre la cual podrías expandirte eficientemente queda anulada, pues te niegas a incluir la aportación que los demás podrían hacer a tus observaciones.

Cuando la gente no está de acuerdo con tus conclusiones, disminuye tu vitalidad y pierdes contacto con los ideales y el sentido humanitario sagitariano. Tal vez llegues a exagerar las cosas con tus palabras debido a la necesidad que tienes de ser reconocido como una persona noble y merecedora de respeto. Esta distracción quizá provoque que tus energías se desvíen de la acción que querías realizar.

Dinámico
Si centras tu atención en servir de inspiración a los demás, podrás comprender a fondo sus preguntas, y esto te permitirá exponer ideas que realmente les sirvan. Posees la capacidad intelectual para contemplar la vida de los demás desde una perspectiva amplia y optimista. Cuando compartes con la gente aquellos puntos de vista que realzan su nivel de confianza en sí misma, potencias su fe en lo que ella es y, automáticamente, te demuestra respeto y reconoce tu capacidad intelectual.

Cuando te percibes a ti mismo como parte de una gran hermandad expresas tus percepciones cariñosamente; ello hace que la situación sea agradable para todos, y tu vitalidad y bienestar se incrementan. Consecuentemente, te sentirás orgulloso y con un gratificante sentido de responsabilidad por haber empleado tu entusiasmo para reconocer el valor de los demás y exaltar su importancia.

SOL EN CAPRICORNIO

Las personas con el Sol en capricornio se sienten con derecho a ser la autoridad, a gobernar y a controlar a los demás según el orden que establecen; se sienten con derecho a ser respetadas por sus logros y por la posición que ocupan en la sociedad.

Estático

Cuando te centras en exigir reconocimiento y respeto por estar en una posición de dominio, quizá emplees tu autoridad para tiranizar a los que te rodean. Si te empeñas en dar la impresión de ser una autoridad y en ganarte la aprobación de los demás por tus logros, tal vez te niegues a emplear tus talentos para llevar a cabo lo que te has propuesto. Esto ocurre cuando para ti es más importante estar en una posición de dominio y cosechar respeto que materializar tus proyectos. Por otra parte, tal vez esperes que los demás sean sensibles a tus ambiciones en la misma medida en que tú eres insensible a las suyas; y cuando no te demuestran la deferencia que esperas, te vuelves defensivo y crítico.

En el ámbito laboral, puedes llegar a crear una atmósfera tensa si insistes en que tus colaboradores consideren que tu comportamiento es perfecto. Tal vez utilices el talento natural que tienes para organizar con el fin de mejorar tu imagen socialmente en lugar de que sirva para beneficiar a los demás. Si te centras en tus propios intereses y mantienes tu postura de mando, puedes hacer que los demás dependan de ti con el fin de dominar la situación. Esto podría restringir tu potencial para el éxito y menguar tu energía y vitalidad de manera considerable, además de mantenerte en un tenso estado de alerta permanente.

Dinámico

Puedes centrar tu atención en exaltar a los demás por medio del talento y habilidad que tienes para organizar. Esto permitiría que tu sensibilidad se expanda hacia las áreas en que a los demás les falta organización y en las que podrán beneficiarse con tu sentido natural del orden. Cuando los ayudas teniendo en cuenta sus sentimientos, automáticamente te ganas su respeto sin tener la necesidad de justificarlo. El reconocer el orden intangible y la perfección de las cosas te permite planificar en el plano material de una manera más relajada.

El tomar conciencia del vínculo emocional que tienes con el todo te facilita organizar eficientemente a tus compañeros laborales. Esto lo puedes lograr de una manera que aporte beneficio a la situación y que aumente tu vitalidad y bienestar. Al contribuir con tu sentido del orden con el fin de que los demás produzcan resultados óptimos y que sean para su propio beneficio, automáticamente te ganas su aprecio y admiración por tus capacidades ejecutivas, y ello elimina la necesidad de que supervisen tu trabajo. Los demás te respetarán más cuando demuestres tu capacidad para organizar y delegar autoridad con el propósito de que el trabajo se realice eficientemente.

Cuando tu integridad está de por medio, dejas de justificarte en relación con lo que la gente piense de ti, y esto te fuerza a canalizar tu energía hacia la realización del trabajo. De esta forma, puedes producir resultados que te hacen merecer un respeto que perdura.

SOL EN ACUARIO

Los individuos con el Sol en acuario se sienten con el derecho a ser distintos a los demás, a conducirse de una manera impersonal y objetiva con el fin de mantener su individualidad y a intelectualizar la sensibilidad de los demás.

Estático
Posiblemente esperes que los que te rodean participen en el reconocimiento público de la singularidad de acuario. Esta actitud puede llevarte a un comportamiento que no contribuya en nada al grupo ni al individuo, sino que te sirva únicamente para ensalzar tu ego. Tal vez quieras que se te reconozca como una persona cooperativa y justa, pero a la vez puedes volverte defensivo por miedo a perder tu identidad en tus relaciones con la gente. Quizá procedas de una manera que a los demás les parezca excéntrica y desconcertante, y que puede llegar a alejarlos de ti.

Si, bajo una pretendida objetividad, intentas impresionar a los demás con la convicción acuariana de que sabes las cosas, puedes volverte frío e insensible respecto de las personas y el grupo. Esto conduce a que no estés seguro de la certeza de tu aportación al interactuar con los demás y, consecuentemente, a que tu vitalidad disminuya.

Dinámico
Cuando centras tu energía en concederles importancia a los demás, tal vez te

des cuenta de que tus conocimientos tienen menos importancia que su individualidad. Al permitirles que expresen sus puntos de vista, podrás ampliar las facetas de tu conocimiento. Entonces podrás compartir con la gente un conocimiento adecuado que contribuya a la situación con una inspiración recíproca. Tus singulares talentos sobresalen cuando utilizas tu objetividad en relación con la sensibilidad de los que te rodean.

El tomar conciencia de la fuerza de tu identidad y de tu natural independencia te permite compartir tus puntos de vista de una forma equilibrada. Esto te revitaliza a ti y a tu relación. Debes reconocer que tienes el poder y la voluntad de una criatura libre; así verás claramente cómo puedes manejar tus relaciones con sentido del humor y una perspectiva que te den tranquilidad.

Posees el don de poder contemplar cualquier situación con objetividad. Así, tienes la capacidad de inspirar, potenciar y dirigir actividades colectivas sin dar la impresión de que dominas. Tienes habilidad para conseguir, sin esfuerzo, que la gente te dé su voto, o para obtener cualquier información sin necesidad de causar trastornos. Esto automáticamente conduce a que los demás cooperen contigo, pues se sienten incluidos en el gobierno del grupo al que pertenecen.

SOL EN PISCIS

La gente que pertenece a este signo se siente con derecho a vivir en un mundo ensoñador de ideales, a expresar sus talentos artísticos o sus conocimientos relacionados con el más allá y a evitar las ambiciones mundanas.

Estático
Cuando buscas un oído indulgente y comprensivo que escuche tus ideales, tu forma de comportarte puede dar la impresión de ser poco práctica, de no tener fundamento o de ser irresponsable. Al querer que los demás reconozcan la bondad y compasión inherentes a piscis, tal vez inconscientemente trates de vivir según sus expectativas. Como consecuencia, quizá pierdas tus propios valores y te sientas desmoralizado.

Quizá des la impresión de ser indeciso, vacilante, ambiguo y de que no te comprometes a seguir un camino definido o a alcanzar una meta. Por eso, puedes acabar interpretando el papel de víctima destituida. En vez de seguir tus propios ideales, tu sensibilidad de piscis puede dejarse influir por las fuerzas psicológicas ocultas de los demás, e intentar satisfacer en todo a todos. Con el tiempo, esto termina por sabotear tu autovaloración y tu vitalidad.

Tal vez no te des cuenta en qué se diferencian los grandes deseos y las aspiraciones realistas. Si es así, puedes sentir que tus anhelos nunca llegan a realizarse.

Dinámico
Cuando utilizas tu sensiblidad para exaltar la importancia de los demás, tienes la capacidad de convertirte en el místico, el poeta y en la voz del espíritu y de los ideales emocionales del género humano. Al reconocer que necesitas seguir métodos prácticos que te permitan realizar tus ideales paso a paso, podrás comprometerte a expresar tu compasión por la humanidad de una manera tangible. Esto lo puedes realizar por medio de procedimientos realistas que servirán de inspiración positiva a los demás.

Al estar consciente de tus recursos, los cuales debes implementar de manera sistemática, podrás expresar tus sueños de una manera consistente o artística. De esta forma, podrás ayudar a curar espiritualmente a la gente, y tanto tú como ella tendrán la sensación de pertenecer al universo.

Comprométete a establecer con los demás aquellas normas o valores que tú consideres valederos. Entonces podrás utilizar la sensibilidad de piscis para revelar los deseos y motivaciones ocultos de los demás con el fin de combinarlos con aquellos ideales que puedan curar espiritualmente. Al estar consciente de cuáles son tus valores, podrás relacionarte compasivamente con los deseos de los demás sin perder tu integridad. Esto aumentará tanto tu vitalidad, tu bienestar y tu autovaloración como tu valor ante los demás.

EL SOL EN LAS CASAS

1a. Expresa el derecho de ser reconocido como líder y a lograrlo por medio de la reafirmación de la independencia.
2a. Determina el derecho de establecer valores personales y la habilidad para lograr el éxito económico.
3a. Representa el derecho de comunicarse libremente y el talento para crear las circunstancias propicias para compartir el conocimiento.
4a. Expresa el derecho de ser aceptado en el plano personal y el talento para dominar el medio ambiente (doméstico) inmediato.
5a. Manifiesta el derecho de disfrutar del placer, a ser una criatura por siempre, y habilidad para compartir el placer con los demás.
6a. Denota el derecho de disfrutar del trabajo cotidiano y la capacidad de expresar el sentido del deber eficientemente.
7a. Representa el derecho de ser reconocido por los demás como un igual y el talento para propiciar esa circunstancia.
8a. Señala el derecho de emplear los recursos de los demás, y la habilidad de lograrlo de una manera que aumente el poder mutuo.

9a. Expresa el derecho de ser maestro de por vida y habilidad para encontrar todas las respuestas.

10a Indica el derecho al reconocimiento público y social, y la capacidad de alcanzarlo.

11a. Manifiesta el derecho de ser líder en situaciones grupales por medio de la expresión de nuestra individualidad (el líder «no líder»), y la aptitud para lograrlo.

12a. Señala el derecho y la capacidad de expresar la divinidad propia, la identidad intangible o el sueño secreto.

Luna

LA LUNA: CLAVE PARA LA SEGURIDAD EMOCIONAL

La Luna en la carta astral:

- Indica tus necesidades más personales y emocionales.
- Define el proceso mediante el que te separas emocionalmente de la gente, negándote así la posibilidad de acercamiento y la intimidad que necesitas para tener un sentido de seguridad personal.
- Revela el proceso inconsciente mediante el cual intentas manipular a la gente por medio de relaciones de dependencia, de su sensibilidad y de sus necesidades emocionales, de tal forma que repele a los demás.
- Señala el camino para obtener satisfacción interior e ilumina la habilidad que tienes para integrar el cambio sin trastornos.
- Denota las áreas de donde proviene tu dependencia emocional y tu inseguridad, elementos que necesitan hacerse conscientes y que deben ser purificados para que puedas pasar por las distintas situaciones que te presenta la vida con una base emocional estable.
- Revela el área de tu vida en la que necesitas dar de ti a los demás y recibir de una manera que te produzca un sentido de intimidad, de aceptación y de cariño no verbal.

- Describe tu habilidad para ajustarte a las distintas situaciones que se te van presentando en la vida.
- Representa las dependencias que desde la infancia te han permitido sobrevivir, las cuales producen tu inseguridad y una falta continua de verdadera satisfacción personal en tu vida adulta.
- Muestra cómo pueden ser satisfechas tus necesidades emocionales y de profundo cariño personal, de manera que obtengas un sentido de sobrevivencia emocional.

LUNA EN ARIES

Estático
Cuando continuamente estás buscando dominar las situaciones en las que está en juego tu independencia personal, puedes llegar a ser competitivo hasta «ganar» por abandonar la interacción con los demás. Puedes evadir la manifestación de tus necesidades y luego intentar satisfacerlas a través de otra persona debido a que no quieres arriesgar la independencia de aries. Esta evasión te lleva a reprimir tus impulsos por ser independiente y a crear situaciones en las que los demás te dominan a ti. Si, inconscientemente, necesitas el permiso de los demás para poder ser líder e iniciador, quizá te sientas inseguro y pierdas tu poder personal. Ello provoca que te resientas porque ves a la gente como responsable de tu incapacidad para proceder libremente. Tal vez reacciones retirándote, sintiéndote ultrajado, cuando los demás se muestren insensibles a tus emociones reprimidas. Esta situación agudiza tu enojo y los sentimientos inexpresados y firmemente controlados que ocultas.

Cuando no expresas tus necesidades emocionales con el fin de mantener una distancia y dominio respecto de las circunstancias, pierdes contacto con el potencial para la independencia que tienes en tu fuero interno. Si te niegas a manifestar tus necesidades y sentimientos para poder trabajarlos con los demás, tal vez te encuentres incapaz de resolverlos. Como resultado, podrías encerrarte en ti mismo, sintiendo frustración y enojo por no poder expresarte y por no ser reconocido por las habilidades ejecutivas que, por naturaleza, tienes.

Dinámico
Cuando te responsabilices de crear la independencia que requieres, tal vez te des cuenta de que el reprimir tus sentimientos y el dejar que los demás se salgan con la suya no te permite sentir que estás en una posición de dominio. La verdad es que los demás no pueden ser sensibles a tus estados emocionales; únicamente tú puedes ser sensible a tus sentimientos fundamentales. La

lección que debes aprender consiste en tomar conciencia de que necesitas sentir una proximidad emocional respecto de los demás, invitando a la conciencia mutua de las necesidades y sentimientos humanos básicos. Esto lo puedes lograr centrando tu atención en las inseguridades y en los sentimientos de la gente, en lugar de atender sólo a los tuyos.

El evitar los juicios de valor en torno a la falta de sensibilidad de los demás te permite percibir la verdadera naturaleza de los sentimientos que ocultan las apariencias. Este discernimiento le permite al aries sensibilizarse de los demás como individuos, en lugar de tomar el comportamiento que tienen hacia él como algo personal. De este modo, las inseguridades de la gente te ponen en contacto con tus propios sentimientos de una manera objetiva y equilibrada. Así, obtendrás el discernimiento que requieres para manejar tus relaciones de una forma constructiva.

Puedes mostrarte sensible y vulnerable hacia las inseguridades de los demás. Al revelar tus sentimientos y necesidades, no sólo es reconocido tu poder inherente sino que te ganas el apoyo emocional de los demás. Entonces podrás expresar tus sentimientos exitosamente, pues te relacionarás con la diplomacia que se deriva de la consideración de los sentimientos del otro. Consecuentemente, podrás sentirte próximo a otras personas, pues sentirás que aceptan y comparten tus sentimientos más profundos, y entonces podrás resolver con los demás las situaciones que se te presenten.

Durante este proceso, confirmas tu independencia y tu valor mientras te relacionas con los demás. Cuando confías en la capacidad de la gente para manejar una situación, refuerzas su confianza en sí misma y tu independencia e iniciativa son reconocidas, respetadas y apreciadas de una manera natural.

Vidas anteriores

Los recuerdos inconscientes que tienes de tus experiencias en campos de batalla, del combate físico y de la competencia para satisfacer tus necesidades personales en vidas anteriores se han vuelto cuestiones de sobrevivencia personal cruciales para ti en esta vida. Te mantienes siempre alerta, pero camuflado para reconocer al enemigo sin permitir que perciba tu fuerza. Para poder mantener este camuflaje, tienes que dominar tu fuerza, pues incita a que te provoquen o a que te ataquen. Cuando reprimes tu espíritu, invitas a que los demás te pisoteen.

Debido a las experiencias que tuviste en vidas anteriores y a la tendencia que tienes a ver las cosas en términos de sobrevivencia personal, en esta vida interpretas cualquier oposición como una amenaza directa a tus objetivos. Por eso, tal vez respondas con vehemente resistencia o «cortando» a la otra persona por completo para irte, independientemente, por tu lado.

La lección que estás aprendiendo consiste en incorporar la resistencia de los demás a tu plan, contemplándola como una forma de realizar tus aspiraciones más eficientemente. Estás aprendiendo a ser lo bastante objetivo para aceptar las reacciones de los demás. Al considerar los objetivos, necesidades y sentimientos que tengan en relación con tus planes, podrás expandir tus propios objetivos, asegurándote de establecer una sociedad genuina y armoniosa para trabajar con ellos hacia un objetivo común.

Conforme aprendas a dejar de proyectar tu identidad (ya sea positiva o negativa) sobre los demás, podrás verlos objetivamente y podrás tomarlos en cuenta. Podrás ser «el primero» cuando dejes que las necesidades del otro también se vean satisfechas. Has pasado por muchas vidas para desarrollar tu identidad, y no estás acostumbrado a cooperar con los demás en el contexto de un proyecto conjunto o del trabajo en equipo. En vez de sentir que tienes que competir con ellos para obtener lo que quieres, estás aprendiendo a incluir sus deseos y miedos para encontrar soluciones que beneficien a todos.

Viviste algunas vidas a un ritmo apresurado, sin tiempo para el tacto y la diplomacia; ello te ha hecho relativamente ingenuo y directo cuando se trata de satisfacer tus necesidades personales. Por eso, tus intenciones suelen ser evidentes, de manera que aquellos que se sienten amenazados por tus objetivos intentan bloquearte o manipularte. Cuando esto ocurre, sientes que tienes que luchar para sobrevivir y para obtener lo que deseas, confrontándote con el otro. La única alternativa que encuentras es permitir que el otro salga victorioso y anular tus necesidades. No te das cuenta de que tu impaciencia y descuido son la causa de la oposición que temes encontrar.

Conforme aprendas a ser menos ingenuo y directo en tu forma de hablar y más diplomático para comunicar tus deseos y necesidades, los demás dejarán de sentirse amenazados y no verán necesidad de oponerse a ti. Por medio de esta nueva diplomacia lograrás que la gente sienta que ella también está ganando cuando sigue tu plan. Estás aprendiendo a tomar en cuenta el apoyo de los demás con el fin cumplir con los objetivos que satisfacen tus necesidades.

LUNA EN TAURO

Estático
Tal vez tengas el hábito, característico de tauro, de buscar que los demás satisfagan tu necesidad de recibir atención, mimos y amor por medio del confort material y sensual que te proporcionen. El inducir a la gente a que te ofrezca sus recursos materiales puede hacerte dependiente de ella y quizá esto acabe por hacerte sentir incómodo. Al proyectar un aspecto desamparado en cuanto a tu capacidad para conseguir bienes materiales, tal vez los

demás te los proporcionen. Cuando sucede esto, tiendes a sentirte querido, seguro y que vales la pena. Sin embargo, al dar esa imagen de desamparo, acabas por creértela.

Tu autovaloración puede ser socavada cuando los demás te responden contribuyendo a tu sustento, pues su ayuda acentúa tu creencia de que no cuentas con la suficiente energía o las habilidades para sostenerte tú mismo. Cuando tu seguridad depende de la ayuda material de los demás, no puedes ser creativo ni te sientes seguro por miedo a que te dejen de proporcionar esas comodidades. Como resultado, te sientes desamparado e incapaz de establecer ante el mundo tu sentido del valor material.

Dinámico

Te habrás dado cuenta de que no te sirve depender de los demás para valorarte a ti mismo. La gente no te puede proporcionar un sentido de autovaloración porque hay una serie de tus recursos personales que no estás empleando. La lección que debes aprender consiste en proporcionarle al mundo tus recursos para ganarte tanto las comodidades que requiere un tauro como tu autoestima. Esto lo puedes lograr si reconoces las emociones que expresa la gente, pues este reconocimiento te puede inspirar para establecer contacto con tu creatividad.

Puedes obtener un sentido más profundo de estabilidad interior y de autoestima al apoyar y contribuir a la estabilidad material del medio ambiente. Al escoger sacrificar tu papel de niño mimado, creas metas y objetivos que te motivan a establecer una serie de valores. Cuando adviertes que la gente que se siente satisfecha consigo misma es la que contribuye con sus talentos y recursos de una manera tangible, te inspiras a manifestar y establecer tu creatividad. Confirmas tu valor cuando aprecias tus ideales lo bastante como para manifestarlos.

Vidas anteriores

Tus vidas anteriores se caracterizaron por la opulencia, la seguridad material y la comodidad. Por esta razón, has venido a esta vida buscando, ante todo, la seguridad material. Para ti, el tener una base económica fuerte se relaciona con la estabilidad emocional y la tranquilidad.

Debido a que estás acostumbrado a acumular bienes materiales, puede ser que te sea difícil desprenderte de las cosas, incluso de las cosas que te impiden evolucionar. Esto puede obstaculizar el influjo de dinero en tu vida. De lo primero que tienes que desprenderte es de tus ideas: la idea de que tienes dificultades respecto del dinero, la idea de que te tendrás que ganar cada centavo por ti mismo y de que ello va a ser difícil y la idea de que tienes que hacer todo tú mismo y exactamente a tu manera para que tus necesidades se vean satisfechas.

Tu miedo a perder la seguridad material puede ser tan fuerte que en tu vida puedes crear una «conciencia de pobreza» y sentir que tus recursos son tan limitados que tienes que ser cuidadoso con cada centavo que gastas. La lección que debes aprender consiste en confiar en el universo y pensar que en tu vida el dinero fluirá hacia dentro y hacia fuera. Para lograrlo, podrías prestarle menos atención a tus restricciones económicas (es decir, al monto al que ascienden tus cuentas del mes) y sencillamente tener fe en que el universo te bendecirá con una prosperidad económica. Debes tratar de que tu mente creativa se centre menos en la preocupación de tus finanzas y más en la confianza de que la vida te dará montones de dinero por medio de tu disposición abierta. De esta forma, te podrás abrir a la abundancia que buscas.

También estás aprendiendo a aceptar que el dinero puede ser un regalo cuando permites que los recursos económicos de los demás enriquezcan tu vida sin sentir que tienes que «devolverles cada centavo». Debes abrirte a la dicha de aceptar dinero de los demás libremente y liberarte de la identificación del ego, dejar de sentir que tienes que hacer algo a cambio.

Debido a tu sensibilidad física y a la indulgencia de la que disfrutaste en vidas anteriores, deseas intensamente tener contactos físicos y sensuales. Estás aprendiendo a aceptar lo saludables que son tus necesidades y a estar abierto a que sean satisfechas por los demás. Tanto en este terreno como en el económico, estás aprendiendo a centrarte menos en tus necesidades y a estar más consciente del enriquecimiento que te está ofreciendo el universo a través de los demás.

Asimismo, estás aprendiendo a aceptar la idea del «regateo» y del «descuento» y a asumir que no tienes que pagar «la suma total» de todo lo que deseas. Al estar consciente de los motivos que tienen los demás para «vender», se fortalece tu capacidad de «comprar» en descuento.

LUNA EN GÉMINIS

Estático
Cuando buscas en los demás un escape emocional del aislamiento que te causa tu gimnasia mental, emprendes una búsqueda de la persona perfecta. Esto te puede conducir a la frustración de nunca encontrar una relación satisfactoria que te libere de tus visiones idealistas.

Si no confías en tus instintos, tal vez temas perder una opción al haber escogido otra. Este comportamiento le resta estabilidad a tus relaciones. La desilusión constante puede llevarte a una interminable serie de relaciones, a la dispersión de tus energías y a la pérdida de tu identidad.

Puede que para ti sea difícil encontrar influencias en las que te puedas inspirar y en las que puedas confiar. Como resultado, desconfías de tu capacidad para ser espontáneo. Quizá reprimas tu impulso por comunicarte por miedo a que los demás te juzguen, y así pierdes el beneficio que te puede proporcionar la habilidad que tienen los demás para poner tus ideas en perspectiva. Al rehusar decir la verdad de lo que piensas, te puedes negar la posibilidad de encontrar las soluciones que buscas.

Dinámico

Si reconoces que los métodos lógicos no te han dado buenos resultados, puedes crear una atmósfera propicia para que se comprenda tu punto de vista. La verdad es que los demás no pueden aceptar las ideas que les presentas cuando éstas no tienen relación con las soluciones prácticas que ellos están buscando. La lección que debes aprender consiste en permitir que las necesidades del otro dirijan tus capacidades intelectuales para que puedas compartir con él ideas que pueda utilizar. Esto lo podrás lograr si ves más allá de las amenazas que para ti representan sus motivaciones. Entonces podrás percibir el desorden que existe en su vida y reconocer su intento por organizarlo.

Si sacrificas tu suposición de que sabes qué es lo que a la larga tendrá un efecto positivo para la gente, podrás aceptar las necesidades de los demás. Esta aceptación creará el espacio para que sus metas guíen tus intuitivos talentos hacia resultados prácticos y beneficiosos para ellos y para ti. Al darte cuenta de que para llegar a la felicidad debes proporcionársela primero a los demás, te das cuenta de lo que les estás ofreciendo. Esta interacción produce una participación verdadera y ayudas a los demás a encontrar las respuestas que están buscando.

Mientras les prestas atención a los problemas que el otro tiene en su vida cotidiana, te puedes comprometer a servirle en un sentido práctico. Así, descubres las soluciones a los problemas que probablemente surgirán en tu propia vida. Si alientas a la gente a que crea en sí misma, a la vez propicias la fe en ti mismo. Finalmente, la capacidad de dirigir tu vida se deriva de la inspiración que le proporcionas al otro, que además te permite desempeñar, adecuadamente, tu papel de mentor. El darte cuenta de que tu enaltecimiento proviene del servicio e inspiración que les proporcionas a los demás da lugar a que desarrolles una firme seguridad en ti mismo y a que goces de una variedad de relaciones.

Vidas anteriores

El papel que has tenido en el pasado como recaudador y dador de información encarnado en viajante, maestro, poeta errante o trovador te ha dejado una incesante inquietud. Tienes propensión a mantenerte en movimiento, como si tuvieras la certeza de que siempre habrá algo nuevo y emocionante tras el horizonte o como si creyeras que el pasto es más verde en el terreno de al lado. Lo que te induce a seguir hacia adelante es el recuerdo de que la próxima información que obtengas y compartas va a provenir del siguiente poblado por el que pases. Por esta razón, en esta vida tiendes a pasar de una persona a otra.

En tus vidas anteriores no estabas acostumbrado a tener una familia sino que estabas acostumbrado a viajar. Por eso, puede ser que siempre estés buscando un nuevo estímulo mental y que te sea difícil establecerte con una sola persona o en una relación de familia. Tienes una inquietud interior que te mantiene siguiendo el flujo de las cosas, bajo el concepto de que la mejor relación se encuentra a la vuelta de la esquina. Esta idea te sirvió en tus vidas anteriores; sin embargo, en ésta te puede crear una sensación de insatisfacción en tus relaciones, sin importar lo idílicas o sanas que sean para ti.

Estás aprendiendo a relajarte, a ahondar en tu conexión con los que te rodean para que el estímulo que buscas pueda ser satisfecho en un nivel más profundo. Estás aprendiendo a remplazar la variedad de ideas por una calidad de relación más profunda al integrar la dimensión de tus sentimientos a tu proceso de intercambio mental. De esta forma, tu constante deseo de comunicarte encuentra una satisfacción más plena.

Para poder desarrollar conexiones mentales profundas con los demás, estás aprendiendo que primero tienes que desarrollar una conexión con tus propios procesos espirituales e intuitivos. Una vez que entres en contacto con tu intuición, tendrás acceso a la información que necesitas cuando la necesites sin tener la inquietud de requerir siempre más información para sentirte seguro. Entonces podrás compartir tus ideas con la gente con una tranquilidad que se basa en el placer de intercambiar aquellas energías que dan lugar a la verdad entre dos personas.

LUNA EN CÁNCER

Estático
Tal vez tengas la tendencia compulsiva de pasar por encima de los demás o de ignorar sus sentimientos, pues tienes el hábito de satisfacer tus necesidades emocionales antes que nada. Si te complaces en la propensión, típica de cáncer, de centrarte en tus propias emociones, tal vez te resulte difícil ver más allá para observar las soluciones que los demás te ofrecen con el fin de mantener un equilibrio emocional. El desear que los demás te presten atención puede conducir a que te deprimas cuando te ignoren. Esto podría provocar que tengas una imagen negativa de ti mismo y que en tu vida te sientas incapaz de crear situaciones positivas y emocionalmente satisfactorias.

Dinámico

Cuando te responsabilices de crear el acercamiento emocional que requieres, tal vez te des cuenta de que los métodos que has venido utilizando no te funcionan. La verdad es que los demás no pueden satisfacer tus necesidades porque ya tienes un superávit de plenitud emocional. La lección que debes aprender se fundamenta en vaciar tu reserva de emociones antes de pretender llenarla más. Esto lo puedes lograr al reconocer que existen otras personas en el universo.

Una vez que escojas sacrificar tus demandas emocionales, podrás satisfacer las de los demás, tomando conciencia primero de los terrenos en que necesitan aumentar su seguridad en sí mismos y luego alentándolos a que confíen en sus emociones. Cuando les prestas atención a los demás y satisfaces su necesidad de tener lazos emocionales y de ser comprendidos, te encuentras experimentando la tierna intimidad y seguridad que buscas.

Vidas anteriores

Las situaciones de dependencia familiar que has vivido en tus vidas anteriores son responsables de que ahora tengas una inseguridad fundamental y miedo a necesitar que los demás cuiden de ti. Temes necesitar que alguien se compadezca de ti para poder sobrevivir. Tienes recuerdos de tus vidas anteriores, que están activos en tu inconsciente, de haber padecido una lesión física o algún impedimento físico que te impidió ver por ti mismo (por ejemplo, un accidente en una mina de carbón), o temes volverte demasiado viejo para cuidar de ti mismo o el tener que depender físicamente de tu familia.

Este tipo de recuerdos intensifican tu necesidad de contar con una figura «paterna» de la que puedas depender para que te cuide y proteja. De ahí que la familia sea extremadamente importante para ti en esta vida y que la relaciones con la supervivencia. Esta inseguridad hace que sigas patrones de comportamiento malsanos con los que manipulas a través de tus dependencias, por medio de tus apegos o del control que puedes ejercer sobre tu familia, a la que tiendes a sobreproteger.

La lección que debes aprender consiste en disfrutar de la gratificación que te producen la intimidad y la comprensión, sin que ello implique un vínculo que te debilite. Para poder lograrlo, debes aprender a depender de la autoridad que tienes en tu fuero interno. La propensión que en el pasado tuviste a vincularte profundamente con la gente ahora debe ser dirigida hacia ideales y metas que están por encima de tu vida personal. Así, la fidelidad a tus objetivos e ideales dependerá de ti mismo.

Ya que estás aprendiendo que hay una «autoridad superior» de la que puedes depender para que tus necesidades sean cubiertas, podrás liberar a los miembros de tu familia de sus debilitantes dependencias. De esta forma, te podrás abrir a la verdadera intimidad y a la proximidad emocional, pues la dependencia habrá sido remplazada por una atmósfera de libertad, apoyo y confianza en la habilidad que tienen tus familiares para llegar lejos y cuidar de sí mismos.

LUNA EN LEO

Estático
Si, inconscientemente, buscas confirmar tu valor demostrando tu superioridad, tal vez esperes que la gente venga a ti, como un rey que espera recibir a sus súbditos. Bajo una pretendida objetividad, tal vez te asegures la admiración de los demás mientras estás en tu pedestal. Si escoges a la gente con la que te relacionas con base en la capacidad que tenga para aumentar el estatus material de leo, te resultará molesto el no tener una afinidad interna con el otro. Así, si necesitas de los demás para utilizarlos con el fin de realizar tus valores y objetivos, te niegas la posibilidad de recibir gratificaciones que estén más allá de tus expectativas u objetivos definidos.

Al necesitar que los demás te entretengan, te puedes poner en «automático» e inconscientemente utilizar tu encanto para medrar en tu posición económica. Esto se deriva de una actitud que se resume con la siguiente frase: «¿Qué puedes hacer tú por mí?», la cual te cuesta la confianza en ti mismo que requieres para expresar tus sentimientos de una forma verdaderamente espontánea. Puede que acumules bienes que, a regañadientes, compartirás únicamente con la gente que esté más próxima a ti. Al ocultar los bienes o ventajas con los que cuentas, ante los ojos de los demás pierdes prestigio y, consecuentemente, ante ti mismo también. La confianza que te tienen los demás se desintegra cuando buscas aprovecharte de ellos para medrar en tu posición social y así poderte sentir superior.

Dinámico
Puedes crear la autovaloración que necesitas cuando reconozcas que los métodos que utilizabas antiguamente para cosechar la admiración de los demás no han sido los adecuados. Los valores sobre los que te has proyectado tal vez no sean los que la gente desee o necesite. Debes deshacerte de la postura que adoptas como director, productor y personaje principal en tu drama cotidiano. De esta forma, podrás ponerte en contacto con tu auditorio y averiguar cuál de tus muchos talentos y recursos es el apropiado para la situación en la que te encuentras.

Cuando abordes las relaciones pensando: «No se trata de que tú hagas algo por mí sino de lo que yo pueda hacer por ti», sentirás la ineludible influencia de tu propio valor. Al abrirte a los deseos y necesidades de los demás, te das cuenta de cuál es el papel que puedes desempeñar con ellos.

Sirviendo de inspiración a los que te rodean no sólo te entretienes, sino que percibes tu autovaloración.

Al centrarte en las exigencias del otro, quedas libre para manifestar la naturaleza resplandeciente y generosa de leo de una manera que complemente el valor de los demás, y en este proceso tu valor es reconocido. Como consecuencia de exaltar a los que te rodean, encuentras placer y felicidad. Te ganas la lealtad y el amor de tu familia al apoyar sus valores y necesidades cuando busquen establecer su autovaloración. El apartarte, por un momento, de tu drama y reconocer cuánto te divierte en realidad, ilumina tu visión general de la vida.

Vidas anteriores
En tus vidas anteriores gozaste de la celebridad imperial, encarnada en un actor o actriz, rey o reina o «estrella» de algún tipo. Consecuentemente, llegaste a esta vida con la necesidad de ser reconocido, alabado y admirado. Estás acostumbrado al aplauso y te sientes inseguro cuando te ignoran o no te tratan como alguien especial.

Esta inseguridad provoca que actúes según el criterio de la gente y que sientas que debes sobrepasar las metas de los demás para poder obtener reconocimiento. Por tu necesidad de aprobación puedes comportarte como una criatura, dependiendo de la gente que te haga cumplidos y que mime tu ego. Tu constante necesidad de reafirmación puede mermar las energías de los que te quieren, robarte libertad y la confianza en ti mismo.

En esta vida estás aprendiendo a dedicarte a causas más universales que te permitan hacer una aportación a la evolución de la humanidad. Cuando te centras en el drama universal y procuras ser vehículo para conducir la energía que contribuye a las metas de la raza humana, tu poderoso ego asume un hermoso equilibrio. El considerarte un conducto para ayudar a tus hermanos y hermanas te permite aceptar tus cualidades de criatura y ser más tolerante con tus errores porque sabes que tus motivaciones han sido nobles.

El ver a los que te rodean como amigos y no como súbditos te permite apoyar su valor singular, lo que hará que ellos te reconozcan libremente.

Debes saber claramente con qué ideales universales te identificas para que puedas ofrecer tu aprobación y apoyo vital a los demás sin esperar que te paguen con su lealtad. Ello te abre las puertas para recibir, cuando menos lo esperas, un torrente de apreciación de tu generosidad.

LUNA EN VIRGO

Estático
Si quieres ser perfecto ante los ojos de los demás, tal vez utilices la habilidad

analítica de virgo para defender tu comportamiento cuando te cuestionen. Cuando el otro no se comporta de acuerdo con tus expectativas, puedes sentirte confrontado y reaccionar con sarcasmo y un frío silencio. Quizá te guardes tus opiniones y tus valiosos puntos de vista porque temes que los demás te critiquen.

Con frecuencia, te puedes negar a compartir tus reacciones con la persona amada, e inconscientemente crear una misteriosa barrera. Como resultado, sacrificas tu integridad con el fin de ser aceptado, por lo menos por el momento; entonces tal vez te sientas culpable sin saber por qué. Al relacionarte de una forma superficial les niegas a los demás el valor de la percepción virgoniana y a ti te niegas la oportunidad de sentirte útil. Al violar tu propio código, te sometes a una severa autocrítica que acaba por socavar tu seguridad en ti mismo.

Dinámico
Podrás comunicar las normas que tiene virgo de una manera que confirme tu bondad y potencial de perfección. Cuando te deshaces de tus normas e ideas en torno a cómo debe ser el comportamiento perfecto (el tuyo o el del otro), te liberas de las ideas que te impiden acercarte a los demás.

Conforme vacías tu mente de los juicios de valor responsables de tu separación de los demás, experimentas felicidad y la proximidad comunicativa que deseas. Esto lo puedes lograr al dejar de lado la necesidad de que los demás te consideren perfecto. Esto te permite tener fe en tu intuición y te darás cuenta de cuál es la verdad para ti en una situación dada, y podrás expresarla como un punto de vista propio.

Al liberarte de las imágenes inconexas que tienes respecto de cómo crees que deba ser el servicio a los demás, podrás hablar con integridad y trascender la superficialidad. Primero, debes sacrificar tus juicios de valor en torno a tu forma «acertada» de hacer las cosas y los «desaciertos» de los demás para así poder descubrir que lo que juzgabas en el otro como comportamiento imperfecto era únicamente una falta de información para poder poner su vida en orden. Podrás satisfacer tu necesidad de sentirte útil al ver más allá de tu miedo a ser rechazado y al compartir tus puntos de vista.

Cuando utilizas la práctica aptitud que tiene virgo para el análisis con el fin de ayudar a los demás para manejar su mundo emocional, experimentas tu verdadera capacidad de servir. Esto te proporciona la aceptación de ti mismo que requieres para sentirte cerca de la gente.

Vidas anteriores
En tus vidas anteriores fuiste asistente, médico espiritual y persona que atiende las necesidades de los demás y los ayuda a «restablecer su vida». Estas posiciones te han dado una dócil humildad y el deseo de servir a los

demás. Debido a que en tus vidas anteriores también fuiste artesano o hábil con tus manos y a que curabas a la gente de sus males físicos, ahora buscas el perfeccionamiento en tu trabajo. En esta vida tiendes a exigirte perfección en todos los aspectos de tu comportamiento, y esta actitud puede interferir con el flujo de tus acciones caritativas.

Estás aprendiendo a darle expresión a la pieza del rompecabezas que tienes en este momento, sin tener que contemplar «la imagen completa». Cuando contribuyes con tu pieza del acertijo, mejora la visión general de las cosas para todos y los demás pueden cooperar contigo más fácilmente para obtener resultados que beneficien a ambas partes.

La labor que has hecho como médico, enfermera y monja te ha hecho sentir que tu comportamiento tiene que ser ejemplar, un ejemplo de perfección que sobrepase las normas de conducta que tiene el resto de la humanidad. Quizá te sientas apartado de los demás debido a ese exagerado sentido de «rectitud» que en realidad forma parte del egoísmo de una vida anterior.

En esta vida estás aprendiendo a relajarte, a distender tu rigidez, a confiar en la perfección universal del desarrollo natural de las cosas y a responsabilizarte únicamente de la parte que te corresponde. Al contribuir libremente con tu pieza del acertijo —ya sea por medio de un sentimiento, de un pensamiento, de una percepción o de un deseo momentáneo— sin tener la necesidad de que sea perfecta antes de ser expresada, estás cooperando con la gente y con los sucesos que forman parte de tu vida. Por otro lado, te vuelves un ejemplo de perfección para los demás cuando actúas desde tu integridad, expresándote plena e inocentemente, paso a paso, sobre la marcha.

LUNA EN LIBRA

Estático
Si continuamente esperas que la gente admire lo sensible que eres a las discrepancias y a la agresividad, cuando te confrontan de cualquier manera tiendes a responder con irritabilidad. Es posible que comprometas la dirección que te has propuesto llevar y tu sentido de la justicia con el fin de pacificar a los demás, esperando que ellos, a su vez, te correspondan con la concordia que requieres para tu estabilidad. Cuando tus manipulaciones no dan el resultado esperado, tal vez recurras a una actitud corrosiva de independencia y despreocupación, o a darles preferencia a tus sentimientos ofendidos para llamar la atención. Si tu compatibilidad con los demás depende de ellos, cuando surge algo que te es desagradable pierdes el sentido de la armonía con facilidad. Entonces te tragas tus sentimientos y cedes ante los demás por miedo a ofenderlos o por miedo a que te consideren injusto. Esto puede incitarlos a que se aprovechen de ti hasta que, finalmente, debido

a todas las dificultades por las que has pasado, explotas en una manifestación desastrosa. Estos despliegues emocionales tan extremos pueden alejar a los que no saben cómo penetrar tus defensas. Como resultado, no entiendes qué aspecto de tu conducta provoca que los demás desconfíen de ti.

Si temes llamar la atención por manifestarte emocionalmente, quizá te niegues a exponer tus sentimientos ante las demandas emocionales de los demás, y después te preguntarás por qué no son más considerados contigo. Como resultado, tal vez dudes de su fiabilidad y de tu propia capacidad discriminatoria. Si te complaces en la tendencia que tiene libra a ocultar sus emociones y a identificarse con la falta de armonía de los demás, puede que experimentes descargas emocionales repentinas.

Dinámico
Cuando te responsabilices de crear el equilibrio interior que necesitas para sentirte próximo a la gente, tal vez te des cuenta de que el ceder y el esperar que los demás establezcan la paz y la justicia, método que hasta ahora has utilizado, no te ha dado buen resultado. La verdad es que no has podido percibir armonía porque has estado esperando que los demás la instauren. Tal vez aquellos que desconocen tu sentido de la justicia no puedan tratarte debidamente hasta que les hagas ver las injusticias que percibes (es decir, «Esto no me gusta...»). Esto te daría fortaleza y plenitud en el camino que tú has escogido seguir.

El comprometerte con un objetivo que no esté vinculado con tu relación con la gente puede proporcionarte la confianza que requieres para saber en qué sentidos necesitas un apoyo directo, objetivo y organizado. Esto les da a los demás la oportunidad de cooperar contigo para cumplir con el objetivo que te has propuesto. Debes comprometerte a tener una conducta íntegra en tus relaciones y a confiar en que te llevarán a algo positivo. Esto te brinda el autorrespeto que necesitas para manifestar tus verdaderos sentimientos sin que te importen las consecuencias. Cuando manifiestas tu asertividad, las situaciones en las que participas automáticamente se equilibran según sus posibilidades, independientemente de la apariencia que tengan. Cuando adviertes que hay una cantidad ilimitada de gente, te animas a manifestar tu identidad y a demostrar quién eres. Esto hace que atraigas, de forma natural, a la gente que armoniza contigo.

Si le das voz al punto de vista independiente que tienes sobre las cosas, la gente te apreciará y te querrá por ser como eres. Si te rodeas de gente con la que tienes afinidades auténticas, experimentas la dicha de saber que te valora sencillamente por estar ahí con ella en ese momento. Cuando confías en tus propias percepciones y actúas con base en ellas para crear un equilibrio dentro de ti, contribuyes con una sensación de paz a la situación en que te encuentras.

Cuando miras dentro de ti y luego expresas el equilibrio y estabilidad que sientes, silenciosamente invitas a los demás a que se internen en esa parte de sí mismos. La influencia que tu armonía tiene sobre los demás los incita a que se pongan en contacto con su propia profundidad cuando deseen relacionarse contigo. Así, cuando reclamas tu propio centro, creas armonía.

Vidas anteriores
En tus vidas anteriores le has servido de apoyo a la gente como mediador o diplomático, o has desempeñado el papel tradicional de apoyo femenino, quizá como concubina. Estas vidas te han dado una identidad basada en compartir con los demás, y tu sobrevivencia ha dependido de la armonía emocional que tengas con tu pareja. En tu vida actual tal vez te encuentres comprometiendo tu verdadera identidad con el fin de mantener ese sentimiento de armonía con ella. La lección que debes aprender consiste en ser tú mismo en el contexto de tu relación. Para lograrlo, debes saber cuáles son tus necesidades, y considerar que si éstas no están satisfechas, ello se verá reflejado en tu relación. Estás aprendiendo a volver a colocarte en un contexto general para que pueda darse el intercambio equitativo. Esto requiere que le comuniques verbalmente a tu pareja lo que deseas de la relación de una manera que invite a tu compañera(o) a decir qué es lo que quiere también. Una vez que las necesidades de ambos están al descubierto, tendrán la posibilidad de sugerir una solución o un plan que sea mutuamente satisfactorio.

No obstante, debes aprender a no exagerar lo que manifiestes por miedo a no salir triunfante en lo que exiges. Tienes una actitud defensiva que proviene del resentimiento que acumulaste en tus vidas anteriores y de tu hipótesis actual de que los demás se opondrán a que te salgas con la tuya. Así, cuando manifiestas tus necesidades (lo que no es frecuente), tiendes a hacerlo de una manera tosca y defensiva que a tu pareja le impide responder de una manera honesta.

A veces tratas de compensar tu miedo a comprometer tus necesidades con un despliegue innecesario de tu fuerza. Sin darte cuenta, esto provoca que la otra persona se resista a cooperar contigo y, consecuentemente, fortalece la sensación de separación, de que no puedes relajarte y ser tú mismo, sino que siempre tienes que estar alerta para resistirte o acoplarte a las necesidades no verbales de tu pareja.

Tal vez tengas tanto miedo de perder la relación por no mantener el estado emocional del otro en constante armonía que sacrificas tu propia identidad con el fin de que tu pareja esté contenta y satisfecha. Esta autorrepresión, que fue necesaria en otras vidas para apoyar y adular a la persona que estuviera en el poder, te puede endurecer, creando un resentimiento que en el futuro puede explotar violentamente.

En esta vida puedes aprender a compartir tus necesidades con los demás como un igual, con la confianza de que ellos también querrán complacerte a ti en su relación contigo. Debes darte cuenta de que los demás desean estar en contacto con tu armoniosa, placentera y alegre disposición y de que se esforzarán por hacerte dichoso para no perderte.

También estás aprendiendo a llevar la voz cantante en tus relaciones al luchar, objetivamente, con las injusticias sociales que son motivo de desdicha. Esto lo haces mejor cuando expresas tus necesidades y objetivos verbalmente y cuando el otro también expone sus requerimientos verbalmente. De esta forma, se podrá establecer un plan equilibrado que satisfaga las exigencias de ambas partes.

LUNA EN ESCORPIÓN

Estático
Cuando continuamente requieres de la lealtad y complicidad incondicional de los demás, puedes deprimirte, volverte inseguro y enojarte cuando no te las conceden. Inconscientemente, puedes responder desafiándolos, ejercitando intuitivamente el poder que tienes sobre ellos e intentando reforzar su lealtad y tu control sutilmente. Así, según tu forma de ver las cosas, ellos pierden poder. Durante este proceso pierdes la capacidad de sentir los placeres de la interactuación equitativa y, consecuentemente, provocas tu propio estancamiento emocional.

Si el perder el control sobre las personas te causa inseguridad, tal vez intentes satisfacer las preguntas de todos, creando una dependencia por parte de ellos y la sensación de que tienes autoridad. Al restarle poder a una persona, sin darte cuenta haces que disminuya el potencial que tiene tu relación con ella. Por lo tanto, no podrá proporcionarte la intensidad emocional, el cambio y los nuevos niveles de profundidad que necesitas para llegar a la plenitud emocional. Cuando intuyes cuáles son los puntos vulnerables del otro y lo provocas, percibes la influencia de tu poder pero tal vez acabes sintiéndote algo solo. El signo escorpión tiene cierta tendencia a sentirse inseguro en sus relaciones financieras y sexuales. Esto puede conducirlo a manipular a los demás con el fin de manifestar su fuerza.

Dinámico
Cuando te responsabilizas de crear situaciones que te causan profunda felicidad, vitalidad e intensidad, sentimientos necesarios para el escorpión en sus relaciones, tal vez te des cuenta de que el depender de los demás para poder reconocer tu propio valor no te funciona. La verdad es que la gente no tiene la capacidad de renovarte; tú eres el único que tiene la agudeza de percepción que se requiere para lograr esa regeneración.

La lección que debes aprender se fundamenta en dejar de controlar a los demás con tus manipulaciones. Entonces verás que se combinan los recursos que regeneran tu energía y creatividad. Esta renovación se lleva a cabo cuando consagras tu lealtad a aquellos ideales y potenciales evolutivos que te permiten sentirte bien contigo mismo. Una vez que abandonas tu posición de dominio podrás saber con exactitud de qué están hechos los demás. Conforme te introduces en terreno desconocido con la voluntad a arriesgarte que te ha concedido el abandono del poder, podrás relacionarte con el otro de una manera que te resulte estimulante. Podrás evolucionar cuando te entregues al estímulo que te brinda el cambio, en lugar de mantenerte en la estática posición del *statu quo*. De esta forma, comprenderás cómo puedes activar tu autovaloración por medio de un estimulante proceso de riesgo y de misterio como el que requieres para sentirte satisfecho.

Tal vez te des cuenta de que para aumentar tanto tus conocimientos como tu fuerza primero tendrás que deshacerte de lo que has acumulado en ambos terrenos. Esto te alienta a participar generosamente con la gente con ideas reveladoras, exponiendo percepciones que llevan a los demás a descubrir sus recursos ocultos. Al manifestar tu reconocimiento de las habilidades que la gente tiene escondidas, le brindas la posibilidad de cumplir sus objetivos y tendrás la posibilidad de llegar a una camaradería más profunda con ella. Así, te permitirás contribuir de manera espontánea a la dirección que llevan los demás, en lugar de oponerte a la corriente. Podrás interactuar con ellos a un nivel más profundo, hasta ahora desconocido para ti.

Al comprometerte a la libertad por medio de la renovación, comprenderás que si compartes el poder, triunfarás de una manera más auténtica. Cuando te deshaces de tu propensión al control, alcanzas niveles más profundos de contacto con la gente. Finalmente, si eres leal a tus ideales, estimulas el potencial que tienen los demás, pues les manifiestas percepciones que normalmente no expresas. Sentirás los efectos de tu autovaloración y te divertirás cuando le des expresión a tu proceso transformativo.

Vidas anteriores
En tus vidas anteriores has vivido una intensidad emocional extrema y has pugnado por el poder. Fuiste herido severamente, y esto te ha proporcionado un desarrollado instinto de sobrevivencia. Debido a que pasaste por muchas crisis y a que sufriste traiciones, tiendes a desconfiar de tus congéneres, siempre contemplando la posibilidad de que sus motivos para su proceder no sean nobles. Este sentimiento es tan fuerte que puedes suscitar que se manifieste el lado peor de las personas (las puedes provocar inconscientemente), lo que sólo acentuará tu sensación de aislamiento emocional.

Para compensar esta intensa soledad y encontrar paz, buscas a una persona en la que puedas confiar, a un compañero de vida. Sin embargo, debido a las experiencias que has tenido, tu forma de abordar las relaciones es tan obsesiva y exigente que con frecuencia se vuelve destructiva. Así, en lugar de encontrar la paz que buscas, vuelves a sentirte herido.

En esta encarnación estás aprendiendo a equilibrar esas experiencias del pasado con un sentido de apaciguamiento y serenidad. Para lograrlo, necesitas descubrir qué quieres construir con otra persona en esta vida. Entonces podrás unirte a alguien que sea merecedor de tu confianza y a quien le interese forjar una relación sólida y mutuamente satisfactoria como la que buscas. Centrándote en lo que quieres crear, en términos de una meta espiritual, podrás emplear el poder y la intensidad que has acumulado en tus vidas anteriores para construir una vida que te dé paz.

Para forjar una relación satisfactoria con tu tan buscado compañero, debes construir paso a paso, sin saltarte ninguna de las etapas que requiere establecer un cimiento sólido; y al tomar en cuenta los sentimientos del otro esta base recibirá el beneficio de las energías creativas de ambas personas. Ya que en tus vidas anteriores hubo mucha destrucción, debes recordar que tres semanas bastarían para destruir un edificio pero construirlo llevaría tres años. Al proceder sin premura, concentrándote en tu meta, podrás disfrutar del proceso de crear una relación sólida junto con otra persona.

LUNA EN SAGITARIO

Estático
Si sientes la necesidad constante de confirmar tu superioridad intelectual, tal vez te obsesiones por obtener un resultado tangible. Quizá busques la máxima «gran visión» que te permita poner en orden tu universo físico. Puede ser que creas que demostrando perfección en todos los ámbitos de tu vida, los demás te admirarán por tu moralidad y te conferirán la fe que necesitas.

Quizá, inconscientemente busques un ideal evasivo de la solución perfecta para así poder probar tu rectitud moral. Si no cuentas con un ideal máximo, puedes sentirte perdido, incapaz de actuar y de confiar en tu perspectiva sobre las cosas.

Dinámico
Cuando te responsabilices de tu acercamiento a la gente, te darás cuenta de que el difundir tus conclusiones teóricas no te lleva a una comunicación eficaz. La imperfección te puede llegar a preocupar tanto que te impedirá ver la imagen perfecta de ti mismo reflejada en la mirada de los demás. La verdad

es que la gente se da cuenta de la nobleza de tu intención. Debes intentar deshacerte de tus juicios y evaluaciones para que puedas aceptar tu propia perfección. Esto lo puedes lograr si te concentras en percibir la profundidad que hay en los mensajes de los demás; así, al reconocer su perfección, te pondrás en contacto con la tuya.

Si sacrificas la necesidad que tiene sagitario de probar la superioridad de sus conocimientos, podrás escuchar atentamente las preguntas de los demás. Si respondes con réplicas intuitivas y espontáneas, les permites encontrar la verdad y la fuente de su propia perfección. De esta forma, te sientes seguro y estableces la relación que buscas con la gente. Al poner a los demás en contacto con su potencial de entereza, percibes la tuya.

Tienes la capacidad de comunicarte inocentemente cuando compartes tu visión sagitariana de las cosas y cuando permites que los demás la apliquen a sus vidas. Esta técnica te permite cooperar con ellos de una forma que pueden aceptar, y esta aceptación es el reconocimiento que necesitas. Al descubrir que tienes la capacidad de comunicar la verdad de las cosas, te sientes seguro de ti mismo y logras esa proximidad que tanto deseas tener con la gente en el campo de los ideales.

Vidas anteriores
Has pasado tus vidas anteriores enriqueciéndote con verdades espirituales que te han permitido servir de ejemplo en este sentido. Has encarnado la figura del filósofo, del líder espiritual o del naturalista. En algunos casos, el mal uso que has hecho de las posiciones de autoridad espiritual (el colocarte por encima de la ley) te ha causado una ofuscación en esta vida respecto de las costumbres sociales. Hasta que comprendas esto, en esta vida quizá sigas teniendo desaciertos que irán acompañados de castigos y retribuciones (aparentemente injustos) por parte de la sociedad. En este caso, estás aprendiendo a no colocarte, por medio de una actitud inapropiada, por encima de las leyes éticas y sociales. Una vez que decidas cooperar con las costumbres sociales dominantes, la ofuscación desaparecerá y dejarás de sentir que la sociedad inhibe tus deseos de libertad.

Tu pasado se caracteriza por haber seguido tu propio camino sin tomar en cuenta las demandas de la sociedad, es decir, viviendo bajo tu propia ley. Consecuentemente, has vivido aislado de la sociedad, y has venido a esta vida sintiéndote solo y con el deseo de que los demás te comprendan y te acepten. En esta encarnación te gustaría compartir con la gente la verdad que conociste y la inspiración que obtuviste en tus vidas anteriores, con la esperanza de que la vitalidad de este intercambio te vuelva a conectar con tu propia fuente.

Cuando abandones tu cima filosófica y aprendas a relacionarte con el otro, te darás cuenta de que para ser comprendido primero tendrás que comprender a los demás. Estás aprendiendo a deshacerte de tus actitudes de superioridad, las cuales te aíslan, y a utilizar tu mente para descubrir las reglas implícitas de la interacción personal que los demás dan por sentadas. Cuando aceptes las limitaciones que conllevan las convenciones del comportamiento social, podrás compartir tus percepciones filosóficas con los demás de una manera que puedan aceptar y apreciar.

LUNA EN CAPRICORNIO

Estático
Cuando constantemente necesitas que los demás te confirmen que eres la parte más importante de sus relaciones interpersonales, tal vez, sin darte cuenta, los manipules emocionalmente para que te respeten. Esto te puede conducir a manifestaciones dramáticas innecesarias para expresar tu sufrimiento con el fin de que reconozcan y admiren la habilidad que tienes para sobrevivir. Puede ser que, instintivamente, salvaguardes tu imagen e intentes apaciguar a los demás convirtiéndote, por ese momento, en lo que ellos respetan.

Al sacrificar tu «yo» para obtener respeto, quizá pierdas tu identidad. Si te complaces en la tendencia capricorniana de controlar una relación, tal vez prives al otro de su propia autoridad y habilidad para proporcionarte la admiración que requieres. Quizá para poder sentirte amado necesites que constantemente te aseguren que vales. Esta tendencia le concede el poder al otro y puede provocar que te sientas inseguro y confuso.

Dinámico
Si reconoces la necesidad que tiene capricornio de controlar sus relaciones, te darás cuenta de que los métodos que hasta ahora has seguido para conseguir que los otros confirmen tu identidad te han impedido que te respetes a ti mismo. La verdad es que los demás no pueden mostrarte respeto cuando te encuentras tan ocupado revistiéndote con su personalidad; ello te deja sin personalidad propia para recibir reconocimiento alguno.

La lección que debes aprender consiste en dejar de controlar a los demás para que sepas con quién estás tratando. Esto lo lograrás al reconocer la singularidad del otro, que a su vez te permitirá reconocer y demostrar tu propia singularidad, y así te percibirás a ti mismo como alguien distinto a los demás.

Cuando les inspiras a los demás la confianza suficiente para que desarrollen la capacidad de estar al mando de sus vidas, te das cuenta de la influencia que tienes. Tu sensibilidad puede alimentar al otro y reflejar en él la confianza que tienes en su habilidad para llegar al éxito y para estar en dominio de sus emociones. Entonces verás que su autoestima le permite estar a la altura de las circunstancias. Esta técnica de apoyo te permitirá reconocer tu habilidad para organizar a los demás con el fin de que cumplan el objetivo que se han propuesto.

Cuando le estimulas al otro su aptitud para la autoridad y el liderazgo, reconoces estas cualidades en ti mismo. Podrás hacerles honor a tus deseos cuando respetes la necesidad que tienen los demás de manifestar su propia identidad; ello te dará un sentido de quién eres. Conforme busques satisfacer las necesidades personales de tu identidad, podrás escoger la acción independiente. Cuando te comprometas a seguir una dirección y cumplas con tu compromiso, creerás en tu autoridad y te ganarás el respeto de los demás.

Vidas anteriores
Tienes la sensación de que para sentirte emocionalmente seguro debes estar en una posición de dominio debido a que en tus vidas anteriores ocupaste cargos de mando y autoridad. El haber figurado como cabeza, líder político y en puestos socialmente prestigiosos te ha acostumbrado a recibir respeto, deferencia y la cooperación automática de los que te rodean. Por lo tanto, cuando en tu encarnación actual no te sucede una cosa similar, crees que algo te falta y te sientes inseguro en tus relaciones con la gente. Normalmente, buscas «taponar ese agujero» con el fin de sentir que tienes un cimiento firme para iniciar una relación con la seguridad de que podrás manejar cualquier situación.

Tu antigua tendencia a no implicarte emocionalmente, a cerrarte y permanecer invulnerable no te proporcionará la satisfacción emocional que deseas en esta vida. En el campo de las emociones buscas dominar, pero lo primero que tienes que hacer para lograrlo es abrirte a tus sentimientos y expresarlos. Aun cuando en un principio no tengas todos los elementos bajo control, debes estar dispuesto a pasar por el proceso de experimentar e integrar tu parte femenina y masculina (las emociones y el control). Debes estar dispuesto a «andar el camino» para poder obtener el resultado emocional deseado junto con el sentido de tener un aposentado dominio de ti mismo.

Mientras aprendes a no juzgar o invalidar tus sentimientos, sencillamente exprésalos en virtud de compartir identidades con los demás. Ello le permitirá al otro compartir sus sentimientos contigo, dando lugar a un cambio alquímico que será positivo para la relación. De esta forma, podrás identificar tus deseos y los de la otra persona, lo que te dará una sensación de claridad y te permitirá ver la relación desde otra perspectiva totalmente distinta.

Una vez que obtengas esta perspectiva podrás tener una imagen de ti mismo en el futuro, una nueva percepción de tu yo, que está emergiendo a través de la relación. Éste es un aspecto importante sobre el que debes trabajar. Al expresar tus sentimientos consigues un nuevo equilibrio y un reajuste entre tu persona y tus circunstancias. También tendrás la seguridad de que sin importar con qué te encuentres, sabrás dónde colocar las piezas en el esquema general de las cosas. Con todo esto lograrás tener un sólido sentido de tu autoridad en relación con el mundo.

LUNA EN ACUARIO

Estático
Cuando insistes en buscar en los demás la retroalimentación que te permita confirmar tu autovaloración en situaciones personales y emocionales, sin darte cuenta manifestarás tu poder y autocontrol. Estás consciente de las motivaciones y deseos que ocultan los demás. Si utilizas esta aptitud para manipularlos en relación con tu valor, tal vez te encuentres incapaz de mantener intactas tanto tu integridad como tu identidad. De ahí que tu autovaloración pueda estar a la precaria merced del mundo exterior y a la del éxito con que lo manipules.

Al depender de la retroalimentación que te brinden los demás, tal vez te sientas inseguro en cuanto a la acción que debas tomar. El necesitar de su validación hace que te sientas intranquilo respecto de tus conexiones mate-riales y sexuales con otras personas. Por esta razón, tal vez temas que cual-quier relación íntima que tengas te coloque en la vulnerable posición de ser rechazado emocionalmente.

Con el fin de evitar esta situación, tal vez hagas un drama que te asegure que los demás se mantendrán a distancia; pero este juego dará una imagen negativa de ti y te conducirá al aislamiento emocional.

Dinámico
Cuando te responsabilices de crear relaciones cariñosas, tal vez te des cuenta de que los métodos que hasta ahora has utilizado para relacionarte han dejado patente que para los demás vales la pena. La gente no puede proporcionarles a tus relaciones el idealismo que buscas, y al buscar su aprobación tal vez no te des cuenta de lo que te ofrece para que tu ideal se vuelva una realidad. La lección que debes aprender se fundamenta en dejar de buscar la aprobación de los demás para que sepas qué es lo que para ti es valioso en la gente.

El tener un sentido de lo que vales te pone en contacto con tu sistema de valores. Por otra parte, si haces lo que en tu opinión vale la pena y necesita hacerse, tu autovaloración aumentará automáticamente. Así, tendrás algo que ofrecer a los demás y la relación con ellos automáticamente comenzará a ofrecer el idealismo que deseas. Como consecuencia, los demás te darán su admiración cuando no esperas recibirla, pues no la estarás buscando conscientemente.

El ponerte en contacto con la criatura que llevas dentro te permite expresarte de una manera que invita a los demás a jugar contigo. Al manifestar aquellos valores que te hacen sentir lo divertida que puede ser la vida, podrás mantener el contacto con tu vitalidad y tu autovaloración.

Conforme les inspires confianza a los demás y los animes a expresar sus talentos y aptitudes, verás que personificarán la prolongación de tus ideales en torno a la hermandad entre la gente, aunque tal vez no estén conscientes de ello. Durante este proceso podrás establecer todas las amistades cariñosas que quieras, y experimentar la satisfacción de ver que tus ideales y valores humanitarios se cristalizan.

Vidas anteriores
Ya que en tus vidas anteriores viviste en situaciones comunitarias (harems, monasterios, orfelinatos, etc.), tu conciencia de ti mismo está vinculada al contexto grupal; así, tu estabilidad emocional tiende a depender de la armonía y la correspondencia que tengas con los que te rodean. Incluso puedes llegar a sacrificar tu individualidad para mantener la paz con los demás, pues temes que tal vez algún día necesites de su amistad para sobrevivir. Las relaciones que has tenido con el grupo en tus vidas anteriores te han hecho demasiado dependiente de tus semejantes, al grado que puedes llegar a concentrarte únicamente en tus amistades y excluir de tu vida las relaciones más íntimas.

Una de las lecciones que estás aprendiendo en esta reencarnación es a hacerte fuerte. Al tomar conciencia de lo que quieres y luego manifestar tu poder creativo para conseguirlo, revitalizas tu antigua dependencia de la disociación y vuelves a incorporarte a la vida de una manera más sana. Estás aprendiendo a asumir el mando y a disfrutar del proceso creativo, utilizando como herramientas lo excitante, lo lúdico y el romance para que los demás te sigan y conjuntamente puedan crear metas que sean para el beneficio común.

Como en tus reencarnaciones anteriores faltó un verdadero amor y en tu vida predominó un ambiente impersonal, es natural que al comenzar una relación profunda te sientas inseguro. Estás aprendiendo a revestir tus relaciones, ahora más personales e intensas, con un trato humanitario hacia la otra persona con el fin de crear un acercamiento mientras trabajas para el bien común.

Las experiencias que has tenido en el pasado te han dotado de un sentido nato de lo que es positivo para la comunidad y una predisposición natural para hacer lo que propiciará el bien para los demás. Tu amistad puede ser de las más nobles. Estás aprendiendo a combinar esta capacidad con lo que quieres en una relación para después crear una estructura que satisfaga las necesidades de ambas personas.

Estás aprendiendo a crear lo que deseas, prestando atención a aquellas relaciones que te son importantes y monitoreando cuidadosamente la situación para verificar que sigue la dirección de tus objetivos. Es importante que tengas una meta en tus relaciones, pues su creación y su satisfacción le dan validez a tu participación. Necesitas aprender que prestarle atención a una relación la hace evolucionar, mientras que restarle atención hace que se marchite. Si pasa esto, la otra persona se irá, buscando una relación más constante en otra parte.

Tu disposición natural al buen humor te permite sobrellevar las flaquezas y aspectos egoístas que puedan tener los demás, y ello te sirve de válvula de seguridad en caso de que en tus relaciones personales haya desacuerdos graves.

LUNA EN PISCIS

Estático
Si continuamente buscas que el comportamiento del otro automáticamente le dé validez a tu concepto de la perfección universal, puedes acabar negándote a ver la vida como realmente es. Al vivir en tu ideal de perfección universal en la Tierra, tal vez sin darte cuenta te pierdas en tus creencias de torre de marfil. Estas creencias no te permiten escuchar a la gente ni verla de una manera realista e impredecible.

Si la gente no llega a la perfección que tú le confieres en tu visión de piscis, te puedes llegar a sentir traicionado personalmente, y cuando después buscas una perspectiva que te permita ver en dónde estuvo el error, ya sea tuyo o del otro, puedes quedarte muy aislado. Esta constante desilusión que te causan los demás cuando no cumplen con tus expectativas te descalifica, te confunde y te impide manejar tus relaciones.

Dinámico
Cuando aceptes la responsabilidad de impartir tu visión de perfección a los demás, tal vez te des cuenta de que los métodos teóricos de comunicación que has venido utilizando sencillamente no te funcionan. La verdad es que el otro no puede concederte la perfección que buscas; la gente está ocupada pensando en su propio ideal de perfección. La lección que debes aprender consiste en purificar los pensamientos negativos que tengan los demás para que así puedan encontrar soluciones positivas dentro de sí mismos. Entonces serán capaces de cambiar su comportamiento para corresponder con su perfección interior.

Podrás purificar sus creencias negativas cuando te des cuenta de la realidad que encierran sus puntos de vista. Debes observar que el comportamiento que tiene una persona en una situación depende de la perspectiva que de ella tenga. Cuando sacrifiques tus expectativas de que la gente sea perfecta y de que espontáneamente acepte tus ideas, serás capaz de escuchar detenidamente la lógica que sigue respecto de sus problemas y entenderás el porqué de su falta de perfección. Cuando reconozcas que el otro sólo quiere compartir sus aflicciones contigo para poder sanarse, tal vez te animes a escuchar lo que te está diciendo.

Podrás curar espiritualmente a los demás instantáneamente cuando escuches sus opiniones y su negativismo desde una perspectiva silenciosa: «Sí, me estás contando qué es lo que te hace sufrir».

Los malos entendidos se disipan cuando cuestionas al otro y buscas comprender su punto de vista compasivamente. Te podrás relacionar de una manera igualitaria y participativa cuando incluyas en tu visión los puntos de vista y pensamientos que encierran las acciones del otro. Al abrir esta puerta, experimentas el amor incondicional que buscas.

Al crear una atmósfera positiva reconfortas a la gente, pues le expresas tu confianza en la perfección de las cosas tal y como son. Tienes la capacidad de proporcionarles una imagen general de lo correcto que es el proceso por el que estén pasando. Cuando tus poderes de perspectiva se utilizan para distinguir en qué área de su vida se siente imperfecta una persona, eres capaz de contribuir con la comunicación que promueve la fe y autoaceptación. Durante dicho proceso le das validez a tu visión y tú también te purificas espiritualmente.

Vidas anteriores

El haber pasado tus vidas anteriores en monasterios o conventos o en lugares en donde estuviste apartado de la sociedad, te ha dejado con una visión de la vida idealista e ingenua. Parecería que flotaras a través de las duras realidades de la rutina cotidiana y sólo olieras las flores que encuentras en tu camino. Cuando el mundo no responde a tus expectativas en cuanto cómo debe ser el comportamiento humano, puedes sentirte profundamente desilusionado; sin embargo, no tardas en recuperarte y ponerte tus lentes de color de rosa otra vez.

Las experiencias monásticas de tus vidas anteriores te han llevado a ciertas dependencias materiales que sientes como necesarias para mantenerte consciente de la curación espiritual. Estás acostumbrado a que los demás cuiden de ti, te cocinen y establezcan tu rutina diaria. En el monasterio, por ejemplo, alguien tocaba la campana para avisarte cuándo tenías que levantarte, cuándo debías ir a la iglesia o al templo, cuándo comer y así sucesivamente. Por lo tanto, nunca has sido disciplinado, cosa que debes aprender en esta vida. Estás aprendiendo a aceptar tus responsabilidades y a «levantarte solo».

Estás acostumbrado a vivir en una realidad atemporal, pero en esta vida debes aprender el valor práctico que tiene el llevar esa realidad celestial a la vida diaria, apegándote a una rutina y prestando atención a la puntualidad. Estos factores podrían darle fuerza a tu vida y concederte la seguridad en ti mismo para manifestar tu conciencia espiritual de una forma efectiva en tu vida cotidiana.

Por otra parte, también estás aprendiendo a prestarle atención a tu dieta y a tu salud. En otras vidas no eras responsable de tu bienestar alimenticio, pero en esta reencarnación estás aprendiendo a discriminar para ingerir aquellos alimentos que darán a tu cuerpo una sensación de fuerza equilibrada, la cual permitirá que tu conciencia espiritual fluya sin interrupciones.

En tus vidas anteriores no procurabas alcanzar objetivos materiales porque estabas aprendiendo a confiar en el universo y a salir a la superficie del flujo universal con plena confianza. Sin embargo, te apegaste demasiado a estos patrones de comportamiento, y en esta vida te han llevado a cierto estancamiento. Sólo aprendiendo a aplicar tu sentido de la fe y del amor incondicionales en la vida cotidiana podrás regenerar tus sentimientos de absoluta felicidad. Vuelvo a repetir que debes centrarte en metas claramente definidas y en practicar una disciplina.

En esta reencarnación le retribuirás a la sociedad todo el apoyo que te brindó en otras vidas por medio de las instituciones que patrocinaron tu ilustración y dándote sustento material. Es hora de que utilices los frutos de tus prácticas espirituales —el amor incondicional, la capacidad de curar espiritualmente, tu visión de lo sublime— para trabajar libre y efectivamente para el bienestar de los que te rodean.

Para ti esta vida es para servir, o sufrir. Puedes escoger servir a la sociedad activa y constructivamente o sufrir tras los muros de la soledad, sintiéndote incomprendido y creyendo que el mundo se aprovecha de ti. Cuando te responsabilices de establecer las estructuras que necesitas en tu vida, sentirás que tienes un apoyo por el cual podrán fluir las energías emocionales de una forma equilibrada. Entonces, te encontrarás sobre el camino hacia la satisfacción emocional en esta reencarnación.

LA LUNA EN LAS CASAS

1a. Podrás obtener seguridad emocional por medio de la expresión honesta y directa de tus sentimientos y a través de la voluntad de expresar las emociones a flor de piel.

2a. Podrás conseguir seguridad emocional al establecer una serie de valores materiales concretos y al adquirir y construir una estructura material segura.

3a. La seguridad emocional puede adquirirse al comunicar los procesos mentales conscientes y cambiantes, y a través de la escritura y de la enseñanza.

4a. Podrás obtener seguridad emocional al enriquecer a los demás con tus sentimientos sensibles y personales, y a través de un medio ambiente familiar seguro.

5a. Conseguirás seguridad emocional por medio de la expresión dramática de tus sentimientos personales de manera que sirva de inspiración a los demás, y al dramatizar tu yo por medio de esfuerzos creativos.

6a. Llegarás a la seguridad emocional al servir a los demás de una manera práctica que exprese tu sentido de obligación y del deber, y al rendir servicio a la gente en el ámbito material.

7a. Podrás adquirir seguridad emocional al asociarte con otra persona (incluyendo el matrimonio), al interactuar socialmente con otra gente y asociándote con ella.

8a. Obtendrás seguridad emocional al establecer un vínculo psicológico, material o emocional con otra persona, y al percibir a los demás de una manera profundamente emocional que te conduzca al alineamiento psicológico con la imagen que tienes de ti mismo.

9a. Podrás conseguir seguridad emocional al compartir pensamientos filosóficos elevados con otras personas, y a través de la enseñanza, de los viajes y experimentando con cosas que expandan tu ser hacia nuevos horizontes.

10a. Obtendrás seguridad emocional al involucrarte en actividades públicas que te concedan reconocimiento personal y posiciones de autoridad desde las que puedas organizar a otros.

11a. Podrás adquirir seguridad emocional al participar en actividades de grupo o con amistades que te permitan expresar tus pensamientos e ideales, y por medio de tu participación en una amplia variedad de interacciones impersonales y actividades grupales que tengan fines humanitarios.

12a. Llegarás a la seguridad emocional al identificarte con ideales y visiones esotéricas que estén más allá del ámbito material, y por medio de la interacción con los demás que te permita sentir que les ofreces un servicio espiritual a través de la compasión y curación espiritual universales.

Mercurio

MERCURIO: CLAVE PARA UNA COMUNICACIÓN GRATIFICANTE

Mercurio en la carta natal:

- Denota el talento que tienes para comunicarte verbalmente con los demás.
- Indica el miedo que, inconscientemente, te impide ser tú mismo y decir la verdad.
- Ilustra los motivos por los que reprimes tu manifestación verbal, lo que inevitablemente es causa de malentendidos con los que te rodean.
- Explica el proceso mediante el cual desarrollas preocupaciones y expectativas negativas que te conducen al aislamiento y a negarte el verdadero contacto con los demás por miedo.
- Te demuestra cómo comunicarte de una manera que manifieste un sentido de afinidad y participación para con los demás.
- Revela qué tipo de conexión mental con la gente te permitirá un verdadero intercambio de información que produzca comprensión y expansión mutuas.
- Define la naturaleza de tus talentos mentales y la manera en que abordas las cosas en un sentido intelectual.
- Señala el área en que debes concentrarte para que la comunicación se vuelva un vehículo para alcanzar la satisfacción de ser comprendido plenamente por los demás.

MERCURIO EN ARIES

Estático
Cuando temes perder el efecto que causas al comunicarte de una manera directa y autoritaria, cesas de comunicarte eficientemente con los demás.

Quizá tiendas a hablar de una manera que parezca agresiva, desbordante o casi militarista. Esta postura, retadora e intimidante, puede acabar apartándote de la gente o ser mal entendida.

Dinámico
Cuando centras tu atención en comunicarte de una manera que inspire a los demás a actuar, tu natural predisposición al combate se convierte en interacción creativa y estimulante. Al esforzarte por servir de inspiración a los demás te podrás expresar de una manera que los haga conscientes de nuevas formas de percibir sus circunstancias inmediatas. Cuando adviertas sus reacciones, de antemano sabrás qué efecto tendrá tu manera de comunicarte. Esta conciencia del otro te permitirá disfrutar del sentido ariano de libertad para expresar tu asertividad.

MERCURIO EN TAURO

Estático
Si te dejas llevar por el miedo que tiene tauro de perder el apoyo tangible, desde el punto de vista racional puedes caer en repetir tus ideas y tus planes. Como resultado, tal vez tu mente tienda a la estructuración desmedida y se estanque en el pensamiento material o literal, que entorpecerá tu creatividad. El resistirte a aceptar ideas que no sean tuyas te puede conducir a negarte la posibilidad de que los demás te ayuden a manifestar tus valores en el sentido material.

Dinámico
Cuando estás dispuesto a comunicarte abiertamente y a reconocer que las ideas de los demás pueden ser tan valiosas como las tuyas, descubres que esas ideas pueden transformar y enaltecer las tuyas. Podrás utilizar las ideas de otra gente como recurso, y esta transformación hará que ella acepte tus conceptos. Cuando escuchas a los demás y les comunicas las percepciones que tiene tauro en cuanto a la forma en que sus ideas pueden producir resultados tangibles, tu sentido de autovaloración puede aumentar.

MERCURIO EN GÉMINIS

Estático
Si temes perder tu capacidad de conectar en un grado superficial con una variedad de gentes e ideas, tal vez tu mente racional se instale en el pensamiento superficial. Puede que este maestro de la trivialidad coleccione

datos que no tengan valor práctico alguno. Si te complaces en la tendencia geminiana de divagar de un pensamiento a otro, tal vez termines por hablar mucho sin comunicarte verdaderamente.

Dinámico
Cuando te concentras en uno de tus variados intereses, tu ágil mente, tu adaptabilidad y tu depurada lógica pueden lograr una comunicación clara con una amplia variedad de gente. Al concentrarte y comunicarte claramente con el fin de llegar a una conclusión antes de proseguir, podrás dejar de ser el estudiante perpetuo y te volverás capaz de enseñar y dirigir a los demás hacia diversas fuentes de conocimiento.

MERCURIO EN CÁNCER

Estático
Si temes perder tus conexiones emocionales con la gente, tu mente racional puede ser dominada casi por completo por los sentimientos y emociones cancerianos. Ello puede hacer que te comuniques de una forma que, inadvertidamente, fuerce a la gente a responder con indulgente compasión o con explícito rechazo. Al dejarte llevar por una forma de comunicación que exige la compasión de los demás, puede ser que quedes innecesariamente expuesto al rechazo.

Dinámico
Cuando centras tu atención en percibir la sensibilidad de los demás además de la tuya, tu capacidad de comunicación sobrepasa las palabras. Entonces puedes comunicarte de una forma emocional, sensible y compasiva que verdaderamente refleja tu preocupación por los demás.

MERCURIO EN LEO

Estático
Si temes perder el efecto dramático que causas en los demás y su lealtad, quizá te expreses de una manera que parezca déspota, arrogante y egoísta. Esto puede hacer que te comuniques de una manera unilateral, implicando que lo que tú dices es más importante que lo que digan los demás. Sin que te des cuenta, esta forma desequilibrada de comunicación puede llegar a aislarte de tus seres queridos.

Dinámico
Al estar consciente del efecto que causas en los demás, te darás cuenta de que

la aptitud que tiene leo para el dramatismo puede enaltecer o destruir lo que estás diciendo. El talento que tienes para comunicarte con un efecto teatral deja, para bien o para mal, una impresión duradera. Cuando te esfuerzas por conversar participando de una manera humanitaria, tienes la capacidad de energetizar las ideas de los demás con creatividad e inspiración. Al darte cuenta del amor que sientes por la gente, instintivamente te expresarás de una manera que inspire lealtad.

MERCURIO EN VIRGO

Estático
Si te complaces en la tendencia que tiene virgo a analizar y juzgar lo que está bien o mal tanto en ti como en los demás, podrías llegar a conceptualizar una cantidad infinita de categorías. De esta forma, te podría resultar difícil comunicarte de una manera ordenada y confiada. Tu afán por el análisis categórico del bien y del mal puede parecer duro y, sin que te des cuenta, puede aislarte de los que te rodean. Por lo tanto, al juzgar a los demás puedes terminar por autocriticarte severamente cuando consideres que tu comportamiento no ha sido adecuado.

Dinámico
Cuando confíes en el orden inmaterial y universal de las cosas, podrás dejar de ser defensivo en cuanto a la imperfección que reflejan las acciones de la gente. Al fomentar tu tolerancia respecto de ti mismo, podrás realizar un trabajo a la perfección, pero sin aplicar las mismas normas a tu vida personal. Si abandonas tu afán por el perfeccionismo, la relación y comunicación con los demás podrá darse a otro nivel. No tendrás que mostrarte defensivo con los demás, porque ya no tendrás que justificar tu calidad de humano ante ti mismo.

MERCURIO EN LIBRA

Estático
Cuando te dejas llevar por tu miedo a no decir lo apropiado y buscas la aceptación inmediata de los que te rodean, quizá la comunicación quede estancada. Al contenerte de decir honestamente lo que piensas por miedo al rechazo, tu mente puede empantanarse en una serie de consideraciones que te vuelven indeciso. Si no te permites exteriorizar lo que piensas, quizá pierdas la perspectiva, la integridad y la percepción equilibrada de las cosas.

Dinámico
Si centras tu atención en tu propio punto de vista y compartes tu opinión con los demás, descubrirás el impacto que tiene tu percepción espontánea de las cosas. Si te concentras en lo que es necesario decir en lugar de lo que crees que a la gente le gustaría escuchar, contribuirás a la situación con una visión justa, verdadera y equilibrada de las cosas. Es posible que entonces te des cuenta de que posees un talento natural para la diplomacia y la comunicación que de inmediato restablece la armonía sin comprometer la integridad personal de nadie.

MERCURIO EN ESCORPIÓN

Estático
Cuando te dejas llevar por el miedo que tiene escorpión de perder la influencia que ejerce sobre los demás si expresa sus motivaciones y deseos, tu forma de comunicarte puede tornarse defensiva, misteriosa y vengativa. Si temes volverte vulnerable al expresar tus sentimientos más profundos, pudiera ser que te pierdas en una constante confusión. Como consecuencia, quizá te sientas enojado, impaciente o intimidado, o tal vez te niegues por completo a comunicarte, alejando así a la gente y sintiéndote tremendamente solo.

Dinámico
Si te esfuerzas por manifestar lo que es importante para ti, tu aguda percepción podrá revelarle a los demás el lado más profundo de esa comunicación. Tienes la capacidad de develar aquellos secretos que pueden transformar a todo el grupo. Al demostrar la incisiva habilidad que tiene escorpión para percibir, más allá de las palabras, el meollo de un asunto, potenciarás una conciencia en los demás que les será positiva y tu sabiduría y autovaloración aumentarán.

MERCURIO EN SAGITARIO

Estático
Si te dejas dominar por el miedo a perder tu capacidad de impresionar a los demás con tu superioridad intelectual, puedes saltar a conclusiones de frágil sustento. Tu mente racional puede perderse en teorías faltas de lógica y de hechos que las fundamenten. Después, sin darte cuenta, las expondrás en tono moralizador, con rimbombantes palabras y un aire de pomposa rectitud.

Dinámico

Cuando tu mente haga una clara distinción entre el pensamiento prejuiciado por la emoción y el que está basado en la lógica y los hechos, te liberarás del aislamiento que te causa la tendencia sagitariana a la petulancia intelectual. Entonces podrás comunicar tus inspiradas percepciones sin ninguna necesidad de probar tu superioridad intelectual. Tu aptitud para enaltecer a los que te rodean está basada en el toma y daca de la participación y la comunicación.

MERCURIO EN CAPRICORNIO

Estático

Si te dejas llevar por el miedo que tiene capricornio de perder su condición social al no saber las respuestas a todas las preguntas, corres el peligro de pretender ser una autoridad intelectual en todos los campos. Tal vez aproveches cada oportunidad que se te presente para coleccionar información con la que puedas impresionar a los demás, siempre con una actitud autoritaria. Esto puede hacer que pierdas la credibilidad de la gente y termines aislándote. Si te expresas de una manera pretenciosa, la gente se decepciona de ti y no comparte contigo la información que tiene. Esto puede provocar que tus intentos por comunicarte se vean constantemente entorpecidos.

Dinámico

Si adviertes qué información necesitan los demás, podrás compartir con ellos ideas que enriquezcan la situación sin esfuerzo. Cuando tu motivo para proporcionar información sea apoyar al otro, automáticamente y sin ninguna pretensión le comunicarás datos que le serán útiles. Si te liberas de la necesidad capricorniana de tener autoridad, compartirás con los demás la información necesaria para el mejoramiento mutuo.

Podrás dejar de tomarte a ti mismo tan en serio cuando le prestas atención a la sensibilidad de los demás. Entonces podrás organizar la situación en la que te encuentras eficientemente y compartirás tu autoridad con los demás. Esto permitirá que la gente pueda mostrarte aprecio y respeto por tus habilidades.

MERCURIO EN ACUARIO

Estático

Cuando temes perder la objetividad intelectual, la mente racional de acuario puede volverse fría e insensible a sus propios sentimientos y a la parte de su intuición que le permite identificarse con los demás. Por esta razón, tal vez pierdas la sensibilidad para comunicarte con los demás. Al introducirte en una objetividad que no permite juzgar, sin darte cuenta puedes llegar a alejar a los demás con tu irritabilidad. Cuando temes perder tu concepción impersonal del amor universal, quizá le respondas a la gente de una manera abstracta y desconsiderada. Esto puede causar que la gente se aleje de ti.

Dinámico
Cuando centras tu atención en conectarte con los demás, te vuelves consciente de su sensibilidad. El reconocer la individualidad de la gente te permite materializar tu ideal de amor universal. Tienes la capacidad de establecer una conexión comunicativa que permite que los demás participen en tu singular manera de ver la vida. Esto lo puedes lograr abriéndote a la identificación con los demás. Cuando manifiestes tus opiniones, te sentirás más tranquilo si atemperas tu objetividad considerando a la vez el punto de vista del otro y su sensibilidad emocional.

MERCURIO EN PISCIS

Estático
Si te dejas llevar por el temor que tiene piscis de perder su visión de lo perfecto que podría ser el ideal, puede ser que acabes sacrificando la realidad por tu mundo de fantasía. Quizá no manifiestes algunas de tus percepciones por miedo a que los demás las invaliden. Es entonces cuando tu habilidad de comunicarte con claridad se entorpece y se pierde en las distracciones de tu mundo emocional. Cuando te retraes en tu realidad y te niegas a interactuar con los demás, puedes perder esas agudas percepciones que ayudan a que se manifieste tu manera de pensar.

Dinámico
Puedes esforzarte por ver la pobreza espiritual y la confusión que existe en la vida cotidiana. Esto te permitiría sobreponerte a tus miedos y cooperar de una manera auténtica con los demás. Cuando manifiestas tus aptitudes creativas e intuitivas, permites que la gente penetre en tus percepciones psíquicas. Tus ideales podrán convertirse en realidad cuando compartas tu visión intuitiva de las cosas con la gente.

MERCURIO EN LAS CASAS

1a. Denota si hay una marcada habilidad para la expresión verbal y una tendencia hacia la flexibilidad o, en caso extremo, a la superficialidad.

2a. Indica la existencia de un sentido natural de lo práctico y la habilidad para comunicarse de una forma que produzca resultados tangibles.

3a. Representa la habilidad de percibir los procesos mentales de los demás y de manipular su pensamiento para fines positivos o negativos.

4a. Revela la capacidad de percibir las sensibilidades más profundas de los demás y de considerarlas al comunicarte.

5a. Denota la capacidad de reconocer la oportunidad para realzar la comunicación propia de una forma dramática.

6a. Expresa la capacidad de analizar datos por separado para luego entretejerlos en una unidad con el fin de que comuniques las percepciones que de ellos derives, ya sea a través de la crítica incisiva o por medio del análisis objetivo.

7a. Describe la aptitud para percibir las posturas de la gente y de comunicarte con ella de una manera eficiente. Debes escoger entre comunicar la verdad en torno a lo que estás experimentando o decir lo que los demás quisieran escuchar.

8a. Indica la habilidad de percibir los motivos que los demás ocultan tras su forma de comunicarse, y de comunicarte de una manera capaz de transformarlos, ya sea para bien o para mal.

9a. Expresa aptitud para percibir y hablar desde una perspectiva filosófica e intuitiva. Debes escoger entre intimidar a los demás al juzgarlos intelectualmente inferiores o hacer que tu intuición se encargue de enseñar y de que te comuniques con los demás de una manera que les permita aprender.

10a. Denota la habilidad de percibir aquellas cosas que te pueden llevar a una posición de dominio, ya sea en un sentido positivo o negativo, y de comunicarte con autoridad cuando hablas ante un público.

11a. Indica capacidad para percibir objetivamente y para comunicarte de una manera amistosa e impersonal que no aleja a los demás ni los pone en una posición defensiva.

12a. Revela la habilidad de percibir la verdad intangible que esconden los hechos y de comunicarla a los demás.

Venus

VENUS: CLAVE PARA LA AUTOVALORACIÓN

Venus en la carta natal:

- Señala la manera en que puede introducirse la armonía social en tu vida personal.
- Indica el proceso por el cual puedes perder la confianza y la autoestima en situaciones sociales.
- Revela la manera en que, cuando te reprimes en una situación social, te sientes inadaptado, mientras que si compartes tu gusto por la participación en el entorno social, te sientes satisfecho y valedero.
- Expresa el proceso por el cual, inconscientemente, te niegas la autoestima cuando no participas plenamente en el entorno social, y el área en la que reprimes tus facultades por miedo al rechazo o a que la gente reaccione negativamente.
- Significa el área en la que te niegas a sentir placer por vivir de acuerdo con los valores de los demás.
- Demuestra el talento natural que tienes para experimentar y expresar el placer que puede ser compartido con los demás en virtud de la interacción armoniosa.
- Define tu don para hacer que la gente se sienta a gusto en situaciones sociales, contribuyendo con tu calor a que exista una atmósfera de participación abierta.
- Denota la llave para que adquieras un sentido de autoestima y para establecer tu valor ante los demás y en situaciones sociales.
- Expresa el principio sexual de recibir, en lugar de iniciar, y revela los valores personales que te brindan placer.

VENUS EN ARIES

Estático

Si en tus relaciones valoras la independencia extrema, tal vez, sin darte cuenta, te relaciones con los demás de una manera desconsiderada e impositiva. Así, puedes pasar por una interminable serie de relaciones temporales. Al intentar establecer la autovaloración de aries desatendiendo los valores del otro, tal vez acabes ganando, pero sintiéndote solo.

Consecuentemente, pudiera ser que te resistas el acercamiento, y esto con frecuencia te llevará a dudar de tu valor y de tu habilidad para relacionarte con los demás. Cuando reprimes tu capacidad de liderazgo positivo en situaciones sociales, puedes caer en una competitividad que es perjudicial para todos los que te rodean.

Dinámico

Posees habilidad para tomar la iniciativa en situaciones sociales y, sin proponértelo, puedes ser líder. Gracias al don natural que tiene aries para el entusiasmo y la valentía, influyes en los demás para que contribuyan con algo al grupo.

Te darás cuenta de tu valor cuando compartas tu independencia de una manera que ayude a que los demás se ayuden. Ello permite que adviertan su potencial para la autosuficiencia. Puedes tomar conciencia de que los demás no se sienten seguros de sus capacidades; así podrás motivarlos a creer en sí mismos y a manifestar su individualidad. Conforme ayudes al otro a construir su independencia, te darás cuenta de tu verdadero valor.

Si combinas tu talento para el liderazgo con el reconocimiento de los sentimientos de la gente, creerás en la habilidad que tienes para estimularla a que interactúe socialmente. Esta situación hace que conserves tu independencia y pone de manifiesto el valor de los que te rodean.

VENUS EN TAURO

Estático

Si en el ámbito social le das un valor obsesivo al confort, quizá te resistas a compartir tus pertenencias con los demás. Esto te niega tanto a ti como al otro la posibilidad de compartir los beneficios que aporta el talento característico de tauro para amasar bienes materiales. Así, el evadir tu obligación de compartir tus pertenencias hace que dudes de tu habilidad para adquirir más bienes materiales.

Tal vez haya momentos en que reprimas tu especial sensibilidad a la sensualidad táctil debido a que no tienes con quién compartirla; esto provoca que no disfrutes de tus relaciones con los demás.

Dinámico
Puedes tomar la iniciativa en cuanto a compartir tanto tus pertenencias materiales como tu habilidad para acumular y organizar tus bienes. Al tomar la iniciativa tendrás la certeza de que tu mérito es reconocido. Además, si hablas de los valores que te han proporcionado estabilidad, serás reconocido en el ámbito social.

Conforme te hagas consciente de las inseguridades psicológicas que tiene la gente, podrás validarla. Consecuentemente, te darás cuenta del verdadero beneficio que les brindas a los demás. Cuando compartes la sensibilidad sensual que tienes para con la vida por medio de un contacto sensual con los demás, experimentas el placer y la satisfacción de dar de ti mismo físicamente para brindarle confort a tu entorno social.

VENUS EN GÉMINIS

Estático
Si te obsesionas por el valor que para ti tiene el ser ingenioso en situaciones sociales, es posible que, sin darte cuenta, reprimas tu especial talento para aligerar una situación y para la comunicación abierta. Cuando te niegas a escuchar las ideas de los demás, tal vez te sientas inseguro de poder comunicarte con ellos. Si te complaces en comportarte con ligereza en tus relaciones sociales, puedes hacer que disminuya tu autovaloración y el valor que les concedes a los demás.

Cuando utilizas tu talento para comunicarte con el fin de manipular, de engañar o de crear una situación emocionante pero superficial con tu ingeniosa locuacidad, quizá acabes dudando de tu valor. Al intentar dar una buena impresión a los demás, puedes quedar atrapado en la superficialidad. Este tipo de comunicación te lleva a sentirte inseguro y que estás a merced de la opinión que los demás tengan de ti.

Dinámico

Si tratas de formarte una idea global de los puntos de vista de los demás, te podrás comunicar de una manera que logra aligerarles sus problemas. Esto hace que reaccionen con una sensación de placer y satisfacción. Cuando manifiestas alegría y levedad en situaciones sociales, fortaleces tu autovaloración y la confianza en ti mismo.

VENUS EN CÁNCER

Estático

Si en el ámbito social te empeñas en darle excesiva importancia a tu sensibilidad y autoprotección, sin darte cuenta podrías potenciar tu soledad. Si te dejas llevar por tu ensimismamiento, no expresarás la aptitud que tiene cáncer para comprender a los demás a un nivel profundo y personal por miedo a que tu consideración por ellos sea rechazada. Como resultado de esto, en tus relaciones podrías sentirte incómodo y terminar por enconcharte.

Tal vez tiendas a aferrarte a una idea respecto de cómo debería comportarse la gente para no herirte y para que te hagan sentir valedero. Esto te puede llevar a percibir a los demás como ásperos y poco comprensivos respecto de tus necesidades personales.

Si buscas manipular las emociones de los demás con el fin de que te presten atención y te demuestren cariño, sin darte cuenta es posible que reprimas la habilidad que tiene cáncer para atender y cuidar de la gente. Este comportamiento te conduce al aislamiento social y a una profunda sensación de inadaptación.

Dinámico

Por medio de tu disposición a compartir tu sensibilidad podrás desarrollar una intuición respecto de la situación en la que se encuentra el otro. Podrás ayudar a los demás cuando manifiestes tu rica y cariñosa naturaleza emocional. Al auxiliar a la gente a que se reponga del dolor emocional, confirmarás lo importante que puedes ser en tu entorno social. Quedará patente tu valor ante el mundo cuando manifiestes la aptitud que tienes para hacer que la gente se ponga en contacto con su sensibilidad.

Experimentas tu autovaloración cuando alientas a los demás a que comuniquen sus sentimientos y a que respondan a ellos con la sensibilidad que te caracteriza. Cuando les manifiestas a los demás tu confianza en sus capacidades, confirmas tu utilidad y tu valor. Si ofreces tu amor abiertamente, sin esperar nada a cambio, obtendrás satisfacción emocional y seguridad en todas tus relaciones sociales.

VENUS EN LEO

Estático

Si constantemente buscas la aprobación de los demás en situaciones sociales, quizá te contengas de irradiar calor y luz por miedo a que te rechacen. Tal vez te sientas atrapado en ti mismo cuando contienes tu capacidad de inspirar a los demás con tu disposición cálida y social.

Podrías censurarte a ti mismo al expresar una espontaneidad que crees que será «aprobada» por los demás. Si te dejas llevar por el miedo leonino a que los demás no te quieran, te ignoren o te juzguen duramente, en tu entorno social estarás tenso.

Al moderar tu expresividad con el fin de obtener reconocimiento, sin darte cuenta puedes manipular a los demás. Si interpretas las reacciones de la gente como un rechazo personal, te puedes llegar a sentir impotente y aislado socialmente.

Dinámico
Cuando estás dispuesto a compartir con los demás tu talento natural para la dramatización, puedes prestarles atención a sus necesidades para que te acepten, y responderles con el apoyo de tu calor. Encontrarás que al tomar la iniciativa para incluir a los demás, automáticamente te consideran parte del grupo. Podrás utilizar tu carismático instinto para el dramatismo para compartir el escenario con otras personas. Al reconocer la individualidad del otro, tienes la capacidad de animarlo, permitiéndole reponerse de emociones perturbadoras y de la monotonía de la vida cotidiana.

Eres sensible a las reacciones de los demás, y si utilizas esta facultad objetivamente, incitarás a tu auditorio a que tenga experiencias elevadas. Podrás lograr una comunicación fácil poniendo en práctica tu política participativa de «los brazos abiertos», con la que cada persona puede relacionarse tranquilamente con las demás.

Cuando empleas tu generosidad y sensibilidad para ayudar a los demás a alcanzar estados emocionales positivos, puedes experimentar tu valor social sin miedo. Tienes el talento dramático para inspirar en los demás la confianza, el calor y el entusiasmo que conducen a la autovaloración. Te sentirás seguro en relación con los demás cuando tengas la certeza de que has actuado conforme a tus ideales humanitarios.

VENUS EN VIRGO

Estático
Si te obsesionas con tener la razón en tus interacciones sociales, es posible que, sin darte cuenta, utilices tus relaciones para tu propio provecho en lugar de que les sirvas fructuosamente a los demás. Así, puedes sentirte frustrado al ver que tus relaciones no satisfacen tus elevadas expectativas. Tal vez caigas en la tendencia que tiene virgo a discriminar y criticar a los demás para luego ocultar tus prejuicios por miedo al rechazo. El juzgar silenciosamente a la gente puede provocar que te sientas solo.

Si te entregas al miedo de que tus servicios no sean aceptados por los demás, de no valer lo suficiente para servirles o de ser criticado, desintegrarás la habilidad que tiene virgo para hacer uso práctico de sus relaciones. Quizá reprimas el don que tienes para el servicio desinteresado y busques servir de una manera que provoque una reacción específica. Esta represión puede hacer que te sientas incómodo y que disminuya tu autovaloración.

Dinámico

Posees el don natural de servir a los demás de una manera práctica que es compatible con tus ideales. Cuando les sirves de acuerdo con tus elevadas normas, experimentas la satisfacción de relacionarte de una forma que concuerda con tu integridad.

Cuando compartes con los demás tu manera de entender el orden y la discriminación, y cuando ajustas tus relaciones de manera que puedas prestar un servicio universal, experimentas una exaltada autovaloración.

Al sobreponerte al miedo que tiene virgo de que su servicio a los demás no sea aceptado, puedes confiar en tus sentimientos y en la visión que tienes de un orden superior. Entonces experimentarás la perfección que conlleva el ser tú mismo y participar con los que te rodean. Al saber que les has sido útil a los demás, tienes la profunda y duradera convicción de que vales.

VENUS EN LIBRA

Estático

Si valoras la armonía en las situaciones sociales, independientemente de lo que cueste establecerla, tal vez reprimas tus opiniones y tu sentido de lo que es justo. Podrías caer en una falsa armonía en relación con los demás porque constantemente estás a merced de que piensen bien de ti.

Cuando reprimes las cualidades que tiene libra para crear armonía y buscas estar en paz con los demás al decir lo que crees que les gustaría escuchar (de acuerdo con el concepto que ellos tengan de justicia), sin darte cuenta tus manipulaciones pueden crear caos. Es inevitable que ese caos te haga dudar de ti mismo y de tu autoestima.

Cuando, estando en situaciones conflictivas, temes que la solución que imaginas pueda no ser acatada o aceptada, entonces puedes contenerte de compartirte honestamente con los demás por no interrumpir la armonía existente. Esto puede provocar que te sientas impotente y confuso en tus relaciones.

Dinámico

Cuando estás dispuesto a arriesgar tu papel de simpático en situaciones sociales, tienes la posibilidad de compartir con los demás tanto las injusticias que percibes como la solución. Al hacer esto, tu valentía abre un espacio para que se establezca un orden superior y más justo. Al manifestar tu integridad y compartir tus puntos de vista abiertamente, podrás autovalorarte a través de tus relaciones.

Una vez que queda establecido tu independiente sistema de valores, tu sentido del equilibrio y de la armonía es reconocido por los demás, y ello te concederá autoestima. Al manifestar tu percepción nata de lo que es justo (y al arriesgarte a provocar que haya una falta de armonía para poder alcanzar una armonía mayor), te sentirás satisfecho de haber compartido el agudo sentido para la organización social que es característico de libra.

Al tener la iniciativa de crear una armonía que está de acuerdo con la integridad de tu sentido de la justicia, experimentas tu valor con firmeza y consistencia.

VENUS EN ESCORPIÓN

Estático
Al concederle una importancia excesiva a tu capacidad de control en situaciones sociales, quizá te niegues a manifestar tus habilidades para percibir los talentos y recursos ocultos de la gente. Posiblemente tiendas a utilizar a los demás con el fin de satisfacer tus deseos. Como resultado, tal vez estés tenso por estar constantemente intentando mantener el control sobre los que te rodean, cuando, en realidad, eres tú el que es controlado por tu miedo a que los demás se alejen de ti.

Si no ayudas a los demás a que reconozcan sus talentos y habilidades, puedes sentirte rígido y estancado por no interactuar de una forma integral con el mundo material.

Cuando tus valores personales se vuelven rígidos, puedes perder la oportunidad de interactuar con los demás. Si te niegas a estimular su autovaloración, puedes acabar por perder tu propio sentido de autovaloración.

Dinámico
Tienes la capacidad y la conciencia suficiente para percibir y exaltar las habilidades ocultas de los demás. Puedes animarlos a que exploten sus cualidades y potencial. Cuando señalas los talentos que tiene una persona de manera que ambos puedan beneficiarse, experimentarás la transformación de tus valores y de las oportunidades materiales que se te presentan.

Experimentas una continua y dinámica transformación de tu autovaloración cuando haces que los demás tomen conciencia de los talentos que poseen, señalándoles así su valor oculto. Cuanto más exaltas y enalteces el poder de los demás en situaciones sociales, más valioso te vuelves para ellos y más valeroso te sientes.

VENUS EN SAGITARIO

Estático
Pudiera ser que te obsesiones por valorar la libertad personal que te otorgan las posturas filosóficas que manifiestas en tus relaciones. Esto te puede conducir a refrenar tu especial habilidad para servir de inspiración a los demás. Si te dejas llevar por el miedo que te da el relacionarte con la gente a un nivel profundo y personal, puedes acabar por convertirte en el que «siempre está fuera», el que nunca está para nadie, ni siquiera para sí mismo.

Si permites que el miedo al compromiso bloquee tus relaciones, tal vez experimentes la fantasmagórica sensación de que no tienes raíces. Esto hace que en situaciones inesperadas tengas una curiosa sensación de vacío. Si te complaces en tener relaciones veleidosas y superficiales e interacciones despreocupadas, puedes acabar hundiéndote en una disminuida autoestima. Tus valores pueden desmoronarse si en tus relaciones te niegas a establecer metas que valgan la pena.

Dinámico
Posees un don especial para enseñarles la verdadera libertad a los demás en tus relaciones. Esto lo puedes realizar dejando que la dinámica de la relación la dirija a sus propias metas. Cuando imbuyes a los demás con tu confianza y tu optimismo, puedes compartir con ellos una perspectiva más global de las cosas. De esta forma, podrás experimentar una constante expansión y excitación a través de tus relaciones.

Este proceso de inspirar confianza te permitirá concentrarte en tener menos relaciones pero más gratificantes. Cuando te pones en contacto con los procesos psicológicos de la gente, experimentas un continuo sentido de autovaloración, pues la inspiras y alientas a perseguir metas enaltecedoras y la liberas de las limitaciones que le causaban sus antiguas creencias.

VENUS EN CAPRICORNIO

Estático
Tal vez le prestes demasiada atención a dar a la gente la impresión de que lo controlas todo. Esto podría entorpecer tu especial habilidad para ejemplificar

y compartir con los demás tu conciencia de las normas de urbanidad social. Si te niegas a demostrarla, quizá dudes de ti mismo y demuestres una falta de control cuando los demás te den indicios de tu ineptitud.

Cuando utilizas tus relaciones para asegurarte una posición social, para ti la gente puede convertirse en un objeto que utilizas en tu camino hacia el prestigio o hacia una meta sensual. Así, puedes perder el sentido de lo que es una verdadera relación por tu búsqueda de un materialismo que a la larga te deja solo, con tus bienes materiales como única compañía.

Puede ser que te niegues a emplear tu especial habilidad para obtener éxito material en todas las áreas de tu vida por miedo a que te rechacen socialmente en caso de que fracases; esto te puede conducir a la autocompasión. Quizá pierdas tu sentido de autovaloración si tus valores no son aceptados y encomiados por los demás, y si no se ven reflejados materialmente en tu triunfo.

Dinámico

Posees la habilidad de demostrar urbanidad en el entorno social como un medio para alcanzar la posición social que deseas obtener. Podrás expresar tus singulares talentos al compartir tu percepción de las cosas y al alentar a los demás a que realicen sus intenciones de una manera práctica. Esto produce un resultado que te proporcionará un firme sentido de autovaloración.

Tienes la capacidad de emplear los valores sociales y materiales de los demás para tus propios fines. Así, cuando tienes éxito en un sentido material, te conviertes en un ejemplo para los demás y demuestras que estás consciente de los valores sociales. Esto ayuda a que los que te rodean expresen sus talentos e intenciones de una manera tangible en la más alta esfera de aceptación pública.

Puedes establecer un sentido firme y confiable de tu autovaloración cuando compartes con los demás lo que sabes respecto de manipular el mundo material para el propio provecho. Sobre todo, te vuelves un ejemplo a seguir cuando demuestras tu conocimiento natural de las convenciones sociales, pues utilizas estas normas de una manera creativa que produce los resultados deseados.

VENUS EN ACUARIO

Estático

Tal vez reprimas tu don para la comprensión objetiva y para la cariñosa aceptación de los demás porque en tu vida deseas tener más excitación. Si es así, puedes tener una serie de relaciones mediocres, caóticas y peregrinas. Quizá utilices el pretexto del amor universal hacia la humanidad para negarte a establecer relaciones personales. A larga, te darás cuenta de que ese desapego sólo refleja tu inhabilidad y falta de voluntad para relacionarte con la gente en el terreno personal.

Dinámico
Cuando estás dispuesto a manifestar tu singular capacidad para querer a la gente de una forma imparcial, disfrutas de tu contacto con ella y ello te resulta motivante. No importa cuán íntima o personal pueda ser una relación, jamás pierdes tu sentido de libertad individual.

Si no abusas de tu libertad a través de un comportamiento excéntrico que garantice tu independencia, serás capaz de atraer hacia ti personas que están dispuestas a ser tu igual. Así, como ellas son independientes también, queda eliminada la posibilidad de dependencia. Estableces un firme sentido de autoestima cuando permites que en tu relación íntima exista un profundo compromiso.

VENUS EN PISCIS

Estático
Puedes perder el sentido de autovaloración si te resistes a manifestar tu compasión por los demás. Por miedo a sentirte rechazado, tal vez reprimas el potencial psíquico que tienes para curar espiritualmente, y como resultado, quizá te sientas impotente ante los malestares que padece la gente.

Cuando permites que los demás se aprovechen de tu disposición dócil y considerada y absorbes sus padecimientos, tal vez experimentes un agotamiento de tus energías. El dejarte llevar indiscriminadamente por el ideal romántico que tienes en torno a servir y ayudar a los demás, que es característico de piscis, puede causar que disminuya tu autovaloración.

Dinámico
Tienes el don natural de poder relacionarte con la gente sobre la base del amor incondicional. Tu capacidad para ser compasivo es tal que puede sobrepasar cualquier desavenencia en la armonía de una situación social.

Cuando percibes, a través de las reglas y convenciones sociales, el propósito espiritual que tienen las relaciones, tu compasiva comprensión y plena voluntad participativa tienen la capacidad de conciliar una situación automáticamente. Fortalecerás tu autovaloración al manifestar ante los demás tu habilidad para responder compasivamente tanto a las razones visibles como a las invisibles por las que se ha dado la discordia.

VENUS EN LAS CASAS

1a. Aumentas tu autovaloración cuando utilizas tu personalidad como vehículo para expresar amor a los demás. Esta posición indica la necesidad de ser aceptado por todos, o la especial habilidad de expresar amor a los demás de una forma personal.

2a. Percibes tu autovaloración cuando utilizas tus recursos personales, y al emplear tu habilidad para organizar el mundo material de tal manera que creas el confort óptimo y una conciencia de los valores artísticos.

3a. Acentúas tu autovaloración por medio de la comunicación, del aprendizaje y al enseñar a una amplia variedad de gente de una manera que le proporcione levedad, y también al utilizar tu habilidad para la comunicación diplomática con conciencia de los puntos de vista contrarios.

4a. Tu autovaloración aumenta cuando utilizas tus recursos personales para construir un cimiento firme para tus seres queridos, y cuando integras tu vida social con tu medio ambiente familiar.

5a. Consigues aumentar tu autovaloración cuando empleas tus talentos creativos como vehículo para expresarte, y al manifestar y utilizar tu especial habilidad para disfrutar y exaltar cualquier situación social.

6a. Refuerzas tu autovaloración cuando te ofreces para servir a los demás de una forma práctica, y al disfrutar de tus deberes y propiciar un ambiente armonioso en el trabajo.

7a. Tu autovaloración se pone de manifiesto cuando compartes generosamente tus recursos personales y tus afectos con tu socio o compañero, y al ejercitar tu capacidad de tolerancia y tu trato diplomático con la gente, concediéndole siempre el beneficio de la duda.

8a. Exaltas tu autovaloración al fusionar tus recursos con los de otras personas en el terreno sexual o material, y al utilizar tus habilidades para conectarte armoniosamente con la gente en el campo psíquico.

9a. Podrás acentuar tu autovaloración cuando les sirves de inspiración a los demás a través de tus puntos de vista filosóficos, y al ejercitar tu aptitud para la enseñanza, ayudándolos a comprender conceptos teóricos o filosóficos.

10a. Aumentas tu autovaloración cuando empleas tus recursos personales para alcanzar metas de tipo público con el fin de producir un resultado concreto, y al utilizar tu habilidad para dirigirte hacia un objetivo manteniendo tu sensibilidad para las situaciones y los valores de tipo social.

11a. Potencias tu autovaloración cuando manifiestas tus recursos personales en situaciones grupales, y al ejercitar tu aptitud para iniciar amistades y para establecer la armonía entre ellas y en los grupos.

12a. Tu autovaloración aumenta cuando compartes con los demás tus experiencias en torno al amor espiritual y al orden. El don de la tolerancia le permite a la gente estar donde se encuentra. Esta posición refleja la necesidad de ser comprendido por todos, o bien la habilidad de ser comprensivo respecto de las acciones de los demás.

Marte

MARTE: CLAVE PARA LA ASERTIVIDAD PERSONAL

Marte en la carta natal:

- Denota la naturaleza de tu singular aptitud para tomar la iniciativa y demuestra la clave para que puedas manifestar una asertividad exitosa y efectiva, y llegues al liderazgo.
- Revela el proceso por el que puedes llegar, sin darte cuenta, a separarte de los demás y a rechazarlos.
- Indica un método específico para manifestar la autoasertividad de forma que pueda ser aceptada por los demás y que estimule la interacción creativa y satisfactoria con ellos.
- Define el poder de un compromiso específico capaz de inspirar la autoasertividad productiva.
- Indica el principio sexual iniciador, en lugar del receptor, y revela el deseo que te motiva a actuar.
- Denota el área en la que la autoasertividad conduce a una independencia dichosa y a la renovación de la energía psíquica.

MARTE EN ARIES

Estático
Es posible que tiendas a alejar a los demás al negarte rotundamente a aceptar las demandas que te hacen. Al actuar bajo la premisa característica de aries de que «cada quien debe cuidar de sí mismo», tu comportamiento exage-

radamente independiente puede parecer atropellado, tosco y desconsidera-
do. Tal vez pierdas energía y aceptación al empeñarte absolutamente en
mantener tu independencia.

Dinámico
Puedes interactuar constructivamente con los demás si utilizas tu independencia de una manera que los anime a tomar la iniciativa. Como puedes ver
objetivamente el efecto que tienes sobre ellos, puedes confirmar tu valentía
y capacidad de iniciativa de una forma natural que los conduzca a la libertad.
Podrás aumentar tu energía cuando consideres al otro y confíes en su
capacidad para seguir su destino.

MARTE EN TAURO

Estático
Quizá tiendas a alejar a los demás juzgando o ignorando sus valores con el fin
de confirmar tu sentido de autovaloración. Esta competitividad mental
puede acabar por descalificarte, pues apartarás a los demás en un sentido
material o sensual. Tal vez pierdas la energía que necesitas para establecer
tu valor si te niegas a permitir que la experiencia de los demás forme parte
del rígido sistema de valores que tiene tauro.

Dinámico
Podrás interactuar constructivamente con los demás al permitirles que
participen de sus ideales y valores de una forma que se manifieste materialmente. Cuando te comprometes a participar activamente en el mundo,
puedes establecer un cimiento sólido para tu seguridad material. Tus valores
podrán transformarse y traducirse en resultados más materiales y sensuales
cuando veas a los demás como tus recursos.

MARTE EN GÉMINIS

Estático
Puede que tiendas a alejar a los demás al utilizar agresivamente tu penetrante
lógica para probar que posees la mente más ágil. Con frecuencia, esto lo
realizas de una forma competitiva y a expensas de los demás. Si confrontas
y provocas a los demás de una manera verbal y combativa, tal vez provoques
refriegas mentales innobles y superficiales. Puedes desgastar tu energía al
imponer tu lógica incisiva y apasionada para probar tus puntos de vista, los
cuales ganan la batalla pero pierden la guerra.

Dinámico
Podrás ser constructivamente asertivo con los demás cuando dirijas tus energías hacia un horizonte que esté más allá de tu persona. Conforme aceptes el alcance de los puntos de vista de los demás, tendrás la habilidad de traducir, de manera brillante, la información que has recibido intuitivamente. Tu forma de comunicarte puede convertirse en una experiencia a compartir con los demás en lugar de ser una fútil batalla de perspicacias mentales cuando estés dispuesto a hacer un ajuste en tu forma de pensar para incluir el conocimiento de los demás. Tu energía aumentará en directa proporción con lo responsable que te hagas de la forma en que te comunicas.

MARTE EN CÁNCER

Estático
Tiendes a alejar a los demás cuando compites con ellos por la satisfacción de las necesidades emocionales. Tal vez demandes atención agresivamente y supongas que las necesidades de los demás representan una amenaza para ti. Cuando la gente no te brinda el apoyo y la atención que crees que necesitas, quizá pierdas energía al rechazarla con la irritabilidad emocional característica de cáncer.

Dinámico
Podrás ser constructivamente asertivo con los demás cuando emplees tu sensibilidad para tomar conciencia de las necesidades de los demás además de las tuyas. Cuando estás dispuesto a dejar a un lado tu egocentrismo para adoptar una postura responsable, sabrás qué sentimientos tienen los demás y podrás expresar tus necesidades de una forma positiva. Tu energía aumentará cuando te comprometas a iniciar una relación estrecha y al organizar, objetivamente, situaciones en las que las necesidades de todos puedan ser satisfechas.

MARTE EN LEO

Estático
Posiblemente tiendas a alejar a la gente al manifestar tu asertividad de una manera que te hace parecer grandioso. Si para asegurarte de que todos se fijan en ti compites para ser el centro de atención, como consecuencia tal vez sacrifiques tu capacidad de liderazgo. Puedes perder energía al dejarte llevar por tu empeño en demostrar dramáticamente la autoridad que tienes sobre los demás, rasgo tan característico de leo, y al forzar a que las cosas salgan como tú dispones independientemente de los sentimientos de los demás.

Dinámico
Podrás manifestar tu liderazgo constructivamente cuando utilices el poder de la expresión emocional dramática para inspirar y estimular a los demás a que se expresen también. Al actuar bajo el compromiso de motivar a los demás por medio de tu entusiasmo, fortalecerás tu sentido de independencia. Tus energías aumentan en proporción directa con tu voluntad de unirte a los demás.

MARTE EN VIRGO

Estático
Tal vez tiendas a alejar a los demás al tomar lo que dicen o hacen demasiado personalmente y después demandar agresivamente que siempre te den la razón. Consecuentemente, puede ser que intentes probar que estás en lo cierto haciendo ver que los demás no lo están. Cuando tu conducta o la de los demás no satisfacen tus normas de perfección, puedes precipitarte a criticar y a juzgar. Si te concentras en los errores, puedes acabar perdiendo tu ímpetu.

Dinámico
Podrás manifestar tu asertividad constructivamente cuando tomes la iniciativa de ayudar a los demás a que organicen su vida. Al actuar bajo compromiso de servir eficientemente, quizá te permitas compartir la responsabilidad con los demás, dejes de necesitar tener siempre la razón y de tener la sensación de que tienes que hacer su trabajo por ellos. Podrás desarrollar métodos prácticos para ayudar a los demás a satisfacer sus ideales de perfección. Al aplicar tu apasionado sentido del orden de una manera humana y tolerante a las situaciones caóticas, podrás experimentar satisfacción con un nuevo sentido de lo que es un sistema. Tu energía se agudizará conforme vayas instaurando estos cambios en tu vida.

MARTE EN LIBRA

Estático
Quizá tiendas a alejar a los demás manipulando sus reacciones de una forma agresiva que produce una armonía ficticia. Tal vez exijas que impere la definición que tiene libra de lo que es la armonía al comportarte como crees que los demás esperan que actúes y luego, a cambio, esperes que los demás se comporten como tú deseas. Es posible que compitas sutilmente con los demás para ser la persona más armoniosa para luego hacerte la víctima al exi-

gir que se comporten de una manera justa. Perderás energías si responsabilizas a los demás de crear justicia y cooperación en tu mundo para después culparlos cuando la armonía se interrumpe.

Dinámico
Podrás manifestar tu asertividad constructivamente al iniciar la interacción social de una manera activa, responsable y directa sobre la base de tu integridad personal. Cuando les preguntas a los demás qué es lo que quieren de una relación y manifiestas honestamente qué es lo que tu querrías, entonces podrás crear una armonía basada en la verdad. Así, aumentarás tu energía al experimentarte como la fuente de armonía o de la falta de ella en tus interacciones.

MARTE EN ESCORPIÓN

Estático
Es posible que tiendas a alejar a los demás al competir con ellos por el poder en tu entorno. Consecuentemente, pierdes energía al reprimir tus deseos y motivaciones con el fin de mantener el control. El misterio característico con que escorpión emprende una acción puede hacer que la gente desconfíe de ti, abonando así el terreno para que existan confrontaciones.

Dinámico
Podrás manifestar tu liderazgo constructivamente cuando te comprometas a expresar responsablemente tus motivos e intenciones. Cuando revelas tus deseos, los demás conocerán y confiarán en tu capacidad de liderazgo y en tu habilidad para utilizar las circunstancias del momento para transformar una situación que esté estancada. Realzarás tu energía cuando expongas tus motivos para hacer las cosas y así quedarás libre para actuar.

MARTE EN SAGITARIO

Estático
Posiblemente tiendas a alejar a los demás al confrontar tu comprensión filosófica de las cosas con la inteligencia de los demás. Sin darte cuenta, puedes implicar que los puntos de vista de los demás se basan en una comprensión y habilidad intelectual inferiores. Tal vez pierdas energías al expandir tus ideas utilizando el poder intelectual sagitariano para intimidar a los demás con tus demostraciones de superioridad.

Dinámico

Podrás manifestar la asertividad de tu poderoso intelecto al servir de inspiración a los demás para que se superen intelectualmente. Cuando estés dispuesto a aprender tanto como a enseñar, podrás aceptar las opiniones de los demás e incorporar sus ideas a las tuyas. Al tomarte el tiempo de comprender, primeramente, el punto de vista del otro, estableces un canal de comunicación. Exaltarás tu energía cuando tengas en cuenta las contribuciones intelectuales que hacen los demás y al motivarlos activamente a que se abran a la expansión de sus ideales y de sus objetivos.

MARTE EN CAPRICORNIO

Estático

Quizá tiendas a alejar a los demás al confrontar competitivamente la necesidad que tiene capricornio de mantener una imagen social con el bienestar de los demás. Cuando ves el prestigio social como una forma de autojustificarte, puedes tratarte a ti mismo y a los demás como objetos que utilizas para satisfacer tus ambiciones. Cuando te revistes de austeridad para cumplir con tus objetivos, niegas tus sentimientos y emociones, y esto provoca que pierdas energía.

Dinámico

Podrás confirmar tu capacidad de liderazgo cuando compartas con la gente tu sentido de organización y protocolo social. Al motivar a los demás a que realicen sus ambiciones, podrás aminorar la tensión que causa tu necesidad de justificarte. Cuando compartas con los demás el talento natural que tiene capricornio para el liderazgo organizativo, podrás exprimentar las retribuciones personales de tus logros profesionales. Tu energía aumentará cuando establezcas un prestigio social con una organización que esté por encima de ti.

MARTE EN ACUARIO

Estático

Quizá tiendas a alejar a los demás al dar la impresión de que la habilidad que tiene acuario para expresar y llevar a la cristalización los ideales humanitarios es algo exclusivo a su signo. Como resultado, tal vez creas que tienes que volverte frío y distante hacia los demás para poder actuar libremente en nombre de esos ideales. Consecuentemente, sin darte cuenta apartas de ti a la gente que participa contigo en el trabajo grupal. Si te apartas de la dinámica de la conciencia de grupo, disminuirá tu energía.

Dinámico
Puedes consolidar los ideales del grupo en lugar de utilizarlo como apoyo para tus planes y arquetipos personales. Cuando te identificas como parte del grupo y no como algo aparte, puedes implementar en las personas los ideales humanitarios de acuario. Tu energía aumentará al motivarte a ti mismo y a los integrantes del grupo a evolucionar hacia la manifestación y realización de esos ideales.

MARTE EN PISCIS

Estático
Puede ser que te apartes de los demás al suponer que eres el único que percibe la verdadera visión espiritual de las cosas. Consecuentemente, cuando operas desde la creencia en la superioridad espiritual de piscis, tal vez ocultes tus motivos y deseos bajo un camuflaje y te cierres a los demás. Cuando te niegas a participar directamente con la gente, quizá pierdas vitalidad y te confundas. Como resultado, tus energías personales pueden quedar dispersas.

Dinámico
Podrás consolidar tu asertividad al comunicarte abiertamente con la gente respecto de los problemas que tiene en su vida. Al compartir con los demás las soluciones espirituales que tienes para los problemas prácticos y dejar que ellos también compartan sus ideas contigo, todos se benefician y expanden su conciencia espiritual. Podrás aumentar tu energía al ofrecer tu servicio práctico y revitalizarás la fe en tu visión de las cosas cuando permitas que exista la interacción abierta y directa con los demás.

MARTE EN LAS CASAS

1a. Denota que la habilidad egocéntrica para la asertividad está relacionada con una personalidad expresiva e impulsiva.
2a. Revela que el impulso egocéntrico que lleva a la realización de las cosas está relacionado con la necesidad de poseer cosas materiales y con la habilidad de conseguirlas.
3a. Indica que la habilidad egocéntrica para la asertividad está relacionada con la lógica y con el talento para comunicarse claramente.
4a. Expresa que la asertividad del ego está relacionada con la sensibilidad y la habilidad que tiene uno para expresar los sentimientos personales.
5a. Revela que el impulso egocéntrico hacia la realización está relacionado

con la habilidad para la expresión artística, dramática y creativa.

6a. Indica que la asertividad del ego está relacionada con un sentido del deber y del autoperfeccionamiento. Es la habilidad para llegar a un sentido de autoperfección al tomar la iniciativa para servir activamente a los demás.

7a. Expresa que la asertividad del ego está relacionada con las reacciones de los demás. Indica la habilidad para iniciar actividades con los demás.

8a. Significa que el impulso egocéntrico para lograr algo es activado por medio de las conexiones materiales que se tienen con los demás en el terreno sexual, económico y de los recursos compartidos.

9a. Denota que la asertividad del ego está relacionada con la mentalidad teórica y con los logros intelectuales que son reconocidos por la sociedad.

10a. Revela que el impulso egocéntrico que lleva a la realización está relacionado con las posiciones de autoridad y cómo éstas realzan la posición personal que uno tiene.

11a. Indica que la habilidad egocéntrica para la asertividad está relacionada con los ideales y objetivos humanitarios, y con las relaciones impersonales o de grupo.

12a. Significa que el impulso egocéntrico que conduce a la realización está relacionado con el sueño personal que uno tiene y con la manifestación de las tendencias y visiones universales.

Júpiter

JÚPITER: CLAVE PARA LA OPORTUNIDAD SOCIAL Y LA GRATIFICACIÓN

Júpiter en la carta natal:

* Define el procedimiento por el cual podrás reforzar la confianza y la fe en ti mismo y, consecuentemente, en los demás.

- Representa la llave del entendimiento por la cual podrás potenciar, de forma independiente y activa, el valor y la evolución personal en cualquier situación que se te presente.
- Revela el terreno en el que de forma natural percibes una perspectiva global de las cosas, potenciando tu fe en la vida y la confianza en ti mismo.
- Demuestra cómo puedes cultivar la confianza —la fe en ti mismo y en tu habilidad para manejar cualquier situación nueva o inesperada que se te presente— adoptando una postura más filosófica sobre la vida.
- Indica la perspectiva que te liberará para poder actuar de una manera que automáticamente te lleve a la felicidad al utilizar la oportunidad social para tu expansión personal.
- Denota el terreno en el que, de forma natural, tienes buena fortuna. Cuando éste se activa, eres capaz de sobreponerte a tus sentimientos limitantes y a tus miedos.
- Revela aquella área de la vida en que tu perspectiva sobre las cosas profesa la fe de que existe un orden en el universo tras la apariencia del caos, y localiza el sitio de donde proviene la confianza, el cual puede ser activado y desarrollado en cada individuo.

JÚPITER EN ARIES

Estático
Cuando pospones el tomar la iniciativa para seguir tu propio camino, temes sentirte incómodo, y ello bloquea tu capacidad de acción. Si sucumbes a la falta de fe en tu independencia, tal vez, sin darte cuenta, te niegues la oportunidad social para ser líder y, como resultado, tengas un profundo sentimiento de frustración. Al dejarte llevar por la desconfianza y al no seguir la tendencia a la expresión personal inmediata que es característica de aries, quizá no puedas sobrepasar la etapa de la sobrevivencia para llegar a la creatividad.

Dinámico
Si logras tener fe y de corazón manifiestas confianza, visión y un sentido de la oportunidad, podrás sentir la dicha que proviene de expresarte sin concesiones. Podrás propiciar la confianza en los demás al tomar la iniciativa de iniciar actividades que atraen e incluyen de forma natural a los demás. Al confiar en ti mismo podrás apreciar el valor que tiene el ser independiente y así expandir tanto tu campo para el liderazgo como la oportunidad de iniciar nuevos proyectos.

JÚPITER EN TAURO

Estático
La incapacidad de utilizar los medios que están a tu disposición a su máximo potencial puede restarte confianza en tu habilidad para asegurarte una estabilidad económica. La rigidez de tus valores puede hacer que te desilusiones de tu capacidad para conseguir bienes materiales.

Dinámico
Cuando logras tener fe e inviertes tu tiempo en lo que consideras valioso materialmente, aumentas tus oportunidades para satisfacer tus valores y deseos. Cuando confías en ti mismo para materializar los ideales de tauro, cuentas con el apoyo de muchas oportunidades para llevar a cabo tus objetivos y satisfacerte de maneras prácticas.

JÚPITER EN GÉMINIS

Estático
Si reprimes tu tendencia a comunicar tus ideas a los demás, puedes acabar acumulando una cantidad infinita de información trivial. Cuando utilizas tus enérgicas expresiones descuidadamente como un mecanismo de defensa hacia los puntos de vista de los demás que te son extraños, tendrás confianza en ti mismo transitoriamente. Sin embargo, sin darte cuenta, ello te puede llevar a tener conversaciones superficiales y una actitid frívola, disminuyendo así tus oportunidades de superarte en el mundo.

Dinámico
Cuando expandas tu curiosidad activamente, manejando información de una manera creativa, quizá encuentres respuestas, en lugar de estancarte en ser una máquina de preguntas constantes. Conforme consigas tener fe y busques información tanto en los demás como dentro de ti mismo, confiando en que existe una respuesta y buscándola, experimentarás una verdadera comunicación con los demás. Podrás consolidar tu fe en ti mismo al escuchar detenidamente las respuestas que se adecúen a tus preguntas.

JÚPITER EN CÁNCER

Estático
Si postergas el compartir tus sentimientos y emociones personales con los demás y temes que no te comprendan, quizá pierdas la oportunidad de relacio-

narte profundamente con ellos. Sin darte cuenta, tal vez utilices las creencias emocionales subjetivas de cáncer como un mecanismo de defensa en situaciones nuevas para ti, y posiblemente lo hagas con un tono de superioridad que te aislará de los demás y te hará perder la fe en ti mismo y en la gente.

Dinámico
Cuando desarrollas la habilidad que característicamente tiene cáncer para hacer que la gente se sienta cómoda en una situación social, tu aptitud para crear un ambiente familiar en cualquier circunstancia fomentará tu fe en tus instintos básicos de seguridad. Al utilizar tu talento de una manera activa para que los demás se den cuenta de que son aceptados, podrás fortalecer la fe en ti mismo y en los que te rodean.

JÚPITER EN LEO

Estático
Si no participas alegremente con los demás por temor a que no sean leales a tu liderazgo, tal vez experimentes frustración al ver que no siempre obtienes la posición que deseas. Puedes tener tanta fe en tu ego leonino que, sin darte cuenta, quizá actúes de una manera que descalifica el valor de los demás. Como resultado, te quedas pasmado al ver que no te siguen. Y finalmente, puede que sin querer alejes a los demás con tus dramáticas manifestaciones de creer en ti mismo.

Dinámico
Tal vez encuentres que los demás acogen tu generosidad cuando tu objetivo sea estar al mismo nivel moral o intelectual que los demás. Cuando logras tener fe y actúas en beneficio de la situación, puedes concentrarte en producir resultados que sean positivos para todos y tendrás la oportunidad de ejercitar tu liderazgo. Al confiar en tu capacidad de dar a los demás, podrás iniciar situaciones que propiciarán las gratificaciones sociales que más valoras.

JÚPITER EN VIRGO

Estático
Si temes no ser lo «bastante perfecto» como para poder servir a los demás, quizá postergues este cometido y te encuentres sin la oportunidad de cumplirlo. Ello te podría conducir a perder la fe en tus habilidades. El utilizar tu talento analítico para encontrar defectos en tu capacidad de servir te puede dejar con una falta de confianza y miedo a contribuir. El contenerte de ayudar

para sólo hablar con aires de probidad sobre el servir te puede conducir a manifestarte con detalles innecesarios. La autocrítica exagerada te puede hacer sentir que eres poca cosa y que necesitas una constante preparación que nunca llegará a ser lo bastante completa para que contribuyas con los demás.

Dinámico
Si confías en la pureza de tus motivaciones y estás dispuesto a cometer algunos errores en tu deseo de servir a los demás, podrás experimentar la libertad de encontrar situaciones sociales en las que ofreces tu servicio y te desarrollas. Así, al lograr tener fe y anteponer tu deseo de servir a tu concepto personal de cómo debes servir, podrás ampliar tu terreno de acción y encontrarte con muchas oportunidades vocacionales y sociales. Tu confianza en ti mismo aumentará conforme utilices tus perspicaces habilidades analíticas para apoyar activamente a los demás.

JÚPITER EN LIBRA

Estático
Si postergas el tratar con la gente de tú a tú por miedo a no poder mantener la armonía en tus relaciones, puedes acabar teniendo muchas relaciones superficiales a lo largo de tu vida. Si evitas tener una relación profunda e íntima y adoptas una actitud insensible de expectación hacia tus amigos y personas con las que te asocias, sin darte cuenta te aislarás de la gente.

Dinámico
Cuando decidas tener fe y busques situaciones en las que tengas contactos íntimos con la gente, obtendrás un sentido de expansión y alegría. Conforme aceptes tener relaciones profundas y confíes en ellas, y te acerques a la gente de una forma que no sea superficial, quizá encuentres la inspiración constante para evolucionar. La confianza en ti mismo aumentará conforme utilices tus habilidades naturales para crear un ambiente distendido en situaciones sociales que unan a la gente en una integración armoniosa.

JÚPITER EN ESCORPIÓN

Estático
Si evitas el relacionarte con la gente en el ámbito de los negocios, en el sexual y en un sentido psicológico profundo, por temor a perder el control personal, puedes crear situaciones de estancamiento en las que nadie podrá utilizar los recursos del otro. Cuando evitas tener relaciones capaces de transformarte,

es posible que experimentes la frustrante sensación de que pierdes poder por estar obsesionado por controlar a los demás.

Dinámico
Cuando te decidas a tener fe y te arriesgues a exponer tus motivaciones ocultas participando íntimamente con el otro, podrás experimentar expansión, encontrarás oportunidades y la confianza que surge de permitirte ser parte de la vida de otra persona. Ya no será necesario que controles o que seas controlado por los demás. Al confiar en la visión oculta de la energía transformadora de las relaciones para manifestarse en una foma mutuamente beneficiosa, podrás rendirte a su poder. Entonces tal vez te des cuenta de que posees la percepción intuitiva para utilizar estos recursos de tal manera que cada persona se beneficia. Por medio de este proceso podrás extender tu poder y aumentar tus oportunidades en todos los aspectos de las relaciones íntimas.

JÚPITER EN SAGITARIO

Estático
Si postergas tu participación con los demás en proyectos profundamente filosóficos, tal vez malgastes tu tiempo entregándote a viajar incesantemente, tanto mental como físicamente. Cuando te contentas con ser motivado a actuar por razones superficiales y reflexiones internas, sin darte cuenta puedes crear una situación de aislamiento intelectual al creerte que sabes las respuestas de cualquier cosa.

Dinámico
Cuando decidas dedicarte seriamente al estudio filosófico profundo y a la comunicación con la gente, confiando en tu sabiduría para fluir espontáneamente, podrás experimentar la dicha y la expansión de tu persona por medio del aprendizaje y la enseñanza. Consecuentemente, al lograr tener fe y permitirte compartir nuevas ideas (en lugar de utilizar tu conocimiento para ser una autoridad intelectual), podrás convertirte en un auténtico maestro. Tu confianza en ti mismo aumentará cuando tomes la iniciativa de compartir tu positiva visión de las cosas y tus ideas filosóficas con los demás.

JÚPITER EN CAPRICORNIO

Estático
Al retardar o posponer la utilización de los talentos naturales que tiene capricornio para satisfacer sus deseos, formular planes o manipular negocia-

ciones, tal vez experimentes inseguridad respecto de la parte de tu integridad que está dirigida hacia la realización. Así, te puedes encontrar en una situación desventajosa para manifestar estos talentos. Si te dejas llevar por la vanagloria de tus ideas sobre cómo controlar a los demás o si reprimes tu aguda habilidad para la organización, tal vez padezcas frustración y dudes de ti mismo.

Dinámico
Cuando confíes en tu integridad y utilices los talentos organizativos que te son naturales para reformar algo en lo que realmente crees, quizá descubras que estas aptitudes son fuente de alegría tanto para los que te rodean como para ti mismo. Al tener fe y colocarte en situaciones desde las que puedas delegar tu autoridad y manejar recursos, podrás experimentar la expansión de tu fe en ti mismo para utilizar tus talentos con integridad.

JÚPITER EN ACUARIO

Estático
Si postergas el expresar tus conocimientos abiertamente por miedo a no tener lo bastante que decir o por temor a que lo que digas no tenga importancia, sin darte cuenta tal vez reprimas tu impulso por comunicar lo que aprendes, y como resultado te sientas frustrado. Sin darte cuenta, quizá permitas que la gente haga juicios pretensiosos sobre lo fútil que es cualquier conocimiento, incluyendo el tuyo, lo cual te impide participar con los demás. Como consecuencia, es probable que sientas una intensa frustración.

Dinámico
Cuando logres tener fe y permitas que tus conocimientos fluyan libremente en situaciones grupales, podrás experimentar la alegría y la expansión que son el resultado natural de tu generosa participación. Al no intentar probar que eres distinto a los demás ni superior, y quieras colaborar en las situaciones que se te presentan de una manera realmente participativa, comenzarás a sentir la alegría y la libertad de expresarte desde el conocimiento intuitivo de una forma que amplía las perspectivas de todos los que te rodean. Tu confianza en ti mismo se acrecienta cuando utilizas la conexión nata que tienes con los grupos con el fin de promover una participación natural del conocimiento objetivo.

JÚPITER EN PISCIS

Estático
Si pospones la utilización de las habilidades visionarias que tiene piscis para

ver a través y por encima de los valores limitantes, insensibles, intelectuales y moralistas de la sociedad, tal vez se manifieste un estado general de perpetua confusión. Sin darte cuenta, quizá permitas que la gente exprese ideas moralistas falsas sobre cómo deberían ser las cosas para impedir que confíes en ti mismo y en la vida en general. La falta de fe que esto te provoca puede conducirte a un estado de estancamiento, de impotencia y de confusión respecto de cómo mejorar tus circunstancias actuales.

Dinámico
Cuando tengas fe y encares las múltiples facetas de la vida con una confianza básica en el universo, podrás tener la dicha de ver satisfecha tu visión de las cosas a cada momento. Al aceptar las circunstancias tal y como son con la visión que tienes sobre la perfección que ocultan las apariencias —la divinidad que trasciende la representación—, podrás sentir la alegría y la expansión que te brinda el ayudar a los demás a manifestar su potencial. Tu confianza en ti mismo se incrementará cuando manifiestes la fe natural que tienes en las fuerzas ocultas que encierran las apariencias y veas esta capacidad como fundamento personal de tu vida.

JÚPITER EN LAS CASAS

1a. Las oportunidades en el entorno social y la gratificación se potenciarán en tu vida cuando te concentres en expandir tu autoexpresión y el impacto de tu personalidad.

2a. En tu vida se potenciarán las oportunidades en la esfera social y la gratificación cuando expandas activamente tus valores materiales y actúes basándote en tu habilidad para ganar dinero.

3a. Potenciarás las oportunidades en el ámbito social y la gratificación por medio del desarrollo de tu intelecto, es decir, satisfaciendo tu sed por aprender y compartiendo ese conocimiento con los demás. El terreno de la educación formal te proporcionará muchas satisfacciones.

4a. Las oportunidades en el campo social y la gratificación se potenciarán para ti cuando profundices en tu comprensión del pasado con el fin de ver al mundo entero como tu hogar. Posiblemente descubras tus talentos latentes para los negocios, las finanzas y los bienes raíces cuando refuerces tu seguridad.

5a. Favorecerás las oportunidades en el ámbito social y la gratificación al trabajar con niños, en el teatro, en las artes y al expandir tus habilidades para expresar tus talentos creativos.

6a. Potenciarás las oportunidades en el entorno social y la gratificación cuando manifiestes extensamente tu habilidad para servir al mundo. Las profesiones relacionadas con la salud y con la ayuda a la gente te darán satisfacciones en el campo social.

7a. Las oportunidades en la esfera social se potenciarán cuando te asocies con otra persona. Al establecer una relación primaria cosecharás satisfacciones personales.

8a. Favorecerás las oportunidadesde tipo social y la gratificación a través de relaciones que impliquen un vínculo psicológico o sexual profundo o bien al asociarte con alguien en el ámbito empresarial.

9a. Se potenciarán para ti las oportunidades en el terreno social y la gratificación a través del terreno editorial, de la filosofía, de la conciencia espiritual, de la educación y de los viajes al extranjero.

10a. Potenciarás las oportunidades en el entorno social y la gratificación al ampliar tu participación en el ámbito público. Cosecharás satisfacciones al ocupar un cargo organizativo o en el que tengas autoridad.

11a. Favorecerás las oportunidades de tipo social y la gratificación al participar en actividades grupales que tengan objetivos científicos o humanitarios.

12a. Las oportunidades en el campo social y la gratificación se potenciarán cuando te concientices de tu parte más espiritual y esotérica. Cuando comprendas más profundamente el papel que tienes en el universo y permitas que la mente universal fluya a través tuyo por medio de la poesía, de la música, de la actuación o a través de otras formas de expresión espirituales o artísticas, cosecharás satisfacciones en el entorno social.

Saturno

SATURNO: CLAVE PARA EL RECONOCIMIENTO PÚBLICO

Saturno en la carta natal:

- Demuestra el proceso mediante el cual satisfaces tu sentido de obligación social en el ámbito público para obtener reconocimiento.

- Indica el proceso mediante el cual tus miedos te impiden satisfacer tus ambiciones.
- Define las áreas en las que se localizan tus miedos y tus deseos más profundos.
- Representa el factor de autodisciplina y responsabilidad física, tu resistencia y habilidad para ejecutar las cosas hasta su fin.
- Expresa el terreno de tu vida en el que radican el propósito, la dirección y la responsabilidad social, mostrando aquellos factores que te podrán conducir a llevar un tipo de vida en la que los demás te conferirán respeto por la autoridad que expresas en el mundo de forma natural.
- Denota el área de tu vida en la que tu capacidad para comprometerte personalmente a colaborar con la sociedad te da el valor necesario para sobreponerte a tu inhibición y a tu miedo, corrigiendo los factores personales que haga falta corregir para que tu contribución sea respetada y apoyada por el resto del mundo.
- Indica el área en la que todavía no tienes «las cosas claras», ese terreno en el que tienes que realizar repetidos esfuerzos para dominar en un sentido que no tiene que ver con el ego. Podrás llegar a la dicha y a la libertad que proporcionan los estados transpersonales de conciencia (que son representados por Urano, Neptuno y Plutón) únicamente cuando aceptes y enfrentes las pruebas que te presenta Saturno.

SATURNO EN ARIES

Estático
Tal vez te esfuerces por sobresalir como líder ignorando el protocolo establecido y mostrándote impaciente. Esta forma de asertividad puede hacer que el mundo material responda a tus energías con una rígida disciplina e imponiéndote severas limitaciones. Cuando te entregas al liderazgo con objetivos puramente autosatisfactorios, tu comportamiento ariano puede volverse inquieto y limitado. Esto puede apartarte de los demás y frustrar tus esfuerzos por ser productivo.

Dinámico
Posees las aptitudes y habilidades sociales que se requieren para llegar a ser líder. Puedes reconocer que eres responsable de tu sentido de independencia y de engendrar situaciones en las que o bien eres líder o sigues a los demás. Este autorreconocimiento te permite sentirte lo bastante seguro para actuar de forma independiente. Conforme utilices tus capacidades para el liderazgo serás más y más consciente de los deseos de los demás. Al fomentar la existencia de ideales e ideas que respondan a la necesidad colectiva, tus

innovadoras ambiciones tendrán el potencial para alcanzar y afectar al grueso de la sociedad.

Vidas anteriores
Kármicamente, tu destino es crearte una nueva identidad. Ha llegado a su fin un ciclo en el que el ego se expresa por medio de un antiguo sentido del yo, y ese ego se ha disuelto. Por eso en esta vida eres tan vulnerable: no posees el impulso instintivo del ego que amortigüe los estímulos del medio ambiente. De ahí tu tendencia a reaccionar exageradamente o no lo suficiente cuando manifiestas tu asertividad, pues no posees un sentido sólido del yo desde el cual puedas manifestarla. Tu trabajo consiste en colocarte por encima de las limitaciones que tuvo tu personalidad en vidas anteriores y crearte un nuevo sentido de identidad que sea más poderoso.

SATURNO EN TAURO

Estático
Tal vez trates de amasar dinero o posesiones con el propósito de sobresalir como alguien distinto y para justificar tu valor ante los demás. Ello demuestra una pobreza de conciencia y provoca que en relación con tu seguridad personal y autoestima te sientas como una víctima ante el mundo material. Como consecuencia, sientes continuamente que te es imposible acumular el dinero, el confort y el estatus que deseas. Si intentas evitar seguir las ambiciones prácticas de tauro, tal vez termines sintiéndote frustrado en cuanto a obtener tu estatus material.

Dinámico
Posees las aptitudes de tipo social que te permitirán manifestar abundancia material, confort y seguridad en el mundo. Tienes la capacidad de reconocer que tú mismo te creas limitaciones que se derivan de tus valores, los cuales producen circunstancias que te impiden regenerar tu situación económica. Entonces, tu autovaloración se extenderá para incluir nuevos métodos de ganar dinero.

Una vez que estés dispuesto a utilizar tus habilidades para conseguir recursos tangibles de forma que también puedas ayudar a los demás a conseguirlos, gozarás de la abundancia mundana y de la satisfacción sensual que buscas.

Vidas anteriores
A través de tus vidas anteriores recientes te has creado un nuevo sentido de identidad que ahora debes fortalecer desarrollando un cimiento que le

proporcione estabilidad y apoyo. Tus recursos materiales tenderán a escasear en esta vida hasta que tengas un sentido claro de lo que realmente te importa; de lo que tiene valor y significado en tu vida; de cuáles son los principios que, cuando se manifiestan, te darán un sentido de estabilidad interna, confort y autovaloración. Entonces tus recursos materiales no tendrán límites y podrás hacerte rico por medio de tus propios esfuerzos.

SATURNO EN GÉMINIS

Estático
Quizá intentes crear barreras en tus relaciones íntimas con el fin de asegurarte de que cuentas con la opción geminiana de relacionarte con mucha gente, estableciendo así objetivos de tipo social y desarrollando amistades superficiales. Esta manera de relacionarte con la vida te puede llevar al síndrome de «el que mucho abarca poco aprieta». Consecuentemente, te puedes sentir frustrado al no poder cumplir los objetivos que te has propuesto a largo plazo debido a la necesidad que tienes de mantenerte a distancia de todas las cosas. Si buscas siempre una alternativa y te niegas al compromiso, quizá termines sintiéndote derrotado.

Dinámico
Tienes habilidad para manifestar muchas ideas y es tu responsabilidad social hacerlo. Cuando reconozcas que para manifestarte necesitas contar con una variedad de conductos sofisticados, te darás cuenta de que ni tu mariposeo ni un marco de referencia social te facilitan el encontrar un centro consciente y consistente desde el que puedas manejar tus diversas ambiciones.

Te puedes dedicar a crear un núcleo dentro de ti que te dé seguridad para realizar tus proyectos uno por uno, o que te permita delegárselos a alguien que pueda llevarlos a su terminación. Si dentro de ti te apegas consistentemente a un sentido de identidad filosófico, podrás utilizar tus múltiples talentos y habilidades para comunicar información que permita organizar y apoyar firmemente a los demás. De esta forma, una amplia variedad de gente y de experiencias se presentará en tu camino y también encontrarás los estímulos positivos y la variedad de retos que necesitas para sentirte satisfecho.

Vidas anteriores
El desafío que se te presenta consiste en aprender a comunicarte clara, honesta y abiertamente. Tus vidas anteriores recientes te han proporcionado un fuerte sentido de identidad, y ahora estás reconociendo tu fuerza a través

de tu interrelación, conexión y comunicación con los demás. En esta vida estás aprendiendo a abrirte a un intercambio de información que sea positivo para ambas partes al eliminar tu tendencia a la autocensura. Tu tarea consiste en vivir el momento y verbalizar claramente las ideas que van surgiendo en tu conciencia. Al cultivar esa espontaneidad honesta que tienes con los demás, encontrarás que la gente que te rodea adopta una postura adecuada respecto de tu vida sin necesidad de que tú la manipules.

SATURNO EN CÁNCER

Estático
Si crees que la gente debería respetar tus sentimientos porque eres una persona sensible, quizá experimentes su rechazo. Esta autoprotección puede conducirte a la necesidad neurótica que tiene cáncer de crearse limitaciones emocionales para sentirse seguro. Cuando temes manejar tu sensibilidad con los demás de una manera directa y objetiva, puedes experimentar una limitación y represión severa de tu naturaleza emocional. A la larga, esto anula por completo tu capacidad de sentir.

Dinámico
Tienes la responsabilidad social de experimentar tus sentimientos profundamente para luego manifestarlos, y la capacidad para hacerlo. Esto lo puedes hacer de una manera que te beneficie a ti y a los que te rodean. Cuando te reconozcas como responsable de los sentimientos que experimentas, podrás comenzar a sentirte lo bastante seguro para explorar tu sensibilidad.

Una vez que establezcas contacto con tus verdaderos sentimientos, podrás llevarlos a la superficie de una forma objetiva que escampe la atmósfera y que beneficie a toda la gente que te rodea. Tienes habilidad para crear un ambiente que contribuya al desarrollo de los demás y que los haga sentirse protegidos, incluyéndote a ti, y es tu responsabilidad manifestarla.

Vidas anteriores
A través de tu pasado has llegado a una etapa de tu camino evolutivo en la que es necesario que manifiestes los talentos que tuviste en el pasado de una manera organizada y les des expresión públicamente. Este proceso emerge desde el inconsciente, y quizá, de pronto, te encuentres emocionado por participar en actividades que tienen el potencial de conducirte hacia una profesión o una carrera. Conforme comiences a utilizar y a expresar estos talentos instintivos que has tenido en el pasado, tendrás una idea de cuál es la carrera que podrá satisfacer plenamente tus necesidades interiores básicas. Estás aprendiendo a responsabilizarte de la expresión que tuvieron tus

identidades, deseos y talentos en tus vidas anteriores en el contexto de tu vida presente.

Te sientes inseguro respecto de pertenecer verdaderamente al ambiente del hogar y de la familia, por eso te sientes necesitado y sobredependiente del apoyo emocional de los demás. En el sentido kármico, estás aportando nuevas ideas con las que aún no está familiarizada la sociedad y que tu familia no comprende. Es como si vinieras de otro planeta y no te sintieras afín con el grado de conciencia que tiene la estructura de tu familia. Tu tarea consiste en encontrar dentro de ti un sentido de acoplamiento y bienestar, y establecer un vínculo con otras familias con base en tu compenetración con los demás.

SATURNO EN LEO

Estático
Quizá trates de imponer tu derecho leonino a expresarte al provocar situaciones exageradas. Si dramatizas tus altibajos con el fin de reclamar respeto y admiración, tus experiencias pueden parecerse a las de los héroes en las tragedias de Shakespeare. Las dramatizaciones que produces pueden ser autodestructivas y poco satisfactorias. Tal vez encuentres que el mundo exterior se muestra poco comprensivo hacia tu comportamiento dramático y que lo limita.

Dinámico
Tienes la responsabilidad social de expresar tus conmovedoras manifestaciones dramáticas y la capacidad para hacerlo. Cuando estés dispuesto a reconocerte como responsable de los melodramas que hay en tu vida, podrás sentirte seguro de tu capacidad para responsabilizarte de las intensas escenas que engendras. Aumentará tu confianza en tu aptitud para manejar las manifestaciones emocionales cuando establezcas contacto con el centro de amor que posees. Entonces aparecerá el potencial que tienes para hacer que tu sentido dramático armonice con la certeza de que puedes servir a una comunidad mayor.

Podrás cooperar con los demás cuando expreses tus sentimientos honestamente, inspirando a la gente con tu valeroso ejemplo de exteriorización dramática de tus más íntimos sentimientos a que haga lo mismo. Podrás comprometerte con tu don para la expresividad dramática como medio para inspirar conscientemente a la gente a que cumpla con objetivos constructivos en el mundo. Entonces podrás sentir la emoción y la seguridad de inventar extravagancias con la certeza de que no socavarán tus habilidades creativas más profundas.

Vidas anteriores

Has llegado a una etapa en la que es necesario que te responsabilices de buscar lo que realmente quieres. Para ello, primero tendrás que tener una idea de la meta que quieres alcanzar o del ideal que quieres manifestar. Tus energías podrán comenzar a fluir desde este sueño con una dirección constructiva y consistente que apoye tu espíritu de criatura.

Las vidas anteriores que has vivido en el mundo del espectáculo o como rey te han hecho sentir que tienes que actuar dentro de una estructura rígida que te permita mantener el control sobre tu auditorio. Tu tarea consiste en deshacerte de la sensación de que tienes que cumplir con un papel que la gente apruebe y así permitirás que tu espíritu lúdico y excitado de criatura comience a manifestarse; él te conducirá a la satisfacción plena de tus sueños.

SATURNO EN VIRGO

Estático

Tal vez trates de ajustar tu manera espontánea de expresarte a estructuras que la bloquean, pues temes que tanto tu comunicación como tu intento de servir a los demás sean imperfectos. Esta forma de perfeccionismo conduce a una dolorosa restricción autoimpuesta respecto de no poder vivir a la altura de tus propias normas.

Tu capacidad de actuar puede ser socavada por la dolorosa y corrosiva autocrítica de virgo, la cual puede dar lugar a desequilibrios tanto en la salud como en el trabajo. El sentirte incapaz de canalizar tu fuerte sentido del deber puede hacer que te niegues a participar en prácticamente todos los aspectos de tu vida.

Dinámico

Tienes la capacidad de manifestar tus talentos creativos para crear un orden en el mundo, y es tu responsabilidad social expresarla. Al reconocerte como responsable de cualquier pensamiento virgoniano debilitante para ti o para los demás, cesarás de tomarte a ti mismo tan en serio. Esto te permitirá tener más seguridad para manifestarte de una manera que le rinda servicio a la gente. Entonces podrás ofrecer tus precisos y analíticos talentos como ayuda a la comunidad. Al observar sus imperfecciones, podrás utilizar tu capacidad discriminativa para establecer el orden donde exista el caos.

Cuando seas capaz de verte como un servidor de la vida, podrás integrar a tu vida personal un perfeccionismo sin juicios. Así, podrás ofrecer tu visión de cómo ayudar a los demás de una manera equilibrada, espontánea y participativa. Tendrás la seguridad de que le sirves de forma práctica a la gente cuando crees los canales adecuados para expresar tu fuerte sentido del deber.

Vidas anteriores

Estás aprendiendo a responsabilizarte de la integración efectiva de tu mente con tu cuerpo. Cuando uno de estos aspectos se desequilibra o se encuentra en una situación extrema, se resentirá tu salud o tu trabajo. Estás aprendiendo a permitir que tu salud sirva de termómetro para el equilibrio que exista en tu vida. En esta encarnación quieres trabajar sobre tu persona y perfeccionarte para poder manifestar tu espiritualidad e ideales visionarios de una manera práctica y tangible.

En tus vidas anteriores asistías a la gente de una manera servil. Ello provocó que tu ego se adhiriera a un sentido de perfeccionamiento respecto de cómo realizas tu trabajo y cumples con tu deber. En esta reencarnación quieres deshacerte de tu sentido de superioridad respecto de tu perfección sobre el resto de la sociedad, y permitir que tu visión se manifieste con fluidez por medio de tu trabajo. Estás aprendiendo a liberarte de la tensión que conlleva la preplaneación, y a concentrarte en manifestar tu visión abstracta de las cosas. Al manejar los detalles que se te presenten en la vida conforme vayan apareciendo, cumples con tu cometido y satisfaces tu papel de discípulo de la vida.

SATURNO EN LIBRA

Estático

Tal vez trates de mantener la seguridad emocional de libra adhiriéndote a ciertos ideales sociales y al ser siempre afable. Con esta forma de mantener la armonía quizá te sea difícil ser tú mismo, pues impide que te expreses de una manera personal con los demás. Cuando le impones límites a tu conducta con base en tus expectativas sobre cómo crees que deban responder los demás, quizá percibas severas restricciones. Como resultado, todas tus relaciones pueden acabar convirtiéndose en una carga y ser motivo de desilusión.

Dinámico

Tienes habilidad para desarrollar relaciones que realmente te funcionen cuando provocas que se ponga de manifiesto su armonía inherente, y hacerlo es tu responsabilidad social. Al reconocer que eres responsable tanto de la armonía como de la falta de ella que experimentas, te sentirás seguro respecto de tu habilidad de percibir lo que has creado. Una vez que estés dispuesto a manejar la posibilidad de que exista una falta de armonía en tus relaciones, tendrás la capacidad de realizarte al manifestar tu visión personal y honesta sobre las cosas. Como respuesta, percibirás un equilibrio natural y auténtico.

Puedes comprometerte a ser íntegro al compartir tu punto de vista honestamente con los demás para después observar objetivamente cómo responden. Este proceso te permite utilizar tus habilidades diplomáticas de una manera impersonal que responde a una necesidad colectiva. Esto puede dar lugar a una estructura que produzca una alianza capaz de responder tanto a tus necesidades como a las del otro, sin las limitantes justificaciones de tus opiniones sobre la impresión que debería dar la relación.

Vidas anteriores

Has venido a esta vida a casarte o a establecer una sociedad en el sentido más estricto del término. Tu evolución ha llegado a una etapa en la que tu percepción de ti mismo como identidad independiente ha alcanzado su término y perfección como entidad íntegra y eficiente.

En el pasado fuiste cónsul, consejero y diplomático, cumpliendo con la función de servir de apoyo pero excluyendo tu identidad en la conformación de un consorcio. En esta vida estás buscando a una persona con la que puedas compartir tu vida sin perder tu independencia, a alguien que también sea una entidad plenamente autointegrada e independiente.

SATURNO EN ESCORPIÓN

Estático

Si te crees todopoderoso y que debes responsabilizarte de la situación material y física de los demás, tu influencia puede verse limitada por la compulsión que tiene escorpión por controlar y dominar. A través de tu necesidad de crear relaciones de control y dependencia, sin darte cuenta puedes bloquear el flujo de tus energías hacia los demás. Esta forma de utilizar el poder puede conducir a que tanto tú como tu pareja experimenten un frustrante aislamiento. Debido a tu paralizante miedo a perder el mando, puedes terminar por negarte a ti mismo y a los demás el profundo contacto que te gustaría tener con la intimidad y la energía.

Dinámico

Tienes la capacidad de manifestar de forma enérgica las fuerzas latentes de transformación mutua y de regeneración de valores que tienen tus relaciones íntimas, y hacerlo es tu responsabilidad social. Te puedes reconocer responsable de los impulsos hacia el poder y el control que experimentas en tu relación con los demás, lo cual te dará seguridad en tu habilidad para enfrentar los retos que se te presentan. Aumentará tu seguridad en ti mismo aún más al darte cuenta de que el poder que emanas es lo bastante fuerte para permitirte experimentar un contacto íntimo con otro.

Puedes aceptar la responsabilidad, y trabajar con ella, de depender de los demás o que los demás dependan de ti, o ambas cosas a la vez. Entonces te darás cuenta de que los valores egoístas y misteriosos que has tenido en el pasado sólo te servían para socavarte a ti y a los demás. Al arriesgar tu papel de poderoso te permites la posibilidad de relacionarte con el otro en un grado verdaderamente íntimo, equitativo y de confianza en el que ambos podrán experimentar la dicha sensual de la profunda transformación y de la regeneración emocional.

Al utilizar y compartir con los demás tu capacidad para alcanzar niveles más altos de valor, podrás experimentar un poder y una vitalidad superiores.

Vidas anteriores

En esta etapa de tu proceso evolutivo es tiempo de que manejes tu miedo a vincularte con otra persona en el sentido psíquico. Estás aprendiendo que no quedarás anulado por el poder que emanes al compenetrarte con otra persona. Al no quedarte estancado durante el proceso de percibir los deseos de los demás, podrás mantenerte en la realización de tu propio sistema de valores y desarrollar lo que a ti te parece importante respecto de compenetrarte con otra persona. Estás aprendiendo a utilizar tu poder conscientemente, a manifestar tu valor y a vincularte con el otro de una manera que sea constructiva para ambas partes.

Has pasado tus vidas anteriores en el ámbito militar y en combates por el poder, en los que tu sobrevivencia dependía de que ejercieras un poder absoluto e invencible. En esta vida estás aprendiendo a deshacerte de tus defensas psíquicas para llegar a unirte con el otro, permitiéndote impulsar los ideales que valoras para integrarlos al poder de tu relación. De esta forma, la relación se convierte en una fuente de energía que trabaja para el beneficio duradero de ambas partes.

SATURNO EN SAGITARIO

Estático

Tal vez busques justificar tu superioridad o tu inferioridad al exhibir el conocimiento de sagitario de una manera que te conceda la razón por medio de una reputación establecida y la credibilidad que te confieran los demás (por ejemplo: «Soy más inteligente que tú o superior a ti porque tengo una licenciatura» o «No soy lo bastante inteligente porque no tengo una licenciatura»). Esto puede producir tensión, pues tiendes a creer que nunca puedes justificar tu seriedad intelectual o tu falta de ella suficientemente.

Dinámico

Tienes habilidad para manifestar las inspirantes energías que proporcionan la filosofía y el pensamiento superior en el mundo, y es tu responsabilidad social hacerlo. Puedes reconocer que tú mismo eres quien se crea la responsabilidad de ser o de querer ser intelectualmente superior. Entonces podrás sentirte más seguro de tu habilidad tanto para aprender como para enseñar.

Al comprometerte a incrementar tu conocimiento con el fin de servir a un grupo mayor de gente más efectivamente, podrás utilizar tus habilidades para organizar pensamientos que sean ilustradores y estimulantes. Este proceso también te permitirá emplear tu conocimiento de una manera que fortalezca tu identidad en el entorno social sin amenazar tus ambiciones intelectuales.

Vidas anteriores
Te encuentras en una etapa de tu proceso evolutivo en la que estás aprendiendo a liberarte de antiguas y obsoletas creencias en torno a la naturaleza de la conducta correcta y a la verdad basadas en la autoridad exterior. En tus vidas anteriores fuiste una figura religiosa y una autoridad en la verdad espiritual, pues aceptabas las doctrinas de la iglesia y te atenías a las reglas de una ley dogmática. Temes desobedecer a la autoridad espiritual superior que acompaña a este patrón de comportamiento, y en esta vida estás aprendiendo a deshacerte de la subordinación punitiva que implica el infringir una ley espiritual. Conforme comiences a ponerte en contacto con tus ideas y opiniones, podrás integrar tus valores al fundamento de los valores probos de la sociedad.

Una vez que aceptes la responsabilidad de conectarte directamente con la verdad espiritual, en lugar de estar subordinado a un dogma espiritual o religioso externo, permitirás que la energía universal de la verdad espiritual fluya en ti a través de las bases que conforman a la sociedad.

SATURNO EN CAPRICORNIO

Estático
Si tratas de justificar tu conducta actual con base en la falsa autoridad del tiempo, de la ambición, del logro material o con base en alguna otra razón muy estructurada o tradicional que crees que justifique tus actos, tal vez logres algo pero sin sentirte satisfecho. Quizá también padezcas el resentimiento de los demás por la posición de autoridad que ocupas, que es el precio a pagar por tener que estar siempre en una posición de control.

Dinámico
Posees capacidad para manifestar tu autoridad en el mundo, y tienes la

responsabilidad social de hacerlo. Puedes reconocer que eres responsable de tu autoridad o de tu falta de ella y del respeto que te confiere el mundo, el cual te da seguridad en tus habilidades para sobrepasar las limitaciones que te autoimpones. Al comprometerte a utilizar las habilidades naturales que tiene capricornio para organizar, administrar y sistematizar sin oprimir el espíritu de los implicados, obtienes respeto por tu natural autoridad y liderazgo ejecutivo.

Vidas anteriores

Para ti ésta será una vida de logros y fructificación. Tus vidas anteriores han estado conformadas por una larga y constante preparación para que en esta reencarnación tus logros se manifiesten. Tienes la sensación de que tienes un «destino público», de que debes lograr algo que sea para el bien común, y te sentirás frustrado cuando no asumas un papel activo en la esfera pública.

Se trata de una vida de liderazgo en el sentido de que estés dispuesto a actuar como cabeza para guiar a los demás en un camino dado. Es tiempo de que te levantes para que te consideren. Cuando aceptes la responsabilidad y la posición de autoridad necesarias para que manifiestes los objetivos que tú consideres que son para el bien común, estarás cumpliendo con tu destino.

SATURNO EN ACUARIO

Estático

Quizá te contradigas cuando subrayes tu comportamiento procediendo de una manera ordinaria. Como consecuencia, te puedes encontrar limitado socialmente debido a la necesidad compulsiva que tiene acuario de ser siempre una persona común y corriente. Tal vez, secretamente, trates de separarte de los demás comportándote como tú crees que es una persona común. Esta separación te puede llevar a la represión y a la frustración por estar intentando siempre justificar esta imagen ante los demás.

Dinámico

Tienes habilidad para manifestar tu individualidad y los principios que tienes en torno al progreso social, la hermandad entre los hombres y los ideales humanitarios que caracterizan a acuario, y es tu responsabilidad social hacerlo. Cuando estés dispuesto a reconocer que eres responsable de tu singularidad o de tu falta de ella, te sentirás seguro al manifestar tu personalidad de una manera que pueda servir a los demás. Al comprometerte a expresar tu inconformidad desde una posición humanitaria o política, podrás tener una renovada seguridad en tu identidad en el ámbito social.

Vidas anteriores

En esta vida te comprometerás a romper con viejas convenciones, y servirás a los demás de una manera innovadora que sobrepasará las fronteras de lo que en la sociedad normalmente se considera aceptable. En tus vidas anteriores recientes tu comportamiento convencional te concedió reconocimiento público, prestigio y posiciones de autoridad y respeto. Sin embargo, ya no necesitas de la aprobación pública para llegar al éxito. Es hora de que busques en ti mismo los valores que van más allá de lo que actualmente se considera aceptable, valores que puedan conducir a la humanidad hacia otros estadios de libertad y de amor universal.

Te sentirás frustrado cuando intentes comportarte con propiedad y trates de realizar las cosas como las hacías antiguamente, cuando obtenías reconocimiento público. Ahora, debes concentrarte en concebir nuevos objetivos e ideales para la humanidad que rebasen las estructuras sociales actuales. Tienes la facultad de ver el paso siguiente que dará el género humano, y cuando comiences a manifestarla en tu vida, estarás cumpliendo con tu destino.

SATURNO EN PISCIS

Estático

Tal vez busques justificar tu falta de identificación con algún proyecto mundano debido a que no hay nada que satisfaga tu ideal de servicio. Ello te puede causar frustración, pues te sentirás incapaz de proceder de una manera que contribuya a la manifestación de los ideales que caracterizan a piscis. Cuando te ves incapaz de materializar tus sueños e ideales, es posible que sientas que no tienes un propósito constructivo en la sociedad.

Dinámico

Tienes la facultad de trasplantar tus sueños y tus ideales al mundo real, y es tu responsabilidad social hacerlo. Al reconocer que eres responsable de tus propios sueños e ideales, tendrás la confianza necesaria para manifestar plenamente lo que ya ha sido creado en tu imaginación.

Cuentas con la capacidad de exteriorizar tus sueños más personales. Al comprometerte a manifestar incondicionalmente aquellos sueños que sirvan a la humanidad, podrás aceptar las oportunidades que ahora tienes a tu alcance. Cuando expongas consistente y cotidianamente tus ideales espirituales, sin importar lo insignificantes que puedan parecer, tendrás la sensación de haber logrado algo. Así tendrás la certeza de que has contribuido al desarrollo de los ideales de la sociedad de una manera realista.

Vidas anteriores

En esta vida debes deshacerte de la identificación de tu ego con los logros que has tenido en el pasado. Quizá tiendas a perderte en un sensación general de frustración e impotencia que te impiden manifestar tus sueños. Esto se debe a que para ti el panorama está cambiando: el ciclo que antiguamente seguía tu identidad se está desvaneciendo, y el nuevo aún no ha traspasado el umbral. Sin embargo, sí percibirás algunos rasgos de tu nueva identidad y del nuevo ciclo que estás por iniciar.

Puede que te resulte frustrante el implantar tu nueva visión de las cosas. Esto se debe a que tu destino debe permitir que esta visión de lo nuevo te brinde la suficiente confianza para liberarte de las antiguas formas de expresión de tu ego, que no te sirven en tu presente reencarnación. Así, te podrás identificar con la fuente y no con la actividad, y cumplirás con tu destino.

SATURNO EN LAS CASAS

1a. Significa que es necesario que reconozcas que deseas dar la impresión de que estás en una posición de control, y que deberías comprometerte a desarrollar aquellos aspectos que implican una responsabilidad personal que te conducirá a controlar sin dominar.

2a. Indica la necesidad de que reconozcas tu deseo de encontrar seguridad en tu sistema valores y en tus posesiones materiales. Saturno te ofrece la oportunidad de que te responsabilices de cambiar el sistema de valores que has establecido para que puedas incluir el potencial que tienen tus circunstancias actuales.

3a. Denota que debes reconocer que deseas que tu manera de comunicarte sea tomada en serio. Saturno te ofrece la posibilidad de que te responsabilices de ampliar tu educación, la cual será respetada por los demás.

4a. Expresa la necesidad de sentir que existen fuertes vínculos emocionales con otras personas. Saturno te ofrece la opción de que te responsabilices de establecer tu seguridad personal a través de la comunicación, abierta y honesta, de tus verdaderos sentimientos.

5a. Indica que debes reconocer que en tu vida deseas obtener seguridad desempeñando un papel trascendental. Saturno te ofrece la posibilidad de que te responsabilices de expresar tus talentos creativos de una manera constructiva que te aproxime a las personas que quieres, en lugar de aislarte de ellas.

6a. Demuestra que necesitas reconocer que deseas expresar tu fuerte sentido del deber. Saturno te ofrece la posibilidad de que te responsabilices de hacer bien tu trabajo sin que ello cause estragos en tu vida por trabajar demasiado.

7a. Indica que debes reconocer que deseas tener un compañero o socio que te proporcione un equilibrio en el ámbito social. Saturno te ofrece la posibilidad de que te responsabilices de crear una relación que te beneficie tanto a ti como a la otra persona, y te ofrece el talento para hacerlo.

8a. Denota la necesidad de que reconozcas tu deseo de dominar a los demás. Saturno te ofrece la posibilidad de que te responsabilices de tu control al expresar un grado de integridad que te transforme constructivamente a ti y a los que te rodean.

9a. Expresa que debes reconocer que deseas inspirar a los demás por medio de tu conocimiento. Saturno te brinda la posibilidad de tener fe en tu sistema de valores filosófico, permitiendo que éste se amplíe al incluir la información que recibes por medio de nuevas ideas y experiencias.

10a. Indica que debes reconocer que deseas ser tomado en serio como autoridad. Saturno te ofrece la posibilidad de que te responsabilices de expresar lo que sepas de tu área de especialización en el ámbito público.

11a. Indica que debes reconocer que deseas distinguirte entre tus semejantes. Saturno te ofrece la posibilidad de que te responsabilices de ampliar los conocimientos que te convertirán en una autoridad entre tus compañeros.

12a. Denota que debes reconocer que deseas manifestar tu sueño personal. Saturno te ofrece la posibilidad de que te responsabilices de continuar manifestando tu ideal espiritual con un compromiso que está por encima de lo tangible.

Urano

URANO: CLAVE PARA LA INDEPENDENCIA Y LA LIBERTAD

Urano en la carta natal:

- Ilustra las circunstancias en las que puedes contar con la intuición perceptiva de la vida, permitiéndote estar por encima de la confusión y de las ideas interferentes.

- Indica el proceso mediante el cual tu comportamiento impredecible induce a los demás a creer que no eres muy digno de confianza y que eres demasiado contrariante y excéntrico para ser tomado en serio.
- Expresa el área de tu vida en la que debes experimentar un sentido de independencia personal y asumir la responsabilidad de salvaguardar y expresar tu necesidad de libertad de una manera que no te aísle de los demás.
- Denota el área en la que necesitas sentir, de una manera responsable y consciente, la excitación que produce la independencia y la libertad personal, para así poder tener percepciones claras sobre las cosas.
- Revela el proceso mediante el cual te puedes encontrar en situaciones incómodas en las que reina la contrariedad emocional y el aislamiento debido a que, inconscientemente, te expresas de una manera desconsiderada, excéntrica e indiferente hacia la gente.
- Indica el área en la que cuentas con el potencial para expresar ideas innovadoras que pueden alterar situaciones arcaicas que ya no satisfacen las necesidades de la gente.

Urano permanece aproximadamente siete años en cada signo. Es uno de los tres planetas exteriores que, junto con Neptuno y Plutón, denotan la naturaleza de una generación además de definir cualidades personales. De ahí que el signo en el que se ubique Urano demuestre la necesidad de cambio y evolución para todo un grupo generacional, además de ser indicativo de la necesidad de cambio y evolución en el ámbito personal. En muchos aspectos, el efecto que tiene en el sentido personal y en el generacional es el mismo. Conforme cada persona va estableciendo las conexiones intuitivamente, toda la generación es exaltada y su influencia introduce un elemento de cambio y de progreso en el mundo.

En un sentido estrictamente personal, la influencia de Urano se percibirá y se podrá manejar en el contexto de la casa en la que se localice. El término «mente planetaria», como se utiliza en las siguientes descripciones de este planeta, se refiere a la mente de Dios, a ese espacio omnisciente en el que se originan las ideas creativas, en el que se resuelven los problemas y de donde surgen todas las invenciones. Cuando se evoca a Urano, se evoca una esfera superior de energía mental.

URANO EN ARIES: Los que pertenecen a la generación que tiene a Urano en aries pueden recibir intuitivamente de la mente planetaria la percepción de una nueva dirección para la humanidad. Tendrán ideas individualistas sobre cómo iniciar nuevos proyectos. Únicamente surgirán dificultades cuando el camino para manifestar el liderazgo no sea para beneficio de la sociedad en general.

URANO EN TAURO: Los que pertenecen a la generación que tiene a Urano en tauro pueden recibir intuitivamente de la mente planetaria ideas oportunas para implementar, de forma material, las direcciones que está tomando el planeta. Se les ocurrirán ideas innovadoras sobre cómo estructurar estas direcciones y sobre cómo instaurar nuevas energías de una manera práctica y sintetizada. Únicamente surgirán dificultades cuando se apeguen a sistemas de valores arcaicos que no armonizan con la nueva dirección que ha tomado la sociedad en general.

URANO EN GÉMINIS: Los que pertenecen a la generación que tiene a Urano en géminis poseen habilidad para recibir de la mente planetaria nuevas formas de comunicación que le revelen a la gente el mensaje de los tiempos. Tendrán nuevas ideas sobre cómo verbalizar y promover las nuevas direcciones que se han establecido. Surgen problemas cuando permiten que estos mensajes permanezcan en el terreno de la lógica y de la razón, en lugar de que expandan la mente hacia una forma de comunicación más intuitiva.

URANO EN CÁNCER: Los que pertenecen a la generación que tiene a Urano en cáncer poseen la capacidad de recibir intuitivamente de la mente planetaria nuevos estados emocionales que causan un trauma o transformación en un sentido muy personal. Las ideas que reciben sobre el potencial que tienen estos nuevos estados emocionales pueden perturbar la vida familiar y las raíces que tradicionalmente se han tenido para obtener seguridad personal. Surgen problemas cuando se adhieren a las formas tradicionales de seguridad en un sentido personal o dependen de ellas, como el hogar y la familia, que no pertenecen al ente colectivo.

URANO EN LEO: Los que pertenecen a la generación que tiene a Urano en leo tienen habilidad para recibir intuitivamente de la mente planetaria una nueva manera creativa de expresar sus emociones y talentos. El ego puede sufrir severas perturbaciones si se toman la creatividad demasiado personalmente. Hay confusión cuando se exige reconocimiento personal por la expresividad artística o creativa.

URANO EN VIRGO: Los que pertenecen a la generación que tiene a Urano en virgo tendrán la capacidad de recibir intuitivamente de la mente planetaria nuevas formas de limpiar el medio ambiente social tanto en el terreno mental como en el físico. Surgen problemas cuando las nuevas formas de servir a la sociedad son incomprendidas y tomadas demasiado literalmente.

URANO EN LIBRA: Los que pertenecen a la generación que tiene a Urano en libra tienen habilidad para recibir de la mente planetaria una nueva manera de relacionarse con la gente y la posibilidad de manejar el terreno de las relaciones personales desde otra perspectiva. Surgen problemas cuando siguen creyendo en ideales anticuados respecto de las relaciones matrimoniales y en torno al establecimiento de sociedades en general.

URANO EN ESCORPIÓN: Los que pertenecen a la generación que tiene a Urano en escorpión tienen la capacidad de recibir intuitivamente de la mente planetaria nuevas maneras de transformar sustancialmente el modo en que la sociedad opera actualmente, especialmente en un sentido mundano y sexual. Surgen problemas cuando su comportamiento sexual se sujeta a normas que son obsoletas y cuando se aferran a conceptos anticuados sobre la formación de una sociedad con otra persona en el ámbito material.

URANO EN SAGITARIO: Los que pertenecen a la generación que tiene a Urano en sagitario tienen habilidad para percibir intuitivamente de la mente planetaria nuevas direcciones filosóficas y nuevos horizontes en relación con el comportamiento moral de la sociedad. Surgen problemas cuando se aferran a los sistemas de valores y a las actitudes moralistas que justifican antiguos comportamientos sociales.

URANO EN CAPRICORNIO: Los que pertenecen a la generación que tiene a Urano en capricornio poseen la capacidad de recibir intuitivamente de la mente planetaria formas de planificar y establecer un nuevo orden social. Tendrán innovadoras ideas sobre cómo organizar a la sociedad como ente colectivo. Surgen problemas cuando se aferran a las viejas estructuras gubernamentales que ha tenido la sociedad.

URANO EN ACUARIO: Los que pertenecen a la generación que tiene a Urano en acuario tienen habilidad para recibir intuitivamente de la mente planetaria nuevas ideas que vinculan a la humanidad, por encima de un orden social tradicional, con una totalidad integral que se corresponde con ideales y normas humanitarias respecto de las relaciones. Aparece una forma creativa del desorden cuando Urano en acuario opera desde un un nivel superior de inventiva y originalidad. Surgen ciertas dificultades cuando existe la conciencia de que los sistemas sociales son obsoletos.

URANO EN PISCIS: Los que pertenecen a la generación que tiene a Urano en piscis tienen la capacidad de recibir intuitivamente de la mente planetaria nuevos pináculos de entendimiento que tienen la facultad de desintegrar todo lo que hasta entonces se conoce. El camino quedará libre para dar lugar al cambio, a la revolución y a renovados ideales para la humanidad. Surgen problemas cuando se aferran a sistemas de valores y a formas de percibir la realidad que son anticuados.

URANO EN LA 1a. CASA

Estático
Tal vez tiendas a exigir tu independencia de tal forma que tu libertad acabe por convertirse en una carga o limitación para los demás. Como resultado, tal vez sufras contrariedades personales constantemente, la dispersión de tu energía y una pérdida de independencia. Esto ocurre cuando, sin darte cuenta, reaccionas de una manera excéntrica que es más destructiva que creativa.

Dinámico
Podrás expresar tu individualidad de una manera singular por medio de tu voluntad de ser un ejemplo de independencia responsable. Como consecuencia de tu capacidad de ver a todo el mundo como un igual, en tu grupo o comunidad podrás ser respetado como un líder innovador. Al no conocer limitaciones de clase, la gente te escoge.

URANO EN LA 2a. CASA

Estático
Posiblemente tiendas a exigir tu independencia de una manera que produce la dispersión de tus talentos y recursos personales. Si buscas imponer a los demás la visión excéntrica que tiene Urano respecto de los valores materiales, tal vez termines por depender de la gente para que te dé apoyo y te sientas bien. Si no te interesa la responsabilidad práctica, quizá tu bienestar dependa del apoyo que te brinden los demás.

Dinámico
Podrás expresar tu individualidad de manera singular al implementar tus originales ideas en un sentido práctico y material. Al hacerlo, tu visión innovadora de las cosas podrá desarrollar ideas y estructuras operativas por medio de las cuales podrás establecer una manera original de ganar dinero.

URANO EN LA 3a. CASA

Estático
Tal vez tiendas a exigir independencia al comunicarte de una manera desconsiderada que provoca contrariedades. Si te empeñas en ser cambiante y abstracto con el propósito de confundir a la gente, tal vez provoques que tus energías se dispersen y además tengas malentendidos con la gente que te impidan la posibilidad de una comunicación verdadera.

Dinámico
Podrás expresar tu individualidad de una manera singular al utilizar tu mente para idear maneras innovadoras de comunicarte más clara y efectivamente con los demás. Como resultado, sentirás la excitación del estímulo que provoca una verdadera comunicación de a mente a mente.

URANO EN LA 4a. CASA

Estático
Es posible que tiendas a exigir tu independencia al rebelarte en tus relaciones íntimas. Tal vez esto lo hagas para estar seguro de tener un sentido de libertad emocional ficticio y una independencia egoísta que te llevará a sentirte inestable en cuanto a tus raíces, y a la constante contrariedad con tus seres queridos.

Dinámico
Podrás expresar tu individualidad por medio de tu singular talento para percibir las necesidades de los demás. Tienes la capacidad de amar de una manera lo bastante impersonal para dejar que los que estén emocionalmente cerca de ti queden libres de una debilitante dependencia. Si optas por este camino, podrás experimentar una libertad emocional que te permitirá ser honesto contigo mismo y también en tus relaciones íntimas.

URANO EN LA 5a. CASA

Estático
Quizá tiendas a exigir por medio de tu manera desconsiderada de expresarte, la cual perturba la forma de expresión que tienen los demás. Existe la tentación de dramatizar y ostentar tu independencia con el propósito de llamar la atención de los demás. Cuando escoges seguir este camino, te puedes ganar la reputación de ser un rebelde excéntrico y una persona de la que los demás no se fían.

Dinámico

Podrás expresar tu distintiva individualidad al manifestar tu independencia de una manera que sea constructivamente creativa. Cuando utilices tus habilidades innovadoras para exaltar y permitir que los que te rodean se expresen libremente, podrás experimentar la lealtad que sirve de apoyo a tu singularidad.

URANO EN LA 6a. CASA

Estático

Tal vez tiendas a exigir tu independencia distorsionando tu sentido del deber para justificar el negarte a ayudar a los demás de una manera práctica. Como resultado, tal vez te encuentres cambiando constantemente de trabajo y te sientas insatisfecho de tu pragmática habilidad para servir a la gente.

Dinámico

Podrás expresar creativamente un sentido personal del deber por medio de tu singular habilidad para servir a los demás al revelarles lo que sabes respecto de la libertad. Cuando te apegas a tu sentido personal del deber e impartes tu sabiduría universal con el fin de servir, puedes atraer hacia ti singulares oportunidades de trabajo y aprovecharlas exitosamente.

URANO EN LA 7a. CASA

Estático

Posiblemente tiendas a exigir tu independencia al tratar con los demás sobre la base de la excitación y estimulación que te puedan proporcionar. Al dejarte llevar por este comportamiento tal vez atraigas relaciones esporádicas y plenas de contrariedades que dispersan y desgastan tu energía. Quizá también tiendas a aburrirte en tus relaciones íntimas, esperando que pocos te den mucho.

Dinámico

Podrás expresar creativamente tu facilidad para la variedad y el estímulo excitante para con los demás al reconocer estas facultades como necesarias para ti y al agrandar tu círculo de relaciones para incluir vínculos impersonales además de una relación íntima principal. Cuando comprendas que el tener varias relaciones íntimas profundas dispersa y desgasta tu energía, podrás expandir tu propensión natural a las relaciones impersonales. Como resultado, podrás tener todos los vínculos que necesitas como estímulo sin alterar el flujo de tu energía.

URANO EN LA 8a. CASA

Estático
Tal vez tiendas a ser exigente por medio de actitudes excéntricas, raras e independientes en una relación sexual en la que no tendrás consideración por las necesidades de la otra persona. Como consecuencia de esta forma de aproximación tendrás encuentros sexuales intensos, explosivos, erráticos, extenuantes y transitorios.

Dinámico
Podrás expresar tu individualidad conectándote profundamente con otras personas en el terreno sexual cuando te concentres en mantener la libertad tanto para ellas como para ti. Al estimular la singularidad del otro tal vez descubras que tu sexualidad se desarrolla. Quizá esta forma de aproximación te permita deshacerte de creencias e inhibiciones arcaicas en torno a tu sexualidad.

URANO EN LA 9a. CASA

Estático
Es posible que tiendas a ser exigente al destruir, irreflexivamente, el sistema de valores de los demás sin responsabilizarte de remplazarlo con el conocimiento adecuado. Con frecuencia, esto puede llegar a perturbar y a dividir al grupo. Hay también una tendencia a hacer afirmaciones teóricas erráticas con el solo fin de sorprender a los demás o para intentar probar que al saber más invalidas sus opiniones, incluyendo las tuyas. Cuando te dejas llevar por esta tentación te puedes encontrar con que nadie te escucha o que no te toman en serio.

Dinámico
Podrás expresar tus talentos perceptivos y filosóficos al ampliar tus creencias respecto de los demás con información objetiva y veraz. Esta conexión les permitirá, además de creer en ti, conocerse a sí mismos. Al convertirte en el prototipo de la persona que busca el conocimiento objetivo y aprovechable, podrás inspirar a los demás a que utilicen sus habilidades para adquirir un conocimiento intuitivo e impersonal. Así, experimentarás un encuentro realmente estimulante con la mente de los demás.

URANO EN LA 10a. CASA

Estático
Tal vez tu manera de exigir encuentre expresión al creer que puedes cambiar

las cosas en el mundo por medio de un comportamiento irreflexivo y arrollador. Es posbile que en tu entorno social ocupes posiciones mundanas hechas a tu semejanza sin darte cuenta de las responsabilidades que implica realizar lo que quieres lograr en el mundo. Aquí hay una tendencia a destruir por destruir, lo que puede acabar por dañar el *statu quo* en lugar de liberarlo; una revolución sin propósito social.

Dinámico
Podrás utilizar tus singulares habilidades al encarnar el papel de revolucionario responsablemente. Cuando actúas considerando la estructura social a la que perteneces y contemplas lo que se podría cambiar creativamente para el bien común, puedes ser un ejecutivo o político genial.

URANO EN LA 11a. CASA

Estático
Posiblemente tiendas a exigir tu independencia adoptando la postura de que lo sabes todo. Sin darte cuenta, tal vez optes por una actitud impersonal para justificar que no te responsabilizas de utilizar tus conocimientos de una manera creativa y constructiva. Esto puede hacer que atraigas situaciones destructivas a través de grupos y compañeros, y que te sientas limitado para ser tú mismo.

Dinámico
Posees la singular capacidad de utilizar las ideas de tal manera que animas a los demás a que expresen sus originales opiniones e individualidad sin juzgarse a sí mismos ni a los demás. Como resultado, habrá un mayor sentido de libertad y de independencia personal en las situaciones grupales y entre tus compañeros.

URANO EN LA 12a. CASA

Estático
Tal vez tiendas a exigir tu independencia al fingir ante los demás que no eres una persona singular y libre que tiene sueños e ideas propias. Como consecuencia, puedes crear una situación negativa para ti al permitir que la tensión interna crezca hasta al punto de que expreses, inconscientemente, tus tendencias excéntricas de una manera destructiva.

Dinámico
Podrás responsabilizarte de utilizar tu intuitiva visión de las cosas y tus im-

pulsos al expresarlos creativamente. Cuando seas consecuente con tus singulares ideas de una manera constructiva, tu ideal será reconocido en la esfera pública y la percepción de tus conocimientos mantendrá en alto el espíritu de la gente.

Neptuno

NEPTUNO: CLAVE PARA EL ÉXTASIS EMOCIONAL

Neptuno en la carta natal:

- Desplaza a la ilusión y revela la verdad, mostrando así la manera en que se podrán materializar los ideales de una manera efectiva y gratificante en el sentido material.
- Denota los patrones de comportamiento que conducen a la autoderrota y a la confusión en el terreno en que tus expectativas son mayores y las desilusiones más intensas.
- Define la razón por la cual tu imagen de cómo debería manifestarse el ideal debe ser sacrificada para que aparezca la realidad de ese ideal.
- Muestra los patrones de comportamiento mediante los cuales perpetúas el autoengaño y las ilusiones emocionales que te impiden experimentar el éxtasis que es inherente al verdadero ideal.
- Indica el área en la que puedes comenzar a confiar en el universo con el fin de satisfacer un deseo idealista, o el terreno en el que permites que se manifieste el universo de acuerdo con sus normas de perfección cuando te liberas de tu imágenes preconcebidas, criterios personales e ideales.
- Significa el área de la vida que ofrece la fuerza, la serenidad y el éxtasis del contacto divino, y una visión de los procedimientos del universo y la confianza en ellos.

Como Neptuno permanece aproximadamente catorce años en cada signo, en muchos aspectos el signo que contiene a este planeta es representativo de una generación. Neptuno denota los deseos idealistas de todo un grupo de gente, además de representar el idealismo personal. Así, el efecto que tiene este planeta en el sentido personal y en el generacional es el mismo, pues conforme se purifican sus energías en la esfera personal, la generación entera es exaltada, y su influencia eleva los ideales del mundo. En un sentido estrictamente personal, la influencia de Neptuno se percibe a través de la casa en la que se ubica, y es en ese terreno desde donde se le puede manejar.

(Para cumplir con el propósito de este libro, estudiaremos a Neptuno bajo los signos de las personas que viven en esta época. Mostraremos la influencia de Neptuno en las casas a través de las doce posiciones.)

NEPTUNO EN CÁNCER: Las personas que pertenecen a la generación que tiene a Neptuno en cáncer tienen el potencial para concretar los niveles superiores de seguridad personal y familiar en un sentido planetario. Las inspira la imagen de iniciar una toma de conciencia respecto de «la familia mundial». La Liga de Naciones fue formada de manera natural por medio de los esfuerzos de aquellos que nacieron en esta época. En la esfera personal, indica un dilema en torno al manejo de las expectativas idealistas de una satisfacción emocional automática que se deriva de la posición que uno tiene en la familia. Ofrece la alternativa de aceptar o rechazar la responsabilidad de desarrollar la seguridad personal necesaria para experimentar la cristalización de los ideales más elevados respecto de la familia.

NEPTUNO EN LEO: Los que forman parte de la generación con Neptuno en leo tienen el potencial para materializar los aspectos más elevados de la expresión artística y de orden lúdico que inspiran a los demás en un sentido planetario. La imagen que inspira a esta generación comprende el actuar de una manera que ha motivado y exaltado a miles de personas para actuar en películas, en el escenario y en la televisión. En el ámbito personal, Neptuno en leo indica el dilema de manejar o no las expectativas idealistas de los estados de dicha automáticos que se derivan de la experiencia de ser padre, de la expresión creativa, de los talentos artísticos o del romance. Ofrece la alternativa de aceptar o rechazar la responsabilidad de apreciar la perfección inherente de nuestros hijos, la expresión creativa y las relaciones románticas. Representa la oportunidad de manifestar los ideales creativos al reconocer la perfección de las cosas tal y como son.

NEPTUNO EN VIRGO: Las personas que pertenecen a la generación que tiene a Neptuno en virgo tienen el potencial para concretar los aspectos más elevados de la salud y del servicio en un sentido planetario. Están inspiradas por la idea de planificar la accesibilidad de la buena salud para todo el mundo. La creciente conciencia que hay respecto de los efectos de la contaminación, los peligros ambientales y la pérdida de vitalidad de los alimentos se ha incrementado gracias a los esfuerzos de esta generación. En la esfera personal indica el dilema de manejar o no las expectativas idealistas en torno a la satisfacción emocional inmediata que se deriva del trabajo que uno desempeña en la vida. Ofrece la alternativa de aceptar o rechazar la responsabilidad de servir a nuestros semejantes en la medida de nuestra capacidad. Indica la posibilidad de encontrar la verdadera dicha interior por medio de la manifestación consciente de los ideales que tengas en torno al servicio en el trabajo.

NEPTUNO EN LIBRA: Los que forman parte de la generación que tiene a Neptuno en libra tienen el potencial para cristalizar los aspectos más elevados de la relación con la gente en el ámbito de la conciencia planetaria. La imagen que inspira a esta generación contempla instaurar la paz duradera y abolir la guerra en el planeta. Es también la generación que cree en el ideal de unión espiritual y de integración entre la gente. Fue ella quien implantó una nueva ética respecto de la unión libre, relegando las antiguas costumbres en torno al matrimonio. En el terreno personal expresa el dilema que encierra el manejo de las expectativas idealistas en las relaciones. Ofrece la alternativa de aceptar o rechazar el compromiso con la integridad personal que se requiere para materializar los ideales más elevados en una relación.

NEPTUNO EN ESCORPIÓN: Las personas que pertenecen a la generación que tiene a Neptuno en escorpión tienen el potencial para cristalizar los aspectos más elevados de la participación en la posesión material en un sentido planetario. Las inspira la imagen que expresa la responsabilidad espiritual sobre los recursos de la Tierra en general. Están conscientes de los valores humanos materiales actuales y del potencial transformador que tienen los valores que conducirán a la humanidad a una relación más elevada con el mundo físico. En el ámbito personal indica el dilema que encierra el establecer los valores de uno en relación con los demás. Implica la elección entre esperar, idealistamente, el apoyo automático por parte de los recursos de los demás o definir, responsablemente, los valores materiales que uno comparte con ellos. También comprende la elección entre esperar la satisfacción emocional automática a través del sexo y el comprometerse a la autopurificación que permitirá que esos ideales se materialicen.

NEPTUNO EN SAGITARIO: Los que pertenecen a la generación que tiene a Neptuno en sagitario tienen el potencial para concretar los aspectos más elevados de la comunicación en el terreno intelectual, filosófico y religioso en un sentido planetario. Las inspira la imagen del comienzo de la ilustración en la esfera religiosa y filosófica, y la lucha por encontrar un medio de comunicación internacional que sea positivo. En el terreno personal indica el dilema que comprende el esperar que la satisfacción emocional automática provenga de creer en una filosofía. Ofrece la alternativa de aceptar o rechazar el compromiso de seguir creencias filosóficas fanáticas y de depender de los demás. Su oportunidad de llegar a la satisfacción radica en permitir que las experiencias personales en el mundo real transformen y expandan sus ideales filosóficos.

NEPTUNO EN LA 1a. CASA

Estático
Cuando te expresas con base en un ideal preconcebido sobre cómo debe ser el comportamiento personal, sin darte cuenta tal vez te engañes a ti mismo y a los demás. Consecuentemente, tal vez te sientas confundido e incomprendido cuando los demás no reconocen tus buenas intenciones y reaccionan con desconfianza. Como resultado, tienes la frustrante sensación de que jamás te has expresado con la suficiente perfección y de que no has vivido conforme al elevado ideal que tienes respecto de ser una influencia positiva en el mundo.

Dinámico
Puedes deshacerte de tus imágenes respecto de la perfección de tu manera de expresarte, y sencillamente decir la verdad de lo que sientes en el momento. Este ejemplo inspira a los demás a estar más atentos a sus propios sentimientos inmediatos. Mientras buscas el apoyo del universo, te puedes purificar al expresar, objetivamente, esa parte medular de ti que todavía no se ha convertido en el ideal. De esta forma, podrás curar espiritualmente con la verdad a los que te rodean. Entonces podrás experimentar el éxtasis de la pureza emocional al servir de ejemplo inspirador de integridad personal, expresando tus sentimientos y percepciones sin que te importen las reacciones de los demás.

NEPTUNO EN LA 2a. CASA

Estático
Cuando tratas de hacer alarde de tu autovaloración, tal vez pierdas contacto con tu autoestima. Si deseas probar tu valor individual por medio del dinero que ganas (o del que dejas de ganar), quizá te desilusiones al ver que los demás no aceptan tu valor como crees que deberían. También te puedes sen-

tir frustrado al ver que no consigues tener el sentimiento de autoestima que buscas.

Dinámico

Te puedes deshacer de tus ideas respecto de cómo debes establecer tu valor. Así podrás usar tus facultades para construir algo que tenga un valor emocional y que sea espiritualmente útil. Al permitir que te apoye el universo, tienes la confianza suficiente en la vida para buscar en ella la gratificación material, la cual te llegará porque tu meta representará un verdadero servicio para los demás. Cuando te des cuenta de que el dinero, o la falta de él, no es el medio adecuado para obtener autovaloración, te podrás comprometer a establecer valores universales. Consecuentemente, experimentas éxtasis emocional al saber que el universo siempre te apoya y te concede sus bienes personales cuando utilizas esos recursos para curar espiritualmente a los demás. Ello, a su vez, permite que concretes tu valor ante el universo.

NEPTUNO EN LA 3a. CASA

Estático

Tal vez intentes comunicarte desde una idea preconcebida sobre lo que debes decir para dar cierta impresión. Esto anula la comunicación. Quizá lo hagas porque temes que los demás malentiendan tus palabras. Sin embargo, al no verbalizar tus percepciones espontáneas, pierdes contacto con tus ideas. Así, si proyectas la apariencia de bienestar cuando no es verdadera, y te comunicas desde ese estado, tal vez te sientas aislado por sentir que nadie te comprende. Al sentirte incapaz de comunicarte de una manera que esté a la altura de tus ideales, puedes sentirte frustrado y desilusionado.

Dinámico

Cuando te deshagas de tus ideas respecto de lo que debes decir en tus interacciones sociales, permitirás que el universo se comunique a través de ti. Al concentrarte en cómo verbalizar lo que te dicta tu intuición, en lugar de pensar en la impresión que quieres dar, experimentas el éxtasis de participar en una auténtica comunicación. Mientras aprendes a confiar en que el universo te dará las palabras adecuadas para comunicar tus sentimientos verdaderamente, tu discurso cura espiritualmente de forma automática este intercambio. Experimentarás la satisfacción emocional de servirte a ti mismo y a los demás al permitir que la verdad sea dicha a través tuyo, sin importarte cuál sea el resultado.

NEPTUNO EN LA 4a. CASA

Estático

Si esperas que tu familia inmediata sean los parientes perfectos que siempre quisiste y nunca tuviste, tal vez sigas sintiéndote insatisfecho y desilusionado con ellos. Por otra parte, el grupo familiar que te rodea tal vez tome tus sentimientos de insatisfacción personalmente. Ello puede hacer que pierdan confianza en su habilidad para satisfacer sus propios ideales, y puede que se sientan progresivamente incapaces de relacionarse contigo.

Dinámico

Cuando te des cuenta de que tu familia no está aquí para satisfacer tus ideales personales, te darás la oportunidad de tener una comunicación incondicional, emocional y verdadera con ellos. Al confiar en que el universo le concederá perfección a tu parentela tal y como es, podrás experimentar el éxtasis de la satisfacción y la seguridad emocionales. Si te deshaces de tus expectativas y confías en el universo, podrás darte cuenta de que la humanidad entera es tu familia.

NEPTUNO EN LA 5a. CASA

Estático

Tal vez intentes buscar una vida amorosa dramática basada en tus ideas preconcebidas sobre el *glamour*; ello te puede conducir a tener relaciones sexuales poco satisfactorias. Si desempeñas el papel del amante ideal en lugar de ser tú mismo, tal vez pierdas contacto con la criatura y la espontaneidad que tienes en tu interior. Al proyectar y proceder bajo los ideales románticos de Neptuno, sin darte cuenta puedes crear una continua frustración al ver que esas fantasías se convierten, de pronto, en trágicas desilusiones.

Dinámico

Puedes optar por ser tú mismo, reconociendo y expresando tus necesidades en torno a la lealtad. Entonces podrás convertirte en el amante que realmente eres, y darás lugar a la confianza mutua. Inspiras entusiasmo en los demás y liberas una energía creativa capaz de curar espiritualmente cuando, inocentemente, expresas la exuberancia y la dicha de tu naturaleza de criatura. Al ser tú mismo, y expresar de forma espontánea tu naturaleza lúdica, podrás atraer a la persona que buscas. Cuando te liberas de tus fantasías, puedes confiar en que el universo te proporcionará la satisfacción que deseas. Entonces podrás atraer a la persona que te puede llevar a experimentar el éxtasis emocional de tu ideal.

NEPTUNO EN LA 6a. CASA

Estático
Es posible que intentes sacrificarte en el altar del deber. Si tratas de vivir conforme a tu elevado ideal de perfección, tal vez los demás no te reconozcan como el voluntarioso servidor que te gustaría ser. En tu esfuerzo por ser visto como una persona espiritual capaz del autosacrificio puedes causar severos trastornos a tu salud, tensión entre tus compañeros laborales y un tremendo sentido de frustración y paranoia en tu trabajo.

Dinámico
Cuando deseches las ideas que tienes sobre la impresión que debes dar como trabajador, podrás concentrarte en servir a los demás en lugar de servirle a tu imagen. Te darás la oportunidad de servir a la gente de una manera positiva cuando te liberes de tu necesidad de manifestar perfección. De esta forma, te permitirás sentir la dicha de unirte a tus compañeros de trabajo para realizar juntos su labor. Cuando te relajes y confíes en que el universo te apoya en tu trabajo, podrás experimentar el éxtasis de participar plenamente en tu carrera con tu servicio.

NEPTUNO EN LA 7a. CASA

Estático
Quizá intentes que, por medio del poder de tus expectativas, la gente que se relaciona contigo viva a la altura de tus ideales neptunianos de perfección. Ello provoca que te desilusionen por completo como personas. Cuando sufres constantes desengaños en tus relaciones y te desilusionas al ver que los demás no se comportan como los personajes de tu fantasía protegida, sin darte cuenta puedes hacer que se sientan incómodos. Por otra parte, en una relación íntima seguramente percibirás que el otro no llega a satisfacer de lleno tu ideal. Esto no te permite relacionarte sin temer la desilusión. El negarte a experimentar al otro como realmente es y no como tú quisieras que fuera, te puede conducir al aislamiento y a la insatisfacción que se derivan de relacionarte con una fantasía que nunca acaba de materializarse.

Dinámico
Puedes dejar de relacionarte con el otro como si fuese una fantasía y confiar en que tu vida será satisfactoria si experimentas a la gente tal y como es. Entonces podrás inspirarla a que exprese su parte más positiva. Podrás deshacerte de tus nimias normas al aceptar al otro como humano, y así descubrirás el éxtasis que implica relacionarte con otra persona como realmente

es. Conforme compartas metas idealistas con los demás, alentándolos a seguir sus más elevados ideales, serás libre para experimentar el éxtasis que conlleva el participar con ellos en su desenvolvimiento natural.

NEPTUNO EN LA 8a. CASA

Estático
Es posible que te relaciones con los demás con base en un ideal preconcebido en torno al poder personal en las relaciones. Esto te puede causar que te sorprendas y te desilusiones constantemente al ver que se comportan de forma contraria a tus ideales. Puedes llegar a obsesionarte con tus ideales materiales y fantasías eróticas cuando permites que tu imaginación se combine con tu poder sexual. Esto automáticamente te conduce a la insatisfacción, y a alejarte del vínculo sexual que buscas experimentar.

Dinámico
Cuando te deshagas de tus imágenes respecto de cómo deberías manifestar tu poder para exteriorizar tu ideal de satisfacción sexual, te abrirás para relacionarte íntimamente con otro ser humano. Al eliminar tu postura de poder, podrás percibir el potencial que tiene la relación en sí misma. También podrás experimentar un sentido de satisfacción en tus contactos tanto sexuales como económicos con los demás cuando confíes en que, a través de tus relaciones, el universo les concederá poder a ambas partes.

NEPTUNO EN LA 9a. CASA

Estático
Si tratas de dar la impresión de ser inteligente, tal vez procedas conforme a la idea que tienes respecto de cómo se debe manifestar la superioridad intelectual. Al mostrarte intelectualmente superior a los demás, sin darte cuenta tal vez propicies tu propia desilusión al verte incapaz de sustentar tu autoridad. Puede ser que te dediques a proyectar la imagen de que posees un conocimiento espiritual exclusivo. Esto te puede conducir a hacer falsas suposiciones y a concederle demasiada importancia a cosas sobre cuya validez no estás seguro. Como resultado, te sentirás confundido y desilusionado al ver que tus percepciones despiertan sospechas y alejan a los demás de ti.

Dinámico
Cuando dejes de vivir conforme al ideal que tienes respecto de ser un maestro espiritual, podrás abandonar tus pretensiones y abrirte a nuevas y más eleva-

das ideas. Podrás construir una base sobre la que podrás filosofar y evolucionar cuando estés dispuesto a trabajar con nuevas percepciones y te familiarices con la información relacionada con tu objeto de estudio. Entonces podrás comunicar, espontáneamente, las ideas espirituales que recibes a través de tu intuición. Esto lo podrás hacer de una manera que te inspire a ti y a los demás a alcanzar nuevos horizontes intelectuales y percepciones espirituales.

NEPTUNO EN LA 10a. CASA

Estático
Tal vez intentes dar la impresión de ser la máxima autoridad de acuerdo con la idea que tienes sobre cómo debes comportarte ante los demás. Esto hace que experimentes desilusión y aislamiento al nunca poder abandonar tu papel. Si tu ego se identifica con la idea de que debes seguir el destino que te han marcado los dioses, tal vez intentes vivirlo conforme a tus limitados ideales. Sin darte cuenta, esto te impide acceder a una verdadera inspiración. Entonces tal vez te sientas como la víctima abandonada o títere de los dioses cuando la gente contradiga o desfíe tu autoridad. Este proceso te puede dejar confuso, impotente y sintiéndote incapaz de vivir de acuerdo con el potencial de tu ideal.

Dinámico
Puedes desechar tus imágenes preconcebidas respecto de ser una autoridad espiritual y un ejemplo para el mundo. Ello te dejará libre para comprometerte a participar con el mundo tal y como es, según sus propios ideales, y te dará una sensación de confianza. Al no esperar que se satisfaga un ideal personal tuyo antes de comprometerte, podrás cooperar activamente con el mundo en el contexto de sus normas establecidas y modelos de éxito, de honor, de respeto y de credibilidad. Esto te permitirá promulgar lo mejor de esas tradiciones.

Te sentirás seguro cuando te deshagas de tu concepto de lo que significa estar en una posición de dominio y confiar en que el universo está manifestando su autoridad en el mundo a través tuyo, sin que te veas implicado en los resultados. Mientras continúes concentrándote en hacer una contribución consistente al mundo al canalizar tu participación espontánea y al obviar cualquier reconocimiento, experimentarás el éxtasis de tu realización.

NEPTUNO EN LA 11a. CASA

Estático
Cuando tratas de relacionarte con los grupos según tu ideal de cómo debe

darse la interacción, puede ser que jamás termine tu búsqueda del grupo perfecto. Esto te puede llevar a la desilusión de no encontrar amigos con los que puedas realizar tus sueños y objetivos humanitarios. Incluso, puedes contribuir al desacuerdo y a la confusión en situaciones grupales cuando en ellas proyectas tus imágenes de perfección. Como consecuencia, te sientes profundamente incomprendido por tus semejantes y alejado de ellos.

Dinámico
Cuando te deshagas de tus ideas personales respecto del grupo ideal, te abrirás honesta y transpersonalmente a él al compartir la experiencia que has tenido dentro del círculo tal y como es en ese momento. Así, prepararás el terreno para que se siga manifestando la perfección. Conforme permitas que se presenten nuevas imágenes entre tus compañeros, la inspiración de tus ideales les permitirá alcanzar horizontes que sobrepasen tu visión de las cosas. Experimentarás el éxtasis cuando confíes abiertamente en que el universo fluirá a través de ti cuando te encuentres en compañía de tus amigos o conocidos.

NEPTUNO EN LA 12a. CASA

Estático
Posiblemente trates de estar en comunión con el universo conforme a tus ideas preconcebidas sobre cómo debería de tratarte él a ti. Como resultado, tal vez experimentes la frustrante sensación de que ni el mismo Dios está viviendo a la altura de tus ideales. El dejarte llevar por la creencia de que estás por encima del mundo material te puede conducir a idealizar la realidad universal de acuerdo con tu imagen de cómo debe ser esa fuente. Inevitablemente, ello te crea confusión y desilusión, pues ves que eres incapaz de depender ni de confiar en los dominios de lo tangible e intangible de la existencia.

Dinámico
Cuando dejes de imponer tus ideas sobre la perfección en el universo, reconocerás y apreciarás la perfección que tienen las cosas tal y como son. Esto te concede la comprensión de por qué la cosas suceden como suceden. Al deshacerte de tus expectativas personales en torno a cómo deberían ser las cosas, tendrás la confianza suficiente para confiar en que el universo está evolucionando de acuerdo con la perfección de su propia naturaleza. Entonces estarás abierto a inspirar nuevas revelaciones en torno al propósito universal que yace detrás de las situaciones materiales.

Al aceptar la premisa de que la gente y los sucesos son perfectos tal y como son, podrás conocer un significado superior, el cual se deriva de una nueva visión integral del universo. Mientras confíes en la perfección intangible, experimentarás el éxtasis de estar en constante comunión y armonía con los mecanismos incorpóreos de la vida.

Plutón

PLUTÓN: CLAVE PARA EL DOMINIO DE UNO MISMO

Plutón en la carta natal:

- Revela el terreno en el que más te resistes al cambio, en el que la voluntad de cambiar tendrá el impacto más fuerte en tu vida y conducirá a que desaparezcan tus miedos.
- Denota la parte de ti que más te cuesta enfrentar y exponer a los demás.
- Demuestra la manera en que podrás deshacerte del área en la que más te reprimes para experimentar un nuevo sentido de poder personal y de autodominio.
- Representa el área en la que constantemente te ves desafiado a utilizar tu poder para alterar drásticamente las situaciones en que exista el estancamiento.
- Representa el área de tu vida en la que podrás obtener las gratificaciones que provienen del verdadero autodominio cuando te encuentres dispuesto a arriesgarlo todo exponiendo tus percepciones y valores personales más profundos.
- Expone la tentación de utilizar el poder divino como una herramienta del ego y de la voluntad, lo cual puede tener terribles repercusiones que conducen a la autorrepresión.
- Indica el terreno en el que necesitas estar dispuesto a morir psicológicamente para poder renacer en una experiencia de vida en un nivel completamente nuevo.

- Significa el área en la que puedes gozar de una conciencia elevada respecto de actuar clara y rectamente y respecto de la armonización con el ego, que también es el terreno en el que temes reconocer que ya tienes el poder e integridad de la conciencia elevada porque sientes que te haría distinto de los demás.

Plutón tarda aproximadamente 256 años en completar su órbita alrededor del zodiaco, y permanece en cada signo hasta treinta años. Las influencias del signo que contiene a Plutón caracterizan a toda una generación, además de ejercer su influencia en el ámbito personal. Así, Plutón significa la transformación de un grupo de gente además de ser indicativo del cambio personal hacia la transformación y el dominio de uno mismo.

En muchos sentidos, sus efectos personales y generacionales son iguales. Conforme es aceptado el reto que presenta y son manejados los riesgos que su posición comporta en la esfera personal, toda esa generación se activa y su energía es liberada para transformar el mundo. En un sentido estrictamente personal, es en la casa en la que se encuentra Plutón en la carta donde se percibirá más intensamente su influencia emocional y desde donde se le podrá manejar.

(Para cumplir con el propósito de este libro, estudiaremos a Plutón bajo los signos de las personas que viven en esta época. Mostraremos la influencia de Plutón en las casas a través de las doce posiciones.)

PLUTÓN EN GÉMINIS: Las personas que pertenecen a la generación que tiene a Plutón en géminis experimentan el llamado a participar en la transformación del mundo a través de un mayor sentido de comunicación global. Como generación, se enfrentan al reto de transformar los medios de comunicación y de transporte que existen actualmente para que se pongan en contacto con el resto del mundo.

En el ámbito personal, los nacidos con Plutón en géminis experimentan su mayor miedo al comunicar sus ideas y pensamientos abiertamente. Su desafío radica en arriesgar la expresión honesta de sus percepciones e ideas para aceptar la reacción del otro.

PLUTÓN EN CÁNCER: Los que son parte de la generación que tiene a Plutón en cáncer experimentan el llamado a participar en la transformación del mundo al crear una nueva seguridad basada en la cooperación con otras naciones. Durante la depresión, su sentido de aislamiento como llave de su subsistencia básica se transformó.

En un sentido personal, los nacidos con Plutón en cáncer experimentan sus mayores miedos en el área en la que tienen que mantener el control sobre su seguridad personal. Su desafío consiste en arriesgar sus instintos de auto-protección para obtener una mayor seguridad cooperando con los demás.

PLUTÓN EN LEO: Las personas que pertenecen a la generación que tiene a Plutón en leo experimentan el llamado a participar en la transformación del mundo al agudizar su expresión creativa y al comunicarse con otras naciones en el ámbito del arte, de la música y de la nueva conciencia. Se enfrentan con el reto de relacionarse con cada nación cuando ésta manifiesta su asertividad como potencia mundial.

En el terreno personal, los nacidos con Plutón en leo experimentan sus mayores miedos cuando expresan sus emociones honestamente por medio de su sentido de la dramatización y de sus talentos creativos. Su desafío consiste en arriesgarse a que los demás desaprueben su comportamiento para así obtener la autoaprobación al expresarse abierta y plenamente.

PLUTÓN EN VIRGO: Los que pertenecen a la generación que tiene a Plutón en virgo experimentan el llamado a participar en la transformación del mundo en los ámbitos de la salud y del servicio social para los menos afortunados. También se les presenta el reto de transformar la ecología de nuestro planeta.

En un sentido personal, los nacidos con Plutón en virgo experimentan sus mayores miedos cuando se arriesgan a que los critiquen los demás por su compromiso para con su sentido del deber. Su reto consiste en servir a la gente de una manera práctica aun cuando no hayan alcanzado la percepción de autoperfeccionamiento que buscan.

PLUTÓN EN LIBRA: Los que pertenecen a la generación que tiene a Plutón en libra experimentan el llamado a participar en la transformación del mundo introduciendo nuevas maneras de cooperación entre las naciones. También se les presenta el desafío de transformar las ideas tradicionales que hay en nuestro planeta en torno a las relaciones entre socios y de pareja.

En al ámbito personal, los nacidos con Plutón en libra experimentan sus mayores miedos cuando se arriesgan a romper la armonía por exponer lo que ven como injusto. Su desafío consiste en estar dispuestos a deshacerse de sus ilusiones personales en torno al equilibrio para expresar objetivamente su poder en las relaciones y así hacer posible una mayor armonía.

PLUTÓN EN LA 1a. CASA

Estático
Tal vez reprimas tu habilidad para estimular a los demás a que se concienticen

más plenamente por miedo a que reaccionen violentamente. Si te ocultas tras la pretensión de ser inocuo, tal vez atraigas a personas que son fundamentalmente incompatibles contigo. Al reprimir tus reacciones honestas, te niegas a ti y a los demás la oportunidad de transformar una situación para que sea más elevada.

Por otra parte, tal vez expreses tus percepciones pero con un motivo egoísta o por intimidar o manipular a los demás para que vivan de acuerdo con tus expectativas. Si tratas de forzar a la gente a que cambie la manera en que se expresa, quizá tengas que enfrentarte con una fuerte resistencia. Este callejón sin salida te conduce al estancamiento y a una frustrante represión en tus relaciones.

Dinámico
Cuando estés dispuesto a superar tus mayores miedos, podrás rendirte ante el poder de tu personalidad. Al manifestar tu asertividad plena y honestamente aunque provoque a los demás, es posible que experimentes una perturbación pasajera en tu medio ambiente. Esto te conduce a un proceso de purificación, pues eliminas aquellos factores que inhiben tu expresión. Al arriesgarte a expresar tus profundas percepciones conforme se presentan, podrás superar los paralizantes conflictos que no expresas explícitamente.

Cuando tu motivo es el compromiso con tu integridad, eres capaz de revelar tus percepciones de la expresión del otro graciosamente. Esto le permite aceptar o rechazar tus ideas como mejor le convenga. Tal vez otros invaliden temporalmente tu discernimiento porque se sentirán extremadamente expuestos o públicamente desenmascarados. Si puedes permitir que sus súbitas negaciones de tu verdad no te perturben y pasar hacia otras áreas de interacción, los dejas libres para considerar lo que les has dicho.

Mientras aprecies el don de poder de tu personalidad, puedes estar dispuesto a arriesgarte a manifestarte independientemente de las consecuencias. Cuando te comprometas a manifestar tu asertividad de manera independiente, sobrepasarás tus mayores miedos y alcanzarás el dominio de ti mismo.

PLUTÓN EN LA 2a. CASA

Estático
Tal vez retengas tu poder para utilizar tus recursos personales con el fin de transformar tu situación económica. Esta retención te niega toda oportunidad para aumentar tu seguridad material. Tal vez te niegues a manifestar tus ideas y talentos ante el mundo por miedo a ser victimado y así tus valores no tienen la oportunidad de producir resultados materiales para nadie.

Al intentar mantener el control sobre tus recursos personales, tal vez sigas reproduciendo valores que justifican la represión y el estancamiento. El resultado puede ser una frustrante mediocridad.

Dinámico

Puedes estar dispuesto a superar tus mayores miedos y rendirte ante la voluntad de manifestar tu utilidad. Al arriesgarte a utilizar el poder de la conciencia superior, podrás experimentar una transformación de tus facultades. Ello te conducirá a una armonía mayor contigo mismo. Al comprometerte a trabajar con aquellos recursos que tienes a la mano, estarás molesto temporalmente con tu antiguo sistema de valores. Este proceso te abre a una sorprendente libertad y tranquilidad para aceptar el generoso influjo de la vida.

Cuando te abras para expandir tus recursos en el mundo, recibirás la voluntad que produce resultados. Al apreciar la vida, te encuentras dispuesto a pasar por el sufrimiento que conlleva identificarte con sus valores, y por lo tanto con su valía.

Al revelar tus valores, podrás establecer lo que para ti es tangiblemente importante. Puedes sacrificar tu deseo de imponer a los demás tus valores. Esto te permite aceptar una invalidación temporal en pos de lo que consideras importante, pues comprenderás que la gente tal vez necesite tiempo para armonizar con su propio poder. Al comprometerte a manifestar lo que sientes, tendrás la confianza para utilizar el poder de tu voluntad. Todo esto te permite superar tus mayores miedos y alcanzar el autodominio.

PLUTÓN EN LA 3a. CASA

Estático

Cuando no te permites comunicar tus penetrantes percepciones a los demás, tal vez reprimas tu deseo de hacerles preguntas que les despierten una conciencia más profunda. Así, sin darte cuenta tal vez desperdicies la oportunidad de que tanto tú como los demás puedan descubrir nuevas ideas. Si pretendes controlar a los demás al no revelar cierta información por miedo al rechazo, tal vez experimentes la confusión que implica el no poder confiar tu percepción de las cosas. Como resultado, quizá les tengas resentimiento, sintiéndote incapaz de comunicarte de una forma trascendental.

Si utilizas tu mente para imponer tus percepciones a los demás, esperando que estén de acuerdo con tus ideas por medio de la intimidación mental, posiblemente experimentes resistencia.

Dinámico

Puedes estar dispuesto a superar tus mayores miedos y rendirte al poder de tus habilidades comunicativas. El miedo que tienes de no ser comprendido puede causar una perturbación momentánea en tus procesos mentales cuando expones tus percepciones. Al continuar comunicándote, esta perturbación está seguida por la purificación de tu habilidad para divulgar ideas sin identificarlas personalmente.

Podrás superar el conflicto y alcanzar el autodominio al compartir con los demás tus percepciones, ideas y reacciones sinceras. Al sacrificar tu deseo de controlar o de invalidar los procesos mentales, ideas o aseveraciones del otro, te permites ofrecer tus puntos de vista. Cuando te das cuenta de que a veces tus percepciones son capaces de estremecer a los demás, les puedes conceder el espacio para que invaliden algunas de tus ideas temporalmente hasta que tengan oportunidad de revisar tus enseñanzas y llegar a sus propias conclusiones.

PLUTÓN EN LA 4a. CASA

Estático
Tal vez refrenes la utilización de tu sensibilidad hacia los sentimientos de la gente de una manera que los lleve a enfrentarse con una conciencia de sí mismos más profunda. Esta represión les puede negar a ellos y a ti la oportunidad de experimentar nuevos sentimientos.

Quizá te dejes llevar por el miedo al rechazo y por eso reprimas tus más arraigadas respuestas a tu familia. Esta represión de la apetura puede conducirte a resentir la insensibilidad de los demás. El resultado puede ser el sobrecontrol y el estancamiento emocional.

Dinámico
Puedes estar dispuesto a superar tus mayores miedos, rindiéndote ante tu sensibilidad. Cuando revelas lo que estás sintiendo, a pesar de temer las consecuencias, experimentas la transformación de tus sentimientos. Esto permite una verdadera armonización con tu sensibilidad más profunda. Al expresar tus reacciones y profundas percepciones en torno a los sentimientos de los demás, quizá experimentes la invalidación temporal por parte de la gente más próxima a ti. Posteriormente, tal vez tanto tú como ellos depuren sus inseguridades.

Cuando dejes de tratar de controlar los sentimientos de la gente con el fin de proteger tu vulnerabilidad, podrás operar desde una posición estable. Esta ventajosa posición te permite expresarte desde la integridad de tu más profunda sensibilidad y así compartirla con los demás. El compromiso desinteresado de reconocer y exponer tu conciencia en el terreno de los sentimientos te permite superar tus mayores miedos y alcanzar el autodominio.

PLUTÓN EN LA 5a. CASA

Estático

Tal vez reprimas la utilización de tus talentos con el fin de despertar una reacción creativa y espontánea en los demás. El no poder encauzarlos a una conciencia de su expresividad emocional y sexual te puede impedir tanto a ti como a ellos estar en contacto con sus energías más creativas.

Pudiera ser que reprimas tus reacciones dramáticas y espontáneas por miedo a estimular energías que tú o los demás no puedan manejar. Así, tal vez padezcas de un estancamiento emocional. Cuando utilizas tu ego para reprimir tu creatividad, quizá te encuentres reprochándoles a los demás tu pérdida de espontaneidad para expresarte.

Dinámico

Puedes estar dispuesto a alejar tus mayores miedos y a emplear tu poder para expresarte dramáticamente. Puedes lograr que los demás estén más en contacto con sus inhibiciones en torno a expresarse plenamente. Al darle voz a tu criatura interior, tienes una mayor comprensión de la lealtad. Te podrás comprometer a expresar tu espontaneidad plenamente cuando te des cuenta de que el poder creativo que fluye a través tuyo no proviene de tu ego. Como consecuencia, tal vez te encuentres con una perturbación pasajera y con la invalidación de tu relación con los demás, pero serán seguidas de una purificación emocional.

Al sacrificar el motivo inconsciente por el cual quieres controlar las opiniones de los demás por medio del poder de tu ego, podrás operar desde una motivación clara. Entonces podrás expresarte con un sentido pomposo del drama para servir de inspiración. Al arriesgarte a reorganizar y exponer tu sentido de espontaneidad creativa podrás superar tus mayores miedos y alcanzar el autodominio.

PLUTÓN EN LA 6a. CASA

Estático

Quizá te niegues a utilizar tu aguda percepción del orden para hacer que los demás tengan una mayor conciencia de sus habilidades para organizar sus vidas eficientemente. Esta represión puede causar la frustrante sensación de sentirte impotente para crear precisión en tu mundo. También puede que les reproches a los demás que no cumplan con la parte que les corresponde.

Si te dejas llevar por tu miedo a ser criticado y a ser considerado trivial, tal vez no comuniques tu conciencia de las deficiencias del medio ambiente.

Sin darte cuenta, esto quizá te prive a ti y a los demás de la oportunidad de descubrir un orden superior. La consecuencia puede ser una situación de estancamiento en la que eres incapaz de disipar el desorden que habrá tanto en el sentido personal como impersonal.

Dinámico
Puedes estar dispuesto a superar tus mayores miedos y a rendirte ante el poder de tu sentido del orden. Al divulgar tus percepciones de desorden quizá experimentes un desasosiego temporal y la invalidación de tu orden interior, pero después pasarás por una purificación emocional y tendrás un renovado sentido del deber. Puedes provocar que los demás experimenten su perfección más profundamente cuando les expreses la imperfección que ves a tu alrededor según tu concepto de lo perfecto.

Tienes la opción de sacrificar el motivo por el que quisieras que los demás cambien su comportamiento para que se acerquen a tu concepto de perfección. Esto te permite revelar las percepciones que tienes respecto del desorden desde un motivo claro y firme: sencillamente, el querer ser servicial con los demás al compartir con ellos tu forma de concebir la vida.

Puedes manifestar estas observaciones, pero sin defenderlas ni tomándolas como algo personal. Esto te abre el camino para que en tus relaciones exista un sentido más claro de la organización. Así, al reconocer y ofrecer tu concepto del orden, independientemente de las consecuencias, superarás tus más grandes miedos y llegarás al dominio de ti mismo.

PLUTÓN EN LA 7a. CASA

Estático
Quizá te niegues a utilizar tu conciencia de los demás, especialmente de tu pareja, de una forma que les permita tener una mayor conciencia de sí mismos. El reprimir tus percepciones puede causar que te niegues tanto a ti como a los demás la posibilidad de que la relación alcance otros niveles de intimidad y profundidad. Quizá temas interrumpir la interacción que tienes con tu pareja o temas perder el control de la relación. De ahí que tal vez te niegues a compartir tus percepciones y tus verdaderas reacciones. Esta represión conduce a la frustración e impotencia de no tener la relación que realmente deseas.

Para poder controlar y mantener el vínculo con el otro, quizá te reprimas y en el fondo le reproches a tu pareja tu indecisión en cuanto a participar con ella plenamente. Esto podría significar que estás en control de una relación estancada que no deseas.

Dinámico

Puedes estar dispuesto a superar tus mayores miedos al rendirte ante el poder de una relación. Entonces le permitirás a tu pareja ser poderosa al compartir tus percepciones y reacciones con ella. Consecuentemente, quizá experimentes una perturbación e invalidación momentánea a raíz de la confrontación que conduce al proceso de purificación. Esta transformación elimina los factores que bloquean el sentido de poder mutuo que hay en la relación.

Podrás llegar al dominio de ti mismo cuando permitas que en tu relación surja una conciencia superior. La integridad del vínculo se mantiene cuando revelas tus más profundas experiencias y percepciones en torno a la otra persona y a la relación misma sin que te importen las consecuencias. Esto conduce a que exista un desdoblamiento del poder mutuo. Al concederle una conciencia superior al otro, tú también te vuelves poderoso.

Tienes la opción de sacrificar tu deseo de controlar a tu compañero(a) o de hacerle creer que él o ella tiene el control. Esto te permite operar desde una motivación más clara y firme, pues expresa el deseo de una compenetración total y potencia el poder. Al expresar las percepciones que en realidad tienes, superas tus mayores miedos y obtienes dominio de ti mismo.

PLUTÓN EN LA 8a. CASA

Estático

Quizá te guardes tus percepciones en torno a los motivos que tiene la gente para hacer una cosa, y así no la incitas a que tenga una mayor conciencia de sí misma. Esta represión te priva tanto a ti como a ella de la oportunidad de experimentar la fuerza del impacto mutuo. Quizá no expreses tu conciencia de los deseos y anhelos más profundos de los demás porque temes que al abrirte puedas perder el control o volverte vulnerable. Este retraimiento impide que te afecten tus conexiones más íntimas con ellos, y también provoca el estancamiento de tus relaciones íntimas.

Posiblemente te sientas frustrado cuando de antemano percibas la intensidad a la que puede llegar una relación íntima. Esto ocurre cuando te niegas a compartir con el otro la profundidad de tus percepciones y cuando no te permites acercarte demasiado. Quizá también te sientas extremadamente insatisfecho y les tengas resentimiento a los demás por necesitar tener numerosas relaciones, pues no te permites profundizar lo bastante en ninguna como para obtener satisfacción.

Dinámico

Puedes estar dispuesto a superar tus mayores miedos al rendirte ante el poder del consentimiento. Ello te permite comprometerte profundamente en un sentido psíquico y material y, por lo tanto, experimentar una transformación personal. Al abandonar tu fuerza individual para integrarla a la fuerza de la relación, quizá sufras una perturbación e invalidación momentánea de tu sentido del poder. Esto te puede conducir a un proceso de purificación, pues elimina aquellos valores inconscientes que te han impedido experimentar el profundo significado del potencial que tiene tu vida.

Alcanzarás el dominio de ti mismo cuando experimentes la fuerza del vínculo que estableces mediante tu compromiso psíquico y material con otra persona. Cuando sacrifiques tu deseo de tener control exclusivo, podrás operar desde un motivo claro: el de querer fortalecer el vínculo.

Al comprometerte a ser lo bastante poderoso para arriesgarte a perder tu autocontrol, podrás compenetrarte profundamente con otra persona. Esto te llevará más allá de tus mayores miedos para así alcanzar el dominio de ti mismo.

PLUTÓN EN LA 9a. CASA

Estático
Quizá te niegues a manifestar tus intuiciones espontáneas, y así no les permites a los demás tener una conciencia más profunda de lo que para ellos es la verdad, ni tampoco de los valores intelectuales que manejan en su vida. Este retraimiento te priva a ti y a los demás de la oportunidad de tener un conocimiento nuevo y superior. Tal vez no manifiestes tu conciencia debido a que no quieres que los demás perciban tu independencia intelectual. Asimismo, quizá temas que al compartir tu conocimiento superior pierdas control sobre la posición que te otorga.

El no compartir con los demás tu manera de entender las cosas puede conducirte a sentirte frustrado por no poder alcanzar otros niveles de conciencia. Además, debido a que te sientes personal e intelectualmente superior, es posible que les tengas resentimiento a las personas que también tengan conocimientos. Tal vez, sin darte cuenta, limites tu propia conciencia y también la trascendencia de tus ideas intelectuales.

Dinámico
Puedes estar dispuesto a superar tus mayores miedos al rendirte ante el verdadero poder que tienen las ideas. Esto lo consigues al compartir con los demás tus percepciones espontáneas a pesar del miedo que te da provocar a los demás y el no ser comprendido. Quizá entonces pases por una perturbación e invalidación momentánea de tu sentido de orgullo intelectual.

Esto te conduce a un proceso de purificación, y elimina los malentendidos que te llevaron a una actitud distante. Cuando no te identificas con el poder de las ideas intuitivas que recibes, te puedes comprometer a compartirlas con los demás sin juzgarlas. Ello permite que en tus procesos mentales consideres otras ideas. De esta forma, te permites ampliar tus valores intelectuales.

Cuentas con la opción de operar desde un motivo claro y firme, el de querer expresarte compartiendo con los demás las respuestas que percibes. Puedes sacrificar los motivos por los que quieres probar que tienes un conocimiento superior de las cosas o el querer emplear tu intelecto para forzar a los demás a que estén de acuerdo con tus opiniones. Al comprometerte de una manera desinteresada al riesgo que comporta el expresar tus percepciones espontáneas, superas tus mayores miedos y llegas al dominio de ti mismo.

PLUTÓN EN LA 10a. CASA

Estático
Es posible que te niegues a utilizar tu capacidad de percepción para establecer una verdadera autoridad en el mundo, y esto induce a la gente a tratarte como víctima. Al temer arriesgar la imagen que das públicamente, quizá te reprimas y desistas de cumplir con tu máximo objetivo. Si evitas el riesgo de fracasar en el ámbito público, quizá finjas que tienes éxito mientras reprimes tus deseos de alcanzar ciertas metas.

Al conformarte con la mediocridad, desarrollas un sentido del control que tal vez temas perder si llegas a ocupar una posición poderosa en el mundo. Si no manifiestas tu poder, sin darte cuenta quizá te niegues, y les niegues a los demás, la consecuencia de tu impacto. Si no te arriesgas a utilizar tu poder y tus recursos perceptivos plenamente con el fin de obtener lo que buscas en el terreno profesional, quizá te niegues tu propio destino. De este modo, posiblemente experimentes la frustrante impotencia que proviene de resistirte a manifestar tu autoridad en la esfera pública.

Dinámico
Cuando estás dispuesto a superar tus más grandes miedos, te puedes entregar al potencial que realmente tienen tus ambiciones. Te puedes arriesgar a reconocer y establecer plena e íntegramente tu autoridad en la esfera pública. Al aceptar este riesgo, experimentas un cambio positivo de tu sentido del poder. Mientras procuras establecer tus objetivos, puedes permitir que tus metas más elevadas se combinen con el poder de tu voluntad. Como consecuencia, sufrirás una perturbación y la invalidación momentánea respecto de tu control sobre la imagen que tienes en el terreno público.

Posteriormente, pasarás por un proceso de purificación que eliminará aquellos sentimientos de inadaptación que te impidieron expresar tu autoridad y el tener un sentido de cuál era tu destino. Obtendrás dominio de ti mismo cuando expreses tu poder en el ámbito público. El permitir que la integridad de tus percepciones incite al público a que sufra una transformación permite que tu autoridad se desarrolle hacia un liderazgo adecuado.

Sentirás cómo vas alcanzando el auténtico dominio de ti mismo cuando dejes de identificarte con el poder y la autoridad que el mundo manifiesta a través tuyo. También tienes la opción de sacrificar el motivo por el que quieres controlar, de manera impositiva, la dirección que lleva la gente por medio de tu ego. Esto te deja libre para operar desde un motivo estable y claro, sencillamente el querer expresar tu sentido de destino. Al comprometerte a reconocer y establecer públicamente el poder y la autoridad que tienes dentro de ti, sin que te importen las consecuencias, podrás superar tus mayores miedos y llegarás al dominio de ti mismo.

PLUTÓN EN LA 11a. CASA

Estático
Tal vez te niegues a manifestar el poder que tienes para exponer, en situaciones grupales, aquellos factores que no se corresponden con las metas universales que percibes. Al temer ser rechazado por expresar ideas que no son convencionales, quizá sin darte cuenta te prives a ti y a los demás de la oportunidad de materializar el potencial de un ideal colectivo. Es posible que fracases en tu intento de compartir con los demás tus conocimientos, y luego les tengas resentimiento porque no están más atentos a lo que dices.

Si pones una distancia entre tus ideales y los ideales de tus compañeros, quizá reprimas ideas que, de ser expresadas, tal vez contribuirían a un sentido más profundo de unidad grupal. Cuando te dejas llevar por tus motivaciones egoístas, como el imponerles a los demás la certeza de tus conocimientos o el desear ser aceptado y validado por el grupo, posiblemente experimentes una resistencia.

Al no poder dejar el poder, quizá pierdas la oportunidad de permitir que el poder del grupo o de tus amigos se combine contigo para efectuar un cambio mutuo. Cuando fracasas en tu intento por arriesgarte a perder tu poder personal, mantienes un control absoluto sobre las ideas y valores colectivos que se encuentran estancados. Como consecuencia, quizá te sientas intimidado, impotente y solo.

Dinámico
Puedes estar dispuesto a superar tus más grandes miedos al serle fiel a tus

ideales y al manifestar tus conocimientos menos convencionales. Al manifestarles a tus compañeros las percepciones que tienes, objetivamente y sin que te importen las consecuencias, experimentarás una transformación que te llevará al poder. Cuando te arriesgas a expresar aquellos factores que a tu forma de ver no respaldan al ideal, quizá sufras una ligera perturbación y la invalidación temporal de tu conocimiento.

Esto te puede conducir a un proceso de purificación que elimina los factores que inconscientemente han impedido que tú y tus compañeros experimenten la ampliación de sus poderes al integrarlos entre sí. Podrás llegar al dominio de ti mismo al compartir información de una manera objetiva, pues ello aumentará el potencial que tiene el grupo para ser un ente en sí mismo. De esta forma, sientes cómo tu dominio de ti mismo va apareciendo a través de tu compromiso impersonal de aumentar el valor del ideal. Llegas a una conciencia superior conforme dejas de identificarte con el poder que se manifiesta a través tuyo cuando expresas tus conocimientos. Esto te permite manifestar tus más amenazadores pensamientos con integridad.

Al expresar tu original forma de ver las cosas, quizá manifiestes un poder que deje pasmados a los demás, y al darte cuenta de ello podrás aceptar que invaliden tus percepciones temporalmente, hasta que tengan la oportunidad de reevaluarlas y aceptarlas por cuenta propia. Puedes sacrificar tu deseo de hacer valer tus ideales y, en cambio, mantener el poder sobre los ideales del grupo o manifestar el poder de tus conocimientos por medio de la validación de tus semejantes. Entonces tienes la libertad de operar desde un motivo claro y firme, sencillamente el de querer contribuir con tus ideas.

Puedes aceptar el compromiso de establecer el ideal al participar en grupos y con los amigos. En estos terrenos puedes expresar la verdad de tus deseos y los ideales que tienes, permitiendo que tus compañeros evolucionen y que tengan la libertad de apoyarte si lo desean. Así, estarás por encima de tus mayores miedos y obtendrás la conciencia superior del dominio de ti mismo.

PLUTÓN EN LA 12a. CASA

Estático
Tal vez reprimas tu capacidad de usar el contacto que tienes con las fuerzas ocultas y superiores de la vida para permitir que tanto tú como los demás tengan una mayor conciencia de la dimensión espiritual del yo. Esta represión le niega a la gente la oportunidad de experimentar la vida por medio del contacto personal con la fuente más profunda de poder e identidad que exis-

te. Quizá niegues el poder de tus ideales y seas incapaz de expresar la visión que tienes sobre las cosas.

Si temes perder el control o que tu vida sufra algún trastorno, quizá evites responder a tus circunstancias con base en la visión que tienes. Esto te puede conducir a sentirte frustrado, a sentir que el mundo no te comprende y a tenerles resentimiento a los demás por su falta de visión y comprensión.

Si temes que al compartir tu seguridad espiritual con los demás puedas perderla, quizá te contengas de expresarles el poder de las causas intangibles. Ello te provoca la sensación de que el verdadero poder de tu yo se encuentra estancado.

Dinámico

Puedes tener la determinación de superar tus mayores miedos y estar dispuesto a ello al entregarte al poder de tu visión de las cosas. Cuando te arriesgas a confiar en que la vida te apoyará, teniendo la certeza de que actúas correctamente, podrás expresar la visión espiritual que tienes de las cosas. Esto puede llevar a una perturbación e invalidación temporal de tu sentido personal de seguridad, pero también te conduce a la purificación de tus miedos inconscientes y a la depuración de tu contacto con las fuerzas ocultas de la vida.

Puedes hacer valer tu conciencia superior sobre las cosas al expresar tus percepciones de las causas ocultas y del significado profundo de la vida de los demás. Puedes manifestar la verdad de tu visión de la vida sin que te preocupen las consecuencias. Al arriesgarte a expresarla plenamente, manifiestas tu poder. Esto te permite experimentar y percibir una relación más profunda con tu yo.

Cuando manifiestas tu discernimiento, expresas un poder que quizá deje pasmada a la gente. Ello te permite comprender compasivamente que tal vez los demás invaliden temporalmente tus ideas hasta que hayan tenido la oportunidad de aceptarlas e incorporarlas a las suyas. Puedes sacrificar el motivo por el que quisieras que los demás validaran tus observaciones o el querer forzarlos a que su comportamiento corresponda con tu visión del yo verdadero. Esto te permite operar desde la clara disposición a aceptar y compartir con los demás las ideas que recibes.

Conforme dejas de identificarte con el poder de las ideas intangibles que fluyen a través tuyo, experimentas una seguridad espiritual verdadera. Esto te permite compartir tus percepciones sin tomar las reacciones de los demás como algo personal. Al comprometerte desinteresadamente al riesgo de manifestar las visiones espirituales que recibes, podrás superar tus mayores miedos y obtendrás un dominio de ti mismo.

CAPÍTULO CUARTO:
CONCLUSIÓN

La carta astrológica es una imagen objetiva, un diagrama de la estructura de nuestra personalidad o individualidad. Expresa al ego, el yo personal, la estructura interior que nos hace distintos (e independientes) de los demás.

En última instancia, la felicidad no proviene de sentir que somos independientes el uno del otro, sino que es consecuencia de nuestro contacto con la fuente de felicidad que llevamos dentro, y esta dicha nos une a los demás.

Nuestra intención ha sido demostrar que contamos con varias opciones para determinar qué calidad de vida deseamos tener. Lo que escojamos circunscribe las experiencias que tenemos en nuestra vida.

Nadie nos hace nada; nosotros somos responsables de lo que experimentamos. Por esta razón, al observar nuestra carta natal, el astrólogo sabe cómo eran nuestros padres (o cómo los veíamos).

Nosotros somos responsables de lo que experimentamos; y porque tenemos esa responsablidad, también tenemos la posibilidad de cambiar las cosas. Para ello es clave aceptar nuestra responsabilidad, pues ésta nos conduce directamente al poder personal.

Como dije antes, el astrólogo puede observar tu carta natal y decirte exactamente cómo era tu madre (como tú la veías) y cómo era la relación con tu padre. Esta información se basa en el momento de tu nacimiento. Entonces, ¿son responsables de esto tus padres?

Por ejemplo, en mi carta natal tengo a Saturno (el símbolo planetario del padre) en la 10a. casa, y esta posición conforma una cuadratura con Neptuno, que está opuesto a la luna en las casas 1a. y 7a. Esto indica que mi padre fue una figura de autoridad rigurosa que me gobernaba con mano dura. (¡Y es verdad!)

Por otra parte, la carta astrológica de mi hermano tiene a Saturno en un gran triángulo con Venus y con su ascendente. Y en efecto, su relación con nuestro padre fue armoniosa y apacible, bastante distinta a la mía. Sin embargo, ambos tuvimos el mismo padre, el mismo medio ambiente y las mismas circunstancias. Mi hermano provocaba que se manifestara una faceta de mi padre, y yo otra; y esto tenía poco que ver con mi padre. Nosotros sacábamos de él lo que nos hacía falta para satisfacer la estructura individual de nuestra personalidad.

Yo podría observar mi carta astrológica y decir: «¡Ajá!, por culpa de mi padre toda mi vida tendré problemas con las figuras que representan la autoridad». O cada vez que sienta vergüenza o que me reprima porque he atraído a una persona que, insensiblemente, me quiere decir cómo hacer las cosas, puedo decir: «¡Un momento! Esto se debe a que Saturno está en cuadratura con Neptuno y en oposición a la Luna. ¡Nadie me lo está haciendo a mí, yo lo atraigo! ¿Qué puedo hacer para convertirme en mi propia autoridad en esta situación?»

Una vez que me he planteado esta pregunta, me he dado el poder de manejar esta situación creativamente de una manera que me funcione a mí.

La idea generalizada de que en este planeta tenemos que soportar el dolor y el sufrimiento es arcaica. Hemos alcanzado una etapa en la que tenemos la posibilidad de escoger. El concepto bíblico de que podemos experimentar el paraíso en la Tierra es una opción realista. Nos encontramos en un jardín, y podemos jugar y ser libres si así lo deseamos.

Tú controlas la forma en que utilices las energías que tu carta natal describe. Cuando las emplees de una manera positiva, tomando en cuenta el bienestar de todos los implicados, la vida, milagrosamente, se pone de tu lado. Si les cedes a los demás la responsabilidad de tu felicidad, te supeditas a los altibajos del mundo material. Cuando aceptes la responsabilidad de materializar las energías que aparecen en tu carta, tendrás el poder de moldear tu vida de una manera que sea realistamente satisfactoria y feliz.

PARTE II

LOS ECLIPSES PRENATALES: CLAVE PARA EL CAMINO DE LA VIDA Y EL DESTINO

POR KAREN McCOY Y JAN SPILLER

CAPÍTULO QUINTO:
INTRODUCCIÓN

En los eclipses de Sol y de Luna radica una de las llaves para responder a la pregunta: ¿por qué yo? La información inédita que presentamos en la segunda parte en torno al significado que tienen en nuestra vida los eclipses solares y lunares es el resultado de muchas horas de estudio y meditación. En 1982 escuché una conferencia del astrólogo Robert (Buz) Myers que me dio la idea, y durante los cuatro años consecutivos estuve investigando miles de cartas para estudiar el efecto que tienen los eclipses en la personalidad y en el comportamiento. Lo que encontré fue que, para la gran mayoría de la gente, el signo de su eclipse solar indica las lecciones que ha venido a impartir a sus semejantes, mientras que el signo del eclipse lunar era la guía en las lecciones que necesita aprender para que su alma continúe evolucionando.

Otro aspecto de los eclipses que se esclareció mediante mi investigación es que el patrón de energía de un eclipse solar es similar a la energía que aporta el nacimiento de un niño a sus padres. Obsérvese la relación que tienen los padres cuando nace su hijo y se verá que la fuerza vital que representa el signo solar del niño es la energía que esa unión necesita para ser revitalizada. Por ejemplo, cuando nace un géminis, la pareja necesita comunicarse más. Esta pequeña criatura géminis está regida por el planeta de la comunicación. En el momento de la concepción la señal que emitieron los padres fue: Necesitamos aprender a comunicarnos más claramente. De la misma forma, cuando hay un eclipse solar los habitantes de la Tierra están pidiendo lo que se necesita para el mayor bien del planeta y para la continuada evolución de nuestra conciencia colectiva.

Cuando hay un eclipse, la capa que envuelve a la Tierra se rompe, y entra en la atmósfera del planeta un influjo de energía proveniente de la conciencia colectiva superior. Esta energía es enviada como una ayuda. El signo en el que ocurre el eclipse determina el tipo de ayuda que es enviada a través de las almas que nacen en ese momento y el don o habilidad que el universo les ha concedido. Lo conscientes y evolucionadas que sean esas almas determinará si emplearán sus dones correctamente o no. Al observar el comportamiento del eclipse cabe recordar que un don recibido no es, necesariamente, un don utilizado. Al tratar con el karma, o con el proceso evolutivo del alma, como prefiero llamarlo, he observado que cuanto más talentos o facultades espirituales se utilicen para ayudar a nuestros semejantes, más evoluciona uno espiritualmente.

El eclipse solar representa el aspecto del consciente colectivo superior que uno debe ofrecer a sus semejantes. El signo y la casa del eclipse te dirán el área de tu vida y con qué forma de expresión son más accesibles para ti esas habilidades. El proceso del eclipse lunar te enseñará qué necesitas para que tu alma siga evolucionando, y la casa y el signo te enseñarán cómo y cuándo recibirás estas lecciones. Es en esta etapa cuando se estimula el crecimiento y se desarrolla el carácter. El nivel de conciencia que tenga el alma al entrar en este plano determinará si recibirá las lecciones de la Luna compasivamente o con resentimiento.

El cuerpo representa el vehículo para que se unan las energías de ambos eclipses y así se complementen en su aventura conjunta por compartir y aprender, por dar y recibir. El cuerpo también trae consigo la memoria genética de todos los ancestros que se han combinado y han compartido entre ellos en el pasado.

Creo que la creación de todas las cosas en el universo puede concebirse en trinidades, incluyendo el cuerpo, la mente y el alma. El principio fundamental de este hecho es mostrarnos cómo funcionar como la trinidad completa que somos. El cuerpo representa la forma física y la Tierra que, temporalmente, es nuestro hogar; el alma es la esencia evolutiva que constantemente busca la perfección, y la mente es el instrumento que utilizamos para alcanzar la chispa que enciende la conciencia colectiva superior, para buscarnos y para descubrir nuestra responsabilidad de grupo, pues en cada uno de nosotros hay una parte de todos. No hay desperdicios; el rompecabezas necesita todas las piezas, así que buena suerte al permitir que tu chispa brille.

KAREN McCOY

En mi experiencia con la astrología en las últimas dos décadas, he notado que mucha gente tiende a descalificar su validez, negándose una oportunidad única para el desarrollo y la satisfacción. Normalmente, el argumento principal en contra de la astrología es que se basa en la superstición, pero nada más lejos de la verdad. Se trata de una ciencia antigua, y en sí la carta astrológica está basada en una serie de fórmulas matemáticas de lo más rigurosas y precisas.

Existen muchas otras realidades no materiales que tienen efectos físicos muy precisos. La gravedad no es visible, y sin embargo su existencia es evidente. Mientras que las ondas de radio no son perceptibles por los sentidos físicos y aunque hace cien años se acostumbraba el escepticismo en cuanto a su validez, hoy en día nadie duda de que existen. Igualmente, la «prueba» final de la validez de la astrología es si en nuestra vida puede servirnos en un sentido práctico. La aportación que nos pueden hacer las ideas que nos ofrece la astrología puede ser enorme, pues nos permiten vernos de una manera diferente. Ello nos da la oportunidad de cambiar la manera en que nos expresamos y cambiar los efectos de lo que manifestamos en nuestra vida.

Quisiera expresar mi agradecimiento por la tremenda contribución que los astrólogos han hecho a la humanidad en el pasado y en el presente al dedicar su vida a la investigación de la relación causa y efecto que existe entre las energías planetarias y el comportamiento humano. Sus investigaciones nos han proporcionado las herramientas con las que podemos asumir el poder y el control consciente sobre nuestros destinos. Si, como ha dicho el conocidísimo astrólogo Noel Tyl, «el carácter es el destino», entonces el conocimiento objetivo de uno mismo que nos brinda la astrología es un prerrequisito verdaderamente valioso para llegar al dominio de uno mismo y así controlar la dirección que tiene nuestra vida.

La parte II está ideada para facilitar tu comprensión de las lecciones que has aprendido con el fin de continuar tu progreso evolutivo y los dones naturales que has prometido compartir con los demás mientras estés aquí. Se trata de que expandas la conciencia de ti mismo. La máxima autoridad respecto de la exactitud del texto es el sentido de corrección que experimentes al leerlo. En última instancia, la verdad funciona, y si el experimentar con las sugerencias que da el libro te conduce a tener más claridad y tranquilidad en tus relaciones y más felicidad contigo mismo, entonces podrás estar seguro de que estás en el camino correcto.

JAN SPILLER

CAPÍTULO SEXTO:
CÓMO USAR LA PARTE II

REENCARNACIÓN

No es necesario creer en la reencarnación (experimentar la vida en un cuerpo físico diferente del actual) para sacar el mayor provecho de este libro. Sin embargo, sí es necesario que la persona esté abierta a la posibilidad de trascender, en forma permanente, un estado y condición mentales pretéritos y limitantes para aprovechar el efecto total del cambio.

Se emplean expresiones como «encarnaciones pasadas» y «vidas anteriores». Dichas expresiones pueden interpretarse como experiencias anteriores en otros cuerpos o bien realidades anteriores experimentadas en el cuerpo actual (experiencias de la primera infancia con padres y parientes, recuerdos subconscientes de la adolescencia relativos a nuestras relaciones con compañeros y amigos, de la pubertad, etcétera). Una tercera interpretación es que las experiencias de la primera infancia no son más que recreaciones de patrones individuales y respuestas habituales que estuvieron activas en vidas anteriores y que encarnan en nuestro cuerpo actual para proseguir su crecimiento y resolución.

Cualquiera de estos puntos de vista es adecuado. Dependerá de tu propio sistema de creencias. Lo principal es que estés dispuesto a asumir la responsabilidad de manifestar e integrar las lecciones que necesitas trabajar y resolver.

ECLIPSES

CÓMO DETERMINAR LOS SIGNOS DE TUS ECLIPSES

Consulta los cuadros de los eclipses al final del libro (página 429). En el cuadro del eclipse solar, encuentra la fecha más cercana al día de tu nacimiento. Observa el signo del eclipse solar que ocurre antes de tu fecha de nacimiento. Ésa es la posición del signo de tu eclipse solar prenatal. Por ejemplo, si naciste el 31 de marzo de 1953, tu eclipse solar prenatal estará en el signo acuario y encontrarás el significado de tu eclipse en la sección relativa a acuario. Si naciste el 13 de diciembre de 1941, tu eclipse solar prenatal se ubicará en el signo virgo, y debes buscar el significado correspondiente en la sección sobre este signo.

Sigue el mismo procedimiento para determinar el signo en que se ubica tu eclipse lunar prenatal, para lo cual consultarás la serie de cuadros con el encabezado «Eclipse lunar» que comienza en la página 437. Por ejemplo, en el caso del nacimiento ocurrido el 31 de marzo de 1953, el eclipse lunar estaría en el signo de leo; para el nacimiento del 13 de diciembre de 1941, el eclipse lunar se ubicaría en el signo de piscis.

CÓMO FUNCIONAN LOS ECLIPSES

Cuando la Luna pasa entre el Sol y la Tierra, ocurre un eclipse solar; el eclipse es lunar cuando la Tierra pasa entre el Sol y la Luna. Antes de tu nacimiento (entre la concepción y el primer aliento de vida) ocurrieron por lo menos dos eclipses: uno solar y otro lunar. Estos eclipses prenatales tienen una profunda influencia en el niño que está por nacer, y el patrón de energía que se forma durante esos eclipses te sigue el resto de tu vida.

El influjo magnético del Sol, así como el de la Luna cuando eclipsa a la Tierra, son lo suficientemente poderosos para atravesar, por unos momentos, el escudo protector de la Tierra, lo cual permite recibir estas energías. Durante el tiempo en que ocurre un eclipse solar, el planeta es penetrado por el patrón de energía que se correlaciona con la psicodinámica de la constelación en que se encuentra el Sol en esos momentos.

Una forma de considerar esto es que cuando la «ventana» de la Tierra se abre para recibir ese «polvo cósmico», lo que se percibe es el «paisaje» o la «vista» (energía, información y conocimiento) que está frente a la ventana. Así pues, si el Sol está en sagitario cuando ocurre el eclipse, el conocimiento y la información disponibles a través de sagitario se hacen visibles. Cuando está abierta la ventana, no sólo el conocimiento es visible, sino que el campo magnético de la Tierra atrae la energía de dicha constelación. Cuando se eclipsa la Luna, ocurre un proceso similar.

En el momento del nacimiento, ambas energías penetran en el cuerpo. Si conoces el signo del eclipse solar anterior a tu nacimiento, puedes identificar el compromiso que contrajiste con el universo a cambio del privilegio de poseer un cuerpo y estar en el planeta.

El signo del eclipse solar muestra un destino universal: es la energía del inconsciente colectivo que, para su propio equilibrio, necesita expresarse en forma activa en la Tierra y en un determinado punto del tiempo. Las almas que nacen durante cada eclipse solar han sido impregnadas con esa energía y han prometido esparcirla en la Tierra para contribuir al crecimiento y a la evolución del planeta.

Así pues, cualquiera que sea el eclipse solar anterior a tu nacimiento, ésa es la energía que el universo ha puesto en ti y que has prometido compartir durante tus viajes a la Tierra. La energía del eclipse solar es lo que tienes que esclarecer aquí en beneficio del todo colectivo. Debes compartir lo que te ha ofrecido tu eclipse solar tal y como lo prometiste en el momento en que celebraste tu compromiso con el universo. Tu única elección es entre compartirlo en forma positiva o compartirlo en forma negativa. Te puedes pasar la vida compartiendo de buena gana este don con tus semejantes, o puedes enseñar la lección manifestando rasgos tan negativos que los que te rodean aprenden lo que no se debe hacer teniendo como ejemplo tu comportamiento y tu forma de ser. Si optas por enseñar estas lecciones de manera negativa, estás creando un desequilibrio en tu vida que provoca que tus propias lecciones se aprendan con mayor dificultad de la necesaria.

Tú prometiste compartir la energía del eclipse solar para ganarte el derecho de estar en este plano y aprender las lecciones representadas por tu eclipse lunar. El universo funciona en perfecto equilibrio: si das algo, debes estar dispuesto a recibir algo a cambio. Así, cuando aceptaste el don representado por tu eclipse solar y prometiste compartirlo con los demás, te ganaste el derecho de aprender las lecciones que necesitas para evolucionar, tal y como se muestra en tu eclipse lunar. El eclipse lunar es lo que necesita el patrón de crecimiento de tu propia alma: lo que has venido a aprender, lo que te duele, lo que necesitas completar. Conforme vayas dominando estas lecciones, todo el planeta las aprende y se logra una parte del equilibrio universal.

Las almas evolucionadas cooperan por medio de este plan universal, dando a conocer las enseñanzas de sus eclipses solares y aprendiendo las lecciones de sus eclipses lunares, con lo cual cumplen los contratos que celebraron con el universo. Son libres de disfrutar su estadía en el planeta sin obstrucciones, de atraer y experimentar la belleza, la alegría y la abundancia que están a su alcance en el planeta Tierra.

EFECTO DE LOS ECLIPSES

La inmensa repercusión de los eclipses sobre el destino de cada persona parece estar vinculada con la influencia del planeta Plutón. Nuestra investigación muestra que los que nacieron antes del descubrimiento de Plutón, realizado en enero de 1930, podrían no estar sujetos al efecto de sus eclipses prenatales. Sin embargo, los que nacieron antes de 1930, que son seres particularmente evolucionados y conscientes, son tan sensibles a dichas influencias como los que nacieron después de enero de 1930.

Lo anterior se explica, en parte, por el hecho de que si bien el planeta Plutón existía antes de 1930, la conciencia de la humanidad no había evolucionado hasta el punto en que las energías de Plutón pudieran recibirse. Una vez alcanzado ese punto (en 1930), se «descubrió» a Plutón en el plano físico.

ECLIPSE SOLAR

El signo de tu eclipse solar determina la responsabilidad que has contraído con el todo colectivo, la energía que prometiste compartir con tus semejantes. Es un don que te confirió el universo para que pudieras enseñar a otras personas y aumentara y se equilibrara la conciencia del todo colectivo. Úsalo con inteligencia, ya que al compartir libremente tu don, disminuye la carga de tus propias lecciones. La sección que versa sobre tu eclipse solar te señalará lo que viniste a compartir con tus semejantes en esta vida.

ECLIPSE LUNAR

El signo de tu eclipse lunar indica las cualidades que necesitas poseer para alcanzar tu equilibrio personal, las lecciones que has elegido aprender en esta vida. No se te juzga por la manera en que emprendes este viaje, toda vez que fuiste tú quien decidió iniciar la búsqueda. Es un destino personal: es la lección que el alma quiere integrar en su patrón evolutivo.

EXPRESIÓN INCONSCIENTE (SOLAR Y LUNAR)

Entendemos por expresión inconsciente el tipo de comportamiento que se manifiesta cuando evades tu proceso de crecimiento y optas por no integrar tus lecciones. Es la consecuencia de nadar contra la corriente y salirte del flujo natural. Es el retrato de cómo es la vida cuando te obstinas y no escuchas tu voz interna. Cuando haces caso omiso de la lección de tu vida, te programas para aprender las cosas por la vía difícil, tal como aparece en las energías de los eclipses que se muestran bajo esta categoría. Muchos de nosotros iniciamos nuestro proceso de crecimiento personal en este nivel, hasta que la vida se vuelve demasiado dolorosa y decidimos pasar al plano consciente.

EXPRESIÓN CONSCIENTE (SOLAR Y LUNAR)

Entendemos por expresión consciente el tipo de experiencia y reacciones internas que ocurren cuando escoges enfrentar la vida de manera consciente. En esta etapa evolutiva has decidido escuchar tu voz interna y seguir el flujo de la vida, yendo en pos de tus lecciones en forma más llevadera. Cuando aprendes a captar los signos de los tiempos y tomas en consideración las respuestas de los que te rodean, te vuelves más fluido y te es posible doblarte como una espiga. Cuando estás consciente, el crecimiento se da con mayor facilidad.

EXPRESIÓN TRANSPERSONAL (SOLAR Y LUNAR)

Entendemos por expresión transpersonal las actitudes y tipos de experiencia que se activan cuando has elegido trascender el ego y actuar al servicio del bien más elevado. El crecimiento y la madurez personales te llevan a sentir más holgura en la vida. Muchas personas inician el proceso de crecimiento personal en el plano inconsciente. Conforme creces, te vuelves menos resistente a la vida y aprendes en forma natural a funcionar mejor desde el plano consciente. Cuando cuentas con mayor experiencia en el planeta tienes otra opción a tu disposición: vivir la vida en forma transpersonal, es decir, percibir la vida en un contexto más amplio que el de la sobrevivencia personal.

En esta etapa estás consciente del apoyo y la buena intención de las fuerzas universales, incluida la Madre Naturaleza, y abres tu espíritu para recibir las bondades naturales de la vida. Te percatas de que, en el proceso de cooperar en aras del todo colectivo, la felicidad individual resulta una consecuencia natural, y satisfaces tus necesidades con facilidad y naturalidad. Ésta es la etapa en la que decides abandonar las funciones de separación del ego y abrirte como se abren las compuertas de un canal para recibir y compartir la luz y el amor con los demás seres del planeta.

INTEGRACIÓN FÍSICA (SOLAR Y LUNAR)

En el plano de la integración física, el cuerpo te ayuda a perfeccionar tus lecciones y te ofrece la manera de calibrar tu comportamiento. Tu estado físico puede ser un barómetro muy personal del crecimiento del alma. El cuerpo puede hacer que tu viaje sea más fácil con ayuda de los consejos que puede darte. Escúchalo con atención, ya que te conoce muy bien.

Se ha agregado la sección sobre integración física para que cuentes con puntos de referencia físicos a fin de determinar cuándo están fuera de equilibrio las energías psicológicas de las lecciones de vida del eclipse solar o lunar. Se basa en la premisa según la cual el desequilibrio mental o emocional, cuando se ignora en el plano psicológico, puede manifestarse en el plano físico con el fin de llamar tu atención y dar al traste con tu decisión de resolver la situación. De ninguna manera las sugerencias hechas en estas secciones deberán interpretarse como una forma de sustituir las precauciones y los remedios adecuados que deberán tomarse cuando se sufre alguna enfermedad física.

EFECTO SOLAR DOBLE

El efecto solar doble se da cuando ocurren dos eclipses solares entre tu nacimiento y el eclipse lunar más reciente. Por ejemplo, remitiéndonos al cuadro en la parte final de este libro, si naciste el 12 de diciembre de 1964, tu eclipse lunar prenatal estaría situado en capricornio. Este eclipse lunar ocurrió el 25 de junio de 1964. Observa que ocurren dos eclipses solares entre este eclipse lunar y tu nacimiento: uno el 4 de diciembre de 1964, en sagitario, y otro el 9 de julio de 1964, en cáncer. Si naciste en esta fecha, tienes un eclipse solar doble.

Los que nacen con un eclipse solar doble pueden tener una vida más activa que los demás. Recibiste dos dones especiales, dos cosas que prometiste compartir. Aceptaste la responsabilidad de compartir dos series de lecciones con los demás. Atraerás a personas que necesitan ambas lecciones y prometiste hacerte cargo de ambas. Si no puedes hacerlo, es que no las recibiste.

EFECTO LUNAR DOBLE

El efecto lunar doble se da cuando ocurren dos eclipses lunares entre tu nacimiento y el eclipse solar más reciente (remítete a los cuadros en la parte final de este libro). Por ejemplo, si naciste el 18 de febrero de 1952, tu eclipse solar prenatal estaría situado en virgo, que ocurrió el 1º de septiembre de 1951. Observa que ocurren dos eclipses lunares entre este eclipse solar y tu nacimiento: uno el 11 de febrero de 1952, en leo, y otro el 15 de septiembre de 1951, en piscis. Si naciste en esta fecha, tienes un eclipse lunar doble.

Existe un efecto psicológico evidente en los que tienen un eclipse lunar doble. Puede que te sientas como se tuvieras dos influencias fuertes que te atraen, dos caminos que debes transitar en la vida. Ciertamente, hay dos conjuntos de lecciones que has escogido integrar en tu experiencia de vida durante esta encarnación.

En ocasiones, sientes que eres dos personas perfectamente distintas y también te sientes arrastrado en dos direcciones. En la medida en que tus dos partes salen a la superficie en momentos diferentes, la gente cercana a ti puede incluso comentar que tienes una personalidad dividida. Lo que ocurre realmente es que necesitas enfrentar dos asuntos importantes y dos partes de ti necesitan realizarse en esta vida.

El alma ha escogido recorrer dos caminos a la vez. Cuando hayas aprendido a trabajar en ambas lecciones simultáneamente, puedes permitir que estas lecciones recorran un curso paralelo en tu vida. Un empleo positivo de esta energía sería darte la libertad de explorar más de un camino. Podrías tener dos profesiones, dos entornos sociales diferentes o dos centros de interés principales.

Al operar en forma inconsciente, el eclipse lunar doble puede darte la impresión de que en ocasiones tienes una personalidad dividida. Esto ocurre cuando no has logrado entender la necesidad de aprender ambas lecciones. Entonces vas tambaleándote entre una y otra en lugar de agarrar al toro por los cuernos y hacerte cargo de tu propia vida.

Sin embargo, tener un eclipse lunar doble no necesariamente implica tener una doble personalidad. Siempre y cuando te esfuerces conscientemente por aprender tus lecciones, habrá un lazo de unión en tu diversidad interna. Los problemas con la personalidad dividida sólo ocurren si tratas de evitar hacerte cargo de cualquiera de tus dos lecciones.

LAS CASAS

Las casas te señalan en qué área de tu vida estás aprendiendo a compartir y a enseñar (la casa en donde se encuentra tu eclipse solar) y en qué área de tu vida estás aprendiendo a integrar tus lecciones (la casa en la que se encuentra tu eclipse lunar).

Las casas que contienen tanto tu eclipse solar como tu eclipse lunar no pueden determinarse con precisión a partir de los diagramas de este libro. Si aún no tienes una copia de tu carta natal completa en la que se incluya esta información, mándate a hacer una por computadora (véase página 440).

Sin embargo, si ya conoces tu signo ascendente, con ayuda de la figura que aparece a continuación podrás descubrir las casas en las que se encuentran tus eclipses.

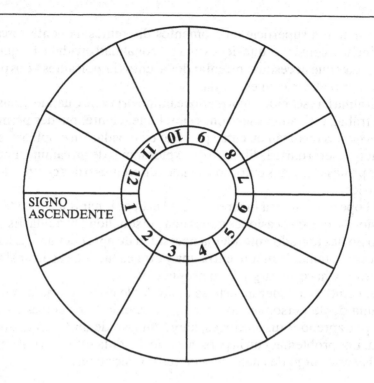

ORDEN NATURAL DEL ZODIACO

Aries	Libra
Tauro	Escorpión
Géminis	Sagitario
Cáncer	Capricornio
Leo	Acuario
Virgo	Piscis

Coloca tu signo ascendente en la sección 1. Luego llena las otras secciones, siguiendo el orden natural del zodiaco en sentido contrario a las manecillas del reloj y a partir de donde comienza tu signo ascendente. El zodiaco es un círculo que no tiene inicio ni final, así que tu signo ascendente es tu inicio personal y los demás signos siguen su orden cronológico natural.

Si no conoces tu signo ascendente, puedes encontrar una aproximación mediante la figura que presentamos a continuación:

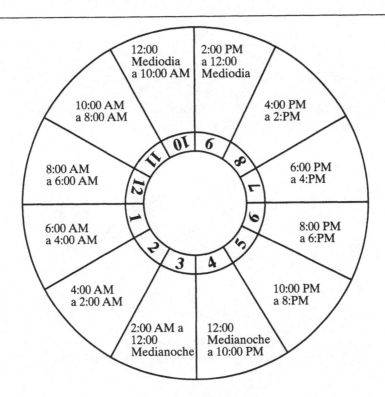

Encuentra en la figura el día y la hora en que naciste. Si naciste en un día en que el reloj estuvo oficialmente adelantado una hora, resta una hora a tu hora de nacimiento. Escribe el signo solar en que naciste al lado de la sección que corresponda a esa fecha. Luego sigue llenando el resto de la rueda del zodiaco en sentido contrario a las manecillas del reloj y a partir del lugar en que comienza tu signo solar. Por ejemplo, si naciste a las 9:00 y tu Sol está en leo, escribe «leo» en la sección 11. Dado que virgo viene después de leo en el zodiaco, escribe «virgo» en la sección 12. Continúa así en forma sucesiva alrededor de la rueda, siguiendo el orden natural del zodiaco.

El signo que escribes en la sección 1 será tu signo ascendente aproximativo. Tu signo ascendente real podría ser el anterior o el posterior, así que cuando utilices este método aproximativo, lee las tres posiciones de casas. Después de encontrar tus casas de eclipses aproximadas, decide cuál es la que se acerca más a ti.

CAPÍTULO SÉPTIMO:
ECLIPSES SOLARES Y LUNARES

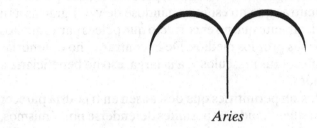

Aries

ARIES

ECLIPSE SOLAR: (Para activar totalmente la energía que has recibido del eclipse solar en aries, primero debes integrar las lecciones del eclipse lunar en aries con tu cuerpo emocional. Para una explicación completa, véase «Cómo usar la parte II», página 163.)

Estás enseñando a los demás lecciones de asertividad, independencia, valor y convicción y de cómo superar el temor a iniciar cosas nuevas. A través de este proceso atraerás a personas con tendencia a ser excesivamente dependientes. Debes ayudar a estas personas a tener más confianza en sí mismas, pero también debes evitar caer en las trampas que otros te ponen para que, según ellos, no comiences a apoderarte de las vidas de los que te rodean.

Al enseñar la confianza en uno mismo mediante el ejemplo, debes permanecer independiente y aferrarte a la idea de que todas las relaciones positivas son signos para el infinito, separados y, sin embargo, relacionados. En una relación, ambas partes deben salir al mundo y tener experiencias en él, luego regresar y compartirlas. Por medio de su experiencia en el mundo, cada parte de la relación obtiene algo que compartir, lo cual hace que siga teniendo valor para la otra parte.

Intuitivamente, entiendes el valor de la independencia, el valor de la autosuficiencia y de valerte por tus propios medios. Tienes tendencia a atraer a gente que es excesivamente dependiente cuando realiza cosas con los demás. Por medio de tu capacidad para ser independiente y asertivo puedes enseñarle el valor de plantarse y hacer lo debe hacerse, sin importar los obstáculos que se interpongan en el camino. O bien puedes enseñar esta lección mostrándole cómo aplazar las cosas, buscando siempre mayor información, nunca pensando que tienes la información suficiente y teniendo miedo a seguir adelante. De cualquier forma, enseñarás la lección. Si la enseñas en forma voluntaria, puede ser un proceso rápido con ayuda de tu propio patrón, ya que la vida puede renovarse casi de un minuto a otro.

Para enseñar a tus semejantes a tener el valor de defender sus convicciones, te sirves de tu sentido innato de la justicia. Siempre saldrás en defensa de los que no pueden defenderse por sí mismos, pero los dejarás pelear sus propias batallas si encuentras que no están armándose de valor gracias a tu apoyo. Entiendes intuitivamente que no es correcto que pelees para aquellos que no se defienden por sus propios medios. De lo contrario, no obtendrías otro resultado que fortalecer tus músculos y, a la larga, eso no beneficiaría a las personas que defiendes.

Ayudar a los débiles sin permitirles que descansen en ti podría parecer cruel para un espectador que, cuando les permites defenderse por sí mismos, no perciba que estás enseñándoles el verdadero valor y fuerza interiores. Sin embargo, consideras la opción de permitir que otros se conviertan en seres dependientes de ti como algo mucho más cruel a la postre. Es por ello que peleas por tu independencia al igual que por la de ellos.

Asimismo, a través de tu ejemplo les estás enseñando a tus semejantes a convertirse en verdaderos líderes. Para que el liderazgo sea positivo, debes pasar la bandera a los encargados de enarbolarla y seguir adelante. Estás consciente de que los líderes nunca deben quedarse rezagados, en cuyo caso no serían verdaderos líderes, sino meros manipuladores.

Como verdadero líder, inicias el proceso, lo impulsas en la dirección correcta y estableces un ejemplo de valor, asertividad y fortaleza de convicciones. Prosigues con tus proyectos sin mandar a los demás a encontrar el camino primero. Como pionero, desbrozas la senda para que otros sigan detrás. Enseñas a los demás a no tener miedo a lo nuevo o a los nuevos comienzos; les enseñas que está bien seguir adelante y que todo debe cambiar. Nada puede sobrevivir en un entorno estático.

ECLIPSE LUNAR: En esta encarnación estás aprendiendo a pararte con firmeza con ambos pies y a tener el valor de defender tus convicciones. En vidas anteriores fuiste excesivamente dependiente de las opiniones de los que te rodeaban. De alguna manera, adquiriste la creencia de que los demás eran más inteligentes y de que tú eras menos capaz. Estuvo también presente el temor a no gustar, el miedo al rechazo y a crear una atmósfera carente de armonía producto de los conflictos.

Para compensar estos miedos, permitiste que otros dominaran tu vida. Necesitas aprender que tienes derecho a tus propios procesos mentales y que existe una razón definida para que toda la humanidad piense de manera diferente acerca de diversas áreas de la vida. Es muy importante que aprendas a compartir tus convicciones, inclusive si suscitan conflictos.

El propio proceso de defender tus creencias crea cambios, y el cambio genera crecimiento. Sin crecimiento nada puede existir. Incluso el universo está expandiéndose o contrayéndose constantemente. Si nunca defiendes tus convicciones, ¿cómo podrás saber que es necesario cambiar cuando estás equivocado?, ¿cómo puedes ayudar a los que necesitan cambiar si sigues amilanándote cada vez que sientes que otra persona tiene una personalidad más fuerte?

Asimismo, estás aprendiendo a ser más independiente. Dado que estás marcado por una historia de dependencia excesiva de los demás, no estás acostumbrado a vivir como un ser independiente. Pero para ser feliz en cualquier relación, primero debes obtener tu independencia, ya que si te comprometes en una relación antes de definirte, te darás por vencido antes de ganar la batalla de la identidad. En esas circunstancias, puedes regresar a patrones pretéritos y convertirte en un ser demasiado dependiente de los que te rodean, postergando así el encuentro con tu fortaleza y tu valor hasta que tu pareja (o amistad, pariente, empleador, etcétera) decida que está cansado(a) de la relación contigo. Si esperas a que te echen, estás haciendo que tus lecciones sean más difíciles de lo que se propuso el universo.

Lo que necesitas es aprender a funcionar en forma independiente, tanto en la sociedad como en las relaciones, a la vez que aportas tu contribución al todo colectivo y te beneficias de él. Si no puedes hacer esto en el marco de una relación, sentirás que es necesario separarte para aprender esta lección antes de que te sea posible vivir en armonía con otra persona.

Estás aprendiendo a encontrar factores de identidad individual que te permitan tener un sentido de identidad en el marco de una relación. Por ejemplo, cuando tienes tu propia profesión, proyecto de creación o áreas de interés diferentes y en las que mantienes un sentido de identidad propia, te da confianza ser tú mismo y mantener tus propias opiniones en la relación. De lo que se trata es de ayudarte a establecer tu propia identidad y aun así tener la posibilidad de tener una relación que te alimente.

Otra lección es la asertividad. Por el miedo a no tener razón, permites que tu pareja y asociados tomen todas las decisiones. En el pasado aprendiste a valorar las decisiones de los demás en detrimento de las tuyas. Por otra parte, tienes una tendencia a atraer gente con mucha voluntad y de carácter fuerte.

Siempre atraemos lo que necesitamos aprender, y si la energía emanada por tu forma de comportamiento le indica al universo que necesitas ser asertivo, el universo te enviará gente y situaciones que te obligarán a incorporar esta cualidad en tu personalidad. Es tu decisión si aprendes a partir de esto o permites que te aniquile. Para sobrevivir, tendrás que aprender a ser asertivo o serás presa de la voluntad de otra persona. De cualquier manera, el tema de la aserción estará en primer plano en tu mente.

No te sientes para nada a gusto cuando los demás alzan la voz y se enfurecen, pero viniste a poner en práctica tu asertividad cuando la razón está de tu parte y, por otro lado, a romper con la costumbre de dar marcha atrás y abandonar lo que deseas cuando otra persona levanta la voz. Estás aprendiendo que el poder bruto no siempre tiene la razón y que es correcto buscar lo que deseas. No es saludable que te hagas a un lado sólo porque otra persona desea lo mismo que tú; necesitas aprender este tipo de asertividad para competir con éxito en el mundo. Es tan fuerte tu miedo al rechazo y a la derrota que cuando surge cualquier tipo de competencia, optas por ceder. Es importante que tengas presente que tal vez te veas obligado a competir por algunas de las cosas que deseas. Una causa, un juego, un objeto no pueden decir: «Te pertenezco, ven y tómame»; primero tienes que reconocerlo como meta y luego armarte de asertividad e ir tras él.

Estás aprendiendo a superar el obstáculo de tener tanto miedo a perder que no participas en la carrera. Una vez que entiendas que la única humillación relacionada con participar en una competencia es no intentarlo siquiera, puedes superar tu miedo a competir y aprender a disfrutar el reto.

Otra lección importante que estás aprendiendo es a no tener miedo de volver a empezar. La energía de aries está relacionada con los nuevos comienzos. Tu alma debe incorporar esta capacidad de comenzar de nuevo en su patrón de crecimiento.

Acostumbrado como estás a funcionar a partir de la necesidad de conocer todos los datos y hechos antes de tomar cualquier decisión, los nuevos comienzos pueden ser extremadamente difíciles para ti. En cualquier comienzo nuevo hay un elemento desconocido. Debes aprender a tener confianza y a saber que puedes enfrentarte a lo que se cruce en tu camino. Hasta que no aprendas a confiar en el yo, la vida será una serie de nuevos comienzos forzados.

Estos nuevos comienzos forzados parecen ocurrir sin ton ni son. Tal vez te la pases caminando constantemente por calles cerradas; por ejemplo, trabajando para una empresa a punto de declararse en quiebra, aceptando un trabajo que está siendo desplazado por otro, involucrándote en relaciones que no tienen posibilidad de funcionar, haciendo amistad con gente que está a punto de mudarse.

Sin embargo, sólo recorres calles cerradas cuando vas detrás de lo que ofrece otra gente en lugar de ponerte en contacto con la chispa que tienes dentro y seguir las opciones que hacen que surja tu energía interior. Cuando aprendas a hacer lo que quieres —encontrar los proyectos y relaciones que «cargan tus baterías»—, descubrirás que instintivamente te sientes atraído por situaciones que no te dejan flotando en el aire.

No te liberarás del esquema de la calle cerrada hasta que aprendas que, en el plano subconsciente, ya sabes lo que debes hacer y que, por otra parte, ya tienes la fe suficiente para salir al mundo sin miedo a competir y a ser rechazado. Debes tener el valor de defender tus convicciones y la confianza suficiente para levantarte y volver a intentarlo si algo no llegara a salir bien. La confianza en ti mismo es la lección más importante que debes aprender. Una vez que hayas desarrollado esta actitud, poco será lo que no puedas lograr.

EXPRESIÓN INCONSCIENTE: Cuando funcionas en el plano inconsciente y habida cuenta de tu miedo al rechazo, puedes manifestar un falso estado de independencia, con lo cual alejas a la gente que podría ser muy valiosa para ti en un momento dado. Quizá sientas que si provocas que la gente se aleje, no tendrás que enfrentar la situación del abandono ulterior. Una vez que aprendas a no tener miedo a tu capacidad de manejar todo lo que la vida te ofrezca, puedes permitirte el lujo de ser lo suficientemente vulnerable y recibir los placeres de la vida.

Viniste a esta vida a aprender el valor que posee la independencia. Una existencia anterior marcada por una excesiva dependencia de los demás hace que trates de relacionarte en forma enfermiza con los que te rodean, sin lanzarte a conquistar tu independencia. Si te dejas vencer por esta tendencia, te sentirás siempre atrapado por los deseos, anhelos y necesidades de los demás. Al funcionar en este plano inconsciente, encontrarás muy poca libertad personal en esta vida y las restricciones y represiones te perseguirán por doquier. Cuando esto ocurra, serás capaz de manifestar una intensa ira, que las personas avezadas verán como un volcán a punto de hacer erupción. De esta forma puedes desarrollar una enorme agresividad y ser capaz de comportarte haciendo gala de una violencia considerable.

Al mismo tiempo temes a la rabia y a las muestras externas de hostilidad. Puedes tener miedo a defenderte y, sin embargo, alimentas un rencor que tiende a salir a la superficie en los lugares y momentos menos oportunos. Con frecuencia, se manifiesta en torno a personas que son más débiles que tú, por ejemplo niños, meseros y meseras como reacción a un servicio lento o a una mala comida.

Esta rabia saldrá a la superficie en cualquier lugar, menos donde sí debería manifestarse, a saber, en las relaciones en las que te has permitido ser dependiente, por ejemplo en tu matrimonio o en cualquier área de tu vida en la que estés dejando que otros hagan lo que deberías hacer tú. Reprimes esa rabia por miedo a perder esa situación o a esa persona en particular. Pero la rabia surge en situaciones en las que sientes que tienes el control y en las que no tienes miedo a perder algo.

Necesitas aprender a enfrentar y a manejar el coraje y el resentimiento desde la fuente. Al proceder así reordenarás las demás áreas de tu vida. Una de las mejores formas para aprender a hacer lo anterior es reconociendo que tienes una gran necesidad de dominar la energía de la asertividad y que la rabia es asertividad sin cauce y desprotegida. Una vez que aprendas a tener confianza en ti mismo, puedes recurrir a tu energía asertiva para encontrar tu propia dirección. Hasta que esto ocurra, seguirás permitiendo a los demás tomar lo que quieran mientras tú sientes resentimiento.

Provienes de una existencia anterior en la que tu pareja te complacía en todo lo que se te ocurría. En esta existencia, te das cuenta de que sólo se puede depender del yo, y que si quieres obtener cualquiera de las cosas que desee tu corazón, debes ser autosuficiente. Esto implica que debes aprender a ser lo suficientemente asertivo y a tener la suficiente fe en ti mismo para competir en el ruedo de la vida por lo que te produce felicidad.

La expresión negativa de tu eclipse lunar es no tener fe o confianza en ti mismo. A partir de esta falta de confianza en ti mismo puede derivarse una tendencia a mentirte y a mentir a los demás. Esto ocurre cuando has permitido que otros dominen tu vida y tomen las decisiones en lugar de ti. Luego te programas para no tener confianza y fe para tomar tus propias decisiones. Inconscientemente, te has enseñado que no eres capaz de descubrir la verdad. El problema se agrava porque el subconsciente no permite que se introduzca ese pensamiento negativo, sino que contraataca mintiéndole al yo, de tal manera que cuando le das vuelta, una falsa idea se convierte en verdad. Puedes darle la vuelta a la verdad en forma contraproducente: proyectas temores o actúas a partir de inseguridades injustificadas. En consecuencia, te invaden señales que se confunden en tu interior, pues no sabes distinguir lo que es verdad de lo que es fantasía.

Uno de los problemas del eclipse lunar inconsciente en aries puede ser la manera en que te relacionas. Tienes tendencia a poner a los demás en un pedestal, trátese de tu jefe, tu amante, un amigo, un empleado o tu hijo. Y cuando ese «otro» no funciona de la manera en que tú piensas que debería hacerlo, el pedestal se cae en pedazos. Infortunadamente, por lo general tú estás debajo y terminas golpeado. Entonces, en un ataque de rabia que puede alcanzar extremos de gran violencia, castigas a la persona por no cumplir con tus expectativas. Esto hace que la gente se aleje cada día más de ti, lo que te obliga a tomar el camino negativo hacia tu última meta de independencia.

Un enfoque más positivo podría ser reconocer que necesitas funcionar en forma independiente, no necesariamente solo, sino como líder. No es tu papel empujar a la gente hacia adelante sino dirigir. Tus expectativas deben ser las tuyas, no las de otras personas.

Es fundamental que aprendas a distinguir la verdad de la fantasía escuchando tu voz interior y aprendiendo a confiar en el yo, con lo cual reprogramas el subconsciente para que siempre diga la verdad. Al principio, este proceso puede ser difícil, pues el subconsciente está programado para hacer todo lo contrario. Conforme el subconsciente aprende que estás listo para aceptar la verdad, comienza a proyectarse con mayor honestidad. Pero cuando empiezas «dándole vueltas a las cosas», surgen áreas grises y debes tener el valor de recorrer esos espacios desconocidos.

Cuando las personas que muestran este patrón eclíptico pasan de la zona gris a la zona de luz, pocas son las que regresan a la oscuridad.

EXPRESIÓN CONSCIENTE: Al funcionar conscientemente, reconoces la necesidad de ser independiente en esta vida. Te percatas de que es más fácil para ti volverte dependiente de los demás que ser autosuficiente. Al tratar de superar lo anterior tienes tendencia a obligarte a ser autosuficiente y en ocasiones rechazas la ayuda ofrecida de buena fe. Debes aprender que puedes aceptar ayuda en tu camino sin caer en pasados patrones de dependencia.

Por lo general, es más fácil para ti trabajar por tu cuenta que trabajar para otra persona, toda vez que aún estás superando el miedo a ser influido por los demás. Cuando aprendes a confiar en ti y a relacionarte con los demás desde una posición de fortaleza, puedes tener mucho éxito en los negocios, ya que tu necesidad de tener éxito puede constituir un motor en tu vida.

Tienes tendencia a salir al mundo, fuera del refugio del hogar y la familia, pues los percibes como una debilidad potencial e intencionalmente aspiras a superarla. Probablemente seas una persona emprendedora, con tendencia al éxito y a los logros. Necesitas tener cuidado y no incitarte a ser un perseguidor de logros a toda costa o un adicto al trabajo. En tu deseo de poner a prueba tu valor y ser independiente, puedes pasar por periodos de agotamiento físico. Si bien es conveniente que te sientas motivado por el éxito, no es necesario que todo lo que logres suceda de inmediato.

Tienes la capacidad de reconocer la verdad en tu interior y en los que te rodean. Una vez salido del nido, tiendes a moverte con más rapidez y a ser menos tolerante con los que aprenden con más lentitud. Es importante que no pierdas la sensibilidad cuando camines hacia adelante.

Conforme te abres camino en la vida y encuentras tu lugar en el mundo, casi siempre te inclinas por los oprimidos y verdaderamente quieres ayudar a todos los que están luchando por sobrevivir. Trabajas sumamente bien en áreas que demandan devoción por los principios y les das la mano a los que requieren ayuda; eres amigo de los que necesitan que alguien les muestre la luz o el camino para encontrar un nuevo comienzo.

Estás aprendiendo a ser valiente en todas las situaciones que enfrentas en la vida. Lo estás logrando mediante la eliminación de un patrón de comportamiento que se caracterizó por un miedo tal al rechazo y a que los demás comprobaran que estabas equivocado, que no te atrevías a hablar cuando tus opiniones eran diferentes a las de los demás. Ahora estás tratando de ser lo mejor posible y de sentirte orgulloso de ti mismo; por lo tanto, consideras que debes manifestarte cuando no estás de acuerdo con los demás. Cuando actúas conscientemente, reconoces lo valioso que es desarrollar una fuerza interior y encuentras que es más fácil expresar tus sentimientos que aceptarte a ti mismo cuando no lo haces. Si bien es importante expresarte, es igualmente importante que aprendas a pensar antes de hablar. Para poder expresarte verdaderamente con el valor de tus convicciones, debes ser firme en tus propias creencias.

Tu polaridad opuesta, libra, necesita contar con todos los datos antes de expresarse y, como aries que ha surgido recientemente, debes aprender de tu contraparte a mirar antes de saltar. Si puedes tener las cualidades de ambos —la asertividad del aries y el tacto del libra—, estarás bien pertrechado para tu viaje.

Conforme avanzas, te vas entusiasmando con la idea de un nuevo comienzo, pero también sientes miedo a no ser capaz de enfrentarlo. Sin embargo, es tan fuerte tu deseo de aprender a confiar en el yo que pasarás por una serie de nuevos comienzos antes de que domines las cualidades de la fuerza y confianza internas. Cuando esto suceda, se desvanecerá la necesidad de lanzarte a vivir nuevos comienzos, ya que te sentirás seguro independientemente de donde estés y sabrás que puedes moverte en cualquier momento si no te sientes a gusto.

EXPRESIÓN TRANSPERSONAL: Has encarnado con la conciencia de grupo de elevar la vibración del planeta. Tienes la sensación de que muchos de tus semejantes han perdido de vista sus orígenes; por lo tanto, les enseñas a tener fe y confianza renovadas con el ejemplo de tu ingenuidad, dándoles a entender que todo está funcionando de acuerdo con el plan universal.

En esta existencia compartes la fe con todos tus semejantes, confiando en cada uno de ellos como si todos fuéramos miembros de la misma familia, ya que entiendes que en verdad lo somos.

Reconoces la debilidad de la gente y, sin embargo, no nos juzgas, ya que nos percibes como niños a los que nos falta crecer, niños que aún estamos aprendiendo las normas, reglamentos y protocolos del universo. En tu vida en el planeta nos enseñas, por tu manera de vivir, que la nuestra es una familia cuyos miembros deben tenerse tanta fe mutua como la que tenemos en el Dios de nuestra conciencia. Enseñas que a menos que nos apoyemos y nos ayudemos mutuamente, siempre habrá alguien ausente en la reunión familiar. Como alma alegre y juguetona, nos enseñas a amar a nuestros hermanos y hermanas, ya que has encarnado como la fuente de vida original (carne del Padre) que aún es capaz de ver la bondad y la inocencia a su alrededor. Puedes enseñarnos toda la chispa de la luz desde adentro.

INTEGRACIÓN FÍSICA: En el plano físico, necesitas escuchar a tu cuerpo en lo que hace a las áreas de la cabeza, la cara y el ojo izquierdo. Cuando no estás aprendiendo conscientemente o cuando no estás enseñando las lecciones que prometiste enseñar, puede haber una tendencia al debilitamiento del músculo del ojo izquierdo. Pueden presentarse crispamientos espasmódicos del ojo izquierdo y una tendencia a golpearte en la cabeza cuando estás distraído y te niegas a escuchar tu voz interior. Esto forma parte de la lección que consiste en aprender a prestar atención y a confiar en el yo interno.

Si pasas periodos largos sin escuchar, puedes sufrir de dolores de cabeza —desde una pequeña palpitación a una migraña—, dependiendo de qué tan descuidado hayas sido. Cuando no concedes a tus ideas el valor que merecen y pones demasiada energía en las ideas y conceptos de los que te rodean, descuidando el yo, puedes tener ganas frecuentes de orinar o sufrir de dolores lumbares. Has concebido este sistema de alerta para obligarte a prestar más atención a tus propias necesidades.

Tauro

TAURO

ECLIPSE SOLAR: (Para activar totalmente la energía que has recibido del eclipse solar en tauro, primero debes integrar las lecciones del eclipse lunar en tauro con tu cuerpo emocional. Para una explicación completa, véase «Cómo usar la parte II», página 163.)

Tus semejantes pueden aprender, por tu conducto, a tomar conciencia de lo próspero. Has encarnado con un sentido muy sólido de valores morales, financieros y espirituales y tienes tendencia a atraer a gente que necesita un reordenamiento de su sistema de valores. Entre los que se encuentran atraídos por ti están los que tienen dificultades financieras y necesitan aprender a construir bases financieras sólidas. Entiendes intuitivamente que sólo puedes construir el edificio si cuenta con cimientos fuertes para sostenerse. Es por ello que puedes enseñar a los que te rodean cómo asegurarse de que cada ladrillo haya sido colocado y argamasado en el lugar correcto antes de dar el siguiente paso.

Si decides no compartir tus conocimientos y te niegas a enseñar la estructura económica fundamental que entiendes tan bien, podrías sufrir repercusiones negativas en tu propia familia. Un cónyuge, hijo, hija, padre o madre podría sufrir graves dificultades financieras, o bien tú o alguien allegado a ti podría pasar por una situación de total descalabro financiero. Sólo tienes la responsabilidad de enseñar esta lección a través del ejemplo. Sin embargo, si decides dar un paso más y en efecto ayudas a otros gracias a tus conocimientos sobre las finanzas, estás compartiéndote más de lo que te señala el deber, lo cual hará que, a la larga, tus propias lecciones se te faciliten en otras áreas.

Lo importante para ti es mantener tu autovaloración en medio del descalabro financiero que te rodea. Sólo a través de esto enseñas a la gente a tener un sentido de seguridad más sólido y a ser más paciente en materia de finanzas personales. Con frecuencia atraes a gente que es muy impaciente con las finanzas y, a través de tu ejemplo de alcanzar lenta y firmemente tus metas financieras, la ayudas en su aprendizaje de la paciencia. Cuando todo se desmorona, los que te rodean se dan cuenta de que tú aún estás parado en terreno firme. De esta manera, ayudas a los demás a percatarse de lo valioso que es construir cimientos sólidos y puedes ayudarlos a tener más seguridad en sus vidas.

Tomarías una buena decisión si escoges una profesión como ejecutivo de cuentas, asesor financiero, contador, tenedor de libros, contralor, o bien si consigues un puesto en la industria de la construcción o en el sector financiero. Con tu capacidad natural de entender las finanzas, si escoges uno de estos caminos podrás contar con una base a partir de la cual puedas ofrecer tus servicios y aportar grandes beneficios a tus semejantes. Cualquier ramo que requiera la construcción de cimientos sólidos puede beneficiarse de tus talentos. Si escoges no ayudar a los demás profesionalmente en estas áreas, aun así estarás enseñando a los que te rodean el valor de contar con cimientos sólidos. En tu vida hogareña, así como en tu vida profesional, entiendes lo que significa decir «hasta aquí llega mi responsabilidad».

Si estás aprendiendo la lección de las finanzas en forma negativa, crearás descalabros en la vida financiera de las personas cercanas a ti. Si escoges enseñar el valor de las finanzas de manera positiva, puedes ser de gran ayuda para tu familia y asociados. Puedes ser extremadamente intuitivo para saber con qué inversiones se obtendrán los mayores rendimientos. Otras personas se beneficiarán mucho si las ayuda a planificar su futuro en una forma práctica que les deje un espacio para crecer al tiempo que conservan una base sólida. No corres riesgos con los recursos de nadie. No eres uno de los jugadores de azar del zodiaco: eres un constructor.

Si optas por enseñar la lección de los valores morales de manera negativa, se te percibirá como una persona con pocos principios morales. Tu carencia de un sistema de valores adecuado puede causar desilusión y dolor a los que te rodean. Pero aun si escoges ese camino, enseñarás la expresión más negativa mostrándote como un ejemplo de autodestrucción. Si enseñas valores morales en forma positiva, establecerás un ejemplo personal de una reputación sin tacha. En este modo de ser, eres extremadamente monógamo, leal, orientado hacia la familia y preocupado por su seguridad y por la estabilidad en el hogar. En virtud de tu moralidad a toda prueba y de tu estabilidad familiar y en tu comunidad, generalmente asumes puestos de responsabilidad muy respetados.

Estás también aquí para enseñar la importancia de tener valores espirituales sólidos. Si decides enseñar la lección de la responsabilidad espiritual en forma negativa, te mostrarás como una persona que no tiene consideración por la conciencia colectiva o por su conciencia acerca de Dios. En consecuencia, no te respetarás a ti mismo ni respetarás a los que te rodean y trabajarás sólo para tu propio beneficio, no para el bien de todos. Si enseñas esta lección de manera positiva, puedes mostrar que el hilo de la conciencia universal y la necesidad de trabajar para el bien supremo del mayor número de personas debe comenzar por tu propia familia y extenderse al resto de la humanidad. Enseñas que el respeto que muestras al tratar con tus semejantes se correlaciona directamente con tu sentido de respeto a ti mismo y al universo. Puedes tener un valor espiritual muy grande para las personas con las que entras en contacto.

Las expresiones negativas son casos raros en este patrón eclíptico, toda vez que la mayoría de ustedes ha nacido con una conciencia muy avanzada. Generalmente optas por enseñar tus lecciones a través del buen ejemplo, del fortalecimiento de los valores de los demás y dando muestras de ser un elemento valioso para el mundo.

Tienes la capacidad de hacer valer lo bueno que ves en las demás personas, fortaleciendo así la dirección positiva de estas últimas. Reconoces naturalmente el valor de todo lo que te rodea. Lo más importante de todo es que intuitivamente entiendes el valor del espíritu humano, del corazón humano y del deseo que nos impulsa a todos a alcanzar logros. Gracias a que estás consciente de este valor y a tu aprecio por tus semejantes, puedes enseñarles a valorarse a sí mismos. Si no te valoras a ti mismo, no puedes alcanzar ningún logro, ya que, a tu juicio, no eres digno de alcanzarlo.

Con mucha frecuencia, en tu vida te encontrarás con personas que no son muy afortunadas y que sienten que no valen mucho. Tú tienes la capacidad de ayudarlas a encontrar su sentido del valor desde el interior de su ser. Con sensibilidad y paciencia las puedes poner en contacto con su propia belleza interna, con la esencia de la conciencia de Dios dentro de ellos.

Luego, con mucha lógica y perseverancia, puedes ayudarlas a eliminar los escombros que han estado ocultando su verdadero valor.

Tu apreciación innata de la belleza natural de la Tierra te permite caminar en su superficie y sentir su paz nutricia. Tienes mucho contacto con todos los sentidos del cuerpo y, con el ejemplo de la manera en que disfrutas de ellos, enseñas a los demás a disfrutar de sus sentidos también. Podrías ser un artista excelente, ya que puedes manifestar físicamente tu apreciación de la belleza, del arte y de la naturaleza, así como permitir a los demás apreciar la belleza que tú percibes en todo lo que te rodea. Eres un constructor, un ingeniero, un arquitecto, un escultor, aunque sólo sea con arena en la playa. Naciste para dar forma.

ECLIPSE LUNAR: Tu lección es desarrollar tu conciencia acerca de la prosperidad. Vienes de una existencia anterior en extremo espiritual, pero materialmente muy golpeada por la pobreza. Algunos de ustedes hicieron votos de pobreza en encarnaciones pasadas con el fin de concentrar totalmente su energía en el desarrollo espiritual. En consecuencia, vienes a esta encarnación con la falsa idea de que el dinero y la espiritualidad no deben mezclarse en absoluto. Estás aquí para aprender que, por el contrario, cuando permites que tu espiritualidad se manifieste a través de trabajos bien hechos que ayudan a tus semejantes, el dinero es un subproducto natural de esos servicios. Parte de tu lección es aprender que el dinero no es algo «negativo», que el dinero es simplemente otro aspecto de la vida que necesita dominarse.

Has logrado el dominio de cómo carecer de todo y aun así conservar una conciencia espiritual correcta. Durante este proceso, estás tomando conciencia de que lo que importa no es el dinero, sino lo que haces con él y las formas de obtenerlo. En existencias anteriores, realizaste muchos estudios espirituales y el contacto con personas que no utilizaban bien los recursos te enseñó a desconfiar de cualquiera que tuviera dinero. Por consiguiente, durante esta vida tienes tendencia a la autodestrucción cuando están implicadas las finanzas.

Muchos de ustedes se dan cuenta de que su búsqueda es aprender a manejar el dinero y sienten grandes deseos y necesidad de contar con él. Sin embargo, en virtud del mencionado mecanismo autodestructivo, cuando alcanzas un cierto grado de comodidad puedes hacer algo en el plano subconsciente para destruir tu situación financiera y así sentirte bien contigo mismo en el plano espiritual. Estás aprendiendo a darte cuenta de que no es incorrecto poseer bienes materiales; al universo sólo le preocupa cómo adquiriste lo que tienes y qué haces con ello. Tu tarea es aprender a manifestar la abundancia del universo y a sentirte libre de poseer bienes y de disfrutar las comodidades que te ofrece la vida.

Como parte de esta lección necesitas aprender a no medir tu valor o el valor de los demás por la riqueza o los bienes materiales. Éste sería un patrón negativo para ti, dado que cualquier juicio que haces sobre los demás limita tu propio sentido de la libertad y el valor que te concedes a ti mismo. Estás aprendiendo a poseer sin juzgar a los que te rodean. Quieres seguir conservando tus valores espirituales; sin embargo, reconoces que todos están recorriendo un camino diferente y que, esta vez, tu camino conduce a la prosperidad. Ya es hora de que aprendas a aceptar el dinero y te permitas valorar tus esfuerzos y la energía espiritual que estás ofreciendo a tus semejantes. Estás aprendiendo que es natural que el universo te gratifique con dinero cuando prestas servicios a los demás.

Algunos de ustedes proceden de una existencia anterior en la que utilizaron mal los recursos de otras personas y no proporcionaron un servicio adecuado por lo que cobraban. Para superar sentimientos de culpabilidad y el temor de cobrar en forma excesiva por tus servicios, en esta vida tienes tendencia a cobrar muy poco por ellos. Es necesario que entiendas que cuando no cobras lo justo para ti, estás exagerando en cuanto a la natural compensación y, en realidad, estás robándote a ti mismo. Para equilibrar esto, necesitas darte cuenta de que los honorarios deben ser equivalentes a los servicios prestados para que sean adecuados.

Al aprender a relacionarte moralmente con las personas con las que te topas, puedes atraer a personas que tienen muy pocos principios morales y es posible que otras te usen sexualmente; o, por el contrario, puedes regresar a patrones de vida pasados, volverte abusivo en el plano sexual y mostrar falta de consideración por los sentimientos de los demás antes de que la relación asuma también un carácter sexual. Estás aprendiendo el valor de manifestar un comportamiento sexual adecuado. Al aprender a apreciar los deseos y necesidades de los demás, eliminas esquemas donde sólo piensas en tu propia gratificación. Asimismo, a través de este proceso te pones en contacto con tus propias necesidades y deseos sexuales. Una vez que aprendas a interpretar correctamente las respuestas de tu pareja, podrás convertirte en una persona extremadamente sensual en esta existencia y dominar la capacidad de obtener placer y darlo a la otra persona.

Conforme aprendes, aceptas tu responsabilidad moral en tus interacciones con los demás, aprendes a sentirte mejor respecto de ti mismo y de tu cuerpo físico. Si escoges aprender estas lecciones en forma negativa, se genera discordia en tu existencia, incluido el aspecto financiero de tu vida, con lo cual se crean problemas de esa índole. Los valores morales, financieros y espirituales son aspectos interrelacionados de tu proceso en la vida y de la lección que viniste a aprender.

En el plano espiritual, estás aprendiendo a superar un patrón anterior caracterizado por un uso inadecuado de tus energías espirituales. Puedes haber incurrido directamente en un mal uso de tu poder, por ejemplo no proporcionar a otras personas información correcta en materia de conciencia espiritual o introspección psíquica en aras de obtener beneficios materiales. En esta existencia, estás aprendiendo el valor de la honestidad en tu comunicación espiritual con los demás. Estás asumiendo tu deuda y estás pagando por haber utilizado a otras personas en forma indebida, ya sea tomando lo que no te pertenecía o, con el fin de obtener gratificaciones financieras, alentando a esas personas a crear una dependencia de ti.

En este proceso de aprendizaje, estás buscando un punto de equilibrio para no seguir utilizando a los demás y, al mismo tiempo, no seguir engañándote y repartiendo todo. Estás aprendiendo a desarrollar una adecuada conciencia de la prosperidad al reconocer el valor de cada cosa y de cada persona, incluido tú mismo. Mediante el uso consciente del poder de que dispones en esta vida para reconocer tu propio valor y el de los demás, puedes compensar la culpa derivada de vidas anteriores en las que utilizaste indebidamente tanto a la gente como al dinero.

Llegaste a esta existencia con un sentido de autoestima sumamente bajo. Una de las lecciones que estás aprendiendo es a desarrollar tu autoestima y sentirte mejor contigo mismo. Es muy importante que te valores y aceptes el reconocimiento de los demás. Tu reto es darte una oportunidad para recibir una retroalimentación positiva que te rinda grandes beneficios. Necesitas saber que eres un elemento valioso para la humanidad, que existe una razón para vivir aparte de comer, dormir y trabajar, y que tus semejantes se preocupan por ti. Puedes aprender a sentirte mejor contigo mismo ayudando a los demás y aceptando su gratitud verbal, así como tu gratificación financiera. Cuanto más autoestima sientas, más valioso serás para los que te rodean.

Una parte de tu lección es ponerte en contacto con el cuerpo físico y con los placeres de vivir físicamente en él en el plano terrenal. Mediante este proceso, aprendes a conocer la Tierra y el suelo. Conforme adquieres conocimientos acerca de la Madre Tierra, descubres que con sólo poner tus manos en el suelo tienes una sensación de pertenencia. Puedes oler y apreciar la frescura del aire que respiras. Estás aprendiendo a estar consciente del aire que se introduce por tus fosas nasales y alimenta tu cuerpo. Estás aprendiendo a sentir el suelo debajo de tus pies y a apreciar la consistencia del terreno en el que caminas, de la tierra de la que surge la vida que te sostiene.

Estás aprendiendo a apreciar los frutos de la Tierra e, inclusive, en un plano sensual, el sabor de los alimentos que ella te ofrece. Cuando observas el mundo, estás aprendiendo a apreciar su vastedad y su belleza y estás comenzado a oír los sonidos y la armonía de la naturaleza. A través de este proceso de aprendizaje podrás reconocer todo lo que el plano de la Tierra te ofrece en lo que a crecimiento del alma se refiere. A cambio de ello, cuando aprendes a utilizar sus recursos y a realzar su belleza, rindes homenaje a la Tierra, especialmente en tu propio entorno. Al estar en contacto con la naturaleza alcanzas un nivel de conciencia que es muy gratificante. Al ponerte en contacto con tus sentidos físicos, descubres lo que te produce placer y esto te permite enseñar a los demás lo valioso que es obtener placer a partir del plano terrenal. Estás ayudando a los que te rodean a desarrollar una relación sana y profunda con el aspecto físico de la Tierra.

EXPRESIÓN INCONSCIENTE: En el plano inconsciente, si bloqueas el flujo de la prosperidad puedes dar al traste con el propósito de tu vida. Viniste a tomar conciencia en forma positiva acerca de la prosperidad, pero si no te das la oportunidad de construir cimientos seguros para tus recursos, descubrirás que constantemente tendrás que volver a empezar en el terreno económico. Estás programado para tener éxito financiero, pero perderás contacto con tu plan original sin poder construir cimientos lo suficientemente seguros si te apresuras a satisfacer demasiado pronto tus deseos en lo que a finanzas se refiere.

Los que presentan este patrón eclíptico están propensos a sufrir crisis financieras. Existe también la tendencia a no valorar lo suficiente al yo para sentirse merecedores de alcanzar logros. Algunos de ustedes provienen de existencias anteriores de índole espiritual. Están conscientes de que desean ser valiosos para sus semejantes en esta vida, pero cuando están en un plano inconsciente olvidan que tienen derecho a recibir una retribución financiera por sus servicios.

Los que han decidido aprender sus lecciones sobre finanzas por la vía difícil podrán pasar por la vida pensando que el dinero es la respuesta para todos sus problemas. Al alentar este proceso de pensamiento negativo, juzgan a los demás por sus bienes materiales. Algunos de ustedes tienen la capacidad para acumular grandes recursos, pero en virtud de este proceso de pensamiento crítico podrán darse cuenta de que el dinero y los bienes materiales que adquieren no producen felicidad interior.

Si sigues juzgándote a ti mismo y a los que te rodean con estos criterios, puedes colocarte en un marco de pensamiento negativo y exponerte a gente muy ruda. Tal vez atraigas a gente que usa a los demás aprovechándose de sus puntos débiles. Si te impides desarrollar un criterio adecuado acerca de la prosperidad, te eximes de experimentar los placeres de la vida independientemente de las riquezas que acumules. Es necesario que no sólo acumules recursos, sino que también desarrolles valores morales y espirituales.

Si bien puedes tomar conciencia de que es necesario acumular recursos materiales en esta vida, aun así puedes sentir que de alguna manera esto te convierte en una persona poco escrupulosa. Con este falso concepto, puedes imponerte limitaciones y, cuando alcanzas un nivel determinado, sin darte cuenta echas por la borda el éxito alcanzado. Tal vez realices inversiones equivocadas o te alejes de todo lo que has acumulado a raíz de tus malas decisiones. Llegado a este punto, te ves obligado a empezar desde cero. Si bien eres capaz de comenzar de nuevo, con el tiempo se te convierte en un proceso agotador y, con cada nuevo inicio, sientes menos motivación y alcanzas menos éxitos. Puedes seguir así hasta que finalmente reparas en qué consiste la verdadera prosperidad. Es entonces cuando te es posible aquilatar de nuevo tus valores morales y espirituales y desarrollar una actitud más generosa con los demás. Este enfoque, a su vez, te abre las puertas para recibir más abundancia material.

En el plano inconsciente algunos de ustedes tienen tendencia a ser manipuladores, a ser maestros de la estafa cuando se trata de manejar los recursos de los demás. Esto puede ocurrir cuando descuidan la lección que versa sobre el desarrollo de sus propios recursos. Éstas son las almas que han perdido a tal punto su confianza que sus valores morales fundamentales quedan afectados. Este grupo en particular puede descender a los niveles sociales más inaceptables en lo que hace a valores morales o espirituales. Algunos de ustedes pueden ser unos perfectos parias. Al tener miedo de no poder arreglárselas por sí mismos, se vuelven parásitos y se alimentan de los demás para sobrevivir. Su táctica de manipulación los degrada tanto a ustedes como a los demás y echan a perder las lecciones que vinieron a aprender. En estos casos, es necesario realizar una completa reevaluación, ya que deben comenzar a crear patrones de comportamiento adecuados que les permitan respetarse a sí mismos. Tan pronto reviertan el proceso negativo y comiencen a valorarse, podrán volver a encontrar el camino que los lleve a ser aceptados socialmente.

EXPRESIÓN CONSCIENTE: En el plano consciente, reconoces que viniste a esta vida a reevaluar y a restablecerte en los ámbitos espiritual, financiero y físico. Provienes de existencias anteriores en las que recibiste una enorme cantidad de enseñanzas espirituales y desarrollaste un gran desinterés respecto de la realidad física y material. Para equilibrar tu crecimiento, llegaste a esta encarnación a aprender a adquirir cosas materiales que aportan comodidad y tranquilidad material, así como para percatarte de que no es negativo disfrutar la estancia en el cuerpo. Estás aprendiendo que es correcto adquirir lo que deseas y disfrutar teniéndolo.

Estás tomando conciencia de que al universo no le importa si llegas al Río de la Vida con una cucharita o con una pala. El universo llenará cualquier recipiente que traigas sin fijarse en el tamaño, siempre y cuando satisfaga tus necesidades y respetes a los que te rodean. La abundancia no es negativa si los recursos se ganan honradamente y se utilizan en consecuencia.

En tu camino por la vida, pueden presentarse problemas financieros y tendrás la oportunidad de aprender que, con cada nuevo problema, surge una nueva solución. En la medida en que conserves una buena disposición respecto de la orientación que te aporta tu medio ambiente, entenderás cómo construir los cimientos necesarios para alcanzar una estabilidad financiera en esta vida. Podrás entonces comenzar a construir esos cimientos y adquirir cuantiosas riquezas. No todos ustedes necesitan grandes cantidades de dinero, pero todos tienen necesidad de entender el lugar que ocupa el dinero en el esquema universal. Deben entender que son ustedes los que rigen al dinero, no lo contrario. Los que han tomado conciencia aceptan esta realidad y se liberan de las falsas concepciones del pasado. Su sistema de creencias anterior les señalaba que tener riquezas hacía que la persona se sintiera atada al plano físico, y no les permitía vincularse con la presencia del Dios interno.

Asimismo, estás aprendiendo acerca de tu sensualidad y tus valores sexuales en relación con tus valores morales. Vidas pasadas de excesos en el plano físico o de total abstinencia sexual te dejaron con la necesidad de tener sensaciones y de sentirte a gusto con el placer físico. Cuando aprendas a apreciar las sensaciones del cuerpo físico, podrás equilibrar tu tendencia al extremismo en tu comportamiento físico. Estás aprendiendo a conocer los sentidos y a sentirte a gusto con tu cuerpo físico.

Pasaste por muchas encarnaciones en las que abusabas de ti físicamente, o bien hacías caso omiso de tu cuerpo físico; por lo tanto, ahora debes aprender a encontrar el equilibrio. La gratificación física es necesaria, como lo es la responsabilidad moral. Cuando reconozcas conscientemente que ambas necesidades deben satisfacerse, trabajarás para desarrollar tu sensualidad al tiempo que tendrás presentes las repercusiones sociales y morales de tu comportamiento.

EXPRESIÓN TRANSPERSONAL: Estás aquí para desarrollar la conciencia de grupo de tus semejantes tanto en el terreno moral como en el financiero. Nos enseñas que todos somos responsables solidarios —moral, financiera y físicamente—, y nos muestras cómo interactuar y depender unos de otros en forma adecuada. También nos estás enseñando cómo apreciar la Tierra y el valor que ésta tiene, no sólo como la madre que sostiene nuestras vidas, sino también como parte valiosa e integral del universo.

Gracias a tu capacidad natural para apreciar el valor de todas las personas y cosas, ayudas a otras personas a apreciar el valor que tienen. Eres extremadamente lógico y cuentas con un sentido innato para apreciar todo lo que es valioso tanto en el plano físico como en el espiritual. Puedes compartir esas cosas de manera sencilla y hacer que aun los niños amplíen su conciencia.

Tienes muy presente la forma en que se activan los principios del cuerpo, la mente y el alma al pasar por la existencia física. Entiendes tu relación con el plano de la Tierra y aceptas de buena gana la estabilidad que ella te ofrece. Cuando sientes la necesidad de reequilibrarte, es frecuente que pongas las manos en el suelo, ya que sabes intuitivamente que así volverás a ponerte en contacto con la realidad física y con tu equilibrio interno. Entiendes que hasta que no aceptemos nuestra realidad física no podremos liberarnos efectivamente de ella. La dimensión de la Tierra seguirá arrastrándonos hasta que hayamos aprendido a apreciarla y disfrutarla.

Estás enseñándonos que hasta que no entendamos y respetemos completamente este plano dador de vida —hasta que no entendamos y respetemos completamente el cuerpo físico—, no nos podremos liberar de regresar a otra vida en el plano físico. Nos estás enseñando el valor del plano físico en relación con el del plano espiritual; asimismo, nos estás ayudando a entender su interdependencia. En última instancia, nos estás enseñando el valor de apreciar el universo y la capacidad de esta apreciación para liberarnos de lo que nos ata a lo físico.

INTEGRACIÓN FÍSICA: Cuando te niegas a aprender las lecciones que escogiste para esta vida, te das cuenta de que el cuerpo se comunica contigo a través de los sentidos. Podrás sentir que el oído, el cuello y la garganta se vuelven extremadamente sensibles cuando dejas que se diluya tu conciencia acerca de la prosperidad. Dado que la piel está conectada con el sentimiento, ésta puede irritarse cuando te eximes de comodidades físicas. Cuando no escuchas a los demás, los oídos pueden tener tendencia a las infecciones y a otros tipos de trastornos. Cuando no aprecias el sentido del gusto, te puede doler la garganta o puede presentársete una tendencia a sufrir de excoriaciones en la boca. Los ojos pueden inflamarse o irritarse si rehúyes desarrollar la visión de las cosas que necesitas para tener éxito. La nariz puede volverse excesivamente sensible y propensa a reacciones alérgicas cuando te olvidas de valorar tu yo. Si optas por hacer caso omiso de las lecciones que viniste a aprender en esta vida, uno de los cinco sentidos reaccionará para llamarte la atención.

Durante tu proceso de crecimiento, sería bueno que prestaras atención a estas partes del cuerpo, en cuyo caso podrás percibir lo que necesitas en el plano intelectual. Cuando una persona presenta este patrón eclíptico, es fácil poner los sentidos fuera de equilibrio durante el proceso de aprendizaje acerca de ellos.

Debes también preocuparte por la tiroides, ya que puede volverse hiperactiva o bien hipoactiva, dependiendo de qué tan intensamente asumas sentirte a gusto con tu cuerpo físico. Cuando tu conciencia de lo próspero se encuentra fuera de equilibrio, deberás preocuparte más por los oídos, el cuello y la garganta, ya que estas áreas del cuerpo se comunican cuando el sistema de valores necesita reordenarse. Al observar estas áreas en busca de síntomas, puedes evitar muchos obstáculos en tu vida.

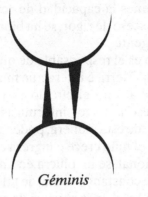

Géminis

GÉMINIS

ECLIPSE SOLAR: (Para activar totalmente la energía que has recibido del eclipse solar en géminis, primero debes integrar las lecciones del eclipse lunar en géminis con tu cuerpo emocional. Para una explicación completa, véase «Cómo usar la parte II», página 163.)

En esta encarnación estás enseñando a tus semejantes a valorar la comunicación. Tienes la capacidad de entender la importancia tanto de la palabra hablada como de la escrita, y una de tus responsabilidades en esta existencia es mantener circulando la información. Tienes la capacidad natural de decir lo correcto en el momento preciso y puedes hablar con cualquiera sobre cualquier tema.

Tienes una gran destreza para estar en el lugar preciso en el momento oportuno a fin de enterarte de la información que le hace falta a otra persona. La información que compartes con otras personas tiene el poder de cambiar la dirección de sus vidas. Por tu conducto, pueden entender que están en total control de su capacidad para comunicarse y que deben asumir la responsabilidad del patrón de pensamiento que se han permitido tener. Como maestro nato, tienes la capacidad de estimular los procesos de crecimiento mental de los demás. Gracias al dominio de tu lengua materna, despiertas en los que te rodean el deseo de desarrollar sus habilidades mentales. Durante este proceso, las personas con las que entras en contacto llegan a entender mejor a sus semejantes y ampliar su conciencia. Por consiguiente, llevas la lección de la hermandad a tu entorno social y nos enseñas a todos cómo tratarnos mutuamente con más amor.

En algunos ámbitos, nos estás enseñando cómo tener libertad de movimiento. Encuentras difícil estar confinado, ya que eres el cuentero, el juglar, el cronista de la ciudad. Parte de lo singular que viniste a ofrecer es la ligereza y una clara dirección de la conciencia enseñando a los demás a tomarse con humor. Tienes la capacidad de reír y de crear un cambio de atmósfera cuando, por exceso de rigor, se ha bloqueado la comunicación y el entendimiento entre la gente.

Tu patrón eclíptico es el responsable de que la humanidad se mueva a lo ancho y a lo largo de la Tierra e interactúe mutuamente en números cada vez mayores. Esta ampliación del círculo es producto de una necesidad imperiosa de tener acceso a mayor información para mantenerte en una búsqueda permanente y, de esta manera, poder ampliar tu entorno en forma permanente. A la larga, el niño crece e ingresa a la universidad, luego tiene acceso al mundo profesional, se involucra en una relación y se muda a otra ciudad. Todo se expande constantemente, de tal manera que asimilas mayor información y enseñas a los demás el valor de este proceso.

Esta lección puede enseñarse en forma positiva o negativa; la decisión es tuya, pero de cualquier manera es imprescindible que la enseñes. Con tu ejemplo y asumiendo un enfoque expansivo en tu forma de enfrentar la vida, puedes enseñar el valor que tienen los horizontes amplios, la comunicación abierta, una conciencia despierta y unas capacidades mentales flexibles. O bien puedes enseñar estas lecciones siendo un ejemplo de lo que no se debe hacer, manifestando rasgos de personalidad negativos tales como la rigidez, un comportamiento social indebido, denigrando y burlándote de los demás y aislándote en tus actividades sin compartir lo que estás aprendiendo.

Entiendes intuitivamente que la vida es demasiado corta para convertirte en un maestro en todas las áreas que quieras experimentar. En esta encarnación, has optado por no dominar ninguna de ellas, sino experimentar y probar un poco de todo. Estás enseñando a los que te rodean el valor de tener un gran número de experiencias y, al mismo tiempo, estás introduciendo a la gente a esas experiencias. Esto permite que las personas con las que tienes contacto escojan las direcciones en las que desean ampliar sus horizontes. Ayudas a la gente a percatarse de que existen más perspectivas y horizontes que los que, en primera instancia, hayan podido visualizar. En realidad, estás enseñando a los demás a detenerse, mirar, escuchar e investigar las opciones que tienen a su disposición antes de establecerse demasiado firmemente en un determinado lugar. Estás ayudando a los que te rodean a descubrir cuáles son sus opciones y a tomar decisiones con conocimiento de causa; asimismo, les estás enseñando a no adoptar patrones mentales tan rígidos que posteriormente no puedan cambiar el curso de las cosas.

Estás induciendo a tus semejantes a estar abiertos a la percepción de que pueden experimentar más en una lección o en un conjunto de lecciones en esta vida. Los ayudas a descubrir que no hay final en la experiencia de aprender, así como no hay final en el universo, pues se está expandiendo constantemente. Nos ayudas a liberarnos y nos enseñas que hay más lugares adonde ir, más conocimientos que adquirir, más información que transmitir. Es un ciclo sin fin y tú preparas nuestra conciencia para el conocimiento del concepto de infinito.

ECLIPSE LUNAR: Tu lección es la comunicación. Estás aprendiendo respecto del uso correcto del lenguaje y del comportamiento social adecuado. Estás aprendiendo a no dar las cosas por sentadas y a suponer que los demás las perciben de la misma forma que tú. En el proceso de adquirir este conocimiento, debes abandonar tu «conciencia de ermitaño» anterior y dirigirte hacia una senda de conciencia social. Para integrar tus lecciones debes armonizar tu conciencia con la de tus semejantes de tal manera que puedas ser útil en este planeta al compartir los conocimientos que has adquirido en existencias anteriores.

En tu viaje por la vida, terminas por descubrir que los demás malinterpretan tus palabras. La causa de estas malinterpretaciones es que, al estar acostumbrado a vivir metido en tu mente, a menudo no reparas en que no has expresado verbalmente tus procesos mentales internos. Cuando piensas algo, a veces crees que ya lo dijiste cuando, en realidad, no es así. Luego te sientes frustrado porque alguien no ha actuado en consecuencia. Estás aprendiendo a solicitar retroalimentación para determinar si lo que dijiste —o pensaste que dijiste— fue interpretado claramente por tu interlocutor. Estás aprendiendo que la comunicación es algo más que la simple verbalización; tiene que ver con el dar y recibir información en forma clara y eficaz.

Para eliminar la frustración que sientes cuando te malinterpretan, es importante que pidas retroalimentación. Cuando la gente con la que te comunicas puede decir lo que escuchó, desaparecerá la frustración y aprenderás a articular mejor tus pensamientos. Conforme aprendas a comunicarte con mayor eficacia, se reducirá el número de veces en que tengas que solicitar retroalimentación.

Si bien sabes intuitivamente que en esta vida debes aprender a relacionarte con la sociedad, aún sientes temor. Ello se debe a que aún no confías en tu propia capacidad mental y en la solidez de tu sistema de creencias. Piensas que si interactúas demasiado con los demás, sus puntos de vista y opiniones podrán contaminarte. Temes que los puntos de vista de los demás te hagan trastabillar en tus propios procesos mentales y convicciones. Te distraes tan fácilmente que, como mecanismo de defensa, a veces bloqueas a la gente y no escuchas lo que ésta tiene que decir.

Asimismo, tienes tendencia a verbalizar lo que deseas que ocurra y no lo que efectivamente está ocurriendo. Esto se debe a que sólo te interesa programar información positiva. Debes aprender que en ocasiones la información «negativa» es lo que necesitas para encauzarte por un camino positivo. Estás aprendiendo a aceptar que debes estar consciente de lo que está ocurriendo a tu alrededor, así como el motivo de encontrarte en una vida en la que necesitas interacción social. El objetivo es acelerar tu propio proceso de crecimiento en el plano físico. Si te niegas a aceptar el pretendido lado negativo de las cosas, no tendrás la información que necesitas para tu crecimiento ulterior.

Durante el proceso de aprender a ser sociable, necesitas tener la capacidad de entender cómo te percibe la gente a fin de que puedas ajustar tu comportamiento y aprendas a participar en situaciones sociales más apropiadas. Esto no es algo que nos es dado de nacimiento, pero es sumamente importante que integres esta información en tu personalidad. A menudo piensas que ser amable implica decir todo de manera agradable, cuando a veces la amabilidad consiste en decir: «Gracias, pero no». En ocasiones, se muestra mayor amabilidad cuando no se acepta una invitación con buena educación que cuando se acepta por miedo a decir no y que la persona no vuelva a invitarnos en su vida. El miedo te puede hacer reflejar demasiada gentileza e insuficiente honestidad. No es tu intención ser deshonesto; sencillamente no quieres cerrarte puertas, ya que estás consciente de que tienes que aprender a interactuar socialmente en esta vida.

En la medida en que te permitas aprender de los demás la manera de socializar por medio de comunicaciones claras para todos los interlocutores, aprendes que hay momentos en que debes decir no. Esto te permite socializar en una forma más equilibrada y, por otra parte, te garantiza que puedas disponer del tiempo que necesitas para estar solo. Al no comprometerte en exceso, tu lección se te facilita y evitas los desaciertos sociales. De hecho, cuando aprendes a decir no, puedes comenzar a disfrutar de tu vida social, ya que ésta deja de representar una presión: lo haces cuando quieres y no por temor.

Es también importante que tengas presente que necesitas tiempo para estar solo. Esto es esencial porque cuando sientes que has dado demasiado de ti y demasiado tiempo a los demás —tiempo que aprecias tanto—, puedes verte atrapado en un esquema que se manifiesta no presentándote a los encuentros con otras personas, no cumpliendo con tus citas y no siendo confiable. Cuando aprendes a respetar tu necesidad de disponer de tiempo para estar solo y, simultáneamente, adquieres la conciencia social que viniste a aprender, puedes equilibrar ambas necesidades internas. Otra manifestación de este proceso es evidente en los que prometen dar demasiado tiempo, en los que cumplen con todos sus compromisos y luego se sienten presionados y explotados. Si adoptas este patrón de comportamiento, puedes incluso enfermarte temporalmente para disponer del tiempo que necesitas para estar solo.

Cuando hayas aprendido a hacerles caso a tus necesidades, puedes integrar tu lección de sociabilidad con tu deseo de escapar de la multitud. Al encarar abiertamente ambos deseos y al comunicar honestamente tus necesidades a los demás, podrás dominar el arte de la comunicación. Esto muestra que has aprendido a comunicarte con el yo, que es precisamente lo que vinimos a aprender.

En esta vida, es muy importante respetar tu deseo de estar solo y darte tiempo para la introspección. Cuando te permites ese tiempo, te pones en contacto con la esencia de tu ser. Provienes de una existencia anterior en la que adoptaste un marco de pensamiento sumamente monástico. Adoptaste una vida espiritual, meditaste en las montañas o realizaste un conjunto de estudios psicológicos y filosóficos. La sociedad respaldó tu crecimiento espiritual en vidas pasadas. A cambio de ello, estás trayendo contigo a esta encarnación la conciencia del valor de todo lo que aprendiste. Se te concedió el don de pasar por muchas existencias en las que estudiaste y te analizaste internamente para entender el papel de la humanidad en el plano universal. Para aquellos que han tenido la oportunidad de estudiar lo suficiente con el fin de alcanzar esa profundidad en el aprendizaje y la percepción, el don debe dar una vuelta completa. Ahora debes encontrar la forma de compartir tus conocimientos en aras del bien de todos.

La importancia de lo anterior para tu estadía en el planeta es que has aprendido el común denominador, el hilo que une a todas las filosofías y religiones. En consecuencia, tienes la capacidad de manifestar una actitud desprejuiciada en tus interacciones con los demás. Tu reto es encontrar la manera de compartir esa información en tu vida cotidiana. Lo anterior no implica que debas subirte en un cajón y predicar, sino que a través de tu modo de ser, tu actitud tolerante y tus conocimientos teológicos puedas transmitir esa información a los que te rodean. Sin embargo, esto sólo será posible si has aprendido tus lecciones sobre interacción social apropiada. Dada la importancia de lo que estás obligado a compartir, lo cual incluye tu conciencia sobre el alma y tu capacidad para acceder a una conciencia más universal, debes tomarte el tiempo y asegurarte de que los demás te perciban adecuadamente y sin malinterpretaciones.

EXPRESIÓN INCONSCIENTE: En esta encarnación, es posible que te conviertas en un mentiroso empedernido. Deseas tanto que la vida te ofrezca cosas buenas y deseas tanto complacer a todo el mundo que ello te puede llevar a encarar realidades muy duras. Sueles adornar todo lo que dices a tu interlocutor para que escuche exactamente lo que quiere escuchar. Si mientes, complaces a tu interlocutor, así sea por poco tiempo. Aunque no te guste la apariencia de alguien, dices: «¡Qué bien te ves!» Luego te sientes gratificado por expresar algo agradable, por recibir una sonrisa y obtener el placer que te devuelve la otra persona. No te interesa escuchar o expresar ningún pensamiento negativo.

En esta encarnación, estás aprendiendo a integrar tus habilidades comunicativas con la sociedad. Sin embargo, dado tu miedo al rechazo, en ocasiones no tienes confianza en tu capacidad para asumir cualquier retroalimentación negativa proveniente del exterior. Necesitas comunicarte con tu yo en un plano racional a fin de entender que una respuesta negativa no constituye de por sí un rechazo a tu persona. Necesitas aceptar la palabra hablada en cuanto tal, es decir, en cuanto a información acerca de cómo el hablante está percibiendo algo. Luego puedes ver que en cada comunicación existe un potencial para el crecimiento y el aprendizaje. Si eres objetivamente receptivo a las expresiones de tu interlocutor, puedes obtener la información que necesitas acerca de la realidad para seguir recorriendo el camino de tu crecimiento personal. Si limitas tus comunicaciones a la mera información positiva, no podrá darse crecimiento alguno, sólo anquilosamiento. Esta «seudocomunicación» carece del intercambio profundo y honesto que conduce al crecimiento mutuo.

En ocasiones, puedes sentirte como si el mundo estuviera despojándote de todo y, para defenderte, tienes tendencia a tomar la iniciativa y a ser tú quien despoje primero. Algunas veces, sientes que como trabajas tanto tienes derecho a tomar lo que desees, inclusive cuando no te pertenece. Este patrón de comportamiento derrotista tiene su origen en la creencia inconsciente según la cual no debes elevarte por encima de tu padre terrenal. En consecuencia, inconscientemente puedes estar impidiéndote tener éxito, provocando tu caída y colocándote en situaciones en las que tienes que realizar trabajos físicos pesados o trabajar con mucho ahínco para ganarte un prestigio. Sin embargo, tan pronto adquieres una reputación, haces algo para destruirla y luego tienes que trabajar muy duro para volver a recuperarla. O bien cambias de ocupaciones a menudo; empiezas nuevos negocios y siempre tienes que comenzar de cero.

Haces lo anterior inconscientemente, ya que tus capacidades son tan grandes que si permanecieras en una profesión, a la larga superarías el nivel de éxito alcanzado por tu padre. En tu sistema de creencias, el «padre» es el pináculo y tu subconsciente no te permite brillar más que él. Esta creencia se deriva de existencias anteriores en las que estudiaste teología y llegaste a abrigar un enorme respeto por el Dios Padre. Ahora tu confusión hace que te debatas entre ese ideal y tu padre terrenal. Esas falsas concepciones inconscientes te impiden visualizarte mejor que tu creador en algún aspecto. Sin embargo, por medio de la interacción social y de una toma de conciencia adecuadas, puedes restablecer tu sendero espiritual y descubrir el lugar correcto del amor que sientes por el Dios Padre y por el padre terrenal en tu vida. Esto te libera y, a partir de ese momento, podrás alcanzar tantos éxitos como los que desees en esta existencia. Entonces, ya no te sentirás como si te despojaran y tus esfuerzos no fueran gratificados, ya que por fin puedes permitirte el éxito.

Es sumamente importante que aprendas a desenvolverte con honestidad en todos los ámbitos de conciencia e interacción social. Si optas por ser deshonesto, te eximes de pisar el terreno del conocimiento consciente y responsable. Esto implica que ya no serías útil para los ámbitos espirituales y no podrías transmitir información y conocimientos a los demás durante los últimos años de esta existencia.

Durante los primeros cincuenta y seis años de vida, estás permitiendo que se manifieste tu proceso de crecimiento y estás ganándote una reputación y adquiriendo un sentido del honor y de la confiabilidad sociales. Si hasta ahora te has ganado la reputación de ser una persona no digna de confianza, te has obligado a aprender tus lecciones con mayor dificultad que la necesaria, posiblemente a raíz de algún traspié en el plano social. Si esto te llegara a ocurrir, se debería a que has traicionado tu propia espiritualidad. Es en extremo importante que mantengas una reputación de honestidad y buen carácter. Llegado a este punto, deberás haber llevado a cabo la integración de las habilidades sociales adecuadas, lo cual incluye una forma de ser amable aunque persuasiva, ya que a través de esas habilidades estarás en posibilidad de compartir eficazmente tu conciencia espiritual con tus semejantes.

EXPRESIÓN CONSCIENTE: Al operar conscientemente, te das cuenta de las veces en que eres malinterpretado y te preocupas por expresarte con claridad. La educación es extremadamente importante para ti, pues es el camino a lo largo del cual aprendes a comunicar con eficacia tus pensamientos e ideas a los demás. Puedes también aprender el arte de la comunicación mediante el desarrollo de habilidades de expresión escrita. La actividad física que representa el empleo de una pluma y un papel te permite manifestar tus procesos de pensamiento con mayor claridad. En una primera instancia, esta forma de expresión es menos amenazadora para ti que la comunicación directa con los demás. La escritura te ayudará a adquirir confianza en tus habilidades comunicativas y, al término de esta adquisición, podrás comunicarte mejor en el entorno de las relaciones sociales.

Podrías dedicarte a una profesión relacionada con las ventas, probablemente en el departamento de servicio a clientes o en un puesto en el que tengas la oportunidad de comunicarte con gente de toda procedencia. Puede que dediques mucho tiempo a la lectura de todo tipo de material impreso y obras literarias; quizás tengas el hábito de ver la televisión y, simultáneamente, leer el periódico. Estás constantemente ocupado y haces muchas preguntas. Te percatas de que tu lección es aprender el arte de la comunicación y, por lo tanto, tratas de alcanzar esa meta dirigiéndote a la fuente: el salón de clases, la televisión, los libros, los periódicos. Tratas de exponerte simultáneamente a todos los contextos a los que no tuviste acceso en el pasado. No es raro que veas dos, tres o, incluso, cuatro programas de televisión al mismo tiempo, o que leas cuatro o cinco libros a la vez, ya que este intenso proceso de comunicación activa tu mente.

El movimiento físico es también muy importante para ti. Tal parece que en virtud de alguna reclusión en existencias anteriores, el movimiento del cuerpo hace que se aceleren tus habilidades comunicativas y todo tu proceso de desarrollo en esta vida.

Eres un alma amable y despierta, con un vínculo tan fuerte con la conciencia del Dios Padre que en ocasiones te sientes humilde en presencia de ella. Esto puede dar lugar a algunos bloqueos que te impidan compartir tus conocimientos y tu conciencia; en algún nivel, piensas que no tienes derecho a elevarte por encima del papel desempeñado por tu padre terrenal en la vida. Esto constituye una reverencia extrema a la conciencia del Dios Padre y puede ser un motivo de resentimiento para ti. Al enfrentar estos asuntos que tienen relación con el padre físico y la conciencia espiritual del Dios Padre, puedes aprender a separar la realidad física de tu conciencia espiritual. Una vez que hayas separado claramente estos ámbitos en tu pensamiento, puedes integrarlos en forma más adecuada y aprovecharlos mejor en muchos aspectos de tu vida.

EXPRESIÓN TRANSPERSONAL: El motivo que te trae aquí es enseñar a tus semejantes a comunicarse entre sí, dado que la conciencia de la humanidad tiene una gran necesidad de reordenarse. Estás trabajando para restaurar la claridad de la comunicación que existía entre todos los pueblos antes del tiempo bíblico de Babilonia. En esa época, surgió una fisura en la conciencia de la humanidad; las diversas tribus se dividieron y comenzaron a hablar idiomas diferentes y ya no podían comunicarse entre sí. Tu conciencia contiene los ingredientes necesarios para reunir a todas las lenguas, así como a todos los procesos mentales y sistemas de creencias. De alguna forma, tu trabajo es sanar la herida abierta en Babilonia.

Con tus habilidades de comunicación, tienes la capacidad de transmitir a otras personas el significado del hilo común que une a todas las cosas del universo. Cuando funcionas en forma transpersonal, puedes combinar la disciplina de la comunicación con tu sensibilidad, dando muestras de una inspiración tal que los demás pueden tomar conciencia de que son una unidad, pese a estar separados entre sí. Esta toma de conciencia conducirá a una interdependencia basada en una confianza en la humanidad, sentimiento éste que nos permitirá percibir la conciencia espiritual en todo lo que existe.

INTEGRACIÓN FÍSICA: Si decides no aprender las lecciones del arte de la comunicación, puedes experimentar algunas dificultades en los pulmones, el sistema nervioso, las manos, los brazos y los hombros. El cuerpo empezará a comunicarse contigo fundamentalmente de la misma manera en que se supone que estás aprendiendo a comunicarte: encarando aspectos que crean bloqueos en la comunicación o que son creados por éstos. El sistema nervioso se comunica con las diversas áreas del organismo. Los pulmones procesan el oxígeno que utiliza todo el cuerpo, y las manos, los brazos y los hombros se extienden para comunicarse con los demás literalmente a través del lenguaje corporal. Cuando tu cuerpo te comunica que debes prestar atención a estas áreas, se comunica contigo y te recuerda que algo está impidiendo la lección del arte de la comunicación.

La forma de entender y subsanar esas respuestas físicas sintomáticas es reevaluar la forma en que has estado comunicándote en la vida diaria. Cuando aparecen esos síntomas, pregúntate: «¿Estoy comunicando todo o me estoy reprimiendo? ¿Estoy dejando que mi comunicación fluya al exterior o estoy bloqueándome por miedo al rechazo? ¿Estoy encarando la vida con honestidad o estoy manipulando e inventando disculpas para no tener que enfrentarme a las respuestas de los demás en aspectos que considero no haber integrado adecuadamente en mi conciencia?»

La salud psicológica y el equilibrio físico pueden restaurarse si tienes presente que, durante ese proceso, debes mantener fluida la comunicación. Es necesario que verbalices y que seas honesto; asimismo, debes recordar que, en todo momento, es necesario incluir en tu perspectiva los hallazgos de otras personas. Cuando aprendas a ver el mundo a través de los ojos de los demás, te liberarás en tu fuero interno. Cuando incorpores la información que otras personas te transmitan en el plano psicológico, liberarás tu cuerpo y abrirás los canales de comunicación de tus pulmones y tu sistema nervioso. Una vez abiertos todos los canales de la comunicación, la energía podrá fluir libremente a través del cuerpo, el cual mantendrá así una salud y equilibrio perfectos.

Estás aprendiendo a comunicarte eficazmente con todos tus aspectos: cuerpo, mente y alma. Si en el curso de este proceso te convences de que las opiniones de los demás no son útiles, en forma inconsciente te estarás diciendo que no estamos interrelacionados, sino que todos somos seres independientes unos de otros. El cuerpo recibe el mensaje de que está separado de la mente y de que la mente está separada del alma, y así sucesivamente. En lugar de funcionar como una trinidad, empiezas a funcionar como tres personas separadas, lo que causa confusión y desorden en el cuerpo. A partir de allí, tus diferentes partes y aspectos internos no pueden comunicarse claramente y el cuerpo no puede enviar los mensajes pertinentes a esas diferentes partes y aspectos. En consecuencia, tus problemas físicos se manifestarán principalmente en el sistema nervioso, el cual circula la energía y los diferentes mensajes a través del cuerpo. Cuando aprendas a valorar las opiniones de los demás y a integrar lo que es adecuado, estarás enseñando a tu cuerpo a funcionar como una unidad integrada.

Cáncer

CÁNCER

ECLIPSE SOLAR: (Para activar totalmente la energía del eclipse solar en cáncer, primero debes integrar las lecciones del eclipse lunar en cáncer con tu cuerpo emocional. Para una explicación completa, véase «Cómo usar la parte II», página 163.)

Estás enseñando a la gente a sentir, entender, manejar y expresar emociones. Eres un curador que tienes influencia en el cuerpo emocional de los que te rodean. Esto ayuda a las personas que apoyas a sentirse más estables y seguras cuando se ocupan de sus sentimientos.

Tiendes a atraer a personas que no entienden sus problemas emocionales porque están demasiado relacionadas con el mundo exterior. Cuando se enfrentan a problemas en el nivel emocional, estas personas no saben cómo reaccionar. A menudo e inconscientemente, sanas a otras personas aprovechando la parte negativa de sus problemas emocionales. Tienes la capacidad de curar sus emociones mediante la absorción de su carga negativa, disipándola y luego liberando la energía sana en el universo.

Como sanador natural, curas las emociones y el alma. Iluminas los corazones de la gente, brindándole un hombro en el que pueda llorar y liberar sus bloqueos emocionales, permitiendo así que salga el equilibrio natural de su cuerpo emocional.

El compromiso que contrajiste con el universo es el de liberar a tus semejantes de sus cargas y problemas emocionales. Para facilitar este proceso, el universo te ha otorgado el don de devolver esta negatividad al universo. A cambio de ello, el universo ha prometido liberarte de tus cargas emocionales. No necesitas que otras personas las procesen en tu lugar, ya que conforme asumes y liberas las cargas emocionales de los demás, también se liberan la tuyas.

Naturalmente, tiendes a atraer a personas preocupadas por el *statu quo,* a las que tienen una orientación empresarial y a las que se preocupan por su prestigio. Ello se debe a que estas personas no pueden deshacerse de nada, ni siquiera de su propia negatividad y, por lo tanto, necesitan un «receptáculo» en el cual depositar sus heridas emocionales. En virtud de su natural orientación comercial, necesitan que todo tenga una utilidad y, en consecuencia, desean que aun sus heridas emocionales se transformen en algo positivo. Tú puedes facilitarles ese proceso.

Es importante que reconozcas y respetes el patrón con el que resuenan las personas que ayudas. Son personas que han acumulado demasiadas emociones y que tienen dificultades para percatarse de que la acumulación de escombros emocionales es un proceso negativo. Estas personas deben depositar sus emociones negativas en algún lugar, así que gravitan alrededor tuyo. Tu tarea es aceptar la negatividad de los demás con comprensión materna y luego hacer que esa negatividad se disperse en el universo.

Por no entender correctamente la importancia de tu papel en el universo, debes evitar caer en la trampa de tener piedad de ti mismo. Se supone que no debes intervenir demasiado en las lecciones emocionales de las personas que ayudas, sino, más bien, recibir sus cargas, compartir su empatía y proseguir con tu vida. Si te concentras en personas que se aprovechen de ti en lugar de aprovechar los dones que estás compartiendo con ellas, puedes convertirte en un verdadero camión de basura en lugar de una planta recicladora de carga emocional. Dado que tienes la capacidad de liberar a las personas de su dolor emocional —tanto el tuyo como el de los demás—, el universo te encargó la tarea de escuchar las enfermedades emocionales de los que te rodean. Conforme te ocupas de tu función universal, se te gratifica al permitírsete experimentar una considerable profundidad y una gran cercanía con muchas otras personas.

El apoyo emocional que brindas es extremadamente importante. Si los demás no encuentran la manera de liberar su basura emocional, pasan por la vida constipados desde el punto de vista emocional y bloquean completamente sus sentimientos. No hay espacio para que sus emociones fluyan, ya que han creado obstrucciones; de esta manera, se convierten en personas frías, calculadoras y poco emotivas. Tú eres el encargado de retirar las obstrucciones de las demás personas, restaurando así su capacidad para sentir. Puedes sanar el desequilibrio emocional de los demás y, simultáneamente, mantener activo tu propio flujo emocional compartiéndolo con los demás.

Existe una energía nutricia que te rodea y que automáticamente alivia a otras personas y las hace sentirse a gusto. Proyectas la serenidad de un lago tranquilo conforme te vas acostumbrando a recorrer tu camino y, de buena gana, asumes el papel de ayudar a tus semejantes en su proceso de purificación emocional. En el plano espiritual, a ustedes se les identifica con la «Madre Tierra».

Naciste con un alto grado de sensibilidad emocional y necesitas crear patrones de comportamiento que mantengan tu sensibilidad en una tesitura positiva. Si no estás dispuesto a compartir el don de tu sensibilidad con otras personas, puedes bloquearte y volverte excesivamente sensible en el plano personal. Esto puede conducir a respuestas defensivas y exageradas desde el punto de vista emocional, así como a mantenerte alejado de los demás, contrariamente a lo que tienes derecho en virtud de tu nacimiento.

Es muy importante que aprendas cómo canalizar tu propia sensibilidad emocional. Cuando ayudas a los que se encuentran emocionalmente fuera de equilibrio, generalmente puedes procesar adecuadamente su negatividad emocional. Sin embargo, en ocasiones tienes tendencia a asumir personalmente los problemas de los demás. Esto ocurre cuando observas la negatividad en tu organismo antes que la otra persona pida ayuda en el terreno emocional. En ocasiones, no les das a los demás la oportunidad de sentirse a gusto y resolver sus propias emociones antes de que tú intervengas y trates de solucionar sus problemas en su lugar. Estas personas sienten esto como una invasión a su privacía emocional. Debes aprender a mantenerte más consciente para determinar si las personas que están cerca de ti realmente necesitan tu ayuda y si, en efecto, la están buscando.

Cuando infringes la libertad que tienen los demás para procesar sus emociones, surgen situaciones en las que te sientes a la defensiva y en las que tus sentimientos salen heridos. Dado que eres un jugador en el terreno de las emociones, atraerás a personas que no están en contacto con ellas. Estas personas necesitan tiempo para procesar sus enredos emocionales. Si tratas de eliminar sus emociones negativas antes de que hayan terminado de procesarlas y estén listas para liberar sus sentimientos, te induces más dolor que el necesario. Debes permitir que los demás disfruten de la privacía de sus emociones antes de lanzarte a eliminarlas; eres un receptáculo, no un cirujano emocional. Otras personas pueden «depositar» su negatividad en ti, pero tú no tienes derecho a despojarlas de ella.

Debes también tener cuidado y no permitir que tus sentimientos por los demás interfieran con tu propio proceso, tu integridad personal al darte cuenta de cuándo una acción es correcta y cuándo no lo es. Cuando te permites alimentar o pasar por alto las acciones equivocadas de las personas que estás tratando de ayudar y dado que no tienes un vínculo emocional con ellas, acabas por retener su negatividad dentro de ti. En el plano físico, dada tu dependencia de los demás y viceversa, es posible que tengas una tendencia a retener agua si te limitas en tus actividades y opiniones. Otras personas sencillamente descargarán su negatividad. Debes absorber el impacto y luego responder con tus verdaderos sentimientos ante tales situaciones.

Se trata de la responsabilidad que tienes contigo mismo, a saber, expresar tus sentimientos y respuestas naturales independientemente de la reacción negativa o hiriente que preveas en las demás personas. Necesitas absorber su negatividad sin sentirte responsable de las desgracias que sufren en su vida. El mantener esta perspectiva te permite proteger tu ética personal y ayudar realmente a que los demás se curen en el plano emocional. Asimismo, te ayuda a evitar que tus vínculos emocionales se interpongan en el camino durante el proceso de curación. Debes recordar que cuando las demás personas están en medio de un sufrimiento personal, se trata sencillamente de la manera que tiene el universo de despertarlas y reencauzarlas hacia su verdadero objetivo.

ECLIPSE LUNAR: Estás aprendiendo a interactuar con los demás en el plano emocional, así como a estabilizar las emociones.

Tu temperamento comprende un residuo de sentimiento acumulado en vidas pasadas que tienes que manifestar para tener el control de la gente y las situaciones de tu vida a fin de que los demás te acepten en el terreno emocional. Durante tu juventud es posible que hayas tenido problemas en tu unidad familiar, ya que no entendías tu utilidad dentro de ella. Sientes que debes merecer tu camino para poder alcanzar un sentimiento de pertenencia con los demás. En años posteriores, esto puede conducir a dificultades en las situaciones emocionales si no aprendes a separar tu capacidad de proveer de tu capacidad de recibir alimento emocional.

En un nivel inconsciente, has encarnado en un grupo familiar en el que nunca habías estado en el pasado y, por lo tanto, no te sientes a tus anchas en tu propia familia. Tienes muchas lecciones que aprender acerca de las emociones y de la responsabilidad emocional que se tienen mutuamente los miembros de la familia.

Tu incomodidad te obliga a aprender que te tienes que ocupar de tus emociones. Puedes aprender a responsabilizarte de tus estados de ánimo y actitudes, optando por no crear fricciones con los que te rodean, dada tu sensibilidad emocional extrema, o bien enfrentarte a todos los miembros de la familia y tener que aprender a fuerza de una irritación emocional constante.

Una de las maneras en que puedes aprender a ocuparte de tus emociones es tomando mayor conciencia de los efectos que tienen tus estallidos emocionales en las personas que te rodean. Necesitas entender que todo el mundo se ocupa de sus emociones en forma diferente y que tiene el derecho de expresarlas a su manera. Dado tu carácter sensible en exceso, deberás eximirte de emitir juicios emocionales antes de digerir todo lo que ha ocurrido en una determinada situación. Estás aprendiendo a no asumir sentimientos que no te pertenezcan, a no asumir que otras personas están de mal genio por tu causa y a no sentir que tienes que defender tu propia existencia sólo porque alguien de tu familia esté de mal genio.

Si respondes en forma defensiva a los estados de ánimo de los demás, te conviertes en un estorbo para las mismas personas con las que estás tratando de aprender tus lecciones. Conforme crece la agitación, te sientes aún menos querido, ya que tu sensibilidad es tal que percibes la incomodidad de los demás y sabes cuándo no te quieren a su alrededor. Sin embargo, generalmente no estás en contacto con el hecho de que tu propia actitud defensiva es la que te está alejando de tu familia, no tu verdadera esencia. Necesitas permitir que los demás miembros de tu familia disfruten de su libertad emocional y reconozcan su derecho a sentir en forma diferente a como tú sientes respecto de alguna cosa determinada. En la medida en que actúes menos a la defensiva, los demás disfrutarán de tu compañía y el proceso de aprendizaje podrá tomar un curso positivo y menos doloroso para todos los implicados.

Tu alma conserva recuerdos anteriores de enorme éxito en los campos de los negocios, la administración y el bienestar terrenal, el cual se vio acompañado por un descuido en el ámbito de la interacción familiar y el calor humano en vidas pasadas. El énfasis excesivo en los negocios y el descuido de la familia han creado un desequilibrio que hace prioritaria la expresión de tus emociones en esta vida. Si bien tu familia te ama, es común que no te des cuenta porque no sabes sentir emociones. Estás aquí para romper con un esquema que consiste en siempre alejarte de las situaciones emocionales y esconderte en el mundo exterior.

Tiendes a sentirte aislado incluso cuando estás con otras personas, ya que no abrigas un sentimiento de pertenencia en tu interior. Una de tus primeras lecciones es aprender a sentirte a gusto y centrado en tu propio cuerpo de tal manera que puedas sentirte emocionalmente seguro cuando estás en compañía de otras personas. Tan pronto adquieras ese sentido de pertenencia, comenzarás a descubrir tu propio valor en las relaciones con las demás personas. En ese momento, te sentirás lo suficientemente seguro para enfrentar problemas y situaciones en lugar de esquivar todo lo que se te presenta. Cuando alcanzas el punto en que te permites cuidarte, estarás encaminado para aprender tus propias lecciones.

Todos los miedos que tienes respecto de salirte de tu caparazón emocional son el fruto de ignorar el sentimiento de seguridad interna. En consecuencia, cuando otras personas se te acercan para compartir e intercambiar alimentos emocionales en un plano íntimo, no te sientes a gusto si no sabes lo que esas personas esperan de ti. Antes de que te otorgues la libertad de sentir, necesitas estar seguro de que puedes cumplir con las expectativas de los demás. En ocasiones, esto puede provocar que parezcas una persona fría y calculadora cuando en realidad eres un pan de azúcar.

En el plano emocional, eres un niño del universo. Tienes una capacidad innata para los negocios y te desenvuelves a tus anchas en el mundo empresarial. Sin embargo, en el entorno hogareño muchos de ustedes tienen tendencia a comportarse en forma inmadura en el terreno emocional. El hombre espera que su mujer se comporte como una madre, y la mujer espera que el marido la consienta. Por conducto de tu pareja y de las personas de tu círculo íntimo, estás tratando de remplazar el alimento emocional que no te permitiste sentir cuando eras niño. Es por ello que es importante que aprendas a sentirte seguro en tu propio yo; no necesitas pasarte la vida buscando la aprobación de las personas que amas. El sentir que cada ajuste y crítica constituye un rechazo puede provocar que te retires y te metas en tu propia concha interna.

Estás aprendiendo a aceptarte como un ser que está pasando por diferentes fases de vida y que atraviesa por buenos y malos momentos; asimismo, estás aprendiendo a sentirte como una persona que comete errores como todos los demás. Estás comenzando a darte cuenta de que los errores no significan que no seas digno de sentir amor o que no eres un ser humano útil. Significan tan sólo que debes volver a intentarlo.

EXPRESIÓN INCONSCIENTE: La mejor manera de acabar con tu felicidad es sumirte en el autoderrotismo. Te dices: «Nadie me quiere y todo el mundo me critica y quiere algo de mí. Nadie me aprecia o me acepta tal y como soy». En realidad, inconscientemente estás proyectando estos miedos desde tu interior. Éstos no son hechos objetivos, pero tus miedos pueden convertirse en profecías que se cumplen. Con tu actitud negativa, puedes efectivamente atraer a tu vida a gente que es así, o puedes hacer que se manifiesten esas cualidades en las personas que te rodean. Tienes también tendencia a atraer a gente que se aprovecha y utiliza a los demás toda vez que te estás compadeciendo tanto de ti que el universo responde a esa energía cumpliendo con tus expectativas. En virtud de que tus expectativas se resumen en que la gente se va a aprovechar de ti, la vida te envía a una persona o situación que te viola emocionalmente.

Cuando te dedicas demasiado a tenerte lástima, puedes pasar por periodos de melancolía que dificultan la curación de heridas pasadas. Esta complacencia es tu principal escollo. La razón por la que presentas esta tendencia es que la lástima de ti mismo evoca algo parecido a la sensación que recibes cuando te consientes. Sin embargo, el entregarte a este proceso impide efectivamente tu futuro crecimiento, ya que el aprendizaje a partir de experiencias desagradables es lo que hace que crezcas y desaparezca la necesidad de repetirlas.

Un segundo mecanismo de derrotismo es tu dificultad para abandonar lo conocido que ya no te conviene (un trabajo, una situación, una persona, etcétera). Aferrarte a lo viejo, aun si representa un estancamiento y no te satisface emocionalmente, te produce una sensación de seguridad. Sin embargo, esto puede impedir la satisfacción emocional que anhelas en el presente y en el futuro. Cuando abandonas situaciones que ya no te conducen a un crecimiento y a una vitalidad personales, te es posible recibir la generosidad que te da la vida de poder experimentar situaciones emocionales más profundas.

Otra forma en que te dejas vencer por ti mismo sin darte cuenta es cuando compensas demasiado tus manifestaciones de inseguridad emocional. Tal vez no estés dispuesto a abandonar un entorno familiar aun cuando ya no te convenga permanecer en él. En casos graves, algunas personas con este patrón eclíptico sufren de agorafobia (miedo a los espacios abiertos). Tu inseguridad y temor a ser rechazado por el mundo exterior te deja con la sensación de no cumplir con tus expectativas. Podrías también tener tendencia a entregarte a actividades compensatorias tales como comer en exceso, en cuyo caso la comida representará un sustituto y una forma de consentirte y obtener bienestar emocional.

La compensación excesiva puede también derivar en una tendencia a retener agua como apoyo emocional. Dada la relación subconsciente que has hecho con la leche materna, puedes también manifestar un gran deseo de ingerir productos lácteos. Esas tendencias compensatorias seguirán presentándose hasta que te conviertas en una persona verdaderamente autosuficiente en lo que a alimento espiritual se refiere.

EXPRESIÓN CONSCIENTE: Uno de los primeros pasos que debes dar es aprender a alimentarte emocionalmente. El amor propio creará la confianza que necesitas para correr los riesgos emocionales necesarios para obtener triunfos emocionales.

Una técnica psicológica que puede hacer que se incremente tu amor propio es la práctica de la visualización creativa. Trata de recordar una época particular de tu infancia en la que no te sentiste amado por uno de tus padres o por ambos. Debes reescribir el libreto en tu mente de tal manera que tu(s) padre(s) te esté(n) dando exactamente el tipo de alimento emocional que necesitabas en esa época. Repite este ejercicio hasta que puedas hacerlo fácil y cómodamente. Luego, practica visualizándote como un adulto que se dirige a tu «yo infantil» y mima a ese niño. Este ejercicio puede liberarte de la necesidad de ser aceptado por los demás, lo cual te da la libertad de ser tú mismo.

Otra forma de alimentarte emocionalmente es asumiendo la responsabilidad de construir una seguridad emocional en tus relaciones, compartiendo honestamente con los demás tus respuestas emocionales, tales como tus temores y sentimientos de ternura. Dichas verbalizaciones confirman la existencia de tus sentimientos y, gracias a este proceso, adquieres un sentido de centro y fuerza internos. Si, a pesar de ello, surgen el rechazo y la desilusión, puedes manejar estas situaciones sin recibir heridas emocionales que, por lo general, te harían regresar a tu concha.

Al darte la oportunidad de ampliar tus horizontes emocionales, te haces accesible a las relaciones que pueden proporcionarte una verdadera satisfacción emocional. En tu subconsciente, te estás enseñando a manifestar satisfacción emocional a fuerza de creer que la mereces y que puedes manejarla.

Por medio de experiencias emocionales difíciles, aprendes a desarrollar una valentía que te será útil para situarte por encima de los peligros representados por un interminable pozo de arena movediza emocional. La disposición de crecer dejando atrás estas heridas es un requisito para salirte del atolladero emocional, motivo por el cual naciste. En realidad, son las experiencias emocionales difíciles las que en efecto marcan el sendero que, paso a paso, debes recorrer y conocer al dedillo a fin de obtener toda la satisfacción emocional a la que tienes derecho en virtud de tu nacimiento.

EXPRESIÓN TRANSPERSONAL: Sientes que tu fibra emocional no es realmente personal sino, más bien, tu vínculo con el universo. Conforme escuchas tu cuerpo emocional y permites que se exprese honesta y naturalmente, sin censura y en cualquier entorno en que te encuentres, restauras un equilibrio emocional sano para las personas que te rodean. En consecuencia, al permitir que se manifiesten tus sentimientos y al expresar las sutiles corrientes subterráneas emocionales que sientes desplazarse en tu interior, se esclarece la atmósfera emocional para todas las personas involucradas.

No te tomas a pecho las emociones que sientes reaccionando contra ellas o aferrándote a ellas. Entiendes que estás trabajando tu karma de emociones en el planeta y, de esta manera, procesas, voluntariamente y en forma oportuna, tus trastornos emocionales, percatándote de que, al mismo tiempo, estás ayudando a limpiar el cuerpo emocional del planeta. Tienes la capacidad para vincularte con los aspectos más íntimos de las personas que te rodean —sus sentimientos, heridas, anhelos y desilusiones—, así como para establecer este vínculo a partir de un plano objetivo y transpersonal. Cuando operas en este nivel, debes permitir que el amor y aceptación incondicionales del universo se canalicen a través de ti a fin de curar las heridas emocionales de la gente con la que te cruzas en el camino.

Nacido bajo este patrón eclíptico, ingresaste a la Tierra con una «capa» etérica de hipersensibilidad emocional. Cuando esta sensibilidad se dirige hacia el interior con fines de autoprotección, el resultado es hambre emocional y aislamiento. Cuando se dirige hacia el exterior en un plano transpersonal, si utilizas tu don de la sensibilidad para estar consciente de la esencia emocional de los demás, tu serenidad interna se convierte en tu principal sistema de apoyo. Esta sensibilidad proviene de una motivación para sanar las emociones de los demás. El resultado es una experiencia interna de tranquila autoalimentación emocional y total satisfacción interna.

INTEGRACIÓN FÍSICA: La resistencia a aprender tus lecciones puede dar lugar a que se manifiesten síntomas físicos tales como las úlceras y otros trastornos estomacales, entre los cuales se cuentan la gastritis, la indigestión, la acidez, los eructos o la retención de agua. Otros síntomas de desequilibrio respecto de las energías cancerianas pueden comprender abscesos, tumores malignos o benignos, trastornos del páncreas y del útero. Ocasionalmente, podría también verse afectada el área del pecho. Problemas con los niveles de calcio pueden conducir al deterioro de los tejidos óseos, a problemas con las rodillas o al reblandecimiento de la dentadura. De todos los patrones eclípticos, al tuyo es al que más le conviene ir periódicamente al mar y a otros grandes cuerpos de agua.

En el plano holístico, el cuerpo está físicamente integrando el patrón de aprender a alimentarse y a recibir alimentos emocionales. Cada célula de tu organismo se está relacionando con ese proceso de alimentación emocional, de tal manera que el cuerpo constantemente está absorbiendo ya sea las emociones, el alimento o el agua negativos de alguna persona. Es por ello que tienes tendencia a retener agua. Tu organismo seguirá presentando esta sintomatología hasta que hayas integrado tu proceso y ya no tengas que exagerar la «absorción» para llamar la atención hacia tu necesidad de alimentarte y ser alimentado por otros. Inversamente, tal vez seas una persona muy delgada y tengas dificultades para conservar cualquier cosa dentro de tu sistema. En este caso, la exageración consiste en negarte a aceptar alimentos.

En un ámbito psicológico profundo, la retención de agua es, en realidad, una manifestación de las células dirigida a los órganos internos del organismo: «Te amaremos, te consentiremos. Siéntelo. Seguiremos contigo». Conforme comienzas a poner en práctica la autoalimentación psicológica, la necesidad de sobrealimentarte a nivel celular comenzará a desaparecer.

Leo

LEO

ECLIPSE SOLAR: (Para activar totalmente la energía del eclipse solar en leo, primero debes integrar las lecciones del eclipse lunar en leo con tu cuerpo emocional. Para una explicación completa, véase «Cómo usar la parte II», página 163.)

Con el eclipse solar en el signo leo, viniste a este plano a enseñar a tus semejantes la aceptación del amor.

Las personas que atraes son extremadamente altivas y tienen dificultades para aceptar mucho afecto o lo que ellas considerarían como demasiado afecto. Suelen sentir que el amor es limitante, que el amor representa para ellas un estancamiento. Continuamente se están alejando en vez de aprender que pueden aceptar amor y, al mismo tiempo, conservar su libertad.

Puedes ayudar a los demás a aprender esta lección de diferentes formas. Una de ellas es perseverando, no aceptando respuestas negativas y seguir amando y compartiendo amor cuando honestamente sientes que emana del corazón, independientemente de que las personas que te rodeen sigan comportándose con altivez o no. Asimismo, puedes compartir amor mediante el reconocimiento de lo bueno que tienen los demás y enseñándoles a sentir que son dignos de aceptar amor y lo suficientemente fuertes para no perder su propia identidad. O bien puedes ser muy efusivo, celoso y posesivo en asuntos amorosos, mostrando así a las personas que están en contacto con tu vida exactamente lo que no les conviene. Sin embargo, este proceso alienta a la otra persona a buscar en otros lugares el amor que le permita alcanzar la libertad.

Tu capacidad para enseñar a los demás a alegrarse y a no tomarse las cosas muy a pecho puede aportar felicidad a las vidas de las personas con las que entras en contacto, siempre y cuando no te tomes muy a pecho. Tienes tendencia a introducirte en la vida de las personas que necesitan regocijarse, que sienten que las tareas de la vida cotidiana son demasiado terrenales para ellos. Por medio de tu capacidad para encontrar la fe, enseñas a los demás a encontrarla también. Los que presentan este patrón eclíptico y optan por no aceptar su capacidad natural pueden enseñar a los demás el valor de la felicidad si son excesivamente devoradores y celosos; esto hace que la gente se aleje de ellos y encuentre la felicidad por sus propios medios.

Cuando no dominas las lecciones que estás enseñando, puedes verte atrapado en esquemas de soledad y lástima de ti mismo. Puedes crearte una gran infelicidad y soledad en tu propia vida. Debes aprender a darle rienda suelta a tu alegría y a dejarla que se manifieste en todo su esplendor, independientemente del grado de negatividad que atraigas hacia ti. Con tu capacidad de hacer surgir la creatividad y el amor en los demás, atraes a personas que están muy deprimidas y metidas en su concha. Es sumamente importante que permanezcas centrado y que no permitas a los que te rodeen hacerte perder el equilibrio y cambiar tu forma de percibir la vida. Es tu deber permanecer animado y enseñar a los demás a amarse a sí mismos.

Si te encuentras atrapado en un esquema de soledad, sólo tienes que dar luz verde a una relación amorosa en tu vida para sentir la chispa del amor dentro de ti. Si los que te rodean se niegan a aceptar tu don, es importante que lo compartas en otra área. Si has optado por seguir en una relación con una persona que no esté dispuesta a amarse a sí misma, puedes compartir tu amor y tu creatividad en muchos otros campos. Puedes trabajar con niños o dedicarte a actividades en las que te sea posible manifestar tu creatividad, tales como la enseñanza, el arte o la actuación. Existen muchos campos en la vida en los que puedes expresar esta riqueza creadora, así como tu capacidad para estimular a otras personas a regocijarse con el yo. No tienes que permanecer en esquemas adustos. Si lo haces, tú mismo te los habrás provocado y no tienes derecho a echarles la culpa a otras personas, sobre todo teniendo en cuenta que tienes la fortaleza y la capacidad para salir adelante.

Es muy importante que apartes un tiempo para divertirte. De la misma forma que es importante tener éxito en los negocios para el que presenta un eclipse en capricornio, el que lo tiene en leo debe permitir que su lado infantil aflore en todo su esplendor. Tu ejemplo permite a los demás ver que todos somos niños en lo que respecta a la vida y que nuestras lecciones no siempre tienen que ser aburridas.

Conforme permites que fluya la energía infantil, también permites que fluya la fuerza creativa que tienes en tu interior. Tú mismo puedes ser extremadamente creativo y/o tienes la capacidad de encender la chispa de la creación en los que te rodean simplemente mediante la ratificación del niño que todos tenemos dentro. Cuando dejamos que se manifieste el niño, nuestra imaginación no está contaminada por las preocupaciones y ansiedades de la vida cotidiana, y cuando tu energía penetra la vida de otra persona, tu espíritu lúdico le permite poner a un lado sus preocupaciones y jugar. Cuando enseñas esto a los demás, encuentras que los que te rodean se vuelven más creativos y que su verdadera chispa interna comienza a brillar.

Ustedes son los verdaderos maestros del zodiaco, ya que al enseñar a los demás a brillar con luz propia y a ponerse en contacto con su fuente interna, les muestran la bondad que reside en su interior y les proporcionan un medio para ponerla de manifiesto. Tienes una capacidad innata para enseñar a los demás a encontrar el valor que poseen y a motivarlos a seguir adelante en el mundo haciendo que se sientan orgullosos y que pongan a relucir sus propias habilidades naturales.

Al igual que ocurre con otros eclipses, puedes enseñar tus lecciones desde una óptica positiva o negativa. Puedes compartir amor, sensibilidad y reconocimiento con los que te rodean enseñándoles a estar orgullosos de sí mismos, a ser creativos, amantes del yo y, consecuentemente, estar en capacidad de compartir amor con sus semejantes. O bien puedes pasar por la vida negando a los demás, robándoles el reconocimiento que se merecen por su creatividad y devaluando a las personas de tu círculo inmediato. De esta forma, llevas a los demás al punto de defender su yo y de verse obligados a manifestar: «¡Oye, valgo más que esto!» De cualquier forma se enseña la lección del amor propio, del orgullo de sí mismo y de brillar con luz propia

ECLIPSE LUNAR: Llegaste a esta existencia a aprender a aceptar amor. En tu vida anterior tuviste un papel muy importante en el área de las humanidades y desarrollaste una conciencia de tipo humanística. Amaste en un plano más universal, sin llegar a sentir amor propio, orgullo de ti mismo o autoestima. En esta existencia estás aprendiendo a aceptar tu propia individualidad, lo cual incluye el desarrollo del yo y el aprender a estar orgulloso de la chispa de la conciencia colectiva que llevas dentro, puesto que dejas que tu propia chispa brille con todo su esplendor a fin de reflejar la gloria del todo colectivo. Estás empezando a descubrir que al dar lo máximo estás verdaderamente honrando la unicidad y brillando con tu mayor esplendor. Cuando las personas se conectan con la conciencia de grupo, se rinden mutuamente homenaje al dar lo máximo de sí mismas a los demás.

Lo que nos motiva a dar lo máximo es el desarrollo del ego. De lo que se trata es de desarrollar el ego sin egoísmo y sin descuidar el amor propio. Estás aprendiendo a encontrar en tu interior cosas de las que puedas sentirte orgulloso. Estás aprendiendo a sentirte orgulloso del yo y de la forma en que éste se expresa, pero debes empezar por aprender a amarte.

Estás empezando a descubrir que el yo es digno de ser amado y que no es negativo aceptar amor y sentirte orgulloso de ti mismo. Muchos de ustedes llegan con una conciencia universal que les induce a pensar que es negativo cuidar el yo y desarrollarlo. Puedes perder de vista el hecho de que, si bien somos parte de la totalidad, también somos individuos. Te das cuenta de que todos estamos interrelacionados y que debemos ayudarnos mutuamente. La dificultad consiste en percatarte de que tienes la responsabilidad de hacer que tu chispa individual —tu ego— sea tan valiosa para tus semejantes como sea posible. Cuando nos enseñamos mutuamente a sentir orgullo y amor propios, ponemos en marcha el motor que nos conduce a dar lo mejor de nosotros mismos.

De alguna manera, adquiriste el falso concepto espiritual de que tu destino es ser un mártir de la sociedad. Si sientes que exageras en tu auto-valoración, te estarás considerando más importante que el grupo. Lo que necesitas aprender en esta vida es que sólo puedes serle útil al grupo cuando te sientes bien contigo mismo. Todos damos lo mejor de nosotros mismos cuando sentimos confianza en nuestro interior.

Estás aprendiendo que, para amar verdaderamente a todos, primero debes amarte a ti mismo. Estás aprendiendo a honrar los aspectos de tu vida que provocan que nuestra chispa sea más grande, brille con mayor fulgor y vibre tanto como sea posible. Conforme aprendes a reconocer tanto tu propio valor como el flujo de tu energía creativa y tu esencia especial, estás aportando en este plano lo que te corresponde y haciendo que tu yo se ilumine. Los que te rodean pueden beneficiarse de tu capacidad para inspirarlos a ser más creativos y amorosos. Tan pronto encuentres este espacio, puedes convertirte en uno de los maestros más inspiradores.

Cuando finalmente compruebes que el amor propio no es ningún pecado, habrás llegado al punto en que puedas aceptar el amor que te brindan los demás. Tu lección es aceptar que te puedes amar y aprender a hacerlo. Tienes tendencia a rehuir las situaciones amorosas, por miedo a que la relación te limite. Necesitas llegar a la conclusión de que no es nada malo que el amor se convierta en una constante en tu vida. Está bien permitir que te amen, ¡y no tienes por qué ser perfecto antes de que ello ocurra! Temes que si no eres perfecto, podrías bloquearte o bloquear a la otra persona. De ahí que busques afanosamente un estado de perfección antes de permitirte el compromiso o permitir que la otra persona se comprometa.

Durante esta vida, es necesario que reevalúes y cambies ese esquema de pensamiento. Necesitas darte cuenta de que estamos aquí para apoyar a los demás y para aceptar su amor y ayuda. Este apoyo hace que nuestros viajes sean más fáciles, más llenos de amor y más conscientes. Estamos en condiciones más productivas y nos sentimos más a gusto cuando nos permitimos la sensación de ser amados y contamos con el apoyo de los que nos rodean. Debes permitirte recibir el beneficio de este amor y este apoyo y no aislarte en lo irreal.

Cuando permitimos que el amor penetre en nuestra vida, es necesario pasar por tres fases fundamentales. La primera es reconocer que somos entidades independientes dentro de la totalidad. La chispa divina y única que está en nuestro interior requiere del apoyo y el amor de los demás miembros de la totalidad. Nadie es una isla; todos necesitamos amor.

La segunda fase es darse cuenta de que está bien compartir y ser amados. Ello no constituye una señal de debilidad, sino rasgos humanos naturales y sanos.

La tercera fase conduce directamente a la otra gran lección que viniste a aprender: la lección de la procreación o de la creatividad individual. Estás aprendiendo que si creas algo que realmente valga la pena en esta vida, debes aceptar el amor y el apoyo de los que te rodean. Hasta que tu ser alcance un equilibrio y armonía totales, no puedes vincularte con tus fuerzas más evidentes y creadoras: las fuerzas de la procreación. Estas fuerzas tienen la capacidad de crear otra entidad, ya sea otro ser humano, una obra de arte, un libro, un jardín. Para que el «niño» de tu creatividad se desarrolle adecuadamente, debes alcanzar el nivel de conciencia requerido y aceptar amor.

Dentro de este elemento de procreación y creatividad, estás aprendiendo a permitir que fluya tu chispa de la creatividad a fin de estar en posibilidad de devolver a la vida la belleza que percibes. Puedes manifestar esta chispa en el arte, la escritura, enseñando a un niño a aprender y a crecer o quizá en un escenario, compartiendo amor, felicidad, risas y presencia dramática con otras personas.

Dado que leo rige el factor de la procreación, estás en contacto con las energías creativas, la conciencia del Cristo y la conciencia de Dios. Estás también en contacto con la posibilidad de perder tu identidad en favor de las personas a las que sirves, de la misma forma en que los actores y actrices pierden su privacía por representar papeles para el público.

En el pasado, diluiste tu individualidad en el todo colectivo, así que ahora el mundo no reconoce que posees una individualidad. En consecuencia, es necesario que tomes conciencia de que tienes en tu interior una chispa propia que representa a la partícula divina. Tienes el temor de entrar en tu cuerpo y desarrollar un ego dentro de él. Te dices: «Ahora me quedaré atrapado en el río de la vida y perderé mi identidad». Ésta es la fobia que inconscientemente te impide construir tu propio espacio. En realidad, tan pronto empieces a manifestar tu individualidad y tu libertad, el resultado será la desaparición de los obstáculos.

Tal vez tengas miedo de convertirte en un ser individual porque, a partir de ese momento, la gente esperaría mucho de ti y no estás seguro de si podrías cumplir con todas sus expectativas. Temes verte atrapado en el compromiso de tener que funcionar al máximo de tu capacidad. He aquí otra lección: no preocuparte demasiado con el resultado ulterior de las proyecciones del ego, sino vivir la integridad del momento, haciendo lo que te entusiasme y genere un sentimiento de felicidad. Al hacer que tu chispa —tu yo— se sienta feliz, se pone de manifiesto tu alegría interna y tu sentido de satisfacción, lo cual traerá consigo una mejor calidad de vida para todos los que te rodean.

En esta vida te es permitido disfrutar de felicidad y amor; te lo mereces y constituye un deber personal que debes alcanzar en esta ocasión. Son los elementos que le hacen falta a tu alma para crecer. Ya has pagado muchas veces tu deuda con la sociedad y lo que ahora le debes a tu patrón de crecimiento es amor y desarrollo personal. Deseas convertirte en una fuerza creadora con tu yo dado que, para honrar a la Unicidad, debes procrear. Tu tarea es crear compartiendo la alegría que llevas dentro.

Lo anterior se relaciona directamente con la lección de aprender a amar el yo. La energía creativa es tan fuerte en leo que si no desarrollas tu individualidad antes de que tu creatividad comience a fluir, los demás podrán reconocer la chispa antes que tú. Esto puede provocar que sean otras personas las que rijan tu vida, que es exactamente lo que temes.

EXPRESIÓN INCONSCIENTE: Cuando actúas en forma inconsciente, tienes muchas dificultades para mantener cierta congruencia en las relaciones. Has llegado a este plano trayendo contigo una conciencia de abandono derivada de las relaciones que tuviste en otras vidas. Temes que si te relacionas sentimentalmente con otras personas, debes asumir la responsabilidad de sus sentimientos. Lo que no sabes es que aprender a interrelacionarse, compartir sentimientos y aceptar el amor constituye un aspecto esencial de los seres humanos. Has adquirido conciencia de grupo y has aprendido que la totalidad debe tomarse en consideración, no sólo la individualidad. Esta faceta tuya está bien definida, pero cuando se trata de autovalorarte, amar al yo y permitir que los demás te amen, tienes tendencia a salir corriendo.

Para modificar ese patrón, debes tener en cuenta que cuando te niegas el afecto y el apoyo de otra persona, tu máquina funciona a la mitad de su capacidad y, tarde o temprano, dejará de funcionar del todo. La ciencia ha demostrado que los seres vivos no pueden vivir sin amor. Una técnica sencilla que puedes poner en práctica para aprender a intercambiar amor con tus semejantes es lo que se conoce como «terapia del abrazo», la cual consiste en abrazar y dejar que te abracen.

Teniendo en cuenta tu falta de autoestima y amor propio, otro aspecto que te puede acarrear dificultades es tu tendencia a ceder tu poder. No reconoces el valor de tu creatividad. Tienes tendencia a crear situaciones exitosas para todos; sin embargo, cuando te deshaces de tu poder, bloqueas tu creatividad a tal punto que no la puedes aprovechar en forma constructiva. En ocasiones, permites que otras personas reciban el reconocimiento por las cosas que tú creas y, a menudo, las cosas no resultan tan convenientes ni exitosas como lo habrían sido si hubieras seguido presente hasta el final. Conforme entres más en contacto con tu yo y aprendas a valorarlo, podrás recibir las gratificaciones que te mereces por la creatividad que manifiestas y dejar de deshacerte de ella. En ese momento, te darás la oportunidad —y se la darás a otras personas— de compartir una parte muy especial de ti mismo.

En el plano inconsciente, en virtud de tu poca autoestima y tu rigor excesivo acerca del concepto de conciencia universal, puedes olvidar que no hay nada malo en disfrutar de la vida en este planeta. Tienes el temor inconsciente de que si te permites el placer, te verás atrapado en un círculo vicioso. Tal parece que cada aspecto del proceso que estás viviendo se concreta a dejar que penetre el amor en tu vida, lo que traería consigo una curación natural y una personalidad equilibrada.

Sin embargo, si tu decisión es insistir en tu actitud de no permitir que penetre el amor en tu interior, destruirás la esencia misma de tu vida. Y en esta destrucción se revela una gran tristeza. Te asaltarán periodos de depresión producto de tu reticencia a aceptar amor. Debes entender estas depresiones autoimpuestas para poder eliminarlas.

Vivir sin amor es totalmente innecesario y poco saludable, y ni siquiera forma parte de tu lección. De lo que se trata es de que abras los ojos a la belleza que llevas dentro y entiendas que esa belleza hace que seas una persona valiosa. Llegado a este punto, podrás retirar las veladuras de la depresión que tú mismo te has provocado y dejar que fluya libremente tu creatividad. Mientras te mantengas creando y esparciendo la felicidad que sientes, estarás en capacidad de ver lo que tienes dentro y los demás no dejarán de considerarlo digno de ser amado. El eclipse en leo es verdaderamente el de un ser humanitario que ha perdido de vista su valor como persona y que, en esta existencia, debe abrir su corazón para aceptar el amor humano. A fuerza de ser excesivamente servicial, te olvidaste de dedicar tiempo a la regeneración del yo.

Si te dejas atrapar por el aspecto negativo de tus lecciones, puedes convertirte en un ser distante, frío y castrante para los que te rodean. Tal vez seas una persona muy nerviosa, poco emotiva, defensiva e insincera. Es posible que no confíes en tu propia creatividad y te atribuyas los trabajos creativos de otras personas, cosa que te obligará a una existencia solitaria y con privaciones. Hasta en tanto no te hayas liberado de ese estado negativo, sentirás un gran vacío alrededor tuyo. Cuando aprendas a hacer que tus energías trabajen en sentido inverso, descubrirás un deseo insaciable de ayudar a los menos afortunados, como si estuvieras pagando por años en los que te eximiste de estar en compañía de alguien. Te conviertes en un cruzado de la humanidad y se te ocurren formas nuevas e innovadoras de ayudar, divertirte y proporcionar placer a todos.

Si sigues empecinado en no honrar el amor que llevas dentro, te convertirás en una persona obstinada, rebelde, sarcástica, molesta y dominante para los que te rodean. La razón por la que estos patrones comienzan a salir a la superficie es porque no te reconoces ningún valor y, en consecuencia, no te percatas de cuándo se preocupan por ti y te quieren ayudar. Te comportas como una persona sin miramientos y arrogante cuando se trata de satisfacer tus necesidades pero, en realidad, si abres tu corazón a los que te rodean, éstos estarán verdaderamente dispuestos a ayudarte e, incluso, a encontrar placer brindando su apoyo a la persona con eclipse en leo tan amorosa, vibrante y alegre que eres capaz de ser cuando no bloqueas tu energía creativa.

Para volverte a conectar con tu energía creativa, sería de gran ayuda detenerte y preguntarte: «¿Se siente bien esto?» Aprende a confiar en tu cuerpo: si te sientes bien y todos se benefician, hazlo; si no te sientes bien, no lo hagas; no importa lo que digan los demás. Establece ese vínculo de confianza con tu yo. Tu voz interna tiene el poder de fortalecer tu autoestima y tu confianza en ti mismo. Llegado a este punto, comienzas a seguir tu camino individual y a satisfacer el anhelo infantil que abrigas en tu corazón.

EXPRESIÓN CONSCIENTE: Lo fundamental es crear, no con base en lo que los demás esperan de ti, sino a partir de tus sentimientos de amor y alegría internos. Estás aquí para compartir amor y compartirte con los demás. De hecho, el compartirte es una forma de creación. Sabes que el universo nos creó guiado por el amor y nosotros no estamos en posibilidad de crear, con la intensidad de la que somos capaces, hasta que no actuemos a partir de esa esencia de amor. Por otra parte, en nuestro afán de unirnos a la totalidad, no podemos aceptar que el amor universal se transmita de unos a otros hasta que en verdad lo sintamos. Para sentirlo, debemos aceptarlo con el espíritu abierto y con toda nuestra conciencia.

Cuando comienzas tu viaje hacia la creatividad, encuentras placer al compartir tus expresiones de amor, ya sea por medio de la pintura, la actuación, la crianza de los niños, la escritura o, simplemente, por medio de formas creativas que permitan a los demás sentir la exaltación y el amor que surge de ti.

Tan pronto te des la libertad de abrevar en esa fuente interna —esa chispa de la conciencia colectiva que refulge en tu interior—, tu capacidad de crear y de manifestar experiencias exaltantes en esta vida parecerá no tener fin.

Has desarrollado una forma de tratar a los niños que es digna de admiración. Conforme toma vuelo tu entusiasmo por la vida, estar en tu presencia es como cabalgar en un corcel veloz. En ocasiones, tu expresión creativa supera lo que pudiera considerarse humano; sin embargo, para los nacidos con el eclipse en leo el aburrimiento que ocasiona la ausencia de creatividad sería absolutamente insoportable para ti.

Ciertamente reconoces algunos obstáculos en tu proceso de aprender a aceptar la responsabilidad del amor en tu vida. Tanto en el plano inconsciente del eclipse como en el consciente, aún estás aprendiendo a aceptar amor. El plano consciente del eclipse se da cuenta del obstáculo que esto representa para tu crecimiento y siente la necesidad imperiosa de responder a la pregunta: «¿Por qué estoy haciendo esto?» Por otra parte, en un afán constante de encontrar la respuesta, tal vez te involucres en muchas relaciones. Es posible que adoptes técnicas de autoevaluación tales como la meditación o el yoga, o cualquier otra técnica que te permita salirte del yo. Te encuentras más a gusto cuando tomas tus distancias respecto de los problemas, en la creencia de que, si logras hacerlo, serás capaz de ver con mayor claridad. Tan pronto logras entender de qué se trata, muestras una gran capacidad para resolver problemas.

Estás adquiriendo la conciencia del yo y de las cuestiones que se interponen en el camino del amor. Sientes en tu mente que si permites que alguien te ame, es porque hay algo especial en ti. Y después de todo, ¿«cómo es posible que cualquiera de nosotros sea más importante que la persona que tenemos al lado» si en verdad hemos alcanzado la conciencia universal de la que estamos tan orgullosos?

Tal parece que esto invalida tu sistema de creencias, pero lo que debes tener presente es que, en virtud de la conciencia universal que adquiriste en existencias anteriores, olvidas que también eres un receptáculo individual de la chispa del todo colectivo y que esa chispa necesita que la reconozcan. Estás comenzando a descubrir que, si tu deseo es aceptar el flujo mental y emocional de la vida, debes dejar que otras personas te proporcionen amor. Una vez logrado esto, estarás cooperando con el elemento auténtico y sincero que tienes en tu interior, así como con todos los acontecimientos que están ocurriendo en el exterior. Al expresar los sucesos internos conjuntamente con los externos, surge una combinación alquímica realmente vital, que es curativa para todos los implicados.

En el plano consciente, estás aprendiendo a creer que otras personas en verdad te aman, así como a aceptar ese amor. Conforme muestras a otras personas la chispa que llevas dentro, estás en capacidad de determinar si las personas de las que te estás rodeando en verdad te aprecian. Tal vez consideres que no hay necesidad de dominar la situación, así que puedes permitirte confiar en los que te rodean e interrelacionarte con ellos de manera más armoniosa. Al disfrutar de más armonía en tu vida, te permites desarrollar la verdadera creatividad que viniste a expresar.

EXPRESIÓN TRANSPERSONAL: Cuando haces cosas que fortalecen y rinden homenaje a la chispa que llevas dentro (a la conciencia del Cristo), estás aprendiendo a rendir homenaje a la divinidad del todo colectivo. Cuando respetas la chispa de la conciencia colectiva que brilla en todos nosotros, estás mostrando a los demás la energía de la procreación. Intuitivamente, has tomado conciencia de que esa chispa divina está presente en todos los seres vivientes. Compete a nosotros, como seres humanos, respetar y rendir homenaje a esa chispa cumpliendo al máximo con nuestras experiencias de vida, disfrutando de la alegría y el placer de amar y ser amados, y compartiendo nuestras energías creativas con nuestros semejantes.

Eres extremadamente creativo y tienes la capacidad de inspirar a los demás y de alentarlos a que manifiesten su esencia creativa. Deseas ver a todos los que te rodean dando lo mejor de sí, ya que si todos desarrollamos nuestro máximo potencial, estaremos contribuyendo con la totalidad. No cabe duda de que has descubierto el lugar que ocupas en la conciencia colectiva y que has sido creado por amor. La energía del amor es lo que confiere vida a todo: a un niño, a una idea, a un acto. No puede existir nada en el universo sin la presencia del amor, toda vez que el esquema universal de la vida es la esencia del amor. En la expresión transpersonal, puedes manifestar esta esencia pura del amor.

INTEGRACIÓN FÍSICA: Cuando optas por no permitir los sentimientos de amor y afecto en tu vida, no amándote o no dejando que los demás te amen, el cuerpo tiene tendencia a hacer que se debilite el músculo del corazón. El músculo del corazón parece relacionarse directamente con la capacidad de amar y ser amado. La esencia del amor es la esencia misma de la sobrevivencia, tanto para ti como para cualquier otro ser. Parece ser el factor más importante de la existencia humana. Sin amor, con el tiempo se pierde el deseo de vivir, con lo cual se crean trastornos en el organismo que se relacionan directamente con la vitalidad.

La columna vertebral también puede verse afectada. Tal parece que cuando las vibraciones del amor abandonan el corazón, éste se aísla del resto del organismo. A partir de ese momento, no permite que la columna vertebral transmita los mensajes del cerebro, lo cual impide la comunicación y la vitalidad.

Cuando hayas superado estos obstáculos, puedes recuperar tu vitalidad y restaurar la salud de todo tu cuerpo. Sin embargo, hace falta amor para tener el deseo de hacerlo. Una vez que hayas tomado la decisión, nada en este mundo te impedirá alcanzar las metas que te hayas trazado, incluida la de restaurar tu salud corporal.

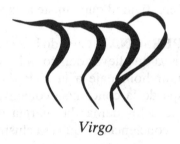

Virgo

VIRGO

ECLIPSE SOLAR: (Para activar totalmente la energía del eclipse solar en virgo, primero debes integrar las lecciones del eclipse lunar en virgo con tu cuerpo emocional. Para una explicación completa, véase «Cómo usar la parte II», página 163.)

Has encarnado en esta vida con el propósito de enseñar a la gente a emplear sus facultades analíticas. Por consiguiente, tienes tendencia a atraer a gente crédula que necesita aprender a poner las cosas en su lugar. Atraes a personas que viven en estados ilusorios y necesitan a alguien que les enseñe a asumir una mayor responsabilidad por sus actos. Gracias a tu capacidad para evaluar correctamente la mayoría de las situaciones y derramar luz sobre los procesos de solución de problemas, puedes ser de gran ayuda a aquellos que han perdido su camino.

Cuando aceptas los dones que has recibido, te conviertes en un consejero nato, ya que puedes encontrar la fórmula para que la gente vuelva a centrarse y a ser objetiva. Dado que puedes pasar por alto las emociones y tener acceso directo a la razón, tus hallazgos pueden orientar a la gente para que se deshaga de respuestas emocionales que pudieran estar impidiéndole ver las cosas con mayor claridad. Al analizar la forma en que las personas se comunican oralmente y por medio del lenguaje corporal, puedes descubrir dónde están ubicadas las debilidades que necesitan encarar. Puedes percibir dónde están las respuestas emocionales y sabes cómo manejarte con esas respuestas para que las personas penetren en las profundidades de su mente de tal manera que puedan tener acceso a lo que necesitan enfrentar sin titubeos. Cuando sea necesario, puedes incluso ayudarlas a reprogramar sus procesos mentales.

Puedes también enseñar a los demás en qué consiste la asimilación, mostrándoles cómo estar más fincados en la tierra, integrando a la vez conceptos de la Nueva Era y ampliando su conciencia. Al enseñar a la gente cómo organizar su vida, te aseguras de que todo el mundo esté haciendo lo que le corresponde para que el planeta siga evolucionando. Tú eres el que se esfuerza más para que el trabajo se realice y el que se ocupa de todos los detalles. Eres un ejemplo positivo de alguien que no le teme al trabajo pesado y no escatimas esfuerzos para ser preciso y analítico. Con el ejemplo de tu manera de vivir, enseñas a los que te rodean cómo poner las cosas en su lugar y cómo realizar el trabajo que se requiere. Los ayudas a que aprendan a no compadecerse, a no perderse en un mundo de ensueños y a no ser excesivamente sensibles. Tu filosofía es: «¡Oye, todos tenemos que trabajar! ¡No te compadezcas! Necesitamos hacer esto y no podemos funcionar a menos que todo el mundo haga lo que le corresponde».

En ocasiones, te malinterpretan por tu capacidad de percatarte de las fallas. Si no presentas tu punto de vista con tacto, es posible que las personas que se benefician de tu ayuda no te lleguen a apreciar.

Tu contrato con el universo es señalar las fallas para que las cosas puedan regresar a su curso normal. Como lo que te motiva es el deseo de que todas las cosas y todo el mundo funcionen a su máxima capacidad, siempre señalarás las cosas que no están bien. A veces a los demás les parecerá que estás constantemente poniendo el dedo en la llaga. Es posible que las personas que apoyas no te aprecien en ese momento, pero posteriormente apreciarán la corrección realizada.

En este proceso, no obtienes mucho reconocimiento por tu trabajo, y a veces te preguntas si realmente vale la pena. Sin embargo, es casi una compulsión en ti seguir señalándoles las deficiencias, ya que tu contrato con el universo es ayudar a que el planeta vuelva a alinearse. En el plano profesional, como consejero puedes ayudar a la gente a volver a centrar su conciencia, o bien, como amigo puedes tratar de señalar los problemas con mucho tacto. Tienes la capacidad de ver el panorama completo y, como consecuencia de ello, sabes poner todas las piezas en su lugar. Dondequiera que estés, estarás poniendo las piezas en armonía con todo el universo. Te ocupas de este aspecto del «ajuste» porque es el propósito principal de lo que debes compartir. Vas por la vida dando respuestas que permiten a la gente ajustarse. Siempre habrá una irritación momentánea en el ajuste hasta que las personas se sientan a gusto en el nuevo terreno. Sólo entonces aprecian lo que hiciste. Necesitas saber que los demás aprecian las observaciones que compartiste con ellos.

Si sientes que te están malinterpretando y que a la gente le resulta difícil llevarse bien contigo, es tiempo de analizar tu comportamiento. Es posible que hayas llegado a un punto en que te hayas convertido en un ser tan analítico que has olvidado actuar con tacto y discernimiento. Es siempre más fácil tragarse una píldora cuando está cubierta de azúcar. Recordar esto te permitirá optimizar tu capacidad para ser aceptado por los demás, lo que a su vez te permitirá prestar más ayuda.

El momento oportuno es sumamente importante. Debes tener presente que hay un tiempo y un lugar adecuados para expresar críticas: no basta con el tacto. Aun si le señalas una falla a alguien con sensibilidad, si el momento que escoges es inoportuno y el lugar inadecuado, puedes herirlo en grado sumo. Por ejemplo, no debes decirle a alguien que tiene mal aliento justo antes de una entrevista importante, cuando la persona no pueda hacer nada al respecto. No le digas a alguien algo que no pueda corregirse en el momento si lo vas a hacer sentirse incómodo. Debes concederles su espacio a los demás y respetar su capacidad de sentirse bien con ellos mismos para que puedan funcionar a su máxima capacidad. Cuando criticas a las personas en el peor momento, las haces trastabillar cuando más necesitan de tu apoyo. Debes esperar hasta que sus pies estén bien puestos en la tierra. Tus observaciones tendrán mayor efecto cuando los demás puedan traducirlas de inmediato en acciones.

En el terreno no personal, tienes la capacidad de trabajar en el área del análisis de sistemas. Puedes trabajar en grandes estructuras empresariales y en proyectos importantes que exigen que la persona esté realmente atenta a los detalles. También eres bueno para integrar proyectos y personas. Dado que puedes entender diferentes procesos, eres capaz de reconocer a la gente y la información que se relacionan con esas áreas. Por consiguiente, puedes funcionar a tus anchas como analista de sistemas o director de recursos humanos.

El trabajo es muy importante para ti, y cuando tu carrera se estabiliza lo mismo ocurre con otros ámbitos de tu vida. No necesitas ser quisquilloso en la casa si tu medio de trabajo te ofrece la oportunidad de aprovechar tu ojo avizor. Esto te permite hacer uso de tu capacidad crítica con el mejor provecho mientras la mantienes fuera de la casa, donde puede causar tensión. Es recomendable que no hagas uso de tu capacidad de análisis con la gente cercana a ti a menos que hayas aprendido a hacerlo con mucho tacto. El ser crítico con tus seres queridos puede ocasionar distanciamiento en la unidad familiar. Sin embargo, en casa puedes utilizar esta energía en forma positiva en el aspecto de la dieta familiar: seleccionar lo que la familia debe comer para alimentarse adecuadamente y con el mayor provecho para la salud. Asimismo, tienes talento para hacer que fluyan la estimulación y comunicación mentales en la unidad familiar al no permitir que surjan bloqueos a partir de respuestas emocionales que puedan malinterpretarse. Por esta razón, eres un elemento valioso en cualquier entorno familiar, social o laboral.

ECLIPSE LUNAR: En esta encarnación necesitas aprender a no ser ingenuo y a no creer todo lo que te dicen. En vidas pasadas estuviste inmerso en el terreno espiritual, y esta vez debes realizar ajustes y poner los pies en la tierra. Necesitas descubrir que puedes funcionar en el mundo físico y seguir disfrutando de una conciencia espiritual. Una de tus principales lecciones es encontrar el equilibrio entre el mundo físico y el espiritual. Necesitas aprender que mientras permanezcamos en un cuerpo físico, nuestros deseos serán físicos también. Tu ingenuidad consiste en que cuando tomas decisiones no tienes en cuenta los deseos y motivaciones de los demás. Has logrado reconocer la esencia de Dios en las personas, pero también necesitas descubrir que el estar encarnado y trabajando en determinadas lecciones le da un sabor diferente a la naturaleza espiritual de cada persona. Es por ello que debes aprender a ver las cosas desde una mejor perspectiva y a tomar en consideración los deseos y motivaciones de los demás.

Eres un psíquico nato y tienes una sensibilidad muy fuerte, pero dado tu enfoque parcializado, muchas de las señales que recibes te parecen entremezcladas e irreales. Para entender y hacer uso de tu conciencia psíquica, necesitas recordar que si te es útil algún conocimiento es que proviene del universo y puedes confiar en él. Si no te es útil, deshazte de él. De esta manera puedes asimilar lo que funciona en el universo físico a través de un proceso personal de discriminación.

En lo que respecta a tu problema con la ingenuidad, no es necesario que te preocupes acerca de quién te está diciendo la verdad y quién no. No encarnaste con la capacidad de decir quién es honesto y quién no lo es: sólo percibes la esencia espiritual de la gente. Por consiguiente, cuando se trata de formas físicas, te es difícil distinguir la realidad de la fantasía. Una vez más, preocúpate de si lo que estás percibiendo, escuchando o leyendo, o lo que te están diciendo, te es útil personalmente. Si tal es el caso, puedes integrarlo a tu vida y usarlo a tu favor. Si no lo es, independientemente de lo útil que sea para otra persona o de lo veraz que sea la información, debes desecharla para dejar el camino abierto a otra cosa que sí necesites. Te estás enseñando a asimilar e integrar información en lugar de funcionar únicamente con base en tu «percepción interna», que fue lo que hiciste en vidas anteriores.

Al incorporar el pensamiento analítico en tus patrones de comportamiento, puedes hacerte cargo de la dirección de tu vida y tomar el control de ésta, así como manifestar más capacidad de decisión. Estás combatiendo una tendencia interna a no tener entereza y a hacerte fácil víctima de los demás poniendo en juego tu disposición a confiar sin antes verificar la información pertinente. Una vez que hayas establecido un marco de vida analítico, dejarán de invadirte los parásitos manipuladores. Te harás cargo de tu vida en lugar de esperar que otros la dirijan; además, aprenderás a discernir hacia dónde se están dirigiendo tus compañeros antes de aceptar participar en proyectos poco realistas.

En muchos ámbitos, estás aprendiendo la integración física. Cuando incorporas tu capacidad de razonar a tus patrones de comportamiento, fortaleces tu capacidad de comportarte como adulto y te conviertes en un punto de referencia eficaz para el mundo. Por otra parte, es importante que aprendas a respetar tu cuerpo físico, especialmente tu sistema digestivo, ya que éste se correlaciona en forma más directa con tu patrón eclíptico. Debes responsabilizarte de los alimentos que ingieres, al igual que de los pensamientos que aceptas en tu conciencia. Necesitas responsabilizarte de la higiene de tu cuerpo y del sentido de organización que aportas a tu entorno. Cuando prestas atención a estos procesos físicos, adquieres confianza para desarrollar tu capacidad de funcionar eficazmente en el mundo.

Cuando aprendes a prestar atención a los detalles, ves las cosas desde una buena perspectiva, pues las colocas en el lugar que les corresponda en tu vida. El sistema digestivo hace lo mismo cuando envía nutrientes a las diferentes partes del organismo: las coloca donde deben estar. Así que tanto interna como externamente debes preguntarte: «¿Qué es esto? ¿Qué valor tiene? ¿Dónde debe estar?» Al tiempo que practicas cómo mantener tu entorno físico en orden, en el plano psicológico incorporas un sentido de orden, claridad y definición que te ayuda a desarrollar una acendrada capacidad de razonamiento.

Naciste con habilidades psíquicas y estás trabajando para desarrollar habilidades de razonamiento. Has estado excesivamente sensibilizado a los ámbitos espirituales en encarnaciones anteriores, lo que ha traído consigo una tendencia a ser distraído y poco observador en el presente. A menudo pasas por alto ciertos detalles de tu entorno y no puedes continuar en tu búsqueda espiritual, pero debes mantener un sentido de la disciplina, el refinamiento y la responsabilidad para con tus semejantes. Tan pronto ofrezcas tus servicios e incorpores tus dones en el terreno físico, te podrás convertir en un verdadero heraldo espiritual del planeta. Tienes la responsabilidad de ayudar a los que te rodean a cosechar lo que sembraron en el terreno psicológico. Lo fundamental no es hacer que la realidad se adapte al sueño, sino infundir esa visión de las cosas a tu vida actual. Para ello, debes aprender los intríngulis de las normas sociales y tener la capacidad de funcionar con eficacia en este marco.

EXPRESIÓN INCONSCIENTE: Si optas por resistirte al flujo de tus lecciones, te verás atrapado en esquemas de autocompasión, victimación, excesos y otras formas de escapismo. Podrías tener problemas de consumo excesivo de alcohol, drogas y/o alimentos. Te dejas arrastrar por esos esquemas de escapismo porque sientes que el mundo físico es demasiado áspero. En casos graves, puedes permitir que tu cuerpo se deteriore e, inclusive, abrigar pensamientos de abandonar este planeta para huir de tus lecciones. Necesitas tomar conciencia de que la forma adecuada de escapar de los aspectos desagradables de la vida en el plano físico es aprendiendo las disciplinas que te permitan establecer tus visiones espirituales de felicidad en el terreno tangible de tu existencia cotidiana.

El servir a los demás permite que te pongas en contacto con el sentido de espiritualidad que llevas dentro, ya que con un corazón lleno de amor puedes ayudar a tus semejantes a desarrollar su conciencia. El velar por que los demás establezcan patrones de comportamiento positivos te ayuda a encontrar la conexión correcta con el plano físico. Debes percatarte de que estás aquí para «servir o sufrir»; no hay solución intermedia.

Cuando funcionas en forma inconsciente, tienes tendencia a ser excesivamente crítico a causa de una falta de equilibrio en tu vida. Si no rindes homenaje a tus capacidades analíticas y desarrollas el sentido del tacto, siempre te desilusionará la conducta de los demás. El aprender a no tomar las acciones de otras personas muy a pecho haría que se fortaleciera considerablemente tu capacidad para interactuar en armonía con los demás. A veces ocurre que naces en un entorno familiar en el que imperan la aspereza y la actitud crítica. Para sobrevivir, puedes cancelar tu naturaleza sensible y funcionar con el temperamento crítico al que estuviste expuesto en tu juventud. En estos casos, puedes convertirte en un ser muy frío y áspero en tu discurso y modales, siempre a la caza de defectos en todos y en todo. Tu intolerancia es tan grande que vas por la vida señalando constantemente las fallas y debilidades de los que te rodean, sin reparar en el tacto o la consideración por sus sentimientos.

Tan pronto reconozcas este patrón de comportamiento, te resultará posible enseñarte a estar siempre consciente de los sentimientos de los demás. Gracias a esta toma de conciencia, puedes aprender a ponerte en contacto con tus propios sentimientos y deshacerte del caparazón con el que has venido protegiendo tu frágil sensibilidad. Cuando hayas aprendido a reconocer y a tener en cuenta tu propia sensibilidad y la de los demás, tendrás la capacidad de comunicar tus atinadas observaciones de tal forma que se fortalezca el carácter y mejoren las circunstancias de la vida de los que te rodean. Esto es lo que has venido a aprender e integrar en tu personalidad.

En ocasiones este patrón eclíptico inconsciente puede tener un aspecto de «madera hueca», pues hay épocas en las que te alejas totalmente de las experiencias de la vida. Cuando ello ocurre, vas por la vida sin asimilar y sin sentir nada, atrapado en un vacío entre los mundos espiritual y físico, sin poder funcionar en ninguno de ellos. De cuando en cuando, sientes que no hay sentido de orientación en la vida o no encuentras un motivo para seguir viviendo en este planeta. Esta bruma es tan densa que ni siquiera puedes sentir los ámbitos espirituales. Estás desesperado por sentirte como en tu casa en algún lugar —en cualquier lugar—, y sin embargo no sabes dónde está ubicado ese «hogar».

El desequilibrio que encuentras en este planeta —y el reto de reajustar tu conciencia a las necesidades del plano físico a fin de ser útil en la vida— es tan apremiante que en ocasiones te distancias totalmente, y es en esos momentos te sientes como una madera hueca. Sin embargo, estás aprendiendo que el plano terrenal en el que el hogar existe está presente en esta encarnación. Conforme aceptes estar en la Tierra y te des la oportunidad de enraizar por medio de una eficaz participación en ella, descubrirás un verdadero valor espiritual que te anclará en ambos mundos simultáneamente.

EXPRESIÓN CONSCIENTE: Cuando operas en el plano consciente, intuitivamente te encargas de las lecciones que viniste a aprender en esta vida y te responsabilizas de buena gana de la manera en que interactúas con los demás. Constantemente te ves enfrentado a situaciones en las que tienes que incorporar tus habilidades analíticas a tu unidad familiar, ambiente laboral o vida social. Se te exige emplear tus habilidades para discernir y discriminar y te urge rendir homenaje a estas facultades y servir a los demás.

Intuitivamente reconoces las necesidades de los que te rodean y estás dispuesto a satisfacerlas. Tienes un gran sentido de la lealtad y un fuerte deseo de ser útil, aunque a menudo hay que enseñarte la manera de poner en práctica este deseo. Tienes una gran disposición a ayudar a los demás, siempre y cuando te manifiesten lo que necesitan. Eres un ser que manifiesta una gran tendencia hacia el crecimiento, que reconoce la necesidad de poner las cosas en su lugar y que, además, ha aprendido a hacerlo en su propia vida. En existencias anteriores has transitado por un sendero espiritual lleno de amor y estás manifestando ese amor aquí y ahora. Abrigas calor en tu corazón para tus semejantes; en consecuencia, quieres servir a la humanidad y necesitas aprender a hacerlo en forma eficaz. Éste es el objetivo para el que has venido al plano físico.

En esta vida te tienes que enfrentar a un trabajo arduo y considerable, y cuando actúas conscientemente tienes pocos problemas para aceptar tu papel de trabajador. Compruebas que estás incorporando la capacidad de trabajar y funcionar en el plano físico como un ser humano productivo. Sientes que estás en la misma frecuencia que el universo y compruebas que todo en él tiene su contraparte física.

A menudo te encuentras en alguna situación en la que requieres asesoría, ya que hay momentos en que necesitas ayuda para entender la forma en que las facultades mentales asimilan la información. Normalmente, buscas esta asesoría por tu cuenta, reconociendo cuándo necesitas poner las cosas en su lugar. Ésta es una de tus fortalezas. Estás superando la tendencia a ocuparte de todo y voluntariamente estás buscando ayuda para entender mejor lo que no percibes en forma precisa. Al permitir que otra persona te ayude en tu proceso de crecimiento, estás en posibilidad de salirle al frente a cualquier trastorno o interferencia emocional que pueda bloquearte para funcionar a tu máxima capacidad. Una vez encarrilado, rara vez vuelves a necesitar este tipo de ayuda. El proceso que aprendes gracias a la asesoría de otras personas es cómo integrar tu capacidad de raciocinio en los demás aspectos de tu ser. Cuando hayas dominado esto, estarás listo para ayudar a los demás.

Desde muy temprana edad has tenido curiosidad por saber cómo trabaja la mente humana. Eres sumamente curioso y a veces te dicen que eres problemático y entrometido. Sin embargo, éste es un proceso indispensable y no debes sentirte culpable, ya que necesitas contar con tanta información como sea posible. Requieres abundante información toda vez que estás aprendiendo a procesar cosas y a ponerlas en el lugar que les corresponde. Ésta es una parte importante de tu estructura personal, pues tu mayor libertad consiste en dominar tu capacidad de juicio. Cuando el proceso de asimilación mediante el cual aprendes a tomar mayor conciencia de las cosas comienza a operar automáticamente, puedes liberarte del peso de tener que indagar sobre cada detalle. Simultáneamente y conforme pasas a través de alguna experiencia, puedes asimilar lo que necesitas, lo cual te conduce a un conocimiento mayor y más disfrutable. Gozas la intensidad de la vida gracias a tu capacidad de estar plenamente en el aquí y el ahora.

Como niño, dado que naciste con este patrón eclíptico, necesitas que te permitan satisfacer tu curiosidad. Los demás no deberán imponerte sus propios esquemas de conducta («A los niños se les ve, pero no se les escucha»). Fue necesario que aprendieras a integrarte socialmente a muy temprana edad a fin de evitar bloqueos que pudieran traducirse en dificultades de comunicación con los demás y ponerte en una tesitura no consciente. Cuando actúas en forma inconsciente es muy difícil que te conviertas de nuevo en un ser con conciencia. Si esto te ocurriera, los que te hacen sentir útil y apreciado y te asignan responsabilidades pueden darte una nueva «patadita» para que regreses al plano consciente. Para ayudarte a permanecer en este plano, debes crear el hábito de definir tus metas y objetivos y seguir en el camino escogido.

EXPRESIÓN TRANSPERSONAL: En el nivel transpersonal, les estás enseñando a tus semejantes cómo funciona el proceso digestivo, trátese de la digestión espiritual, física o mental. Estás aquí para enseñarnos a poner las cosas en su lugar y a introducir los alimentos adecuados en nuestro cuerpo. Ustedes son los deshacedores de entuertos del planeta y velan por que los alimentos no contengan contaminantes, por que nuestra agua sea potable y nuestro aire lo suficientemente limpio para introducirlo en los pulmones. Pelean contra todo lo que ponga en peligro la sobrevivencia del cuerpo físico a fin de que el espíritu siga siendo un instrumento por medio del cual nos sea posible aprender nuestras lecciones y evolucionar. Están ayudando a restaurar el equilibrio y la armonía del planeta al enseñar a sus semejantes a que asuman su responsabilidad en lo que introducen en el planeta, en la atmósfera, en sus cuerpos y en sus mentes. Están aquí para enseñar al planeta qué comer y qué no comer en todos los ámbitos.

Ustedes nos ponen al tanto de las cosas que representarán problemas en el futuro. Si consumimos alimentos en exceso e introducimos en nuestro organismo comida que no es de provecho, ésta aparecerá posteriormente en las caderas o en alguna parte en donde no la queramos. La Tierra, que forma parte del organismo universal, puede pasar por la misma situación. Ustedes son los encargados de enseñarnos qué no poner en nuestro organismo y, también, qué no poner en la Tierra o en la atmósfera, ya que intuitivamente entienden lo que puede asimilarse y lo que no. Lo que no puede asimilarse se quedará ahí y provocará problemas en el futuro.

Como las abejas y las hormigas, ustedes trabajan afanosamente y mantienen las cosas en su lugar a fin de que, en tanto que seres espirituales, tengamos un ambiente seguro y saludable en el que podamos manifestarnos. Ustedes aportan energía espiritual al planeta al trabajar físicamente y al realizar las labores amorosas que hacen del mundo un lugar apto y cómodo para que los seres vivos puedan vivir en él. Ustedes son los encargados de manifestarse espiritualmente en forma práctica y servicial en la Tierra. Nos enseñan que podemos tener una verdadera espiritualidad si todos estamos dispuestos a trabajar solidariamente y en beneficio mutuo. Necesitamos reconocer que somos interdependientes en nuestra tarea de sobrevivir, de la misma forma en que lo son las abejas y las hormigas. Cuando nos encontramos en el plano físico, somos los protectores de nuestros hermanos. Ustedes nos muestran que debemos aprender a aceptar e incorporar esta interdependencia y, por otra parte, trabajar hombro con hombro para alcanzar los mayores éxitos.

INTEGRACIÓN FÍSICA: Existe una correlación directa entre el sistema digestivo y lo que necesitas aprender. En consecuencia, el sistema digestivo comunicará al organismo —por medio de sus propios desequilibrios— la información sobre cuándo no se ha llevado a cabo la adecuada asimilación psicológica. Todo el sistema digestivo puede verse afectado. El intestino grueso e inclusive el bazo pueden desarrollar nódulos y obstrucciones cuando la persona no funciona adecuadamente en el plano analítico. Necesitas darte cuenta de que cuando estás trabajando para asimilar información en el terreno mental y emocional, al mismo tiempo estás programando tu organismo para asimilar los nutrientes en forma adecuada.

Si enseñas a tu cuerpo patrones negativos para asimilar las sustancias que introduces en él, se rebelará por conducto del aparato digestivo. Esto puede traer consigo problemas de eliminación. Cuando los alimentos no se digieren correctamente, las consecuencias pueden ser el estreñimiento (producto de ignorar los problemas y no procesarlos) o la diarrea (resultado de analizar las situaciones en forma excesiva).

Una reacción grave que se deriva de hacer caso omiso de la necesidad de un proceso de asimilación integral pueden ser los cólicos intestinales y algunas formas agudas de gastralgia. Un estómago inflamado puede indicarnos la necesidad de reevaluar lo que está pasando en el mundo exterior en términos de asimilación adecuada. Los problemas inflamatorios del apéndice pueden ser otra forma que tiene el cuerpo de comunicarte una necesidad inmediata de prestar atención a la integración y asimilación de lo que está ocurriendo en tu vida.

Si estás demasiado distraído para comprender que el cuerpo es un reflejo de lo que estás experimentando en el plano psicológico, el sistema linfático también puede verse afectado. Esto puede provocar una disminución de la resistencia del organismo y hacerte propenso a infecciones ocultas y, a la larga, a un colapso del sistema inmunológico. Es importante que te des cuenta de que las partes del organismo regidas por tu patrón eclíptico pueden constituir también, en una fase temprana, las principales áreas en las que debas prestar atención a lo que el cuerpo te está tratando de decir.

Libra

LIBRA

ECLIPSE SOLAR: (Para activar totalmente la energía del eclipse solar en libra, primero debes integrar las lecciones del eclipse lunar en libra con tu cuerpo emocional. Para una explicación completa, véase «Cómo usar la parte II», página 163.)

Tienes la capacidad de enseñar a los demás las sutilezas que implica el desarrollo de un equilibrio y una armonía en la vida. Cuentas con un sentido intuitivo de lo que es justo en todos los aspectos de la vida, especialmente en el de las relaciones, y debes adoptar una existencia física para enseñar a los demás a compartir. En consecuencia, atraerás a gente que será egoísta, abiertamente independiente o extremadamente infantil. Te enfrentarás a una gran resistencia cuando le enseñes a esta gente a dar algo de su vida. El fiel de la balanza en una relación personal pasa por una línea muy delgada entre el dar y el recibir, y la mayoría de la gente con la que entras en contacto está excesivamente apegada a lo primero o a lo segundo. Dada tu necesidad innata de nunca zanjar por menos de la mitad o de dar más de la mitad, puedes pasarte la vida transitando de una relación a otra.

Estás consciente de tener dos necesidades: compartir la mitad de ti mismo en una relación y mantener la otra mitad para ti. No te sientes a gusto cuando la otra persona da más de la mitad en una relación porque temes que, a su vez, te exija dar más de la mitad en algún momento. En esencia, estás enseñando a los demás a mantener su propia identidad en el contexto de una relación.

Al enseñar esta lección debes mantener en equilibrio tu sentido de la justicia, ya que si llegas a desequilibrarte puedes terminar enseñando la lección por medio del empleo inadecuado de las energías compartidas. Los que han encontrado el equilibrio y enseñan en forma positiva pueden resultar excelentes abogados, consejeros y asesores de todo tipo, pues con su capacidad de mantenerse neutrales ven la realidad de ambos lados y ayudan a las dos partes en conflicto a encontrar una solución de mutuo acuerdo.

En ocasiones puedes parecer muy testarudo y egoísta en el marco de una relación, ya que tan pronto alcanzas la mitad del camino entre el dar y el recibir, ni una manada de elefantes puede forzarte a ir más allá. En la relación con tu pareja, tan pronto sientes que ésta no está aportando lo que le corresponde, comienzas a perder el interés. Serás generoso en una relación primaria, pero en cuanto sientas que la otra persona te pide que cruces la línea de lo justo, tu atención se alejará de la relación. Siempre estarás relacionado con alguien, y si tu pareja no es justa al compartir, sencillamente comenzarás a hacerlo con una persona diferente. En esta situación enseñas el valor de compartir alejándote física o emocionalmente de la relación.

Haciendo acopio de sagacidad comunicativa, los demás pueden acorralarte para que les expliques los motivos de cualquiera de tus decisiones en la vida, inclusive después de que hayas llegado a enojarte. Sin embargo, cuando llegas a ese punto puedes comportarte como en la guerra, como si fueras un general concibiendo una estrategia. Antes de abandonar una relación, recurrirás a todos los medios a tu alcance para mostrarles a los demás lo injustos que han sido, e inclusive puedes tratarlos tan injustamente como ellos te trataron.

Tu ideal es compartir cada aspecto de tu vida con otra persona, pero cuando esto no es posible no pondrás en juego tu necesidad de claridad en las reglas. Eres capaz de segmentar los diferentes aspectos de tu vida. Por ejemplo, puedes mantener una relación matrimonial por razones financieras, es decir, participar y compartir en su aspecto económico para que las cosas sigan siendo justas para ambas partes. Simultáneamente, eres capaz de hacer a un lado el aspecto amoroso de la relación y compartirlo fuera de ella. Tu ideal es la monogamia, pero no tu motivación. Tus prioridades son el juego limpio, el toma y daca en forma equilibrada y la armonía, así como los aspectos que les estás enseñando a los demás mediante tu forma de encarar la vida.

Sigues el mismo esquema en las relaciones de negocios. Si has contraído un compromiso comercial que no está satisfaciendo tus necesidades financieras, seguirás hasta el final con este compromiso, pero tus inversiones futuras las realizarás en otra parte.

Tienes la capacidad de enseñar a los que te rodean a ser justos de tal forma que los que necesitan esta lección puedan aceptarla. Si te involucras con personas que dan demasiado, tomarás lo que te ofrezcan hasta que se percaten de que el trato es injusto. Si es el tipo de gente que toma demasiadas cosas para sí, le dirás: «¡Oye, no es justo!» Sea cual fuere el papel que, a tu entender, debas desempeñar, la lección terminará por aprenderse.

Si decides hacer caso omiso de tu capacidad innata para interrelacionarte con los demás en un plano de equilibrio, juego limpio y armonía, tus patrones de comportamiento pueden volverse extremadamente egoístas, insensibles y autodestructivos. Puedes dar muestras de una energía que le impida a la gente involucrarse contigo debido a tu poca disposición para compartir cualquier aspecto de tu persona. Si optas por no tener nada que ver con la energía de la justicia desde el punto de vista de la integridad personal, puedes convertirte en un ser excesivamente arrogante y santurrón, y enseñar la necesidad de la justicia por medio de un comportamiento egocéntrico.

Enseñas lo valioso que es compartir en una diversidad de aspectos. Enseñas que cuando abandonamos nuestras reservadas y nos abrimos al mundo, duplicamos nuestras capacidades. Al compartir nuestros procesos mentales con los demás obtenemos recursos adicionales y aprendemos a valorar la aportación de la gente. Al compartir nuestras finanzas multiplicamos por dos nuestra solidez financiera. Tienes una comprensión innata de la necesidad de aliarse y compartir más, y posees la capacidad de establecer uniones afortunadas entre las personas. Contribuyes a enseñar a los que te rodean el valor del trabajo en equipo. Tu gran habilidad para reconocer los beneficios para ambas partes de una negociación, amistad o relación amorosa hace de ti un excelente consejero matrimonial, asesor comercial o promotor deportivo.

Quienes aceptan la energía del eclipse en libra han aprendido el arte de la comunicación. Aprecias tanto la importancia de la comunicación como el valor de la negociación, y enseñas esto a través de tus propias habilidades comunicativas. Ya sea en negociaciones comerciales, relaciones íntimas o el toma y daca de la amistad, les enseñas a los demás la parte más valiosa de la comunicación: hacer propia la perspectiva de la otra persona sobre el problema que enfrenta. Al ver sus asuntos desde fuera, la gente puede distanciarse de su influencia emocional, lo cual es muy útil para tomar decisiones inteligentes. Tienes también la capacidad de enseñar a los demás la técnica de verse a sí mismos a través de los ojos de otra persona.

Al enseñar la interdependencia que existe en las relaciones, les muestras a los demás tanto el valor de relacionarse como el de mantener su propia identidad. De esta manera, aprendemos y crecemos como individuos y siempre tenemos algo que compartir con los demás. Si nos volvemos excesivamente dependientes de una relación y no nos dedicamos a aprender y a crecer por nuestra cuenta, no aportamos nada a la relación y ponemos fin al proceso de compartir. Tú encarnaste con este conocimiento y lo estás compartiendo con otras personas. Es también por ello que al enseñar la lección de cómo relacionarse, encuentras tan necesario mantener tu individualidad, ya que intuitivamente entiendes que, sin ella, no puedes enseñar nada. En esencia, nos enseñas cómo tomar en cuenta a la otra persona sin perder nuestra individualidad.

ECLIPSE LUNAR: Estás aprendiendo a ser justo en todos los ámbitos de la vida. Estás aprendiendo a compartir tu mente y a reconocer el valor que representa colocar los procesos del pensamiento fuera del yo para comunicarte con los demás. Esto te permite ver cómo las opiniones y hallazgos de los demás pueden ayudarte a tomar decisiones inteligentes.

Estás aprendiendo el equilibrio adecuado entre el dar y el recibir en las relaciones con los demás: no tomar de otra persona más de lo que está dispuesta a dar o darle más de lo que está dispuesta a recibir. A través de este proceso te percatas de que recibir de otro ser humano cuando tú no estás dispuesto a dar es un robo emocional, sumamente injusto con la otra persona. Si decides vivir recibiendo el afecto de las demás personas cuando no estás dispuesto a devolvérselo, llenarás tu vida de «cuerpos» y no de sentimientos.

Por otro lado, si siempre estás dando a personas que no están dispuestas a recibir —personas que tienen miedo de aceptar amor—, te será fácil caer en esquemas pasados y seguir con esa actitud sólo por contar con alguien. Puedes tener el temor de que si abandonas a alguien que te interesa, el lugar quede vacío. Pero si sigues dando, puedes hacer que se sequen tu vitalidad y tu capacidad de amar. En consecuencia, ya sea que encuentres que otra persona es egoísta y aprendas el concepto de justicia de esa forma o que tú seas el egoísta hasta que otra persona te exija ser justo, la lección de la justicia en el plano de las relaciones terminará por aprenderse.

Algunos de ustedes están aprendiendo acerca del equilibrio y la armonía en áreas mercantiles. Están aprendiendo a sumar fuerzas para obtener beneficios al lado de otras personas. En ocasiones pueden sentir que es necesario que se ocupen de todos los aspectos en el mundo de los negocios, y que si unen fuerzas con otra persona no obtendrán reconocimiento y se les confundirá en medio de la multitud. Cuando hayan aprendido a compartir y a trabajar con otras personas se darán cuenta de que de esta manera el éxito es mayor.

Los que arriban a esta lección desde la perspectiva opuesta tenderán a darles todo el crédito a sus socios o a su pareja. Necesitas aprender el valor que representa tomar la parte del crédito que te corresponde. En un proyecto comercial o en una relación, tiendes a dar todo tu tiempo y tu energía y a no ahorrar para hacer lo que necesitas en la vida. Si te niegas a aprender la lección de la justicia, la vida te puede quitar todo lo que sea «injusto» en tu existencia. Y la vida no toma en consideración si el injusto eres tú u otra persona. Al universo no le importa si tienes o no tienes; sólo le interesa que aprendas a compartir.

Puesto que en vidas pasadas fuiste extremadamente independiente, encarnaste para aprender a compartir con grandes dificultades y esfuerzos. La mayoría de ustedes quieren compartir, pero están tan acostumbrados a su autonomía que es difícil que aprendan a depender de otra persona. Te sientes extraño bajando la guardia para permitir que otra persona te ayude, pero aceptar su ayuda justifica los motivos de esa persona para participar en tu vida. Si sigues mostrando tanta autosuficiencia, los que te rodean rehuirán tu compañía. Es importante que bajes la guardia y permitas que otras personas participen en tu vida, o pasarás por ella sintiéndote solo y al margen de lo que prometiste aprender en esta vida: relacionarte con los demás y encontrar armonía en las relaciones. Alcanzar ese punto de equilibrio en tu interior y reconocer el valor de los demás son requisitos imprescindibles para poder contar con ellos en cualquier circunstancia.

Tu actitud de pionero proviene de una existencia anterior en la que tu único interés fue satisfacer tus deseos, así que invadías el territorio de los demás sin consideración por ellos. Necesitas aprender a vivir en sociedad, a tener tacto, sensibilidad y consideración, ya que tu instinto es áspero y visceral. Si pasas por alto tu necesidad de relacionarte, te pueden ocurrir una de dos cosas en tu vejez: podrías terminar viviendo en soledad y con un sentimiento de frustración, o volverte totalmente dependiente como una última oportunidad para aprender la lección de permitir que otras personas te ayuden.

En todas las áreas de tu vida debes aprender a desarrollar un sentido de compromiso equilibrado. Puedes ser tan insistente en tu carrera hacia adelante que olvides tus compromisos anteriores, o estar tan comprometido que no te sea posible funcionar sin haber contraído un compromiso. También en este caso el equilibrio y el sentido de lo justo son las conceptos de rigor. El compromiso de viva voz o por contrato legal puede representar una herida abierta hasta que aceptes y exijas responsabilidad. Necesitas cumplir tus compromisos y exigirles a los demás que cumplan con los suyos. Cuando estés consciente de la necesidad de que todos cumplan sus promesas, tus relaciones serán positivas.

EXPRESIÓN INCONSCIENTE: Actuar en forma inconsciente te puede acarrear muchos problemas en tus relaciones con los demás. Tiendes a ir de una relación a otra sin entender por qué no han funcionado. Puedes comportarte en forma extremadamente injusta con tus semejantes y ni siquiera reconocerlo, y ser tan egocéntrico como para tomar de la vida y de las relaciones lo que te venga en gana sin consideración por los demás. Si no estás consciente de la forma en que estás interactuando con la gente en el plano financiero, dañarás tus relaciones profesionales o comerciales. Esta tendencia te puede acarrear muchos problemas económicos e interpersonales, provocando que vayas de un empleo a otro preguntándote: «¿Por qué todo el mundo es injusto conmigo? ¿Por qué todo el mundo se burla de mí? ¿Por qué nadie piensa en mis intereses? ¿Por qué todo el mundo es exigente conmigo y no me tiene en cuenta?»

Si te estás comportando como un inconsciente, necesitas detenerte cinco minutos y mirar a tu alrededor. Echa un vistazo detrás de ti y observa las expresiones de la gente a cuyo lado pasaste como una exhalación sin siquiera decir «Disculpa» o «¿Cómo estás?» o «¿Cómo te fue hoy?» Necesitas hacer algunas consideraciones fundamentales y una de ellas es detener tu paso para permitir que los demás entren en contacto contigo.

En el otro extremo de la escala, puedes convertirte en un mártir en las relaciones, sin reconocer que siempre estás dando sin pedir nada a cambio. No reconoces que es una especie de egoísmo no dar a los demás la oportunidad de ayudarte o de sentir que forman parte de tu vida. Esto es tan negativo como tomar todo lo que te venga en gana sin consideración por los demás. Tu tendencia es tomar la iniciativa en las relaciones y dar todo lo que crees que tu pareja o socio necesita sin jamás preguntarle: «¿Es esto lo que necesitas?» Sientes que estás haciendo un magnífico trabajo, que estás contribuyendo al bien de la relación y que haces avanzar a tu pareja o socio sin hacer nada por ti, cuando en realidad estás imponiéndote sin consideración por la otra persona. La única diferencia es que estás dirigiendo desde atrás, con un gran empujón.

Lo que necesitas aprender en los dos casos mencionados es a tener en cuenta a los demás cuando estableces relaciones con ellos. Conforme vas comprometiéndote en la relación, necesitas detenerte, mirar a tu alrededor y escuchar. De esta manera, tomarás en consideración a los demás sin dominar su vida ni seguir únicamente tu propio derrotero.

Una técnica que puede serte útil es sentarte con papel y lápiz y, antes de involucrarte, concebir lo que estás dispuesto a dar en la relación y lo que esperas de ella. Mediante este proceso puedes aprender lo que significa interrelacionarse. Tómate el tiempo de pensar en ello y decirte: «Éstos son mis rasgos de personalidad; esto es lo que espero de la relación; esto otro no lo aceptaré». Te relacionarás con mayor claridad y serás verdaderamente tú mismo.

EXPRESIÓN CONSCIENTE: Cuando funcionas en forma consciente, te das cuenta de que tienes dificultades para relacionarte y de que estás tratando de superarlas haciéndote preguntas y obteniendo retroalimentación sobre lo que los demás piensan de ti. En esta existencia ya has logrado descubrir lo que quieres y hacia dónde te diriges. En existencias anteriores te la pasabas constantemente en movimiento, y en ésta debes aprender a valorar las relaciones. La vida es un viaje, y para disfrutarlo necesitas llevar a otras personas contigo. De lo contrario, recorrerás un sendero solitario y sin dirección.

En el plano consciente te das cuenta de que deseas una pareja, alguien con quien emprender este viaje. Pero también reparas en que nunca has aprendido a relacionarte. En las fases iniciales de tu aprendizaje habrá momentos de apertura, reserva, introspección y evaluación de lo que has aprendido. Esos periodos de introspección son muy necesarios, ya que estás comenzando a aprender a interactuar. No te desanimes, no vuelvas a tu actitud reservada y autosuficiente; mantén vivo tu anhelo de compartir.

Es importante también que siempre seas honesto en tu comunicación con la gente, ya que puedes tender a racionalizar lo que está ocurriendo a tu alrededor y a permanecer anclado en tu esquema anterior de no tomar en cuenta a los demás. Estás aprendiendo a encontrarte en la mitad del camino con tus semejantes y a estar dispuesto a adaptarte a sus necesidades. Aun para los más conscientes de ustedes es un reto adaptarse al otro. Sin embargo, si permaneces fiel a tu deseo interior de compartir, lo lograrás.

Mientras aprendes a relacionarte, entenderás que la clave es la comunicación. Haces preguntas, obtienes retroalimentación y descubres quién eres a través de los ojos de los demás. Llegaste a esta existencia con dificultad para verte a ti mismo, así que necesitas que otra persona refleje tu imagen. Esta necesidad de reflejarte te estimula en tu proceso de aprender a relacionarte y a comunicarte.

También estás aprendiendo a compartir y a relacionarte con tus compañeros de trabajo y tus socios profesionales. Estás aprendiendo a transitar por un camino de éxito al integrar las lecciones que te han enseñado los demás con las que tú mismo estás aprendiendo, lo que hace que multipliques tus recursos. Conforme este proceso se convierte en parte de tu vida social, amorosa y profesional, te vuelves un adepto de las relaciones y un ardiente paladín de la consideración por los demás.

EXPRESIÓN TRANSPERSONAL: En el terreno transpersonal, estás consciente de las necesidades y del delicado equilibrio de los que te rodean. No sólo te relacionas en un plano personal, sino que tratas de encontrar formas de expresión mutua que generen mayor equilibrio y armonía.

En el ámbito de la conciencia de grupo estás enseñando a los que pertenecen al reino físico a entrar en contacto y en comunicación con otros reinos. Intuitivamente entiendes la necesidad de cuidar, respetar y alimentar a la naturaleza; entiendes asimismo nuestra interdependencia con la Tierra. Estás consciente de la interdependencia que tenemos unos de otros y de la necesidad de comunicarnos con claridad para ayudarnos en este plano. Entiendes nuestro vínculo espiritual con el universo y la necesidad de seguir siendo fieles al yo espiritual para permanecer incólumes en nuestro viaje al interior de la conciencia.

Estás aquí para enseñarnos a entender las interrelaciones de los ámbitos físico y espiritual, así como el papel de la Tierra en el plan universal. Cuando nos ayudas a comprender el valor de todas las cosas, te conviertes en un verdadero trabajador espiritual.

INTEGRACIÓN FÍSICA: Cuando aprendes a prestar atención a las sutilezas del cuerpo, comienzas a entender la esencia de lo que significa compartir y comunicarse. El cuerpo es un complejo sistema de comunicación y, si lo escuchas con atención, puedes detectar cuándo está fuera de equilibrio en algún aspecto.

El cuerpo dirigirá tu atención a los riñones y a las glándulas suprarrenales, así como a los ovarios en las mujeres y a la próstata en los hombres. Cuando hay desequilibrio en el mundo exterior, el mundo físico lo refleja en esas partes del organismo. Así como vivimos integrando nuestras relaciones externas y decidiendo cuáles son positivas y cuáles no, nuestros riñones y glándulas suprarrenales hacen lo mismo con nuestras relaciones internas. Los riñones filtran las impurezas del engaño, tanto propio como ajenos. Si te tomas el cuidado de escuchar tu cuerpo, aprenderás una lección invaluable, ya que el cuerpo nunca miente. Cuando te mientes, te haces tanto daño como cuando eres injusto con otra persona, y tu cuerpo te enseñará esta lección. Si te niegas a aprender tus lecciones en el mundo externo, tu universo interno te las impondrá.

Cuando el patrón eclíptico se ubica en libra es importante recordar que la esencia de este patrón es la honestidad. Cuando tus energías están fuera de equilibrio respecto del yo y de los que te rodean, y cuando tu visión de las cosas no es clara y no eres fiel contigo mismo y con tus semejantes, trastornas el delicado equilibrio físico de tu organismo, lo cual puede provocarte tambaleos e inseguridad al desplazarte y otros problemas relacionados con el equilibrio corporal. Esto obedece a que tal equilibrio es en el mundo físico interno un reflejo exacto del modo como te enfrentas a tu mundo externo.

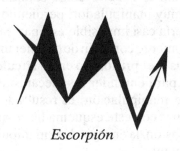

Escorpión

ESCORPIÓN

ECLIPSE SOLAR: (Para activar totalmente la energía del eclipse solar en escorpión, primero debes integrar las lecciones del eclipse lunar en escorpión con tu cuerpo emocional. Para una explicación completa, véase «Cómo usar la parte II», página 163.)

En esta encarnación has venido a enseñar a tus semejantes lo relativo a la responsabilidad que tenemos con los demás en este planeta. También tenemos la responsabilidad de crear nuestro propio destino y de manifestar nuestros deseos en el plano físico, pero debemos hacer esto sin interferir con los destinos de los demás seres humanos. Enseñas a los que te rodean a hacerse totalmente cargo de sí mismos, a ser responsables de sus acciones y a entender que todo lo que dan regresa al yo. Es importante que comprendas el concepto de que toda energía que emane del ser físico, del espiritual o del emocional, da una vuelta completa para regresar a la fuente; el eclipse en escorpión rige esta energía de «lo que va, vuelve». Nos enseñas que todos somos responsables de nuestras acciones, nuestros deseos e inclusive de las cosas que creamos, ya que somos responsables de todo lo que manifestamos. Tienes la desconcertante capacidad de percibir la esencia de las personas y de darte cuenta de lo que requiere corrección. De esta manera, puedes enseñar a los demás a ser responsables en el plano moral, financiero y espiritual. Atraes a seres humanos que necesitan saber si hay grietas en sus cimientos, ya que cuando incorporan la energía de escorpión en su vida, toman conciencia de cualquier debilidad personal. Es importante que tengas presente que eres responsable de derramar luz en las áreas en que localizas males. No tienes derecho a causar dolor sin motivo alguno. Tienes el patrón eclíptico de un cirujano y, como tal, si expones una herida sin derramar luz dentro de ella y sin utilizar tu energía para transformar y regenerar, tendrías una deuda kármica tan grande como la de un cirujano que abre un cuerpo viviente para luego dejarlo abandonado a su suerte.

Si actúas inspirado por la negatividad, eres capaz de utilizar los recursos de las otras personas sin considerar cómo saldrán afectadas. En el plano negativo, puedes ser muy manipulador, perdiendo tu libre albedrío en un círculo del cual parecería casi imposible escapar. Si cedes a la tentación de modificar tu comportamiento con el fin de obtener una determinada respuesta de los demás, podrías caer prisionero en un círculo vicioso, ya que cuando empleas tu capacidad para entender los mecanismos psicológicos de otras personas con fines de manipulación, el resultado es el encarcelamiento mutuo. Puedes continuar con este esquema hasta que te des cuenta de cuál es su verdadera repercusión: la energía de la manipulación en realidad limita tu propia experiencia vital.

Debes permanecer fiel a tus deseos, independientemente de si los que te rodean abrigan los mismos. Los demás necesitan la libertad de trazarse metas independientes y debes evitar la tentación de alejarlos de la meta que se han trazado. Tu poder está basado en el mantenimiento de la más pura integridad personal.

El mantener tu integridad personal intacta te permite proceder de una existencia positiva para compartir tus conocimientos sobre los trabajos del universo, la profundidad de tu conciencia espiritual, tu comprensión de los ciclos de vida y muerte y la motivación de los patrones de comportamiento de los que te rodean. De esta manera, puedes infundir discernimiento y claridad a las vidas que encuentras en tu camino, sin caer en la tentación de utilizar tu poder para doblegar su voluntad. Cuando te encuentras en un estado de elevada integridad, tienes la capacidad de ayudar a los que te rodean a localizar las cosas o aspectos que necesitan curación, lo cual les permite comprender con mayor claridad sus motivaciones personales. Una vez esclarecidas sus mentes en cuanto a la naturaleza de sus motivaciones, serán capaces de asumir la responsabilidad de sus actos y tener acceso a un grado más elevado de poder personal.

Tienes tendencia a atraer a personas que no han tomado verdadera conciencia de lo que significa la prosperidad. Les enseñarás a liberarse del embrollo financiero en que se han metido. Puedes constatar cuando han dado un giro equivocado en sus valores y cuando necesitan ayuda para volverse a trazar metas que no traicionen los principios morales que les serán de utilidad. Estás dispuesto a guiar a la gente para que salga de lugares a los que muchas personas tendrían miedo de entrar, toda vez que tienes la capacidad de ver las consecuencias ulteriores que se derivan de los actos llevados a cabo en el presente. Puedes ver cuándo los demás van por mal camino y tienes la integridad y el valor de señalarles cómo pueden ponerse en armonía con sus intereses más preciados. Estás impartiendo la lección de que es más importante ayudar a otros a retirar los obstáculos que se interponen en el camino del poder personal que tener tacto o pasar por alto las obstrucciones.

Dada tu capacidad de ayudar a la gente que no está en armonía con su entorno, tiendes a atraer todo tipo de «ovejas descarriadas». Cuando procedes desde la negatividad, puedes incurrir en un alto grado de karma negativo si te aprovechas de las personas en sus momentos de debilidad. Estás enseñando la forma correcta de utilizar el poder y debes tener cuidado de no utilizarlo indebidamente tú mismo, ya que se te pedirá cuenta de ello posteriormente.

En esta vida posees una enorme energía para realizar curaciones. Sanas los sistemas de valores de la gente: el moral, el financiero y el espiritual. Durante este proceso transmites poder a los demás para que aprovechen sus propios recursos creativos y alcancen el éxito. Muchos de ustedes trabajan en instituciones especializadas en dar asesoría financiera o en realizar rehabilitaciones de todo tipo (físico, espiritual o financiero). Entre éstas se cuentan las instituciones hipotecarias, la asesoría metafísica, la profesión médica, las agencias de cobranza e impuestos u otras instituciones de investigación.

Atraes a personas cuyos valores están en conflicto con los de la sociedad. Ello obedece a que esas personas necesitan ponerse en contacto con la energía curativa para volver a ponerse en armonía con ellas mismas y con la manera de hacer uso del poder constructivo. Estas personas sienten que su energía es perjudicial para la sociedad y, a pesar de ello, su esencia espiritual no desea hacerle daño a ésta; por lo tanto, buscan ayuda. Al universo le interesa sanar a todos sus hijos, y es por eso que te ha transmitido la energía necesaria para enfrentar a las personas que manifiestan debilidad en sus valores y para ayudarlas a que tengan conciencia de la forma en que sus actos afectan a los demás.

Estás enseñando a tus semejantes que hasta que sus valores estén en armonía con principios universales adecuados, todos sus actos serán de alguna forma contraproducentes, infructuosos o decepcionantes. Puedes enseñarles en qué puntos sus bases internas para relacionarse con los demás no están en armonía con los aspectos que les permitirían establecer su propio poder personal.

Otra de las lecciones que estás impartiendo es el uso adecuado de la energía sexual, ya que posees una comprensión natural de por qué las personas se vinculan unas con otras en el plano físico. En el ámbito inconsciente, sabes que mientras no encarnamos, somos andróginos; ni masculinos ni femeninos, sino una combinación de ambas energías. Al encarnar en un cuerpo físico una de esas energías permanece en estado latente en nuestro interior, salvo que tomemos suficiente conciencia para reclamarla y dejar de proyectarla al sexo opuesto. Pero hasta que se da esa transformación, los cuerpos sienten la necesidad de unirse a fin de alcanzar un sentido de consumación espiritual. La energía sexual es una energía tan poderosa porque crea un vehículo para que otra alma ingrese a este plano. Comprendes que, cuando dos cuerpos se mezclan, se mezcla algo más que los cuerpos: también lo hacen las almas. Es por ello que, cuando la energía masculina se mezcla con la energía femenina, se manifiesta un sentido de consumación.

Se incurre en un alto grado de responsabilidad cuando tiene lugar una unión sexual, ya que también se da una verdadera mezcla de los fluidos de la vida. Los fluidos del macho penetran en la hembra y, en un plano mucho más sutil, los de la hembra penetran en el macho. A través de esta mezcla ocurre una consumación del cuerpo, la mente y el alma; un entrelazamiento de energías en los tres ámbitos. Si la pareja es compatible, ambos experimentan un verdadero sentimiento de plenitud. Si no hay compatibilidad, se crea una falta de armonía en ambos. Tú estás consciente de la magnitud del intercambio sexual tanto en el plano espiritual como en el físico y tienes la capacidad de compartir ese conocimiento con los demás. Intuitivamente entiendes que el acto sexual es una forma de consumación espiritual.

ECLIPSE LUNAR: Necesitas aprender lecciones relacionadas con tu sistema de valores. Entre estas lecciones se encuentran las de no ser desviado de tus valores, aprender a compartirlos, superar rasgos de manipulación negativos y asumir la responsabilidad de tu comportamiento sexual. Necesitas aprender valores espirituales correctos y llegar a la comprensión de que, como parte de un todo complejo, estos valores afectan a todos los que te rodean. Conforme se te devuelven las energías que emites, estás aprendiendo que lo que va, regresa. Es importante aprender a sembrar buenas semillas, ya que las semillas malas crecen como cizaña, y ésta no necesita cuidados.

En ocasiones te es difícil reordenar y reajustar tus principios, ya que procedes de existencias anteriores en las que tu preocupación era establecer cimientos sólidos para ti y tu familia. En esta encarnación, sin embargo, necesitas aprender que la sociedad es interdependiente y que tienes bajo tu responsabilidad algo más que a ti mismo. Debemos ayudarnos mutuamente: el fuerte debe ayudar al débil y el débil debe aprender a ser fuerte.

Asimismo, necesitas aprender que las fronteras han sido establecidas tanto para ti como para los demás. Tienes un deseo muy acentuado de empujar a los demás hasta sus límites para saber dónde se encuentran las fronteras: «¿Qué tan lejos puedo empujarte? ¿En qué punto te rendirás? ¿Te enfrentarás a mí?» Si se rinden, no eres útil para ellos y te dirigirás a otra persona, u otra cosa. Haces esto porque, dado que no posees el sentido de tus propias fronteras, tienes miedo de desperdiciar tu poder a menos que otra persona te establezca límites. Tu energía es como una corriente salida de su curso —como un diamante en bruto— que hasta que encuentra a alguien o a algo que la contenga, produce estragos a su paso. Cuando al fin encuentras quien la contenga, te conviertes en un ser plenamente satisfecho. Tan pronto conozcas tus límites, podrás dirigir tu poder desde adentro. Sólo entonces te sentirás lo suficientemente seguro para reclamar la totalidad de tu poder.

Los niños que nacen con este patrón eclíptico necesitan atención y orientación especiales para descubrir sus límites. Cualesquiera que sean los límites que se establezcan, éstos siempre deberán aplicarse, y cuando los límites se amplían conforme van creciendo los niños, se les debe decir que se están extendiendo y por qué. Con esta ayuda, están en capacidad de darse cuenta de cuál es el lugar que ocupan en la familia, en el juego, en la escuela y en la sociedad.

Sin embargo, una vez establecidas las fronteras, aun así estos niños intentarán poner a prueba la fortaleza de los muros. Otras personas tendrán que decirles constantemente: «No puedes sobrepasar ese punto. ¡Te lo estoy diciendo en serio! No puedes cruzar esa línea». Si se les permite cruzar la línea, aunque sea una vez, no hay vía de regreso. Si estos niños captan muestras de debilidad, se extralimitarán el doble la siguiente vez, inclusive si te interpones en su camino. No pararán de molestar a los que están en su cercanía hasta que se les diga: «¡Ya basta!»

Incluso cuando te conviertes en adulto, tus padres, amantes y jefes nunca deberán ceder a tu poder. Si pueden pararse firmemente en sus dos pies y enseñarte el valor del lugar que ocupas en su realidad, confiarás en ellos. Entonces te darás cuenta de que eres un aliado valioso, ya que harás lo que sea para la gente en quien confías; tu lealtad es inconmensurable y confiarás en ellos con todo tu ser. Si ellos son lo suficientemente imprudentes para burlarse de ti en alguna situación, se percatarán de que sólo te quedaste dentro de las fronteras que establecieron porque tú los respetabas.

Una de tus lecciones es aprender a respetar a los demás. Estás buscando algo en la raza humana que sea digno de respeto. Tu energía es una energía de destrucción y encarnaste pensando que todo lo que hay aquí es malo y necesita reconstruirse. Ahora quieres saber qué persona y qué cosa tienen valor en esta existencia. El propósito de estos pensamientos es purificarte y reestructurarte, conservando lo bueno y destruyendo lo malo. Estás buscando alguna cosa o a alguna persona digna de respeto. Cuando la encuentres, le rendirás homenaje; pero cuando descubres que algo no es digno de tu respeto, tratas de destruirlo.

Necesitas definir las cualidades de los demás que te sean de algún valor y comienzas a construirlas desde tu interior. Haces esto poniendo a prueba a otras personas para que descubran los límites de su integridad, fortaleza, valores y entereza moral. Estás tratando de ver si en los que te rodean existe algo que sea realmente bueno y que valga la pena y si tienen la integridad de honrar sus principios tanto como lo proclaman. Estás tratando de encontrar qué valores confieren a otras personas la fortaleza y confianza en sí mismas para trabajar por el bien del planeta, de tal manera que puedas imitarlas y encontrar paz.

En esta vida estás cayendo en cuenta de que en otras encarnaciones permitiste que tus valores se diluyeran. Tu conciencia te dice que empleaste mal el poder en vidas pasadas. Sientes que tú o las personas con las que entraste en contacto se manejaban con energía manipuladora negativa, y quieres transformar totalmente la esencia de tu alma. Buscas desesperadamente algo de valor —algo bueno—, ya que ésta es la energía de la transformación y la regeneración. Quieres deshacerte de lo que no es bueno en ti, para poderte reconstruir y ser valioso para los demás y la sociedad.

Si pierdes tu camino y no encuentras ninguna limitación, y si tampoco encuentras a alguien con un sistema de valores lo suficientemente sólido para orientarte en tu juventud, tu vida se te puede convertir en algo muy difícil. Podrías inclusive sufrir encarcelamiento o vivir internado en lugares que asuman la responsabilidad de proveerte de una estructura y darte un sistema de valores sustancial. Pero con suerte encontrarás algo «bueno» en la gente y en la sociedad que sea digno de tu lealtad y apoyo. Tan pronto tu energía se armonice con algo en lo que creas, algo que hayas puesto a prueba y que tu corazón sepa que vale la pena dada su integridad sin tacha, te empeñarás en ello con todo tu corazón. Ese principio, persona o causa se convertirá en tu valor: podrás contener tu energía y hacer uso de tu enorme fortaleza y, finalmente, encontrarás la paz.

Cuando la energía de escorpión se muestra silenciosa y reservada, es porque estás que ardes por dentro. Te das cuenta de la magnitud de tu poder y sabes que si le das rienda suelta, a la sociedad no le quedará otra que encerrarte. Cuando experimentas resentimiento, es porque tu energía no tiene una salida en la que pueda creer. Tu energía necesita desesperadamente un centro y una causa en la que puedas empeñar tu poder y, en el proceso de encontrar esa causa, tu energía encuentra su propia expresión radiante. Es por ello que la energía de escorpión constituye con frecuencia el «poder tras el trono»; tu poder es lo suficientemente fuerte para elevar a cualquier persona a la cumbre del éxito si crees en ella lo suficiente. No necesitas estar bajo los reflectores, pero tienes una enorme necesidad de encontrar a alguien o algo en que creer.

Viniste a aprender que existen cosas buenas en este mundo. Estás consciente de lo malo y tienes una capacidad innata para ver cualquier cosa que necesite ser reparada o destruida. Lo que necesitas aprender es que hay cosas a tu alrededor que tienen bases sólidas y fuertes y en las que se puede creer. Sientes tanta necesidad de compartir tu extraordinaria energía porque la energía de escorpión es la de los valores solidarios. Quieres encontrar a una persona en quien creer para poder compartir tus valores y construir una sólida base de poder.

Estar bajo los reflectores no es importante para ti, pero sí operar desde una sólida base de poder; por lo tanto, tiendes a ir por la vida rodeándote de gente en quien confiar. Si depositas tu confianza en determinadas personas, es porque hay algo muy especial en ellas, ya que no depositas tu confianza con facilidad. Puedes confiar en ciertas personas en un determinado aspecto de tu vida, pero no en otros. Si ésa es la relación que tienes con ellas, siempre las estarás vigilando con el rabo del ojo. No serás el «poder tras el trono» para esas personas, pero si encuentras que tienen valor, las dejarás formar parte de tu «ejército». Cada miembro de tu grupo de apoyo es alguien que está en deuda contigo. Tienes un temor exagerado al fracaso en cuestiones de dinero, reputación y carrera, así que siempre guardas en tus bolsillos «apuntadores» que te sirvan de apoyo en un momento dado (personas que te deben favores).

Necesitas desarrollar más fe en el universo para no estar constantemente corriendo despavorido. Armado de esa fe, podrás relajarte y permitir que el universo te ayude a construir lo que tú consideras verdaderamente bueno y valioso, de tal manera que puedas encontrar la paz y disfrutar de la vida. Otra lección que estás aprendiendo es que no puedes depender de que otras personas fijen tus límites y contengan tu energía. Necesitas ponerte en contacto con lo que es bueno para ti, comenzar a actuar dentro de tus propias fronteras y asumir la responsabilidad de tu propia energía.

Las flaquezas humanas te frustran. Tu motor es la autoperfección, y piensas que la debilidad del cuerpo físico limita tu poder. Estás buscando un sentido de dominio sobre ti mismo y sobre tu entorno, y te esfuerzas por dominar tu cuerpo físico y conocer sus fronteras. Asimismo, llevas a los demás a sus límites, pero nunca más allá de donde tú mismo has llegado. Es importante que aprendas a sentir y a escuchar tu cuerpo de tal manera que no te fuerces al punto de perjudicar a tu organismo. Puedes tener la tendencia a forzar tu cuerpo más allá de sus límites y hasta el agotamiento y, entonces, tienes que reconstruir tu fortaleza desde el principio. Sientes que tienes que saber qué tan lejos te llevará tu cuerpo en caso de aprieto. Por consiguiente, en tu búsqueda de los límites, el primer lugar en el que sueles buscar es en tu cuerpo físico.

Es posible que tardes mucho en alcanzar una tranquilidad financiera. La razón es que dedicas tanto tiempo a hacer favores a los demás y asegurar tu base de poder que no consagras tiempo para la construcción de tu éxito personal por tus propios méritos. Gastas tiempo y energía en personas de las que esperas recibir apoyo porque temes mucho que te dejen en el aire. Pero, en realidad, lo que estás haciendo es ceder tu poder un poquito aquí y un poquito allá. Conforme aprendes a confiar en ti, sabrás que eres lo suficientemente fuerte para levantarte de nuevo si llegaras a caer. Estás empezando a darte cuenta de que no necesitas el apoyo de todos los que te rodean, ya que eres una montaña de poder. Cuando te conectes con tu poder interior y aprendas a caminar con tu paso natural, encontrarás que el universo sí te apoya y que hay cosas buenas en el mundo y en tu interior. Para eso estás aquí: para aprender a descubrir y a creer en tu propia bondad.

Asimismo, estás aprendiendo a dejar de proyectar tu bondad hacia afuera en la búsqueda de una persona en quien creer. En la medida en que aprendas a ayudarte y a confiar en ti, siendo fiel a tu propio sentido de la bondad, podrás comenzar a construir tus propias fronteras y a controlar tu energía. Esto te da la libertad de tener más confianza en los que te rodean, ya que elimina la necesidad de entregar el poder. Lo anterior también te conducirá a la comprobación de que no hay nada malo en tener éxito y estar bajo los reflectores. A partir de ahí, podrás convertirte en el poder detrás de tu propio trono y alcanzar el éxito. Desde esa posición puedes apoyar a los que te rodean, pero a partir de una motivación más pura, puesto que ya no sientes que los necesitas para asegurar tu propia fortaleza. Ahora, cuando ayudes a otras personas lo harás desde un ángulo de verdadera protección y dejarás de ser partícipe de un proceso que te obligue a ceder tu poder.

La calidad de las personas que te rodean cambiará también. Mientras pensabas que necesitabas de los demás como apoyo, inconscientemente te hacías daño al tener parásitos a tu alrededor que te chupaban energía. Es por ello que a menudo te desilusionabas de la naturaleza humana. Cuando sientes que estás comprando los favores de los demás y que no te estás dando libremente, sin cuerdas que te aten, despojas a los que te rodean de la posibilidad de brindarte su voluntad y amor cuando requieres de su ayuda. Cuando no te entregas libremente, no te das la oportunidad de experimentar en forma positiva que «lo que va, vuelve».

Todo lo que entregues a otra persona tiene que regresar a ti; si no por conducto de esa persona, sí a través de otra en el momento en que lo necesites. Mientras vas aprendiendo a desbloquear la energía que fluye de tu interior dando libremente, percibirás la bondad en los demás conforme ellos te devuelven lo que has entregado. ¡Esta sensación es muy diferente a la de contraer deudas y obligaciones de mala gana! Necesitas aprender que si buscas lo peor en los seres humanos, los alborotarás hasta sacar de ellos la cualidad que temes (por lo menos en tu mente). Pero si esperas lo mejor, serás lo suficientemente poderoso para bloquear esa cualidad en ellos.

Al aprender a dar libremente sin motivos ulteriores, estás apartando de tu camino la energía de la manipulación. Puedes tener una tendencia a pasar tanto tiempo manipulando las vidas de los que te rodean que te dejas atrapar por esa forma de expresión, con lo cual impides tu propio crecimiento. Conforme liberas esa energía negativa, comienzas a percatarte de que el hecho de que las personas recorran sus propios caminos independientes no implica que no puedan cuidarse y apoyarse mutuamente. Empiezas a entender que si otras personas se preocupan verdaderamente por ti, estarán presentes cuando más las necesites y, si esto no sucede, entonces es porque quizá no se preocupen tanto por ti como aseguran. Esto te ayudará a distinguir a la gente que realmente se preocupa por ti de aquella a la que no le importas nada; por otra parte, te ampliará el conocimiento sobre las muchas y diferentes formas en que la gente manifiesta su preocupación por los demás.

Cuando alcances a comprender esto, funcionarás sintiendo que puedes hacer uso de todo tu poder y desaparecerán los bloqueos. Asimismo, en esta encarnación estás aprendiendo acerca del uso adecuado del poder. Estás aprendiendo que es negativo hacer uso de tu poder contra los más débiles, y que es positivo compartir ese poder para ayudar a que los demás se fortalezcan. En el proceso de imbuir de poder a otras personas, adquieres el sentido de tu propia fortaleza de una forma que genera autoestima.

EXPRESIÓN INCONSCIENTE: Al funcionar en el plano inconsciente, puedes tener un patrón de comportamiento negativo, el cual consiste en alcanzar tus éxitos a costa de las desgracias de los demás. Si no tienes presente las lecciones que viniste a aprender, puedes verte rodeado de gente muy negativa o tú mismo ser una persona así. Es posible que seas alguien que se aproveche de los demás en sus momentos de debilidad, como, por ejemplo, usurero (legal o no), proxeneta, narcotraficante, carterista o leguleyo. Otras manifestaciones de este eclipse podrían ser diversas formas de manipulación psíquica, como el vudú, los hechizos, el mal de ojo, etcétera.

Cuando procedes de un plano negativo, el aprovecharte de los demás podría ser un método inconsciente para aprender las lecciones que te corresponden en esta vida. Todos debemos aprender las lecciones de nuestra vida, pero sólo a nosotros compete la manera en que lo hagamos. Por medio de este patrón, aprenderíamos la lección de que «lo que va, vuelve». La sociedad podría verse obligada a imponerte algún tipo de rehabilitación o, por el contrario, tú podrías verte obligado a sufrir enormes pérdidas a causa de los esquemas que has desarrollado.

Muchos de ustedes provienen directamente de encarnaciones pasadas en las que sus sistemas de valores no tenían cimientos sólidos. Tus valores morales, financieros y espirituales se fueron a pique por falta de ética y te encuentras en esta vida para rehabilitarlos. Sin embargo, si no enfrentas estos problemas en forma positiva, puedes convertirte en aquello que desprecias. Si decides operar en forma negativa, tu cuerpo presentará una tendencia al deterioro al comprobar que no hay en este mundo nadie de quién depender, ni siquiera de ti mismo. Tratas de probarte que no hay nada bueno en este plano y que todo debe ser destruido.

Cuando finalmente tocas fondo, tienes una capacidad sorprendente (mayor que la de cualquier otro patrón eclíptico) para salir del atolladero. Infortunadamente, para ello es posible que tengas que crear una crisis en tu vida, salvo que busques algún tipo de asesoría o te encuentres con alguien que respetes lo suficiente para permitirle que derrame luz sobre ti. Una vez que hayas aceptado que hay cosas buenas en el mundo —o una vez que hayas caído tan hondo como sea posible en el plano físico, emocional y financiero—, comienzas a avanzar. De lo que se trata es de actuar antes de arruinar tu vida.

Una forma de facilitar tu crecimiento es comenzar a valorarte, ya que tan pronto sientas que eres digno de salvación, eres totalmente capaz de salir del pozo. Conoces demasiado bien tus faltas. Lo que necesitas aprender es cuáles partes tuyas están bien y ponerte en contacto con ellas sin dilación. Eres amable; entiendes los trabajos del universo; eres una persona sensible (aun si tratas de ocultarlo); te preocupas por los demás (aunque pretendas lo contrario), y, en el fondo, tienes buenas intenciones. Si alguien te dice una cosa positiva cada vez que hagas algo negativo, recibirás el reconocimiento de tus buenas intenciones sin que ello signifique un espaldarazo a tu comportamiento asocial. Cuando puedas ver esa chispa de bondad tendrás la fe suficiente en ti mismo para salir de las peores situaciones. Eres capaz de superar situaciones que darían al traste con una persona común y corriente.

Cuando operas inconscientemente, tienes dificultades para manejar los celos de los demás, lo cual obedece a que tú también estás trabajando en aspectos relacionados con los celos y conoces muy bien ese sentimiento de odio por alguien que tiene más éxito que uno. Estás tratando con todas tus fuerzas de superar y ser sensible a este asunto porque no te gusta esa parte tuya. Sin embargo, sueles juzgarte con mucha severidad.

A menudo, cuando te enfureces es porque alguien resultó herido y quieres proteger a esa persona o serle leal. Las reacciones negativas pueden ser producto de tu desconocimiento de las respuestas socialmente aceptables en esas situaciones. Te preocupas tanto por tus semejantes que cuando ves que se hace mal uso del poder, te sientes obligado a enfrentarte físicamente a esa situación y acabar con ella. Quieres destruir todo lo que no sea positivo.

Es importante que reconozcas lo bueno que tienes en tu interior, ya que este eclipse rige la energía de la destrucción y, hasta que no veas la chispa de la bondad en ti, seguirás recorriendo un camino de autodestrucción. Sólo percibes tu valor hasta que otra persona lo refleja. Estás aquí para aprender lo que vales para la sociedad, así como tu valor como ser humano.

EXPRESIÓN CONSCIENTE: Sabes intuitivamente que estás en este plano para aprender a utilizar tu energía transformadora y regeneradora en forma positiva. La energía de la transformación es a la vez la energía de la destrucción e, intuitivamente, entiendes que algo tiene que morir para que otra cosa renazca. A partir de una existencia anterior en la que te ocupaste de tus valores internos, descubres que una parte del crecimiento de tu alma quedó fuera: la capacidad para integrar tus valores con los de los demás. En esta existencia viniste a aprender a reconocer lo que es valioso en todos, no sólo lo que es valioso en el yo. Tiendes a encarar esta lección desechando de tu conciencia lo que ya no es útil y remplazándolo por algo positivo.

La energía de escorpión en una energía muy poderosa. Es la energía del agua que brota, la cual no conoce límites hasta que se la contiene. Por lo tanto, has llegado demasiado fuerte a la sociedad y debes aprender cómo controlar esa energía. Hasta que la sociedad o alguien que respetes te diga que estás sobrepasando los límites establecidos, no dejarás de insistir. Los demás deben tratar contigo en forma abierta y honesta sin tener miedo de enfrentarte, ya que sólo puedes conocer tus límites cuando otras personas te los fijan sin titubeos. No te hace ningún bien que la gente permita que la aplastes, pues tal comportamiento no trae consigo ninguna enseñanza.

Al operar conscientemente, sabes que debes tratar a los demás en la forma que quieres que ellos te traten. Sabes que el hecho de que las personas no siempre te hagan frente o no siempre sean capaces de contener tu energía no es pretexto para que las destruyas. Si tratas de destruirlas, en algún otro momento habrá alguien que sea más poderoso que tú y que se proponga acabar contigo. Entiendes que todo en el universo funciona en forma cíclica y que todo lo que das se te devuelve. Esto también ocurre con los actos, emociones y pensamientos positivos; todo lo que sale del cuerpo en el plano mental, físico o espiritual, regresa. Al comprobar lo anterior estás aprendiendo el uso adecuado del poder.

Por otra parte, estás aprendiendo la lección relativa a la unidad de las fuerzas. Al entrelazar tu energía con la de otra persona, estás aprendiendo a confiar y a ser digno de confianza. Estás aprendiendo a superar esquemas posesivos del pasado que te hicieron propenso al sentimiento de los celos. Esto es muy importante, porque si no aprendes a ver y olvidar, te puedes ver arrastrado a un esquema de celos que obstruya tu crecimiento y no te deje avanzar. Si, en lugar de ello, aprendes a tener confianza, incluida la confianza en ti mismo, podrás superar esos rasgos posesivos contraproducentes. Esto te proporcionará una integridad personal lo suficientemente fuerte para tratar con mucho éxito con la gente en un plano solidario, ya que sabes que confiar sin tapujos en otra persona equivale a confiar en el yo.

Si no confías en los demás, inconscientemente te estás diciendo que ellos tienen el poder de afectar tu vida y les estás otorgando poder sobre ti. Cuando aprendes a confiar en los demás, recuperas todo tu poder. Entonces compruebas que puedes relacionarte con los que te rodean sin dejar que sus actos te afecten hasta el punto de no poder manejar ninguna situación. Gracias a este proceso, aprendes a confiar lo suficiente en tu propia integridad personal y fortaleza interna para salir de cualquier hoyo y elevarte a las alturas que desees. Eres la energía del escorpión que se transforma en águila y posteriormente en ave fénix.

EXPRESIÓN TRANSPERSONAL: En el plano transpersonal, tienes la capacidad para enseñar a los demás a reconocer y honrar lo bueno que representan como seres humanos. Les enseñas que al honrar lo bueno que tenemos en nuestro interior, cada uno de nosotros rinde homenaje al todo colectivo. Ayudas a los demás a eliminar cualquier cosa que esté invalidando al yo de tal manera que su esencia espiritual sea capaz de brillar; al ratificar lo que es correcto en ellos, ratifican al todo colectivo. Nos enseñas que todos somos parte de una totalidad, que tenemos la chispa de la conciencia colectiva dentro de nosotros. Estás utilizando tu poder para transformar la conciencia de la humanidad arrancando de raíz antiguos patrones subconscientes que impiden la evolución del alma individual, así como la evolución de la conciencia planetaria. Tu capacidad para ver lo esencial de toda situación puede poner de manifiesto las enfermedades que te impiden la salud del cuerpo, la mente o el espíritu y el resultado es purificador y curativo. En los niveles más altos, ustedes son los sanadores psíquicos y regeneradores espirituales que conectan las mentes de sus semejantes a la relación magnética con el todo.

INTEGRACIÓN FÍSICA: En todo momento, necesitas estar consciente de la responsabilidad espiritual que has asumido con el plan universal. Si pasas por alto esa responsabilidad, tus órganos reproductores podrían ser proclives al deterioro, ya que éstos se correlacionan con la energía universal de la creación y la expansión. Debes incorporar este principio en tu vida cotidiana, si no en el plano espiritual por lo menos en tus interrelaciones con los demás. En consecuencia, es importante que aprendas a dar libre curso a tus creaciones, ya sea confiando lo que valoras a los que te rodean o compartiendo tus conceptos espirituales con los demás. Si optas por ignorar la responsabilidad de compartir esas partes vitales tuyas, tu cuerpo se comunicará contigo y hará que prestes atención a los órganos reproductores.

Si no estás ocupándote de la energía de la transformación y la regeneración —la energía que permite eliminar lo viejo para que haga su aparición la energía del nacimiento y el renacimiento—, pueden presentarse problemas en el recto, el colon, el intestino delgado o el grueso. Si en un plano espiritual estás dejando que se te creen bloqueos, el cuerpo reflejará lo que estás haciendo. Para eliminar la obstrucción y no sufrir problemas físicos por retener lo que necesita liberarse, debes aprender que no puedes controlar todo alrededor tuyo.

Sagitario

SAGITARIO

ECLIPSE SOLAR: (Para activar totalmente la energía del eclipse solar en sagitario, primero debes integrar las lecciones del eclipse lunar en sagitario con tu cuerpo emocional. Para una explicación completa, véase «Cómo usar la parte II», página 163.)

Has aceptado la responsabilidad de enseñar a tus semejantes a entender la amenaza común que se cierne sobre todas las filosofías y sistemas de creencias de la humanidad. Estás difundiendo el conocimiento de que todos somos uno, que todos vamos en la misma dirección y, al mismo tiempo, que todos hemos venido a aprender algo en nuestros propios y singulares caminos. Estás enseñando que la chispa de la conciencia colectiva está brillando con gran intensidad dentro de todos nosotros. Necesitamos aprender a respetarnos mutuamente sin prejuicios y a reconocer que, independientemente del camino que cada persona haya escogido, estamos viajando a un mismo destino. Todos los caminos de la montaña conducen a la misma cima.

Las vidas que tocas en esta existencia automáticamente se ven impulsadas hacia una conciencia superior. Has encarnado sin prejuicios y necesitas tener cuidado de no desarrollarlos y comprobar que ya cuentas con la filosofía adecuada. En virtud de tu naturaleza filosófica y tu sistema de valores, tienes tendencia a atraer a gente muy desenvuelta en esta vida. Atraerás a los que tienen una orientación social y están muy conscientes de su estatus. Es natural que trates de cambiarlos, ya que los diversos patrones eclípticos siempre atraen gente que necesita aprender la lección que están enseñando. Es importante que no pongas en peligro tu sistema de valores, pues tu filosofía refleja de por sí una conciencia superior. Es tu deber elevar la conciencia espiritual de los que te rodean y no permitir que otros influyan en ti.

Durante tus viajes espirituales, es importante que permanezcas consciente y que no te bloquees diciéndote: «Ésta es la única manera». Verdaderamente entiendes que todas las almas están impulsadas por el deseo de la perfección del yo reunido con el Dios de su conciencia: ser uno con el Padre. Es importante que las personas que presentan este patrón eclíptico y que hayan decidido ser maestros espirituales en esta vida conserven una claridad de espíritu y una actitud desprejuiciada. De esta manera, podrán ayudar a sus semejantes a esclarecer sus conciencias y guiarlos en sus viajes, con la libertad de recorrer el camino que han escogido. Tienes la fortaleza y el criterio para ayudar a la gente en los caminos que ha escogido sin que intervenga tu ego y sin verte tentado a conducirla por tu propio camino.

Con frecuencia, experimentas restricciones derivadas de un adoctrinamiento religioso recibido en tu juventud. La rigidez de este enfoque te estimula a liberarte posteriormente y a iniciar la búsqueda del hilo que une todos los sistemas de creencias y religiones. Al rechazar la idea de que «una determinada manera es la única manera», sirves a la humanidad dando muestras de un espíritu de tolerancia y comprensión respecto de todas las filosofías religiosas.

Es posible que te interese el cuidado de tu cuerpo físico, pero por lo general es así porque entiendes la necesidad de que se mantenga en movimiento. Compruebas que todo en la Tierra debe mantenerse en constante movimiento, ya que gracias a tu desarrollo espiritual has aprendido que nada es estático en el universo. Para que seas de la mayor utilidad al alma y a la chispa de tu Dios interno, el cuerpo físico debe permanecer fluido y moverse con la menor restricción posible. El movimiento implica libertad, y a través de ésta surge la toma de conciencia para conceptualizar muchas ideas diferentes. Cuando permites una verdadera libertad de expresión a las personas con las que compartes tu entorno, recibes la gratificación de verlas poner de manifiesto lo más elevado y lo mejor de sí.

En el plano profesional, los que presentan este eclipse pueden ser excelentes filósofos, consejeros, profesores, maestros espirituales y gurús. Sin embargo, no es para nada su intención que la gente los siga, a pesar de que emanan una energía que la atrae hacia ustedes. Su objetivo no es ser líderes espirituales, sino generar una toma de conciencia espiritual y devolverle a la gente su libertad espiritual, pero no desean personalizar la conciencia de los demás y remplazar a la persona o cosa que hayan seguido antes. No desean que la gente pierda la libertad de encontrar su propio camino, en la creencia de que en vez de tener gurús en este plano, la humanidad lo que necesita es descubrir una conciencia superior desde adentro. En consecuencia, están a gusto en cualquier profesión que les brinde la oportunidad de ayudar a los demás a desarrollar un mayor sentido de la realidad y a actualizar sus creencias. Pueden ayudar a que las otras personas asuman su naturaleza diferente y a que se desarrollen en áreas poco comunes. Dado que ustedes no se sienten culpables por ser diferentes, les dan a los demás el permiso de ser verdaderamente ellos mismos.

A través de tu capacidad innata de ver la verdad subyacente en todo lo que te rodea, puedes enseñar a los demás a eliminar las veladuras de la ilusión que obstruyen el pensamiento diáfano. Mediante un proceso de deducción lógica, puedes percibir una realidad más precisa y enseñas estas técnicas a los demás. Esto les permite percibir información veraz y precisa y, por ende, tomar decisiones con conocimiento de causa. Tienes la capacidad para ver la verdad y transmitir la información pertinente; también puedes ayudar a los que te rodean a alcanzar sus metas una vez que logren sintonizarse con la perspectiva más amplia que tú eres capaz de enseñarles.

Tienes una enorme capacidad para tomar decisiones, ya que puedes ver la verdad desde muy lejos. Los adeptos pueden aprender mucho sobre lógica fundamental, y a ti te complace sobremanera compartir esta capacidad con todos lo que estén en disposición de aprender contigo. Sin embargo, tienes tendencia a insistir en tus creencias y debes tener presente que, en ocasiones, puedes expresar tus ideas con demasiada firmeza. Esto puede amedrentar a las almas más tímidas y alejarlas de la libertad y de la toma de conciencia que estás tratando de ofrecerles con tanto entusiasmo. Sientes mucho amor por tus semejantes, así como un gran sentido de responsabilidad para ayudarlos a alcanzar su toma de conciencia.

A menudo necesitas romper la estructura cotidiana de tu entorno, toda vez que temes verte atrapado en ella. Dada esta capacidad de existir en el interior —y no obstante separado— de los conceptos normales de la sociedad, eres un ser curioso para los que te rodean. Esto estimula a los demás a hacer preguntas para las que necesitan respuestas. Te sientes verdaderamente feliz desempeñando este papel, ya que no te preocupas por encontrar alumnos; son ellos los que te buscan. De esta manera, no se crea ninguna dependencia, ya que los alumnos generalmente no están conscientes de que han encontrado a un maestro hasta que el maestro se ha ido.

Si escoges pasar por la vida «atolondrado» y sin ganas de ayudar a los demás a que accedan a estados de conciencia más elevados, serás conocido por tu cortedad de percepción. De esta forma, igual enseñas la misma lección, sólo que lo haces siendo un ejemplo repulsivo de la manera en que los demás no desean vivir su vida.

ECLIPSE LUNAR: Has llegado a esta vida con el objeto de eliminar todos los prejuicios y de aprender a entender el hilo común que une a todas las formas de filosofía, religión y espiritualidad. Tienes una sed insaciable de conocimientos e información respecto de la conciencia.

En esta encarnación necesitas deshacerte de los prejuicios que incorporaste en existencias anteriores. En el pasado, tus percepciones eran limitadas y de miras estrechas; tus ideas se basaban únicamente en información proveniente de tu entorno inmediato. En virtud de este marco limitado te convertiste en un crítico de la forma en que vivían los demás y de cómo debían hacerse las cosas. En esta existencia te expondrás a muchas cosas fuera de tu sistema de creencias. Una vez que esto ocurra, se acelerará considerablemente tu proceso, y tu tendencia a ser curioso se pondrá en primer plano. Es como si comenzaras un curso intensivo para ampliar tus horizontes y tu conciencia. La forma en que enfrentas este proceso puede ser diferente dependiendo del momento de tu vida en que lo hagas; sin embargo, la motivación es la misma: adquirir los conocimientos y la información que te permitan liberarte de sistemas de creencias limitados que adquiriste en el pasado y que te mantuvieron desconectado de un sentido universal de la totalidad.

Algunos de ustedes adquieren la información que necesitan por medio de viajes al extranjero y de entrar en contacto con diferentes culturas, filosofías y teologías. Conforme exploras esas culturas diferentes, estudias sus sistemas de creencias y la historia de las diversas religiones a fin de encontrar el hilo común que une las diversas normas y doctrinas. Por ejemplo, podrías preguntarte: «¿Por qué el catolicismo señala que no se debe comer carne los viernes?» Cuando piensas en ello desde el punto de vista práctico, compruebas que cuando se instituyó la regla, la conciencia de la humanidad no había descubierto que el cuerpo humano necesita descanso y que se necesita mucho tiempo para digerir un pedazo de carne. De esta forma, puedes descubrir el sentido práctico de la religión organizada y entender que las reglas de este tipo se formularon para enseñar a la humanidad a vivir en sociedad, a comportarse en forma civilizada y a cuidar el cuerpo físico para que el alma estuviera en posibilidad de enriquecerse.

Deseas entrar en contacto directo con países extranjeros con el fin de entender mejor las diferentes culturas, antecedentes y motivaciones de sus pueblos. Esto te ayuda a reordenar tu filosofía, ideas y actitudes. Para ti, el conocimiento que te aportan los libros no es suficiente. Te interesa ver cómo vive la gente, si la cultura funciona y si respeta la constitución moral de su gente. Quieres saber cómo se integra la filosofía en la cultura y para ello te preguntas: «¿Lo que he leído y estudiado corresponde realmente a la gente que tiene esa filosofía y practica esa religión? ¿Qué tipo de conciencia personal manifiesta ese sistema de creencias?» Estás acostumbrado a funcionar en diferentes grupos sociales y a entender los patrones de comportamiento social en forma somera. Ahora estás entendiéndolos en un nivel más profundo y adquiriendo conciencia del patrón de comportamiento en su totalidad. Los países extranjeros te atraen porque quieres encontrar el hilo común que une a las diferentes sociedades y culturas. Esto te da un sentido de pertenencia a una conciencia abstracta que incluye a todas las culturas.

Cuantas más culturas conozcas, mejor para ti, ya que estás realizando una especie de destilación de todos los sistemas de creencias e integrando lo que se adapta a ti. De hecho, estás buscando tu propia dirección y tu propia filosofía porque has perdido el camino. Te acostumbraste tanto a vivir en un plano social superficial que perdiste la motivación para encontrar tu propio camino. La única manera en la que, al parecer, puedes encontrar tu camino en esta vida es tomando lo que necesitas de las diferentes filosofías. Cuando hayas reunido una compilación de las cosas que te gustan, experimentarás con los aspectos que funcionan para ti en el plano espiritual, filosófico y práctico, es decir, las percepciones que te hacen sentir feliz y lleno de confianza. Cuando entras en contacto con otras religiones y filosofías —sin juicios de valor—, aprendes que, en el plano personal, algunas cosas funcionan y otras no. Estás desarrollando tu propia religión, tu propio vínculo interno con la verdad.

El aprender a superar tu tendencia hacia los prejuicios, la estrechez de espíritu y la superficialidad es muy importante para ti en esta vida. Quieres conocer los porqués de las diferentes filosofías y religiones para estar en capacidad de entenderlas mejor. En una existencia anterior sólo estuviste expuesto a una pizca de cada cosa y no a información verdaderamente profunda, así que en esta encarnación muestras una sed insaciable de información más detallada de índole filosófica. Estás buscando el denominador común de la verdad inherente a la interacciones sociales y a los trozos de información que ya posees. Llegaste a este planeta con la mente fija en una estructura social determinada, en la creencia de que las cosas deben ser de una manera en particular. Encaras tu propio entorno familiar y dices: «Bien, esta filosofía parece funcionar para mi familia, pero observo que las familias de mis amigos tienen filosofías diferentes que parecen funcionar para ellas. ¿Cómo puede darse eso? ¿Cómo es posible que no estén haciendo las cosas de la misma manera que yo?» Esta exposición de tu verdad a gente diferente con diversos sistemas de creencias te ha impulsado realmente a pensar.

Estás buscando el denominador común, el hilo común; todo con el fin de encontrar paz. Experimentas en tu cuerpo actual una aguda sensación de encontrarte separado del «Padre» y del universo. Quieres regresar a un plano espiritual, pero no estás completamente seguro de cómo llegar allí. Estás buscando respuestas y deseas identificarte con algo más elevado que la inconsistencia de las interacciones sociales. Buscas la verdad y piensas que la única manera de encontrarla es investigando todo personalmente. No se trata en este caso de investigación por el puro placer de investigar, sino para obtener la información que crees necesaria para tomar decisiones con conocimiento de causa.

Como maestro espiritual entiendes intuitivamente que has venido a esta existencia para despertar la conciencia de tus semejantes. Sin embargo, no entiendes automáticamente qué se supone que debas despertar o cómo debes hacerlo exactamente. Tu búsqueda del conocimiento te podrá inducir, en un momento dado, a entender cómo enseñar tu lección de la mejor manera. Debes tener mucho cuidado, sin embargo, y no insistir demasiado en una determinada forma, so pena de guiar a los que te rodean sólo en esa dirección. Tienes un gran poder de convencimiento ya que, en existencias anteriores, aprendiste el arte de vender y ahora te estás concentrando en el dominio de las habilidades de la mente.

Puedes ayudar mejor a tus semejantes apoyándolos en la búsqueda de sus propios caminos. Necesitas tener presente que cada persona tiene su propio camino: dos personas no pueden recorrer exactamente el mismo camino, ya que por cada uno de ellos transita sólo una conciencia. Para regresar a la totalidad, cada uno de nosotros debe proceder de su punto de partida, tomar su dirección y encontrar la forma de regresar a la existencia inicial. Parte del proceso de desarrollo que viniste a aprender y a compartir con los que te rodean es la comprobación de que existe una diversidad de caminos y direcciones, pero sólo un centro. En consecuencia, es sumamente importante que evites hacer uso de tu «labia» para tratar de convencer a la gente de que comparta tu camino. Necesitas responsabilizarte y estar consciente de lo que manifiestas a los demás, ya que podrías estar sacándolos de los caminos que ellos han escogido para introducirlos en los tuyos. Si actúas de esta manera, podrías convertirte en un elemento negativo para los que te rodean.

Conforme aprendes a escuchar con más cuidado las necesidades de los demás, sus motivos y los lugares de donde vienen, empiezas a entender por qué cada persona necesita recorrer su camino a su manera. Al otorgar a los que te rodean la libertad de escoger sus propios caminos, te liberas de un peso kármico que consiste en considerarte el paladín del planeta. De esta forma, te permites sólo y exactamente lo que viniste a obtener: libertad personal. Estás aprendiendo a ser libre sin tener que cargar con el peso de las decisiones que toman tus semejantes.

Tu trabajo en esta vida no es dirigir a los demás a lo largo de un camino en particular, sino enseñarles tu filosofía de libertad y expansión. De esta forma, ayudas a los demás a hacer uso de su libertad y a encontrar sus propios caminos. Acumulas información y la metes toda en una gran olla, y cuando todo está cocido, encuentras una veta de oro. Estás aprendiendo a destilar la información para encontrar la verdad. Gracias a tus investigaciones acerca de la diferentes religiones y filosofías, has aprendido a aceptar lo que es realmente útil para la humanidad y a descartar lo que es demasiado limitante. Estás aprendiendo a abrirte campo por estructuras religiosas y filosóficas hechas por el hombre para acceder a una conciencia más universal. De esta forma, encuentras tu propio camino.

Si bien esperas encontrar a las personas que tienen una conciencia parecida a la tuya, es frecuente que tú mismo seas un alma solitaria, pues en tu viaje a la conciencia pareces estar acompañado por pocos. Conforme aprendes a descartar tus prejuicios y a aceptar determinadas experiencias, se te permite ver la luz de las personas que te rodean. Es entonces cuando se alivia tu sentimiento de soledad.

EXPRESIÓN INCONSCIENTE: Viniste a aprender cómo deshacerte de tus prejuicios y ampliar tu mente estrecha. Si optas por aprender estas lecciones por la vía difícil, puedes pasarte la vida exponiéndote a muchas personas de mente obtusa. Tal parece que te metes en dificultades con las demás personas respecto de sus sistemas de valores y, por otra parte, que discutes a menudo con los que son tan limitados en sus puntos de vista como tú. Esto te ayuda a percatarte del corto alcance de tus propias creencias.

Si te niegas a aprender tu lección, podrías verte obligado a enfrentar las consecuencias de tus prejuicios contra gente de países extranjeros y que profesa otras religiones. Tienes tendencia a pensar que cualquier persona que habla un idioma extraño que suene diferente al tuyo está por debajo de ti en el plano intelectual. Por ejemplo, tal vez pienses que el hablar despacio indica falta de agilidad mental. Otro ejemplo de este tipo de prejuicio es la reticencia a contratar a alguien que hable con acento extranjero, por temor a que no realice el trabajo en forma adecuada o no pueda comunicarse con claridad con los demás. Esta actitud podría tener como resultado que pierdas a la mejor persona para un determinado trabajo. Si este patrón se encuentra profundamente enraizado de tus encarnaciones anteriores, en esta vida podrías pertenecer a un grupo minoritario y ser víctima de los prejuicios de los demás.

Necesitas aceptar que has encarnado para cambiar sistemas de creencias que no permiten la expansión de la diversidad. Tu trabajo es dejar de ser crítico y santurrón, al igual que tener presente que tu manera no es la única que existe. El hecho de que hayas escogido un camino particular no implica que no puedas sacarle provecho a la luz que te arrojan las personas que están recorriendo un camino diferente. Estás aprendiendo a aceptar el hecho de que cada ser humano es un niño de Dios y que todos tenemos la chispa de la conciencia colectiva en nuestro interior. Todos estamos evolucionando y tenemos derecho a crecer en el camino que hemos escogido. No todas las flores de la Tierra pueden florecer en el mismo jardín.

Tu conciencia social es similar a la conciencia de los que pertenecen a un grupo de élite o a un club deportivo establecido que no permite el ingreso de personas que no cumplan con determinados criterios sociales. Con este tipo de conciencia, no puedes respetar la esencia de tus semejantes o apreciar sus contribuciones, las cuales pueden ser nuevas, diferentes y excitantes. Para ti, todo debe permanecer igual y ser aceptado por la sociedad a la que perteneces. Es importante que superes esta tendencia para no estar limitado a un camino de estrechez y aislamiento. Tan pronto empieces a integrar una conciencia más amplia, es importante que compartas, con una actitud humana, tus nuevos hallazgos con otras personas y que dejes de expresarte en forma francamente clínica. Necesitas evitar la terminología técnica que coloca todo en un nivel tan elevado que los que te rodean no pueden aprovechar los conocimientos que acabas de descubrir.

Otro mecanismo potencial de autoderrota es tu tendencia a no escuchar a tus semejantes. Puedes estar tan aferrado al camino que escogiste que terminas por adquirir una visión de túnel: ver sólo lo que quieres ver y arremeter hacia adelante como toro de lidia. Olvidas aprender mediante la interacción con otras personas y exponiéndote a sus culturas y creencias. Puedes estar tan ocupado en la expansión de tu conciencia que olvidas disfrutar de la vida y beneficiarte del elemento humano esencial. Asimismo, la información que en un principio te permitió ampliar tu conciencia puede convertirse en una limitación si dejas de ser receptivo a nuevos niveles de conciencia. Por medio de tu interacción con los demás, obtienes lo que necesitas para seguir en el camino de tu crecimiento personal.

En virtud de limitaciones habituales en vidas pasadas respecto de tu entorno social inmediato, puedes sentir temor cuando amplías tus horizontes más allá de lo conocido. El ir a fiestas en las que se encuentren personas diferentes y comer nuevos platillos y alimentos puede causarte ansiedad. Te estás limitando si dejas de apreciar otras dimensiones de la vida y las cosas que tengan que ofrecer las personas que viven fuera de tu círculo. Sólo si te alejas de tu entorno inmediato podrás descubrir las cosas más agradables y expansivas de tu vida.

EXPRESIÓN CONSCIENTE: Al actuar en forma consciente, buscas obtener satisfacción intelectual y constantemente estás aprendiendo y progresando en tu camino. Frecuentarás diversas instituciones de enseñanza, estudiarás filosofía y teología, así como las culturas y costumbres de lugares diferentes. Estás aprendiendo a comportarte de manera más abierta y consciente y encuentras que las interacciones con los demás y la exposición a sus filosofías amplían tu capacidad mental.

Muestras una curiosidad innata en el plano espiritual, pero lo que más te interesa es entender qué cosas motivan a los seres humanos en estado encarnado a sentir tanta vinculación con lo espiritual. Necesitas reordenar los principios del cuerpo, la mente y el alma en esta vida. En consecuencia, tomas con entusiasmo el camino que conduce a ese reordenamiento y haces lo necesario para alcanzarlo. Disfrutas de las actividades físicas y entiendes el cuerpo y sus funciones. Sabes que el cuerpo debe ser ágil desde el punto de vista físico para que la mente pueda trabajar a su máxima capacidad. Respetas la conciencia divina y tienes presente que formas parte del todo colectivo. Estás consciente de que hay lecciones que el alma quiere incorporar en esta existencia y, por lo tanto, encuentras la motivación para aprender más acerca de estos tres aspectos de ti mismo y organizarlos en un conjunto integrado. Tu búsqueda consiste en entender el cuerpo, la mente y el alma, así como la forma en que se interrelacionan estos aspectos y cuáles son sus puntos de enlace.

Al operar en el plano consciente, incorporas la filosofía de personas que recorren el único camino que les es posible conceptualizar en algún punto del tiempo. Descubres que si no puedes verlo o mostrarlo, no puedes aspirar a él. Para satisfacer tu necesidad de alcanzar niveles de iluminación elevados, pasas por la mayor cantidad de experiencias posibles en el curso de esta vida. De esta forma, amplías tu capacidad de conceptualización, lo cual hace que aumenten tus opciones.

Muestras una gran motivación para alcanzar el grado de conciencia que te libere de tener que regresar a este plano; por consiguiente, pasas mucho tiempo y gastas mucha energía investigando todas las opciones que conducen a una total libertad y liberación de trabas pasadas. Tu deseo de regresar a la totalidad y de no ser una entidad separada es tan intenso como la tristeza que sientes como entidad separada. Estás buscando el camino que te conduzca a la verdad que existe en tu interior y, como consecuencia de ello, al sentimiento de vinculación con el todo. Quieres entender los caminos que recorre toda la gente que te rodea para determinar si has escogido el correcto.

EXPRESIÓN TRANSPERSONAL: En tu proceso de descubrimiento de la verdad en esta encarnación, despliegas una gran actividad . Actúas convencido de que todos los caminos son correctos y te pones a la disposición de las personas que necesitan ayuda para llegar a este mismo convencimiento fundamental. Compruebas que nuestro estado de conciencia sólo está limitado por nuestras propias concepciones, de tal manera que trabajas para que las demás personas amplíen su visión del mundo. Esto hace que aumente el potencial de éxito de todos, y compruebas que si no ganamos todos, nadie gana. Asimismo, alientas a los demás a disfrutar del estado de regocijo natural del que tú disfrutas, con lo cual imprimes ligereza y una sensación de aventura al sendero que recorres. Al hacer lo que está a tu alcance para levantar el ánimo de los que te rodean, compartes la alegría y ligereza de espíritu que has encontrado por medio de tu propio vínculo con la verdad. No es tanto tu filosofía lo que eleva a los demás, sino tu liberación respecto de sistemas de creencias y prejuicios rígidos.

Intuitivamente entiendes que tu papel en la Nueva Era es vivir y dejar vivir. Te das cuenta de que estás eliminando karmas cada vez que te deshaces de patrones antiguos y perjudiciales y estableces una actitud mental más progresista mientras te encuentras en el plano físico. Te mantienes constantemente en movimiento en tu afán de ayudar a la humanidad a liberarse de su pasado para tener la posibilidad de dirigirse al futuro. Apoyas la tendencia a asumir mayor libertad y responsabilidad personal en materia religiosa y filosófica. De hecho, la libertad acompañada de la responsabilidad personal es la esencia del patrón eclíptico transpersonal en sagitario.

INTEGRACIÓN FÍSICA: El cuerpo se comunica contigo por medio de trastornos en las caderas, los muslos y el hígado. Si optas por no liberarte de prejuicios, el hígado, que es el órgano que filtra las impurezas de la sangre, dejará de funcionar y no contribuirá al bienestar de todo tu ser. Esto demuestra cómo los prejuicios no ayudan en nada al bienestar psicológico y filosófico.

Si te permites regresar a viejos patrones de inconciencia, de respaldo al *statu quo* y estancamiento desde el punto de vista social, pueden surgir problemas de movilidad en la cadera. Para poner en alerta tu conciencia acerca del hecho de que ha habido inmovilidad en tus procesos mentales y espirituales, pueden surgir problemas con el movimiento de la cadera y de los muslos. Eso puede provocar restricciones y trastornos que van desde una pequeña incomodidad a un grave deterioro. Esta tendencia al estancamiento mental puede subsanarse mediante la expansión de tu conciencia y liberándote de la rigidez de tus creencias y prejuicios.

En otros niveles, puedes ser propenso a erupciones cutáneas en diferentes partes del cuerpo. Si no estás dispuesto a desechar tu sistema de creencias y conceptos trasnochados, te saldrán brotes de acné, golondrinos y otras impurezas. Nuestros padres nos confieren el cuerpo, pero la memoria celular de nuestro organismo tiene un cierto grado de conciencia propia. Si muestras prejuicios diferentes que los que recibes de tu entorno familiar a temprana edad, ésta podría ser la causa. El cuerpo comenzará a presentar erupciones cutáneas, ya que reconoce que estos esquemas son perjudiciales para la salud general de la persona y hace todo lo que esté a su alcance para eliminarlos. En consecuencia, en el plano físico puedes desarrollar golondrinos, acné y erupciones cutáneas de todo tipo conforme el cuerpo elimina lo que no quiere llevar. Esto es necesario si tienes una gran cantidad de prejuicios en tus células en virtud de tu herencia familiar.

Capricornio

CAPRICORNIO

ECLIPSE SOLAR: (Para activar totalmente la energía que has recibido del eclipse solar en capricornio, primero debes integrar las lecciones del eclipse lunar en capricornio con tu cuerpo emocional. Para una explicación completa, véase «Cómo usar la parte II», página 163.)

Tienes la capacidad para enseñar a tus semejantes lo valioso que es tener una buena reputación. Entiendes intuitivamente que si no te presentas con propiedad en público, tu comportamiento puede traicionarte en los momentos más inoportunos.

Cuando actúas positivamente, enseñas mostrándote digno y reservado en compañía de otras personas, inclusive en tu unidad familiar. Cada acto es producto de una cuidadosa reflexión. Eres tan disciplinado que eres capaz de llevar a un buen amigo(a) al aeropuerto y eximirte de despedirlo(a) con un beso para que no pueda malinterpretarse. Dios no quiera que alguien diga a la persona menos indicada: «Vi a Juan y a María besándose en el aeropuerto». Te aseguras de que los demás no tengan la oportunidad de afectar de alguna forma tu reputación. Siempre estás consciente de tu prestigio, y es por ello que eres tan reservado en público. Sin embargo, eres muy expansivo a puertas cerradas y sueltas el tigre cuando estás en la recámara con las cortinas cerradas.

Estás enseñando la verdadera definición y necesidad de respetar el protocolo gracias a tu entendimiento intuitivo de que, cuando estás subiendo la escalera del éxito, es necesario hacer ciertos reconocimientos. Al percatarte de que cualquiera que esté por encima de ti en la escalera tiene miedo de mirar hacia abajo, entiendes que ese miedo tiene su origen en el deseo de no tener que bajar un escalón.

Cuando se lucha por el éxito espiritual, material o emocional, todo el mundo debe sentirse a gusto en el camino que ha escogido. Cuando alguien se encuentra con otra persona en su camino ascendente, puede acordarse del lugar que ocupa o sentir miedo de no ser reconocido por sus logros. Las personas que no están seguras en su situación actual pueden ser adversarios muy peligrosos, ya que los temerosos son capaces de arrastrar a los demás hacia abajo con ellos, de la misma manera en que una persona que está ahogándose a veces ahoga a la persona que lo trata de salvar.

Cuando reconoces la necesidad de respetar los logros de los demás, desbrozas el terreno de las personas con las que trabajas. Esto les permite sentirse más a gusto y les proporciona una visión clara de su camino, lo cual les evita tener que enfrentar obstáculos innecesarios. Gracias a este conocimiento intuitivo de que todo debe respetarse y reconocerse, tu viaje hasta la cima puede ser más fácil, aunque también más lento en ocasiones. Pero el camino que has escogido hasta la cima es claro para ti, ya que entiendes la necesidad de respetar el protocolo y enseñas la lección de respetar a los que te han precedido al igual que sus logros.

Asimismo, entiendes y enseñas que si quieres tener éxito en esta vida, debes conducirte siempre como si alguien estuviera mirándote. Cualesquiera que sean los ejemplos que estás dando, tu vida es un escaparate, o por lo menos tu comportamiento así lo indica. Entiendes que te conviene actuar como si todo lo que haces fuera a revelarse. Los que te rodean aprenden que si se deciden por llegar hasta la cima, deberán siempre conducirse como si todos los aspectos de su vida fueran transmitidos por televisión. Dado que estás enseñando el valor de mantener una buena reputación, tu energía automáticamente atrae la atención hacia ti para que los demás puedan aprender. Sólo a ti te compete escoger si te describes en forma positiva o negativa, pero de cualquier manera, al observarte, la gente aprende lo importante que es el prestigio.

Otras personas pueden aprender de ti a subir los peldaños del éxito en todas las áreas de su vida. Te das cuenta de que no puedes moverte más hasta que no hayas asegurado lo que ya posees, tanto en los asuntos del corazón como en los negocios. Enseñas a los demás que antes de dar el siguiente paso en una aventura comercial o en una relación deben siempre sentirse seguros donde están. Esto es similar a los pasos que da una cabra montés, que a veces camina paralelamente a la ladera o da unos pasos atrás para poder llegar a la cima sin caerse, porque no quiere caminar por terreno inseguro.

Estás aquí para llevar una vida ejemplar y reflejar en tu comportamiento los principios que defiendes. Por medio de tu capacidad de comprometerte con un ideal y defenderlo a través de la manera en que enfrentas la vida, enseñas a los demás que es posible sostener un principio que sea superior a sus vidas personales al tiempo que se ocupan de sus actividades cotidianas. Les enseñas el valor del compromiso, ya que tienes la capacidad de materializar las metas por medio de la fuerza de tu compromiso y la capacidad para mantener tu meta bien anclada en la mente. Este nivel de conciencia te permite utilizar todo lo que se atraviesa en tu camino para ayudarte a alcanzar tu meta. De esta forma, enseñas a los que te rodean el valor de la adversidad.

Las personas que atraes tienen tendencia a ser excesivamente emotivas y sensibles y necesitan aprender a funcionar en el mundo real. Gracias a tu capacidad natural para enseñar la lección de la responsabilidad y a respetar el protocolo, les muestras cómo tener éxito en áreas en las que fracasaron en el pasado. Ayudas a los demás a no tomarse el mundo externo tan a pecho y a evitar que las asperezas de la vida les puedan causar trastornos emocionales.

Enseñas a los que te rodean a asumir la responsabilidad de sus acciones toda vez que sabes que todo lo que hagas en la vida será juzgado por otras personas. Entiendes que la sociedad suele ser crítica y enseñas a los demás a llevarse bien con sus miembros, a interrelacionarse y a tener éxito. Por tu conducto aprenden que cuando viven dentro de los límites establecidos por la sociedad, serán juzgados por los que los rodean. Es muy importante que enseñes a tus semejantes a servir a la sociedad y a actuar en favor de los intereses de ésta, ya que cuando haces esto sientes que estás viviendo una vida responsable.

Para ti, ser útil es de suma importancia. Todo en tu vida debe ser útil, y no crees en el desperdicio, especialmente el desperdicio del carácter. Si la gente no está aprovechando su potencial, no está dando sus mejores pasos o está perdiendo su buena reputación, es un desperdicio. No quieres desperdiciar tu tiempo en compañía de gente con poco carácter, ya que descubres que la sociedad no sólo te juzga por lo que eres, sino también por las personas con las que andas.

Fundamentalmente, enseñas a la gente el valor de asumir la responsabilidad de la forma en que alcanza sus metas a través de la relación correcta con la sociedad en la que vive.

ECLIPSE LUNAR: Has venido a este mundo para aprender lo valioso que es tener una buena reputación en esta vida. Tus lecciones consisten en cómo adaptarte a la sociedad, cómo asumir la responsabilidad de tus actos y cómo ser útil y conservar tu integridad en el mundo externo. En existencias anteriores te sentías muy a gusto y seguro en tu entorno familiar. En esta existencia necesitas superar tu dependencia del hogar y de la madre y lanzarte al mundo para convertirte en un miembro valioso de la sociedad.

Si escoges aprender estas lecciones en forma negativa, será a través de restricciones que se te impondrá la sociedad, tal vez incluso con periodos de encarcelamiento. Es posible que haya épocas en que te veas constantemente denigrado por los que te rodean y en que tu prestigio se vea arruinado, o en las que otras personas consideren que no vales nada en absoluto, sin mostrar escrúpulos para comunicártelo. A través de estas experiencias aprendes que es muy importante dar y no sólo recibir. Si pasas por la vida sólo recibiendo y sin dar, alientas el resentimiento y las limitaciones. Estas limitaciones en realidad son autoimpuestas cuando optas por no dar nada a cambio a la sociedad, que puede ofrecerte un camino, una dirección y un lugar para reclamar un nombre para ti.

Si asumes tus lecciones en forma positiva, al principio podrá ser a base de ensayo y error, hasta que aprendas a relacionarte con otras personas. Si perseveras en el camino positivo estableciendo una buena reputación, dando, compartiendo y haciendo una contribución valiosa a tu entorno, ganarás un lugar en la sociedad. Aprendes a no tomar tu reputación como si fuera un asunto personal, sino permitiendo su surgimiento y caída para que te enseñe cuándo estás «regándola» en tu comportamiento. Cuando los demás empiezan a perderte respeto, te envían una señal para que des marcha atrás, prestes atención y tomes nota de las áreas de tu vida en las que necesitas hacer algunos ajustes.

Aprender a subir la escalera del éxito es una lección importante en esta vida. Si bien estás ansioso por enfrentarte a este reto, necesitas aprender a ser paciente y responsable para poder avanzar. Algunos de ustedes tienen tendencia a apresurarse por alcanzar el éxito y a olvidar conceder el reconocimiento que les corresponde a los que les precedieron; por medio de este reconocimiento pueden obtener apoyo y ayuda. Si tratas de subir la escalera del éxito sin reconocer a estas personas, aprenderás que son más fuertes que tú y que pueden hacer que tu viaje sea muy difícil. Conforme aprendas a hacer uso en forma adecuada del reconocimiento, el respeto y el protocolo, aprenderás a tomarte el tiempo en un camino ascendente más deliberado.

Estás aprendiendo a controlar tu entorno en forma positiva, ya que al asumir la responsabilidad de tus actos, controlas el resultado de tu propia realidad. El control es un asunto importante para ti, dado que en encarnaciones pasadas permitiste que el entorno te controlara. En esta existencia debes aprender a controlarte sin pretender controlar a los que te rodean. Si intentas controlar a los demás, la vida se convierte en una experiencia muy difícil. Te dejas arrastrar hacia abajo y te vuelves amargo y resentido a causa de todas tus cargas y al darte cuenta de que todos los que te rodean se vuelven dependientes de ti, pero sin saber que tú mismo les has impuesto esa dependencia. Si empleas tu energía para tomar el control de tu vida, tendrás la fortaleza y perseverancia para subir al pináculo de cualquier campo.

Cuando te percatas de que tu vida es muy visible, aprendes lo importante que es hacer el mayor esfuerzo en todo momento. Descubres que en virtud de que has decidido aprender respecto del valor y el prestigio en esta existencia, la sociedad te considera responsable de todos tus actos, tanto en los negocios como en tu vida personal. A la sociedad no le importa si su opinión acerca de tu vida personal afecta tu capacidad de tener éxito en los negocios o si tu reputación profesional interfiere con tu vida personal. La experiencia te enseña rápidamente a proteger tu buen nombre en todo momento. Dado que tu vida es tan visible, la gente puede tener tendencia a juzgarte e, inconscientemente, pides que te juzgue. Sientes que la única forma de saber cómo lo estás haciendo es si te juzgan los miembros de tu comunidad, y mides tu éxito por el grado en que la gente te respeta. Es importante que aprendas a vivir y dejar vivir y te des cuenta de que no todo el mundo está buscando la aprobación de la comunidad que para ti es tan necesaria.

Parte de tu necesidad de ser una persona exitosa en esta vida se esclarecerá sólo después de que tengas presente que no sólo estás luchando por tener éxito, sino también reconocimiento y respeto, y por la necesidad de ser útil. Cuando asimilas ese conocimiento, te vuelves una persona muy importante que goza de la estima de la comunidad. En el proceso de alcanzar tus metas, estás aprendiendo a desarrollar tu carácter.

EXPRESIÓN INCONSCIENTE: Puedes sufrir mucho si no te concedes el valor que mereces en la sociedad por una falta de interés por tu reputación. Es importante que tengas presente que estás viviendo una vida muy visible y que se te solicitará rendir cuentas por tus actos. Dado que tu lección es aprender el valor de gozar de una buena reputación, tú mismo te has puesto en la mira para que los demás te juzguen, única forma en que podrás encontrar el significado de tu prestigio en la sociedad. Debes estar dispuesto a crecer personalmente a partir de estos juicios sociales, en lugar de mantenerte avanzando ciegamente hacia adelante.

Cuando optas por la inconciencia y no por ser útil a la sociedad, puedes convertirte en un lastre para ésta. Puedes tomar la decisión de no hacerte cargo de tus necesidades financieras y ser uno más en la fila de los desempleados, no por razones válidas, sino por negarte a asumir la responsabilidad de ocuparte de ti mismo. Puedes ser la persona que la sociedad menosprecia por no aportar lo que le toca, o bien la persona que la sociedad encarcela por su conducta inaceptable (robar, secuestrar, etcétera). Algunos de ustedes pueden optar por ocultarse en la casa y negarse a salir al mundo a abrirse camino. De ésta y otras maneras, no aprenderás nunca a ser independiente, y te convertirás en una carga para tu familia. Independientemente de que escojas funcionar en tu unidad familiar o fuera en el mundo, debes aprender a ser una persona útil. Si de niño no te enseñaron a ser útil en tu entorno familiar, te será más difícil serlo en la comunidad. Para enseñarte a romper con esa dependencia inconsciente, lo mejor es sostener un proceso gradual.

Puedes tener dificultades con cualquiera que esté en una posición de autoridad, ya que estás aprendiendo el propósito y la necesidad hacer respetar tu autoridad en esta vida. Dado que procedes de una existencia anterior en la que otras personas eran siempre la autoridad, estás acostumbrado a ceder tu poder a los demás con demasiada facilidad. En esta existencia te rebelarás naturalmente contra la autoridad hasta que logres incorporar tu propio sentido de autoridad en el patrón de crecimiento de tu alma. Es importante que te conviertas en un miembro respetable y útil en tu comunidad de tal manera que puedas incorporar ese sentido de autoridad en tu ser.

Al actuar inconscientemente, en el mundo de los negocios puedes tener tendencia a manipular tantas negociaciones como sea posible. Es muy probable que esto ocurra si comienzas a abrirte campo antes de tener confianza en tu capacidad de convertirte en un miembro respetado de tu comunidad. Puedes manipular las situaciones de tal manera que te conviertas en la única persona que tenga acceso a determinada información clave que permitiría a los demás completar el rompecabezas. Dado que necesitas controlar tu entorno, podrías quedarte cuando menos con una parte de esa información vital, en la creencia de que si actúas de esa manera te conviertes en una persona indispensable. Si lograras aprender a liberarte de esa tendencia y tener la suficiente fe en ti mismo para compartirlo todo, obtendrías el respeto y la dignidad que tanto deseas.

Bajo presión, podrías tener una necesidad tan imperiosa de tener éxito que sientes que debes ganar a toda costa. Por ello, en ocasiones te comportas en forma extremadamente inescrupulosa. De la misma forma en que puedes alcanzar el mayor de los éxitos, cuando actúas negativamente puedes convertirte en la persona más ruin. Con esta actitud negativa, eres capaz de crear tales descalabros financieros que puedes devastar las vidas de otras personas. Jugar una partida de cartas contigo cuando estás en esta tesitura puede ser como participar en una felonía, ya que esa energía puede impulsarte a hacer trampas inclusive en el más amistoso de los juegos. Tarde o temprano deberás aceptar la responsabilidad de tus actos. Cuando tomas conciencia, pagas voluntariamente tu deuda con la sociedad y eres capaz de ser de gran ayuda para la humanidad.

Inclusive cuando llegas a estos extremos, tu necesidad de ser el que lleva las riendas es tan grande que, aun cuando no actúas con la debida conciencia de las cosas, es frecuente que trates de controlar las vidas de los demás. Tienes miedo a que si alguien de tu entorno decide tomar al toro por los cuernos durante un determinado tiempo, te superará. Obtienes tu mayor prestigio cuando superas la necesidad de controlar la dirección de las vidas de otras personas. Una forma de trabajar en la consecución de esa meta es proponiéndote como voluntario en organizaciones de servicio, en tu cámara de comercio o en cualquier tipo de asociación que tenga por objetivo ayudar a otras personas a incrementar su potencial; esto hace que tu energía positiva y tu experiencia trabajen en pro de la comunidad.

EXPRESIÓN CONSCIENTE: Dado que estás consciente de que debes incorporar la lección de la responsabilidad en tu forma de ser, comienzas a aceptar la responsabilidad de tus actos y tus relaciones en el plano social. Aquellos que han tomado conciencia desde niños se vuelven responsables a temprana edad en el unidad familiar. Éstos son los niños que ayudan a la comunidad como exploradores o que participan en campañas de apoyo para los niños pobres, o que están muy conscientes de las necesidades de la casa y están dispuestos a brindar la ayuda que se necesite. Se puede ayudar a los niños que muestran este patrón de comportamiento asignándoles responsabilidades adicionales en la casa, conjuntamente con el respeto y el reconocimiento que se merecen. Ésta es una forma maravillosa de ayudarlos a emprender el camino positivo.

Eres emprendedor por naturaleza y reconoces el valor de gozar de una buena reputación. El éxito en los negocios es sumamente importante para ti, y entiendes que para tener éxito en el mundo exterior debes siempre tener conciencia de tu comportamiento en público. Sin embargo, es posible que aun el más responsable tenga que aprender esta lección por la vía difícil. Aprendes también que para alcanzar logros cada pie debe estar bien fincado en el suelo antes de que el otro pueda dar el siguiente paso. De esta forma, descubres cómo construir tu propia seguridad y esto incluye el aspecto de las relaciones personales. En encarnaciones anteriores experimentaste un exceso de emociones; esto te ha dejado con miedo a sentirlas. Si bien los más conscientes de ustedes pueden parecer rígidos y descuidados al ojo más avezado, en realidad atesoran una riqueza de emociones y de sensibilidad.

Conforme emprendes tu viaje ascendente hacia el éxito, una de las lecciones más valiosas que debes tomar en tu camino es entender el respeto y el reconocimiento que merecen las personas, toda vez que podrías tenerle miedo a la autoridad. Es importante que respetes a las personas de menor, igual y mayor jerarquía y que no te vuelvas un ser elitista, postura ésta en verdad muy triste. Si conservas la conciencia de lo que significa la dignidad personal de los que te rodean mientras estás en tu ascenso a la cima, al llegar allá contarás con la estima y el respaldo de la comunidad, así como con la buena voluntad de todos los que te admiran por tus logros.

En los asuntos del corazón, estás aprendiendo a encontrar el equilibrio entre tu carácter naturalmente reservado, el respeto que necesitas y los sentimientos y la sensibilidad que estás tratando de adquirir. Estás aprendiendo que tu vida amorosa no tiene por qué ser puesta a un lado cuando quieres alcanzar el éxito. Por otra parte, es posible que atraigas a parejas dignas, respetables, sensibles y capaces de apoyarte. Sacas lo mejor de ti cuando tienes a una pareja con quien convivir y tienes presente que tu hogar debe ser un sitio seguro para alcanzar los mayores éxitos en el mundo exterior.

Tan pronto alcanzas el éxito, tienes tendencia a desempeñar el «papel de padre» en la comunidad o en tu lugar de trabajo. Así, das a los demás la oportunidad de alcanzar éxitos ofreciendo puestos o becas, o compartiendo parte de tus recursos con la comunidad.

Cuando honestamente sientes respeto y admiración por las personas que lo merecen, encuentras que puedes adquirir mucha información de las personas a las que prestas atención. Al reconocer el éxito de los demás, formas parte de un sistema de apoyo más universal donde puedes tener acceso a lo que necesitas para tu crecimiento. De esta manera, asimilarás, en forma mucho más agradable, las lecciones que te permiten ser un miembro más responsable, útil y respetado de la comunidad.

Estás aprendiendo a percibir los juicios sociales no como un conjunto de conclusiones rígidas, sino como indicadores de qué tan útil es realmente tu comportamiento actual respecto de los demás. Para este fin, necesitas aceptar las críticas o desaprobaciones como barómetros temporales de tu eficacia y estar abierto a modificar tu comportamiento en consecuencia.

EXPRESIÓN TRANSPERSONAL: Al operar en tu más alto nivel, tu destino es ser pionero de nuevos senderos espirituales. Eres un guía y maestro nato y puedes poner las alturas de la espiritualidad en la forma práctica que se necesita para mostrar a los demás el valor de la espiritualidad en sus vidas y enseñarles cómo recorrer el camino en un nivel útil y de manera cotidiana.

Entiendes la necesidad de la conciencia de grupo en este planeta para enseñar a sus habitantes a aceptar la responsabilidad que tienen unos con otros. Enseñas a los demás a hacerse responsables tanto de su conciencia como de su crecimiento, a entender la necesidad de aprender sus lecciones y hacer lo necesario para alcanzar un sentido de unidad con el todo. Gracias a tu conciencia desarrollada sobre los conceptos universales, puedes ayudar a los que están en este plano a aceptar que todos somos responsables unos de otros: si uno queda fuera, ya no somos el todo.

Con base en tu conciencia acerca de la perseverancia y la determinación, enseñas que debemos ser responsables de nuestros pensamientos, actos y hechos y no considerarnos seres más importantes que los demás. Entonces podremos pararnos todos hombro con hombro con nuestros brazos extendidos y nuestros corazones abiertos, con lo que completaremos un círculo de amor dentro de la conciencia universal.

INTEGRACIÓN FÍSICA: Te yergues en busca de estabilidad y responsabilidad exactamente como la estructura ósea en el cuerpo físico. Sin la estabilidad que le proporcionan los huesos, el cuerpo no podría moverse o ser responsable de sí mismo: no sería más que una masa flácida. Entiendes intuitivamente la necesidad de asumir tu responsabilidad cuando estás en armonía con el yo. Debes permanecer consciente de tu estructura física, ya que si no aceptas tu responsabilidad o no la enseñas en forma adecuada, no estás enseñando al cuerpo a ser responsable de sí mismo. Si la estructura no funciona bien, pueden debilitarse las rodillas o puedes ser susceptible a enfermedades de los huesos, dientes o cualquier parte del organismo que tenga que ver con el calcio. Puedes también ser propenso a moretones, irritaciones, cáncer de la piel, piel seca, eczema, trastornos del bazo y reumatismo.

Tales síntomas son los modos que tiene el organismo para llamar la atención sobre la necesidad de reevaluar la forma en que reclamaste y mantuviste un sentido de autoridad en tu vida. ¿Ha sido una autoridad rígida, cerrada o temerosa, o bien un sentido de la autoridad basado en la flexibilidad y la apertura respecto de la información que proviene de los demás? Cuando no estás funcionando en un nivel positivo, puedes volverte un ser resentido. La energía del resentimiento puede disipar el calcio y causar trastornos artríticos y problemas con la médula ósea, así como desfiguración de los huesos, incluidos los dientes y la mandíbula. Cuando actúas en forma positiva, puedes desarrollar mucha fuerza y dinamismo físicos y permanecer en una condición física extremadamente buena hasta edad muy avanzada.

Si comienza a manifestarse algún resentimiento en tu cuerpo, se activa un mecanismo de advertencia automático a fin de que tengas tiempo para revertir el proceso antes de que te produzca un daño permanente. Este sistema de alerta es el estómago. Cuando estás teniendo problemas con el estómago, necesitas reevaluar tu vida y tomar algunas decisiones para cambiar y corregir esquemas. Si haces esto, no deberán ocurrir otras manifestaciones negativas en el cuerpo.

Acuario

ACUARIO

ECLIPSE SOLAR: (Para activar totalmente la energía que has recibido del eclipse solar en acuario, primero debes integrar las lecciones del eclipse lunar en acuario con tu cuerpo emocional. Para una explicación completa, véase «Cómo usar la parte II», página 163.)

Estás enseñando la lección del distanciamiento. Intuitivamente, te das cuenta de que el mayor conocimiento proviene del movimiento y de la interacción con muchas personas de todos los orígenes, y para ello te sirves de tu actitud de caballero andante. Enseñas a los que te rodean a eliminar sus esquemas inflexibles y apreciar las bellezas de la vida. Esta lección puede enseñarse por medio de diferentes modos de comportamiento personal. Puedes asfixiar a las personas cercanas a ti hasta el punto de convertirte en un ser insoportable; esto les enseña la lección de distanciarse de las influencias que les causan dolor o retardo en su crecimiento. Podrás también enseñar a los demás a ser objetivos mediante el distanciamiento constante y el desplazamiento hacia adelante. Así, tu ejemplo personal ayuda a la gente a adquirir el conocimiento de la pleamar y la bajamar del universo, ya sea por medio de tu propia libertad o por carecer de ella.

La lección que deberá aprenderse a partir del contacto con un eclipse acuariano es la de ir hacia adelante y no quedarse aferrado a experiencias no productivas, aun cuando olvidar pudiera resultar doloroso. Las personas que no conocen tu proceso pudieran tener la impresión de que no tienes los pies en la tierra, toda vez que constantemente te ven pasar de una experiencia a otra. De hecho, tu proceso tiene el potencial de revitalizar todas las vidas que tocas. Compartes con el presente lo que has aprendido en tu última experiencia y, en la actualidad, estás acumulando nueva información para llevarla a la siguiente situación.

En ocasiones, el estar con una persona que tiene un eclipse solar en acuario puede percibirse como una explosión o un desmoronamiento de antiguas percepciones de la vida que han impedido a la otra persona sentir plenitud en la vida. En otros momentos, podrás enseñar esta lección por medio de patrones de comportamiento explosivos que dejan devastados a los que te rodean hasta que el humo desaparece y se dan cuenta de que han sido liberados.

Tiendes a atraer a personas muy posesivas y celosas que necesitan aprender a distanciarse de sus egos demasiado inflados. Tu naturaleza las puede ayudar a adoptar un enfoque más universal de compartir amor en las relaciones. Gracias a la lealtad que profesas a la hermandad universal, que impide cualquier fijación perjudicial a una determinada forma individual, sabes amar libre y plenamente sin sentimientos de posesión. Cuentas con un canal abierto a la conciencia universal y estás en capacidad de concebir lo mejor para la mayoría de la gente. Tienes la capacidad de adoptar nuevas ideas y proyectos, con lo que ayudas a que nos introduzcamos a la era de acuario.

Al enseñar el distanciamiento, ayudas a la gente a entender que no debemos aferrarnos a nada en el plano físico. Todo lo que hayamos acumulado debe transferirse; en realidad, todo lo que podemos llevarnos con nosotros es la experiencia, y todo lo que realmente poseemos es tiempo. Intuitivamente, entiendes que debemos hacer el mejor uso posible de nuestro tiempo, no aferrándonos al pasado y optando por las experiencias más positivas en el presente. El signo de acuario representa al inventor y eres innovador en tu forma de pensar. Tienes presente que no debemos bloquearnos a causa de viejos patrones de pensamiento. Dada tu necesidad de tener nuevas experiencias, enseñas a los demás a romper con formas de pensamiento antiguas y limitantes y a abrir las puertas al mañana.

Las personas de mente estrecha que no están dispuestas a creer que pueden existir formas nuevas y mejores de hacer las cosas se sienten atraídas por ti. Cuando llegas a las vidas de esas personas, las ayudas a aceptar nuevas ideas. Eres tan persistente y perseverante en tu enfoque entusiasta hacia la novedad que cansas a los que te rodean hasta que aceptan la perspectiva del cambio.

Tienes también un profundo sentido del juego limpio, razón por la cual te molesta tanto la injusticia que notas en el mundo. Tienes la capacidad de enseñar a tus semejantes a ser justos unos con otros, haciéndoles ver la forma en que te relacionas y alentándolos a ser justos contigo. Sin embargo, cuando sientes que la otra persona no ha sido justa contigo, no te sientes intimidado en el momento de manifestarte. Para ti, las personas siempre empiezan con una «página limpia», y son responsables de lo que escriban en ella. Sin embargo, una vez que hayan «ensuciado» la página, las obligas a rendir cuenta del resultado. El comportamiento que manifiestan te señala la naturaleza de su personalidad.

Para ti, todos nosotros comenzamos como seres iguales, sin que nadie tenga más derechos que los demás. Conforme vivimos nuestras vidas, nuestro comportamiento nos permite mantener nuestros derechos o hace que los perdamos. Lo que estás enseñando a tus semejantes por medio de esta filosofía es que sólo somos responsables de nuestras situaciones de vida. Si desarrollamos un buen carácter siendo honestos, confiables y honorables, construiremos una buena situación en esta vida. Si queremos cambiar nuestra situación en la vida, es posible refinar nuestro carácter modificando nuestro comportamiento.

ECLIPSE LUNAR: Tu lección en esta vida es el distanciamiento y tu reto es liberar tus tendencias posesivas a los celos. El ritmo con que aprendes tus lecciones es bastante rápido, así que es fundamental que permitas que tanto las cosas como la gente fluya a través de tu vida, ya que necesitas experimentar mucho en esta encarnación. No se permite que nada cristalice en esta experiencia de vida. Asimismo, no tienes derecho a sólo tener consideración por tu persona cuando tomas decisiones. El bien del todo colectivo deberá ser tu principal preocupación, y el universo se encarga de tus necesidades personales cuando estás desempeñando este papel. Si puedes aprender a tomar distancia durante esta vida, no es necesario que regreses al plano de la Tierra.

Parte de tu lección es aprender a distanciarte de viejos patrones de pensamiento. Provienes de una vida anterior en la que desarrollaste una conciencia de realeza, no necesariamente por haber sido rey o reina, sino por patrones familiares según los cuales era necesario que actuaras de tal o cual forma «porque fue lo que hicieron tus antepasados». Estás tratando de distanciarte de sistemas de creencias que no te permitieron crecer en el pasado y que te fueron impuestos por la religión, la familia o la sociedad. Te das cuenta de que no tienes necesidad de conformarte a la creencias de los demás. Siempre y cuando tengas presente el bien del todo colectivo y no hagas daño a los demás, tienes derecho a explorar y disfrutar tu deseo natural de experimentar con la vida.

Mientras aprendes tus lecciones también tienes que satifacer un acendrado sentido de curiosidad. Sientes necesidad de conocer las causas de todas las cosas. Consideras que si entiendes la causa, puedes mejorar las cosas, y tienes un deseo innato de mejorar la calidad de vida de todos. Eres un verdadero humanitario en el mundo. Para aprender a volverte humanitario, debes aprender a adaptar tu conciencia a la de la masa. Estás adquiriendo el suficiente grado de distanciamiento del ego que te permita pensar en el bien de todos y, al mismo tiempo, conservar un sentido lo suficientemente fuerte de tu ego para impulsarte a alcanzar lo que te has trazado como meta en esta vida.

Una de las metas que viniste a alcanzar es dejar de pensar únicamente en ti y tu familia y ponerte a pensar en la humanidad. Estás aprendiendo a asumir la responsabilidad de dirigir a tus semejantes hacia áreas de exploración más intuitivas en el ámbito planetario, así como a considerar la expansión de tu propia unidad familiar. Ésta es una lección importante que la humanidad debe aprender con gran respeto y amor.

Asimismo, estás aprendiendo a desarrollar una conciencia más universal en lo que respecta al amor. Debes romper con patrones pasados sobre tu concepción del amor. Anteriormente eras muy posesivo y celoso en cosas de amor. Pensabas que las cosas debían seguir siendo de la misma forma que siempre habían sido, lo cual no te permitía crecer. En la actualidad estás aprendiendo que no necesitas aferrarte tanto a los asuntos del corazón. Para convertirte en un verdadero pensador de la Nueva Era y estar en capacidad de ampliar la conciencia de los demás, siempre deberás permitirles que gocen de libertad. Si quieres libertad para ampliar y explorar el mundo que te rodea, deberás estar abierto a que los demás hagan lo mismo. Si insistes en aferrarte demasiado a las cosas que amas, te encontrarás con tal resistencia que podrá llevarte a la separación. Dar amor sin estar preguntándote si la otra persona te ama más es una lección difícil de aprender. Estás tratando de liberarte de la necesidad inconsciente y derrotista de contar con la aprobación de los demás. Tu lección es la de hacer lo que es mejor para la mayoría y no obtener la gratificación que te ofrece el amor egoísta. Poco a poco estás aceptando tu papel humanitario en el planeta y, conforme pones en práctica el dar amor libremente por el solo hecho de que sientes amor por la otra persona, aprendes a actuar sin que medie el interés. Necesitas aprender a compartir amor por el mero hecho de compartirlo y no con la expectativa del encariñamiento o la adoración.

En existencias anteriores fuiste objeto de adoración y te colocaron en un pedestal, y estás apegado a ese tipo de atención. Sin esta adoración, tiendes a confundir el encariñamiento con la lealtad. En ocasiones te apegas al camino equivocado, ya que la necesidad de que los demás sean leales contigo es tan fuerte que piensas que si tú no eres leal a su meta, los demás no serán leales contigo. En virtud de esta concepción errónea, tienes tendencia a aferrarte a caminos antiguos ya recorridos. Te ayudará recordar que todos necesitamos recorrer nuestro propio camino: «Serás fiel a ti mismo». La lealtad contigo mismo es una lección muy importante para ti en esta vida. Podrás quedar atrapado en un determinado camino durante mucho tiempo por causa de esta fijación con la lealtad. Exiges lealtad a los demás y a ti mismo, pero olvidas ser leal a ti mismo.

Un ejemplo de aferramiento a recibir atenciones especiales y ser objeto de adoración es el de la joven de un harén que disfrutaba la atención especial que le permitía su exuberante juventud. Más tarde, cuando llegó el momento de pasar al papel de maestra de las jóvenes que llegaron después de ella (y quitarse de debajo del reflector), tuvo que tomar una decisión. Podía decidirse por ser útil y convertirse en una parte fundamental del harén o, más bien, en una mujer amargada, sin intereses y aislada. En cuanto a ti, debes decidir cuál será tu respuesta ante el papel de apoyar a los demás o ser el actor bajo los reflectores en el escenario.

Cuando enfrentas esto en un plano positivo, adquieres un sentido de la oportunidad y de los ciclos de vida. Hay un tiempo para estar bajo los reflectores, un tiempo para dar marcha atrás, un tiempo para enseñar, un tiempo para compartir, un tiempo para amar; un tiempo para cada cosa. De lo que se trata es de ser capaz de abandonar las ataduras y pasar al siguiente nivel.

En esta vida, la necesidad de amar por amar es muy fuerte. Debes aprender a romper el hábito de dictar el comportamiento de las personas que se enamoran de ti. En vidas pasadas fuiste amado por tu posición en la sociedad o por lo que dabas tú a cambio. Esta vez, para aprender a ser amado por lo que eres necesitas abandonar tus ataduras a determinados patrones de comportamiento que se relacionan con expresiones de amor de vidas pasadas. Esto también te libera para amar sin presiones y aceptar ser amado por lo que eres y no por el papel que desempeñas. A un rey se le ama por su posición y prestigio; a un líder, por su posición de fuerza. En esta vida, por fin puedes sentir la alegría de ser amado por ser quien eres.

Una parte de tu lección es abandonar la necesidad de que las personas que están cerca de ti se comporten de una determinada manera. Cuando aprendes a amar sin aferrarte a los patrones de comportamiento de las personas que amas, estás empezando a entender lo que significa vivir y dejar vivir. Al hacer esto, estás cumpliendo con tu propio destino y convirtiéndote en un espíritu amoroso, libre y bello. Tu proceso es similar al de la metamorfosis de una oruga que se convierte en mariposa; estás aprendiendo que el amor es como una mariposa: si te aferras a él demasiado, lo matas. Por otra parte, si permites a las personas que amas la libertad que te exiges a ti mismo, encontrarás que ambas energías se satisfacen. De esta forma, puedes atraer a una pareja leal y para toda la vida: ambos serán capaces de ampliar sus horizontes, explorar y crecer en forma independiente y, a la vez, compartir amor.

EXPRESIÓN INCONSCIENTE: Si decides resistirte a la corriente de estas lecciones, es probable que tengas que pasar por una serie de pérdidas —cosas y gente que inesperadamente desaparecen de tu vida— hasta que aprendas a distanciarte y olvidar. Cuando te aferras tenazmente a experiencias y personas conocidas, impides que se te presenten situaciones nuevas y vigorizantes, sólo porque ya no hay espacio para ellas.

Estás aprendiendo que la siguiente lección no es siempre tan terrible y que cuando empiezas algo nuevo, no siempre tienes que saber hacerlo perfectamente desde el principio. Debes aprender a adaptarte gradualmente a las cosas y no basar tu criterio en la primera impresión. Acuario es un signo fijo, que te hace tener una tendencia a las ataduras y a la dificultad de olvidar. Es correcto que te permitas irte acostumbrando a cosas, personas y lugares nuevos. Pero debes aprender a dejar una experiencia y pasar a la siguiente.

En encarnaciones pasadas tus tendencias creativas eran tan extremas que tenías que poner toda tu atención en un aspecto particular de tu vida. Tenías que centrar tu energía en un estrecho camino y aprender a bloquear todos los demás. En esta existencia has traído contigo la tendencia a centrarte en una sola área a la vez, conjuntamente con tu intensa creatividad. Debido a tu miedo a olvidar, podrías no darte cuenta de que esta creatividad es un talento que ha adquirido el alma; puedes perderlo o puedes llevarlo a cualquier área o proyecto que tú decidas. De lo que se trata es de utilizar tus talentos no sólo para tu conveniencia, sino para la de toda la humanidad. Cuando tus metas son el mejoramiento de la humanidad, estarás en capacidad de fluir con facilidad con lo que represente el mayor bien para todos. En este proceso descubrirás que tu vida comienza a fluir con más claridad y que tendrás una mejor visión de las cosas, así como un sentido de estabilidad más sólido; ya no sentirás que te arrebatan las cosas.

Sin embargo, es posible que te veas atrapado en viejos patrones de gratificación egocéntrica. Es posible que te obsesiones con la idea de que los demás deben rendirte homenaje. Esta actitud hace que te conviertas en un ser obstinado, egocéntrico y muy desagradable para los demás. En este estado negativo, estás enfrentándote a la lección misma que viniste a aprender, que es abandonar los deseos personales para el bien de todos. Debes aprender a ser menos egoísta y a abandonar la necesidad de que te adoren antes de poder alcanzar la felicidad en esta vida. Tan pronto aprendas a considerar a los demás, descubrirás un nuevo sentido de la felicidad. En lugar de sentirte como un intruso rogando que lo tomen en cuenta, encuentras la confianza y el sentido de pertenencia que se deriva de actuar para el bien de todos.

Si decides aprender la lección del abandono de viejos patrones mentales y la adopción de nuevos, podrás verte atrapado en un esquema en que te veas obligado a conformar constantemente tu comportamiento al modo de pensar de los que te rodean. Inconscientemente, puedes esclavizarte al tener que desempeñar el papel que se espera de ti y no entender por qué constantemente estás nervioso e irritable. Esto se debe a que, muy en tu interior, sientes que todo en tu vida es una pérdida de tiempo.

Acuario es fundamentalmente un signo centrado en el tiempo. Tienes una gran necesidad de lograr determinadas cosas en determinado tiempo. Cuando aprendas a abandonar situaciones en las que hayas aprendido tus lecciones y puedas pasar a la siguiente, comenzarás a utilizar cada vez menos tiempo. El tiempo perdido es el tiempo que empleas para aferrarte, no la lección misma. El tiempo se gasta al no ir hacia adelante y, en última instancia, es esta comprobación lo que te libera para poder operar en un nivel consciente y lo que te ayuda a lograr el dominio de tu vida.

Viniste a aplicar tu creatividad e ingenio en áreas que mejoran la calidad de la vida de todos. Sin embargo, no podrás comenzar a hacer esto hasta que aprendas a pensar con la mente más abierta. El primer paso es superar tu costumbre de negarte a escuchar los ideales de las demás personas y, por otra parte, abandonar el terco apego a procesos de pensamiento antiguos y desgastados. Te niegas a escuchar las ideas de los demás porque piensas que si alguien tiene un concepto diferente al tuyo, esta persona está atacando el fundamento mismo de tu proceso de pensamiento. Estás aprendiendo que cuando las mentes se juntan, la capacidad de razonamiento e intelectualización se multiplica. Necesitas darte cuenta de que «dos cabezas son mejor que una», ya que cada una de ellas puede mostrar a la otra los puntos fuertes y débiles que cada una posee. Esto hace que se duplique la capacidad mental.

Tan pronto estés dispuesto a abrirte y a escuchar, puedes procesar lo que has captado y comenzar a utilizar la información de los demás. Con cada viejo pensamiento que abandonas y cada nuevo concepto que aceptas, aprendes a integrar una conciencia renovada, así como nuevos conceptos y hallazgos provenientes del exterior. Conforme aprendes a hacer espacio para estos nuevos conceptos, te das cuenta de que en realidad nunca abandonas nada que realmente te pertenezca. Todo pensamiento pertenece al universo. Nunca tienes que perder un pensamiento para adquirir otro nuevo: lo único que haces es hacer espacio para los demás. Llegado a este punto, serás libre de acceder a la conciencia universal que puede enseñarte y guiarte a niveles superiores, y tu crecimiento futuro podrá facilitarse cada vez más.

Cuando actúas inconscientemente, puedes ser una persona muy crítica y desconfiada, que teme que todo el mundo quiere sacarle provecho. Es posible que seas clasista y consideres que los demás nunca serán mejores o peores que la familia en la que nacieron. Esta conciencia de clase se deriva de tu sentido de realeza, que proviene de una vida anterior en la que formabas parte de la realeza o eras una persona de gran prestigio en tu comunidad. Estos sentimientos son residuos de una época pasada en la que, de hecho, no era posible que la gente ascendiera del estatus social que les designaba su nacimiento. La movilidad social es posible en nuestra sociedad, pues la época de la monarquía y la opresión se acabó. Ahora necesitas liberar esta conciencia; al hacerlo ayudas a liberar la energía negativa del planeta.

El aferrarte a la vieja conciencia puede tener por resultado un bloqueo en tu propio crecimiento. Debes aprender a romper con un patrón de pensamiento orientado hacia el *statu quo* y desarrollar una forma de pensar más libre que permita el cambio y el crecimiento de todos. A la larga, te darás cuenta de que todos hemos sido creados iguales.

EXPRESIÓN CONSCIENTE: Cuando actúas conscientemente, entiendes el proceso de olvidar y de dejar que la gente y las cosas fluyan a través de tu vida. Esto te permite asimilar un gran número de experiencias en esta existencia. Entiendes que este proceso debe tener lugar si lo que te interesa es superar el punto en que los deseos físicos y emocionales dejen de obstaculizar el crecimiento personal. Una vez que te hayas comprometido con tu proceso de crecimiento, el universo descubre que eres un receptáculo abierto para recibir el deseo verdadero de tu corazón.

Constantemente estás luchando por mejorar tu capacidad para relacionarte con la vida en un plano más universal. Intuitivamente sientes que la humanidad ha perdido mucho tiempo en búsquedas egoístas, y consideras que debes encontrar la forma de corregir el mundo. Te dedicas a causas humanitarias; por ejemplo, trabajar en el ejército de salvación, estudiar las enfermedades que azotan a la humanidad, hacer campañas por la protección de las focas o ser trabajador social. Sientes un deseo muy intenso de encontrar la forma en que puedas ser de ayuda y actúas en consecuencia.

Es muy importante que dediques un tiempo al amor con otra persona. Tienes tantos deseos de ayudar a los demás que a menudo te olvidas de dedicar tiempo a la construcción de tu vida personal. Amas a tus semejantes y tienes una gran motivación para mantener tu ego bajo control, de tal forma que puedas serle útil a la humanidad. Es posible que pienses que es egoísta darte tiempo para el amor y tienes tendencia a ser distante y altivo cuando se trata de asuntos amorosos. Podrías temer que si te permites vincularte con otra persona y sentir amor, no podrías lograr todo lo que quieres lograr en esta vida. Lo que realmente necesitas es alcanzar un equilibrio entre los dos, ya que todo el mundo necesita amor. Tienes una necesidad tan grande de ser amado que dedicas todo tu tiempo a hacer cosas para tus semejantes a fin de ser beneficiario de su amor. Sin embargo, olvidas dedicarle un tiempo al amor con otra persona y no permites que nadie se acerque lo suficiente para dártelo.

Desde una posición consciente, entiendes que la humanidad es tan delicada como el amor. Tienes una relación sumamente altruista con la humanidad y entiendes que todos debemos hacer lo que esté a nuestro alcance para facilitar el proceso de todo el mundo. Estás orientado hacia la «conciencia de grupo» y es importante que todos tus semejantes sepan cuál es su responsabilidad en el planeta. Podrías desempeñarte muy bien como ambientalista, que es un trabajo para cambiar la forma en que tratamos a la Tierra, o podrías poner tus energías en el sistema escolar de tu comunidad. La persona consciente con eclipse en acuario tiene la capacidad de percatarse de dónde son necesarios los cambios, del valor que representa poner de manifiesto esta conciencia y de gastar energía para que las cosas sucedan. No transigirás por el estancamiento o la injusticia.

Muchos de ustedes descubren que es más fácil relacionarse con la humanidad por medio de algún estudio abstracto o herramienta que pueda utilizarse para satisfacer su necesidad de ayudar. Si bien desean ayudar, también necesitan permanecer lo suficientemente distantes para no caer en viejos patrones que hagan que su voluntad se adueñe de las situaciones, con lo cual no serían de ninguna ayuda para las personas con las que trabajan. En consecuencia, sobre todo cuando se encuentran en las primeras fases de sus procesos de crecimiento, es recomendable que encuentren una herramienta objetiva con la que puedan analizarse y, al mismo tiempo, ayudar a los demás (por ejemplo, astrología, psicología, tarot, un centro de investigación, etcétera). Necesitan una estructura externa que les permita analizarse en forma objetiva al tiempo que desarrollan su conciencia universal. Les produce mucha alegría y satisfacción ayudar a los demás en su camino, y cuando pueden aprender y, a la vez, ayudar a los demás, sienten que están recorriendo el camino adecuado.

Llegaste a esta vida con la sensación de que hay algo dentro de ti que debe enderezarse. Te das cuenta de que en algún nivel percibes a la humanidad dividida en diferentes clases y ése es el motivo por el cual te sientes muy separado de tus semejantes. Una vez que reconozcas que todos hemos sido creados iguales y que tenemos la chispa de la conciencia colectiva en nuestro interior, podrás funcionar con mucho mayor comodidad como una parte interdependiente y útil para la sociedad en la que decidiste encarnar. En encarnaciones pasadas tuviste un ego hiperdesarrollado que hizo que te consideraras mejor que los que te rodeaban. Sin embargo, en esta existencia debes aprender a relacionar tu propio valor con el valor de todos y alejarte de la necesidad de que tus logros y/o necesidades sean más importantes que los de los demás. Es como si te estuvieras bajando de tu pedestal real de vidas pasadas para entender la lección de ser uno más entre la muchedumbre.

Parte de esta lección es tener presente que todos nacimos desnudos e independientes de los demás para sostener nuestras vidas. Algunos de nosotros nacemos ricos y terminamos pobres; algunos nacemos pobres y terminamos ricos; otros conservan su situación económica toda la vida. Gracias a esta constatación, puedes descubrir que podemos hacer de nuestras vidas lo que queramos. Comienzas a darte cuenta de que la clase de una persona no necesariamente determina su felicidad y de que el único factor constante en las personas felices es que han logrado desarrollar un carácter fuerte. Así, a partir de la observación aprendes que el desarrollo del carácter individual es mucho más importante que el estatus social. Un carácter fuerte libera a la persona para satisfacer los deseos de su corazón, y ésta es tu lección más importante.

EXPRESIÓN TRANSPERSONAL: Intuitivamente entiendes que el universo tiene mucho que enseñarte y, por lo tanto, estás dispuesto a aceptar tus experiencias y tus lecciones. Te das cuenta de que si has de evolucionar y salir del plano físico y no tener más la necesidad de vivir en la tierra y tener experiencias en ella, debes distanciarte de cada fase del cuerpo físico. Las personas que dejan que se manifieste este proceso de distanciamiento pueden funcionar como «canales», con lo cual traen noticias de «fuera» para la era de acuario.

En tu calidad de ente evolucionado, sirves de receptáculo de información, la cual transmites como si fueras una estación receptora desde el universo y una transmisora hacia el planeta. Cuando te hayas liberado lo suficiente para permitir que se materialice este proceso en tu cuerpo, la información que proviene del universo fluirá a través de ti de tal manera que podrás transmitirla directamente a tus semejantes. De esta forma, ayudarás a transmitir al mundo la energía de la era de acuario.

INTEGRACIÓN FÍSICA: Si te resistes a tus lecciones, podrías recibir ciertas advertencias que tienen la intención de llamarte la atención acerca de la necesidad de aprender a «olvidar y que sea lo que Dios quiera». Dichas advertencias, que emanan del cuerpo, pueden comprender tensión nerviosa, hipoglucemia, diabetes, inflamación de las articulaciones, problemas de circulación y obsesión por comer azúcar. Es importante que hagas caminatas para mantener fluida tu circulación. Esto también te ayuda a armonizarte con tu propia lección espiritual, que tiene que ver con la circulación en todo el universo y con la imposibilidad de mantener las cosas confinadas en un solo lugar. El universo no puede existir en un ambiente estático; tampoco lo puede hacer una persona con eclipse en acuario. Este eclipse está particularmente sujeto a un falso diagnóstico, según el cual se piensa que las personas presentan un «desequilibrio mental» debido a los niveles de azúcar fluctuantes en el organismo.

Piscis

PISCIS

ECLIPSE SOLAR: (Para activar totalmente la energía que has recibido del eclipse solar en piscis, primero debes integrar las lecciones del eclipse lunar en piscis con tu cuerpo emocional. Para una explicación completa, véase «Cómo usar la parte II», página 163.)

Estás aquí para ayudar a tus semejantes a desarrollar su sensibilidad. Tienes tendencia a atraer personas que son muy críticas y excesivamente analíticas, y puedes enseñar a estas personas a desarrollar niveles de empatía más profundos. Esto también les permite desarrollar nuevas maneras de expresar su capacidad analítica para que ésta sea más aceptable para los demás, de tal manera que no sean rechazados con frecuencia. Eres muy sensible a las energías que están a tu alrededor y «captas las vibraciones» porque eres una persona muy desarrollada en el plano psíquico. Por lo tanto, debes tener cuidado y no absorber la negatividad de los demás.

Con este don natural de intuición nata puedes enseñar a los demás el valor de seguir sus corazonadas, así como la utilidad de esta conciencia. Tus corazonadas son precisas, si bien a menudo no estás ni siquiera consciente de por qué estás diciendo cosas y de dónde proviene la información. Sin embargo, estás lo suficientemente conectado con tus energías para saber que debes hacerles caso a tus corazonadas. Por ejemplo, si en el caso de una inversión dices: «No compres ésta, mejor compra aquélla», es muy conveniente seguir tu consejo. Esto es cierto cuando estás haciéndoles caso a tus corazonadas, pero no a tu mente. Cuando un consejo de este tipo proviene de una corazonada, no tienes la menor idea de por qué la expresaste. Es una intuición, y hacerle caso a ella es sumamente benéfico para los procesos de vida de las personas con las que entras en contacto.

Tienes una gran habilidad para sentir cuando alguna persona está pasando por un problema. Puedes hacerla muy bien como consejero, dado tu profundo nivel de sensibilidad. Lo que das a tus semejantes es la libertad de tener problemas sin ser juzgados. En tu camino a través de la vida atraes a personas que son muy críticas de sí mismas y que necesitan ver las cosas con mayor amplitud. Por medio de tu compasión natural puedes ayudar a los demás a adquirir un sentimiento de autovaloración.

Ocasionalmente, incluso las personas que nacen con este patrón eclíptico pierden su camino y parecen estar atrapadas en un patrón de autoengaño. Cuando esto ocurre, sueles complacerte en esquemas de lástima de ti mismo y patrones de escapismos destructivos. Infortunadamente, aun así atraes a personas críticas, así que no serás tan afortunado con las personas que encuentran la manera de acercarse a ti para pedir ayuda. Si pierdes tu camino, necesitas buscar ayuda profesional para volver a la realidad y desarrollar patrones de comportamiento más positivos.

Dado que tu naturaleza innata es tan sensible, la ayuda dada de una forma no amorosa y protectora puede empujarte más dentro de ti mismo. Esto puede conducir a un estado de victimación autoimpuesto. Puedes sentir que es correcto que alguien cargue con el peso y haces todo lo posible por ser tú la víctima. Irónicamente, incluso cuando la negatividad se expresa como victimación, modelas los principios de sensibilidad y preocupación por tus semejantes, y a menudo evocas cualidades de interés y compasión en los demás. A ti te toca decidir si enseñarás esta lección por medio de un comportamiento negativo o positivo.

Estás enseñando estas lecciones en muchos niveles: todos somos hijos de «Dios» y deshonrar a uno es deshonrar a «Dios»; todos los seres humanos forman parte del todo colectivo y contienen dentro de sí la chispa de la conciencia divina; debemos tener consideración por los que están perdidos, incluso por nosotros mismos; debemos sentir respeto, amor y compasión por los demás; aun si te sientes perdido estás enseñando que todos somos niños extraviados en nuestro camino terrenal. Dado que nos hemos alejado de ámbitos espirituales menos constreñidos y hemos accedido a mundos físicos más densos, estamos luchando constantemente por volver a adquirir el sentimiento de interdependencia entre todos los seres.

Como un imán, absorbes la negatividad de las personas que te rodean para luego enviarles amor, apoyo, comprensión y las palabras que, en tu opinión, alivien su dolor. Tienes el don de curar por medio de la compasión, y la gente se siente mejor con el solo hecho de estar en tu presencia. Permites a la gente la libertad de ser ella misma, ya que reconoces que todos estamos en un estado del ser en que necesitamos trabajar nuestras lecciones en esta vida.

En el aspecto de las relaciones, enseñas a la gente a no analizar y relacionar todo con la muerte, recordándole que demasiada separación conduce a presiones innecesarias en las relaciones. Le enseñas que categorías no relacionadas pueden ser estructuras que se aíslan a sí mismas, y ayudas a la gente a expresar sus sentimientos para definirse y poder relacionarse.

Ayudas también a los demás a aceptar las sutilezas de la vida. Mediante tu propia receptividad psíquica, capacidad de introspección y conexión sensible con los demás y con el todo colectivo, ratificas que existen ámbitos de percepción que van más allá de lo normal en la vida cotidiana.

Enseñas a los demás a sentir, a ponerse en contacto con el espíritu que llevan dentro y a integrarse al universo. Puedes hacer esto mediante diversas formas de expresión: como un maestro o líder espiritual, como un ejemplo viviente de compasión y sensibilidad, como una persona que apoya y reafirma los procesos de sus semejantes. Independientemente de cuál sea la forma, enseñas a los demás a relacionarse mutuamente a partir de la conciencia de su divinidad interna.

Fundamentalmente, tu don te permite modelar el principio de la entrega en su forma más elevada y amorosa. Has inspirado a otras personas para que acepten el principio de «olvidar y que sea lo que Dios quiera». Enseñas a los demás a aceptar la inspiración divina, ya sea a través de una respuesta negativa o positiva. En el plano negativo, puedes desempeñar el papel de abogado del diablo al ignorar totalmente la inspiración divina, al no aceptar ninguna ayuda universal y hacer caso omiso de los dones espirituales con los que encarnaste. Puedes rechazar la compasión que los demás te ofrecen y permanecer como una identidad separada y distante. En el plano de la respuesta positiva, aceptas la ayuda espiritual y la compasión humana para poder llegar al punto de verdaderamente «olvidar y que sea lo que Dios quiera».

Enseñas a tus semejantes cómo permanecer con una conciencia espiritual en estado de encarnación. Cuando te entregas a patrones de escapismo (drogas, alcohol, etcétera), en realidad estás procurando volver a tener un estado de conciencia alterado que sabes eres capaz de alcanzar. En algún momento durante tu vida sentiste el don de estar conectado a una especie de «conciencia de la felicidad» y, cuando la perdiste, regresaste a patrones de escapismo, ya que estás desesperadamente tratando de volver a sentirla. No son las drogas o el alcohol lo que quieres experimentar, sino volverte a conectar con el estado espiritual que artificialmente simulan las drogas y el alcohol.

Sin embargo, esto no perfeccionará el sentido de satisfacción espiritual que estás buscando. Sólo te saca de la realidad física a la cual te es tan difícil enfrentarte cuando te sientes desvinculado de tu centro espiritual. Lo que verdaderamente estás buscando es un estado de conciencia alterado que corresponda a la serenidad y seguridad internas y profundas de sentir el plano espiritual mientras estás encarnado.

Ayudas a la gente a aprender a ir en el sentido de la corriente. Tu filosofía se resume en que todo lo que está en el universo trabaja exactamente como debe hacerlo y que si sólo nos dejáramos ir, la corriente nos llevaría a nuestro destino. Nos enseñas que si confiamos en la orientación universal y eliminamos nuestro encariñamiento con el ego, podemos dejarnos ir con la corriente de la vida y así recibir las gratificaciones positivas que merecemos.

ECLIPSE LUNAR: En esta encarnación has venido a aprender a manejar la sensibilidad. En vidas anteriores fuiste excesivamente crítico y dedicaste mucho tiempo a poner todo en su lugar. Ahora es tiempo de descubrir que todo se combina y que, en realidad, todo interactúa con todo lo demás. Cuando llegues a esta conclusión, serás capaz de activar el «olvidar y que sea lo que Dios quiera».

En las lecciones de este patrón eclíptico debes aprender a permitir que la sensibilidad fluya a través de tu ser: escuchar la voz interna y distinguir la verdad de la fantasía. Durante el proceso de estas lecciones, es importante que conserves tu capacidad analítica para determinar la utilidad de cada información; si no es útil es que proviene de la imaginación. Este principio rector te libera y te permite dejar fluir los pensamientos y la inspiración espiritual en tu mente, así como decidir si actuarás en consecuencia. Por medio de este proceso, puedes liberar el miedo de volverte demasiado sensible y perder tus vínculos con la realidad. Se te permite desarrollar esta sensibilidad y mantener los pies en la tierra al mismo tiempo.

Otra lección es no tener miedo de mirar lo que el universo está tratando de mostrarte cuando tienes premoniciones, intuiciones, etcétera. Una vez que hayas aprendido a «olvidar y que sea lo que Dios quiera», así como a confiar en la información intuitiva que obtienes, llegarás a la conclusión de que el objetivo no es hacerte sufrir por lo que «es» (si se trata de algo doloroso), sino permitirte corregir tanto tu dirección como la de los demás antes de que surjan repercusiones dolorosas e innecesarias.

De lo que se trata es de que la vida, o la conciencia de Dios, preferiría que cada uno de nosotros aprendiera sus lecciones con el menor dolor posible. Estás aprendiendo a ser un visionario, ya sea posteriormente en esta existencia o en la siguiente, que nos advierta o nos permita ver que estamos recorriendo el camino equivocado. Cuando te dejas ir y permites que otras personas te guíen, puedes ayudar a otros seres que carezcan del don de la intuición psíquica.

Es importante que te des cuenta de que conforme te abres más a lo que te rodea, de alguna forma podrías volverte excesivamente sensible. Algunas de tus sensaciones podrían no pertenecer a tu entorno y, por lo tanto, es importante ejercer tu capacidad para distinguir y discriminar, para la cual dedicaste tanto tiempo en el pasado. En tus viajes hacia la sensibilidad debes llevar contigo esta capacidad discriminatoria, ya que en ausencia de ella puedes perderte en el enredo y la confusión.

Al tomar mayor conciencia de tu sensibilidad, tenderás a atraer los escombros emocionales de las personas con las que entras en contacto. El entorno en que vives puede estar muy cerca de la casa o el departamento de otra persona en conflicto. Si te olvidas de discriminar, puedes absorber la negatividad de los que te rodean y reclamarla como propia. Necesitas detenerte y pensar, y no sólo sentir el patrón de energía. Cuando te distraes y te desorientas y sientes rabia en tu interior, pregúntate: «¿De dónde viene esta rabia? ¿Es mía? ¿Es algo que necesito enfrentar? ¿Estoy recogiendo algo de alguien cercano a mí?»

Recuerda que conforme te desarrollas en el plano psíquico y te conviertes en un ser sensible, necesitarás llevarte contigo a tu mayor aliado en este viaje. Este aliado es tu capacidad de analizar, que te ayudará a entender lo que está ocurriendo alrededor tuyo. El universo nunca te hubiera permitido entrar al camino de desarrollo de una sensibilidad tan aguda si no hubieras desarrollado ya tu capacidad de análisis. La sensibilidad que estás aprendiendo a desarrollar recibirá un gran apoyo si recuerdas mantener los pies sobre la tierra.

Otro de los retos es confiar en tus semejantes. En existencias anteriores sobrestimabas a los demás, lo cual conducía a una tendencia a necesitar que los que te rodeaban hubieran establecido patrones de comportamiento que te permitieran mantener las cosas en orden. Al desarrollar nuevos patrones de confianza, llegarás a la conclusión de que el universo se presenta en forma diferente en cada persona. Al llegar a esta conclusión, podrás tener más fe en el plan universal, lo que a su vez te permitirá un mejor acceso a la conciencia universal. Puedes utilizar esta orientación tanto para ti como para los que te rodean.

Siempre y cuando superes tu tendencia a ser demasiado crítico y dejes a un lado tus juicios acerca de los patrones de comportamiento de los seres humanos, podrías contarte entre los mejores psíquicos y místicos del planeta. Podrías convertirte también en un excelente diagnosticador haciendo uso de tus mejores habilidades para categorizar, analizar, sintetizar y sentir las energías de los demás.

Si quieres ponerte en el camino de aprender estas lecciones, podrías comenzar confiando en tu intuición y practicando en el contexto de tus actividades cotidianas. Por ejemplo, si estás acostumbrado a viajar por un determinado camino de un lugar a otro y un día, a partir de una intuición, tienes deseos de tomar un camino diferente por ninguna razón lógica aparente, el experimento consistiría en confiar en tus instintos y tomar ese camino diferente. Tal vez el Infinito tenga sus razones para que no viajes por la ruta acostumbrada. Al hacer caso a esta orientación interna ratificas tu sentimientos y aseguras a tu yo supremo que quieres esta guía y que eres capaz de aceptarla. Esto es importante, ya que fortalece la conexión. En estos planos terrenales es que te entrenas en la confianza.

Otra forma eficaz de comenzar este entrenamiento es manifestando físicamente tus intuiciones; por ejemplo, si tu voz interna te dice que alguien necesita saber de ti, levanta el teléfono y llama a esta persona. La idea es actuar físicamente a partir de lo que te está diciendo tu voz interna, siempre y cuando no sea perjudicial para alguien. De esta forma, permites que tu conciencia suprema sepa directamente que estás dispuesto a que tu voz interna tenga un papel más activo en tu vida.

Una forma diferente de ponerte en contacto con tu guía interna es hacerles caso a tus sueños. Se te recomienda que tomes mayor conciencia de lo que estás aprendiendo y percibiendo en estado de sueño. Es muy conveniente llevar un diario sobre tus sueños que te permitiera combinar tus intuiciones con las cosas prácticas de tu vida cotidiana. Y éste es un lugar muy adecuado para comenzar con facilidad esta lección.

Cuando aprendas a ponerte en contacto con esta energía y a encontrar el sentido de la continuidad del estado del sueño, podrás comenzar un curso sobre meditación que te ayudará a tomar conciencia de estas energías en estado de vigilia. A partir de ese momento, en estado de vigilia durante el día podrás controlar la energía y recibir orientación e inspiración cada vez que sientas que las necesitas.

Esto te ayudará a superar la tendencia a ser demasiado crítico, lo que puede tener por resultado que dediques demasiado tiempo a encontrar los defectos del yo. Debes entender que eres también un ser físico que está trabajando en este planeta para evolucionar. Debes abandonar la necesidad de encontrar la perfección para que puedas aceptar la orientación espiritual que viniste a aprender. Esto hará que toda tu existencia sea más fácil y más amable. Tan pronto aceptes tu estado imperfecto sin culpa, estarás listo para aceptar la orientación espiritual que te facilitará tu proceso de crecimiento y que te llevará a niveles elevados de perfección.

EXPRESIÓN INCONSCIENTE: Con tu eclipse inconsciente en el signo de piscis, puedes resistirte a la corriente de tu lección si sigues siendo una persona excesivamente crítica y analítica, y si te eximes de alguna forma de participación en los ámbitos espirituales. Tienes la tentación de negar todo lo que proviene de la conciencia espiritual a fuerza de analizarlo hasta el punto que es imposible percibir el verdadero mensaje. Esto te impide tener el panorama que necesitas para reordenar tu comportamiento de tal forma que te permita unirte a los demás como parte del todo.

Tal vez no reconozcas la ayuda que te están prestando los ámbitos espirituales y, por lo tanto, puede que no permitas que se desarrolle en tu interior una naturaleza sensible, y puede que rechaces toda la ayuda que te brindan los demás, incluidos los que están tratando de recibir ayuda del plano espiritual. Cuando esto ocurre, repites viejos errores, dado que has impedido que la nueva introspección se manifieste y acabe con el patrón de derrotismo.

Por otra parte, tal vez hayas venido a esta existencia tan consciente de la necesidad de ser sensible que te abres demasiado rápido desde el principio. Abrirte y expandirte demasiado rápido sin haberte entrenado física, emocional y espiritualmente puede hacer que se te «fundan los circuitos» y te alejes de tu camino. Podrás sentir que has sido «sacado del camino» a raíz de un encuentro demasiado intenso con el plano espiritual en virtud de tu falta de entrenamiento y de tu incapacidad para entender lo que está ocurriendo. En este caso, es necesaria una reevaluación y un proceso muy definido y gradual sobre la necesidad de que ocurran aperturas psíquicas. Si manejas esto de tal forma que honre tanto el plano espiritual como físico, este proceso puede ser gratificante y esclarecedor y te dará muchas satisfacciones en la vida.

Es tan importante no desarrollarse tan rápidamente como no anquilosarse en viejos patrones de pensamiento de estricta separación. De lo que se trata es de tomar conciencia poco a poco acerca de la totalidad. Olvidar tu capacidad de discernimiento podría conducir a formas de escapismo y excesos, ya sea en la comida, el alcohol, las drogas, la televisión o dormir demasiado, patrones éstos inadecuados para tu estilo de vida.

Si te niegas a aceptar la lección de aprender cómo aumentar la sensibilidad de tus interacciones con los demás, podrías tender a enajenarte de los demás a causa de tu aspereza. Una de las lecciones que estás aprendiendo es que por medio de la sensibilidad podrás comunicarte con tus semejantes y lograr lo que siempre has querido: ayudar a los demás a alcanzar sus propios estados de perfección o, por lo menos, ayudarlos a reencontrar su derrotero para que se conviertan en seres más seguros de sí mismos.

Cuando aceptas tu sensibilidad y tu compasión, a menos que lo hagas en forma muy consciente, en ocasiones podrías sentirte abrumado con la necesidad de asumir las cargas de los demás. Al no entender de dónde proviene ese sentimiento, podrías aceptar demasiados escombros emocionales de los que te rodean, con lo cual tu carga sería más pesada de lo necesario. Puedes darte cuenta de que esto está ocurriendo por que resentirás a las personas que vienen para pedir ayuda. Cuando sientes este resentimiento, es importante que te preguntes: «¿Estoy aceptando más de lo que realmente quiero? ¿Me he convertido en un mártir? ¿Estoy desplazando el resentimiento y la rabia a los que vienen a mí por ayuda?»

Si la respuesta es «sí», entonces es una lección importante, porque comienzas a enfrentarte con los problemas de amigos, familia y colegas sólo en los momentos en que realmente deseas ayudar y dar sólo el apoyo que realmente deseas dar. Cuando das más de lo que tienes, te vacías de tu propia energía y expresas resentimiento contra los que la están tomando, sin darte cuenta de que nadie está tomando lo que estás dando y de que en todo momento tenemos que ser responsables de lo que damos. Estás aprendiendo a ser sensible al yo así como a los demás aprendiendo a decir «no».

Tienes una capacidad innata para reconocer cuando algo necesita mejorarse o reajustarse. Sin embargo, de existencias anteriores en las que fuiste rudo y excesivamente crítico puedes haber desarrollado un patrón que consista en encontrar defectos en todo y en todos. Cuando exageras con este tipo de análisis, repeles a los que te rodean, ya que tus críticas insensibles son muy difíciles de aceptar.

En esta vida estás aprendiendo a presentar tu conciencia en una forma diferente, de tal manera que las personas que estás tratando de ayudar no rechacen tu consejo únicamente por la forma en que lo has presentado. Si enfrentas a alguien débil en una forma áspera o fría, lo obligas a ponerse una capa protectora. Debes tener cuidado de no presentar tus hallazgos de una forma que sea humillante o dañina desde el punto de vista emocional. De lo contrario, habrás colocado tal barrera entre tú y la otra persona que, independientemente de lo extraordinarios que sean tus hallazgos, nunca podrás penetrar en el muro que la otra persona ha levantado para protegerse emocionalmente. Una parte esencial de tu lección es adquirir tacto y sensibilidad en tus modales.

EXPRESIÓN CONSCIENTE: Cuando operas conscientemente, reconoces que necesitas dotar de sensibilidad a tus modales. Te vuelves consciente de los aspectos de tu personalidad que tienen que ver con la inspiración y la intuición, y si te permites una forma inteligente para explorar esa intuición y esa sensibilidad, podrás incorporar adecuadamente estos rasgos en tu personalidad. Sólo entonces podrás utilizar estos dones para ayudar y apoyar a tus semejantes.

Al darte cuenta de los aspectos que necesitas corregir, puedes combinar tu exposición anterior a la mente analítica y tu conciencia de los detalles con tu habilidad de destilar la realidad para alcanzar una perspectiva útil. Una vez que hayas agregado la facultad intuitiva, podrás prestarles muchos servicios a los demás. Conforme avanza tu vida, la sensibilidad, la espiritualidad y la conciencia psíquica se vuelven cada vez más parte de tu ser y podrás ser de mayor ayuda a los que te rodean.

Algunas de tus habilidades son similares a las de la gente que tiene premoniciones, ya que puedes percibir lo que estará pasando «a la vuelta de la esquina» y puedes compartir tus hallazgos con los que serán afectados. Entonces, tienes la oportunidad de tomar decisiones con mayor conocimiento de causa acerca del derrotero que quieran dar a su vida.

Una vez que hayas desarrollado tu sensibilidad y tu tacto, te desempeñarías muy bien como consejero, ya que tienes la capacidad de discernir la información, analizarla en forma inteligente y guiar a los demás hacia la perspectiva correcta. Cuando funcionas en el plano consciente, estás desarrollando la capacidad de tener en cuenta la frivolidad humana mientras criticas a los que te rodean. Cuando haces esto, la información es aceptada y utilizada por los demás y eres profundamente apreciado por los que necesitan tu orientación.

Cuando expresas conscientemente este patrón eclíptico, descubres las sutilezas que se mueven en tu interior. Te das cuenta de que te estás volviendo más intuitivo con el tiempo, habiendo aprendido a escuchar esta orientación intuitiva por medio de ensayo y error. Habiendo hecho tuya la conciencia de esta orientación, conforme observas y criticas lo que está moviéndose, puedes aprender a sentir la diferencia entre la imaginación y la intuición.

Aquellos de ustedes que están más evolucionados aprecian los valores espirituales y son lo suficientemente curiosos para desarrollarlos. Muchos toman cursos sobre conciencia espiritual, habilidades psíquicas, análisis de sueños, estudios bíblicos y meditación. Todos estos estudios son excelentes para desarrollar tu conciencia, ampliar tus perspectivas y recibir mayor información por medio de tus facultades psíquicas. Conforme desarrollas tus habilidades psíquicas, dispondrás de mayor información acerca de la manera en que podrás beneficiar tanto a tus semejantes como a ti mismo. Percibes que estás desarrollando estos dones para ser de ayuda a los demás y, conforme prosigas en tu trabajo, descubrirás que muchos de tus sueños son de naturaleza precognitiva.

Eres un ser sensible y responsable, y cuando estás operando en el plano consciente, puedes verte atraído por ocupaciones y situaciones donde puedes hacer uso de esa sensibilidad especial. Aspiras a que tu ser emane amor verdadero y compasión.

EXPRESIÓN TRANSPERSONAL: En el terreno de la conciencia de grupo, por tu capacidad de compartir amor, paz y armonía con los que entran en contacto contigo y dada la forma misma en que piensas y vives tu vida, estás aportando una cantidad considerable de conciencia espiritual a este planeta. Naciste con el espíritu abierto y físicamente consciente de conceptos universales que la persona promedio ni siquiera es capaz de imaginar. Percibes la totalidad en todas las cosas y en todo el mundo. Verdaderamente entiendes y eres capaz de conceptualizar esta conciencia de totalidad: que todo es todo dentro de sí mismo y, sin embargo, forma parte de otro todo que comprende aún otro todo, y así sucesivamente.

Esta conciencia te dota de la capacidad de apreciar la vida hoy, puesto que mañana siempre será parte de un ciclo que está aún por ocurrir, y sólo de hoy debemos preocuparnos cuando hemos puesto la fe suficiente en el plan universal y en nuestra integridad como ser total.

Tienes la capacidad natural para caminar por esta vida sin perder el sentido de pertenencia a un todo superior; siempre estás seguro de que eres una parte amada y honrada de este todo universal. En consecuencia, eres capaz de impartir a los demás un sentido de pertenencia a algo superior al yo. Esto les permite sentir más confianza y libertad al explorar las lecciones que han escogido, a sabiendas de que siempre estarán «en casa».

EXPRESIÓN FÍSICA: Cuando te resistes al proceso de desarrollo que decidiste adquirir en esta existencia, tu cuerpo te comunicará que estás en el camino equivocado llamándote la atención a los pies y al sistema linfático. Antes de que estas partes del cuerpo se activen y se vuelvan sensibles en exceso, recibirás señales o síntomas de advertencia en el sistema digestivo. El propósito de esto es comunicarte que estás excediéndote en tus análisis sin permitir que haga su aparición tu sensibilidad psíquica. Si tomas mayor conciencia de tu proceso «digestión excesiva», comenzando en el plano psicológico y luego en el físico, puedes crear hábitos más sensibles y, de esta forma, dejar que el proceso digestivo asimile mejor. Puedes lograr esto permitiendo que tu energía espiritual fluya a través de ti.

Si te resistes o haces caso omiso de esta toma de conciencia, el resultado podría ser la aparición de problemas en los pies (incluido el arco y el empeine) tales como callos, inflamación, sudoración e irritaciones en general. Posteriormente, se presentarán síntomas relacionados con el sistema linfático. Al ser el último signo del zodiaco, piscis es equivalente, en el plano físico, a la última línea de resistencia del organismo: el sistema linfático, el cual controla el sistema inmunológico. Si optas por pasar por alto tu decisión de desarrollarte espiritualmente en esta vida, tu sistema linfático podría verse afectado. Si pierdes contacto con tu guía interna, podrías provocar estos problemas.

CAPÍTULO OCTAVO:
LAS CASAS

PRIMERA

Para mayor información sobre el eclipse de la primera casa, véase el eclipse en aries (página 173).

Para una explicación más detallada sobre las casas, véase «Cómo usar la parte II», página 163).

ECLIPSE SOLAR: Compartes lo que viniste a enseñar por medio de interacciones cara a cara con la gente. Estas lecciones se reflejan en tu personalidad por medio de tu modo de ser en el plano físico. Cuando se te hacen preguntas directas, respondes con la mayor honestidad —independientemente de las repercusiones que puedan presentarse— y muestras un entusiasmo infantil en la realización de las tareas que aceptaste.

En esta vida quieres enseñar a los demás a ampliar el concepto que tienen de sí mismos («identidad»). Tu entendimiento natural sobre lo importante que es para la gente guiarse por su concepto de independencia y fijarse metas te da la capacidad para fortalecer la toma de conciencia sobre estos aspectos en los demás. De esta manera, alientas a los que necesitan ampliar sus horizontes a alcanzar un cierto grado de realización personal y objetivos propios.

Puedes enseñar a los que te rodean a tener éxito en la práctica de la asertividad mostrándoles cómo expresarse de tal forma que les sea útil para alcanzar sus metas. Asimismo, motivas a los otros a desarrollar una identidad más sólida y eficaz, lo que les da la oportunidad de actuar de un modo asertivo en sus vidas.

ECLIPSE LUNAR: Estás aprendiendo tus lecciones descubriendo cómo responde la gente a tu personalidad. Los que entran en contacto contigo te obligarán a asumir la responsabilidad de tus acciones y te pedirán rendir cuentas respecto de tu comportamiento e interacciones con los demás. Estás aprendiendo a integrar las cualidades descritas para el signo de tu eclipse lunar. Tan pronto lo logres, tu personalidad adquirirá consistencia y te sentirás mucho más a gusto con los demás.

Puede que te pases la vida buscando quién eres realmente, pero si estudias el signo de tu eclipse lunar, tu búsqueda de la identidad y la autosuficiencia podrá ser a un plazo más corto.

SEGUNDA

Para mayor información sobre el eclipse de la segunda casa, véase el eclipse en tauro (página 181).

ECLIPSE SOLAR: Estás aquí para ayudar a los que te rodean a ponerse en contacto con sus valores más profundos. A través de una experiencia positiva o negativa en tu cercanía, los demás pueden aprender la importancia de construir cimientos sólidos en cualquier área débil de su estructura personal. Les enseñas a construir cimientos sólidos mediante la colocación de los ladrillos uno por uno.

Puedes ser muy útil para los demás en lo que se refiere a las emociones y a la construcción de un sentimiento de autovalía. Pueden aprender de ti cómo determinar lo que deben incorporar en su personalidad para fortalecer y ampliar su estructura emocional. Por tu conducto, la gente puede descubrir cuáles son sus necesidades emocionales, ya que intuitivamente entiendes que si quieres manifestar algo, debes saber lo que quieres.

Entiendes en forma natural los valores morales, financieros y espirituales y tienes una disposición para ayudar a los demás a descubrir la forma de fortalecer esos valores y sentirse mejor con ellos mismos. Dado que tienes la capacidad de ver la vida a través de una lógica cristalina y entiendes qué es la realidad y qué es fantasía, puedes calcular rápidamente los puntos fuertes y débiles de las personas con las que te topas en la vida. Puedes enseñar a los demás a aprovechar sus puntos fuertes y a eliminar los débiles.

ECLIPSE LUNAR: Hay alguna falla fundamental en el sistema de valores que viniste a reestructurar. Debes fortalecer sus cimientos en sus partes débiles. Es como si faltara un ladrillo que debiera colocarse en su lugar con el objeto de que, en algún momento de presión en tu vida, tu estructura interna no se derrumbe. Lo que estás buscando es ese ladrillo faltante en los cimientos fundamentales de tu vida, es decir, tus valores. El estudio del signo de tu eclipse lunar te será de mucha utilidad. Cuando hayas encontrado y colocado en su lugar ese eslabón perdido, restituirás también el equilibrio y la armonía de tu ser interno.

TERCERA

Para mayor información sobre el eclipse de la tercera casa, véase el eclipse en géminis (página 191).

ECLIPSE SOLAR: Tienes la capacidad de enseñarle a la gente la necesidad de compartir experiencias, ideas y sentimientos en su vida cotidiana. En tu entorno, generalmente eres la persona en la que los demás se apoyan para mantener fluida la conversación y enseñas a los que te rodean la necesidad de mantener circulando la información y los conocimientos. Mantienes a todo el mundo informado sobre lo que está ocurriendo y, por otra parte, el tipo de información que te interesa está determinado por el signo de tu eclipse solar.

ECLIPSE LUNAR: Estás aquí para aprender a dejar que las cosas fluyan a través de ti en esta vida. Viniste a quitar obstáculos, a comunicarte, a socializar e interactuar con tu entorno, especialmente en las áreas regidas por el signo de tu eclipse lunar. Tu lección es la de olvidar y tener confianza en el universo como proveedor de lo que necesitas y restaurador de lo que liberas. Éste es el momento de romper con patrones de energía estancada tales como el no compartir tus recursos y sentirte que eres la única persona que tiene acceso a determinada información, sin ser capaz de comunicar tus sentimientos, o temiendo que la energía que fluye de ti no será correspondida. Viniste a encontrar en esta existencia la abundancia que tienes a tu disposición siempre y cuando sepas aprovechar la energía circulante.

CUARTA

Para mayor información sobre el eclipse de la cuarta casa, véase el eclipse en cáncer (página 200).

ECLIPSE SOLAR: Estás enseñando a los demás a sentirse a gusto en el hogar, a descubrir sus necesidades de seguridad y a asumir la responsabilidad de satisfacer esas necesidades para estar en posibilidad de disfrutar paz interior. Por tu conducto, otras personas pueden ponerse en contacto con su naturaleza interna y construir cimientos sólidos para crecer, de tal manera que los factores externos no las puedan sacar de equilibrio con facilidad. Estás enseñando a la gente a conocerse a sí misma con mayor profundidad, lo cual le genera seguridad en su relación con el mundo. Tienes la capacidad para enseñar a los que te rodean las lecciones del desprendimiento, el éxito y la generosidad. Los ayudas a vigilar que sus almas estén exactamente en el lugar correcto en su proceso de evolución, independientemente de las circunstancias que les hayan tocado.

Tu capacidad innata para sentirte a gusto en los aspectos relacionados con el signo de tu eclipse solar te permite enseñar a la gente a sentirse bien con la energía que atesora. Eres un elemento nutricio y puedes enseñar a los demás a alimentar su autoestima. Haces que las personas se sientan bien con ellas mismas, al igual que seguras acerca de las fuentes de las que provienen. Sacas a flote su capacidad de sentir y hacer valer su sensibilidad.

ECLIPSE LUNAR: Llegaste a esta encarnación con un bajo nivel de autoestima y estás aprendiendo a valorarte y a encontrar tu identidad en esta vida. El aprender a sentirte a gusto en tu unidad familiar te ayuda a sentirte igualmente a gusto con la esencia de tu alma. Si eres una persona excesivamente preocupada por el éxito, la causa podría ser tu creencia de que muchas cosas deberían mejorarse. Tal vez pases demasiado tiempo juzgándote, cuando lo que realmente necesitas es aprender a desarrollar tu autoestima. Debes dedicar tanto tiempo a la construcción de tu autoestima como el que empleas en las construcciones que realizas en el mundo exterior. Recuerda realizar las cosas que te hacen sentir bien y, a lo largo del proceso, hacer valer tus éxitos morales y espirituales. Para ti es tan importante el aprender a disfrutar el proceso como la meta alcanzada.

En la medida en que empieces a darte cuenta de lo que vales, tendrás una actitud menos a la defensiva, especialmente en tu unidad familiar. El permitir que otras personas te alimenten te ayuda a sentirte mejor contigo mismo. Eres sumamente listo para encontrar los defectos del yo y necesitas aprender a alimentar tu propia identidad y a aceptar los motivos que tiene el alma para ser parte del universo. Hay bondad en tu esencia y tienes mucho que compartir conforme aprendes a expresarte partiendo de tu centro.

QUINTA

Para mayor información sobre el eclipse de la quinta casa, véase el eclipse en leo (página 208).

ECLIPSE SOLAR: Tienes la responsabilidad de enseñar a los demás a jugar en la vida. Siguiendo tu corazón, enseñas a los que te rodean cómo enfrentar la vida en forma más despreocupada. Eres un ser extremadamente creativo y ayudas a la gente a poner de manifiesto su propia creatividad. Tienes excelentes habilidades organizativas, trabajas bien con los niños y vives bien los asuntos del corazón. Eres una persona en general tolerante, profunda e intensa y tienes una actitud centrada en el éxito. Tal vez la lección más importante que enseñas a los demás es a aceptar los placeres que ofrece la vida y a rechazar la abnegación.

Puedes dramatizar tu vida en forma tal que los demás se vean impelidos a correr riesgos en sus propias vidas. Demuestras la lección según la cual «el que no arriesga no gana» y tienes la capacidad de librar a la gente de viejos patrones de estancamiento. Tu energía es como la de un niño que sabe que no deben descuidarse los placeres y alegrías de la vida. Cuando disfrutas tu vida, ayudas a los demás a quitar las costras que cubren sus corazones y a aceptar el amor en sus vidas.

ECLIPSE LUNAR: Estás aprendiendo a jugar y a tomarte la vida menos a pecho. Estás aprendiendo también a aceptar la buena suerte y el amor. Tiendes a querer saber el motivo de todo lo que te da la vida y a poner en duda si eres realmente digno de recibirlo. Tan pronto aprendas a deshacerte de viejas inseguridades emocionales, estarás más dispuesto a correr riesgos y a lanzarte por un nuevo camino en la vida por el mero placer de recorrerlo.

La lección de la aceptación es muy difícil para ti; sin embargo, es esencial que la aprendas. Si quieres amar al universo, primero debes aprender a amarte a ti mismo. Para comenzar a amarte debes superar tu renuencia a aceptar amor, obsequios y elogios de los demás. Cuando seas capaz de vivir en un estado de aceptación, también serás capaz de dar amor no sólo en un plano individual, sino universal. En ese momento, reconocerás el poder que posees y tendrás la capacidad para enseñar conceptos universales a los demás.

En esta vida estás aprendiendo a encarar los asuntos del corazón, a los niños y a tu propia creatividad. Gracias a tu capacidad de procrear, aprendes a incorporar en esta existencia la alegría de tu creatividad. Conforme te permites sentir orgullo de lo que has creado y aceptar el amor de los seres que has procreado, también te permites desarrollar un ego e identidad propios a través de lo que has creado. Esto te ayuda a ponerte más en contacto con tu creador y con otras energías universales.

Cuando descubres que tienes la capacidad para crear, te pones en contacto con el poder que posees para manifestar tu propio destino positivo. Cuando creas conscientemente lo que hace que tu vida sea feliz y plena de vitalidad, aprendes a aceptar la responsabilidad de construir tu propia realidad.

SEXTA

Para mayor información sobre el eclipse de la sexta casa, véase el eclipse en virgo (página 218).

ECLIPSE SOLAR: Estás enseñando a los demás a organizar su vida; para ello, los estás ayudando a tener metas claramente definidas, a poner las cosas en su perspectiva correcta y a disciplinar su visión de las cosas teniendo presente su aplicación práctica. Tienes la capacidad para ver tanto los detalles como el panorama general de las cosas. Estás enseñando a los demás a aprender de sus propias vidas, a encontrar sus fallas y sus propios remedios. Esto les da el poder de volver a poner en orden las cosas.

Tu preocupación por encontrar un sano equilibrio entre las necesidades de la mente y del cuerpo induce a los demás a hacer lo mismo. Les enseñas también el valor de ser autodidactas, toda vez que estás dispuesto a crecer y aprender de tus diversas experiencias en vidas anteriores. Especialmente en las áreas del trabajo, el servicio y la salud, compartes con otras personas los dones adquiridos en virtud del signo de tu eclipse solar.

ECLIPSE LUNAR: Necesitas aprender a realizar ajustes en tu estilo de vida que te permitan tener un cuerpo sano, hábitos de trabajo sensatos y una actitud positiva hacia esta vida de servicio. En este proceso, estarás dispuesto a aprender las lecciones que buscas en virtud del signo de tu eclipse lunar. En vidas anteriores descuidaste ciertos aspectos relativos a la salud, el trabajo y el servicio y, por otra parte, necesitas reevaluar tus ideales e intenciones en estas áreas. Tal vez necesites aprender a conocer tu cuerpo (lo que puedes introducir en él y lo que no) o a deshacerte de esquemas de pereza adquiridos en encarnaciones anteriores.

En lugar de desperdiciar tu vida, estás aprendiendo a manifestar físicamente lo que deseas para ti en esta existencia. Estás volviendo a enfocar tu mente hacia una dirección o meta productivas y, en este proceso, aprenderás las lecciones dictadas por el signo de tu eclipse lunar.

SÉPTIMA

Para mayor información sobre el eclipse de la séptima casa, véase el eclipse en libra (página 228).

ECLIPSE SOLAR: Estás aquí para enseñar a los demás cómo relacionarse. Tienes el don de la interacción y una aptitud para enseñar a los demás cómo tener asociaciones y relaciones exitosas. Estás enseñando los beneficios de las promesas y los contratos y la necesidad de cumplir con los compromisos.

Compartes el don de tu eclipse solar mediante tu capacidad para relacionarte con los demás en un espíritu de armonía, buena fe y consideración por su persona. Le enseñas a la gente que el secreto de las relaciones consiste en advertir la esencia de cada quien, o al menos en el modo como se le advierte. Por lo tanto, le enseñas a la humanidad a servirse del espejo del "otro" para reevaluar el yo.

ECLIPSE LUNAR: Estás aprendiendo a dominar la lección de tu eclipse a través de tus relaciones cercanas con los demás. Puedes experimentar la energía vinculada con tener relaciones siendo consciente del efecto que tienes en las vidas y actitudes de los que te rodean y aprendiendo a entender los papeles que los demás desempeñan en tu vida. El significado del compromiso y el valor del seguimiento se te van aclarando conforme aprendes a tomar en consideración las necesidades de los demás.

OCTAVA

Para mayor información sobre el eclipse de la octava casa, véase el eclipse en escorpión (página 235).

ECLIPSE SOLAR: En esta vida estás enseñando a comprender las energías de la transformación. Cuando te comprometes en interacciones psicológicas intensas (profesionales o sexuales) con otras personas, les das acceso a tus dones.

La responsabilidad financiera, moral y espiritual que tenemos unos con otros es la lección que estás enseñando. Haces que los demás tomen conciencia de cómo sus valores afectan a las personas con las que entran en contacto y las ayudan a entender la importancia de encontrar valores comunes en los tres planos. Puedes utilizar tu poderosa energía como curador o metafísico. Con tu ejemplo, puedes enseñar a los que te rodean el valor de invertir tiempo, dinero y conciencia en la humanidad.

Tienes un conocimiento intuitivo de los valores y necesidades de los que te rodean y entiendes su importancia en los planos moral, financiero y espiritual.

ECLIPSE LUNAR: Estás aprendiendo a asumir la responsabilidad de la forma en que tus valores están afectando a otras personas en tu vida. Necesitas aprender por qué es tan importante que los fuertes se responsabilicen de los débiles. Conforme te introduces en áreas de responsabilidad mancomunada y habilitación mutua, tienes acceso a los elementos necesarios para aprender las lecciones determinadas por el signo de tu eclipse lunar. También estás aprendiendo a responsabilizarte de la manera en que te expresas sexualmente en esta vida.

NOVENA

Para mayor información sobre el eclipse de la novena casa, véase el eclipse en sagitario (página 247).

ECLIPSE SOLAR: Estás enseñando a los demás a tener aventuras en esta vida, a correr riesgos, a ser libres. Al alentarlos a hacerle caso al sentido de la aventura que poseen y a no tener fijaciones respecto de un ideal o lugar determinados, les enseñas todo lo que pueden aprender si permiten que su conciencia se expanda y que su cuerpo viaje mientras están en el planeta.

Al circular por diferentes culturas y entornos, alientas a los demás a asimilar tantas lecciones y experiencias diferentes como sea posible en una existencia. Siguen tu ejemplo de compartir lo que han aprendido en otros lugares y mostrar que cada cultura posee una conciencia y valores positivos propios. En el proceso de vivir un estilo de vida aventurero, te pones en disposición de compartir los dones que te indica el signo de tu eclipse solar.

ECLIPSE LUNAR: Has encarnado con la responsabilidad de ampliar tu conciencia tanto en lo relativo a tus ideales condicionados como a otras culturas y entornos sociales. Estás aquí para darte cuenta de que la vida es algo más que lo que sabes de ella. Por lo tanto, sentirás deseos de libertad y movimiento y curiosidad por tener nuevas experiencias en esta vida. Estás tratando de alcanzar metas idealistas y, en el proceso de poner de manifiesto tu sentido de la aventura, te toparás con las lecciones que necesitas para aprender lo que te indica el signo de tu eclipse lunar.

DÉCIMA

Para mayor información sobre el eclipse de la décima casa, véase el eclipse en capricornio (página 257).

ECLIPSE SOLAR: Enseñas a los demás de qué se trata la ética profesional y la responsabilidad con la comunidad. Eres un líder en tu comunidad y enseñas a sus miembros que deben estar conscientes de la interdependencia que tienen entre sí. Tienes aptitudes para desempeñarte como político, líder religioso o como el papá que dirige la Asociación de Padres de Familia. Tienes la capacidad para alcanzar logros con facilidad en esta vida y, mediante el proceso que vives para alcanzarlos, enseñas a los demás las cualidades del signo de tu eclipse solar.

ECLIPSE LUNAR: Necesitas aprender cómo ser responsable con la comunidad. Estás aprendiendo a comunicar tus pensamientos y sentimientos con un alto nivel de integridad en los campos que has escogido para desenvolverte. El signo de tu eclipse lunar muestra las áreas donde necesitas trabajar con más ahínco. Estás aprendiendo a establecer y alcanzar metas profesionales, así como a ir en pos de ellas con una entereza de espíritu que te permita desarrollar tu carácter y aprender tus lecciones en el proceso.

Es importante que no permitas que tus inseguridades se te atraviesen en el camino. En ocasiones, tal vez te sientas deprimido o tengas que dar unos pasos atrás. Debes entender que éste es un fenómeno natural en el proceso de aprender cómo hacer uso de todo lo que encuentres en tu camino para alcanzar tu meta.

DECIMOPRIMERA

Para mayor información sobre el eclipse de la decimoprimera casa, véase el eclipse en acuario (página 266).

ECLIPSE SOLAR: Estás enseñando a tus semejantes a desarrollar la conciencia de grupo y a tener más presentes las necesidades de los demás. Enseñas muchas de tus lecciones en situaciones de grupo y ayudas a los demás a desarrollar una conciencia centrada en el grupo. Gran parte de tu trabajo lo haces con fines humanitarios en beneficio de la mayor parte de la gente. Puedes ayudar a los demás a llegar a la conclusión de que si se cuida a la mayoría, las vidas de cada uno de nosotros serán más satisfactorias. Un ejemplo de ello es la unidad familiar. Si se toman decisiones que hacen que la familia sea feliz, las personas que la conforman serán más felices también.

Al buscar con afán tus propios altos ideales y aspiraciones, ayudas a los demás a centrarse en metas. Les haces tomar conciencia de que nada puede alcanzarse en esta vida a menos que se luche por ello. Por tu gusto por la vida y los logros, enseñas a otras personas a aspirar a las estrellas y les muestras que no hay nada que no pueda alcanzarse si realmente concentran sus energías en ello.

Alientas a los demás a perseguir sus sueños, aspiraciones e ideales y brindas un gran apoyo a tus amigos y conocidos. A menudo dedicas mucho tiempo y energía a los esfuerzos de las personas que, a tu juicio, se han trazado metas que valen la pena y con las que sientes afinidad. Alientas a los demás a alcanzar sus sueños en la forma que se explica en el signo de tu eclipse solar.

ECLIPSE LUNAR: Además de aprender a soñar, estás aprendiendo también que no hay nada malo en mejorar la vida a la que llegaste y adquirir más de lo que posees. Soñar es un pasatiempo muy sano para ti porque te ayuda a desarrollar el patrón de crecimiento de tu alma. Independientemente del signo de tu eclipse, cuando estás en la decimoprimera casa debes aprender a soñar a fin de aspirar a nuevas cimas en esta vida.

Estás también adquiriendo conocimientos en lo relativo a la conciencia de grupo y aprendiendo cómo incorporar lo bueno de todos los que te rodean en tus aspiraciones. Estás aprendiendo que al satisfacer la necesidad del grupo, tus propias necesidades son automáticamente satisfechas. Conforme empiezas a tomar en consideración los deseos, metas y aspiraciones de los que te rodean (el grupo, no sólo los individuos), te darás cuenta de la necesidad de encontrar tu relación con el todo, ya sea dando al grupo o recibiendo de él. Estás aprendiendo a considerar al grupo como un sistema emocional interdependiente en función de tus sueños y aspiraciones.

Estás comenzando a dejar que tu vida se fusione con la corriente del universo. Si haces caso a tu propia orientación e intuición internas, te dirigirás al camino exacto que debes recorrer para alcanzar tus metas.

DECIMOSEGUNDA

Para mayor información sobre el eclipse de la decimosegunda casa, véase el eclipse en piscis (página 275).

ECLIPSE SOLAR: Mediante el principio de «olvidar y que sea lo que Dios quiera», estás enseñando a los demás a tener fe y confianza en el desenvolvimiento universal de las cosas. Ayudas a otras personas a que aprendan cómo enfrentar los cambios inesperados y los vaivenes de la vida, cómo enfrentar las limitaciones, cómo escuchar el mundo de su yo interno y cómo apreciar la inspiración que sólo puede recibirse cuando estamos dispuestos a escuchar la voz interna. Enseñas a los demás a aceptar e incluso apreciar los confines de su mente.

La gente puede aprender de ti cómo ponerse en contacto con la paz y serenidad internas por medio de la meditación, al igual que cómo adquirir la conciencia que puede revelar el universo a los que están dispuestos a detenerse y escuchar dentro de ellos. Tienes también la capacidad de tratar con instituciones de todo tipo. Eres excelente dando consejos a los demás, ya que estás consciente de sus patrones autoderrotistas y puedes ofrecer aliento emocional de acuerdo con la naturaleza del signo en que se encuentra tu eclipse solar.

ECLIPSE LUNAR: Estás aprendiendo a ponerte en contacto con el yo tranquilizando a la psique lo suficiente para meterte en ella, escuchar y encontrar inspiración y orientación. Es importante que experimentes serenidad y meditación a fin de tener tiempo para estar solo e introducirte en tu interior. Este proceso te permitirá descubrir tus mecanismos de autoderrotismo a fin de aprender las lecciones que te indica el signo de tu eclipse lunar.

Desenterrar todo lo que haya quedado de encarnaciones anteriores te ayudará a deshacerte de patrones de comportamiento limitantes. Estás aprendiendo a liberarte de mecanismos internos que conducían a desentenderte inconscientemente de situaciones en lugar de participar en forma activa. Cuando te introduces en tu interior, eres capaz de eliminar esos bloqueos, lo que te permitirá participar en la vida con una corriente libre de energía.

Si no aprendes a ponerte en contacto con tu yo interno por cuenta propia, podrás verte en la necesidad de imponerte la estructura de una institución. Es importante que encuentres formas sanas de meterte en tu interior, en lugar de desarrollar patrones de escapismo tales como las drogas, el alcohol, la televisión, dormir demasiado o sentir lástima de ti mismo. Al aprender a corregir tu yo, descubres que tus circunstancias externas dejan de plantearle algún tipo de bloqueo a tu expresión. Un valor agregado será el desarrollarte espiritual y psíquicamente a un ritmo más rápido; así comenzarás a ayudar a otras personas en áreas que en algún momento constituyeron debilidades para ti.

CAPÍTULO NOVENO:
LOS ASPECTOS

Existen cuatro aspectos principales entre el eclipse solar y el eclipse lunar en tu carta personal: oposición, quintil (o inconjunto), semisextil y conjunción. Para los fines de este libro, estos aspectos se calcularán por signo solamente.

Los aspectos indican la naturaleza de la relación psicológica entre tus eclipses solar y lunar, y se calculan por la distancia que media entre un signo y otro. Para determinar el aspecto entre tus eclipses prenatales solar y lunar, utiliza el siguiente diagrama:

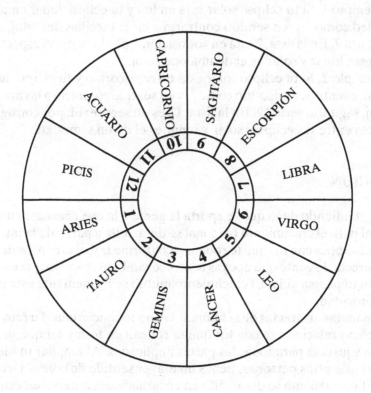

Comienza por asignar a tu eclipse solar prenatal el número «1». Luego, cuenta cada signo hasta que alcances tu eclipse lunar prenatal (que también se contará), en el sentido contrario a las manecillas del reloj. Luego, remítete a la lista que aparece a continuación para encontrar el aspecto entre tus eclipses prenatales solar y lunar. (Sírvete notar que las órbitas —los grados implicados en el aspecto matemático— no se usan en este sistema particular. Los aspectos a los que nos referimos en este material se analizan sólo por la calidad del signo.)

LISTA DE ASPECTOS

1	=	conjunción
2	=	semisextil
6	=	inconjunto
7	=	oposición
8	=	inconjunto
12	=	semisextil

Ejemplo 1: Si tu eclipse solar está en leo y tu eclipse lunar en acuario, cuenta leo como 1 y, en sentido contrario a las manecillas del reloj, acuario estaría en el 7. En la lista, 7 está en «oposición»; por lo tanto, el aspecto entre tus eclipses lunar y solar es el de una oposición.

Ejemplo 2: Si tu eclipse solar está en capricornio y tu eclipse lunar en sagitario, cuenta a capricornio como 1, y en sentido contrario a las manecillas del reloj, sagitario sería 12. En la lista, 12 es un semisextil; por consiguiente, el aspecto entre tus eclipses solar y lunar es el de un semisextil.

OPOSICIÓN

Estás aprendiendo de lo que te aporta la gente a la que enseñas. Tu camino principal para el crecimiento personal se desarrolla a partir de la intensidad de tus relaciones con los que te rodean. Conforme trabajas con los demás en forma directa, la gente que apoyas te ofrece también el apoyo que estás buscando en tu propia vida. El crecimiento mutuo se da mediante este proceso de reciprocidad.

Las metas abstractas de la humanidad no te conciernen. Tu reto es descubrir cómo relacionarte con los que te rodean en forma tal que se genere armonía y justicia para todas las partes implicadas. Al ampliar tu identidad para incluir a otras personas, tienes un mayor sentido de consumación personal. El yo, tal como se desarrolló en encarnaciones anteriores, está ahora listo para otro gran crecimiento, y es necesario recibir la energía de otras personas. Estás aprendiendo a aceptar el apoyo y la ayuda de otras personas para adquirir el conocimiento de lo que necesitas para completar tu propio desarrollo. Lo anterior requiere humildad y gracia, ya que debes cambiar patrones personales que te separan de los que te rodean y permitirles facilitarte el proceso de crecimiento, o incluso invitarlos a ello. Conforme aceptas de mejor gana esta ayuda, descubres que la otra persona también adquiere conciencia de las cosas.

Estás tratando de equilibrar el sentirte importante en esta vida a la vez que tienes presente que todas las cosas son de igual importancia. Aprendes esto al aceptar la responsabilidad de convertirte en un ser tan completo como sea posible, a la vez que recuerdas que otras personas están haciendo lo mismo y que son tan importantes como tú.

Conforme trabajas en el desarrollo del yo y te relacionas con los demás, éstos te recuerdan tu lección diciéndote: «¡Oye, yo también soy importante!» Esto te regresa a la tierra y te ayuda a tener mayor conciencia de tus defectos, ya que sin ella no puedes crecer. Al relacionarte con los demás, puedes llegar a ser lo máximo que te sea posible. Al mismo tiempo, te das cuenta de las necesidades de los demás, lo cual facilita el equilibrio social que estás buscando.

Estás también aprendiendo el valor de la diplomacia en tus relaciones con los demás, lo cual conduce a experiencias mutuamente agradables. Ésta es una cuestión de tiempos iguales; estás aprendiendo a compartir. En ese proceso, te sientes a gusto con la vida y adquieres la capacidad de disfrutar de los demás mientras vas en pos de tus metas.

QUINTIL (INCONJUNTO)

Éste es un aspecto kármico. Has aceptado la responsabilidad de enseñar a tus semejantes la necesidad de estar más conscientes. Formas parte de los promotores de la Nueva Era: los agitadores, los curadores, los nuevos pensadores. Es un tiempo de «perla y ostra»: por medio de ajustes constantes a los trastornos de la vida, estás en capacidad de crear gran belleza y conciencia para ti y para los demás. Dado que eres tan sensible a los trastornos, aprendes a adaptarte para poderlos corregir rápidamente; esto genera mucho crecimiento en el espacio de una vida, que es precisamente lo que tú querías. El hecho de que al ayudar a los demás se acelera tu propio proceso de crecimiento constituye la razón de que seas una de las personas que aportan luz y ayudan a establecer los cimientos de la Nueva Era.

En esta vida debes «servir o sufrir». La mayor parte del crecimiento y la conciencia surge cuando estás prestando un servicio y ayudando a los demás a crecer y a comprender. Cuando no lo estás haciendo, puedes ser un factor perjudicial para una de estas tres áreas: tu salud física, tu salud mental y emocional o tu situación financiera. Más que en ningún otro patrón aspectual, estás sujeto a estos tipos de inestabilidades si llegas a descuidar tus responsabilidades respecto de tu propio crecimiento.

Tus hallazgos no provienen directamente de las personas que estás ayudando y enseñando en esta vida, sino de otras vías. Tu deber es ayudar en lo que te sea posible, y el universo te gratificará con otra fuente para proporcionarte el conocimiento que necesitas, ya sea directamente por medio de tu propio espíritu o con la intermediación de alguna otra persona. Conforme ayudas a los demás a adquirir los conocimientos que necesitan para crecer y adaptarse a sus circunstancias personales, te abres para recibir la conciencia que necesitas. Compruebas que tus gratificaciones no provienen de las personas que ayudas.

Te sientes más feliz cuando estás participando en algún tipo de servicio, y eres bueno para desempeñar una profesión que implique alguna especie de curación, lo cual puede comprender muchas áreas: trabajar en una tienda de productos biológicos o ser dietético, agricultor o doctor; ayudar mediante tratamiento psicológico, como psiquiatra, psicólogo o astrólogo; trabajar como curador espiritual o emocional como pastor, o resolver los valores morales, espirituales o financieros de las demás personas.

Eres una de las «abejas» del planeta. Estás preparando el camino de la nueva era de la misma manera en que el campesino desbroza el terreno y lo prepara para recibir las semillas. Estás aprendiendo a tener un sentido de humildad en tu papel en este planeta. Estás también aprendiendo a apreciar el honor de ser capaz de desempeñar un papel en la evolución de la raza y el acceso que esto te da a fuentes de información más importantes.

En esta vida estás adquiriendo una mejor perspectiva de la interrelación que guardan todas las cosas. Estás incorporando los sentimientos de igualdad y apreciación que se generan a partir de la comprobación de que todo lo que existe sobre la Tierra forma parte de la misma fuerza vital. De la misma forma en que las plantas son nuestro alimento ahora, algún día nosotros nos convertiremos en su alimento. Cuando entiendes este tipo de relaciones te conservas humilde, libre y feliz en el papel que desempeñas en tu vida.

SEMISEXTIL

Lo que más te preocupa es la curación de tu propia identidad durante esta vida, ya que necesitas adquirir un sentido de la totalidad dentro de ti. Para este fin, estás constantemente apelando a tus energías para construir las cosas que son importantes para ti, ya sea en el plano financiero, moral o espiritual.

Cuando aquello por lo que luchas no corresponde a tus verdaderas necesidades y valores, te sumerges en esquemas de derrotismo que tienen por resultado la disolución de todo lo que has construido con tanto trabajo. Estás aprendiendo a construir con sumo cuidado y en forma más consciente y correspondiente con tu identidad.

Tu trabajo debe centrarse principalmente en ti mismo. Es bueno que trabajes con otras personas, siempre y cuando no termines dependiendo de ellas. Debes aprender que tu destino es consecuencia de la fortaleza de tu naturaleza interna.

Tu trabajo es romper con esquemas de derrotismo que adquiriste en vidas pasadas. Te encuentras con estos esquemas cuando estás construyendo las cosas que quieres para obtener una sensación de estabilidad en el mundo material. Si un proyecto comienza a fallar, tu tarea es identificar el esquema derrotista específico que causó este vuelco de la fortuna, corregirlo y eliminarlo de tu comportamiento inconsciente.

En un plano estás emprendiendo nuevos comienzos durante esta vida y, en otro, experimentando cómo concluir cosas en forma eficaz. Cuando la dirección de tu vida corresponde a tu objetivo, atraviesas por una serie de tediosos nuevos inicios que, cuando se aplica la energía adecuada, culminan en conclusiones exitosas. Guardas muchas similitudes con el empresario que constantemente está iniciando nuevos negocios y vendiendo y disolviendo lo viejo con el fin de meterse en la siguiente nueva aventura.

Tienes necesidad de construir sin estar aferrado al plano físico —ni siquiera a lo que estás construyendo—, y encuentras que tienes la motivación interna y la energía necesaria para impulsarte a nuevos proyectos. Cuando logras completar un proyecto, de inmediato buscas la manera de disolverlo, ya que no te quieres aferrar a nada en esta vida. Sientes que el aferrarte te frenará, ya que te das cuenta de que el proceso de disolver cosas es cuando menos la mitad de lo que viniste a aprender.

Es importante que no te juzgues por lo que has alcanzado en el mundo físico. De hecho, deberías integrar el crecimiento personal que ha emergido de la combinación de lo que has adquirido y de lo que has liberado en lo que se refiere al aferramiento material. Es también importante que entiendas que está bien poseer bienes materiales. Tu motivo en esta vida no es renunciar al plano material, sino entender y desarrollar un sistema de valores adecuado mediante el constante abandono de lo que no es congruente con los valores más profundos que has incorporado en esta vida. Cuando concluyes este proceso, puedes adquirir grandes riquezas y, al mismo tiempo, ser muy consciente en el plano espiritual, asumiendo la responsabilidad de ayudar a los que son menos afortunados. Puedes comportarte en forma verdaderamente caritativa tanto con el corazón como con la cartera.

Aprende a depender de ti para ascender a nuevas etapas de crecimiento personal. No puedes depender de otros para que te alienten, sino alentarte a ti mismo para emprender acciones dando físicamente el primer paso en la nueva dirección.

CONJUNCIÓN

Tienes la responsabilidad de asimilar experiencias de vidas pasadas en tu identidad personal en esta existencia. Estás integrando facetas independientes de tu personalidad en una totalidad centrada en ti mismo. Es como si el yo hubiera participado tanto en otros proyectos e identidades en encarnaciones anteriores que hubiera perdido su centro. Así, en la encarnación actual el deseo profundo es ir hacia la unidad, la autosuficiencia y un sentido de plenitud dentro del yo.

Después de haber sido disgregada, la identidad está ahora lista para integrarse en un nivel superior que el que estaba a su alcance en vidas pasadas. Tu mayor crecimiento proviene no de la conciencia objetiva, sino de experiencias subjetivas en tus situaciones de vida. Tu tarea es permitir que la circunstancias de tu vida te ayuden en la construcción de una identidad independiente que te proporcione un verdadero sentido de la individualidad. Cuando te unes a esa chispa de identidad que tienes dentro de ti, optas por el surgimiento de una fortaleza interna. Esta dependencia de ti mismo curará la molesta sensación de inmadurez que sientes cuando te permites ser dependiente de otras personas para tu crecimiento personal.

Es importante que practiques ser real con el yo, ya que en esta vida debes volverte plenamente consciente de cosechar lo que siembras. Obtendrás de la vida sólo lo que estés dispuesto a poner en ella, en el sentido de expresar lo que realmente está ocurriendo dentro de ti. El grado de realidad que estás dispuesto a compartir con otras personas muestra la realidad que el universo estará dispuesto a revelarte.

Si eres capaz de una honestidad total, tu capacidad para percibir y compartir conceptos espirituales avanzados será ilimitada, ya que el universo se te revelará sin reservas. Si escoges separarte de tu propia verdad y realidad, te encontrarás enfrentándote a una vida de confusión y engaño, y probablemente necesitarás consejos para disipar las dudas que has colocado sobre tu propia identidad.

CAPÍTULO DÉCIMO:
CONCLUSIÓN: ESCUCHAR A LOS SIGNOS

Al entrar en el campo terráqueo, éstos son los comentarios que se les escucharon a los eclipses solares y a los signos solares:

Aries: «¡Apártense todos de mi camino!»
Tauro: «¿Qué es lo mío?»
Géminis: «Escúchame...»
Cáncer: «¿A alguien le importa realmente?»
Leo: «¿Quién quiere jugar?»
Virgo: «¡No lo estamos haciendo bien!»
Libra: «¿Es ésta la dirección correcta?»
Escorpión: «Vayamos al fondo de la cuestión».
Sagitario: «Sé a qué te refieres».
Capricornio: «Me merezco algo mejor».
Acuario: «Sólo tengo curiosidad».
Piscis: «¿Qué estoy haciendo aquí?»

PARTE III

CUADROS MATEMÁTICOS: CÓMO ENCONTRAR LOS SIGNOS EN LOS QUE SE LOCALIZAN TUS PLANETAS Y ECLIPSES

CAPÍTULO DECIMOPRIMERO:
INTRODUCCIÓN

El propósito de la parte III es proporcionar los cuadros matemáticos que te permitirán encontrar los signos en los que se localizan tus planetas y eclipses. Esperamos que estos cuadros te concedan la máxima autosuficiencia y libertad para interpretar una carta astrológica. Ello no implica de ninguna manera que no puedas continuar tu formación por medio de una lectura con un astrólogo calificado y profesional o por medio de clases y estudios. Queremos facilitarte un punto de partida para que obtengas conciencia de ti mismo y una llave astrológica que te ayude en tu camino hacia la conciencia respecto de tu alma.

CAPÍTULO DECIMOSEGUNDO:
CÓMO USAR LA PARTE III

Los cuadros matemáticos que tienen la posición del signo de todos tus planetas y de los eclipses solares y lunares previos a tu nacimiento tienen un margen de precisión de veinticuatro horas antes y después de la fecha indicada, dependiendo de la hora exacta y el lugar de tu nacimiento. Si tienes un planeta en una fecha límite —ya sea la primera fecha de un nuevo periodo o la última del periodo anterior—, lee la descripción de ambos signos. Para saber con absoluta precisión las posiciones de tus signos y para encontrar las casas en las que se localizan tus planetas y eclipses, podrás utilizar el servicio computarizado que aparece en la página 440.

Es muy fácil utilizar la parte III. Con tu fecha de nacimiento, sencillamente tienes que buscar la localización de cada uno de tus planetas y de tus eclipses en su signo. Posteriormente, busca el significado correspondiente de cada uno de tus planetas en la parte I y de cada uno de tus eclipses en la parte II.

CAPÍTULO DECIMOTERCERO:
LOS PLANETAS

EL SOL

¿En dónde estaba el Sol cuando naciste?

Fecha			Signo solar
01/01	al	20/01	capricornio
21/01	al	19/02	acuario
20/02	al	20/03	piscis
21/03	al	19/04	aries
20/04	al	20/05	tauro
21/05	al	21/06	géminis
22/06	al	21/07	cáncer
22/07	al	21/08	leo
22/08	al	22/09	virgo
23/09	al	22/10	libra
23/10	al	21/11	escorpión
22/11	al	21/12	sagitario
22/12	al	31/12	capricornio

LA LUNA

La Luna se mueve rápidamente a través del zodiaco, pues sólo permanece dos días y medio en cada signo. Debido a lo acelerado de su movimiento, la correcta utilización de los cuadros lunares que aquí aparecen depende de la exactitud de tu hora de nacimiento.

La lista de las posiciones de la Luna están calculadas para las doce del día, Hora Media de Greenwich (HMG), la cual equivale —en Estados Unidos— a las 7 a.m. en la Hora Estándar del Este (HEE) y a las 4 a.m. en la Hora Estándar del Pacífico (HEP).

La Luna se mueve un grado cada dos horas. Así, si naciste en Los Angeles, California, a las 4 a.m. (HEP), el 1° de enero de 1942, tu Luna debe estar en 28° en géminis.

Si en lugar de 4 a.m. naciste a las 8 a.m., tu Luna estaría en 30° en géminis:

$$
\begin{array}{ll}
28° & \text{géminis a las 4 a.m.} \\
+\ 2° & (8\ \text{a.m.} - 4\ \text{a.m.} = 4\ \text{horas;} \\
\rule{2cm}{0.4pt} & 4\ \text{horas} \div 2 = 2°) \\
30° & \text{géminis}
\end{array}
$$

Cada signo está compuesto de treinta grados. Treinta grados de un signo equivalen a cero grados del signo siguiente. Por ejemplo, treinta grados en géminis es igual a 0 grados en cáncer. Así que, por ejemplo, si naciste el 1° de enero de 1942 en Los Angeles, California, a las 2 p.m., tu Luna estaría en 3° en cáncer:

$$
\begin{array}{ll}
28° & \text{géminis a las 4 a.m. (HEP)} \\
+\ 5° & (2\ \text{p.m.} - 4\ \text{a.m.} = 10\ \text{horas;} \\
\rule{2cm}{0.4pt} & 10\ \text{horas} \div 2 = 5°) \\
33° & \text{géminis} \\
-\ 30° & \text{en un signo} \\
3° & \text{cáncer}
\end{array}
$$

Debido a las limitaciones de espacio, los símbolos (o caracteres) de los signos astrológicos han sido utilizados de acuerdo con los grados de los cuadros lunares. Para tu mayor comodidad, a continuación presentamos una lista de los símbolos correspondientes a cada signo:

♈	=	aries
♉	=	tauro
♊	=	géminis
♋	=	cáncer
♌	=	leo
♍	=	virgo
♎	=	libra
♏	=	escorpión
♐	=	sagitario
♑	=	capricornio
♒	=	acuario
♓	=	piscis

Junto con la Luna, los signos siempre se mueven en orden. Después de piscis, el ciclo vuelve a aries y comienza otra vez. Si tuvieras alguna dificultad para identificar el símbolo del signo de tu fecha de nacimiento, puedes revisar el símbolo anterior o posterior para verificar cuál es el tuyo.

ENERO	1	2	3	4	5	6	7	8	9	10	11	12	13	14	15
1900	10♑	24♑	9♒	24♒	8♓	23♓	7♈	21♈	5♉	18♉	1♊	14♊	27♊	9♋	22♋
01	25♉	9♊	23♊	7♋	21♋	4♌	17♌	29♌	12♎	24♎	6♏	18♏	0♐	11♐	24♐
02	8♎	20♎	2♏	14♏	26♏	8♐	20♐	2♑	14♑	26♑	9♒	22♒	5♓	18♓	2♈
03	8♒	20♒	2♓	15♓	27♓	10♈	23♈	7♉	21♉	5♊	20♊	5♋	21♋	6♌	21♌
04	16♊	0♋	15♋	0♌	15♌	0♍	15♍	29♍	13♎	27♎	10♏	23♏	5♐	18♐	0♑
05	17♏	1♐	15♐	28♐	11♑	24♑	7♒	19♒	2♓	13♓	25♓	7♈	19♈	1♉	13♉
06	28♓	10♈	22♈	4♉	16♉	28♉	10♊	22♊	4♋	17♋	0♌	13♌	27♌	10♍	24♍
07	29♋	11♌	23♌	6♍	18♍	1♎	15♎	28♎	12♏	27♏	12♐	27♐	12♑	27♑	11♒
08	6♐	21♐	6♑	21♑	6♒	21♒	6♓	20♓	4♈	18♈	1♉	14♉	26♉	9♊	21♊
09	9♉	23♉	6♊	19♊	2♋	15♋	27♋	9♌	21♌	3♍	15♍	27♍	9♎	21♎	3♏
1910	18♍	0♎	12♎	23♎	5♏	17♏	29♏	12♐	24♐	7♑	21♑	4♒	18♒	2♓	16♓
11	19♉	2♊	14♊	27♊	10♋	23♋	6♌	20♌	4♍	18♍	3♎	18♎	2♏	17♏	2♐
12	27♊	11♋	25♋	9♌	23♌	12♍	27♍	12♎	26♎	9♏	22♏	5♐	17♐	29♐	11♑
13	1♍	14♍	27♍	10♎	23♎	5♏	17♏	29♏	11♐	23♐	5♑	17♑	29♑	11♒	23♒
14	7♓	19♓	1♈	13♈	25♈	7♉	19♉	1♊	14♊	26♊	10♋	25♋	9♌	24♌	8♍
15	10♋	22♋	5♌	18♌	1♍	15♍	28♍	12♎	26♎	10♏	25♏	9♐	24♐	9♑	23♑
16	18♏	3♐	18♐	3♑	18♑	3♒	18♒	2♓	16♓	29♓	12♈	25♈	7♉	19♉	1♊
17	23♈	6♉	19♉	1♊	14♊	26♊	8♋	20♋	1♌	13♌	25♌	7♍	19♍	1♎	13♎
18	27♌	9♍	21♍	3♎	14♎	27♎	9♏	21♏	4♐	18♐	1♑	16♑	0♒	15♒	29♒
19	0♑	13♑	26♑	9♒	23♒	7♓	21♓	5♈	19♈	3♉	17♉	1♊	15♊	29♊	13♋
1920	9♋	24♋	9♌	24♌	9♍	24♍	8♎	23♎	6♏	20♏	3♐	15♐	28♐	9♑	21♑
21	14♎	27♎	10♏	22♏	4♐	16♐	28♐	10♑	22♑	4♒	15♒	27♒	9♓	22♓	4♈
22	17♒	29♒	10♓	22♓	4♈	16♈	28♈	11♉	24♉	8♊	22♊	6♋	21♋	6♌	21♌
23	20♊	4♋	17♋	1♌	15♌	29♌	13♍	27♍	11♎	25♎	9♏	23♏	7♐	20♐	2♑
24	1♏	15♏	0♐	15♐	0♑	14♑	29♑	13♒	27♒	10♓	23♓	5♈	17♈	29♈	11♉
25	5♈	18♈	0♉	12♉	25♉	7♊	18♊	0♋	12♋	24♋	6♌	18♌	0♍	12♍	25♍
26	7♌	18♌	0♍	12♍	24♍	6♎	19♎	1♏	14♏	27♏	11♐	25♐	9♑	23♑	8♒
27	10♐	24♐	8♑	22♑	6♒	20♒	5♓	19♓	4♈	18♈	2♉	16♉	29♉	13♊	26♊
28	23♈	8♉	22♉	6♊	21♊	5♋	19♋	3♌	16♌	0♍	12♍	25♍	7♎	19♎	1♏
29	26♍	8♎	21♎	3♏	15♏	27♏	8♐	20♐	2♑	14♑	26♑	8♒	21♒	4♓	16♓

ENERO

	16	17	18	19	20	21	22	23	24	25	26	27	28	29	30
1900	4♌	16♌	28♌	10♍	22♍	3♎	15♎	28♎	10♏	23♏	6♐	19♐	3♑	18♑	2♒
01	6♐	18♐	1♑	15♑	28♑	12♒	27♒	11♓	25♓	10♈	24♈	8♉	22♉	6♊	19♊
02	16♈	29♈	13♉	28♉	12♊	27♊	11♋	26♋	10♌	24♌	8♍	21♍	4♎	16♎	28♎
03	6♍	20♍	3♎	17♎	29♎	12♏	24♏	6♐	18♐	0♑	11♑	23♑	5♒	17♒	0♓
04	12♑	24♑	6♒	18♒	0♓	12♓	23♓	5♈	18♈	0♉	13♉	26♉	9♊	24♊	8♋
05	26♉	8♊	22♊	5♋	19♋	3♌	18♌	3♍	18♍	2♎	16♎	0♏	14♏	28♏	11♐
06	8♎	22♎	6♏	20♏	3♐	17♐	0♑	13♑	25♑	8♒	20♒	2♓	14♓	26♓	11♈
07	26♏	9♐	24♐	7♑	19♑	2♒	14♒	26♒	8♓	20♓	2♈	14♈	27♈	10♉	24♉
08	3♑	14♑	26♑	8♒	20♒	2♓	14♓	26♓	8♈	20♈	2♉	14♉	27♉	10♊	24♊
09	16♏	28♏	12♐	25♐	9♑	24♑	9♒	24♒	9♓	23♓	8♈	22♈	6♉	20♉	3♊
1910	0♈	14♈	28♈	13♉	27♉	10♊	24♊	8♋	21♋	5♌	18♌	1♍	13♍	25♍	7♎
11	16♌	0♍	14♍	27♍	10♎	22♎	4♏	16♏	28♏	9♐	21♐	3♑	15♑	28♑	11♒
12	23♐	5♑	17♑	28♑	10♒	22♒	5♓	17♓	29♓	12♈	25♈	8♉	21♉	6♊	20♊
13	5♈	18♈	2♉	16♉	0♊	15♊	0♋	15♋	0♌	15♌	0♍	14♍	28♍	11♎	24♎
14	22♍	7♎	21♎	5♏	19♏	2♐	16♐	29♐	13♑	26♑	8♒	21♒	3♓	15♓	27♓
15	7♓	20♓	4♈	17♈	29♈	11♉	23♉	5♊	17♊	29♊	11♋	23♋	6♌	18♌	1♍
16	13♊	25♊	7♋	19♋	1♌	13♌	25♌	8♍	20♍	3♎	16♎	0♏	13♏	27♏	12♐
17	26♎	9♏	22♏	6♐	21♐	5♑	20♑	5♒	20♒	6♓	21♓	5♈	19♈	2♉	16♉
18	14♓	29♓	13♈	27♈	11♉	25♉	8♊	21♊	4♋	16♋	29♋	11♌	23♌	5♍	17♍
19	27♋	10♌	24♌	6♍	19♍	1♎	13♎	25♎	7♏	19♏	1♐	13♐	25♐	8♑	21♑
1920	3♐	15♐	27♐	9♑	21♑	3♒	16♒	29♒	12♓	25♓	8♈	22♈	5♉	19♉	4♊
21	17♈	0♉	13♉	27♉	11♊	26♊	11♋	26♋	12♌	27♌	12♍	26♍	10♎	23♎	6♏
22	6♍	21♍	5♎	19♎	3♏	16♏	29♏	12♐	25♐	7♑	19♑	1♒	13♒	25♒	7♓
23	18♑	1♒	14♒	26♒	9♓	21♓	3♈	14♈	26♈	8♉	20♉	3♊	15♊	28♊	12♋
24	23♉	5♊	17♊	29♊	11♋	24♋	7♌	20♌	3♍	16♍	0♎	14♎	28♎	12♏	26♏
25	8♎	21♎	4♏	18♏	3♐	17♐	2♑	17♑	2♒	17♒	2♓	16♓	0♈	13♈	26♈
26	27♑	9♒	21♒	3♓	15♓	27♓	9♈	21♈	3♉	16♉	28♉	11♊	24♊	8♋	22♋
27	9♋	21♋	4♌	16♌	28♌	10♍	22♍	4♎	16♎	28♎	10♏	22♏	5♐	18♐	2♑
28	13♏	24♏	6♐	19♐	1♑	14♑	27♑	10♒	24♒	8♓	22♓	6♈	20♈	4♉	18♉
29	29♓	13♈	26♈	10♉	24♉	9♊	23♊	8♋	23♋	8♌	22♌	7♍	20♍	4♎	17♎

ENERO / FEBRERO	31	1	2	3	4	5	6	7	8	9	10	11	12	13	14
1900	17♒	3♓	18♓	3♈	17♈	1♉	15♉	28♉	11♊	24♊	6♋	18♋	1♌	13♌	25♌
01	3♋	16♋	29♋	12♌	25♌	8♍	20♍	2♎	14♎	26♎	7♏	19♏	1♐	14♐	26♐
02	10♏	22♏	4♐	16♐	28♐	10♑	22♑	5♒	18♒	1♓	15♓	29♓	12♈	26♈	10♉
03	12♓	24♓	7♈	20♈	3♉	16♉	0♊	15♊	29♊	14♋	29♋	14♌	29♌	14♍	28♍
04	23♋	9♌	24♌	9♍	24♍	8♎	22♎	6♏	19♏	2♐	15♐	27♐	9♑	21♑	3♒
05	25♐	8♑	20♑	3♒	15♒	28♒	10♓	22♓	3♈	15♈	27♈	9♉	21♉	3♊	16♊
06	0♉	12♉	23♉	5♊	17♊	0♋	12♋	25♋	9♌	22♌	6♍	20♍	4♎	18♎	3♏
07	3♍	15♍	28♍	11♎	25♎	9♏	23♏	7♐	21♐	6♑	20♑	5♒	19♒	4♓	18♓
08	14♑	29♑	14♒	29♒	14♓	29♓	13♈	27♈	10♉	23♉	5♊	18♊	0♋	11♋	23♋
09	16♊	29♊	11♋	23♋	6♌	18♌	0♍	12♍	24♍	5♎	17♎	29♎	11♏	24♏	6♐
1910	19♎	1♏	13♏	25♏	7♐	19♐	2♑	15♑	29♑	13♒	27♒	11♓	26♓	11♈	25♈
11	24♒	7♓	20♓	3♈	17♈	1♉	15♉	29♉	13♊	27♊	12♋	26♋	10♌	24♌	8♍
12	5♋	20♋	5♌	20♌	5♍	20♍	4♎	18♎	1♏	13♏	26♏	8♐	20♐	2♑	13♑
13	7♐	20♐	2♑	14♑	26♑	8♒	20♒	2♓	14♓	26♓	7♈	19♈	1♉	14♉	27♉
14	9♈	21♈	3♉	15♉	27♉	9♊	21♊	3♋	15♋	27♋	9♌	21♌	2♍	14♍	26♍
15	14♌	28♌	11♍	25♍	9♎	23♎	7♏	21♏	6♐	20♐	4♑	18♑	2♒	15♒	29♒
16	27♐	11♑	26♑	11♒	26♒	10♓	24♓	7♈	21♈	3♉	16♉	28♉	10♊	22♊	3♋
17	28♉	11♊	23♊	5♋	17♋	29♋	10♌	22♌	4♍	16♍	28♍	10♎	23♎	5♏	18♏
18	29♍	11♎	23♎	5♏	17♏	29♏	12♐	25♐	9♑	23♑	8♒	23♒	8♓	23♓	8♈
19	5♒	19♒	3♓	17♓	1♈	16♈	0♉	14♉	28♉	12♊	26♊	9♋	23♋	6♌	19♌
1920	18♊	3♋	17♋	2♌	16♌	0♍	14♍	28♍	11♎	23♎	5♏	17♏	29♏	11♐	23♐
21	19♏	1♐	13♐	25♐	7♑	19♑	1♒	12♒	24♒	7♓	19♓	1♈	14♈	26♈	9♉
22	19♓	1♈	13♈	25♈	7♉	19♉	2♊	16♊	0♋	14♋	29♋	14♌	29♌	15♍	0♎
23	25♋	9♌	24♌	8♍	23♍	7♎	22♎	6♏	20♏	4♐	18♐	1♑	14♑	27♑	10♒
24	10♐	25♐	9♑	23♑	7♒	21♒	4♓	17♓	0♈	13♈	25♈	7♉	19♉	1♊	13♊
25	9♑	25♑	9♒	15♒	27♒	9♓	21♓	3♈	15♈	27♈	9♉	22♉	5♊	18♊	1♋
26	9♍	21♍	3♎	15♎	28♎	10♏	23♏	7♐	21♐	5♑	20♑	5♒	20♒	5♓	20♓
27	15♑	0♒	14♒	29♒	14♓	29♓	14♈	28♈	12♉	26♉	10♊	23♊	5♋	18♋	0♌
28	2♊	16♊	0♋	14♋	28♋	11♌	24♌	7♍	20♍	3♎	15♎	27♎	9♏	20♏	2♐
29	29♎	11♏	23♏	5♐	17♐	29♐	10♑	23♑	5♒	17♒	0♓	13♓	26♓	10♈	23♈

FEBRERO	15	16	17	18	19	20	21	22	23	24	25	26	27	28	29
1900	6♍	18♍	0♎	12♎	24♎	6♏	19♏	1♐	14♐	27♐	11♑	26♑	10♒	26♒	
01	9♑	23♑	7♒	21♒	5♓	20♓	5♈	20♈	4♉	19♉	3♊	16♊	0♋	13♋	
02	24♉	8♊	23♊	7♋	21♋	5♌	19♌	2♍	16♍	29♍	11♎	24♎	6♏	18♏	
03	11♎	25♎	8♏	20♏	2♐	14♐	26♐	8♑	20♑	2♒	14♒	26♒	9♓	21♓	
04	15♒	28♒	11♓	24♓	7♈	20♈	3♉	16♉	29♉	12♊	25♊	8♋	21♋	4♌	17♌
05	29♊	12♋	25♋	8♌	21♌	5♍	18♍	1♎	14♎	27♎	11♏	24♏	7♐	20♐	
06	17♏	0♐	13♐	26♐	9♑	23♑	6♒	19♒	2♓	15♓	29♓	12♈	25♈	8♉	
07	1♈	14♈	27♈	10♉	23♉	7♊	20♊	3♋	16♋	29♋	13♌	26♌	9♍	22♍	
08	2♌	15♌	28♌	11♍	25♍	8♎	21♎	4♏	17♏	1♐	14♐	27♐	10♑	23♑	7♒
09	20♐	3♑	16♑	29♑	12♒	26♒	9♓	22♓	5♈	18♈	2♉	15♉	28♉	11♊	
1910	9♋	22♋	5♌	18♌	1♍	15♍	28♍	11♎	24♎	7♏	21♏	4♐	17♐	0♑	
11	22♏	5♐	18♐	1♑	14♑	28♑	11♒	24♒	7♓	20♓	4♈	17♈	0♉	13♉	
12	24♑	7♒	20♒	3♓	17♓	0♈	13♈	26♈	9♉	23♉	6♊	19♊	2♋	15♋	29♋
13	10♊	23♊	6♋	19♋	2♌	16♌	29♌	12♍	25♍	8♎	22♎	5♏	18♏	1♐	
14	1♏	14♏	27♏	10♐	23♐	7♑	20♑	3♒	16♒	29♒	13♓	26♓	9♈	22♈	
15	12♓	25♓	8♈	21♈	4♉	18♉	1♊	14♊	27♊	10♋	24♋	7♌	20♌	3♍	
16	16♋	29♋	12♌	25♌	9♍	22♍	5♎	18♎	1♏	15♏	28♏	11♐	24♐	7♑	21♑
17	1♈	14♈	27♈	10♉	23♉	7♊	20♊	3♋	16♋	29♋	13♌	26♌	9♍	22♍	
18	23♐	6♑	19♑	2♒	15♒	29♒	12♓	25♓	8♈	21♈	5♉	18♉	1♊	14♊	
19	2♍	15♍	28♍	11♎	24♎	8♏	21♏	4♐	17♐	0♑	14♑	27♑	10♒	23♒	
1920	8♑	21♑	4♒	17♒	1♓	14♓	27♓	10♈	23♈	7♉	20♉	3♊	16♊	29♊	13♋
21	23♌	6♍	19♍	2♎	15♎	29♎	12♏	25♏	8♐	21♐	5♑	18♑	1♒	14♒	
22	14♎	27♎	10♏	23♏	6♐	20♐	3♑	16♑	29♑	12♒	26♒	9♓	22♓	5♈	
23	22♈	5♉	18♉	1♊	14♊	28♊	11♋	24♋	7♌	20♌	4♍	17♍	0♎	13♎	
24	0♋	13♋	26♋	9♌	23♌	6♍	19♍	2♎	15♎	29♎	12♏	25♏	8♐	21♐	5♑
25	15♏	28♏	11♐	24♐	7♑	21♑	4♒	17♒	0♓	13♓	27♓	10♈	23♈	6♉	
26	5♈	18♈	1♉	14♉	27♉	11♊	24♊	7♋	20♋	3♌	17♌	0♍	13♍	26♍	
27	13♌	26♌	9♍	22♍	5♎	19♎	2♏	15♏	28♏	11♐	25♐	8♑	21♑	4♒	
28	22♐	5♑	18♑	1♒	15♒	28♒	11♓	24♓	7♈	21♈	4♉	17♉	0♊	13♊	27♊
29	7♉	20♉	3♊	16♊	29♊	13♋	26♋	9♌	22♌	5♍	19♍	2♎	15♎	28♎	

MARZO	1	2	3	4	5	6	7	8	9	10	11	12	13	14	15
1900	11♓	26♓	11Y	26Y	10♉	24♉	8Ⅱ	21Ⅱ	3♋	16♋	28♋	10♌	22♌	3♍	15♍
01	26♋	9♌	21♌	4♍	16♍	28♍	10♎	22♎	4♏	16♏	28♏	9♐	22♐	4♑	17♑
02	0♐	12♐	23♐	6♑	18♑	0♒	13♒	26♒	10♓	24♓	8Y	22Y	7♉	21♉	5Ⅱ
03	4Y	17Y	0♉	13♉	27♉	11Ⅱ	25Ⅱ	9♋	24♋	8♌	23♌	7♍	22♍	6♎	19♎
04	2♍	17♍	2♎	17♎	1♏	15♏	28♏	9♐	24♐	6♑	18♑	0♒	12♒	24♒	6♓
05	17♑	0♒	12♒	24♒	6♓	18♓	0Y	11Y	24Y	6♉	18♉	0Ⅱ	12Ⅱ	25Ⅱ	8♋
06	19♉	1Ⅱ	13Ⅱ	25Ⅱ	8♋	20♋	3♌	16♌	0♍	14♍	29♍	14♎	28♎	13♏	28♏
07	25♍	8♎	22♎	6♏	19♏	3♐	18♐	2♑	16♑	0♒	14♒	28♒	12♓	26♓	9Y
08	22♒	7♓	22♓	7Y	21Y	5♉	19♉	1Ⅱ	14Ⅱ	26Ⅱ	8♋	20♋	2♌	14♌	25♌
09	8♋	21♋	3♌	15♌	27♌	9♍	20♍	2♎	14♎	26♎	8♏	20♏	3♐	15♐	28♐
1910	9♏	21♏	3♐	15♐	27♐	10♑	23♑	7♒	21♒	5♓	20♓	5Y	20Y	5♉	19♉
11	16♓	0Y	13Y	27Y	12♉	26♉	10Ⅱ	24Ⅱ	8♋	22♋	6♌	20♌	3♍	17♍	0♎
12	14♌	29♌	13♍	28♍	12♎	25♎	9♏	21♏	4♐	16♐	28♐	10♑	22♑	4♒	16♒
13	29♐	11♑	23♑	5♒	17♒	29♒	11♓	23♓	4Y	17Y	29Y	11♉	24♉	6Ⅱ	20Ⅱ
14	29Y	11♉	23♉	5Ⅱ	17Ⅱ	0♋	13♋	27♋	11♌	26♌	11♍	26♍	11♎	26♎	11♏
15	6♍	20♍	5♎	19♎	4♏	18♏	2♐	17♐	1♑	14♑	28♑	11♒	24♒	7♓	20♓
16	5Ⅱ	20Ⅱ	4♋	18♋	2♌	15♌	28♌	11♍	23♍	6♎	18♎	29♎	11♏	23♏	5♐
17	19Ⅱ	2♋	13♋	25♋	7♌	19♌	1♍	13♍	25♍	7♎	20♎	2♏	15♏	28♏	11♐
18	19♎	1♏	13♏	25♏	8♐	21♐	4♑	17♑	2♒	16♒	1♓	16♓	2Y	17Y	2♉
19	27♒	11♓	26♓	11Y	26Y	10♉	25♉	9Ⅱ	23Ⅱ	6♋	19♋	3♌	15♌	28♌	11♍
1920	27♋	11♌	25♌	9♍	22♍	6♎	18♎	1♏	13♏	25♏	7♐	19♐	1♑	13♑	25♑
21	9♐	22♐	3♑	15♑	27♑	9♒	21♒	3♓	15♓	28♓	11Y	23Y	6♉	20♉	3Ⅱ
22	10Y	22Y	4♉	16♉	28♉	11Ⅱ	25Ⅱ	8♋	23♋	7♌	22♌	7♍	23♍	8♎	23♎
23	17♌	2♍	17♍	2♎	17♎	2♏	16♏	1♐	14♐	28♐	11♑	24♑	7♒	19♒	1♓
24	19♑	3♒	16♒	0♓	13♓	26♓	8Y	21Y	3♉	15♉	27♉	9Ⅱ	20Ⅱ	2♋	15♋
25	29Ⅱ	11♋	23♋	5♌	17♌	29♌	11♍	23♍	6♎	18♎	1♏	14♏	28♏	12♐	25♐
26	0♎	12♎	25♎	2♏	17♏	3♐	16♐	0♑	14♑	7♒	13♒	28♒	13♓	28♓	13Y
27	8♒	22♒	8♓	23♓	8Y	23Y	8♉	22♉	6Ⅱ	19Ⅱ	2♋	15♋	28♋	10♌	22♌
28	11♋	24♋	7♌	20♌	3♍	16♍	28♍	11♎	23♎	5♏	17♏	28♏	10♐	22♐	4♑
29	19♏	1♐	13♐	25♐	6♑	18♑	1♒	13♒	26♒	9♓	22♓	6Y	20Y	3♉	17♉

MARZO

	16	17	18	19	20	21	22	23	24	25	26	27	28	29	30
1900	27♍	9♎	21♎	3♏	15♏	28♏	11♐	23♐	7♑	20♑	4♒	19♒	4♓	19♓	4♈
01	1♒	14♒	29♒	14♓	29♓	14♈	29♈	14♉	28♉	13♊	26♊	10♋	23♋	6♌	18♌
02	19♊	3♋	17♋	1♌	15♌	28♌	11♍	24♍	7♎	20♎	2♏	14♏	26♏	8♐	20♐
03	2♏	15♏	28♏	10♐	22♐	4♑	16♑	28♑	10♒	22♒	4♓	17♓	0♈	13♈	26♈
04	17♈	29♈	11♉	24♉	6♊	19♊	2♋	15♋	28♋	12♌	26♌	11♍	25♍	10♎	25♎
05	21♋	5♌	19♌	4♍	19♍	4♎	20♎	5♏	20♏	4♐	18♐	1♑	14♑	27♑	9♒
06	12♐	26♐	10♑	23♑	7♒	20♒	2♓	15♓	27♓	10♈	22♈	4♉	16♉	28♉	9♊
07	22♈	5♉	18♉	0♊	12♊	24♊	6♋	17♋	29♋	12♌	24♌	7♍	20♍	4♎	17♎
08	7♍	20♍	2♎	15♎	27♎	10♏	24♏	7♐	20♐	4♑	18♑	2♒	17♒	1♓	16♓
09	12♑	26♑	10♒	25♒	10♓	25♓	11♈	26♈	11♉	25♉	9♊	22♊	5♋	17♋	0♌
1910	4♊	18♊	1♋	15♋	28♋	11♌	23♌	6♍	18♍	0♎	12♎	24♎	6♏	18♏	29♏
11	13♎	25♎	7♏	20♏	1♐	13♐	25♐	7♑	19♑	1♒	14♒	27♒	11♓	24♓	8♈
12	28♒	10♓	23♓	5♈	18♈	2♉	15♉	29♉	12♊	26♊	10♋	25♋	9♌	23♌	8♍
13	3♌	17♌	2♍	16♍	1♎	16♎	1♏	16♏	1♐	15♐	29♐	12♑	25♑	8♒	20♒
14	25♏	9♐	23♐	6♑	19♑	2♒	14♒	26♒	8♓	20♓	2♈	14♈	26♈	8♉	20♉
15	3♈	15♈	27♈	9♉	21♉	3♊	15♊	27♊	9♋	21♋	4♌	17♌	0♍	14♍	29♍
16	17♌	0♍	13♍	26♍	9♎	23♎	7♏	21♏	5♐	19♐	3♑	17♑	1♒	15♒	29♒
17	25♐	9♑	23♑	8♒	22♒	7♓	22♓	7♈	21♈	5♉	19♉	2♊	15♊	28♊	10♋
18	17♒	1♓	14♓	27♓	10♈	23♈	5♉	17♉	29♉	11♊	23♊	4♋	16♋	28♋	10♌
19	23♍	5♎	17♎	29♎	11♏	23♏	5♐	17♐	29♐	11♑	24♑	7♒	21♒	5♓	19♓
1920	7♒	20♒	3♓	16♓	0♈	14♈	28♈	12♉	27♉	11♊	25♊	9♋	23♋	7♌	21♌
21	17♊	1♋	15♋	0♌	14♌	29♌	13♍	28♍	12♎	26♎	9♏	22♏	5♐	17♐	0♑
22	7♏	21♏	5♐	18♐	1♑	13♑	25♑	7♒	19♒	1♓	13♓	25♓	7♈	19♈	1♉
23	14♓	25♓	7♈	19♈	1♉	13♉	25♉	7♊	19♊	1♋	13♋	25♋	7♌	19♌	1♍
24	27♌	10♍	23♍	7♎	21♎	5♏	19♏	4♐	19♐	3♑	18♑	2♒	16♒	0♓	13♓
25	9♐	23♐	8♑	22♑	6♒	20♒	4♓	18♓	2♈	16♈	29♈	12♉	25♉	7♊	19♊
26	28♉	12♊	25♊	8♋	21♋	3♌	15♌	27♌	9♍	21♍	3♎	15♎	27♎	9♏	21♏
27	4♍	16♍	28♍	10♎	21♎	3♏	15♏	27♏	10♐	22♐	5♑	18♑	2♒	16♒	1♓
28	17♑	0♒	13♒	27♒	11♓	26♓	11♈	26♈	10♉	25♉	10♊	24♊	8♋	21♋	4♌
29	2♊	16♊	0♋	14♋	28♋	12♌	26♌	10♍	23♍	7♎	19♎	2♏	15♏	27♏	9♐

MARZO / ABRIL	31	1	2	3	4	5	6	7	8	9	10	11	12	13	14
1900	19♈	4♉	19♉	3♊	16♊	29♊	12♋	24♋	6♌	18♌	0♍	12♍	24♍	6♎	18♎
01	1♍	13♍	25♍	7♎	19♎	1♏	12♏	24♏	6♐	18♐	1♑	13♑	26♑	9♒	23♒
02	1♑	13♑	26♑	8♒	21♒	4♓	18♓	2♈	17♈	1♉	16♉	1♊	16♊	0♋	14♋
03	10♉	24♉	8♊	22♊	6♋	20♋	4♌	19♌	3♍	17♍	0♎	14♎	27♎	10♏	23♏
04	10♎	25♎	9♏	23♏	6♐	19♐	2♑	14♑	27♑	9♒	20♒	2♓	14♓	26♓	8♈
05	21♒	3♓	15♓	27♓	9♈	19♈	3♉	15♉	27♉	9♊	21♊	4♋	17♋	0♌	14♌
06	21♊	3♋	16♋	28♋	11♌	24♌	8♍	22♍	7♎	22♎	7♏	22♏	7♐	22♐	6♑
07	16♏	0♐	14♐	27♐	11♑	24♑	8♒	22♒	7♓	22♓	7♈	22♈	7♉	22♉	6♊
08	15♈	29♈	13♉	26♉	9♊	22♊	4♋	16♋	28♋	10♌	22♌	4♍	16♍	28♍	10♎
09	12♌	24♌	6♍	18♍	0♎	11♎	23♎	5♏	18♏	0♐	12♐	25♐	8♑	22♑	5♒
1910	11♐	23♐	6♑	18♑	1♒	15♒	29♒	13♓	28♓	13♈	28♈	14♉	29♉	13♊	27♊
11	23♈	7♉	22♉	6♊	21♊	5♋	19♋	3♌	16♌	0♍	13♍	26♍	9♎	21♎	4♏
12	22♍	6♎	20♎	3♏	16♏	29♏	12♐	24♐	6♑	18♑	0♒	12♒	24♒	6♓	18♓
13	2♒	14♒	26♒	8♓	19♓	1♈	13♈	26♈	8♉	21♉	4♊	17♊	0♋	14♋	27♋
14	2♊	14♊	26♊	9♋	22♋	6♌	20♌	4♍	19♍	4♎	19♎	4♏	19♏	4♐	18♐
15	13♎	28♎	13♏	28♏	13♐	27♐	11♑	25♑	8♒	21♒	4♓	17♓	29♓	12♈	24♈
16	13♓	27♓	10♈	23♈	6♉	19♉	1♊	13♊	25♊	7♋	19♋	1♌	13♌	25♌	8♍
17	22♋	4♌	15♌	27♌	9♍	21♍	4♎	16♎	29♎	12♏	25♏	8♐	22♐	6♑	20♑
18	22♏	5♐	17♐	0♑	13♑	27♑	11♒	25♒	10♓	25♓	10♈	25♈	10♉	25♉	9♊
19	4♈	19♈	5♉	20♉	4♊	19♊	3♋	16♋	0♌	13♌	25♌	8♍	20♍	2♎	14♎
1920	5♏	18♏	1♐	14♐	27♐	9♑	21♑	3♒	15♒	27♒	9♓	21♓	3♈	15♈	28♈
21	12♑	23♑	5♒	17♒	29♒	11♓	24♓	7♈	20♈	3♉	16♉	0♊	14♊	28♊	12♋
22	13♋	26♋	8♌	21♌	5♍	18♍	2♎	17♎	1♏	16♏	1♐	16♐	1♑	15♑	29♑
23	25♍	10♎	25♎	10♏	25♏	10♐	24♐	8♑	21♑	4♒	16♒	29♒	11♓	23♓	4♈
24	26♒	9♓	22♓	4♈	17♈	29♈	11♉	23♉	5♊	17♊	29♊	11♋	23♋	5♌	18♌
25	1♋	13♋	25♋	7♌	19♌	1♍	14♍	27♍	10♎	24♎	8♏	22♏	5♐	20♐	4♑
26	4♏	17♏	0♐	13♐	27♐	10♑	24♑	8♒	23♒	7♓	22♓	7♈	21♈	6♉	20♉
27	16♓	1♈	16♈	2♉	16♉	1♊	15♊	29♊	12♋	24♋	7♌	19♌	1♍	13♍	25♍
28	17♌	0♍	13♍	25♍	7♎	19♎	1♏	13♏	25♏	7♐	19♐	1♑	13♑	25♑	8♒
29	21♐	2♑	14♑	26♑	9♒	21♒	4♓	17♓	1♈	14♈	29♈	13♉	27♉	12♊	26♊

ABRIL

	15	16	17	18	19	20	21	22	23	24	25	26	27	28	29
1900	0♏	12♏	25♏	8♐	20♐	4♑	17♑	1≈	14≈	29≈	13♓	28♓	13♈	28♈	12♉
01	7♓	22♓	7♈	22♈	7♉	22♉	7♊	22♊	6♋	19♋	2♌	15♌	28♌	10♍	22♍
02	28♋	12♌	25♌	8♍	21♍	4≏	16≏	28≏	10♏	22♏	4♐	16♐	28♐	10♑	22♑
03	6♐	18♐	0♑	12♑	24♑	6≈	18≈	0♓	12♓	25♓	8♈	22♈	5♉	19♉	4♊
04	20♈	3♉	16♉	29♉	12♊	25♊	9♋	23♋	7♌	21♌	5♍	20♍	4≏	19≏	3♏
05	28♌	13♍	27♍	13≏	28≏	13♏	28♏	12♐	27♐	10♑	23♑	6≈	18≈	0♓	12♓
06	20♑	4≈	17≈	29≈	12♓	24♓	6♈	19♈	1♉	12♉	24♉	6♊	18♊	0♋	12♋
07	26♉	8♊	20♊	2♋	13♋	25♋	7♌	19♌	2♍	15♍	28♍	12≏	26≏	10♏	25♏
08	11≏	24≏	7♏	20♏	4♐	17♐	1♑	15♑	29♑	13≈	27≈	12♓	26♓	10♈	24♈
09	19≈	4♓	19♓	4♈	19♈	4♉	19♉	3♊	17♊	0♋	13♋	26♋	8♌	20♌	2♍
1910	11♍	25♍	8≏	20≏	3♏	15♏	27♏	9♐	21♐	3♑	15♑	26♑	8≈	20≈	2♓
11	16♏	28♏	10♐	21♐	3♑	15♑	27♑	9≈	22≈	5♓	18♓	2♈	17♈	1♉	16♉
12	1♈	14♈	27♈	11♉	25♉	9♊	23♊	7♋	21♋	6♌	20♌	4♍	18♍	2≏	15≏
13	12♌	26♌	10♍	25♍	10≏	24≏	9♏	23♏	7♐	20♐	3♑	16♑	28♑	10≈	22≈
14	2♑	16♑	29♑	11≈	24≈	6♓	17♓	29♓	11♈	23♈	5♉	17♉	29♉	11♊	23♊
15	6♉	18♉	0♊	11♊	23♊	5♋	17♋	0♌	12♌	25♌	8♍	22♍	7≏	22≏	7♏
16	21♍	4≏	18≏	2♏	16♏	1♐	15♐	0♑	14♑	28♑	12≈	26≈	10♓	23♓	6♈
17	4≏	18≏	2♏	17♏	1♐	15♐	0♑	14♑	27♑	10≈	23≈	6♓	18♓	0♈	12♈
18	23♊	6♋	19♋	1♌	14♌	26♌	8♍	19♍	1≏	13≏	25≏	7♏	19♏	2♐	14♐
19	26≏	8♏	20♏	2♐	13♐	25♐	8♑	20♑	3≈	16≈	29≈	13♓	28♓	13♈	28♈
1920	11♓	25♓	8♈	23♈	7♉	22♉	7♊	21♊	6♋	20♋	4♌	18♌	1♍	15♍	28♍
21	26♌	10♍	24♍	9≏	23≏	7♏	20♏	4♐	17♐	0♑	13♑	25♑	7≈	19≈	1♓
22	13♐	26♐	9♑	22♑	4≈	16≈	28≈	9♓	21♓	3♈	15♈	27♈	10♉	22♉	5♊
23	16♈	28♈	10♉	22♉	4♊	16♊	28♊	11♋	24♋	7♌	20♌	4♍	18♍	3≏	18≏
24	1♍	14♍	29♍	13≏	28≏	13♏	28♏	13♐	28♐	12♑	26♑	10≈	23≈	6♓	19♓
25	19♑	3≈	17≈	1♓	14♓	28♓	11♈	25♈	8♉	20♉	3♊	15♊	27♊	9♋	21♋
26	3♊	16♊	29♊	11♋	23♋	5♌	17♌	29♌	11♍	23♍	5≏	18≏	0♏	13♏	27♏
27	6≏	18≏	0♏	12♏	25♏	7♐	19♐	2♑	15♑	28♑	11≈	25≈	10♓	25♓	10♈
28	21♓	5♈	19♈	4♉	19♉	4♊	19♊	4♋	19♋	3♌	17♌	1♍	14♍	27♍	10≏
29	11♋	25♋	9♌	23♌	6♍	19♍	3≏	15≏	28≏	11♏	23♏	5♐	17♐	29♐	11♑

ABRIL / MAYO	30	1	2	3	4	5	6	7	8	9	10	11	12	13	14
1900	27♉	11♊	24♊	7♋	20♋	3♌	15♌	27♌	9♍	20♍	2♎	14♎	27♎	9♏	21♏
01	4♎	16♎	28♎	9♏	21♏	3♐	15♐	27♐	10♑	23♑	5♒	19♒	2♓	16♓	1♈
02	4♒	16♒	29♒	13♓	26♓	10♈	25♈	10♉	25♉	10♊	25♊	10♋	24♋	8♌	22♌
03	18♊	2♋	17♋	1♌	15♌	29♌	13♍	27♍	10♎	23♎	6♏	19♏	2♐	14♐	26♐
04	17♏	1♐	14♐	27♐	10♑	22♑	5♒	17♒	28♒	10♓	22♓	4♈	16♈	29♈	12♉
05	24♓	6♈	18♈	0♉	12♉	24♉	6♊	18♊	1♋	14♋	27♋	10♌	24♌	8♍	22♍
06	24♋	7♌	20♌	3♍	16♍	1♎	6♎	18♎	16♏	1♐	16♐	1♑	16♑	0♒	13♒
07	10♐	25♐	20♑	0♒	16♒	1♓	15♓	18♈	16♉	1♊	16♊	10♋	22♋	4♌	16♌
08	8♉	21♉	9♊	23♊	0♋	12♋	24♋	6♌	18♌	0♍	12♍	24♍	6♎	19♎	2♏
09	14♍	26♍	8♎	20♎	2♏	14♏	27♏	9♐	22♐	5♑	19♑	2♒	16♒	0♓	14♓
1910	15♑	27♑	10♒	24♒	8♓	22♓	7♈	21♈	7♉	22♉	7♊	22♊	6♋	20♋	4♌
11	1♊	16♊	1♋	15♋	29♋	13♌	27♌	10♍	23♍	6♎	18♎	0♏	12♏	24♏	6♐
12	28♎	12♏	24♏	7♐	19♐	2♑	14♑	26♑	8♒	19♒	1♓	14♓	26♓	9♈	22♈
13	4♈	16♈	28♈	10♉	22♉	4♊	17♊	0♋	13♋	27♋	10♌	24♌	8♍	22♍	6♎
14	6♋	19♋	2♌	15♌	29♌	13♍	27♍	11♎	25♎	9♏	23♏	6♐	20♐	3♑	16♑
15	22♏	7♐	22♐	7♑	21♑	5♒	18♒	1♓	14♓	26♓	9♈	21♈	3♉	15♉	27♉
16	19♈	2♉	15♉	27♉	10♊	22♊	4♋	16♋	27♋	9♌	21♌	3♍	16♍	29♍	12♎
17	23♌	5♍	17♍	0♎	12♎	25♎	8♏	21♏	5♐	18♐	2♑	16♑	0♒	15♒	29♒
18	27♐	10♑	23♑	7♒	21♒	5♓	19♓	4♈	19♈	4♉	18♉	3♊	17♊	1♋	14♋
19	13♉	28♉	13♊	28♊	12♋	26♋	9♌	22♌	5♍	17♍	29♍	11♎	23♎	5♏	17♏
1920	10♎	23♎	5♏	17♏	0♐	11♐	23♐	5♑	17♑	29♑	11♒	23♒	6♓	19♓	3♈
21	13♒	25♒	7♓	19♓	2♈	15♈	28♈	12♉	25♉	10♊	24♊	8♋	23♋	7♌	21♌
22	18♊	2♋	15♋	29♋	13♌	27♌	11♍	26♍	10♎	25♎	9♏	23♏	7♐	21♐	4♑
23	3♏	19♏	4♐	18♐	3♑	17♑	0♒	13♒	25♒	8♓	20♓	1♈	13♈	25♈	7♉
24	1♈	14♈	26♈	8♉	20♉	2♊	13♊	25♊	7♋	19♋	1♌	14♌	26♌	9♍	23♍
25	3♌	15♌	27♌	9♍	22♍	5♎	18♎	2♏	16♏	1♐	16♐	0♑	15♑	29♑	14♒
26	10♐	23♐	7♑	21♑	5♒	19♒	3♓	18♓	2♈	16♈	0♉	14♉	28♉	11♊	24♊
27	25♈	10♉	25♉	9♊	23♊	7♋	20♋	3♌	15♌	27♌	9♍	21♍	3♎	15♎	27♎
28	22♍	4♎	16♎	28♎	10♏	22♏	4♐	16♐	27♐	9♑	22♑	4♒	17♒	0♓	14♓
29	22♑	4♒	17♒	29♒	12♓	25♓	9♈	23♈	7♉	22♉	7♊	22♊	6♋	21♋	5♌

MAYO	15	16	17	18	19	20	21	22	23	24	25	26	27	28	29
1900	4♐	17♐	0♑	14♑	27♑	11♒	25♒	9♓	24♓	8♈	23♈	7♉	21♉	5♊	19♊
01	15♒	0♓	16♓	1♈	15♈	0♉	14♋	28♋	11♌	24♌	7♍	19♍	1♎	13♎	25♎
02	5♏	18♏	1♐	13♎	15♎	7♏	19♏	1♐	13♐	25♐	7♑	19♑	1♒	13♒	25♒
03	8♑	20♑	2♒	14♒	26♒	8♓	20♓	3♈	16♈	0♉	14♉	28♉	13♊	27♊	12♋
04	25♋	8♌	22♌	6♍	20♍	4♎	18♎	2♏	16♏	0♐	14♐	28♐	12♑	26♑	9♒
05	7♎	21♎	6♏	21♏	6♐	21♐	5♑	18♑	2♒	14♒	27♒	9♓	21♓	3♈	14♈
06	26♈	9♉	21♉	4♊	16♊	28♊	10♋	21♋	3♌	15♌	27♌	9♍	21♍	4♎	16♎
07	28♎	10♏	22♏	4♐	15♐	28♐	10♑	23♑	6♒	20♒	4♓	19♓	4♈	19♈	4♉
08	15♏	29♏	13♐	27♐	11♑	26♑	10♒	24♒	8♓	22♓	6♈	20♈	4♉	17♉	0♊
09	29♓	13♈	28♈	13♉	27♉	11♊	25♊	8♋	21♋	4♌	16♌	28♌	10♍	22♍	4♎
1910	17♍	29♍	12♎	24♎	6♏	18♏	0♐	12♐	23♐	5♑	17♑	0♒	12♒	24♒	7♓
11	18♐	0♑	12♑	24♑	6♒	18♒	1♓	13♓	27♓	10♈	25♈	9♉	24♉	9♊	25♊
12	6♑	20♑	4♒	18♒	3♓	18♓	2♈	17♈	1♉	15♉	28♉	12♊	25♊	8♋	21♋
13	21♍	5♎	19♎	3♏	17♏	1♐	15♐	28♐	11♑	24♑	6♒	18♒	0♓	12♓	24♓
14	7♈	20♈	2♉	14♉	26♉	8♊	20♊	2♋	14♋	26♋	8♌	20♌	3♍	16♍	29♍
15	8♏	20♏	2♐	14♐	26♐	8♑	21♑	9♒	17♒	1♓	15♓	0♈	15♈	0♉	16♉
16	26♉	10♊	25♊	10♋	25♋	10♌	24♌	9♍	23♍	7♎	20♎	3♏	16♏	29♏	12♐
17	13♑	27♑	11♒	25♒	9♓	22♓	6♈	18♈	1♉	13♉	26♉	8♊	19♊	1♋	13♋
18	27♋	10♌	22♌	4♍	16♍	28♍	10♎	22♎	4♏	16♏	28♏	11♐	24♐	7♑	20♑
19	29♑	10♒	22♒	5♓	17♓	29♓	12♈	25♈	9♉	22♉	7♊	21♊	6♋	21♋	6♌
1920	17♈	1♉	16♉	0♊	16♊	1♋	16♋	0♌	14♌	28♌	12♍	25♍	8♎	20♎	2♏
21	5♏	19♏	3♐	16♐	0♑	13♑	26♑	9♒	21♒	3♓	15♓	27♓	9♈	21♈	3♉
22	17♑	0♒	12♒	24♒	6♓	18♓	29♓	11♈	23♈	6♉	18♉	1♊	15♊	28♊	12♋
23	19♌	1♍	13♍	25♍	8♎	21♎	3♏	17♏	0♐	14♐	28♐	12♑	27♑	12♒	27♒
24	7♎	21♎	6♏	21♏	7♐	22♐	7♑	22♑	6♒	20♒	3♓	16♓	28♓	11♈	23♈
25	27♓	11♈	25♈	8♉	21♉	4♊	17♊	29♊	11♋	23♋	5♌	17♌	29♌	11♍	23♍
26	7♉	19♉	1♊	13♊	25♊	7♋	19♋	1♌	13♌	26♌	8♍	22♍	6♎	19♎	3♏
27	9♏	21♏	4♐	16♐	29♐	12♑	25♑	8♒	22♒	6♓	20♓	4♈	19♈	4♉	18♉
28	28♓	12♈	27♈	12♉	28♉	13♊	28♊	12♋	26♋	10♌	23♌	6♍	19♍	1♎	13♎
29	19♌	3♍	16♍	0♎	12♎	25♎	7♏	19♏	1♐	13♐	25♐	7♑	19♑	1♒	13♒

	MAYO		JUNIO												
	30	31	1	2	3	4	5	6	7	8	9	10	11	12	13
1900	2♋	15♋	28♋	10♌	23♌	5♍	17♍	29♍	10♎	22♎	5♏	17♏	0♐	13♐	26♐
01	6♏	18♏	0♐	12♐	24♐	7♑	20♑	2♒	16♒	29♒	13♓	26♓	11♈	25♈	10♉
02	8♓	21♓	5♈	19♈	3♉	18♉	3♊	18♊	3♋	19♋	3♌	18♌	1♍	15♍	27♍
03	27♋	12♌	26♌	10♍	24♍	7♎	20♎	3♏	16♏	28♏	10♐	23♐	5♑	17♑	28♑
04	22♐	5♑	18♑	0♒	13♒	24♒	6♓	18♓	0♈	12♈	24♈	7♉	20♉	3♊	17♊
05	26♈	8♉	20♉	3♊	15♊	28♊	11♋	24♋	7♌	21♌	5♍	18♍	2♎	17♎	1♏
06	29♎	12♏	26♏	10♐	24♐	9♑	24♑	9♒	24♒	10♓	24♓	8♈	22♈	5♉	18♉
07	19♉	3♊	18♊	2♋	15♋	28♋	11♌	24♌	7♍	19♍	1♎	13♎	25♎	7♏	19♏
08	13♊	26♊	8♋	20♋	2♌	14♌	26♌	8♍	20♍	2♎	14♎	27♎	10♏	24♏	8♐
09	16♎	28♎	10♏	23♏	6♐	19♐	2♑	15♑	29♑	13♒	27♒	11♓	25♓	9♈	24♈
1910	20♒	4♓	17♓	0♈	14♈	26♈	0♉	15♊	15♊	0♋	14♋	28♋	12♌	25♌	8♍
11	10♋	25♋	9♌	23♌	7♍	20♍	3♎	15♎	27♎	9♏	21♏	3♐	15♐	27♐	9♑
12	3♐	16♐	28♐	10♑	22♑	4♒	16♒	28♒	10♓	22♓	4♈	17♈	0♉	14♉	28♉
13	6♈	18♈	0♉	13♉	26♉	9♊	23♊	7♋	21♋	5♌	19♌	3♍	17♍	2♎	16♎
14	12♌	25♌	9♍	23♍	7♎	22♎	6♏	21♏	6♐	21♐	5♑	19♑	2♒	15♒	28♒
15	1♒	16♒	0♓	14♓	28♓	11♈	23♈	6♉	18♉	0♊	12♊	24♊	5♋	17♋	29♋
16	24♉	6♊	18♊	0♋	12♋	24♋	6♌	17♌	29♌	12♍	24♍	7♎	20♎	4♏	19♏
17	25♍	8♎	20♎	3♏	16♏	0♐	14♐	28♐	12♑	27♑	11♒	25♒	10♓	24♓	8♈
18	4♒	17♒	1♓	15♓	0♈	14♈	28♈	13♉	27♉	11♊	25♊	9♋	22♋	5♌	18♌
19	21♊	6♋	20♋	3♌	18♌	14♌	14♍	26♍	8♎	20♎	2♏	14♏	25♏	7♐	19♐
1920	14♏	26♏	8♐	20♐	2♑	14♑	26♑	8♒	20♒	2♓	15♓	28♓	11♈	25♈	9♉
21	15♓	27♓	10♈	23♈	6♉	20♉	4♊	18♊	3♋	18♋	3♌	18♌	2♍	16♍	0♎
22	26♋	10♌	24♌	8♍	22♍	6♎	20♎	4♏	18♏	2♐	16♐	29♐	12♑	25♑	8♒
23	12♐	27♐	11♑	25♑	8♒	21♒	4♓	16♓	28♓	10♈	22♈	3♉	15♉	27♉	10♊
24	5♉	17♉	29♉	10♊	22♊	4♋	16♋	28♋	10♌	23♌	5♍	18♍	2♎	16♎	0♏
25	5♏	17♏	0♐	13♐	26♐	10♑	25♑	10♒	25♒	10♓	25♓	9♈	24♈	8♉	22♉
26	17♒	2♓	16♓	0♈	14♈	28♈	12♉	26♉	10♊	24♊	7♋	20♋	3♌	15♌	27♌
27	3♊	17♊	19♏	1♍	13♍	24♍	7♎	6♏	18♏	0♐	11♐	23♐	5♑	18♑	0♒
28	25♎	7♏	19♏	1♐	24♐	7♑	7♑	19♑	1♒	14♒	27♒	10♓	24♓	7♈	22♈
29	25♒	7♓	20♓	3♈	17♈	15♈	15♉	0♊	15♊	0♋	15♋	0♌	15♌	29♌	13♍

JUNIO	14	15	16	17	18	19	20	21	22	23	24	25	26	27	28
1900	10♑	24♑	8♒	22♒	6♓	21♓	5♈	19♈	3♉	17♉	1♊	14♊	28♊	11♋	23♋
01	24♉	9♊	24♊	8♋	22♋	6♌	19♌	2♍	15♍	27♍	9♎	21♎	3♏	15♏	27♏
02	10♎	22♎	4♏	16♏	28♏	10♐	22♐	4♑	16♑	28♑	10♒	22♒	5♓	18♓	1♈
03	10♒	22♒	4♓	16♓	29♓	11♈	24♈	8♉	22♉	6♊	21♊	6♋	21♋	7♌	21♌
04	16♋	0♌	14♌	27♌	10♍	23♍	6♎	19♎	2♏	14♏	27♏	10♐	22♐	5♑	17♑
05	16♏	29♏	12♐	25♐	8♑	21♑	4♒	17♒	0♓	13♓	26♓	9♈	22♈	4♉	16♉
06	0♈	13♈	25♈	8♉	18♉	0♊	12♊	24♊	6♋	18♋	1♌	13♌	26♌	9♍	22♍
07	0♊	13♊	25♊	6♋	18♋	0♌	12♌	24♌	6♍	18♍	1♎	13♎	26♎	9♏	22♏
08	22♐	6♑	19♑	2♒	15♒	28♒	12♓	25♓	8♈	22♈	5♉	18♉	2♊	15♊	28♊
09	8♉	22♉	6♊	20♊	3♋	16♋	29♋	12♌	24♌	6♍	18♍	0♎	12♎	24♎	6♏
1910	20♍	3♎	15♎	26♎	8♏	20♏	2♐	14♐	26♐	9♑	21♑	4♒	17♒	1♓	14♓
11	21♑	3♒	15♒	27♒	10♓	23♓	6♈	19♈	3♉	18♉	3♊	18♊	3♋	18♋	3♌
12	12♊	27♊	12♋	27♋	12♌	27♌	11♍	25♍	9♎	22♎	5♏	18♏	0♐	12♐	25♐
13	29♎	13♏	27♏	10♐	24♐	7♑	19♑	2♒	14♒	26♒	8♓	20♓	2♈	14♈	26♈
14	10♓	22♓	4♈	16♈	28♈	10♉	22♉	4♊	17♊	29♊	12♋	25♋	9♌	22♌	6♍
15	11♋	23♋	6♌	18♌	1♍	14♍	27♍	10♎	25♎	9♏	24♏	9♐	24♐	9♑	24♑
16	3♐	18♐	3♑	19♑	4♒	18♒	3♓	17♓	0♈	13♈	26♈	9♉	21♉	3♊	15♊
17	22♈	5♉	19♉	2♊	14♊	27♊	10♋	22♋	4♌	16♌	28♌	9♍	21♍	3♎	16♎
18	0♍	12♍	24♍	6♎	18♎	0♏	12♏	24♏	7♐	20♐	3♑	16♑	0♒	14♒	28♒
19	1♑	14♑	26♑	9♒	22♒	5♓	19♓	3♈	17♈	1♉	15♉	0♊	15♊	0♋	14♋
1920	24♉	9♊	24♊	9♋	24♋	9♌	24♌	8♍	21♍	4♎	17♎	29♎	11♏	23♏	5♐
21	13♎	27♎	10♏	22♏	5♐	17♐	0♑	12♑	24♑	6♒	18♒	29♒	11♓	23♓	6♈
22	20♒	2♓	14♓	25♓	7♈	19♈	1♉	14♉	27♉	10♊	23♊	7♋	21♋	6♌	20♌
23	22♊	5♋	17♋	0♌	14♌	27♌	11♍	24♍	8♎	23♎	7♏	22♏	6♐	21♐	5♑
24	15♏	0♐	15♐	0♑	15♑	0♒	15♒	28♒	12♓	25♓	7♈	20♈	2♉	14♉	26♉
25	5♈	18♈	1♉	14♉	26♉	8♊	20♊	2♋	14♋	26♋	8♌	19♌	1♍	13♍	26♍
26	9♍	21♍	3♎	15♎	27♎	9♏	21♏	4♐	17♐	0♑	14♑	28♑	12♒	27♒	12♓
27	12♐	25♐	8♑	22♑	5♒	19♒	3♓	17♓	1♈	15♈	29♈	14♉	28♉	12♊	26♊
28	6♉	21♉	6♊	21♊	6♋	20♋	5♌	19♌	2♍	15♍	28♍	10♎	22♎	4♏	16♏
29	26♍	9♎	22♎	4♏	16♏	29♏	10♐	22♐	4♑	16♑	28♑	10♒	22♒	4♓	17♓

POSICIONES DE LA LUNA

Año	JUNIO		JULIO												
	29	30	1	2	3	4	5	6	7	8	9	10	11	12	13
1900	6♌	18♌	1♍	13♍	25♍	6♎	18♎	0♏	13♏	25♏	8♐	21♐	5♑	19♑	3♒
01	9♐	21♐	3♑	16♑	29♑	12♒	26♒	9♓	23♓	7♈	21♈	5♉	20♉	4♊	18♊
02	14♈	28♈	12♉	27♉	12♊	27♊	12♋	27♋	12♌	26♌	10♍	23♍	6♎	19♎	1♏
03	6♍	20♍	4♎	17♎	0♏	13♏	25♏	7♐	20♐	2♑	13♑	25♑	7♒	19♒	1♓
04	26♑	9♒	21♒	2♓	14♓	26♓	8♈	20♈	2♉	15♉	28♉	12♊	25♊	10♋	24♋
05	29♉	11♊	24♊	7♋	20♋	4♌	17♌	1♍	15♍	29♍	13♎	28♎	12♏	26♏	10♐
06	6♎	20♎	4♏	18♏	3♐	18♐	3♑	18♑	2♒	16♒	0♓	13♓	26♓	9♈	21♈
07	27♓	11♈	25♈	8♉	21♉	4♊	16♊	28♊	10♋	22♋	4♌	16♌	27♌	9♍	21♍
08	16♋	28♋	10♌	22♌	4♍	16♍	28♍	10♎	22♎	5♏	18♏	2♐	16♐	0♑	15♑
09	18♏	1♐	14♐	27♐	11♑	25♑	9♒	23♒	7♓	22♓	6♈	20♈	4♉	18♉	2♊
1910	28♓	12♈	26♈	10♉	25♉	9♊	24♊	8♋	23♋	7♌	20♌	3♍	16♍	29♍	11♎
11	18♌	2♍	16♍	29♍	12♎	24♎	6♏	18♏	0♐	12♐	24♐	6♑	18♑	0♒	12♒
12	7♑	19♑	1♒	12♒	24♒	6♓	18♓	0♈	13♈	25♈	8♉	22♉	6♊	21♊	6♋
13	8♉	21♉	4♊	18♊	1♋	16♋	0♌	15♌	29♌	14♍	28♍	12♎	26♎	10♏	24♏
14	20♍	4♎	18♎	2♏	17♏	1♐	15♐	29♐	13♑	27♑	10♒	23♒	6♓	18♓	0♈
15	8♒	22♒	6♓	19♓	2♈	14♈	26♈	8♉	20♉	2♊	14♊	26♊	8♋	20♋	3♌
16	27♊	9♋	21♋	2♌	14♌	26♌	8♍	21♍	3♎	16♎	29♎	13♏	27♏	12♐	27♐
17	28♎	11♏	24♏	8♐	22♐	6♑	21♑	6♒	21♒	6♓	20♓	4♈	18♈	2♉	15♉
18	12♓	26♓	11♈	25♈	9♉	23♉	7♊	21♊	4♋	17♋	0♌	13♌	26♌	8♍	20♍
19	29♋	13♌	26♌	9♍	22♍	4♎	16♎	28♎	10♏	22♏	4♐	16♐	28♐	10♑	23♑
1920	17♐	29♐	11♑	23♑	5♒	17♒	29♒	12♓	24♓	7♈	21♈	4♉	18♉	3♊	17♊
21	18♈	1♉	14♉	28♉	12♊	27♊	12♋	27♋	12♌	27♌	12♍	26♍	10♎	24♎	7♏
22	4♍	19♍	3♎	17♎	1♏	15♏	28♏	12♐	25♐	8♑	21♑	3♒	16♒	28♒	10♓
23	19♑	3♒	16♒	29♒	12♓	24♓	6♈	18♈	0♉	12♉	24♉	6♊	18♊	1♋	14♋
24	7♊	19♊	1♋	13♋	25♋	8♌	20♌	3♍	15♍	28♍	12♎	26♎	10♏	24♏	9♐
25	8♎	21♎	5♏	19♏	3♐	18♐	3♑	18♑	3♒	18♒	3♓	17♓	1♈	15♈	28♈
26	26♓	11♈	25♈	9♉	23♉	7♊	20♊	3♋	16♋	29♋	11♌	24♌	6♍	18♍	29♍
27	10♋	23♋	6♌	19♌	1♍	14♍	26♍	8♎	19♎	1♏	13♏	26♏	8♐	21♐	4♑
28	27♏	9♐	21♐	3♑	16♑	28♑	11♒	24♒	7♓	20♓	4♈	18♈	2♉	16♉	1♊
29	29♓	12♈	26♈	10♉	24♉	8♊	23♊	9♋	24♋	9♌	24♌	8♍	22♍	6♎	19♎

JULIO	14	15	16	17	18	19	20	21	22	23	24	25	26	27	28
1900	18♒	2♓	17♓	1♈	16♈	0♉	14♉	27♉	11♊	24♊	7♋	20♋	2♌	15♌	27♌
01	3♋	17♋	1♌	14♌	27♌	10♍	23♍	5♎	17♎	29♎	11♏	23♏	5♐	17♐	29♐
02	13♏	25♏	7♐	19♐	0♑	12♑	25♑	7♒	19♒	2♓	15♓	28♓	11♈	24♈	8♉
03	13♓	25♓	7♈	20♈	3♉	16♉	0♊	15♊	0♋	15♋	0♌	15♌	0♍	15♍	29♍
04	9♌	24♌	9♍	23♍	8♎	22♎	5♏	19♏	2♐	15♐	28♐	10♑	23♑	5♒	17♒
05	24♐	8♑	21♑	5♒	18♒	0♓	13♓	25♓	7♈	19♈	0♉	12♉	24♉	5♊	17♊
06	3♉	15♉	27♉	9♊	21♊	3♋	15♋	27♋	10♌	23♌	6♍	19♍	2♎	16♎	29♎
07	3♍	16♍	28♍	11♎	24♎	8♏	21♏	5♐	18♐	2♑	15♑	27♑	10♒	23♒	5♓
08	0♒	13♒	26♒	9♓	21♓	5♈	18♈	0♉	13♉	25♉	7♊	20♊	2♋	14♋	26♋
09	16♊	29♊	11♋	24♋	6♌	18♌	0♍	12♍	24♍	6♎	18♎	0♏	12♏	24♏	6♐
1910	23♎	5♏	18♏	0♐	12♐	24♐	6♑	18♑	0♒	12♒	25♒	7♓	20♓	3♈	16♈
11	24♒	7♓	19♓	2♈	16♈	29♈	13♉	27♉	12♊	27♊	12♋	27♋	12♌	26♌	10♍
12	21♋	3♌	15♌	27♌	9♍	21♍	3♎	15♎	27♎	9♏	21♏	3♐	16♐	28♐	11♑
13	7♈	20♈	3♉	16♉	28♉	11♊	24♊	6♋	18♋	0♌	12♌	24♌	6♍	18♍	0♎
14	12♈	24♈	6♉	18♉	0♊	12♊	25♊	7♋	20♋	3♌	16♌	29♌	12♍	25♍	8♎
15	15♌	27♌	9♍	21♍	3♎	15♎	27♎	9♏	21♏	4♐	16♐	29♐	12♑	25♑	8♒
16	12♑	24♑	6♒	18♒	0♓	12♓	25♓	8♈	21♈	5♉	19♉	3♊	17♊	1♋	15♋
17	29♉	11♊	24♊	6♋	18♋	0♌	12♌	24♌	6♍	18♍	0♎	12♎	24♎	6♏	18♏
18	2♎	14♎	26♎	8♏	20♏	2♐	15♐	27♐	9♑	21♑	4♒	16♒	29♒	13♓	26♓
19	6♒	19♒	1♓	13♓	27♓	10♈	23♈	7♉	21♉	5♊	18♊	2♋	16♋	1♌	15♌
1920	2♋	15♋	27♋	10♌	22♌	4♍	16♍	28♍	10♎	22♎	4♏	16♏	28♏	11♐	24♐
21	19♏	2♐	14♐	26♐	9♑	21♑	3♒	15♒	27♒	9♓	22♓	4♈	17♈	0♉	13♉
22	22♓	5♈	18♈	1♉	14♉	27♉	11♊	25♊	9♋	23♋	7♌	21♌	5♍	18♍	1♎
23	27♋	9♌	21♌	3♍	15♍	27♍	9♎	21♎	3♏	16♏	28♏	11♐	23♐	6♑	19♑
24	24♐	8♑	22♑	6♒	19♒	3♓	16♓	0♈	13♈	26♈	10♉	23♉	6♊	19♊	2♋
25	11♉	23♉	5♊	17♊	29♊	11♋	23♋	5♌	17♌	29♌	11♍	23♍	5♎	18♎	0♏
26	11♍	23♍	5♎	17♎	29♎	11♏	23♏	6♐	18♐	0♑	13♑	26♑	8♒	21♒	4♓
27	17♑	0♒	13♒	26♒	9♓	22♓	6♈	19♈	3♉	17♉	1♊	15♊	29♊	13♋	27♋
28	15♊	27♊	9♋	21♋	3♌	15♌	27♌	9♍	21♍	3♎	15♎	27♎	9♏	22♏	4♐
29	1♏	13♏	25♏	7♐	19♐	1♑	13♑	25♑	7♒	19♒	1♓	14♓	26♓	9♈	22♈

	JULIO 29	30	31	AGOSTO 1	2	3	4	5	6	7	8	9	10	11	12
1900	9♏	21♏	3♎	15♎	26♎	8♏	21♏	3♐	16♐	29♐	13♑	27♑	12♒	27♒	12♓
01	12♑	25♑	8♒	22♒	6♓	20♓	4♈	18♈	2♉	16♉	0♊	15♊	28♊	12♋	26♋
02	22♉	6♊	21♊	6♋	21♋	5♌	20♌	4♍	18♍	2♎	14♎	27♎	9♏	21♏	3♐
03	13♎	27♎	9♏	22♏	4♐	17♐	29♐	11♑	22♑	4♒	16♒	28♒	10♓	22♓	4♈
04	29♒	11♓	23♓	4♈	16♈	28♈	11♉	23♉	6♊	20♊	4♋	18♋	3♌	18♌	3♍
05	26♋	15♌	29♌	13♍	27♍	11♎	26♎	10♏	24♏	9♐	23♐	7♑	21♑	4♒	17♒
06	14♏	29♏	13♐	28♐	12♑	26♑	11♒	25♒	8♓	21♓	4♈	17♈	29♈	11♉	23♉
07	4♍	17♍	0♎	13♎	25♎	7♏	19♏	1♐	13♐	24♐	6♑	18♑	0♒	11♒	23♒
08	19♌	1♍	13♍	25♍	7♎	19♎	1♏	13♏	27♏	10♐	24♐	8♑	23♑	8♒	24♒
09	22♐	5♑	19♑	3♒	18♒	3♓	17♓	2♈	17♈	1♉	15♉	29♉	12♊	26♊	9♋
1910	7♑	21♑	5♒	19♒	3♓	17♓	1♈	15♈	28♈	11♉	24♉	7♊	19♊	1♋	13♋
11	24♍	7♎	20♎	3♏	15♏	27♏	9♐	21♐	2♑	14♑	26♑	9♒	21♒	4♓	16♓
12	9♒	21♒	3♓	15♓	27♓	9♈	22♈	4♉	18♉	1♊	15♊	29♊	14♋	29♋	15♌
13	12♊	26♊	10♋	24♋	9♌	24♌	9♍	24♍	8♎	23♎	7♏	20♏	4♐	17♐	0♑
14	29♎	13♏	27♏	11♐	25♐	9♑	23♑	6♒	19♒	2♓	14♓	26♓	8♈	20♈	2♉
15	14♓	27♓	10♈	23♈	5♉	17♉	29♉	11♊	22♊	4♋	17♋	29♋	11♌	24♌	7♍
16	0♊	11♊	23♊	5♋	18♋	0♌	13♌	26♌	9♍	23♍	6♎	21♎	5♏	20♏	5♐
17	2♐	16♐	0♑	15♑	29♑	15♒	0♓	15♓	0♈	14♈	28♈	12♉	25♉	8♊	21♊
18	22♈	6♉	20♉	4♊	17♊	0♋	13♋	26♋	9♌	22♌	4♍	16♍	28♍	10♎	22♎
19	4♏	17♏	0♎	12♎	24♎	6♏	18♏	0♐	12♐	24♐	6♑	19♑	2♒	15♒	28♒
1920	20♑	2♒	14♒	26♒	9♓	21♓	4♈	17♈	1♉	14♉	28♉	12♊	27♊	12♋	26♋
21	23♉	7♊	21♊	5♋	20♋	6♌	21♌	6♍	21♍	5♎	20♎	3♏	16♏	29♏	11♐
22	14♎	28♎	12♏	25♏	9♐	22♐	5♑	17♑	0♒	12♒	24♒	6♓	18♓	0♈	12♈
23	24♒	7♓	20♓	2♈	14♈	26♈	8♉	20♉	2♊	14♊	26♊	9♋	22♋	5♌	19♌
24	10♋	22♋	4♌	17♌	29♌	12♍	25♍	9♎	22♎	6♏	20♏	4♐	19♐	3♑	18♑
25	14♏	28♏	12♐	26♐	11♑	26♑	12♒	27♒	11♓	26♓	10♈	24♈	7♉	20♉	2♊
26	5♈	20♈	4♉	17♉	0♊	13♊	26♊	8♋	20♋	2♌	14♌	26♌	8♍	20♍	2♎
27	14♌	27♌	9♍	22♍	4♎	16♎	27♎	9♏	21♏	3♐	16♐	29♐	12♑	26♑	10♒
28	0♒	12♒	24♒	7♓	20♓	4♈	17♈	1♉	15♉	29♉	13♊	27♊	11♋	25♋	9♌
29	5♉	19♉	3♊	18♊	2♋	17♋	2♌	17♌	2♍	17♍	1♎	14♎	27♎	10♏	22♏

AGOSTO

Año	13	14	15	16	17	18	19	20	21	22	23	24	25	26	27
1900	27♓	12♈	26♈	10♉	24♉	8♊	21♊	4♋	16♋	29♋	11♌	23♌	6♍	18♍	29♍
01	10♌	23♌	6♍	18♍	1♎	13♎	25♎	7♏	19♏	1♐	13♐	25♐	7♑	20♑	3♒
02	15♐	27♐	9♑	21♑	3♒	16♒	28♒	11♓	25♓	8♈	21♈	5♉	19♉	3♊	17♊
03	17♈	0♉	13♉	26♉	10♊	24♊	8♋	23♋	7♌	21♌	6♍	20♍	4♎	18♎	2♏
04	18♍	3♎	17♎	2♏	16♏	29♏	12♐	25♐	7♑	20♑	2♒	14♒	26♒	8♓	20♓
05	1♒	13♒	26♒	8♓	21♓	3♈	15♈	27♈	9♉	20♉	2♊	14♊	26♊	8♋	20♋
06	5♊	17♊	29♊	11♋	23♋	6♌	19♌	2♍	15♍	29♍	13♎	27♎	11♏	25♏	10♐
07	8♎	21♎	4♏	16♏	29♏	11♐	24♐	6♑	18♑	0♒	13♒	25♒	7♓	20♓	2♈
08	9♓	24♓	9♈	23♈	7♉	20♉	3♊	16♊	28♊	11♋	22♋	4♌	16♌	28♌	10♍
09	21♋	4♌	16♌	29♌	11♍	23♍	5♎	16♎	28♎	10♏	22♏	4♐	17♐	0♑	13♑
1910	24♏	6♐	18♐	0♑	13♑	26♑	9♒	23♒	7♓	21♓	5♈	19♈	4♉	18♉	2♊
11	29♓	13♈	26♈	10♉	23♉	7♊	22♊	6♋	21♋	6♌	20♌	5♍	19♍	2♎	15♎
12	0♍	15♍	0♎	14♎	28♎	11♏	24♏	6♐	19♐	1♑	13♑	25♑	6♒	18♒	0♓
13	12♑	25♑	7♒	19♒	1♓	13♓	25♓	7♈	18♈	0♉	12♉	25♉	7♊	21♊	4♋
14	14♉	26♉	8♊	20♊	3♋	16♋	29♋	13♌	27♌	12♍	26♍	11♎	25♎	10♏	24♏
15	21♍	4♎	18♎	2♏	16♏	0♐	14♐	28♐	13♑	27♑	11♒	25♒	9♓	22♓	5♈
16	20♓	4♈	18♈	2♉	16♉	0♊	14♊	27♊	9♋	21♋	3♌	15♌	26♌	8♍	20♌
17	3♋	15♋	27♋	9♌	21♌	3♍	15♍	27♍	9♎	21♎	3♏	15♏	28♏	11♐	25♐
18	4♏	16♏	28♏	10♐	23♐	6♑	19♑	3♒	18♒	3♓	18♓	3♈	17♈	2♉	16♉
19	12♓	26♓	10♈	24♈	8♉	22♉	6♊	20♊	5♋	18♋	2♌	16♌	29♌	13♍	25♍
1920	11♌	26♌	11♍	25♍	8♎	21♎	4♏	16♏	29♏	11♐	22♐	4♑	16♑	28♑	10♒
21	24♐	6♑	18♑	0♒	12♒	23♒	5♓	17♓	29♓	11♈	24♈	6♉	19♉	2♊	16♊
22	24♈	6♉	18♉	0♊	13♊	26♊	10♋	24♋	9♌	24♌	9♍	24♍	9♎	23♎	8♏
23	3♍	17♍	2♎	16♎	0♏	15♏	29♏	13♐	27♐	10♑	22♑	7♒	20♒	3♓	16♓
24	2♒	17♒	1♓	15♓	28♓	11♈	24♈	6♉	18♉	0♊	12♊	24♊	6♋	18♋	0♌
25	14♊	26♊	8♋	20♋	2♌	13♌	25♌	7♍	20♍	2♎	15♎	27♎	11♏	24♏	8♉
26	14♎	26♎	8♏	21♏	3♐	17♐	0♑	14♑	29♑	14♒	29♒	14♓	29♓	15♈	29♈
27	24♒	9♓	23♓	8♈	23♈	7♉	21♉	5♊	19♊	2♋	15♋	28♋	11♌	23♌	6♍
28	24♋	8♌	21♌	5♍	18♍	1♎	14♎	26♎	8♏	20♏	2♐	14♐	25♐	8♑	20♑
29	4♐	16♐	28♐	10♑	22♑	4♒	16♒	28♒	11♓	23♓	6♈	19♈	2♉	16♉	29♉

POSICIONES DE LA LUNA

	AGOSTO				SEPTIEMBRE										
	28	29	30	31	1	2	3	4	5	6	7	8	9	10	11
1900	11♎	23♎	5♏	17♏	29♏	12♐	24♐	8♑	21♑	5♒	20♒	5♓	20♓	6♈	21♈
01	17♒	1♓	15♓	0♈	14♈	29♈	13♉	27♉	11♊	25♊	9♋	23♋	6♌	19♌	2♍
02	1♊	16♊	0♋	15♋	29♋	13♌	26♌	10♍	22♍	5♎	17♎	29♎	11♏	23♏	5♐
03	18♏	1♐	13♐	25♐	7♑	19♑	1♒	13♒	25♒	7♓	19♓	1♈	14♈	27♈	9♉
04	1♈	13♈	25♈	7♉	20♉	2♊	15♊	28♊	12♋	26♋	11♌	26♌	11♍	26♍	11♎
05	7♌	21♌	6♍	20♍	5♎	20♎	5♏	19♏	4♐	17♐	1♑	14♑	27♑	10♒	23♒
06	24♐	8♑	22♑	6♒	20♒	3♓	16♓	29♓	12♈	25♈	7♉	19♉	1♊	13♊	25♊
07	8♋	21♋	3♌	15♌	27♌	9♍	21♍	3♎	15♎	27♎	9♏	19♏	1♐	13♐	25♐
08	22♍	4♎	16♎	28♎	10♏	23♏	6♐	19♐	3♑	17♑	2♒	17♒	2♓	18♓	1♈
09	27♑	12♒	26♒	11♓	27♓	12♈	27♈	11♉	25♉	9♊	23♊	6♋	18♋	1♌	13♌
1910	16♊	0♋	14♋	27♋	11♌	24♌	7♍	20♍	2♎	15♎	27♎	9♏	20♏	2♐	14♐
11	28♎	11♏	23♏	5♐	17♐	29♐	11♑	23♑	5♒	17♒	0♓	13♓	26♓	9♈	23♈
12	12♓	24♓	6♈	19♈	1♉	14♉	27♉	11♊	25♊	9♋	23♋	8♌	23♌	8♍	23♍
13	18♋	2♌	17♌	2♍	18♍	3♎	18♎	2♏	16♏	0♐	14♐	27♐	9♑	22♑	4♒
14	8♐	22♐	6♑	19♑	2♒	15♒	28♒	10♓	22♓	4♈	17♈	28♈	10♉	22♉	4♊
15	18♉	0♊	13♊	25♊	7♋	18♋	0♌	12♌	25♌	7♍	20♍	3♎	16♎	0♏	14♏
16	2♍	15♍	27♍	10♎	23♎	6♏	19♏	3♐	17♐	1♑	15♑	0♒	14♒	29♒	14♓
17	9♑	23♑	8♒	23♒	8♓	23♓	9♈	23♈	8♉	21♉	5♊	18♊	0♋	12♋	24♋
18	0♊	14♊	27♊	10♋	23♋	6♌	18♌	1♍	13♍	25♍	7♎	19♎	0♏	12♏	24♏
19	8♎	20♎	2♏	14♏	26♏	8♐	20♐	2♑	14♑	27♑	10♒	23♒	7♓	21♓	6♈
1920	23♒	5♓	18♓	1♈	14♈	28♈	11♉	25♉	9♊	23♊	7♋	22♋	6♌	20♌	5♍
21	0♋	14♋	29♋	14♌	29♌	14♍	29♍	14♎	28♎	12♏	25♏	8♐	20♐	3♑	15♑
22	22♏	5♐	19♐	2♑	14♑	27♑	9♒	21♒	3♓	15♓	27♓	9♈	20♈	2♉	14♉
23	28♓	10♈	22♈	4♉	16♉	28♉	10♊	22♊	4♋	17♋	0♌	14♌	28♌	12♍	26♍
24	13♌	26♌	9♍	22♍	5♎	19♎	3♏	17♏	1♐	15♐	0♑	14♑	28♑	12♒	26♒
25	22♐	6♑	20♑	5♒	20♒	5♓	20♓	4♈	18♈	2♉	15♉	28♉	11♊	23♊	5♋
26	13♉	27♉	10♊	23♊	5♋	17♋	29♋	11♌	23♌	5♍	17♍	29♍	11♎	23♎	5♏
27	18♏	0♐	12♐	24♐	6♑	17♑	29♑	12♒	24♒	7♓	20♓	4♈	18♈	2♉	17♉
28	3♌	16♌	29♌	13♍	27♍	11♎	25♎	9♏	24♏	8♐	22♐	6♑	20♑	4♑	17♑
29	13♊	28♊	12♋	27♋	11♌	26♌	11♍	25♍	9♎	22♎	5♏	18♏	0♐	12♐	24♐

SEPTIEMBRE

	12	13	14	15	16	17	18	19	20	21	22	23	24	25	26
1900	6♉	20♉	4♊	18♊	1♋	14♋	26♋	8♌	21♌	3♍	15♍	26♍	8♎	20♎	2♏
01	15♏	27♏	9♐	21♐	3♑	15♑	27♑	9♒	21♒	3♓	15♓	28♓	11♈	25♈	9♉
02	17♑	29♑	12♒	24♒	7♓	20♓	4♈	18♈	1♉	15♉	0♊	14♊	28♊	12♋	26♋
03	23♌	6♍	20♍	4♎	18♎	3♏	17♏	2♐	17♐	2♑	16♑	0♒	13♒	26♒	9♓
04	26♎	11♏	25♏	8♐	22♐	4♑	17♑	29♑	11♒	23♒	5♓	17♓	28♓	10♈	22♈
05	5♓	17♓	29♓	11♈	23♈	5♉	17♉	29♉	11♊	23♊	5♋	18♋	0♌	15♌	29♌
06	7♋	19♋	1♌	14♌	27♌	11♍	24♍	8♎	23♎	7♏	22♏	6♐	21♐	5♑	19♑
07	15♏	28♏	12♐	26♐	10♑	24♑	9♒	23♒	8♓	22♓	6♈	20♈	3♉	16♉	29♉
08	17♈	2♉	16♉	29♉	12♊	25♊	7♋	19♋	1♌	13♌	25♌	7♍	19♍	1♎	13♎
09	26♌	8♍	20♍	1♎	13♎	25♎	7♏	19♏	1♐	13♐	26♐	9♑	22♑	6♒	20♒
1910	26♐	8♑	21♑	4♒	17♒	1♓	15♓	0♈	14♈	29♈	14♉	28♉	13♊	27♊	11♋
11	6♉	20♉	4♊	18♊	2♋	17♋	1♌	15♌	29♌	13♍	27♍	10♎	23♎	6♏	19♏
12	8♎	22♎	6♏	19♏	2♐	15♐	27♐	9♑	21♑	3♒	15♒	27♒	9♓	21♓	3♈
13	16♒	28♒	10♓	22♓	3♈	15♈	27♈	9♉	21♉	4♊	17♊	0♋	13♋	27♋	11♌
14	16♊	28♊	11♋	24♋	7♌	21♌	6♍	20♍	5♎	20♎	5♏	20♏	4♐	19♐	3♑
15	28♎	12♏	27♏	11♐	25♐	9♑	23♑	7♒	21♒	4♓	17♓	1♈	13♈	26♈	8♉
16	28♈	12♉	26♉	9♊	22♊	5♋	17♋	29♋	11♌	23♌	5♍	17♍	29♍	11♎	23♎
17	6♏	18♏	0♐	12♐	24♐	6♑	18♑	0♒	12♒	25♒	8♓	21♓	4♈	18♈	2♉
18	6♐	18♐	1♑	14♑	28♑	12♒	26♒	11♓	26♓	11♈	27♈	12♉	26♉	10♊	24♊
19	20♈	4♉	19♉	3♊	17♊	1♋	15♋	29♋	12♌	25♌	9♍	21♍	4♎	16♎	29♎
1920	19♏	3♐	16♐	29♐	12♑	24♑	7♒	19♒	0♓	12♓	24♓	6♈	19♈	1♉	14♉
21	27♑	8♒	20♒	2♓	14♓	26♓	8♈	21♈	3♉	16♉	29♉	12♊	26♊	10♋	24♋
22	26♉	9♊	22♊	5♋	18♋	2♌	17♌	2♍	17♍	2♎	17♎	2♏	17♏	1♐	15♐
23	11♑	26♑	11♒	25♒	9♓	24♓	7♈	21♈	4♉	17♉	29♉	12♊	24♊	6♋	18♋
24	10♒	23♒	6♈	19♈	2♉	14♉	26♉	8♊	20♊	2♋	14♋	26♋	8♌	21♌	4♍
25	17♋	28♋	10♌	22♌	4♍	16♍	29♍	11♎	24♎	8♏	21♏	4♐	18♐	2♑	16♑
26	17♈	0♉	13♉	26♉	9♊	23♊	8♋	22♋	8♌	23♌	8♍	23♍	8♎	22♎	6♏
27	2♈	17♈	2♉	17♉	2♊	15♊	29♊	12♋	25♋	8♌	20♌	3♍	15♍	27♍	9♎
28	1♍	14♍	27♍	9♎	22♎	4♏	16♏	28♏	10♐	21♐	3♑	15♑	28♑	11♒	24♒
29	6♐	18♐	0♑	12♑	24♑	7♒	19♒	2♓	16♓	29♓	13♈	26♈	10♉	24♉	8♊

POSICIONES DE LA LUNA

	SEPTIEMBRE				OCTUBRE										
	27	28	29	30	1	2	3	4	5	6	7	8	9	10	11
1900	14♏	26♏	8♐	21♐	3♑	16♑	0♒	14♒	29♒	13♓	29♓	14♈	29♈	14♉	29♉
01	24♓	8♈	23♈	8♉	23♉	8♊	22♊	6♋	19♋	3♌	16♌	29♌	11♍	24♍	6♎
02	10♌	24♌	8♍	22♍	5♎	18♎	0♏	13♏	25♏	7♐	19♐	1♑	13♑	25♑	7♒
03	21♐	4♑	16♑	28♑	9♒	21♒	3♓	15♓	28♓	10♈	23♈	6♉	20♉	3♊	17♊
04	4♉	17♉	29♉	11♊	23♊	6♋	18♋	0♌	13♌	25♌	8♍	20♍	2♎	15♎	27♎
05	14♍	29♍	14♎	29♎	13♏	26♏	9♐	21♐	3♑	15♑	27♑	9♒	20♒	2♓	14♓
06	2♒	16♒	29♒	11♓	24♓	6♈	18♈	0♉	12♉	24♉	6♊	18♊	1♋	14♋	27♋
07	11♊	23♊	5♋	17♋	29♋	11♌	24♌	7♍	20♍	3♎	16♎	29♎	12♏	25♏	8♐
08	25♎	8♏	20♏	2♐	14♐	27♐	9♑	22♑	5♒	18♒	1♓	14♓	27♓	11♈	25♈
09	5♓	20♓	5♈	19♈	4♉	18♉	2♊	16♊	29♊	12♋	25♋	8♌	20♌	3♍	15♍
1910	24♋	8♌	21♌	4♍	16♍	29♍	11♎	23♎	5♏	17♏	29♏	11♐	23♐	5♑	17♑
11	1♐	13♐	25♐	7♑	19♑	1♒	13♒	25♒	8♓	21♓	5♈	18♈	2♉	16♉	1♊
12	16♈	28♈	11♉	24♉	8♊	21♊	5♋	19♋	3♌	18♌	2♍	17♍	1♎	16♎	0♏
13	26♌	11♍	25♍	9♎	23♎	7♏	20♏	2♐	15♐	27♐	9♑	21♑	3♒	14♒	26♒
14	16♑	29♑	12♒	25♒	9♓	22♓	5♈	18♈	1♉	13♉	25♉	7♊	19♊	1♋	13♋
15	21♉	3♊	15♊	27♊	9♋	21♋	3♌	15♌	28♌	10♍	23♍	6♎	19♎	3♏	17♏
16	6♎	19♎	3♏	17♏	2♐	16♐	0♑	15♑	29♑	13♒	26♒	9♓	22♓	5♈	17♈
17	17♒	1♓	16♓	0♈	15♈	29♈	12♉	26♉	8♊	21♊	4♋	16♋	28♋	10♌	22♌
18	7♋	20♋	3♌	16♌	28♌	10♍	22♍	4♎	16♎	28♎	9♏	21♏	3♐	15♐	27♐
19	10♏	22♏	4♐	16♐	28♐	10♑	22♑	5♒	18♒	1♓	15♓	0♈	14♈	29♈	14♉
1920	27♓	10♈	24♈	8♉	22♉	6♊	20♊	4♋	18♋	2♌	16♌	0♍	14♍	28♍	11♎
21	9♌	23♌	8♍	23♍	8♎	22♎	6♏	20♏	3♐	16♐	29♐	11♑	23♑	5♒	17♒
22	28♐	11♑	24♑	6♒	18♒	0♓	12♓	24♓	6♈	17♈	29♈	11♉	23♉	6♊	18♊
23	0♉	12♉	24♉	6♊	18♊	0♋	12♋	25♋	8♌	22♌	5♍	20♍	5♎	20♎	5♏
24	17♍	1♎	15♎	29♎	14♏	28♏	12♐	26♐	11♑	25♑	8♒	22♒	6♓	19♓	2♈
25	0♒	15♒	29♒	14♓	29♓	12♈	26♈	9♉	23♉	6♊	19♊	1♋	13♋	25♋	6♌
26	19♊	2♋	14♋	26♋	8♌	20♌	2♍	14♍	26♍	8♎	20♎	2♏	14♏	27♏	10♐
27	21♎	4♏	17♏	0♐	14♐	27♐	11♑	25♑	8♒	22♒	6♓	20♓	5♈	11♈	26♈
28	7♓	21♓	6♈	20♈	4♉	19♉	3♊	17♊	1♋	15♋	0♌	14♌	27♌	10♍	23♍
29	23♋	7♌	21♌	5♍	19♍	3♎	17♎	0♏	13♏	26♏	8♐	20♐	2♑	14♑	26♑

OCTUBRE

	12	13	14	15	16	17	18	19	20	21	22	23	24	25	26
1900	13♊	27♊	10♋	23♋	5♌	17♌	0♍	12♍	23♍	5♎	17♎	29♎	11♏	23♏	5♐
01	18♎	0♏	12♏	23♏	5♐	17♐	29♐	11♑	24♑	6♒	19♒	3♓	17♓	2♈	16♈
02	19♒	2♓	15♓	29♓	12♈	26♈	11♉	25♉	10♊	24♊	9♋	23♋	7♌	21♌	5♍
03	1♋	15♌	29♌	13♍	27♍	12♎	26♎	9♏	24♏	8♐	21♐	4♑	17♑	29♑	12♒
04	3♐	17♐	0♑	13♑	26♑	8♒	20♒	2♓	13♓	25♓	7♈	19♈	1♉	13♉	26♉
05	8♈	20♈	2♉	14♉	26♉	8♊	20♊	2♋	14♋	27♋	10♌	24♌	8♍	22♍	7♎
06	9♌	22♌	5♍	19♍	3♎	17♎	2♏	17♏	2♐	17♐	1♑	15♑	29♑	13♒	26♒
07	23♐	7♑	21♑	5♒	19♒	3♓	17♓	1♈	15♈	28♈	12♉	24♉	7♊	19♊	1♋
08	24♐	7♑	20♑	3♒	15♒	28♒	10♓	22♓	5♈	15♈	28♈	9♉	22♉	4♊	17♊
09	29♍	10♎	22♎	4♏	16♏	28♏	10♐	22♐	5♑	18♑	27♑	15♒	29♒	13♓	28♓
1910	29♑	12♒	25♒	9♓	23♓	8♈	23♈	8♉	23♉	8♊	23♊	7♋	21♋	4♌	18♌
11	15♊	29♊	14♋	28♋	12♌	26♌	9♍	23♍	6♎	19♎	2♏	14♏	27♏	9♐	21♐
12	14♏	27♏	10♐	23♐	5♑	17♑	29♑	11♒	23♒	5♓	17♓	29♓	12♈	24♈	8♉
13	19♓	0♈	12♈	24♈	7♉	19♉	1♊	14♊	26♊	9♋	23♋	6♌	20♌	5♍	19♍
14	20♋	2♌	16♌	29♌	14♍	28♍	13♎	28♎	14♏	29♏	14♐	28♐	12♑	26♑	9♒
15	7♐	22♐	6♑	20♑	4♒	17♒	1♓	14♓	27♓	10♈	22♈	5♉	17♉	29♉	11♊
16	4♉	17♉	0♊	13♊	25♊	7♋	19♋	1♌	12♌	24♌	7♍	19♍	2♎	15♎	28♎
17	9♍	21♍	3♎	15♎	27♎	9♏	22♏	5♐	18♐	1♑	14♑	28♑	12♒	26♒	11♓
18	10♑	23♑	6♒	20♒	4♓	19♓	4♈	20♈	5♉	20♉	5♊	19♊	3♋	17♋	0♌
19	29♉	13♊	28♊	12♋	26♋	9♌	22♌	5♍	18♍	1♎	13♎	25♎	7♏	19♏	1♐
1920	24♎	7♏	20♏	2♐	14♐	26♐	8♑	20♑	2♒	14♒	26♒	9♓	22♓	5♈	19♈
21	29♒	11♓	23♓	5♈	17♈	0♉	13♉	26♉	9♊	23♊	7♋	21♋	5♌	19♌	3♍
22	1♌	14♌	28♌	12♍	26♍	10♎	25♎	10♏	25♏	10♐	25♐	10♑	23♑	7♒	20♒
23	20♏	5♐	19♐	4♑	17♑	1♒	14♒	26♒	9♓	21♓	3♈	15♈	27♈	9♉	21♉
24	15♈	27♈	10♉	22♉	4♊	16♊	28♊	10♋	22♋	4♌	16♌	29♌	12♍	25♍	9♎
25	18♌	0♍	12♍	25♍	8♎	21♎	4♏	17♏	1♐	15♐	29♐	13♑	27♑	11♒	25♒
26	23♐	6♑	19♑	3♒	17♒	2♓	16♓	1♈	16♈	1♉	16♉	0♊	14♊	27♊	10♋
27	11♉	26♉	11♊	25♊	9♋	22♋	5♌	17♌	0♍	12♍	24♍	6♎	18♎	29♎	11♏
28	6♎	18♎	0♏	12♏	24♏	6♐	18♐	0♑	11♑	24♑	6♒	19♒	2♓	15♓	29♓
29	8♒	20♒	2♓	15♓	28♓	11♈	25♈	8♉	22♉	7♊	21♊	5♋	19♋	4♌	18♌

POSICIONES DE LA LUNA

	OCTUBRE					NOVIEMBRE									
	27	28	29	30	31	1	2	3	4	5	6	7	8	9	10
1900	18♐	0♑	13♑	26♑	10♒	23♒	8♓	22♓	7♈	22♈	7♉	22♉	7♊	21♊	5♋
01	2♉	17♉	2♊	17♊	1♋	16♋	29♋	13♌	26♌	8♍	21♍	3♎	15♎	27♎	9♏
02	18♍	1♎	14♎	26♎	9♏	21♏	3♐	15♐	27♐	9♑	21♑	3♒	15♒	27♒	10♓
03	24♑	5♒	17♒	29♒	11♓	23♓	6♈	19♈	2♉	15♉	29♉	13♊	27♊	11♋	26♋
04	9♊	22♊	5♋	18♋	2♌	16♌	0♍	14♍	29♍	13♎	28♎	13♏	27♏	11♐	25♐
05	22♎	7♏	23♏	8♐	22♐	7♑	20♑	4♒	16♒	29♒	11♓	23♓	5♈	17♈	29♈
06	9♓	22♓	5♈	17♈	29♈	12♉	24♉	6♊	17♊	29♊	11♋	23♋	5♌	17♌	0♍
07	13♋	25♋	7♌	19♌	1♍	13♍	26♍	9♎	22♎	5♏	20♏	5♐	19♐	3♑	18♑
08	0♐	13♐	26♐	10♑	24♑	7♒	21♒	6♓	20♓	5♈	19♈	4♉	19♉	3♊	18♊
09	13♊	28♊	14♋	28♋	13♌	27♌	11♍	24♍	6♎	19♎	1♏	13♏	25♏	8♐	20♐
1910	1♍	13♍	26♍	8♎	20♎	2♏	14♏	26♏	7♐	19♐	1♑	13♑	25♑	8♒	20♒
11	3♑	15♑	26♑	8♒	21♒	3♓	16♓	29♓	13♈	27♈	11♉	25♉	10♊	25♊	10♋
12	21♉	4♊	18♊	2♋	16♋	0♌	14♌	28♌	13♍	27♍	11♎	25♎	8♏	22♏	5♐
13	4♎	19♎	4♏	19♏	3♐	17♐	1♑	14♑	27♑	9♒	22♒	3♓	15♓	27♓	9♈
14	22♒	4♓	16♓	28♓	10♈	22♈	4♉	16♉	28♉	10♊	22♊	4♋	16♋	29♋	11♌
15	23♊	5♋	16♋	28♋	10♌	22♌	6♍	19♍	3♎	17♎	1♏	16♏	1♐	16♐	1♑
16	12♏	26♏	10♐	24♐	8♑	22♑	7♒	21♒	5♓	19♓	2♈	16♈	29♈	13♉	26♉
17	26♓	10♈	25♈	9♉	24♉	8♊	22♊	6♋	19♋	2♌	15♌	27♌	10♍	22♍	4♎
18	12♌	25♌	7♍	19♍	1♎	13♎	24♎	6♏	18♏	0♐	12♐	24♐	7♑	20♑	2♒
19	12♐	24♐	6♑	18♑	0♒	13♒	26♒	9♓	23♓	7♈	22♈	7♉	22♉	8♊	23♊
1920	3♉	17♉	1♊	16♊	0♋	15♋	29♋	13♌	27♌	11♍	24♍	7♎	20♎	3♏	16♏
21	18♍	2♎	16♎	0♏	14♏	28♏	11♐	24♐	6♑	19♑	1♒	13♒	25♒	6♓	18♓
22	3♒	15♒	27♒	9♓	21♓	3♈	14♈	26♈	8♉	20♉	3♊	15♊	28♊	11♋	24♋
23	3♊	15♊	27♊	9♋	21♋	4♌	17♌	0♍	14♍	28♍	13♎	28♎	13♏	28♏	14♐
24	23♎	8♏	23♏	8♐	22♐	7♑	19♑	2♒	16♒	28♒	11♓	22♓	4♈	16♈	28♈
25	9♓	23♓	7♈	21♈	5♉	18♉	1♊	14♊	26♊	9♋	21♋	2♌	14♌	26♌	8♍
26	23♋	5♌	17♌	29♌	11♍	22♍	4♎	16♎	29♎	11♏	24♏	7♐	20♐	3♑	16♑
27	23♏	5♐	17♐	29♐	11♑	24♑	7♒	19♒	2♓	16♓	29♓	13♈	27♈	11♉	4♊
28	14♈	29♈	13♉	27♉	11♊	25♊	8♋	21♋	4♌	16♌	28♌	10♍	22♍	4♎	16♎
29	2♍	15♍	28♍	11♎	24♎	7♏	20♏	3♐	16♐	28♐	10♑	22♑	4♒	16♒	28♒

NOVIEMBRE

	11	12	13	14	15	16	17	18	19	20	21	22	23	24	25
1900	18♋	1♌	14♌	26♌	8♍	20♍	2≏	14≏	26≏	8♏	20♏	2♐	14♐	27♐	10♑
01	20♏	2♐	14♐	26♐	8♑	20♑	3≈	15≈	28≈	12♓	26♓	10♈	24♈	9♉	25♉
02	23♓	6♈	20♈	5♉	19♉	4II	19II	4♋	19♋	4♌	18♌	1♍	15♍	28♍	11≏
03	10♌	24♌	8♍	22♍	6≏	19≏	3♏	16♏	29♏	12♐	25♐	7♑	19♑	1≈	13≈
04	8♑	21♑	4≈	16≈	28≈	10♓	22♓	3♈	15♈	27♈	10♉	22♉	5II	18II	2♋
05	11♋	23♋	5♌	17♌	29♌	11♍	24♍	7≏	20≏	3♏	17♏	1♐	16♐	0♑	16♑
06	13♍	27♍	11≏	25≏	10♏	25♏	10♐	26♐	11♑	25♑	9≈	23≈	6♓	19♓	2♈
07	2≈	16≈	0♓	14♓	28♓	11♈	24♈	7♉	20♉	3II	15II	27II	9♋	21♋	3♌
08	28II	11♋	23♋	5♌	17♌	29♌	11♍	23♍	5≏	17≏	0♏	13♏	26♏	9♐	23♐
09	1♏	13♏	25♏	7♐	19♐	2♑	15♑	28♑	11≈	25≈	9♓	23♓	7♈	22♈	7♉
1910	4♓	17♓	1♈	16♈	1♉	16♉	1II	16II	1♋	16♋	0♌	14♌	27♌	10♍	23♍
11	24♋	9♌	23♌	6♍	20♍	3≏	16≏	28≏	11♏	23♏	5♐	17♐	29♐	11♑	23♑
12	18♐	1♑	13♑	25♑	7≈	19≈	1♓	13♓	25♓	7♈	20♈	3♉	16♉	0II	14II
13	21♈	3♉	15♉	28♉	10II	23II	6♋	20♋	3♌	17♌	0♍	15♍	29♍	12≏	28≏
14	25♌	8♍	22♍	7≏	21≏	7♏	22♏	7♐	22♐	7♑	21♑	5≈	18≈	1♓	13♓
15	16♑	0≈	14≈	28≈	11♓	24♓	6♈	19♈	1♉	13♉	26♉	7II	19II	1♋	13♋
16	8II	21II	3♋	15♋	27♋	8♌	20♌	2♍	14♍	27♍	10≏	23≏	6♏	20♏	5♐
17	11≏	23≏	6♏	18♏	1♐	14♐	28♐	11♑	25♑	9≈	23≈	7♓	21♓	6♈	20♈
18	16≈	0♓	14♓	28♓	13♈	28♈	13♉	28♉	13II	27II	11♋	25♋	8♌	21♌	3♍
19	7♋	22♋	6♌	19♌	2♍	15♍	28♍	10≏	22≏	4♏	16♏	28♏	9♐	21♐	3♑
1920	28♏	10♐	23♐	4♑	16♑	28♑	10≈	22≈	4♓	17♓	0♈	13♈	26♈	11♉	25♉
21	1♈	13♈	26♈	8♉	22♉	5II	19II	3♋	17♋	1♌	16♌	0♍	14♍	28♍	12≏
22	8♌	22♌	6♍	20♍	4≏	19≏	4♏	18♏	3♐	17♐	1♑	15♑	28♑	11≈	23≈
23	28♐	13♑	27♑	10≈	23≈	6♓	18♓	0♈	12♈	24♈	6♉	18♉	0II	12II	24II
24	19♉	1II	13II	25II	6♋	18♋	0♌	12♌	24♌	7♍	20♍	3≏	17≏	1♏	16♏
25	20♍	3≏	16≏	29≏	12♏	26♏	11♐	25♐	9♑	24♑	8≈	22≈	6♓	20♓	4♈
26	0≈	13≈	27≈	12♓	26♓	11♈	25♈	10♉	24♉	8II	22II	5♋	18♋	0♌	13♌
27	19II	3♋	17♋	1♌	14♌	26♌	9♍	21♍	3≏	15≏	26≏	8♏	20♏	2♐	14♐
28	9♏	21♏	3♐	15♐	26♐	8♑	20♑	2≈	15≈	27≈	10♓	24♓	7♈	22♈	6♉
29	10♓	23♓	6♈	19♈	3♉	17♉	1II	16II	1♋	15♋	0♌	14♌	29♌	12♍	26♍

	NOVIEMBRE				DICIEMBRE										
	26	27	28	29	30	1	2	3	4	5	6	7	8	9	10
1900	23♑	6♒	20♒	4♓	18♓	2♈	17♈	1♉	16♉	0♊	15♊	29♊	13♋	26♋	9♌
01	10♊	25♊	10♋	24♋	8♌	22♌	5♍	17♍	0♎	12♎	24♎	6♏	17♏	29♏	11♐
02	23♎	6♏	18♏	0♐	12♐	24♐	6♑	17♑	29♑	11♒	23♒	6♓	18♓	1♈	14♈
03	25♒	7♓	19♓	1♈	14♈	27♈	10♉	24♉	8♊	22♊	7♋	21♋	6♌	21♌	5♍
04	15♋	29♋	12♌	26♌	10♍	24♍	9♎	23♎	7♏	21♏	7♐	19♐	3♑	16♑	29♑
05	1♐	16♐	1♑	15♑	29♑	12♒	25♒	8♓	20♓	2♈	14♈	26♈	7♉	19♉	1♊
06	14♈	26♈	8♉	20♉	2♊	14♊	26♊	8♋	20♋	2♌	14♌	26♌	9♍	22♍	5♎
07	15♌	27♌	9♍	21♍	4♎	17♎	0♏	14♏	29♏	13♐	28♐	13♑	28♑	12♒	27♒
08	6♒	20♒	4♓	18♓	3♈	17♈	1♉	15♉	29♉	13♊	27♊	10♋	23♋	6♌	19♌
09	22♌	6♍	21♍	5♎	19♎	2♏	15♏	28♏	10♐	22♐	4♑	16♑	27♑	9♒	21♒
1910	5♎	17♎	29♎	11♏	23♏	4♐	16♐	28♐	10♑	22♑	5♒	17♒	0♓	13♓	26♓
11	5♒	17♒	29♒	11♓	24♓	7♈	20♈	4♉	19♉	4♊	19♊	4♋	19♋	4♌	18♌
12	28♊	12♋	27♋	11♌	25♌	9♍	23♍	7♎	21♎	4♏	18♏	1♐	14♐	26♐	9♑
13	13♏	27♏	11♐	25♐	9♑	22♑	5♒	17♒	29♒	11♓	23♓	5♈	17♈	29♈	11♉
14	25♓	7♈	19♈	1♉	13♉	25♉	7♊	19♊	1♋	13♋	26♋	8♌	21♌	4♍	18♍
15	25♋	7♌	19♌	1♍	13♍	25♍	7♎	19♎	1♏	14♏	26♏	9♐	22♐	4♑	17♑
16	19♐	4♑	18♑	3♒	17♒	1♓	15♓	29♓	13♈	27♈	10♉	23♉	7♊	19♊	1♋
17	4♌	18♌	2♍	16♍	29♍	12♎	25♎	7♏	19♏	1♐	13♐	25♐	7♑	19♑	1♒
18	15♏	27♏	9♐	21♐	3♑	15♑	27♑	9♒	21♒	4♓	17♓	0♈	13♈	26♈	10♉
19	15♑	27♑	9♒	22♒	5♓	18♓	2♈	16♈	0♉	15♉	0♊	15♊	1♋	16♋	0♌
1920	10♊	25♊	10♋	25♋	9♌	24♌	8♍	21♍	4♎	17♎	0♏	13♏	25♏	7♐	19♐
21	26♎	9♏	23♏	6♐	19♐	2♑	14♑	27♑	9♒	21♒	2♓	14♓	26♓	8♈	21♈
22	5♓	17♓	29♓	11♈	23♈	5♉	17♉	29♉	12♊	25♊	8♋	21♋	5♌	18♌	2♍
23	6♋	18♋	1♌	13♌	26♌	9♍	23♍	7♎	21♎	6♏	21♏	6♐	22♐	6♑	21♑
24	1♑	16♑	1♒	16♒	1♓	15♓	29♓	13♈	26♈	8♉	21♉	3♊	15♊	28♊	10♋
25	17♈	1♉	14♉	27♉	10♊	22♊	4♋	17♋	29♋	10♌	22♌	4♍	16♍	28♍	11♎
26	25♌	7♍	19♍	0♎	12♎	25♎	7♏	20♏	2♐	16♐	29♐	13♑	26♑	10♒	24♒
27	26♐	9♑	21♑	4♒	17♒	1♓	15♓	29♓	13♈	28♈	13♉	27♉	12♊	27♊	11♋
28	22♉	7♊	22♊	7♋	22♋	6♌	20♌	4♍	17♍	0♎	12♎	24♎	6♏	18♏	0♐
29	9♎	22♎	5♏	18♏	0♐	12♐	24♐	6♑	18♑	0♒	12♒	24♒	6♓	18♓	1♈

DICIEMBRE

	11	12	13	14	15	16	17	18	19	20	21	22	23	24	25
1900	22♌	4♍	16♍	28♍	10♎	22♎	4♏	16♏	28♏	10♐	23♐	6♑	20♑	3♒	17♒
01	23♐	5♑	17♑	0♒	12♒	25♒	8♓	21♓	5♈	19♈	3♉	18♉	3♊	18♊	3♋
02	28♈	12♉	27♉	12♊	27♊	13♋	28♋	13♌	27♌	11♍	25♍	8♎	20♎	3♏	15♏
03	19♍	3♎	16♎	29♎	13♏	26♏	8♐	21♐	3♑	16♑	28♑	10♒	21♒	3♓	15♓
04	12♒	24♒	6♓	18♓	29♓	11♈	23♈	5♉	18♉	1♊	14♊	27♊	11♋	25♋	9♌
05	13♊	26♊	8♋	21♋	4♌	17♌	0♍	13♍	27♍	11♎	25♎	10♏	24♏	9♐	24♐
06	19♎	3♏	18♏	3♐	19♐	4♑	19♑	4♒	18♒	2♓	15♓	28♓	11♈	23♈	5♉
07	11♓	24♓	8♈	21♈	4♉	17♉	29♉	12♊	24♊	6♋	18♋	29♋	11♌	23♌	5♍
08	1♌	13♌	25♌	7♍	19♍	1♎	13♎	25♎	8♏	21♏	4♐	17♐	1♑	16♑	0♒
09	4♐	16♐	29♐	12♑	25♑	8♒	22♒	5♓	19♓	3♈	18♈	2♉	16♉	1♊	15♊
1910	10♈	24♈	9♉	24♉	9♊	24♊	9♋	24♋	8♌	22♌	6♍	19♍	1♎	14♎	26♎
11	3♍	16♍	0♎	13♎	25♎	8♏	20♏	2♐	14♐	26♐	8♑	20♑	1♒	13♒	25♒
12	21♑	3♒	15♒	27♒	9♓	21♓	3♈	15♈	27♈	10♉	24♉	8♊	22♊	7♋	21♋
13	24♊	6♋	19♋	3♌	16♌	0♍	14♍	28♍	12♎	26♎	10♏	24♏	8♐	22♐	6♑
14	2♎	16♎	0♏	15♏	0♐	15♐	0♑	15♑	29♑	13♒	26♒	9♓	21♓	4♈	15♈
15	24♒	7♓	21♓	3♈	16♈	28♈	10♉	23♉	4♊	16♊	28♊	10♋	22♋	4♌	16♌
16	11♋	23♋	5♌	17♌	29♌	10♍	22♍	5♎	17♎	1♏	14♏	28♏	13♐	27♐	12♑
17	14♍	27♍	10♎	23♎	7♏	20♏	5♐	20♐	4♑	18♑	2♒	16♒	0♓	14♓	28♓
18	24♓	8♈	22♈	7♉	22♉	6♊	21♊	5♋	19♋	3♌	16♌	29♌	11♍	23♍	5♎
19	15♎	28♎	12♏	24♏	7♐	19♐	1♑	13♑	25♑	6♒	18♒	0♓	12♓	24♓	7♈
1920	1♑	13♑	25♑	7♒	18♒	0♓	13♓	25♓	8♈	21♈	4♉	18♉	3♊	18♊	3♋
21	3♉	16♉	0♊	14♊	28♊	13♋	27♋	12♌	26♌	11♍	25♍	9♎	22♎	6♏	19♏
22	16♍	0♎	14♎	29♎	13♏	27♏	12♐	26♐	9♑	23♑	6♒	19♒	1♓	13♓	25♓
23	5♏	19♏	2♐	15♐	27♐	9♑	21♑	3♒	15♒	26♒	8♓	21♓	3♈	15♈	28♈
24	21♊	3♋	15♋	27♋	9♌	21♌	3♍	15♍	28♍	11♎	25♎	9♏	24♏	9♐	24♐
25	23♎	7♏	20♏	5♐	19♐	4♑	19♑	3♒	18♒	2♓	17♓	1♈	14♈	28♈	11♉
26	8♓	23♓	7♈	21♈	5♉	19♉	3♊	16♊	0♋	13♋	26♋	8♌	20♌	2♍	14♍
27	25♋	9♌	22♌	5♍	17♍	29♍	11♎	23♎	5♏	17♏	29♏	11♐	23♐	5♑	18♑
28	12♐	23♐	5♑	17♑	29♑	11♒	24♒	6♓	19♓	3♈	16♈	0♉	15♉	0♊	15♊
29	13♈	27♈	10♉	25♉	9♊	24♊	9♋	25♋	10♌	24♌	9♍	23♍	6♎	19♎	2♏

DICIEMBRE

	26	27	28	29	30	31
1900	1♓	15♓	29♓	13♈	27♈	11♉
01	18♋	2♌	16♌	0♍	13♍	26♍
02	27♏	9♐	21♐	3♑	14♑	26♑
03	27♓	9♈	22♈	4♉	18♉	1♊
04	23♌	7♍	21♍	5♎	19♎	3♏
05	9♑	23♑	7♒	20♒	3♓	16♓
06	17♊	29♊	11♋	23♋	5♌	17♌
07	17♍	29♍	11♎	24♎	8♏	22♏
08	14♒	29♒	13♓	28♓	12♈	26♈
09	29♊	13♋	26♋	10♌	23♌	5♍
1910	8♏	19♏	1♐	13♐	25♐	7♑
11	7♓	20♓	2♈	15♈	29♈	12♉
12	6♌	21♌	6♍	20♍	4♎	18♎
13	20♐	4♑	17♑	0♒	13♒	25♒
14	27♈	9♉	21♉	3♊	15♊	27♊
15	28♌	10♍	23♍	6♎	20♎	4♏
16	27♑	10♒	23♒	6♓	20♓	4♈
17	11♎	24♎	7♏	20♏	2♐	15♐
18	17♎	29♎	11♏	23♏	5♐	17♐
19	19♒	2♓	15♓	28♓	11♈	25♈
1920	18♋	4♌	19♌	3♍	17♍	1♎
21	2♐	15♐	28♐	10♑	23♑	5♒
22	7♈	18♈	0♉	12♉	25♉	7♊
23	10♌	23♌	6♍	19♍	3♎	17♎
24	9♑	25♑	9♒	24♒	8♓	22♓
25	24♊	6♋	19♋	1♌	13♌	25♌
26	26♍	8♎	20♎	2♏	15♏	27♏
27	1♒	14♒	28♒	11♓	25♓	9♈
28	0♑	15♑	0♒	15♒	29♑	12♒
29	15♏	27♏	9♐	21♐	3♑	15♑

POSICIONES DE LA LUNA

ENERO	1	2	3	4	5	6	7	8	9	10	11	12	13	14	15
1930	27♑	9♒	21♒	2♓	14♓	27♓	9♈	22♈	5♉	19♉	3♊	17♊	2♋	17♋	3♌
31	0♊	14♊	28♊	12♋	27♋	12♌	27♌	12♍	26♍	10♎	24♎	7♏	21♏	4♐	17♐
32	16♎	0♏	14♏	28♏	12♐	26♐	10♑	23♑	7♒	20♒	2♓	14♓	26♓	8♈	20♈
33	16♓	28♓	11♈	23♈	5♉	16♉	28♉	10♊	22♊	4♋	17♋	29♋	12♌	25♌	8♍
34	17♋	29♋	11♌	23♌	5♍	17♍	0♎	13♎	26♎	10♏	24♏	8♐	23♐	8♑	24♑
35	21♏	4♐	19♐	3♑	18♑	3♒	18♒	3♓	17♓	2♈	16♈	29♈	12♉	25♉	8♊
36	8♈	22♈	6♉	20♉	4♊	17♊	1♋	14♋	27♋	9♌	22♌	4♍	16♍	28♍	10♎
37	6♍	18♍	1♎	13♎	25♎	6♏	18♏	0♐	12♐	24♐	7♑	20♑	2♒	16♒	29♒
38	7♑	19♑	1♒	13♒	26♒	8♓	21♓	4♈	17♈	1♉	15♉	0♊	14♊	29♊	14♋
39	11♊	24♊	9♋	24♋	9♌	24♌	9♍	24♍	9♎	23♎	7♏	21♏	4♐	16♐	29♐
1940	1♎	15♎	29♎	12♏	25♏	9♐	22♐	5♑	17♑	0♒	12♒	24♒	6♓	18♓	0♈
41	25♒	8♓	20♓	2♈	14♈	26♈	8♉	20♉	2♊	14♊	27♊	10♋	23♋	7♌	21♌
42	28♊	10♋	22♋	4♌	17♌	0♍	13♍	26♍	9♎	23♎	7♏	21♏	6♐	21♐	6♑
43	1♏	15♏	0♐	15♐	0♑	15♑	0♒	15♒	0♓	14♓	28♓	12♈	25♈	9♉	20♉
44	23♓	7♈	20♈	4♉	17♉	0♊	13♊	25♊	8♋	20♋	2♌	14♌	26♌	8♍	19♍
45	15♌	28♌	10♍	22♍	4♎	15♎	27♎	9♏	22♏	4♐	17♐	0♑	13♑	28♑	12♒
46	18♐	0♑	12♑	25♑	8♒	21♒	4♓	17♓	1♈	15♈	29♈	13♉	28♉	12♊	27♊
47	22♈	6♉	21♉	5♊	20♊	5♋	21♋	6♌	20♌	5♍	19♍	2♎	15♎	28♎	10♏
48	15♍	29♍	12♎	26♎	9♏	21♏	4♐	16♐	28♐	10♑	22♑	4♒	16♒	28♒	10♓
49	5♒	17♒	0♓	11♓	23♓	5♈	17♈	29♈	11♉	24♉	7♊	20♊	4♋	18♋	3♌
1950	8♊	20♊	3♋	16♋	29♋	12♌	26♌	10♍	24♍	7♎	22♎	6♏	20♏	4♐	18♐
51	14♎	28♎	12♏	27♏	11♐	27♐	12♑	27♑	11♒	25♒	9♓	22♓	5♈	18♈	0♉
52	6♓	20♓	4♈	17♈	0♉	12♉	25♉	7♊	19♊	1♋	13♋	24♋	6♌	18♌	0♍
53	25♋	7♌	19♌	1♍	13♍	25♍	7♎	19♎	1♏	14♏	27♏	11♐	25♐	9♑	24♑
54	28♏	10♐	23♐	6♑	20♑	3♒	17♒	1♓	15♓	0♈	14♈	28♈	12♉	26♉	10♊
55	6♈	20♈	4♉	18♉	3♊	18♊	2♋	17♋	1♌	15♌	29♌	12♍	25♍	8♎	20♎
56	27♌	11♍	25♍	8♎	21♎	3♏	15♏	27♏	9♐	21♐	3♑	14♑	26♑	8♒	20♒
57	15♑	27♑	9♒	21♒	3♓	15♓	27♓	9♈	21♈	4♉	17♉	1♊	15♊	29♊	14♋
58	17♉	0♊	13♊	26♊	10♋	24♋	9♌	23♌	8♍	22♍	7♎	21♎	5♏	18♏	2♐
59	28♍	12♎	26♎	10♏	25♏	9♐	24♐	8♑	22♑	6♒	19♒	2♓	15♓	27♓	9♈

ENERO

	16	17	18	19	20	21	22	23	24	25	26	27	28	29	30
1930	18♌	1♍	14♍	27♍	9♎	22♎	5♏	18♏	1♐	14♐	27♐	9♑	22♑	5♒	18♒
1931	29♐	11♑	24♑	6♒	18♒	1♓	13♓	25♓	8♈	20♈	3♉	15♉	27♉	10♊	22♊
1932	2♉	16♉	29♉	12♊	26♊	9♋	23♋	6♌	20♌	3♍	17♍	0♎	14♎	27♎	11♏
1933	21♍	5♎	19♎	3♏	17♏	0♐	14♐	28♐	12♑	26♑	10♒	24♒	8♓	22♓	6♈
1934	9♒	22♒	5♓	17♓	0♈	13♈	26♈	8♉	21♉	4♊	17♊	0♋	12♋	25♋	8♌
1935	20♊	2♋	15♋	27♋	9♌	22♌	4♍	16♍	28♍	11♎	23♎	5♏	17♏	0♐	12♐
1936	22♎	6♏	19♏	3♐	17♐	0♑	14♑	28♑	11♒	25♒	8♓	22♓	6♈	19♈	3♉
1937	13♓	27♓	11♈	25♈	8♉	22♉	6♊	20♊	4♋	18♋	1♌	15♌	29♌	13♍	26♍
1938	29♋	12♌	25♌	8♍	20♍	3♎	16♎	28♎	11♏	24♏	7♐	20♐	2♑	15♑	28♑
1939	11♐	23♐	6♑	18♑	0♒	13♒	25♒	7♓	19♓	2♈	14♈	27♈	9♉	21♉	3♊
1940	11♈	25♈	9♉	23♉	6♊	20♊	4♋	18♋	2♌	16♌	0♍	14♍	27♍	11♎	25♎
1941	5♍	19♍	2♎	16♎	0♏	13♏	27♏	11♐	24♐	8♑	21♑	5♒	19♒	2♓	16♓
1942	20♑	3♒	15♒	28♒	11♓	24♓	6♈	19♈	2♉	14♉	27♉	10♊	22♊	5♋	18♋
1943	2♊	14♊	27♊	9♋	21♋	3♌	16♌	28♌	10♍	23♍	5♎	17♎	0♏	12♏	24♏
1944	1♎	15♎	29♎	13♏	27♏	11♐	25♐	9♑	23♑	7♒	21♒	5♓	19♓	3♈	17♈
1945	26♒	10♓	23♓	7♈	21♈	4♉	18♉	1♊	15♊	28♊	12♋	26♋	9♌	23♌	6♍
1946	11♋	24♋	6♌	19♌	2♍	14♍	27♍	10♎	22♎	5♏	18♏	0♐	13♐	25♐	8♑
1947	22♓	4♈	17♈	29♈	11♉	24♉	6♊	19♊	1♋	13♋	26♋	8♌	21♌	3♍	16♍
1948	6♈	19♈	2♉	15♉	28♉	11♊	24♊	7♋	20♋	3♌	16♌	29♌	12♍	25♍	8♎
1949	24♌	7♍	20♍	3♎	16♎	29♎	12♏	25♏	8♐	21♐	4♑	17♑	0♒	13♒	26♒
1950	2♑	15♑	27♑	10♒	22♒	5♓	17♓	0♈	12♈	25♈	8♉	20♉	3♊	15♊	28♊
1951	12♉	25♉	7♊	20♊	2♋	15♋	28♋	10♌	23♌	5♍	18♍	0♎	13♎	25♎	8♏
1952	12♍	26♍	10♎	24♎	8♏	22♏	6♐	21♐	5♑	19♑	3♒	17♒	1♓	15♓	29♓
1953	9♒	22♒	6♓	19♓	3♈	16♈	29♈	13♉	26♉	10♊	23♊	6♋	19♋	3♌	16♌
1954	24♊	6♋	19♋	1♌	14♌	26♌	8♍	21♍	3♎	16♎	28♎	11♏	23♏	6♐	18♐
1955	2♏	15♏	28♏	10♐	23♐	6♑	19♑	1♒	14♒	27♒	10♓	22♓	5♈	18♈	1♉
1956	3♓	17♓	1♈	15♈	29♈	13♉	27♉	11♊	25♊	9♋	23♋	7♌	21♌	5♍	19♍
1957	29♋	12♌	26♌	9♍	22♍	6♎	19♎	2♏	16♏	29♏	12♐	26♐	9♑	23♑	6♒
1958	15♐	27♐	10♑	22♑	4♒	17♒	29♒	12♓	24♓	6♈	18♈	1♉	13♉	26♉	8♊
1959	21♈	4♉	17♉	0♊	13♊	26♊	9♋	22♋	5♌	18♌	1♍	14♍	27♍	10♎	23♎

ENERO / FEBRERO	31	1	2	3	4	5	6	7	8	9	10	11	12	13	14
1930	0♓	12♋	24♓	6♈	18♈	1♋	14♑	28♋	11♊	26♊	11♋	26♋	11♌	26♌	11♍
31	6♋	20♋	5♌	21♌	6♍	21♍	6♎	20♎	4♏	18♏	1♐	14♐	27♐	9♑	21♑
32	25♏	9♐	22♐	6♑	19♑	2♒	15♒	28♒	10♓	22♓	4♈	16♈	28♈	10♉	22♉
33	19♈	1♉	13♉	25♉	6♊	18♊	0♋	13♋	25♋	8♌	21♌	4♍	18♍	1♎	15♎
34	20♌	2♍	14♍	26♍	8♎	21♎	6♏	19♏	3♐	18♐	2♑	17♑	2♒	17♒	2♓
35	27♐	11♑	26♑	11♒	26♒	11♓	26♓	11♈	25♈	9♉	22♉	5♊	18♊	0♋	12♋
36	17♉	1♊	14♊	27♊	11♋	23♋	6♌	18♌	0♍	12♍	24♍	6♎	18♎	0♏	12♏
37	8♎	20♎	2♏	14♏	26♏	8♐	20♐	2♑	15♑	28♑	11♒	25♒	9♓	23♓	7♈
38	10♒	23♒	5♓	18♓	1♈	14♈	28♈	11♉	25♉	9♊	24♊	8♋	23♋	8♌	22♌
39	17♊	29♊	17♋	2♌	17♌	3♍	18♍	2♎	16♎	0♏	13♏	26♏	8♐	20♐	2♑
1940	9♍	22♍	6♎	19♎	1♏	14♏	26♏	8♐	21♐	2♑	14♑	26♑	8♒	20♒	2♓
41	28♓	10♈	22♈	4♉	15♉	27♉	10♊	22♊	5♋	18♋	2♌	16♌	0♍	14♍	29♍
42	1♌	13♌	26♌	9♍	23♍	6♎	20♎	4♏	18♏	2♐	16♐	0♑	15♑	29♑	13♒
43	9♐	23♐	8♑	23♑	8♒	23♒	8♓	22♓	6♈	20♈	3♉	16♉	28♉	10♊	22♊
44	1♉	14♉	27♉	10♊	22♊	5♋	17♋	29♋	11♌	23♌	4♍	16♍	28♍	10♎	22♎
45	18♍	0♎	12♎	23♎	5♏	17♏	0♐	12♐	25♐	8♑	22♑	6♒	20♒	5♓	20♓
46	21♑	4♒	17♒	0♓	14♓	28♓	12♈	26♈	10♉	24♉	8♊	22♊	6♋	20♋	4♌
47	0♊	14♊	29♊	14♋	29♋	14♌	28♌	13♍	27♍	10♎	23♎	6♏	18♏	0♐	12♐
48	22♎	5♏	18♏	1♐	13♐	25♐	7♑	19♑	1♒	13♒	25♒	7♓	19♓	1♈	13♈
49	8♓	20♓	1♈	13♈	25♈	7♉	19♉	2♊	15♊	28♊	12♋	26♋	11♌	26♌	11♍
1950	11♋	24♋	8♌	21♌	6♍	20♍	4♎	18♎	2♏	17♏	1♐	15♐	28♐	12♑	26♑
51	22♏	6♐	21♐	6♑	20♑	5♒	19♒	3♓	17♓	0♈	13♈	26♈	8♉	20♉	2♊
52	12♈	26♈	9♉	21♉	4♊	16♊	28♊	10♋	21♋	3♌	15♌	27♌	9♍	21♍	4♎
53	28♌	10♍	21♍	3♎	15♎	27♎	10♏	22♏	5♐	19♐	3♑	17♑	2♒	17♒	2♓
54	1♑	14♑	28♑	12♒	26♒	11♓	26♓	10♈	25♈	9♉	23♉	7♊	20♊	4♋	17♋
55	15♌	29♌	13♍	27♍	11♎	26♎	10♏	23♏	7♐	20♐	3♑	15♑	28♑	10♒	22♒
56	3♎	16♎	29♎	12♏	24♏	6♐	18♐	0♑	13♑	25♑	5♒	17♒	0♓	12♓	25♓
57	18♒	0♓	12♓	24♓	6♈	18♈	0♉	13♉	26♉	9♊	23♊	7♋	22♋	7♌	23♌
58	21♊	4♋	18♋	3♌	17♌	2♍	17♍	2♎	17♎	1♏	15♏	29♏	12♐	25♐	8♑
59	7♏	21♏	5♐	19♐	3♑	17♑	1♒	14♒	27♒	10♓	23♓	5♈	17♈	29♈	11♉

FEBRERO

	15	16	17	18	19	20	21	22	23	24	25	26	27	28	29
1930	26♍	10♎	24♎	7♏	20♏	3♐	15♐	27♐	9♑	21♑	3♒	14♒	26♒	8♓	
31	3♒	15♒	27♒	9♓	21♓	3♈	15♈	27♈	9♉	21♉	4♊	17♊	0♋	14♋	
32	4♊	16♊	29♊	12♋	26♋	9♌	24♌	8♍	23♍	8♎	22♎	7♏	21♏	5♐	19♐
33	29♎	13♏	27♏	11♐	26♐	10♑	24♑	8♒	22♒	5♓	18♓	1♈	14♈	26♈	
34	16♓	0♈	14♈	27♈	10♉	23♉	5♊	17♊	29♊	11♋	22♋	4♌	16♌	29♌	
35	24♋	6♌	17♌	29♌	11♍	23♍	5♎	17♎	29♎	12♏	25♏	8♐	21♐	5♑	
36	24♏	6♐	19♐	2♑	16♑	0♒	14♒	29♒	14♓	29♓	14♈	29♈	13♉	27♉	11♊
37	21♈	6♉	20♉	4♊	18♊	2♋	15♋	29♋	12♌	26♌	9♍	21♍	4♎	16♎	
38	7♍	21♍	4♎	17♎	0♏	13♏	25♏	7♐	18♐	0♑	12♑	24♑	6♒	19♒	
39	14♑	26♑	8♒	20♒	2♓	14♓	26♓	8♈	20♈	3♉	16♉	29♉	12♊	26♊	
1940	14♉	26♉	9♊	22♊	6♋	20♋	5♌	20♌	5♍	20♍	5♎	20♎	5♏	19♏	2♐
41	13♎	28♎	12♏	26♏	10♐	24♐	7♑	21♑	4♒	17♒	29♒	12♓	24♓	6♈	
42	27♒	11♓	24♓	7♈	20♈	2♉	14♉	26♉	8♊	20♊	2♋	14♋	26♋	9♌	
43	4♋	16♋	28♋	10♌	22♌	4♍	16♍	29♍	11♎	24♎	7♏	21♏	5♐	19♐	
44	4♏	17♏	0♐	13♐	27♐	11♑	25♑	10♒	25♒	11♓	26♓	11♈	25♈	10♉	23♉
45	5♈	20♈	4♉	18♉	2♊	16♊	29♊	12♋	25♋	7♌	20♌	2♍	14♍	26♍	
46	18♌	1♍	14♍	27♍	10♎	22♎	4♏	16♏	28♏	10♐	21♐	4♑	16♑	29♑	
47	24♐	6♑	18♑	0♒	12♒	24♒	7♓	20♓	3♈	16♈	29♈	13♉	27♉	11♊	
48	26♐	11♑	26♑	10♒	24♒	7♓	20♓	3♈	15♈	28♈	11♉	23♉	5♊		14♏
49	26♍	11♎	25♎	10♏	24♏	7♐	20♐	3♑	16♑	28♑	10♒	23♒	5♓	16♓	
1950	9♒	22♒	5♓	17♓	29♓	12♈	23♈	5♉	17♉	29♉	11♊	23♊	6♋	19♋	
51	14♊	26♊	8♋	20♋	2♌	15♌	27♌	11♍	24♍	7♎	21♎	5♏	19♏	3♐	
52	16♎	29♎	12♏	26♏	9♐	24♐	8♑	23♑	8♒	23♒	7♓	22♓	6♈	20♈	4♉
53	17♓	2♈	17♈	1♉	15♉	29♉	12♊	25♊	7♋	19♋	1♌	13♌	25♌	6♍	
54	0♌	12♌	25♌	7♍	19♍	1♎	13♎	25♎	7♏	19♏	1♐	13♐	26♐	9♑	
55	3♐	15♐	27♐	9♑	22♑	5♒	18♒	1♓	15♓	29♓	13♈	27♈	11♉	26♉	
56	8♍	21♍	4♎	17♎	1♏	15♏	29♏	14♐	29♐	13♑	28♑	13♒	27♒	11♓	24♎
57	8♍	21♍	4♎	17♎	0♏	13♏	25♏	7♐	19♐	1♑	13♑	25♑	7♒	19♒	
58	21♑	3♒	15♒	28♒	10♓	22♓	5♈	17♈	0♉	13♉	26♉	9♊	23♊	7♋	
59	23♉	5♊	17♊	29♊	12♋	25♋	8♌	22♌	6♍	20♍	5♎	19♎	3♏	18♏	

POSICIONES DE LA LUNA

MARZO	1	2	3	4	5	6	7	8	9	10	11	12	13	14	15
1930	21♓	3♈	16♈	28♈	11♉	24♉	8♊	21♊	6♋	20♋	5♌	20♌	4♍	19♍	4♎
31	29♋	13♌	29♌	14♍	29♍	14♎	29♎	13♏	27♏	10♐	23♐	6♑	18♑	0♒	12♒
32	12♐	25♐	8♑	21♑	4♒	17♒	0♓	13♓	26♓	9♈	22♈	5♉	18♉	1♊	14♊
33	8♉	21♉	4♊	17♊	0♋	13♋	25♋	8♌	21♌	4♍	17♍	0♎	13♎	26♎	9♏
34	11♍	25♍	9♎	22♎	6♏	20♏	4♐	18♐	1♑	15♑	29♑	13♒	27♒	10♓	24♓
35	19♑	3♒	17♒	1♓	15♓	29♓	13♈	26♈	10♉	24♉	8♊	22♊	6♋	20♋	4♌
36	24♊	6♋	18♋	0♌	12♌	24♌	7♍	19♍	1♎	13♎	26♎	8♏	20♏	3♐	15♐
37	28♎	11♏	24♏	7♐	20♐	3♑	16♑	29♑	13♒	26♒	9♓	22♓	5♈	18♈	1♉
38	1♓	15♓	29♓	13♈	27♈	10♉	24♉	8♊	22♊	6♋	20♋	4♌	17♌	1♍	15♍
39	11♋	25♋	8♌	22♌	6♍	20♍	3♎	17♎	1♏	14♏	28♏	12♐	26♐	9♑	23♑
1940	16♐	0♑	13♑	27♑	10♒	24♒	7♓	21♓	4♈	18♈	1♉	15♉	28♉	12♊	25♊
41	18♈	1♉	14♉	27♉	10♊	23♊	7♋	20♋	3♌	16♌	0♍	13♍	26♍	9♎	23♎
42	4♎	15♎	26♎	7♏	18♏	28♏	9♐	20♐	1♑	12♑	23♑	4♒	15♒	25♒	6♓
43	20♑	2♒	15♒	27♒	9♓	22♓	4♈	16♈	29♈	11♉	23♉	6♊	18♊	0♋	12♋
44	7♊	19♊	1♋	13♋	25♋	8♌	20♌	2♍	14♍	26♍	8♎	21♎	3♏	15♏	27♏
45	8♎	21♎	5♏	18♏	1♐	14♐	28♐	11♑	24♑	8♒	21♒	4♓	18♓	1♈	14♈
46	24♑	8♒	21♒	5♓	18♓	2♈	15♈	29♈	12♉	26♉	9♊	23♊	6♋	20♋	3♍
47	25♊	8♋	22♋	5♌	18♌	2♍	15♍	28♍	12♎	25♎	8♏	22♏	5♐	18♐	2♑
48	27♏	9♐	21♐	4♑	16♑	28♑	10♒	23♒	5♓	17♓	29♓	12♈	24♈	6♉	18♉
49	28♓	11♈	25♈	8♉	22♉	5♊	19♊	2♋	15♋	29♋	12♌	26♌	9♍	22♍	5♎
1950	2♌	16♌	0♍	14♍	28♍	12♎	26♎	10♏	24♏	8♐	22♐	6♑	20♑	4♒	18♒
51	17♐	0♑	13♑	27♑	10♒	23♒	6♓	20♓	3♈	16♈	29♈	12♉	26♉	9♊	22♊
52	17♉	29♉	12♊	24♊	6♋	19♋	1♌	13♌	26♌	8♍	20♍	2♎	15♎	27♎	9♏
53	3♎	15♎	27♎	10♏	22♏	4♐	16♐	29♐	11♑	23♑	5♒	18♒	0♓	12♓	25♓
54	22♑	6♒	20♒	4♓	18♓	2♈	16♈	0♉	14♉	28♉	12♊	26♊	10♋	24♋	9♌
55	10♊	23♊	6♋	19♋	2♌	14♌	27♌	10♍	23♍	6♎	19♎	2♏	15♏	28♏	11♐
56	7♏	20♏	3♐	16♐	29♐	12♑	26♑	9♒	22♒	5♓	18♓	1♈	14♈	27♈	10♉
57	9♓	22♓	6♈	19♈	3♉	16♉	29♉	13♊	26♊	10♋	23♋	6♌	20♌	3♍	16♍
58	12♋	26♋	10♌	24♌	8♍	22♍	7♎	21♎	5♏	19♏	3♐	17♐	1♑	16♑	0♒
59	2♐	15♐	28♐	10♑	23♑	6♒	19♒	1♓	14♓	27♓	10♈	22♈	5♉	18♉	1♊

POSICIONES DE LA LUNA

MARZO	16	17	18	19	20	21	22	23	24	25	26	27	28	29	30
1930	18♎	2♏	15♏	28♏	11♐	23♐	5♑	17♑	29♑	11♒	23♒	5♓	17♓	29♓	12♈
31	24♒	6♓	18♓	0♈	12♈	24♈	6♉	18♉	0♊	13♊	26♊	9♋	23♋	7♌	22♌
32	7♑	20♋	3♌	17♌	2♍	16♍	1♎	16♎	2♏	16♏	1♐	15♐	29♐	13♑	26♑
33	24♏	8♐	22♐	7♑	20♑	4♒	18♒	1♓	14♓	27♓	10♈	22♈	4♉	16♉	28♉
34	8♈	22♈	5♉	18♉	1♊	13♊	25♊	7♋	19♋	0♌	12♌	25♌	7♍	19♍	2♎
35	14♌	26♌	8♍	20♍	2♎	14♎	27♎	9♏	22♏	5♐	18♐	1♑	15♑	29♑	13♒
36	27♐	10♑	24♑	8♒	22♒	6♓	20♓	4♈	18♈	2♉	16♉	0♊	14♊	28♊	12♋
37	10♐	23♐	6♑	19♑	2♒	15♒	28♒	11♓	24♓	7♈	20♈	3♉	16♉	29♉	12♊
38	29♏	12♐	25♐	8♑	21♑	4♒	17♒	0♓	13♓	26♓	9♈	22♈	5♉	18♉	1♊
39	4♒	16♒	28♒	10♓	22♓	5♈	17♈	0♉	13♉	26♉	9♊	23♊	7♋	21♋	5♌
1940	18♊	1♋	15♋	29♋	13♌	28♌	13♍	28♍	13♎	28♎	13♏	27♏	11♐	25♐	8♑
41	7♏	21♏	6♐	20♐	4♑	18♑	1♒	14♒	26♒	8♓	21♓	3♈	15♈	26♈	8♉
42	19♓	2♈	15♈	28♈	10♉	22♉	4♊	16♊	28♊	10♋	22♋	4♌	17♌	0♍	13♍
43	24♋	6♌	18♌	0♍	12♍	25♍	8♎	21♎	4♏	18♏	2♐	15♐	29♐	13♑	28♑
44	9♐	23♐	6♑	20♑	4♒	19♒	4♓	19♓	4♈	19♈	4♉	18♉	2♊	15♊	28♊
45	29♈	14♉	28♉	12♊	26♊	9♋	22♋	4♌	17♌	29♌	11♍	23♍	5♎	17♎	29♎
46	10♍	23♍	5♎	18♎	0♏	12♏	24♏	6♐	17♐	29♐	11♑	24♑	6♒	20♒	3♓
47	14♑	26♑	8♒	20♒	3♓	16♓	29♓	12♈	26♈	10♉	23♉	7♊	22♊	6♋	20♋
48	1♊	14♊	28♊	12♋	26♋	10♌	25♌	10♍	25♍	10♎	24♎	8♏	22♏	5♐	18♐
49	20♎	5♏	19♏	3♐	17♐	0♑	13♑	25♑	8♒	20♒	2♓	13♓	25♓	7♈	19♈
1950	1♓	14♓	26♓	8♈	20♈	2♉	14♉	25♉	7♊	19♊	1♋	14♋	27♋	10♌	24♌
51	3♋	15♋	28♋	10♌	23♌	6♍	19♍	3♎	17♎	1♏	15♏	0♐	14♐	28♐	12♑
52	23♏	6♐	20♐	4♑	18♑	2♒	17♒	1♓	16♓	0♈	14♈	28♈	12♉	25♉	8♊
53	10♈	25♈	10♉	24♉	8♊	21♊	4♋	16♋	28♋	10♌	22♌	3♍	15♍	27♍	9♎
54	22♌	5♍	16♍	28♍	10♎	22♎	4♏	16♏	28♏	10♐	22♐	4♑	17♑	0♒	14♒
55	23♐	5♑	17♑	0♒	12♒	26♒	9♓	23♓	8♈	22♈	7♉	22♉	6♊	21♊	5♋
56	14♉	28♉	12♊	26♊	10♋	24♋	9♌	23♌	7♍	21♍	5♎	19♎	2♏	15♏	27♏
57	1♎	16♎	0♏	14♏	28♏	12♐	24♐	7♑	18♑	0♒	12♒	24♒	5♓	17♓	0♈
58	13♑	25♑	8♒	20♒	3♓	16♓	0♈	14♈	28♈	13♉	28♉	13♊	28♊	13♋	5♌
59	13♊	25♊	7♋	20♋	3♌	16♌	0♍	14♍	28♍	13♎	28♎	13♏	28♏	12♐	27♐

MARZO / ABRIL	31	1	2	3	4	5	6	7	8	9	10	11	12	13	14
1930	25♈	8♉	21♉	5♊	18♊	2♋	16♋	1♌	15♌	29♌	14♍	28♍	12♎	26♎	10♏
31	7♍	22♍	7♎	22♎	7♏	21♏	5♐	19♐	2♑	15♑	27♑	9♒	21♒	3♓	15♓
32	9♒	21♒	4♓	16♓	28♓	9♈	21♈	3♉	15♉	27♉	9♊	21♊	3♋	16♋	29♋
33	10♊	22♊	4♋	16♋	28♋	11♌	24♌	7♍	21♍	5♎	19♎	4♏	19♏	4♐	19♐
34	16♎	29♎	13♏	27♏	11♐	25♐	9♑	23♑	7♒	21♒	5♓	19♓	3♈	17♈	0♉
35	28♒	13♓	28♓	13♈	27♈	12♉	26♉	9♊	22♊	5♋	17♋	29♋	11♌	23♌	5♍
36	29♋	12♌	24♌	6♍	18♍	0♎	12♎	24♎	5♏	17♏	29♏	12♐	24♐	7♑	20♑
37	0♐	12♐	24♐	6♑	18♑	0♒	14♒	27♒	11♓	25♓	10♈	25♈	10♉	25♉	10♊
38	6♈	20♈	4♉	18♉	3♊	17♊	1♋	15♋	29♋	13♌	27♌	11♍	24♍	8♎	21♎
39	20♌	5♍	19♍	4♎	18♎	2♏	16♏	29♏	12♐	24♐	7♑	19♑	1♒	13♒	24♒
1940	20♑	2♒	15♒	26♒	8♓	20♓	2♈	14♈	26♈	8♉	20♉	2♊	15♊	28♊	11♋
41	20♉	2♊	14♊	26♊	8♋	21♋	4♌	18♌	2♍	16♍	1♎	16♎	1♏	16♏	1♐
42	27♍	11♎	25♎	10♏	24♏	9♐	24♐	8♑	22♑	6♒	19♒	3♓	16♓	28♓	11♈
43	12♒	26♒	10♓	25♓	9♈	22♈	6♉	19♉	2♊	14♊	26♊	8♋	20♋	2♌	14♌
44	10♋	23♋	5♌	16♌	28♌	10♍	22♍	4♎	16♎	28♎	11♏	24♏	6♐	20♐	3♑
45	11♏	22♏	4♐	17♐	29♐	12♑	25♑	8♒	22♒	7♓	21♓	7♈	22♈	7♉	22♉
46	17♓	2♈	16♈	1♉	16♉	1♊	16♊	0♋	14♋	27♋	11♌	24♌	7♍	19♍	2♎
47	4♌	18♌	2♍	16♍	0♎	13♎	26♎	9♏	22♏	4♐	16♐	28♐	10♑	22♑	4♒
48	0♑	12♑	24♑	6♒	18♒	0♓	12♓	24♓	6♈	19♈	2♉	15♉	28♉	11♊	24♊
49	1♉	13♉	25♉	7♊	20♊	3♋	16♋	29♋	13♌	28♌	13♍	28♍	13♎	28♎	13♏
1950	8♍	22♍	7♎	22♎	7♏	22♏	7♐	21♐	6♑	19♑	3♒	15♒	28♒	11♓	23♓
51	26♑	10♒	24♒	7♓	21♓	4♈	16♈	29♈	11♉	24♉	6♊	18♊	29♊	11♋	23♋
52	20♊	2♋	14♋	26♋	8♌	20♌	2♍	14♍	26♍	9♎	22♎	5♏	19♏	3♐	17♐
53	21♎	3♏	16♏	28♏	11♐	24♐	7♑	21♑	5♒	19♒	4♓	19♓	4♈	19♈	3♉
54	28♒	13♓	28♓	13♈	28♈	13♉	28♉	13♊	27♊	10♋	24♋	6♌	19♌	1♍	13♍
55	18♋	2♌	15♌	29♌	12♍	24♍	7♎	19♎	2♏	14♏	26♏	8♐	19♐	1♑	13♑
56	10♐	22♐	4♑	15♑	27♑	9♒	21♒	4♓	17♓	0♈	13♈	27♈	10♉	24♉	9♊
57	12♈	24♈	7♉	19♉	2♊	16♊	29♊	13♋	27♋	11♌	26♌	10♍	25♍	10♎	24♎
58	19♉	4♊	19♊	4♋	19♋	4♌	19♌	4♍	18♍	1♎	14♎	27♎	9♏	22♏	4♐
59	10♑	24♑	7♒	20♒	3♓	15♓	28♓	10♈	22♈	4♉	16♉	27♉	9♊	21♊	3♋

ABRIL

	15	16	17	18	19	20	21	22	23	24	25	26	27	28	29
1930	23♏	6♐	19♐	1♑	13♑	25♑	7♒	19♒	1♓	13♓	25♓	8♈	21♈	4♉	17♉
31	27♓	9♈	20♈	3♉	15♉	27♉	10♊	23♊	6♋	20♋	3♌	17♌	2♍	16♍	1♎
32	12♌	26♌	10♍	24♍	9♎	25♎	10♏	25♏	10♐	25♐	9♑	22♑	5♒	18♒	1♓
33	3♑	17♑	1♒	15♒	28♒	11♓	24♓	6♈	19♈	1♉	13♉	25♉	7♊	19♊	1♋
34	13♋	26♋	8♌	21♌	3♍	15♍	26♍	8♎	20♎	2♏	15♏	28♏	11♐	24♐	8♑
35	16♍	29♍	12♎	26♎	9♏	22♏	6♐	19♐	2♑	16♑	29♑	12♒	26♒	9♓	22♓
36	3♒	17♒	1♓	15♓	0♈	14♈	28♈	12♉	26♉	10♊	25♊	9♋	23♋	8♌	21♌
37	18♉	3♊	18♊	3♋	18♋	3♌	18♌	3♍	18♍	3♎	18♎	3♏	18♏	6♐	21♐
38	25♍	10♎	25♎	11♏	26♏	11♐	26♐	12♑	27♑	12♒	27♒	13♓	28♓	13♈	29♈
39	6♓	19♓	3♈	16♈	0♉	13♉	27♉	10♊	24♊	7♋	21♋	4♌	18♌	1♍	15♍
1940	24♋	8♌	22♌	6♍	20♍	4♎	18♎	2♏	16♏	0♐	14♐	28♐	13♑	27♑	11♒
41	16♐	28♐	11♑	23♑	6♒	18♒	1♓	13♓	26♓	8♈	21♈	3♉	16♉	28♉	11♊
42	24♈	6♉	19♉	1♊	14♊	26♊	9♋	21♋	4♌	16♌	29♌	11♍	24♍	6♎	19♎
43	26♌	9♎	22♎	5♏	18♏	1♐	14♐	27♐	10♑	23♑	6♒	19♒	2♓	15♓	28♓
44	16♒	29♒	11♓	24♓	6♈	18♈	1♉	13♉	26♉	8♊	20♊	2♋	14♋	26♋	1♌
45	7♊	20♊	2♋	15♋	27♋	10♌	22♌	5♍	17♍	0♎	12♎	25♎	7♏	20♏	2♐
46	14♎	26♎	9♏	22♏	4♐	17♐	29♐	12♑	24♑	7♒	20♒	2♓	15♓	27♓	10♈
47	27♒	10♓	23♓	6♈	19♈	2♉	15♉	28♉	11♊	24♊	7♋	20♋	3♌	15♌	29♌
48	8♋	22♋	5♌	19♌	3♍	17♍	0♎	14♎	28♎	11♏	25♏	9♐	23♐	6♑	20♑
49	20♋	3♌	16♌	29♌	12♍	25♍	8♎	21♎	4♏	17♏	0♐	13♐	26♐	9♑	22♑
1950	5♈	17♈	0♉	12♉	25♉	7♊	20♊	2♋	15♋	27♋	10♌	22♌	5♍	17♍	0♎
51	5♌	19♌	3♍	17♍	1♎	15♎	29♎	13♏	27♏	11♐	25♐	9♑	23♑	7♒	21♒
52	1♑	15♑	28♑	12♒	25♒	9♓	22♓	6♈	19♈	3♉	16♉	0♊	13♊	27♊	10♋
53	18♉	0♊	13♊	25♊	8♋	20♋	3♌	15♌	28♌	10♍	23♍	5♎	18♎	0♏	13♏
54	25♍	8♎	20♎	3♏	15♏	28♏	11♐	23♐	6♑	18♑	1♒	13♒	26♒	8♓	21♓
55	25♑	9♒	23♒	7♓	21♓	5♈	19♈	3♉	17♉	1♊	15♊	29♊	13♋	27♋	12♌
56	23♊	6♋	20♋	3♌	16♌	0♍	13♍	26♍	10♎	23♎	6♏	20♏	3♐	16♐	0♑
57	8♏	22♏	6♐	19♐	2♑	14♑	27♑	9♒	21♒	4♓	16♓	28♓	10♈	22♈	3♍
58	16♓	29♓	11♈	24♈	6♉	19♉	2♊	14♊	27♊	10♋	22♋	5♌	18♌	0♍	13♍
59	15♋	29♋	13♌	27♌	11♍	26♍	10♎	24♎	8♏	23♏	7♐	21♐	5♑	20♑	4♒

ABRIL/MAYO	30	1	2	3	4	5	6	7	8	9	10	11	12	13	14
1930	1♊	15♊	29♊	13♋	27♋	12♌	26♌	10♍	24♍	8♎	21♎	5♏	18♏	1♐	14♐
31	16♎	0♏	15♏	29♏	13♐	27♐	10♑	23♑	5♒	18♒	29♒	11♓	23♓	5♈	17♈
32	13♓	25♓	7♈	18♈	0♉	12♉	24♉	6♊	18♊	0♋	13♋	25♋	8♌	21♌	5♍
33	12♋	24♋	7♌	19♌	2♍	15♍	29♍	13♎	27♎	12♏	28♏	13♐	28♐	13♑	27♑
34	22♏	7♐	21♐	5♑	20♑	4♒	18♒	2♓	16♓	29♓	13♈	26♈	9♉	22♉	4♊
35	7♈	21♈	6♉	20♉	4♊	17♊	0♋	13♋	25♋	7♌	19♌	1♍	13♍	25♍	7♎
36	3♍	15♍	27♍	9♎	20♎	2♏	14♏	26♏	9♐	21♐	4♑	17♑	0♒	13♒	27♒
37	3♑	15♑	27♑	9♒	22♒	6♓	19♓	4♈	18♈	3♉	19♉	4♊	19♊	4♋	18♋
38	13♉	28♉	12♊	27♊	12♋	26♋	10♌	24♌	8♍	21♍	4♎	17♎	0♏	12♏	25♏
39	29♍	13♎	27♎	10♏	24♏	7♐	20♐	2♑	15♑	27♑	9♒	21♒	2♓	14♓	27♓
1940	23♒	5♓	17♓	29♓	10♈	22♈	4♉	17♉	29♉	12♊	25♊	8♋	21♋	5♌	19♌
41	23♋	5♌	18♌	0♍	13♍	27♍	10♎	24♎	24♎	24♎	9♏	24♏	10♐	24♐	9♑
42	4♏	19♏	4♐	19♐	4♑	18♑	2♒	16♒	0♓	13♓	25♓	8♈	20♈	3♉	15♉
43	20♓	4♈	18♈	1♉	14♉	27♉	10♊	22♊	4♋	16♋	28♋	10♌	22♌	4♍	16♍
44	13♌	25♌	6♍	18♍	0♎	12♎	25♎	7♏	20♏	4♐	16♐	0♑	13♑	27♑	11♒
45	14♐	26♐	9♑	21♑	4♒	18♒	2♓	16♓	0♈	15♈	0♉	15♉	0♊	15♊	29♊
46	25♈	10♉	25♉	10♊	25♊	9♋	24♋	7♌	21♌	4♍	17♍	29♍	11♎	23♎	5♏
47	12♍	26♍	9♎	22♎	5♏	18♏	0♐	12♐	24♐	6♑	18♑	0♒	12♒	24♒	6♓
48	2♒	14♒	26♒	8♓	20♓	2♈	15♈	27♈	10♉	24♉	7♊	21♊	5♋	19♋	3♌
49	4♊	17♊	0♋	13♋	26♋	10♌	23♌	8♍	22♍	7♎	21♎	6♏	21♏	5♐	20♐
1950	15♑	0♏	15♏	1♐	16♐	1♑	15♑	29♑	12♒	25♒	8♓	20♓	2♈	14♈	26♈
51	4♓	17♓	0♈	13♈	25♈	8♉	20♉	2♊	14♊	26♊	8♋	20♋	2♌	14♌	26♌
52	22♋	4♌	16♌	28♌	10♍	22♍	4♎	17♎	1♏	14♏	28♏	13♐	27♐	11♑	26♑
53	25♍	8♎	21♎	4♏	18♏	2♐	15♐	0♑	14♑	28♑	13♒	27♒	12♓	26♓	10♈
54	6♈	21♈	7♉	22♉	7♊	21♊	6♋	19♋	2♌	15♌	28♌	10♍	22♍	4♎	16♎
55	26♊	9♋	21♋	4♌	16♌	28♌	11♍	22♍	4♎	16♎	28♎	10♏	22♏	4♐	16♐
56	12♑	23♑	5♒	17♒	0♓	12♓	25♓	8♈	21♈	5♉	19♉	4♊	18♊	3♋	17♋
57	16♎	29♎	12♏	26♏	10♐	24♐	8♑	22♑	6♒	20♒	5♓	19♓	3♈	17♈	0♉
58	27♑	12♒	27♒	12♓	27♓	12♈	26♈	9♉	23♉	6♊	18♊	0♋	12♋	24♋	6♌
59	17♒	0♓	13♓	25♓	7♈	19♈	1♉	12♉	24♉	6♊	18♊	0♋	12♋	24♋	7♌

MAYO	15	16	17	18	19	20	21	22	23	24	25	26	27	28	29
1930	27♐	9♑	21♑	3≈	15≈	27≈	9♓	21♓	3♈	16♈	29♈	12♉	26♉	10♊	24♊
31	29♈	11♉	24♉	7♊	20♊	3♋	17♋	0♌	14♌	28♌	12♍	27♍	11≏	25≏	9♏
32	19♍	3≏	18≏	3♏	18♏	3♐	18♐	3♑	17♑	1≈	14≈	27≈	9♓	21♓	3♈
33	11≈	25≈	8♓	21♓	3♈	16♈	28♈	10♉	22♉	4♊	16♊	27♊	9♋	21♋	3♌
34	17♊	29♊	11♋	23♋	4♌	16♌	28♌	10♍	23♍	6≏	19≏	2♏	16♏	1♐	16♐
35	19≏	2♏	15♏	28♏	11♐	25♐	8♑	22♑	6≈	20≈	4♓	18♓	3♈	17♈	1♉
36	11♓	25♓	10♈	25♈	9♉	24♉	9♊	23♊	7♋	21♋	4♌	17♌	29♌	11♍	23♍
37	2♉	16♉	29♉	12♊	24♊	6♋	18♋	0♌	12♌	24♌	6♍	18♍	0≏	12≏	24≏
38	7♐	19♐	1♑	12♑	24♑	6≈	18≈	0♓	13♓	26♓	9♈	23♈	7♉	21♉	6♊
39	9♈	22♈	5♉	18♉	2♊	16♊	0♋	14♋	28♋	13♌	27♌	11♍	25♍	9≏	23≏
1940	3♍	17♍	1≏	16≏	0♏	15♏	29♏	14♐	27♐	11♑	24♑	7≈	19≈	1♓	13♓
41	23♑	7≈	20≈	2♓	15♓	27♓	9♈	20♈	2♉	14♉	26♉	8♊	20♊	2♋	15♋
42	27♉	9♊	21♊	3♋	14♋	26♋	8♌	21♌	3♍	16♍	29♍	13≏	27≏	12♏	27♏
43	29♍	11≏	25≏	8♏	23♏	7♐	21♐	6♑	21♑	5≈	19≈	4♓	17♓	1♈	14♈
44	25≈	9♓	23♓	8♈	22♈	6♉	20♉	4♊	18♊	1♋	14♋	26♋	9♌	21♌	2♍
45	13♋	27♋	10♌	22♌	5♍	17♍	29♍	11≏	22≏	4♏	16♏	28♏	11♐	23♐	6♑
46	17♏	29♏	11♐	23♐	5♑	17♑	29♑	11≈	24≈	7♓	20♓	4♈	18♈	3♉	18♉
47	19♓	2♈	15♈	29♈	13♉	28♉	12♊	27♊	12♋	27♋	11♌	25♌	9♍	23♍	6≏
48	17♑	2≈	16≈	0♓	14♓	28♓	11♈	25♈	8♉	21♉	4♊	16♊	28♊	10♋	22♋
49	3♑	17♑	0≈	12≈	25≈	7♓	19♓	0♈	12♈	24♈	6♉	18♉	1♊	13♊	26♊
1950	7♉	19♉	1♊	13♊	25♊	7♋	20♋	2♌	15♌	28♌	11♍	25♍	9≏	24≏	9♏
51	9♍	22♍	5≏	19≏	3♏	18♏	3♐	19♐	4♑	19♑	3≈	17≈	1♓	14♓	27♓
52	10≈	24≈	8♓	22♓	6♈	19♈	2♉	16♉	29♉	11♊	24♊	6♋	18♋	0♌	12♌
53	24♊	7♋	20♋	2♌	14♌	26♌	8♍	20♍	2≏	14≏	26≏	9♏	21♏	4♐	17♐
54	28≏	10♏	22♏	4♐	16♐	28♐	10♑	23♑	6≈	19≈	3♓	17♓	1♈	15♈	0♉
55	29♓	12♈	26♈	10♉	24♉	9♊	24♊	10♋	25♋	10♌	24♌	8♍	22♍	5≏	18≏
56	2♌	16♌	0♍	14♍	28♍	11≏	24≏	7♏	19♏	2♐	14♐	26♐	8♑	20♑	2≈
57	14♐	27♐	9♑	22♑	4≈	16≈	28≈	10♓	22♓	4♈	16♈	29♈	11♉	25♉	8♊
58	18♈	0♉	12♉	24♉	6♊	19♊	1♋	14♋	28♋	11♌	25♌	9♍	23♍	7≏	22≏
59	20♌	3♍	17♍	0≏	15≏	0♏	15♏	0♐	15♐	0♑	15♑	29♑	13≈	26≈	9♓

	MAYO		JUNIO												
	30	31	1	2	3	4	5	6	7	8	9	10	11	12	13
1930	9♋	23♋	8♌	22♌	7♍	21♍	5♎	18♎	1♏	14♏	27♏	10♐	23♐	5♑	17♑
31	24♏	8♐	21♐	5♑	18♑	1♒	13♒	25♒	7♓	19♓	1♈	13♈	25♈	7♉	20♉
32	15♐	27♐	9♑	21♑	3♒	15♒	27♒	10♓	22♓	5♈	18♈	2♉	15♉	29♉	13♊
33	15♌	28♌	11♍	24♍	7♎	21♎	6♏	21♏	6♐	21♐	7♑	22♑	6♒	20♒	4♓
34	0♒	15♒	0♓	15♓	29♓	13♈	26♈	10♉	23♉	6♊	18♊	1♋	13♋	25♋	7♌
35	15♉	29♉	12♊	25♊	8♋	21♋	3♌	15♌	27♌	9♍	21♍	3♎	15♎	27♎	10♏
36	5♎	17♎	29♎	11♏	23♏	5♐	18♐	0♑	13♑	27♑	10♒	23♒	7♓	21♓	5♈
37	6♑	19♑	2♒	15♒	29♒	13♓	27♓	12♈	27♈	12♉	27♉	11♊	25♊	8♋	21♋
38	21♊	6♋	21♋	6♌	20♌	4♍	18♍	1♎	14♎	27♎	9♏	21♏	4♐	16♐	28♐
39	6♏	20♏	3♐	15♐	28♐	10♑	23♑	5♒	17♒	28♒	10♓	22♓	5♈	17♈	0♉
1940	25♈	7♉	19♉	1♊	13♊	25♊	8♋	21♋	4♌	18♌	2♍	16♍	0♎	14♎	28♎
41	27♌	10♍	23♍	6♎	20♎	4♏	18♏	3♐	18♐	3♑	18♑	3♒	17♒	1♓	15♓
42	12♐	24♐	6♑	18♑	0♒	12♒	24♒	6♓	19♓	2♈	0♉	12♉	24♉	6♊	18♊
43	28♉	11♊	23♊	6♋	18♋	1♌	14♌	28♌	11♍	26♍	10♎	25♎	10♏	24♏	9♐
44	14♏	26♏	8♐	20♐	3♑	16♑	29♑	12♒	26♒	9♓	23♓	8♈	22♈	6♉	20♉
45	18♉	1♊	15♊	28♊	12♋	26♋	10♌	25♌	10♍	24♍	9♎	23♎	8♏	21♏	5♐
46	3♋	18♋	18♋	3♌	3♌	17♌	3♍	13♍	26♍	8♎	20♎	2♏	14♏	26♏	8♐
47	19♎	2♏	14♏	27♏	9♐	21♐	3♑	14♑	26♑	8♒	20♒	2♓	14♓	27♓	10♈
48	4♓	16♓	28♓	10♈	23♈	6♉	19♉	2♊	16♊	0♋	15♋	29♋	14♌	28♌	13♍
49	10♋	23♋	6♌	20♌	4♍	18♍	2♎	17♎	1♏	15♏	0♐	14♐	28♐	12♑	25♑
1950	24♐	9♐	24♐	9♑	23♑	7♒	21♒	4♓	16♓	29♓	11♈	23♈	4♉	16♉	28♉
51	10♈	23♈	5♉	17♉	29♉	11♊	23♊	5♋	17♋	28♋	10♌	22♌	5♍	17♍	0♎
52	24♌	5♍	18♍	0♎	12♎	25♎	9♏	23♏	7♐	22♐	6♑	21♑	6♒	20♒	5♓
53	1♐	15♐	28♐	12♑	26♑	10♒	25♒	9♓	23♓	7♈	21♈	5♉	19♉	6♊	15♊
54	15♉	0♊	15♊	0♋	14♋	27♋	11♌	24♌	6♍	18♍	0♎	12♎	24♎	6♏	18♏
55	1♎	13♎	26♎	8♏	19♏	1♐	13♐	25♐	7♑	19♑	1♒	13♒	25♒	8♓	21♓
56	13♌	25♌	8♍	20♍	3♎	16♎	29♎	13♏	27♏	12♊	27♊	12♋	27♋	12♌	26♌
57	22♊	6♋	20♋	4♌	19♌	3♍	17♍	1♎	15♎	29♎	13♏	26♏	9♐	22♐	5♑
58	6♏	21♏	5♐	20♐	4♑	17♑	1♒	14♒	26♒	8♓	20♓	2♈	14♈	26♈	8♉
59	22♓	4♈	16♈	28♈	10♉	21♉	3♊	15♊	27♊	9♋	22♋	4♌	17♌	0♍	13♍

JUNIO	14	15	16	17	18	19	20	21	22	23	24	25	26	27	28
1930	29♑	11♒	23♒	5♓	17♓	29♓	11♈	24♈	7♉	20♉	4♊	18♊	3♋	18♋	3♌
31	3♊	16♊	29♊	13♋	27♋	11♌	25♌	9♍	23♍	7♎	22♎	5♏	19♏	3♐	17♐
32	28♎	12♏	27♏	12♐	27♐	11♑	25♑	9♒	22♒	5♓	18♓	0♈	12♈	24♈	5♉
33	17♓	0♈	13♈	25♈	7♉	19♉	1♊	13♊	24♊	6♋	18♋	0♌	13♌	25♌	7♍
34	19♋	1♌	13♌	25♌	7♍	20♍	1♎	14♎	27♎	11♏	25♏	9♐	24♐	9♑	24♑
35	23♏	6♐	20♐	4♑	18♑	2♒	17♒	1♓	16♓	0♈	14♈	28♈	11♉	25♉	8♊
36	20♈	4♉	19♉	3♊	18♊	2♋	15♋	29♋	12♌	25♌	7♍	19♍	1♎	13♎	25♎
37	8♍	21♍	3♎	15♎	27♎	9♏	21♏	3♐	15♐	27♐	9♑	21♑	3♒	16♒	29♒
38	9♑	21♑	3♒	15♒	27♒	9♓	22♓	4♈	18♈	1♉	15♉	0♊	15♊	0♋	15♋
39	13♉	26♉	10♊	24♊	9♋	24♋	9♌	23♌	8♍	22♍	6♎	20♎	3♏	16♏	29♏
1940	12♎	26♎	10♏	24♏	8♐	22♐	6♑	19♑	2♒	15♒	27♒	9♓	21♓	3♈	15♈
41	28♒	11♓	23♓	5♈	17♈	29♈	11♉	23♉	5♊	17♊	29♊	12♋	24♋	7♌	20♌
42	0♋	11♋	23♋	5♌	17♌	0♍	12♍	25♍	8♎	22♎	6♏	21♏	6♐	21♐	6♑
43	3♏	17♏	1♐	15♐	0♑	15♑	0♒	15♒	0♓	14♓	28♓	11♈	25♈	8♉	20♉
44	4♈	18♈	1♉	16♉	0♊	13♊	26♊	9♋	22♋	4♌	17♌	29♌	10♍	22♍	4♎
45	18♌	0♍	13♍	25♍	8♎	19♎	1♏	13♏	25♏	7♐	19♐	2♑	15♑	28♑	11♒
46	20♐	2♑	14♑	26♑	8♒	21♒	3♓	16♓	0♈	14♈	28♈	12♉	27♉	12♊	27♊
47	23♈	7♉	21♉	6♊	21♊	6♋	21♋	6♌	21♌	5♍	19♍	3♎	16♎	29♎	11♏
48	27♍	11♎	24♎	8♏	21♏	4♐	17♐	0♑	12♑	24♑	6♒	18♒	0♓	12♓	24♓
49	8♒	20♒	3♓	15♓	27♓	9♈	20♈	2♉	14♉	27♉	9♊	22♊	6♋	19♋	3♌
1950	10♊	22♊	4♋	17♋	29♋	12♌	25♌	8♍	21♍	5♎	19♎	3♏	18♏	3♐	18♐
51	14♎	27♎	12♏	27♏	12♐	27♐	12♑	27♑	12♒	27♒	10♓	24♓	7♈	20♈	2♉
52	19♓	3♈	16♈	29♈	12♉	25♉	8♊	20♊	3♋	15♋	27♋	8♌	20♌	2♍	14♍
53	28♊	10♋	22♋	4♌	16♌	28♌	10♍	22♍	4♎	17♎	0♏	13♏	26♏	10♐	24♐
54	0♐	12♐	25♐	7♑	20♑	3♒	16♒	0♓	13♓	27♓	11♈	26♈	10♉	25♉	9♊
55	5♈	19♈	3♉	18♉	3♊	18♊	29♊	11♋	23♋	5♌	16♌	28♌	10♍	22♍	4♎
56	11♍	24♍	8♎	21♎	5♏	18♏	1♐	14♐	27♐	9♑	21♑	3♒	16♒	28♒	11♓
57	17♑	0♒	12♒	24♒	7♓	19♓	0♈	12♈	24♈	6♉	19♉	1♊	13♊	26♊	9♋
58	20♉	2♊	15♊	28♊	11♋	24♋	8♌	22♌	6♍	20♍	4♎	18♎	2♏	16♏	0♐
59	26♍	10♎	24♎	9♏	23♏	8♐	23♐	8♑	23♑	8♒	21♒	5♓	18♓	0♈	12♈

Año	JUNIO		JULIO												
	29	**30**	**1**	**2**	**3**	**4**	**5**	**6**	**7**	**8**	**9**	**10**	**11**	**12**	**13**
1930	18♌	3♍	17♍	1♎	15♎	28♎	11♏	24♏	7♐	19♐	2♑	14♑	26♑	8♒	20♒
31	0♑	13♑	26♑	9♒	21♒	3♓	15♓	27♓	9♈	21♈	3♉	15♉	28♉	11♊	24♊
32	17♊	29♊	11♋	24♋	6♌	19♌	2♍	15♍	29♍	12♎	26♎	10♏	24♏	8♐	22♐
33	20♍	3♎	17♎	1♏	15♏	0♐	15♐	0♑	15♑	29♑	13♒	26♒	10♓	26♓	9♈
34	9♒	24♒	9♓	23♓	7♈	20♈	3♉	16♉	28♉	10♊	22♊	4♋	16♋	28♋	10♌
35	21♊	4♋	17♋	29♋	11♌	24♌	6♍	19♍	1♎	14♎	27♎	10♏	23♏	6♐	19♐
36	7♏	20♏	3♐	16♐	29♐	12♑	25♑	8♒	21♒	4♓	17♓	0♈	13♈	26♈	9♉
37	12♓	25♓	8♈	21♈	4♉	17♉	0♊	13♊	26♊	9♋	22♋	5♌	18♌	1♍	14♍
38	0♌	13♌	26♌	9♍	22♍	5♎	18♎	1♏	14♏	27♏	10♐	23♐	6♑	19♑	2♒
39	12♐	25♐	8♑	21♑	4♒	17♒	0♓	13♓	26♓	9♈	22♈	5♉	18♉	1♊	14♊
1940	27♈	10♉	23♉	7♊	20♊	4♋	17♋	0♌	13♌	26♌	9♍	25♍	9♎	23♎	7♏
41	3♍	17♍	1♎	15♎	29♎	13♏	27♏	11♐	25♐	9♑	23♑	7♒	21♒	5♓	19♓
42	21♏	4♐	17♐	0♑	13♑	26♑	9♒	22♒	5♓	18♓	1♈	14♈	27♈	10♉	23♉
43	3♊	16♊	29♊	12♋	25♋	8♌	21♌	4♍	17♍	0♎	13♎	26♎	9♏	22♏	5♐
44	16♊	29♊	12♋	25♋	8♌	21♌	4♍	17♍	0♎	13♎	26♎	9♏	22♏	5♐	18♐
45	25♊	7♋	20♋	2♌	15♌	27♌	10♍	22♍	5♎	17♎	0♏	12♏	25♏	7♐	20♐
46	12♋	24♋	7♌	19♌	2♍	14♍	27♍	9♎	22♎	4♏	17♏	29♏	12♐	24♐	7♑
47	24♏	6♐	19♐	1♑	14♑	26♑	9♒	21♒	4♓	16♓	29♓	11♈	24♈	6♉	19♉
48	6♐	19♐	2♑	15♑	28♑	11♒	24♒	7♓	20♓	3♈	16♈	29♈	12♉	25♉	8♊
49	17♌	29♌	12♍	24♍	7♎	19♎	2♏	14♏	27♏	9♐	22♐	4♑	17♑	29♑	12♒
1950	3♑	16♑	29♑	12♒	25♒	8♓	21♓	4♈	17♈	0♉	13♉	26♉	9♊	22♊	5♋
51	14♉	27♉	10♊	23♊	6♋	19♋	2♌	15♌	28♌	11♍	24♍	7♎	20♎	3♏	16♏
52	26♍	9♎	22♎	5♏	18♏	1♐	14♐	27♐	10♑	23♑	6♒	19♒	2♓	15♓	28♓
53	8♒	20♒	3♓	15♓	28♓	10♈	23♈	5♉	18♉	0♊	13♊	25♊	8♋	20♋	3♌
54	24♍	7♎	20♎	3♏	16♏	29♏	12♐	25♐	8♑	21♑	4♒	17♒	0♓	13♓	26♓
55	4♏	17♏	0♐	13♐	26♐	9♑	22♑	5♒	18♒	1♓	14♓	27♓	10♈	23♈	6♉
56	16♓	29♓	12♈	25♈	8♉	21♉	4♊	17♊	0♋	13♋	26♋	9♌	22♌	5♍	18♍
57	0♑	13♑	26♑	9♒	22♒	5♓	18♓	1♈	14♈	27♈	10♉	23♉	6♊	19♊	2♋
58	15♐	28♐	11♑	24♑	7♒	20♒	3♓	16♓	29♓	12♈	25♈	8♉	21♉	4♊	17♊
59	24♈	7♉	20♉	3♊	16♊	29♊	12♋	25♋	8♌	21♌	4♍	17♍	0♎	13♎	26♎

JULIO

	14	15	16	17	18	19	20	21	22	23	24	25	26	27	28
1930	2♓	13♓	25♓	7♈	20♈	2♉	15♉	28♉	12♊	27♊	12♋	27♋	12♌	27♌	12♍
31	8♋	22♋	6♌	21♌	5♍	20♍	4♎	18♎	2♏	16♏	0♐	13♐	27♐	10♑	22♑
32	7♐	21♐	6♑	20♑	4♒	17♒	0♓	13♓	25♓	8♈	20♈	2♉	13♉	25♉	7♊
33	21♈	4♉	16♉	28♉	10♊	21♊	3♋	15♋	27♋	9♌	21♌	3♍	15♍	27♍	9♎
34	22♌	3♍	15♍	27♍	9♎	22♎	5♏	19♏	3♐	18♐	2♑	17♑	2♒	18♒	3♓
35	28♐	12♑	27♑	11♒	26♒	11♓	26♓	10♈	25♈	8♉	21♉	5♊	18♊	0♋	13♋
36	29♉	12♊	24♊	6♋	18♋	0♌	12♌	24♌	6♍	18♍	0♎	13♎	26♎	9♏	23♏
37	11♎	24♎	7♏	21♏	5♐	19♐	3♑	18♑	2♒	17♒	2♓	16♓	0♈	14♈	27♈
38	12♒	27♒	12♓	27♓	11♈	25♈	9♉	23♉	6♊	18♊	0♋	13♋	25♋	7♌	19♌
39	18♊	0♋	13♋	25♋	7♌	19♌	1♍	14♍	26♍	9♎	22♎	5♏	19♏	3♐	18♐
1940	21♏	5♐	18♐	2♑	15♑	28♑	10♒	23♒	5♓	17♓	29♓	11♈	23♈	5♉	17♉
41	1♈	13♈	25♈	7♉	19♉	1♊	13♊	25♊	8♋	20♋	3♌	16♌	0♍	14♍	27♍
42	2♌	15♌	27♌	9♍	22♍	5♎	18♎	2♏	16♏	0♐	15♐	0♑	15♑	0♒	14♒
43	9♐	24♐	9♑	24♑	9♒	24♒	9♓	23♓	8♈	21♈	4♉	17♉	0♊	12♊	24♊
44	13♉	27♉	10♊	23♊	6♋	18♋	1♌	13♌	25♌	7♍	19♍	1♎	13♎	24♎	6♏
45	21♊	3♋	15♋	27♋	9♌	21♌	3♍	15♍	28♍	11♎	24♎	7♏	21♏	5♐	19♐
46	23♐	5♑	18♑	0♒	13♒	27♒	10♓	24♓	8♈	22♈	6♉	21♉	6♊	20♊	5♋
47	0♊	14♊	29♊	14♋	29♋	14♌	29♌	14♍	29♍	12♎	25♎	8♏	21♏	3♐	15♐
48	5♏	18♏	1♐	14♐	26♐	9♑	21♑	3♒	15♒	27♒	9♓	21♓	3♈	14♈	27♈
49	11♓	23♓	5♈	16♈	28♈	10♉	22♉	5♊	17♊	0♋	14♋	28♋	12♌	27♌	11♍
1950	13♋	26♋	9♌	22♌	5♍	18♍	2♎	16♎	0♏	14♏	28♏	13♐	27♐	12♑	26♑
51	21♏	5♐	20♐	6♑	21♑	6♒	21♒	5♓	19♓	3♈	16♈	28♈	11♉	23♉	5♊
52	26♈	9♉	22♉	5♊	17♊	29♊	12♋	23♋	5♌	17♌	29♌	11♍	23♍	5♎	17♎
53	0♍	12♍	24♍	6♎	18♎	0♏	12♏	25♏	8♐	21♐	5♑	19♑	3♒	18♒	2♓
54	3♑	16♑	29♑	12♒	26♒	10♓	24♓	8♈	22♈	7♉	21♉	5♊	19♊	3♋	17♋
55	13♉	27♉	12♊	27♊	11♋	26♋	11♌	25♌	9♍	23♍	6♎	18♎	1♏	13♏	25♏
56	18♎	1♏	13♏	26♏	8♐	20♐	2♑	15♑	27♑	11♒	25♒	9♓	24♓	9♈	25♈
57	20♒	2♓	14♓	26♓	8♈	20♈	2♉	15♉	27♉	11♊	25♊	9♋	24♋	9♌	24♌
58	23♊	6♋	20♋	4♌	18♌	2♍	16♍	0♎	15♎	29♎	13♏	27♏	11♐	24♐	8♑
59	4♏	19♏	3♐	18♐	3♑	17♑	2♒	16♒	0♓	13♓	26♓	8♈	21♈	3♉	14♉

POSICIONES DE LA LUNA

	JULIO			AGOSTO											
	29	30	31	1	2	3	4	5	6	7	8	9	10	11	12
1930	27♍	11♎	25♎	8♏	21♏	4♐	16♐	29♐	11♑	23♑	5♒	17♒	28♒	10♓	22♓
31	5♒	17♒	0♓	12♓	24♓	5♈	17♈	29♈	11♉	23♉	6♊	19♊	2♋	16♋	0♌
32	20♊	2♋	15♋	28♋	11♌	25♌	9♍	22♍	7♎	21♎	5♏	19♏	3♐	17♐	1♑
33	27♎	11♏	25♏	9♐	24♐	9♑	24♑	8♒	23♒	7♓	21♓	4♈	17♈	0♉	12♉
34	18♓	2♈	16♈	29♈	12♉	25♉	7♊	19♊	1♋	13♋	25♋	7♌	19♌	0♍	12♍
35	25♋	8♌	20♌	1♍	13♍	25♍	7♎	19♎	1♏	13♏	26♏	9♐	22♐	6♑	21♑
36	9♐	22♐	5♑	18♑	1♒	15♒	0♓	15♓	29♓	13♈	27♈	12♉	26♉	10♊	23♊
37	19♈	3♉	17♉	1♊	16♊	0♋	15♋	29♋	13♌	27♌	11♍	24♍	7♎	19♎	2♏
38	8♍	23♍	7♎	20♎	3♏	15♏	27♏	9♐	21♐	3♑	15♑	27♑	9♒	21♒	3♓
39	16♑	28♑	10♒	22♒	4♓	15♓	27♓	9♈	21♈	4♉	16♉	29♉	13♊	27♊	11♋
1940	29♋	12♌	25♌	8♍	21♍	5♎	18♎	1♏	15♏	28♏	11♐	24♐	7♑	21♑	4♒
41	11♎	25♎	9♏	23♏	6♐	20♐	4♑	18♑	1♒	14♒	27♒	10♓	23♓	6♈	19♈
42	29♒	12♓	25♓	8♈	21♈	5♉	18♉	1♊	14♊	27♊	11♋	24♋	7♌	20♌	3♍
43	6♋	19♋	2♌	15♌	29♌	12♍	25♍	8♎	21♎	5♏	18♏	1♐	14♐	27♐	10♑
44	19♏	2♐	15♐	28♐	11♑	25♑	8♒	21♒	4♓	17♓	1♈	14♈	27♈	10♉	23♉
45	3♈	16♈	29♈	12♉	25♉	9♊	22♊	5♋	18♋	1♌	15♌	28♌	11♍	24♍	7♎
46	19♌	2♍	15♍	28♍	11♎	25♎	8♏	21♏	4♐	17♐	1♑	14♑	27♑	10♒	23♒
47	27♐	10♑	23♑	6♒	19♒	3♓	16♓	29♓	12♈	25♈	9♉	22♉	5♊	18♊	1♋
48	9♋	22♋	5♌	18♌	1♍	15♍	28♍	11♎	24♎	7♏	21♏	4♐	17♐	0♑	13♑
49	26♍	9♎	22♎	5♏	18♏	2♐	15♐	28♐	11♑	24♑	8♒	21♒	4♓	17♓	0♈
1950	10♒	23♒	6♓	19♓	2♈	16♈	29♈	12♉	25♉	8♊	22♊	5♋	18♋	1♌	14♌
51	17♊	0♋	13♋	26♋	9♌	23♌	6♍	19♍	2♎	15♎	29♎	12♏	25♏	8♐	21♐
52	29♎	12♏	25♏	8♐	21♐	5♑	18♑	1♒	14♒	27♒	11♓	24♓	7♈	20♈	3♉
53	17♓	0♈	13♈	26♈	9♉	23♉	6♊	19♊	2♋	15♋	29♋	12♌	25♌	8♍	21♍
54	0♌	13♌	26♌	9♍	22♍	6♎	19♎	2♏	15♏	28♏	12♐	25♐	8♑	21♑	4♒
55	7♐	20♐	3♑	16♑	29♑	13♒	26♒	9♓	22♓	5♈	19♈	2♉	15♉	28♉	11♊
56	20♈	3♉	16♉	29♉	12♊	26♊	9♋	22♋	5♌	18♌	2♍	15♍	28♍	11♎	24♎
57	9♍	22♍	5♎	18♎	1♏	15♏	28♏	11♐	24♐	7♑	21♑	4♒	17♒	0♓	13♓
58	21♑	4♒	17♒	0♓	13♓	27♓	10♈	23♈	6♉	19♉	3♊	16♊	29♊	12♋	25♋
59	26♉	9♊	22♊	5♋	18♋	2♌	15♌	28♌	11♍	24♍	8♎	21♎	4♏	17♏	0♐

AGOSTO	13	14	15	16	17	18	19	20	21	22	23	24	25	26	27
1930	4♈	16♈	29♈	11♉	24♉	7♊	21♊	5♋	20♋	5♌	20♌	6♍	21♍	6♎	20♎
31	15♌	0♍	15♍	0♎	14♎	29♎	13♏	27♏	10♐	23♐	6♑	19♑	2≈	14≈	26≈
32	15♑	29♑	12≈	26≈	8♓	21♓	3♈	16♈	28♈	9♉	21♉	3♊	15♊	28♊	10♋
33	24♉	6♊	18♊	0♋	12♋	24♋	6♌	18♌	1♍	14♍	27♍	10♎	24♎	8♏	22♏
34	25♍	7♎	19♎	2♏	15♏	29♏	13♐	27♐	11♑	26♑	11≈	26≈	11♓	26♓	10♈
35	5≈	20≈	5♓	21♓	6♈	20♈	5♉	19♉	2♊	15♊	28♊	10♋	22♋	5♌	16♌
36	7♋	20♋	3♌	16♌	29♌	11♍	23♍	5♎	17♎	29♎	11♏	23♏	5♐	17♐	0♑
37	14♏	26♏	7♐	19♐	1♑	13♑	26♑	8≈	21≈	5♓	18♓	2♈	16♈	0♉	14♉
38	16♓	28♓	11♈	24♈	7♉	20♉	4♊	18♊	2♋	16♋	0♌	14♌	29♌	14♍	28♍
39	26♋	11♌	27♌	12♍	27♍	12♎	26♎	10♏	23♏	6♐	18♐	1♑	13♑	25♑	7≈
1940	28♐	11♑	24♑	7≈	19≈	1♓	14♓	25♓	7♈	19♈	1♉	13♉	25♉	7♊	20♊
41	3♉	15♉	27♉	9♊	21♊	3♋	16♋	29♋	12♌	26♌	9♍	23♍	8♎	22♎	6♏
42	6♍	19♍	2♎	15♎	29♎	12♏	26♏	10♐	25♐	9♑	24♑	8≈	23≈	7♓	21♓
43	17♑	2≈	17≈	2♓	17♓	3♈	18♈	3♉	18♉	2♊	16♊	29♊	13♋	26♋	8♌
44	20♊	3♋	15♋	27♋	10♌	22♌	5♍	18♍	2♎	16♎	0♏	14♏	29♏	13♐	27♐
45	23♎	5♏	17♏	29♏	11♐	23♐	6♑	19♑	2≈	16≈	0♓	14♓	29♓	14♈	28♈
46	27♉	10♊	23♊	7♋	20♋	3♌	16♌	29♌	12♍	25♍	8♎	21♎	4♏	18♏	1♐
47	8♋	21♋	3♌	15♌	27♌	10♍	22♍	5♎	18♎	1♏	15♏	29♏	14♐	29♐	14♑
48	11♐	23♐	6♑	18♑	0≈	12≈	24≈	6♓	18♓	0♈	11♈	23♈	6♉	18♉	1♊
49	13♈	24♈	6♉	18♉	0♊	13♊	26♊	9♋	22♋	6♌	21♌	6♍	20♍	5♎	20♎
1950	18♌	1♍	15♍	29♍	13♎	27♎	11♏	25♏	9♐	23♐	7♑	21♑	5≈	19≈	2♓
51	0♑	15♑	29♑	14≈	29≈	13♓	27♓	11♈	24♈	7♉	19♉	1♊	13♊	25♊	7♋
52	2♊	14♊	27♊	9♋	20♋	2♌	14♌	26♌	8♍	20♍	2♎	14♎	26♎	9♏	22♏
53	2♎	14♎	26♎	8♏	20♏	3♐	16♐	29♐	13♑	27♑	11≈	26≈	11♓	26♓	11♈
54	8≈	22≈	6♓	20♓	4♈	19♈	3♉	18♉	2♊	16♊	0♋	13♋	26♋	10♌	23♌
55	22♊	6♋	21♋	5♌	19♌	4♍	17♍	16♍	14♍	27♍	9♎	21♎	3♏	15♏	27♐
56	22♏	5♐	17♐	29♐	11♑	22♑	4≈	16≈	28≈	10♓	22♓	5♈	18♈	0♉	13♉
57	23♓	5♈	16♈	28♈	11♉	23♉	6♊	19♊	3♋	17♋	2♌	17♌	2♍	18♍	3♎
58	28♋	13♌	27♌	11♍	26♍	11♎	25♎	10♏	24♏	8♐	21♐	5♑	18♑	1≈	14≈
59	14♐	28♐	12♑	27♑	11≈	24≈	8♓	21♓	4♈	16♈	28♈	11♉	22♉	4♊	16♊

POSICIONES DE LA LUNA

	AGOSTO				SEPTIEMBRE										
	28	29	30	31	1	2	3	4	5	6	7	8	9	10	11
1930	4♏	17♏	1♐	13♐	26♐	8♑	20♑	2≈	14≈	25≈	7♓	19♓	1♈	13♈	26♈
31	8♓	20♓	2♈	14♈	26♈	7♉	19♉	2♊	14♊	27♊	10♋	24♋	8♌	23♌	8♍
32	23♋	6♌	20♌	4♍	18♍	2≏	17≏	1♏	16♏	0♐	14♐	28♐	12♑	25♑	9≈
33	6♐	20♐	4♑	19♑	3≈	17≈	1♓	15♓	29♓	12♈	25♈	8♉	20♉	2♊	14♊
34	24♈	8♉	21♉	4♊	16♊	28♊	10♋	22♋	4♌	15♌	27♌	9♍	22♍	4≏	17≏
35	28♋	10♌	22♌	4♍	16♍	28♍	10≏	22≏	5♏	18♏	1♐	15♐	29♐	14♑	29♑
36	13♑	26♑	10≈	24≈	8♓	23♓	8♈	23♈	8♉	22♉	6♊	20♊	4♋	17♋	0♌
37	28♌	12♍	26♍	11≏	25≏	8♏	22♏	6♐	19♐	2♑	15♑	27♑	10≈	22≈	3♓
38	15≏	28≏	11♏	24♏	6♐	18♐	0♑	12♑	23♑	5≈	17≈	0♓	12♓	25♓	8♈
39	19≈	1♓	12♓	24♓	6♈	18♈	1♉	13♉	26♉	9♊	22♊	6♋	20♋	5♌	20♌
1940	3♋	16♋	0♌	15♌	29♌	14♍	29♍	14≏	29≏	14♏	28♏	12♐	25♐	8♑	21♑
41	20♏	5♐	19♐	3♑	17♑	0≈	14≈	27≈	10♓	22♓	5♈	17♈	29♈	11♉	23♉
42	5♈	18♈	1♉	13♉	26♉	8♊	20♊	1♋	13♋	25♋	7♌	20♌	2♍	15♍	28♍
43	9♌	21♌	3♍	15♍	27♍	9≏	21≏	4♏	17♏	0♐	14♐	28♐	12♑	26♑	11≈
44	23♐	7♑	21♑	5≈	20≈	5♓	20♓	5♈	20♈	5♉	19♉	3♊	17♊	0♋	12♋
45	13♋	27♋	11♌	25♌	8♍	22♍	5≏	18≏	0♏	13♏	25♏	7♐	19♐	1♑	13♑
46	25♍	8≏	21≏	3♏	15♏	27♏	9♐	21♐	3♑	15♑	27♑	10≈	22≈	6♓	19♓
47	29♑	11≈	23≈	5♓	17♓	0♈	13♈	26♈	9♉	22♉	5♊	19♊	3♋	18♋	2♌
48	14♊	27♊	11♋	26♋	11♌	26♌	11♍	26♍	11≏	26≏	10♏	24♏	7♐	20♐	3♑
49	5♏	19♏	3♐	17♐	0♑	13♑	26♑	9≈	21≈	3♓	15♓	27♓	9♈	21♈	3♉
1950	15♓	28♓	11♈	23♈	5♉	17♉	29♉	11♊	22♊	5♋	17♋	0♌	13♌	26♌	10♍
51	19♋	1♌	13♌	25♌	8♍	21♍	4≏	17≏	0♏	14♏	28♏	12♐	26♐	10♑	24♑
52	5♐	19♐	3♑	17♑	2≈	17≈	2♓	17♓	2♈	16♈	1♉	14♉	28♉	11♊	23♊
53	26♈	11♉	25♉	8♊	22♊	5♋	17♋	29♋	12♌	24♌	6♍	17♍	29♍	11≏	23≏
54	5♍	18♍	0≏	13≏	25≏	7♏	18♏	0♐	12♐	24♐	7♑	19♑	2≈	16≈	0♓
55	8♑	21♑	3≈	15≈	28≈	11♓	25♓	8♈	22♈	6♉	20♉	4♊	18♊	2♋	16♋
56	27♋	10♌	24♌	8♍	23♍	8≏	23≏	8♏	23♏	7♐	21♐	5♑	18♑	1≈	13≈
57	18≏	2♏	16♏	29♏	12♐	25♐	8♑	20♑	2≈	14≈	26≈	8♓	20♓	1♈	13♈
58	26≈	9♓	21♓	3♈	15♈	26♈	8♉	20♉	2♊	14♊	27♊	9♋	23♋	7♌	21♌
59	28♊	10♋	23♋	6♌	19♌	2♍	16♍	29♍	14≏	28≏	12♏	26♏	10♐	25♐	9♑

SEPTIEMBRE

	12	13	14	15	16	17	18	19	20	21	22	23	24	25	26
1930	8♉	21♉	4♊	17♊	1♋	15♋	29♋	14♌	29♌	14♍	29♍	14♎	28♎	12♏	26♏
31	23♍	8♎	23♎	8♏	23♏	7♐	20♐	3♑	16♑	29♑	11♒	23♒	5♓	17♓	29♓
32	22♒	5♓	17♓	29♓	12♈	24♈	6♉	18♉	0♊	11♊	23♊	6♋	18♋	1♌	14♌
33	26♊	8♋	20♋	2♌	14♌	27♌	10♍	23♍	6♎	20♎	4♏	18♏	2♐	17♐	1♑
34	29♎	12♏	26♏	9♐	23♐	7♑	21♑	5♒	19♒	3♓	17♓	1♈	14♈	28♈	11♉
35	13♌	25♌	8♍	20♍	2♎	14♎	26♎	8♏	19♏	1♐	13♐	25♐	8♑	21♑	4♒
36	15♐	27♐	9♑	21♑	3♒	15♒	27♒	10♓	22♓	5♈	18♈	1♉	14♉	27♉	11♊
37	21♈	3♉	16♉	28♉	10♊	22♊	4♋	16♋	28♋	10♌	22♌	5♍	18♍	1♎	14♎
38	5♏	18♏	0♐	13♐	26♐	9♑	22♑	5♒	18♒	1♓	14♓	27♓	11♈	24♈	8♉
39	23♑	5♒	17♒	29♒	11♓	24♓	6♈	19♈	2♉	15♉	29♉	12♊	25♊	9♋	23♋
1940	4♒	17♒	1♓	14♓	28♓	11♈	25♈	8♉	22♉	5♊	19♊	2♋	16♋	29♋	13♌
41	5♊	17♊	29♊	11♋	23♋	5♌	17♌	29♌	11♍	23♍	5♎	17♎	0♏	13♏	26♏
42	12♎	24♎	6♏	18♏	0♐	12♐	24♐	6♑	18♑	0♒	12♒	24♒	6♓	18♓	1♈
43	26♒	8♓	21♓	3♈	16♈	29♈	12♉	25♉	8♊	21♊	4♋	17♋	0♌	13♌	26♌
44	25♋	7♌	19♌	1♍	13♍	25♍	7♎	19♎	1♏	13♏	25♏	7♐	19♐	2♑	14♑
45	25♋	7♌	20♌	2♍	14♍	26♍	8♎	20♎	2♏	14♏	26♏	8♐	20♐	3♑	15♑
46	3♈	16♈	29♈	12♉	24♉	7♊	20♊	2♋	15♋	27♋	9♌	21♌	3♍	15♍	27♍
47	17♈	29♈	11♉	24♉	6♊	18♊	1♋	13♋	25♋	7♌	19♌	1♍	13♍	25♍	7♎
48	15♑	27♑	9♒	21♒	3♓	15♓	28♓	10♈	23♈	6♉	19♉	2♊	15♊	29♊	13♋
49	15♉	27♉	9♊	22♊	4♋	17♋	29♋	11♌	23♌	5♍	17♍	29♍	11♎	23♎	6♏
1950	24♍	6♎	18♎	0♏	12♏	24♏	6♐	18♐	0♑	13♑	25♑	7♒	20♒	2♓	15♓
51	9♒	23♒	5♓	18♓	1♈	14♈	27♈	10♉	22♉	5♊	17♊	29♊	11♋	23♋	5♌
52	5♌	17♌	29♌	11♍	23♍	5♎	17♎	29♎	11♏	23♏	5♐	17♐	29♐	11♑	23♑
53	5♏	17♏	29♏	11♐	23♐	5♑	17♑	29♑	11♒	23♒	5♓	17♓	0♈	12♈	25♈
54	14♓	27♓	10♈	23♈	6♉	18♉	1♊	13♊	26♊	8♋	20♋	2♌	15♌	27♌	9♍
55	1♌	13♌	25♌	7♍	19♍	1♎	13♎	25♎	7♏	19♏	1♐	13♐	26♐	8♑	21♑
56	25♐	7♑	19♑	1♒	13♒	25♒	7♓	20♓	2♈	15♈	28♈	11♉	24♉	7♊	21♊
57	25♈	7♉	20♉	2♊	14♊	26♊	8♋	20♋	2♌	14♌	26♌	8♍	20♍	2♎	14♎
58	5♑	18♑	0♒	12♒	24♒	6♓	18♓	1♈	13♈	26♈	9♉	21♉	4♊	17♊	0♋
59	23♑	6♒	18♒	0♓	12♓	24♓	7♈	19♈	2♉	15♉	28♉	11♊	24♊	6♋	18♋

	SEPTIEMBRE				OCTUBRE										
	27	28	29	30	1	2	3	4	5	6	7	8	9	10	11
1930	9♐	22♐	4♑	16♑	28♑	10≈	22≈	4♓	16♓	28♓	10♈	23♈	5♉	18♉	1♊
31	11♈	23♈	4♉	16♉	28♉	11♊	23♊	6♋	19♋	3♌	17♌	1♍	16♍	1≏	17≏
32	28♌	12♍	26♍	11≏	26≏	11♏	26♏	10♐	25♐	9♑	22♑	6≈	19≈	1♓	14♓
33	15♑	29♑	13≈	27≈	11♓	24♓	7♈	20♈	3♉	16♉	28♉	10♊	22♊	4♋	16♋
34	29♊	12♋	24♋	6♌	18♌	0♍	12♍	24♍	6≏	18≏	0♏	13♏	26♏	9♐	22♐
35	1♏	13♏	25♏	7♐	19♐	2♑	14♑	27♑	10≈	24≈	8♓	22♓	7♈	22♈	7♉
36	18♈	2♉	17♉	2♊	17♊	2♋	17♋	2♌	16♌	0♍	14♍	27♍	10≏	22≏	5♏
37	7♌	21♌	5♍	19♍	2≏	15≏	28≏	11♏	23♏	6♐	18♐	0♑	11♑	23♑	5≈
38	19♏	2♐	14♐	26♐	8♑	20♑	2≈	13≈	26≈	8♓	21♓	4♈	17♈	0♉	14♉
39	21♓	3♈	15♈	28♈	10♉	23♉	6♊	19♊	2♋	16♋	0♌	14♌	29♌	14♍	29♍
1940	9♍	23♍	8≏	23≏	8♏	23♏	8♐	23♐	7♑	21♑	5≈	18≈	1♓	13♓	25♓
41	0♑	13♑	27♑	10≈	23≈	6♓	19♓	24♓	13♈	26♈	8♉	19♉	1♊	13♊	25♊
42	9♉	21♉	4♊	16♊	28♊	9♋	21♋	3♌	15♌	28♌	11♍	24♍	7≏	21≏	5♏
43	11♐	23♐	6♑	18♑	1≈	14≈	27≈	11♓	24♓	8♈	22♈	6♉	21♉	5♊	20♊
44	29♊	14♋	28♋	13♌	27♌	11♍	25♍	14♍	28♍	12≏	26≏	9♏	21♏	4♐	16♐
45	22♊	5♋	19♋	2♌	15♌	27♌	10♍	22♍	4≏	16≏	28≏	10♏	21♏	3♐	15♐
46	29♏	11♐	23♐	5♑	17♑	29♑	11≈	23≈	5♓	17♓	0♈	14♈	28♈	12♉	26♉
47	1♓	14♓	26♓	9♈	22♈	5♉	19♉	2♊	16♊	0♋	14♋	28♋	13♌	27♌	11♍
48	21♋	5♌	20♌	5♍	20♍	5≏	20≏	4♏	19♏	2♐	16♐	29♐	11♑	24♑	6≈
49	13♐	27♐	10♑	23♑	6≈	18≈	0♓	12♓	24♓	6♈	18♈	0♉	12♉	23♉	5♊
1950	19♈	1♉	13♉	25♉	7♊	19♊	1♋	13♋	25♋	8♌	21♌	4♍	18♍	2≏	17≏
51	21♏	4♐	16♐	29♐	13♑	26♑	10≈	24≈	8♓	23♓	7♈	21♈	5♉	19♉	3♊
52	13♑	27♑	11≈	26≈	11♓	25♓	10♈	25♈	9♉	23♉	6♊	19♊	1♋	14♋	26♋
53	4♊	18♊	1♋	14♋	26♋	9♌	21♌	3♍	14♍	26♍	8≏	20≏	2♏	14♏	26♏
54	9≏	21≏	3♏	15♏	27♏	9♐	20♐	2♑	15♑	27♑	10≈	24≈	8♓	23♓	7♈
55	11♏	23♏	6♐	18♐	0♑	12♑	24♑	16♑	1≈	15≈	29≈	13♓	27♓	11♈	25♈
56	5♋	19♋	3♌	18♌	2♍	17♍	1≏	15≏	29≏	13♏	26♏	9♐	21♐	3♑	15♑
57	25♏	8♐	21♐	4♑	17♑	29♑	11≈	23≈	5♓	17♓	29♓	10♈	22♈	3♉	15♉
58	29♈	11♈	23♈	5♉	17♉	29♉	11♊	23♊	5♋	18♋	1♌	15♌	29♌	13♍	28♍
59	1♌	13♌	27♌	10♍	24♍	8≏	23≏	7♏	22♏	7♐	21♐	6♑	20♑	3≈	17≈

POSICIONES DE LA LUNA

OCTUBRE

Año	12	13	14	15	16	17	18	19	20	21	22	23	24	25	26
1930	14♊	27♊	11♋	25♋	9♌	24♌	8♍	23♍	7♎	22♎	6♏	20♏	4♐	17♐	0♑
31	2♏	17♏	1♐	16♐	29♐	13♑	25♑	8♒	20♒	2♓	14♓	26♓	8♈	19♈	1♉
32	26♓	8♈	20♈	2♉	14♉	26♉	8♊	20♊	2♋	14♋	26♋	9♌	22♌	6♍	20♍
33	27♋	10♌	22♌	5♍	18♍	1♎	15♎	29♎	14♏	28♏	13♐	27♐	12♑	26♑	10♒
34	6♐	20♐	3♑	17♑	1♒	16♒	0♓	14♓	29♓	13♈	27♈	11♉	24♉	7♊	20♊
35	23♈	7♉	22♉	6♊	20♊	3♋	16♋	28♋	10♌	22♌	4♍	16♍	28♍	10♎	22♎
36	17♍	29♍	11♎	23♎	5♏	16♏	28♏	10♐	22♐	4♑	17♑	29♑	13♒	26♒	10♓
37	17♑	29♑	12♒	24♒	8♓	21♓	6♈	20♈	5♉	20♉	5♊	19♊	4♋	18♋	2♌
38	28♉	12♊	26♊	10♋	24♋	8♌	22♌	6♍	20♍	4♎	18♎	1♏	14♏	27♏	9♐
39	13♎	28♎	12♏	26♏	10♐	23♐	6♑	18♑	0♒	12♒	24♒	6♓	18♓	0♈	12♈
1940	7♓	19♓	1♈	13♈	25♈	7♉	18♉	1♊	13♊	25♊	8♋	21♋	4♌	18♌	2♍
41	7♌	19♌	2♍	15♍	28♍	12♎	26♎	10♏	25♏	10♐	26♐	11♑	25♑	10♒	24♒
42	19♏	3♐	18♐	2♑	16♑	1♒	14♒	28♒	12♓	25♓	8♈	21♈	4♉	17♉	29♉
43	4♈	19♈	3♉	17♉	0♊	13♊	26♊	8♋	20♋	2♌	14♌	25♌	7♍	19♍	2♎
44	27♌	9♍	21♍	3♎	15♎	27♎	9♏	21♏	4♐	16♐	29♐	12♑	25♑	9♒	23♒
45	27♐	9♑	22♑	5♒	18♒	2♓	16♓	1♈	16♈	2♉	17♉	2♊	17♊	1♋	15♋
46	11♋	25♋	10♌	24♌	9♍	23♍	7♎	20♎	4♏	17♏	0♐	12♐	25♐	7♑	19♑
47	26♍	10♎	23♎	7♏	20♏	3♐	15♐	27♐	9♑	21♑	3♒	15♒	27♒	9♓	22♓
48	18♊	29♊	11♋	23♋	5♌	17♌	0♍	12♍	25♍	7♎	20♎	4♏	17♏	1♐	15♐
49	18♊	0♋	13♋	26♋	9♌	23♌	7♍	22♍	7♎	22♎	7♏	22♏	7♐	22♐	6♑
1950	2♏	16♏	1♐	16♐	1♑	15♑	29♑	12♒	25♒	8♓	21♓	3♈	15♈	27♈	9♉
51	17♓	0♈	14♈	27♈	10♉	23♉	5♊	17♊	29♊	11♋	23♋	5♌	17♌	29♌	11♍
52	7♌	19♌	1♍	13♍	25♍	7♎	20♎	3♏	16♏	29♏	12♐	26♐	9♑	23♑	7♒
53	9♐	21♐	4♑	17♑	0♒	14♒	28♒	13♓	28♓	13♈	28♈	13♉	28♉	12♊	26♊
54	23♈	8♉	23♉	8♊	22♊	6♋	20♋	3♌	16♌	29♌	12♍	24♍	6♎	18♎	0♏
55	8♍	22♍	5♎	18♎	0♏	13♏	25♏	7♐	19♐	1♑	13♑	24♑	6♒	18♒	1♓
56	27♍	9♎	21♎	3♏	15♏	28♏	10♐	23♐	7♑	20♑	4♒	18♒	2♓	16♓	0♈
57	29♏	12♐	25♐	9♑	22♑	6♒	20♒	5♓	19♓	4♈	19♈	4♉	18♉	3♊	16♊
58	13♎	29♎	14♏	29♏	13♐	27♐	11♑	25♑	7♒	20♒	2♓	14♓	26♓	8♈	20♈
59	0♓	13♓	26♓	8♈	21♈	3♉	15♉	27♉	9♊	20♊	2♋	14♋	26♋	9♌	21♌

POSICIONES DE LA LUNA

	OCTUBRE					NOVIEMBRE								
	27	28	29	30	31	1	2	3	4	5	6	7	8	9	10
1930	12♑	25♑	7♒	18♒	0♓	12♓	24♓	6♈	19♈	1♉	14♉	27♉	11♊	24♊	8♋
31	13♉	26♉	8♊	20♊	3♋	16♋	29♋	13♌	26♌	11♍	25♍	10♎	25♎	10♏	25♏
32	4♎	19♎	4♏	19♏	5♐	20♐	4♑	18♑	2♒	15♒	28♒	11♓	23♓	5♈	17♈
33	24♒	7♓	20♓	3♈	16♈	29♈	12♉	24♉	6♊	18♊	0♋	12♋	24♋	5♌	18♌
34	2♋	14♋	26♋	8♌	20♌	2♍	14♍	26♍	9♎	21♎	5♏	18♏	2♐	16♐	0♑
35	4♏	16♏	29♏	11♐	24♐	7♑	21♑	4♒	18♒	2♓	17♓	1♈	16♈	1♉	16♉
36	25♓	10♈	25♈	10♉	26♉	11♊	25♊	9♋	23♋	6♌	19♌	2♍	14♍	26♍	8♎
37	16♌	29♌	12♍	25♍	7♎	20♎	2♏	14♏	26♏	8♐	20♐	2♑	13♑	25♑	7♒
38	22♐	4♑	16♑	27♑	9♒	21♒	3♓	16♓	29♓	12♈	25♈	9♉	23♉	7♊	22♊
39	24♈	7♉	19♉	2♊	16♊	29♊	13♋	27♋	11♌	25♌	9♍	23♍	8♎	22♎	6♏
1940	16♍	1♎	16♎	1♏	16♏	1♐	16♐	0♑	14♑	27♑	10♒	22♒	4♓	16♓	28♓
41	7♒	20♒	3♓	16♓	28♓	10♈	22♈	4♉	16♉	28♉	10♊	22♊	4♋	16♋	28♋
42	12♊	24♊	5♋	17♋	29♋	11♌	23♌	6♍	18♍	1♎	15♎	29♎	14♏	28♏	13♐
43	14♎	27♎	10♏	24♏	7♐	21♐	5♑	19♑	3♒	17♒	1♓	15♓	29♓	13♈	27♈
44	7♓	22♓	7♈	22♈	7♉	22♉	6♊	20♊	4♋	17♋	0♌	12♌	24♌	6♍	18♍
45	28♋	11♌	24♌	7♍	19♍	1♎	13♎	25♎	7♏	19♏	0♐	12♐	24♐	6♑	19♑
46	1♐	13♐	25♐	7♑	19♑	1♒	13♒	25♒	8♓	22♓	6♈	20♈	4♉	19♉	4♊
47	5♈	18♈	1♉	15♉	28♉	13♊	27♊	11♋	25♋	9♌	24♌	8♍	22♍	5♎	19♎
48	29♌	14♍	29♍	13♎	28♎	12♏	26♏	10♐	24♐	7♑	19♑	2♒	14♒	26♒	8♓
49	19♌	2♍	15♍	27♍	9♎	21♎	3♏	15♏	27♏	9♐	21♐	3♑	15♑	27♑	10♒
1950	21♉	3♊	15♊	27♊	9♋	21♋	3♌	16♌	29♌	12♍	26♍	10♎	25♎	10♏	25♏
51	24♍	8♎	21♎	5♏	20♏	4♐	19♐	3♑	18♑	2♒	16♒	0♓	13♓	27♓	10♈
52	21♒	6♓	20♓	4♈	19♈	3♉	17♉	0♊	14♊	27♊	9♋	22♋	4♌	15♌	27♌
53	10♋	23♋	5♌	17♌	29♌	11♍	23♍	5♎	17♎	29♎	11♏	23♏	6♐	18♐	1♑
54	12♏	24♏	5♐	17♐	29♐	11♑	24♑	6♒	19♒	2♓	16♓	1♈	16♈	1♉	16♉
55	14♓	28♓	12♈	26♈	11♉	25♉	10♊	25♊	10♋	24♋	8♌	22♌	5♍	18♍	1♎
56	14♌	28♌	12♍	26♍	10♎	24♎	8♏	21♏	4♐	16♐	29♐	11♑	23♑	5♒	17♒
57	0♒	13♒	25♒	7♓	19♓	1♈	13♈	25♈	7♉	19♉	1♊	14♊	26♊	9♋	22♋
58	2♉	14♉	26♉	8♊	20♊	2♋	14♋	27♋	10♌	24♌	8♍	22♍	7♎	21♎	7♏
59	4♍	18♍	2♎	16♎	1♏	16♏	1♐	16♐	1♑	16♑	0♒	14♒	27♒	10♓	23♓

POSICIONES DE LA LUNA

NOVIEMBRE

	11	12	13	14	15	16	17	18	19	20	21	22	23	24	25
1930															
31															
32															
33															
34															
35															
36															
37															
38															
39															
1940															
41															
42															
43															
44															
45															
46															
47															
48															
49															
1950															
51															
52															
53															
54															
55															
56															
57															
58															
59															

POSICIONES DE LA LUNA

	NOVIEMBRE					DICIEMBRE									
	26	27	28	29	30	1	2	3	4	5	6	7	8	9	10
1930	14♒	26♒	8♓	20♓	2♈	14♈	27♈	9♉	22♉	6♊	20♊	4♋	18♋	2♌	17♌
31	17♊	0♋	13♋	26♋	9♌	23♌	7♍	21♍	5♎	19♎	4♏	18♏	3♐	17♐	2♑
32	12♏	27♏	13♐	28♐	13♑	27♑	11♒	25♒	7♓	20♓	2♈	14♈	26♈	8♉	20♉
33	0♈	13♈	26♈	8♉	21♉	3♊	15♊	27♊	8♋	20♋	2♌	14♌	26♌	8♍	21♍
34	4♌	16♌	28♌	9♍	22♍	4♎	16♎	29♎	13♏	27♏	11♐	25♐	10♑	24♑	9♒
35	8♐	21♐	4♑	18♑	1♒	15♒	29♒	13♓	27♓	11♈	26♈	10♉	24♉	8♊	22♊
36	3♉	19♉	4♊	19♊	3♋	17♋	1♌	15♌	28♌	10♍	22♍	5♎	16♎	28♎	10♏
37	22♍	5♎	17♎	29♎	11♏	23♏	5♐	17♐	28♐	10♑	22♑	4♒	16♒	28♒	11♓
38	24♑	5♒	17♒	29♒	11♓	23♓	6♈	19♈	3♉	17♉	1♊	16♊	1♋	15♋	0♌
39	28♉	12♊	25♊	9♋	23♋	7♌	22♌	6♍	20♍	4♎	18♎	2♏	16♏	29♏	13♐
1940	25♎	9♏	24♏	9♐	24♐	8♑	22♑	5♒	18♒	0♓	12♓	24♓	6♈	18♈	0♉
41	13♓	25♓	7♈	19♈	1♉	13♉	25♉	7♊	19♊	1♋	13♋	25♋	7♌	20♌	3♍
42	14♋	26♋	7♌	19♌	1♍	14♍	26♍	9♎	23♎	7♏	22♏	7♐	22♐	7♑	22♑
43	19♏	3♐	17♐	1♑	15♑	29♑	14♒	28♒	12♓	26♓	10♈	23♈	7♉	20♉	4♊
44	16♈	1♉	16♉	0♊	14♊	28♊	12♋	25♋	7♌	20♌	2♍	14♍	26♍	8♎	20♎
45	3♍	16♍	28♍	10♎	22♎	4♏	15♏	27♏	9♐	21♐	3♑	16♑	28♑	11♒	24♒
46	4♑	15♑	27♑	9♒	21♒	4♓	16♓	28♓	10♈	22♈	4♉	16♉	28♉	11♊	24♊
47	9♒	23♒	7♓	21♓	5♈	18♈	1♉	14♉	27♉	9♊	22♊	4♋	16♋	28♋	10♌
48	9♐	23♐	7♑	21♑	5♒	18♒	1♓	14♓	27♓	9♈	22♈	4♉	16♉	28♉	9♊
49	23♒	6♓	18♓	0♈	12♈	23♈	5♉	17♉	29♉	11♊	24♊	7♋	20♋	2♌	16♌
1950	24♊	6♋	18♋	0♌	12♌	25♌	8♍	21♍	4♎	18♎	3♏	18♏	3♐	18♐	4♑
51	29♋	13♌	28♌	13♍	28♍	13♎	28♎	12♏	26♏	10♐	24♐	7♑	20♑	3♒	15♒
52	0♈	14♈	28♈	12♉	26♉	9♊	22♊	5♋	17♋	29♋	11♌	23♌	5♍	17♍	29♍
53	13♌	26♌	8♍	20♍	1♎	13♎	25♎	7♏	20♏	2♐	15♐	28♐	11♑	24♑	7♒
54	14♐	26♐	8♑	20♑	3♒	16♒	29♒	12♓	26♓	10♈	24♈	9♉	24♉	9♊	24♊
55	20♈	4♉	19♉	4♊	19♊	4♋	19♋	4♌	18♌	2♍	15♍	28♍	11♎	24♎	6♏
56	23♍	7♎	20♎	4♏	17♏	29♏	12♐	25♐	7♑	19♑	1♒	13♒	25♒	6♓	18♓
57	3♒	15♒	27♒	9♓	21♓	3♈	15♈	27♈	9♉	22♉	5♊	18♊	2♋	15♋	29♋
58	5♊	17♊	29♊	12♋	24♋	7♌	20♌	4♍	17♍	1♎	16♎	0♏	15♏	0♐	15♐
59	10♎	24♎	9♏	24♏	9♐	25♐	10♑	25♑	9♒	23♒	7♓	19♓	2♈	14♈	27♈

DICIEMBRE

	11	12	13	14	15	16	17	18	19	20	21	22	23	24	25
1930	1♏	15♏	29♏	13♎	27♎	11♏	24♏	7♐	20♐	3♑	16♑	28♑	10♒	22♒	4✕
31	15♍	29♍	12♒	24♒	7✕	19✕	1♈	12♈	24♈	6♉	18♉	1♊	13♊	26♊	9♋
32	2♊	14♊	26♊	8♋	20♋	2♌	15♌	28♌	11♍	24♍	8♎	22♎	6♏	21♏	6♐
33	4♎	17♎	1♏	15♏	0♐	15♐	1♑	16♑	1♒	16♒	0✕	14✕	27✕	10♈	23♈
34	23♒	7✕	21✕	5♈	19♈	2♉	15♉	28♉	11♊	24♊	6♋	18♋	0♌	12♌	24♌
35	6♋	19♋	2♌	14♌	26♌	8♍	20♍	2♎	14♎	26♎	6♏	21♏	3♐	16♐	0♑
36	22♏	4♐	16♐	28♐	11♑	23♑	6♒	19♒	2✕	16✕	0♈	14♈	28♈	13♉	27♉
37	24✕	8♈	22♈	6♉	21♉	6♊	21♊	6♋	21♋	6♌	21♌	5♍	18♍	1♎	14♎
38	15♌	0♍	14♍	27♍	11♎	24♎	7♏	19♏	2♐	14♐	26♐	8♑	20♑	2♒	14♒
39	26♐	9♑	21♑	4♒	16♒	28♒	10✕	22✕	3♈	15♈	28♈	10♉	23♉	6♊	20♊
1940	12♉	24♉	6♊	19♊	1♋	14♋	28♋	11♌	25♌	8♍	22♍	6♎	20♎	4♏	19♏
41	16♏	29♏	13♎	27♎	12♏	27♏	12♐	27♐	12♑	27♑	11♒	25♒	9✕	21✕	4♈
42	7♒	21♒	5✕	19✕	2♈	15♈	28♈	10♉	23♉	5♊	17♊	29♊	11♋	22♋	4♌
43	16♊	29♊	11♋	24♋	6♌	18♌	29♌	11♍	23♍	5♎	17♎	0♏	13♏	27♏	11♐
44	2♎	14♎	26♎	9♏	22♏	5♐	19♐	2♑	16♑	0♒	14♒	28♒	13✕	27✕	11♈
45	7✕	21✕	5♈	19♈	3♉	18♉	3♊	18♊	3♋	17♋	1♌	15♌	29♌	11♍	24♍
46	28♋	12♌	26♌	10♍	23♍	6♎	19♎	1♏	13♏	25♏	7♐	19♐	1♑	12♑	24♑
47	7♈	19♈	1♉	13♉	25♉	7♊	19♊	1♋	13♋	25♋	7♌	20♌	3♍	17♍	1♎
48	21♈	4♉	16♉	29♉	12♊	26♊	10♋	24♋	8♌	23♌	7♍	21♍	5♎	19♎	3♏
49	29♌	13♍	27♍	11♎	25♎	10♏	24♏	9♐	23♐	8♑	22♑	5♒	19♒	1✕	14✕
1950	19♑	3♒	17♒	1✕	14✕	27✕	9♈	21♈	3♉	15♉	27♉	9♊	21♊	3♋	15♋
51	27♉	10♊	22♊	4♋	16♋	27♋	9♌	21♌	3♍	15♍	28♍	10♎	23♎	7♏	21♏
52	11♎	23♎	6♏	19♏	3♐	17♐	1♑	15♑	0♒	14♒	29♒	13✕	27✕	11♈	25♈
53	21♒	5✕	19✕	3♈	17♈	2♉	16♉	0♊	15♊	28♊	12♋	25♋	8♌	21♌	3♍
54	9♋	24♋	8♌	21♌	4♍	17♍	0♎	12♎	24♎	6♏	18♏	29♏	11♐	23♐	5♑
55	18♏	0♐	12♐	24♐	6♑	17♑	29♑	11♒	23♒	6✕	18✕	1♈	14♈	28♈	12♉
56	1♈	13♈	26♈	9♉	23♉	7♊	21♊	6♋	21♋	6♌	21♌	5♍	20♍	4♎	17♎
57	13♌	27♌	12♍	26♍	10♎	24♎	8♏	22♏	5♐	19♐	2♑	15♑	28♑	11♒	23♒
58	0♑	14♑	28♑	11♒	25♒	9✕	20✕	2♈	13♈	25♈	7♉	19♉	1♊	13♊	26♊
59	8♉	20♉	2♊	14♊	26♊	8♋	20♋	2♌	14♌	27♌	9♍	22♍	5♎	19♎	3♏

DICIEMBRE	26	27	28	29	30	31
1930	16♓	28♓	10♈	22♈	4♉	17♉
31	23♋	6♌	20♌	4♍	18♍	2♎
32	21♐	6♑	21♑	5♒	19♒	3♓
33	5♉	18♉	0♊	12♊	24♊	5♋
34	6♍	18♍	0♎	12♎	24♎	7♏
35	13♑	27♑	11♒	25♒	10♓	24♓
36	12♊	27♊	11♋	25♋	9♌	22♌
37	26♎	8♏	20♏	2♐	14♐	25♐
38	26♓	8♈	20♈	2♉	14♉	27♉
39	4♌	18♌	3♍	18♍	2♎	17♎
1940	3♐	18♐	2♑	16♑	29♑	13♒
41	16♈	28♈	10♉	22♉	4♊	16♊
42	16♌	28♌	10♍	22♍	5♎	18♎
43	25♑	9♒	24♒	9♓	24♓	8♈
44	26♊	9♋	23♋	6♌	20♌	3♍
45	6♎	18♎	0♏	12♏	24♏	6♐
46	6♒	18♒	1♓	13♓	26♓	9♈
47	15♊	0♋	15♋	0♌	15♌	0♍
48	17♏	0♐	14♐	27♐	10♑	23♑
49	26♓	8♈	20♈	1♉	13♉	25♉
1950	27♋	9♌	22♌	4♍	17♍	0♎
51	6♐	21♐	6♑	21♑	7♒	21♒
52	9♉	22♉	5♊	18♊	1♋	13♋
53	15♍	27♍	9♎	21♎	3♏	15♏
54	18♑	0♒	13♒	26♒	9♓	22♓
55	27♋	11♌	27♌	12♍	27♍	12♎
56	0♏	13♏	26♏	9♐	21♐	3♑
57	5♓	17♓	29♓	11♈	23♈	5♉
58	8♋	21♋	4♌	17♌	1♍	14♍
59	17♏	2♐	18♐	3♑	18♑	3♒

ENERO	1	2	3	4	5	6	7	8	9	10	11	12	13	14	15
1960	17≈	2♓	15♓	28♓	11♈	23♈	5♉	17♉	29♉	11♊	23♊	5♋	17♋	29♋	11♌
61	6♋	18♋	0♌	11♌	23♌	5♍	17♍	29♍	12≏	24≏	8♏	21♏	6♐	20♐	5♑
62	7♏	20♏	3♐	17♐	1♑	15♑	0≈	15≈	29≈	14♓	28♓	13♈	27♈	10♉	24♉
63	20♓	4♈	18♈	3♉	17♉	1♊	15♊	29♊	13♋	26♋	9♌	22♌	5♍	17♍	29♍
64	8♌	22♌	5♍	18♍	1≏	13≏	25≏	6♏	19♏	2♐	13♐	25♐	7♑	19♑	2≈
65	26♐	8♑	20♑	1≈	13≈	25≈	8♓	20♓	3♈	15♈	29♈	12♉	27♉	11♊	26♊
66	27♉	10♊	23♊	7♋	21♋	6♌	21♌	6♍	21♍	6≏	20≏	5♏	19♏	2♐	15♐
67	13♍	27♍	11≏	25≏	9♏	23♏	7♐	20♐	3♑	16♑	29♑	12≈	24≈	7♓	19♓
68	28♏	12♐	25♐	8♑	21♑	3≈	15≈	27≈	9♓	21♓	3♈	15♈	27♈	9♉	22♉
69	16♊	28♊	10♋	22♋	4♌	16♌	29♌	11♍	24♍	7≏	20≏	4♏	18♏	2♐	17♐
1970	17≏	0♏	13♏	27♏	12♐	27♐	12♑	27♑	12≈	27≈	12♓	26♓	10♈	23♈	6♉
71	5♓	19♓	3♈	17♈	1♉	15♉	29♉	11♊	25♊	7♋	20♋	2♌	15♌	27♌	8♍
72	18♋	2♌	15♌	28♌	10♍	23♍	5≏	17≏	28≏	10♏	22♏	5♐	17♐	0♑	13♑
73	6♐	18♐	0♑	12♑	24♑	7≈	19≈	2♓	15♓	28♓	12♈	26♈	10♉	24♉	9♊
74	8♈	21♈	4♉	18♉	2♊	17♊	1♋	15♋	3♌	18♌	3♍	4♍	16♍	14≏	27≏
75	27♐	11♑	26♑	10≈	23≈	7♓	20♓	3♈	15♈	28♈	10♉	22♉	4♊	16♊	28♊
76	9♑	22♑	5≈	18≈	0♓	12♓	24♓	6♈	18♈	0♉	12♉	24♉	7♊	20♊	3♋
77	26♉	8♊	20♊	2♋	15♋	28♋	11♌	24♌	7♍	20♍	4≏	18≏	2♏	16♏	0♐
78	29♍	12≏	25≏	9♏	23♏	8♐	23♐	8♑	24♑	9≈	23≈	8♓	22♓	5♈	18♈
79	18♓	3♈	17♈	1♉	15♉	28♉	11♊	24♊	6♋	19♋	1♌	13♌	25♌	7♍	19♍
1980	0♋	13♋	25♋	8♌	20♌	2♍	14♍	26♍	8≏	19≏	2♏	14♏	27♏	10♐	23♐
81	16♏	28♏	10♐	23♐	5♑	18♑	2≈	15≈	28≈	12♓	26♓	10♈	24♈	8♉	23♉
82	20♓	3♈	17♈	1♉	15♉	29♉	14♊	29♊	14♋	29♋	14♌	28♌	12♍	25♍	8≏
83	9♌	24♌	9♍	23♍	6≏	20≏	2♏	15♏	27♏	9♐	21♐	3♑	15♑	27♑	9≈
84	20♐	3♑	15♑	28♑	10≈	22≈	4♓	15♓	27♓	9♈	21♈	4♉	16♉	0♊	13♊
85	6♉	18♉	0♊	13♊	25♊	9♋	22♋	6♌	20♌	4♍	19♍	3≏	17≏	1♏	15♏
86	12♍	25♍	9≏	22≏	7♏	21♏	6♐	20♐	5♑	20♑	4≈	18≈	2♓	15♓	28♓
87	0≈	15≈	0♓	14♓	27♓	10♈	23♈	5♉	18♉	0♊	12♊	23♊	5♋	17♋	29♋
88	11♊	24♊	6♋	18♋	0♌	12♌	24♌	6♍	17♍	29♍	11≏	24≏	7♏	20♏	3♐
89	25≏	7♏	20♏	3♐	16♐	29♐	13♑	27♑	12≈	26≈	10♓	25♓	9♈	23♈	7♉

ENERO	16	17	18	19	20	21	22	23	24	25	26	27	28	29	30
1960	24♌	6♍	19♍	2♎	15♎	29♎	13♏	27♏	12♐	26♐	11♑	26♑	11♒	25♒	9♓
61	20♑	6♒	21♒	6♓	20♓	4♈	18♈	1♉	14♉	26♉	9♊	21♊	3♋	15♋	27♋
62	7♊	20♊	2♋	15♋	27♋	9♌	21♌	3♍	15♍	27♍	8♎	20♎	3♏	15♏	28♏
63	11♎	23♎	5♏	17♏	29♏	11♐	24♐	7♑	20♑	4♒	18♒	2♓	16♓	1♈	15♈
64	14♒	27♒	10♓	24♓	7♈	21♈	5♉	19♉	4♊	18♊	3♋	17♋	1♌	15♌	29♌
65	11♋	26♋	11♌	26♌	11♍	25♍	9♎	22♎	5♏	17♏	29♏	11♐	23♐	5♑	17♑
66	28♏	11♐	23♐	5♑	17♑	29♑	11♒	23♒	5♓	17♓	29♓	11♈	23♈	5♉	18♉
67	1♈	12♈	24♈	6♉	18♉	1♊	13♊	27♊	10♋	24♋	9♌	23♌	8♍	23♍	8♎
68	5♌	19♌	2♍	16♍	0♎	13♎	27♎	11♏	26♏	10♐	24♐	8♑	22♑	6♒	20♒
69	2♑	17♑	2♒	17♒	2♓	16♓	29♓	12♈	25♈	7♉	19♉	1♊	13♊	25♊	7♋
1970	19♍	1♎	14♎	26♎	8♏	20♏	2♐	13♐	25♐	7♑	19♑	1♒	13♒	26♒	9♓
71	20♏	2♐	14♐	26♐	8♑	21♑	4♒	17♒	1♓	15♓	0♈	14♈	29♈	14♉	29♉
72	26♑	10♒	23♒	7♓	21♓	6♈	20♈	4♉	18♉	2♊	16♊	0♋	14♋	27♋	10♌
73	23♊	8♋	23♋	7♌	22♌	5♍	19♍	2♎	15♎	27♎	9♏	21♏	3♐	15♐	27♐
74	10♏	22♏	4♐	16♐	28♐	10♑	22♑	4♒	15♒	27♒	10♓	22♓	5♈	17♈	0♉
75	10♓	22♓	4♈	16♈	28♈	10♉	24♉	7♊	21♊	5♋	20♋	5♌	20♌	6♍	21♍
76	16♋	0♌	15♌	29♌	14♍	28♍	12♎	27♎	11♏	24♏	8♐	21♐	5♑	18♑	1♒
77	15♐	29♐	14♑	28♑	12♒	26♒	9♓	22♓	4♈	17♈	29♈	10♉	22♉	4♊	16♊
78	0♋	12♋	24♋	6♌	18♌	0♍	12♍	24♍	6♎	18♎	1♏	13♏	26♏	9♐	22♐
79	0♍	12♍	24♍	6♎	18♎	1♏	14♏	28♏	12♐	26♐	11♑	26♑	11♒	27♒	12♓
1980	7♑	21♑	6♒	20♒	5♓	20♓	4♈	19♈	3♉	16♉	0♊	13♊	26♊	9♋	22♋
81	7♊	21♊	5♋	19♋	3♌	16♌	29♌	12♍	24♍	6♎	18♎	0♏	12♏	24♏	6♐
82	20♎	3♏	15♏	27♏	8♐	20♐	2♑	14♑	26♑	9♒	21♒	4♓	17♓	0♈	13♈
83	20♈	2♉	15♉	27♉	9♊	22♊	5♋	19♋	2♌	17♌	2♍	17♍	2♎	17♎	2♏
84	27♊	12♋	26♋	11♌	26♌	11♍	26♍	11♎	25♎	8♏	22♏	5♐	17♐	0♑	12♑
85	29♍	13♎	26♎	10♏	23♏	6♐	19♐	1♑	14♑	26♑	8♒	20♒	1♓	13♓	25♓
86	10♈	22♈	4♉	16♉	28♉	10♊	22♊	4♋	16♋	29♋	12♌	25♌	8♍	22♍	6♎
87	11♌	23♌	5♍	18♍	0♎	13♎	26♎	10♏	24♏	8♐	23♐	8♑	23♑	8♒	23♒
88	18♐	2♑	17♑	2♒	18♒	3♓	18♓	2♈	16♈	0♉	13♉	26♉	8♊	21♊	3♋
89	21♋	4♊	18♊	1♌	14♌	27♌	9♍	22♍	4♎	16♎	27♎	9♏	21♏	3♏	15♏

ENERO / FEBRERO

	31	1	2	3	4	5	6	7	8	9	10	11	12	13	14
1960	23♓	6♈	19♈	1♉	14♉	26♉	7♊	19♊	1♋	13♋	25♋	8♌	20♌	3♍	16♍
61	8♌	20♌	2♍	14♍	26♍	9♎	21♎	4♏	17♏	1♐	15♐	29♐	14♑	29♑	14♒
62	11♐	25♐	9♑	23♑	8♒	23♒	8♓	23♓	8♈	23♈	7♉	20♉	4♊	17♊	29♊
63	29♈	14♉	28♉	11♊	25♊	9♋	22♋	5♌	18♌	0♍	13♍	25♍	7♎	19♎	1♏
64	13♉	26♉	9♊	21♊	3♋	15♋	27♋	9♌	21♌	3♍	15♍	28♍	10♎	23♎	7♏
65	28♉	10♊	22♊	5♋	17♋	0♌	12♌	25♌	8♍	21♍	3♎	16♎	29♎	12♏	25♏
66	13♉	15♊	29♊	14♋	29♋	14♌	29♌	14♍	29♍	14♎	28♎	12♏	25♏	8♐	20♐
67	5♎	20♎	20♏	3♐	17♐	0♑	13♑	26♑	8♒	21♒	3♓	15♓	27♓	9♈	20♈
68	13♒	6♏	18♏	11♐	23♐	5♑	17♑	28♑	10♒	22♒	5♓	18♓	1♈	14♈	28♈
69	26♓	1♌	13♌	25♌	8♍	21♍	4♎	17♎	0♏	14♏	28♏	12♐	27♐	11♑	26♑
1970	22♏	6♐	20♐	5♑	20♑	5♒	20♒	5♓	20♓	5♈	19♈	2♉	15♉	28♉	11♊
71	14♈	28♈	12♉	25♉	8♊	21♊	4♋	17♋	29♋	11♌	23♌	5♍	17♍	29♍	10♎
72	23♌	6♍	18♍	0♎	12♎	24♎	6♏	18♏	0♐	12♐	25♐	8♑	21♑	4♒	18♒
73	9♑	21♑	3♒	16♒	29♒	12♓	25♓	9♈	23♈	6♉	20♉	5♊	19♊	3♋	17♋
74	13♉	27♉	11♊	26♊	10♋	25♋	11♌	26♌	11♍	25♍	13♎	23♎	6♏	19♏	1♐
75	5♎	20♎	3♏	17♏	0♐	13♐	25♐	7♑	19♑	1♒	13♒	25♒	7♓	19♓	1♈
76	13♒	26♒	8♓	20♓	2♈	14♈	26♈	8♉	20♉	2♊	14♊	27♊	11♋	24♋	9♌
77	28♊	11♋	23♋	6♌	20♌	3♍	17♍	1♎	15♎	29♎	13♏	27♏	11♐	25♐	9♑
78	5♏	19♏	3♐	17♐	0♑	14♑	26♑	9♒	21♒	3♓	15♓	27♓	9♈	21♈	2♉
79	26♓	11♈	24♈	8♉	21♉	3♊	16♊	28♊	10♋	22♋	4♌	16♌	27♌	9♍	21♍
1980	4♌	16♌	28♌	10♍	22♍	4♎	16♎	28♎	10♏	22♏	5♐	18♐	1♑	15♑	29♑
81	18♐	1♑	14♑	27♑	10♒	24♒	8♓	22♓	7♈	21♈	5♉	19♉	4♊	18♊	1♋
82	27♈	11♉	25♉	9♊	24♊	8♋	23♋	7♌	22♌	6♍	19♍	3♎	16♎	28♎	11♏
83	17♍	1♎	15♎	29♎	12♏	24♏	6♐	18♐	0♑	12♑	24♑	6♒	17♒	29♒	11♓
84	24♑	6♒	18♒	0♓	12♓	24♓	6♈	18♈	0♉	12♉	25♉	8♊	21♊	5♋	19♋
85	8♊	20♊	3♋	17♋	1♌	15♌	29♌	14♍	29♍	13♎	28♎	12♏	26♏	9♐	23♐
86	19♎	3♏	17♏	1♐	16♐	0♑	14♑	28♑	12♒	26♒	10♓	23♓	6♈	18♈	0♉
87	8♓	22♓	6♈	19♈	2♉	14♉	26♉	8♊	20♊	2♋	14♋	26♋	8♌	20♌	2♍
88	15♋	27♋	9♌	21♌	2♍	14♍	26♍	8♎	20♎	3♏	15♏	28♏	12♐	26♐	10♑
89	28♏	10♐	23♐	7♑	21♑	5♒	20♒	5♓	20♓	5♈	19♈	4♉	18♉	1♊	15♊

FEBRERO

	15	16	17	18	19	20	21	22	23	24	25	26	27	28	29
1960	29♍	12♎	26♎	10♏	23♏	8♐	22♐	6♑	21♑	5♒	19♒	3♓	17♓	1♈	14♈
61	29♒	14♓	28♓	13♈	26♈	10♉	23♉	5♊	18♊	0♋	11♋	23♋	5♌	17♌	
62	12♋	24♋	6♌	18♌	0♍	12♍	23♍	5♎	17♎	29♎	11♏	24♏	6♐	20♐	
63	13♏	25♏	7♐	19♐	2♑	15♑	28♑	12♒	26♒	11♓	26♓	10♈	25♈	10♉	
64	20♓	4♈	18♈	2♉	16♉	0♊	14♊	28♊	12♋	26♋	10♌	24♌	8♍	21♍	4♎
65	19♌	4♍	19♍	3♎	17♎	0♏	13♏	25♏	8♐	20♐	2♑	15♑	27♑	10♒	
66	2♉	14♉	26♉	8♊	20♊	2♋	14♋	26♋	8♌	20♌	2♍	13♍	25♍	7♎	
67	20♉	26♉	8♊	19♊	2♋	0♏	12♏	26♓	8♈	20♈	2♉	15♉	27♉	10♊	
68	12♒	14♒	26♒	8♓	20♓	2♈	14♈	26♈	8♉	20♉	2♊	15♊	27♊	10♋	24♓
69	11♒	25♒	9♓	23♓	7♈	20♈	3♉	15♉	27♉	9♊	21♊	3♋	15♋	27♋	
1970	23♊	5♋	17♋	29♋	10♌	22♌	4♍	16♍	28♍	10♎	23♎	6♏	19♏	2♐	
71	22♎	4♏	17♏	29♏	12♐	25♐	9♑	23♑	7♒	22♒	8♓	23♓	8♈	23♈	
72	2♓	17♓	1♈	16♈	0♉	15♉	29♉	13♊	27♊	10♋	23♋	6♌	19♌	2♍	14♏
73	2♌	16♌	0♍	13♍	27♍	10♎	22♎	5♏	17♏	29♏	11♐	23♐	4♑	16♑	
74	13♈	25♈	7♉	20♉	2♊	16♊	29♊	13♋	27♋	11♌	25♌	9♍	23♍	7♎	
75	13♈	25♈	7♉	20♉	2♊	16♊	29♊	13♋	27♋	11♌	25♌	9♍	23♍	7♎	
76	23♌	8♍	23♍	8♎	23♎	7♏	21♏	5♐	18♐	2♑	15♑	27♑	10♒	22♒	5♓
77	23♑	7♒	21♒	4♓	20♓	0♈	12♈	24♈	6♉	18♉	0♊	12♊	24♊	6♋	
78	3♊	15♊	27♊	8♋	20♋	2♌	15♌	27♌	10♍	22♍	5♎	19♎	2♏	16♏	
79	3♎	15♎	28♎	10♏	23♏	7♐	21♐	5♑	19♑	4♒	19♒	4♓	20♓	4♈	
1980	14♒	29♒	14♓	29♓	14♈	28♈	13♉	27♉	10♊	23♊	6♋	19♋	1♌	13♌	25♌
81	15♒	28♒	11♓	24♓	7♈	20♈	2♉	14♉	26♉	8♊	20♊	2♋	14♋	26♋	
82	23♏	5♐	16♐	28♐	10♑	22♑	4♒	17♒	0♓	13♓	26♓	10♈	24♈	8♉	
83	24♓	6♈	19♈	2♉	15♉	28♉	12♊	26♊	10♋	25♋	10♌	25♌	10♍	25♍	
84	4♌	19♌	5♍	20♍	5♎	20♎	4♏	18♏	1♐	14♐	27♐	9♑	21♑	3♒	15♒
85	6♑	19♑	2♒	15♒	28♒	10♓	22♓	4♈	16♈	28♈	10♉	21♉	3♊	16♊	
86	12♉	24♉	6♊	18♊	0♋	12♋	24♋	7♌	20♌	4♍	18♍	2♎	16♎	0♏	
87	15♏	27♏	10♐	23♐	7♑	20♑	4♒	18♒	2♓	17♓	2♈	16♈	1♉	16♉	
88	25♑	10♒	26♒	11♓	26♓	11♈	25♈	9♉	22♉	5♊	18♊	0♋	12♋	24♋	6♌
89	28♊	11♋	23♋	6♌	18♌	0♍	12♍	24♍	6♎	18♎	0♏	11♏	24♏	6♐	

MARZO	1	2	3	4	5	6	7	8	9	10	11	12	13	14	15
1960	27♈	9♊	21♊	3♋	15♋	27♋	9♌	21♌	3♍	16♍	28♍	11♎	25♎	8♏	22♏
61	29♌	11♍	23♍	6♎	18♎	1♏	14♏	27♏	11♐	25♐	9♑	23♑	8♒	22♒	7♓
62	3♑	17♑	1♒	16♒	1♓	16♓	2♈	17♈	1♉	16♉	0♊	13♊	26♊	9♋	21♋
63	24♉	8♊	22♊	5♋	19♋	1♌	14♌	27♌	9♍	21♍	0♎	13♎	26♎	9♏	21♏
64	17♎	29♎	11♏	23♏	5♐	17♐	29♐	11♑	23♑	5♒	18♒	2♓	15♓	29♓	13♈
65	19♒	1♓	14♓	26♓	9♈	22♈	6♉	19♉	3♊	17♊	1♋	15♋	29♋	14♌	28♌
66	24♊	8♋	22♋	7♌	22♌	7♍	23♍	8♎	22♎	7♏	20♏	4♐	17♐	29♐	11♑
67	16♏	0♐	14♐	27♐	10♑	23♑	5♒	17♒	0♓	12♓	24♓	5♈	17♈	29♈	11♉
68	7♈	19♈	1♉	13♉	24♉	6♊	18♊	0♋	13♋	25♋	9♌	22♌	6♍	20♍	5♎
69	9♌	21♌	4♍	17♍	0♎	14♎	27♎	11♏	25♏	9♐	23♐	7♑	22♑	6♒	20♒
1970	15♐	29♐	14♑	28♑	13♒	28♒	13♓	28♓	13♈	27♈	10♉	24♉	7♊	19♊	1♋
71	7♉	21♉	5♊	18♊	1♋	14♋	26♋	8♌	20♌	2♍	14♍	26♍	7♎	19♎	1♏
72	26♍	9♎	21♎	2♏	14♏	26♏	8♐	20♐	3♑	15♑	28♑	12♒	26♒	10♓	25♓
73	29♑	11♒	24♒	7♓	21♓	5♈	19♈	3♉	17♉	1♊	16♊	0♋	14♋	28♋	11♌
74	7♊	21♊	5♋	20♋	4♌	19♌	4♍	19♍	3♎	17♎	1♏	14♏	27♏	9♐	21♐
75	28♐	13♑	26♑	9♒	22♒	4♓	16♓	28♓	10♈	22♈	4♉	16♉	28♉	10♊	22♊
76	17♓	29♓	11♈	22♈	4♉	16♉	28♉	10♊	23♊	5♋	19♋	2♌	17♌	1♍	16♍
77	19♋	1♌	15♌	28♌	12♍	26♍	10♎	25♎	9♏	24♏	8♐	22♐	6♑	20♑	3♒
78	29♍	13♎	28♎	12♏	26♏	11♐	25♐	10♑	24♑	7♒	21♒	4♓	16♓	29♓	11♈
79	19♈	3♉	16♉	29♉	12♊	25♊	7♋	19♋	1♌	12♌	24♌	6♍	18♍	0♎	12♎
1980	7♏	19♏	1♐	12♐	24♐	6♑	18♑	1♒	13♒	26♒	9♓	23♓	7♈	22♈	7♉
81	8♑	21♑	5♒	18♒	2♓	17♓	1♈	16♈	1♉	16♉	0♊	14♊	28♊	12♋	25♋
82	22♉	6♊	20♊	4♋	18♋	2♌	16♌	0♍	14♍	27♍	11♎	24♎	6♏	18♏	0♐
83	9♎	23♎	7♏	20♏	2♐	15♐	27♐	9♑	20♑	2♒	14♒	26♒	8♓	21♓	3♈
84	27♓	9♈	21♈	3♉	15♉	27♉	9♊	21♊	4♋	17♋	0♌	14♌	28♌	13♍	28♍
85	28♊	11♋	25♋	8♌	23♌	8♍	23♍	8♎	23♎	7♏	22♏	6♐	20♐	3♑	16♑
86	14♏	28♏	12♐	26♐	10♑	24♑	8♒	22♒	5♓	18♓	1♈	14♈	26♈	8♉	20♉
87	0♈	13♈	27♈	9♉	22♉	4♊	16♊	28♊	10♋	22♋	4♌	16♌	28♌	11♍	24♍
88	18♌	29♌	11♍	23♍	5♎	17♎	0♏	12♏	25♏	8♐	22♐	5♑	20♑	4♒	19♒
89	19♐	2♑	15♑	29♑	13♒	28♒	13♓	28♓	13♈	28♈	13♉	27♉	11♊	25♊	8♋

MARZO	16	17	18	19	20	21	22	23	24	25	26	27	28	29	30
1960	6♏	20♏	4♐	19♐	3♑	17♑	1♒	15♒	29♒	12♓	26♓	9♈	22♈	5♉	17♉
61	22♓	6♈	20♈	4♉	18♉	1♊	13♊	26♊	8♋	20♋	2♌	13♌	25♌	7♍	19♍
62	3♌	15♌	27♌	9♍	20♍	2♎	14♎	26♎	8♏	21♏	3♐	16♐	29♐	12♑	26♑
63	3♐	15♐	27♐	10♑	23♑	6♒	20♒	4♓	19♓	4♈	19♈	4♉	19♉	4♊	18♊
64	28♈	12♉	27♉	11♊	25♊	9♋	23♋	7♌	20♌	3♍	17♍	0♎	12♎	25♎	7♏
65	13♍	27♍	11♎	25♎	8♏	20♏	3♐	15♐	27♐	9♑	21♑	3♒	15♒	27♒	10♓
66	23♑	5♒	17♒	0♓	13♓	26♓	8♈	21♈	3♉	16♉	28♉	11♊	23♊	6♋	18♋
67	23♉	7♊	21♊	5♋	19♋	3♌	17♌	1♍	15♍	29♍	13♎	27♎	11♏	25♏	9♐
68	19♎	2♏	16♏	29♏	12♐	26♐	9♑	23♑	6♒	19♒	3♓	16♓	0♈	13♈	27♈
69	4♓	17♓	29♓	12♈	24♈	7♉	19♉	2♊	14♊	27♊	9♋	22♋	4♌	17♌	0♍
1970	13♋	26♋	9♌	22♌	5♍	18♍	1♎	14♎	27♎	11♏	24♏	7♐	20♐	3♑	16♑
71	13♏	27♏	11♐	25♐	9♑	23♑	7♒	21♒	5♓	19♓	3♈	17♈	1♉	15♉	29♉
72	10♈	23♈	7♉	20♉	3♊	17♊	0♋	13♋	27♋	10♌	23♌	7♍	20♍	3♎	17♎
73	25♌	7♍	20♍	2♎	15♎	27♎	10♏	22♏	5♐	17♐	29♐	12♑	24♑	7♒	19♒
74	3♑	16♑	29♑	12♒	25♒	7♓	20♓	3♈	16♈	28♈	11♉	24♉	7♊	19♊	2♋
75	4♉	18♉	2♊	16♊	0♋	14♋	28♋	12♌	26♌	10♍	24♍	8♎	23♎	7♏	21♏
76	1♎	14♎	28♎	11♏	24♏	8♐	21♐	4♑	18♑	1♒	14♒	28♒	11♓	24♓	8♈
77	17♒	0♓	13♓	26♓	9♈	22♈	5♉	18♉	1♊	14♊	27♊	10♋	23♋	6♌	19♌
78	23♊	6♋	19♋	2♌	15♌	28♌	11♍	24♍	7♎	20♎	3♏	15♏	28♏	11♐	24♐
79	25♎	9♏	23♏	7♐	21♐	5♑	19♑	3♒	17♒	1♓	15♓	29♓	13♈	27♈	11♉
1980	22♓	5♈	18♈	2♉	15♉	28♉	11♊	25♊	8♋	21♋	5♌	18♌	1♍	15♍	28♍
81	8♌	20♌	2♍	15♍	27♍	9♎	21♎	4♏	16♏	28♏	10♐	22♐	5♑	17♑	29♑
82	12♐	25♐	8♑	21♑	4♒	17♒	0♓	13♓	26♓	9♈	22♈	5♉	18♉	1♊	14♊
83	16♈	0♉	14♉	28♉	12♊	25♊	9♋	23♋	7♌	21♌	5♍	19♍	3♎	17♎	1♏
84	13♏	26♏	9♐	22♐	5♑	18♑	1♒	14♒	27♒	10♓	23♓	6♈	19♈	2♉	15♉
85	29♒	12♓	25♓	8♈	21♈	4♉	17♉	0♊	13♊	26♊	9♋	22♋	5♌	18♌	1♍
86	2♊	15♊	28♊	11♋	24♋	7♌	20♌	3♍	16♍	29♍	12♎	25♎	8♏	21♏	4♐
87	7♎	20♎	4♏	18♏	2♐	16♐	0♑	14♑	28♑	12♒	26♒	10♓	24♓	7♈	21♈
88	4♓	17♓	0♈	13♈	26♈	9♉	22♉	5♊	18♊	1♋	14♋	27♋	10♌	23♌	6♍
89	21♋	4♌	17♌	0♍	13♍	26♍	9♎	22♎	5♏	18♏	1♐	14♐	27♐	10♑	23♑

	MARZO	ABRIL													
	31	1	2	3	4	5	6	7	8	9	10	11	12	13	14
1960	29♉	11♊	23♊	5♋	17♋	29♋	11♌	24♌	6♍	20♍	3♎	17♎	1♏	16♏	0♐
61	2♎	15♎	27♎	11♏	24♏	8♐	21♐	5♑	19♑	3♒	18♒	2♓	16♓	1♈	15♈
62	10♒	25♒	9♓	25♓	10♈	25♈	10♉	24♉	8♊	22♊	5♋	17♋	0♌	12♌	24♌
63	2♋	16♋	29♋	11♌	24♌	6♍	18♍	0♎	12♎	24♎	6♏	17♏	0♐	12♐	24♐
64	19♏	1♐	13♐	25♐	7♑	19♑	1♒	13♒	26♒	10♓	23♓	8♈	22♈	7♉	22♉
65	22♓	5♈	18♈	2♉	16♉	0♊	13♊	27♊	11♋	26♋	10♌	24♌	8♍	22♍	6♎
66	2♌	16♌	1♍	16♍	1♎	16♎	0♏	15♏	28♏	12♐	25♐	7♑	20♑	2♒	14♒
67	23♐	7♑	20♑	3♒	15♒	27♒	9♓	21♓	3♈	14♈	26♈	8♉	20♉	2♊	14♊
68	9♏	21♏	3♐	14♐	26♐	8♑	21♑	3♒	16♒	0♓	14♓	28♓	13♈	28♈	13♉
69	25♍	12♎	9♎	23♎	7♏	21♏	5♐	20♐	4♑	18♑	2♒	16♒	0♓	14♓	27♓
1970	24♑	8♒	23♒	7♓	22♓	6♈	21♈	5♉	18♉	2♊	15♊	27♊	9♋	21♋	3♌
71	14♊	27♊	10♋	23♋	5♌	17♌	29♌	11♍	22♍	4♎	16♎	28♎	10♏	23♏	5♐
72	29♎	11♏	23♏	5♐	17♐	29♐	11♑	24♑	7♒	20♒	4♓	19♓	3♈	19♈	4♉
73	2♓	16♈	0♉	14♈	28♈	13♉	27♉	12♊	26♊	11♋	24♋	8♌	22♌	5♍	18♍
74	16♋	0♌	14♌	29♌	13♍	27♍	11♎	25♎	9♏	22♏	24♏	8♐	1♐	11♐	23♐
75	4♐	18♐	0♑	13♑	25♑	7♒	19♒	1♓	13♓	25♓	7♈	19♈	1♉	13♉	26♉
76	19♈	1♉	13♉	25♉	7♊	19♊	1♋	14♋	27♋	11♌	25♌	10♍	24♍	10♎	25♎
77	22♏	6♐	20♐	4♑	19♑	4♒	19♒	4♓	18♓	3♈	17♈	0♉	14♉	27♉	10♊
78	9♑	23♑	7♒	21♒	5♓	19♓	2♈	16♈	29♈	11♉	24♉	6♊	18♊	0♋	12♋
79	24♉	8♊	20♊	3♋	15♋	27♋	9♌	21♌	3♍	14♍	27♍	9♎	21♎	4♏	17♏
1980	9♎	21♎	3♏	15♏	28♏	10♐	23♐	6♑	19♑	2♒	16♒	0♓	15♓	0♈	15♈
81	12♒	26♒	10♓	25♓	10♈	25♈	10♉	25♉	10♊	24♊	8♋	22♋	5♌	18♌	1♍
82	1♋	15♋	29♋	13♌	26♌	10♍	23♍	6♎	19♎	2♏	14♏	26♏	8♐	20♐	2♑
83	15♏	28♏	10♐	23♐	5♑	17♑	28♑	10♒	22♒	4♓	17♓	29♓	12♈	25♈	8♉
84	0♈	12♈	24♈	6♉	18♉	1♊	14♊	27♊	10♋	24♋	8♌	22♌	7♍	22♍	7♎
85	3♌	17♌	5♍	16♍	1♎	16♎	1♏	16♏	1♐	15♐	29♐	13♑	26♑	9♒	21♒
86	23♐	7♑	21♑	5♒	18♒	2♓	15♓	27♓	10♈	22♈	4♉	16♉	28♉	10♊	22♊
87	4♉	17♉	0♊	12♊	24♊	6♋	18♋	0♌	12♌	24♌	6♍	19♍	2♎	15♎	29♎
88	20♍	2♎	14♎	27♎	9♏	22♏	5♐	18♐	2♑	16♑	0♒	14♒	28♒	13♓	28♓
89	24♑	8♒	22♒	6♓	21♓	6♈	22♈	7♉	22♉	6♊	20♊	4♋	17♋	0♌	12♌

POSICIONES DE LA LUNA

ABRIL	15	16	17	18	19	20	21	22	23	24	25	26	27	28	29
1960	15♐	29♐	14♑	28♑	12♒	26♒	9♓	22♓	5♈	18♈	1♉	13♉	25♉	7♊	19♊
61	29♈	12♉	26♉	9♊	21♊	4♋	16♋	28♋	9♌	21♌	3♍	15♍	28♍	10♎	23♎
62	5♍	17♍	29♍	11♎	23♎	5♏	18♏	0♐	13♐	26♐	9♑	23♑	6♒	20♒	4♓
63	6♑	18♑	1♒	15♒	28♒	12♓	27♓	12♈	28♈	13♉	28♉	13♊	27♊	11♋	25♋
64	7♊	21♊	6♋	20♋	4♌	17♌	0♍	13♍	26♍	9♎	21♎	4♏	16♏	28♏	11♐
65	20♎	3♏	16♏	29♏	11♐	23♐	5♑	17♑	29♑	11♒	23♒	5♓	18♓	0♈	14♈
66	25♏	7♐	19♐	1♑	13♑	26♑	8♒	20♒	3♓	16♓	29♓	12♈	25♈	7♉	20♉
67	27♊	9♋	22♋	6♌	20♌	4♍	18♍	3♎	18♎	4♏	19♏	3♐	18♐	1♑	15♑
68	28♉	13♊	27♊	12♋	25♋	9♌	22♌	5♍	17♍	0♎	12♎	24♎	6♏	18♏	29♏
69	10♈	23♈	6♉	18♉	1♊	13♊	25♊	7♋	19♋	1♌	13♌	25♌	7♍	20♍	3♎
1970	15♌	27♌	9♍	21♍	3♎	16♎	29♎	12♏	25♏	9♐	23♐	7♑	21♑	5♒	19♒
71	18♐	1♑	14♑	27♑	11♒	25♒	10♓	24♓	9♈	24♈	9♉	24♉	8♊	22♊	6♋
72	19♉	4♊	19♊	3♋	17♋	0♌	13♌	26♌	8♍	20♍	2♎	14♎	26♎	8♏	20♏
73	1♎	14♎	26♎	9♏	21♏	3♐	15♐	27♐	8♑	20♑	2♒	15♒	27♒	10♓	24♓
74	5♊	17♊	29♊	11♋	23♋	6♌	19♌	3♍	17♍	0♎	14♎	28♎	12♏	26♏	11♐
75	9♊	22♊	5♋	19♋	3♌	17♌	1♍	16♍	1♎	16♎	0♏	15♏	29♏	12♐	26♐
76	10♏	25♏	10♐	24♐	8♑	21♑	5♒	16♒	29♒	11♓	23♓	5♈	16♈	28♈	10♉
77	22♓	5♈	17♈	29♈	11♉	23♉	5♊	16♊	28♊	10♋	22♋	5♌	17♌	1♍	14♍
78	24♉	6♊	18♊	1♋	13♋	26♋	10♌	23♌	7♍	22♍	6♎	21♎	5♏	20♏	4♐
79	0♐	14♐	27♐	11♑	25♑	9♒	24♒	8♓	22♓	7♈	21♈	5♉	19♉	2♊	15♊
1980	0♉	15♉	0♊	14♊	28♊	11♋	24♋	7♌	19♌	1♍	13♍	24♍	6♎	18♎	0♏
81	13♍	25♍	7♎	19♎	1♏	13♏	25♏	7♐	19♐	1♑	13♑	25♑	8♒	21♒	5♓
82	14♑	26♑	8♒	20♒	3♓	16♓	0♈	14♈	28♈	13♉	28♉	12♊	27♊	12♋	26♋
83	22♉	6♊	19♊	3♋	17♋	1♌	16♌	0♍	14♍	28♍	12♎	26♎	9♏	23♏	6♐
84	22♎	6♏	21♏	5♐	18♐	1♑	14♑	27♑	9♒	21♒	3♓	15♓	26♓	8♈	21♈
85	4♓	16♓	28♓	10♈	22♈	3♉	15♉	27♉	9♊	21♊	3♋	16♋	29♋	12♌	26♌
86	16♒	29♒	12♓	25♓	8♈	21♈	4♉	17♉	0♊	13♊	26♊	9♋	22♋	5♌	18♌
87	13♏	27♏	11♐	26♐	10♑	24♑	8♒	22♒	6♓	20♓	3♈	17♈	0♉	13♉	27♉
88	12♈	27♈	11♉	25♉	8♊	21♊	4♋	17♋	29♋	11♌	22♌	4♍	16♍	28♍	10♎
89	24♌	6♍	18♍	0♎	12♎	23♎	5♏	17♏	0♐	12♐	25♐	7♑	20♑	4♒	17♒

ABRIL / MAYO	30	1	2	3	4	5	6	7	8	9	10	11	12	13	14
1960	1♋	13♋	25♋	7♌	19♌	2♍	14♍	27♍	11♎	25♎	10♏	24♏	9♐	24♐	9♑
61	6♏	20♏	4♐	18♐	2♑	16♑	0♒	14♒	29♒	13♓	27♓	10♈	24♈	8♉	21♉
62	19♓	4♈	18♈	3♉	18♉	2♊	16♊	0♋	13♋	26♋	8♌	20♌	2♍	14♍	26♍
63	8♌	21♌	3♍	15♍	27♍	9♎	21♎	3♏	15♏	27♏	9♐	21♐	3♑	15♑	28♑
64	21♐	3♑	15♑	27♑	9♒	22♒	4♓	18♓	2♈	16♈	1♉	15♉	1♊	16♊	1♋
65	27♈	11♉	25♉	9♊	24♊	8♋	22♋	7♌	21♌	5♍	19♍	2♎	16♎	29♎	12♏
66	11♍	25♍	10♎	24♎	9♏	23♏	6♐	20♐	3♑	15♑	28♑	10♒	22♒	4♓	15♓
67	28♑	11♒	23♒	6♓	18♓	29♓	11♈	23♈	5♉	17♉	29♉	11♊	24♊	6♋	19♋
68	11♊	23♊	5♋	17♋	0♌	12♌	25♌	8♍	22♍	6♎	21♎	6♏	21♏	6♐	22♐
69	17♎	1♏	16♏	0♐	15♐	0♑	15♑	29♑	13♒	27♒	11♓	24♓	7♈	20♈	2♉
1970	3♓	17♓	1♈	15♈	29♈	13♉	26♉	10♊	22♊	5♋	17♋	29♋	11♌	23♌	5♍
71	19♋	1♌	13♌	25♌	7♍	19♍	1♎	13♎	25♎	7♏	19♏	2♐	15♐	28♐	11♑
72	2♐	14♐	26♐	8♑	20♑	3♒	16♒	29♒	13♓	27♓	12♈	27♈	12♉	27♉	13♊
73	8♈	22♈	7♉	22♉	7♊	22♊	6♋	21♋	5♌	19♌	2♍	15♍	28♍	11♎	23♎
74	25♌	9♍	23♍	7♎	21♎	4♏	17♏	0♐	12♐	25♐	7♑	19♑	1♒	13♒	24♒
75	8♑	21♑	3♒	15♒	27♒	9♓	21♓	3♈	15♈	27♈	10♉	23♉	6♊	19♊	2♋
76	22♉	4♊	16♊	28♊	11♋	24♋	7♌	21♌	4♍	19♍	3♎	18♎	3♏	18♏	3♐
77	28♍	12♎	27♎	12♏	27♏	13♐	28♐	12♑	26♑	10♒	24♒	7♓	19♓	2♈	14♈
78	18♒	2♓	15♓	29♓	12♈	25♈	7♉	20♉	2♊	15♊	27♊	9♋	20♋	2♌	14♌
79	28♊	11♋	23♋	5♌	17♌	29♌	11♍	22♍	5♎	17♎	0♏	13♏	26♏	10♐	24♐
1980	12♏	25♏	7♐	20♐	3♑	16♑	29♑	12♒	26♒	10♓	25♓	9♈	24♈	9♉	24♉
81	19♓	3♈	18♈	3♉	18♉	4♊	19♊	3♋	18♋	1♌	15♌	27♌	10♍	22♍	4♎
82	10♌	23♌	7♍	20♍	3♎	16♎	28♎	11♏	23♏	5♐	17♐	29♐	10♑	22♑	4♒
83	18♐	0♑	13♑	24♑	6♒	18♒	0♓	12♓	25♓	7♈	20♈	4♉	17♉	0♊	15♊
84	3♉	15♉	28♉	11♊	24♊	7♋	20♋	4♌	18♌	2♍	17♍	1♎	16♎	0♏	15♏
85	10♍	24♍	9♎	24♎	9♏	24♏	9♐	24♐	8♑	22♑	5♒	18♒	1♓	13♓	25♓
86	2♒	15♒	29♒	12♓	24♓	7♈	19♈	1♉	13♉	25♉	7♊	18♊	0♋	12♋	24♋
87	20♋	2♌	14♌	26♌	8♍	20♍	2♎	14♎	26♎	10♏	24♏	7♐	22♐	6♑	—
88	23♎	5♏	18♏	2♐	15♐	29♐	13♑	27♑	11♒	25♒	9♓	23♓	7♈	22♈	6♉
89	1♓	15♓	0♈	15♈	0♉	15♉	0♊	14♊	29♊	12♋	25♋	8♌	21♌	3♍	15♍

MAYO

	15	16	17	18	19	20	21	22	23	24	25	26	27	28	29
1960	24♑	8♒	22♒	6♓	19♓	2♈	15♈	27♈	10♉	22♉	4♊	16♊	28♊	10♋	22♋
61	4♊	17♊	29♊	12♋	24♋	6♌	17♌	29♌	11♍	23♍	6♎	18♎	1♏	15♏	29♏
62	7♎	19♎	2♏	14♏	27♏	10♐	23♐	6♑	19♑	3♒	17♒	1♓	15♓	29♓	14♈
63	11♒	24♒	8♓	22♓	6♈	21♈	6♉	21♉	6♊	21♊	6♋	20♋	3♌	17♌	29♌
64	15♋	0♌	14♌	27♌	10♍	23♍	6♎	18♎	1♏	13♏	25♏	6♐	18♐	0♑	12♑
65	24♏	7♐	19♐	1♑	13♑	25♑	7♒	19♒	1♓	13♓	26♓	8♈	22♈	5♉	19♉
66	27♓	9♈	22♈	4♉	17♉	0♊	14♊	27♊	11♋	25♋	9♌	23♌	7♍	22♍	6♎
67	2♌	16♌	29♌	14♍	28♍	12♎	27♎	12♏	27♏	11♐	26♐	10♑	23♑	7♒	19♒
68	6♑	21♑	5♒	19♒	2♓	14♓	27♓	9♈	21♈	3♉	15♉	26♉	8♊	20♊	2♋
69	15♉	27♉	9♊	21♊	3♋	15♋	27♋	9♌	21♌	3♍	15♍	28♍	12♎	25♎	9♏
1970	17♏	29♏	11♐	24♐	7♑	21♑	4♒	19♒	3♓	17♓	2♈	16♈	0♉	14♉	28♉
71	24♐	8♑	21♑	5♒	20♒	4♓	19♓	3♈	18♈	2♉	16♉	0♊	14♊	27♊	9♋
72	27♊	12♋	26♋	9♌	22♌	5♍	17♍	29♍	11♎	23♎	5♏	17♏	29♏	11♐	23♐
73	6♏	18♏	0♐	12♐	23♐	5♑	17♑	29♑	11♒	23♒	6♓	19♓	2♈	16♈	0♉
74	7♈	19♈	1♉	14♉	28♉	11♊	25♊	10♋	24♋	9♌	23♌	8♍	22♍	6♎	20♎
75	16♋	0♌	14♌	28♌	12♍	26♍	11♎	25♎	9♏	23♏	7♐	20♐	3♑	16♑	29♑
76	18♐	2♑	16♑	29♑	12♒	25♒	7♓	19♓	1♈	13♈	25♈	7♉	19♉	1♊	13♊
77	26♈	8♉	20♉	2♊	13♊	25♊	7♋	19♋	1♌	14♌	26♌	9♍	23♍	7♎	21♎
78	26♍	9♎	21♎	4♏	17♏	1♐	16♐	0♑	15♑	0♒	15♒	0♓	14♓	28♓	12♈
79	8♉	22♉	6♊	20♊	4♋	19♋	3♌	17♌	0♍	14♍	27♍	11♎	24♎	6♏	19♏
1980	8♊	23♊	6♋	20♋	2♌	15♌	27♌	9♍	21♍	3♎	15♎	27♎	9♏	21♏	4♐
81	16♎	28♎	10♏	22♏	4♐	16♐	28♐	10♑	22♑	5♒	17♒	0♓	14♓	28♓	12♈
82	16♒	29♒	11♓	24♓	8♈	22♈	6♉	21♉	6♊	21♊	6♋	21♋	6♌	20♌	4♍
83	29♊	14♋	28♋	12♌	27♌	11♍	25♍	8♎	22♎	5♏	18♏	1♐	14♐	26♐	9♑
84	29♍	13♎	26♎	9♏	22♏	5♐	17♐	29♐	11♑	23♑	5♒	17♒	29♒	11♓	24♓
85	7♈	18♈	0♉	12♉	24♉	6♊	18♊	0♋	13♋	26♋	9♌	22♌	6♍	20♍	4♎
86	6♌	19♌	2♍	15♍	28♍	12♎	27♎	12♏	27♏	12♐	27♐	12♑	27♑	11♒	25♒
87	21♐	6♑	20♑	5♒	19♒	3♓	17♓	0♈	13♈	26♈	9♉	22♉	4♊	16♊	28♊
88	19♐	3♑	16♑	29♑	12♒	24♒	7♓	19♓	0♈	12♈	24♈	6♉	18♉	1♊	14♊
89	26♏	8♐	20♐	2♑	14♑	26♑	9♒	21♒	4♓	17♓	0♈	14♈	28♈	11♉	26♉

	MAYO		JUNIO												
	30	31	1	2	3	4	5	6	7	8	9	10	11	12	13
1960	4♌	16♌	28♌	10♍	23♍	6♎	19♎	3♏	18♏	3♐	18♐	3♑	18♑	3♒	18♒
61	13♐	27♐	12♑	26♑	11♒	25♒	9♓	23♓	7♈	21♈	4♉	17♉	0♊	13♊	25♊
62	28♈	12♉	27♉	11♊	24♊	8♋	21♋	3♌	16♌	28♌	10♍	22♍	4♎	15♎	28♎
63	12♍	24♍	6♎	18♎	0♏	12♏	23♏	5♐	18♐	0♑	12♑	25♑	8♒	21♒	4♓
64	24♑	6♒	18♒	1♓	13♓	27♓	10♈	24♈	9♉	24♉	9♊	24♊	9♋	24♋	9♌
65	4♊	18♊	3♋	18♋	3♌	17♌	1♍	15♍	29♍	13♎	26♎	8♏	21♏	4♐	16♐
66	20♎	4♏	18♏	1♐	15♐	28♐	11♑	23♑	5♒	18♒	0♓	11♓	23♓	5♈	17♈
67	2♓	14♓	26♓	8♈	20♈	1♉	13♉	25♉	8♊	20♊	3♋	16♋	29♋	13♌	26♌
68	14♋	26♋	9♌	21♌	4♍	18♍	1♎	15♎	0♏	14♏	0♐	15♐	0♑	15♑	0♒
69	24♏	9♐	24♐	9♑	24♑	9♒	23♒	7♓	21♓	4♈	17♈	29♈	12♉	24♉	6♊
1970	12♈	25♈	9♉	22♉	5♊	18♊	1♋	13♋	25♋	7♌	19♌	1♍	13♍	25♍	7♎
71	22♌	4♍	15♍	27♍	9♎	21♎	3♏	16♏	28♏	11♐	24♐	7♑	21♑	5♒	18♒
72	5♑	17♑	0♒	13♒	26♒	9♓	23♓	7♈	21♈	6♉	21♉	6♊	21♊	6♋	20♋
73	15♉	0♊	15♊	0♋	15♋	0♌	14♌	28♌	12♍	25♍	8♎	20♎	3♏	15♏	27♏
74	4♎	17♎	0♏	13♏	26♏	9♐	21♐	3♑	15♑	27♑	9♒	21♒	3♓	15♓	27♓
75	11♒	23♒	5♓	17♓	29♓	11♈	23♈	6♉	18♉	1♊	14♊	28♊	12♋	26♋	10♌
76	25♊	8♋	21♋	4♌	17♌	0♍	12♍	24♍	6♎	18♎	0♏	12♏	24♏	6♐	19♐
77	6♏	21♏	6♐	21♐	6♑	21♑	5♒	19♒	3♓	16♓	29♓	11♈	23♈	5♉	17♉
78	26♓	9♈	22♈	4♉	17♉	29♉	11♊	23♊	5♋	17♋	29♋	11♌	23♌	5♍	17♍
79	1♌	13♌	25♌	7♍	18♍	0♎	13♎	25♎	8♏	21♏	5♐	19♐	3♑	18♑	2♒
1980	16♐	29♐	12♑	26♑	9♒	23♒	7♓	21♓	5♈	19♈	4♉	18♉	3♊	17♊	1♋
81	27♈	12♉	27♉	12♊	27♊	12♋	26♋	10♌	23♌	6♍	19♍	1♎	13♎	25♎	7♏
82	17♍	0♎	13♎	25♎	8♏	20♏	2♐	14♐	25♐	7♑	19♑	1♒	13♒	25♒	7♓
83	21♑	3♒	14♒	26♒	8♓	20♓	3♈	15♈	28♈	12♉	25♉	10♊	24♊	9♋	24♋
84	7♊	20♊	3♋	17♋	1♌	15♌	29♌	13♍	28♍	12♎	26♎	10♏	24♏	8♐	21♐
85	18♎	3♏	18♏	3♐	17♐	2♑	16♑	0♒	13♒	26♒	9♓	21♓	3♈	15♈	27♈
86	8♓	21♓	4♈	16♈	28♈	10♉	22♉	4♊	15♊	27♊	9♋	21♋	3♌	16♌	28♌
87	10♋	22♋	4♌	16♌	28♌	10♍	22♍	5♎	18♎	2♏	16♏	0♐	15♐	0♑	15♑
88	27♏	11♐	25♐	9♑	23♑	7♒	22♒	6♓	20♓	4♈	18♈	2♉	15♉	29♉	12♊
89	10♈	24♈	9♉	24♉	8♊	23♊	7♋	20♋	3♌	16♌	29♌	11♍	23♍	5♎	16♎

JUNIO	14	15	16	17	18	19	20	21	22	23	24	25	26	27	28
1960	2♓	16♓	29♓	12♈	25♈	7♉	19♉	1♊	13♊	25♊	7♋	19♋	1♌	12♌	25♌
61	8♌	20♌	2♍	14♍	25♍	7♎	19♎	1♏	14♏	26♏	9♐	23♐	7♑	21♑	6♒
62	10♏	22♏	5♐	19♐	2♑	16♑	0♒	14♒	28♒	12♓	26♓	10♈	24♈	8♉	22♉
63	18♓	2♈	16♈	1♉	15♉	0♊	15♊	0♋	14♋	28♋	11♌	25♌	7♍	20♍	2♎
64	23♌	7♍	20♍	3♎	15♎	28♎	10♏	22♏	3♐	15♐	27♐	9♑	21♑	3♒	15♒
65	28♐	10♑	22♑	4♒	15♒	27♒	9♓	21♓	4♈	17♈	0♉	13♉	27♉	12♊	27♊
66	0♍	12♍	25♍	9♎	22♎	6♏	21♏	5♐	20♐	4♑	19♑	3♒	17♒	1♓	14♓
67	10♏	24♏	8♐	23♐	7♑	21♑	6♒	20♒	4♓	18♓	2♈	15♈	27♈	10♉	22♉
68	14♒	27♒	11♓	23♓	6♈	18♈	0♉	12♉	23♉	5♊	17♊	29♊	11♋	24♋	6♌
69	18♊	0♋	12♋	24♋	6♌	18♌	0♍	12♍	24♍	7♎	20♎	4♏	18♏	2♐	17♐
1970	19♎	2♏	15♏	29♏	13♐	27♐	12♑	27♑	12♒	26♒	11♓	25♓	9♈	22♈	6♉
71	2♓	16♓	0♈	15♈	29♈	13♉	27♉	11♊	25♊	9♋	22♋	5♌	17♌	29♌	11♍
72	4♌	17♌	0♍	13♍	26♍	8♎	20♎	2♏	13♏	25♏	7♐	19♐	2♑	14♑	27♑
73	9♐	20♐	2♑	14♑	26♑	8♒	20♒	2♓	15♓	28♓	11♈	25♈	9♉	24♉	8♊
74	9♈	22♈	6♉	19♉	4♊	18♊	3♋	18♋	3♌	18♌	2♍	17♍	1♎	14♎	27♎
75	24♌	9♍	23♍	7♎	21♎	5♏	19♏	2♐	16♐	29♐	12♑	24♑	7♒	19♒	1♓
76	24♐	7♑	21♑	3♒	16♒	28♒	10♓	21♓	3♈	15♈	27♈	9♉	22♉	5♊	17♊
77	29♍	10♎	22♎	4♏	16♏	28♏	11♐	23♐	6♑	19♑	2♒	16♒	0♓	15♓	29♓
78	29♒	12♓	26♓	10♈	24♈	9♉	24♉	9♊	24♊	9♋	24♋	8♌	22♌	6♍	19♍
79	17♈	1♉	15♉	29♉	13♊	27♊	10♋	24♋	7♌	20♌	2♍	15♍	27♍	9♎	21♎
1980	14♋	28♋	10♌	23♌	5♍	17♍	29♍	11♎	23♎	5♏	17♏	29♏	12♐	25♐	8♑
81	19♏	1♐	13♐	25♐	7♑	19♑	2♒	14♒	27♒	11♓	24♓	8♈	22♈	6♉	21♉
82	20♈	3♉	17♉	0♊	15♊	0♋	15♋	0♌	15♌	0♍	15♍	29♍	13♎	26♎	9♏
83	8♉	23♉	7♊	21♊	5♋	19♋	2♌	15♌	28♌	10♍	23♍	5♎	17♎	29♎	11♏
84	4♑	17♑	0♒	13♒	25♒	7♓	19♓	1♈	13♈	25♈	7♉	19♉	2♊	15♊	29♊
85	9♊	21♊	3♋	15♋	27♋	10♌	23♌	6♍	19♍	2♎	16♎	0♏	14♏	28♏	13♐
86	11♍	24♍	7♎	21♎	6♏	20♏	5♐	20♐	6♑	21♑	6♒	20♒	4♓	17♓	0♈
87	0♈	15♈	29♈	13♉	27♉	10♊	23♊	6♋	19♋	1♌	13♌	25♌	7♍	19♍	1♎
88	25♊	8♋	20♋	3♌	15♌	26♌	8♍	20♍	2♎	14♎	26♎	9♏	22♏	5♐	19♐
89	28♎	10♏	23♏	5♐	18♐	1♑	14♑	27♑	11♒	24♒	8♓	22♓	6♈	21♈	5♉

POSICIONES DE LA LUNA

	JUNIO		JULIO												
	29	30	1	2	3	4	5	6	7	8	9	10	11	12	13
1960	7♍	19♍	2♎	15♎	28♎	12♏	27♏	11♐	26♐	12♑	27♑	12♒	27♒	11♓	25♓
61	21♑	6♒	21♒	6♓	20♓	4♈	18♈	1♉	14♉	27♉	10♊	22♊	4♋	17♋	29♋
62	6♊	20♊	3♋	16♋	29♋	11♌	24♌	6♍	18♍	0♎	11♎	23♎	6♏	18♏	1♐
63	14♎	26♎	8♏	20♏	2♐	14♐	26♐	9♑	22♑	5♒	18♒	1♓	15♓	29♓	13♈
64	27♒	10♓	23♓	6♈	20♈	4♉	18♉	3♊	17♊	3♋	18♋	2♌	17♌	1♍	15♍
65	12♋	27♋	12♌	27♌	11♍	26♍	9♎	23♎	6♏	19♏	1♐	13♐	25♐	7♑	19♑
66	27♍	11♎	24♎	6♏	19♏	1♐	14♐	26♐	8♑	19♑	1♒	13♒	25♒	7♓	20♓
67	4♈	16♈	28♈	10♉	22♉	4♊	16♊	29♊	12♋	25♋	9♌	23♌	7♍	21♍	5♎
68	19♌	1♍	14♍	28♍	11♎	25♎	9♏	24♏	9♐	24♐	9♑	23♑	8♒	22♒	6♓
69	3♑	18♑	3♒	18♒	3♓	17♓	0♈	14♈	26♈	9♉	21♉	3♊	15♊	27♊	9♋
1970	19♉	2♊	15♊	27♊	10♋	22♋	4♌	16♌	27♌	9♍	21♍	3♎	15♎	28♎	10♏
71	23♍	5♎	17♎	29♎	11♏	24♏	6♐	19♐	3♑	16♑	0♒	14♒	29♒	13♓	27♓
72	10♒	23♒	6♓	19♓	3♈	17♈	2♉	16♉	1♊	15♊	0♋	14♋	28♋	12♌	25♌
73	24♊	8♋	24♋	10♌	23♌	7♍	21♍	4♎	17♎	29♎	11♏	24♏	6♐	17♐	29♐
74	10♏	23♏	6♐	18♐	0♑	12♑	24♑	6♒	29♒	29♒	11♓	23♓	6♈	18♈	1♉
75	13♓	25♓	7♈	19♈	1♉	13♉	26♉	9♊	23♊	7♋	21♋	6♌	20♌	5♍	20♍
76	1♎	14♎	28♎	12♏	26♏	10♐	24♐	8♑	22♑	6♒	20♒	5♓	19♓	2♈	16♈
77	14♐	29♐	15♑	29♑	14♒	28♒	14♓	29♓	7♈	6♈	21♈	5♉	19♉	7♊	19♊
78	1♐	14♐	26♐	8♑	20♑	28♑	14♒	26♒	8♓	20♓	2♈	14♈	26♈	8♉	21♉
79	3♍	15♍	26♍	8♎	21♎	3♏	16♏	29♏	13♐	27♐	12♑	27♑	12♒	27♒	11♓
1980	22♑	6♒	20♒	4♓	18♓	2♈	16♈	0♉	14♉	28♉	12♊	26♊	10♋	23♋	6♌
81	6♊	21♊	5♋	20♋	4♌	18♌	1♍	14♍	27♍	9♎	21♎	3♏	15♏	27♏	9♐
82	22♎	5♏	17♏	29♏	11♐	22♐	4♑	16♑	28♑	10♒	22♒	4♓	17♓	0♈	13♈
83	23♈	5♉	16♉	29♉	11♊	23♊	6♋	20♋	4♌	18♌	3♍	17♍	3♎	18♎	3♏
84	13♋	27♋	11♌	25♌	10♍	24♍	9♎	23♎	7♏	20♏	4♐	17♐	0♑	13♑	26♑
85	27♏	12♐	26♐	10♑	24♑	8♒	21♒	6♓	18♓	0♈	13♈	25♈	5♉	17♉	29♉
86	13♈	25♈	7♉	19♉	1♊	12♊	24♊	6♋	18♋	0♌	13♌	25♌	8♍	21♍	4♎
87	13♌	25♌	7♍	19♍	1♎	14♎	27♎	10♏	24♏	8♐	23♐	8♑	24♑	9♒	24♒
88	4♑	18♑	3♒	17♒	2♓	16♓	1♈	15♈	29♈	12♉	25♉	9♊	21♊	4♋	17♋
89	19♐	3♑	18♑	1♒	15♒	29♒	12♓	24♓	19♈	19♈	1♉	13♉	24♉	6♊	18♊

JULIO

	14	15	16	17	18	19	20	21	22	23	24	25	26	27	28
1960	8♈	21♈	4♉	16♉	28♉	10♊	22♊	4♋	16♋	28♋	10♌	22♌	4♍	16♍	29♍
61	10♌	22♌	4♍	16♍	28♍	10♎	22♎	5♏	18♏	1♐	15♐	0♑	14♑	0♒	15♒
62	14♐	27♐	11♑	25♑	9♒	23♒	8♓	22♓	7♈	21♈	5♉	19♉	3♊	16♊	29♊
63	27♈	11♉	26♉	10♊	24♊	8♋	22♋	6♌	20♌	3♍	15♍	28♍	10♎	22♎	4♏
64	29♍	11♎	24♎	6♏	18♏	0♐	12♐	24♐	6♑	18♑	0♒	12♒	24♒	7♓	20♓
65	0♋	12♋	24♋	6♌	18♌	0♍	12♍	25♍	9♎	22♎	6♏	20♏	5♐	20♐	5♑
66	3♊	17♊	0♋	15♋	0♌	15♌	29♌	14♍	29♍	13♎	27♎	11♏	24♏	8♐	20♐
67	19♋	3♌	17♌	2♍	16♍	29♍	13♎	27♎	10♏	23♏	5♐	18♐	0♑	12♑	24♑
68	19♓	2♈	14♈	26♈	8♉	20♉	2♊	14♊	26♊	8♋	20♋	3♌	15♌	28♌	11♍
69	21♋	3♌	15♌	27♌	9♍	21♍	3♎	16♎	29♎	13♏	27♏	11♐	26♐	11♑	26♑
1970	24♏	7♐	21♐	6♑	21♑	6♒	21♒	6♓	21♓	5♈	19♈	3♉	16♉	29♉	12♊
71	12♈	26♈	10♉	24♉	8♊	21♊	4♋	18♋	0♌	13♌	25♌	7♍	19♍	1♎	13♎
72	9♍	21♍	4♎	16♎	28♎	10♏	22♏	4♐	16♐	28♐	10♑	23♑	6♒	19♒	3♓
73	11♐	23♐	5♑	17♑	29♑	12♒	25♒	8♓	21♓	5♈	19♈	3♉	18♉	3♊	17♊
74	14♉	28♉	12♊	26♊	11♋	26♋	12♌	27♌	12♍	26♍	10♎	24♎	7♏	20♏	3♐
75	4♎	18♎	2♏	16♏	29♏	12♐	25♐	8♑	21♑	3♒	15♒	27♒	9♓	21♓	3♈
76	29♍	11♎	24♎	6♏	18♏	29♏	11♐	23♐	5♑	18♑	0♒	13♒	26♒	9♓	24♓
77	16♎	28♎	10♏	22♏	4♐	16♐	28♐	10♑	22♑	4♒	17♒	29♒	12♓	25♓	8♈
78	5♏	18♏	2♐	17♐	2♑	17♑	3♒	18♒	3♓	17♓	1♈	15♈	28♈	11♉	23♉
79	26♓	10♈	24♈	8♉	21♉	4♊	17♊	29♊	11♋	24♋	6♌	18♌	0♍	11♍	23♍
1980	18♌	1♍	13♍	25♍	7♎	19♎	1♏	13♏	25♏	7♐	20♐	3♑	17♑	1♒	15♒
81	21♐	3♑	16♑	28♑	10♒	24♒	7♓	21♓	5♈	19♈	3♉	17♉	1♊	16♊	0♋
82	26♈	10♉	24♉	8♊	23♊	8♋	23♋	8♌	23♌	8♍	22♍	5♎	18♎	1♏	13♏
83	17♍	29♍	12♎	24♎	7♏	19♏	2♐	14♐	26♐	8♑	20♑	3♒	15♒	28♒	11♓
84	8♒	21♒	3♓	15♓	27♓	9♈	21♈	3♉	15♉	27♉	10♊	23♊	7♋	21♋	6♌
85	11♊	23♊	6♋	19♋	2♌	15♌	29♌	13♍	27♍	11♎	25♎	9♏	23♏	7♐	22♐
86	17♎	1♏	15♏	28♏	10♐	22♐	4♑	16♑	28♑	10♒	22♒	4♓	17♓	0♈	13♈
87	9♓	23♓	7♈	20♈	3♉	16♉	29♉	12♊	25♊	8♋	22♋	5♌	19♌	2♍	16♍
88	29♋	11♌	23♌	5♍	17♍	29♍	11♎	23♎	5♏	18♏	0♐	13♐	26♐	10♑	24♑
89	1♐	13♐	26♐	9♑	23♑	7♒	20♒	4♓	19♓	3♈	17♈	2♉	16♉	0♊	14♊

	JULIO			AGOSTO											
	29	30	31	1	2	3	4	5	6	7	8	9	10	11	12
1960	11≙	24≙	8♏	22♏	6♐	20♐	5♑	20♑	5≈	20≈	5♓	19♓	3♈	17♈	0♉
61	0♓	15♓	29♓	14♈	28♈	11♉	24♉	7♊	19♊	2♋	14♋	26♋	7♌	19♌	1♍
62	12♋	25♋	8♌	20♌	2♍	14♍	26♍	8≙	20≙	2♏	14♏	26♏	9♐	22♐	5♑
63	16♏	28♏	10♐	22♐	5♑	17♑	0≈	14≈	27≈	11♓	25♓	9♈	24♈	8♉	22♉
64	3♈	16♈	0♉	14♉	28♉	12♊	27♊	11♋	26♋	11♌	25♌	10♍	23♍	7≙	20≙
65	21♑	6≈	20≈	5♓	19♓	2♈	15♈	27♈	10♉	22♉	4♊	16♊	27♊	9♋	21♋
66	3♑	16♑	28♑	10≈	22≈	4♓	16♓	28♓	10♈	22♈	4♉	16♉	29♉	12♊	25♊
67	6♍	17♍	29♍	12≙	24≙	7♏	21♏	4♐	18♐	3♑	17♑	1≈	16≈	0♓	14♓
68	25♏	8♐	22♐	6♑	20♑	4≈	19≈	3♓	18♓	2♈	16♈	0♉	14♉	27♉	10♊
69	12≈	27≈	11♓	25♓	9♈	22♈	5♉	18♉	0♊	12♊	24♊	6♋	18♋	0♌	12♌
1970	24♊	7♋	19♋	1♌	12♌	24♌	6♍	18♍	0≙	12≙	24≙	6♏	19♏	2♐	16♐
71	25≙	7♏	19♏	2♐	14♐	27♐	11♑	25♑	9≈	24≈	8♓	23♓	8♈	22♈	7♉
72	16♓	0♈	14♈	28♈	12♉	27♉	11♊	25♊	9♋	23♋	7♌	20♌	4♍	17♍	29♍
73	2♌	17♌	1♍	16♍	29♍	13≙	25≙	8♏	20♏	2♐	14♐	26♐	8♑	20♑	2≈
74	15♐	27♐	9♑	21♑	3≈	14≈	26≈	8♓	20♓	2♈	15♈	27♈	10♉	23♉	7♊
75	15♈	27♈	9♉	21♉	3♊	17♊	1♋	15♋	0♌	14♌	29♌	14♍	29♍	14≙	29≙
76	8♍	22♍	6≙	21≙	5♏	19♏	3♐	17♐	1♑	14♑	28♑	11≈	24≈	7♓	19♓
77	23♐	8♑	22♑	6≈	20≈	5♓	19♓	3♈	17♈	1♉	14♉	27♉	10♊	22♊	5♋
78	5♓	17♓	29♓	11♈	23♈	5♉	17♉	29♉	11♊	23♊	5♋	18♋	0♌	14♌	28♌
79	5≙	17≙	29≙	12♏	24♏	8♐	21♐	6♑	20♑	5≈	20≈	6♓	21♓	5♈	20♈
1980	29≈	14♓	28♓	13♈	27♈	11♉	25♉	9♊	23♊	6♋	19♋	2♌	15♌	27♌	9♍
81	14♋	29♋	12♌	26♌	9♍	22♍	5≙	17≙	29≙	11♏	23♏	5♐	17♐	29♐	12♑
82	26♏	8♐	19♐	1♑	13♑	25♑	7≈	19≈	1♓	14♓	27♓	10♈	23♈	6♉	20♉
83	25♓	7♈	20♈	2♉	15♉	28♉	12♊	26♊	11♋	26♋	11♌	26♌	11♍	26♍	11≙
84	20♌	5♍	20♍	5≙	19≙	3♏	17♏	1♐	14♐	27♐	10♑	22♑	5≈	17≈	29≈
85	6♑	19♑	3≈	17≈	0♓	12♓	25♓	7♈	19♈	1♉	13♉	25♉	7♊	19♊	1♋
86	15♋	27♋	9♌	21♌	3♍	15♍	27♍	10≙	22≙	5♏	18♏	1♐	14♐	28♐	12♑
87	16♏	28♏	10♐	23♐	6♑	19♑	3≈	17≈	2♓	17♓	2♈	17♈	2♉	17♉	2♊
88	12≈	27≈	12♓	26♓	11♈	25♈	9♉	22♉	6♊	18♊	1♋	13♋	26♋	8♌	20♌
89	27♊	11♋	24♋	7♌	20♌	2♍	15♍	27♍	9≙	21≙	2♏	14♏	26♏	9♐	21♐

AGOSTO

	13	14	15	16	17	18	19	20	21	22	23	24	25	26	27
1960	12♉	25♉	7♊	19♊	1♋	12♋	24♋	6♌	18♌	1♍	13♍	26♍	8♎	22♎	5♏
61	13♏	25♏	7♎	19♎	1♏	14♏	27♏	10♐	24♐	8♑	23♑	8♒	23♒	8♓	23♓
62	19♑	3♒	17♒	2♓	17♓	2♈	17♈	2♉	16♉	0♊	13♊	26♊	9♋	22♋	4♌
63	6♊	20♊	4♋	18♋	2♌	15♌	28♌	11♍	24♍	6♎	18♎	0♏	12♏	24♏	6♐
64	2♏	15♏	27♏	9♐	20♐	2♑	14♑	26♑	8♒	21♒	4♓	17♓	0♈	13♈	27♈
65	3♓	15♓	27♓	10♈	22♈	5♉	18♉	1♊	15♊	29♊	14♋	29♋	14♌	29♌	14♍
66	9♋	23♋	8♌	23♌	8♍	24♍	9♎	23♎	7♏	21♏	4♐	17♐	0♑	13♑	25♑
67	28♏	12♐	26♐	9♑	23♑	6♒	19♒	1♓	14♓	26♓	8♈	20♈	2♉	14♉	25♉
68	22♈	4♉	16♉	28♉	10♊	22♊	4♋	16♋	29♋	11♌	24♌	8♍	21♍	5♎	19♎
69	24♌	6♍	18♍	1♎	13♎	26♎	9♏	23♏	7♐	21♐	6♑	20♑	5♒	20♒	5♓
1970	0♒	14♒	29♒	14♓	29♓	14♈	29♈	14♉	28♉	12♊	26♊	9♋	21♋	4♌	16♌
71	21♉	4♊	18♊	1♋	14♋	27♋	9♌	22♌	4♍	16♍	28♍	10♎	22♎	3♏	15♏
72	12♎	24♎	6♏	18♏	0♐	11♐	24♐	6♑	18♑	1♒	14♒	28♒	12♓	26♓	10♈
73	14♒	26♒	9♓	22♓	5♈	18♈	2♉	15♉	29♉	13♊	27♊	12♋	26♋	11♌	25♌
74	21♊	5♋	20♋	5♌	20♌	5♍	20♍	5♎	19♎	3♏	16♏	29♏	12♐	24♐	6♑
75	12♏	26♏	9♐	22♐	5♑	18♑	0♒	12♒	24♒	6♓	18♓	0♈	12♈	24♈	6♉
76	2♈	14♈	25♈	7♉	19♉	1♊	13♊	25♊	8♋	21♋	5♌	19♌	3♍	17♍	2♎
77	4♌	17♌	0♍	13♍	26♍	10♎	23♎	7♏	21♏	5♐	20♐	4♑	18♑	3♒	17♒
78	12♐	26♐	11♑	26♑	11♒	26♒	11♓	26♓	10♈	23♈	6♉	19♉	2♊	14♊	26♊
79	4♑	17♑	1♒	14♒	26♒	9♓	21♓	3♈	15♈	26♈	8♉	20♉	2♊	14♊	26♊
1980	21♍	3♎	15♎	27♎	9♏	21♏	3♐	15♐	28♐	11♑	25♑	9♒	23♒	8♓	23♓
81	24♑	7♒	20♒	4♓	17♓	1♈	15♈	0♉	14♉	28♉	12♊	26♊	10♋	24♋	8♌
82	4♊	18♊	3♋	17♋	2♌	17♌	1♍	16♍	0♎	13♎	27♎	9♏	22♏	4♐	16♐
83	25♎	9♏	22♏	4♐	17♐	29♐	11♑	23♑	5♒	17♒	28♒	10♓	22♓	4♈	17♈
84	11♓	23♓	5♈	17♈	29♈	11♉	23♉	5♊	18♊	1♋	15♋	29♋	14♌	29♌	14♍
85	14♌	27♌	11♍	25♍	9♎	23♎	7♏	22♏	6♐	20♐	4♑	18♑	2♒	16♒	29♒
86	26♏	10♐	24♐	9♑	23♑	8♒	22♒	6♓	20♓	4♈	17♈	29♈	11♉	23♉	5♊
87	16♈	29♈	12♉	25♉	7♊	19♊	1♋	13♋	25♋	7♌	19♌	1♍	13♍	25♍	7♎
88	2♍	13♍	25♍	7♎	19♎	1♏	13♏	26♏	9♐	22♐	6♑	20♑	5♒	20♒	5♓
89	4♑	17♑	1♒	15♒	29♒	14♓	29♓	13♈	28♈	12♉	27♉	11♊	24♊	8♋	21♋

	AGOSTO				SEPTIEMBRE										
	28	29	30	31	1	2	3	4	5	6	7	8	9	10	11
1960	18♏	2✗	16✗	1♑	15♑	0≈	14≈	29≈	13♓	27♓	11♈	25♈	8♉	20♉	3♊
61	8♈	23♈	7♉	20♉	3♊	16♊	28♊	11♋	23♋	4♌	16♌	28♌	10♍	22♍	4≏
62	17♌	29♌	11♍	23♍	4≏	16≏	28≏	10♏	22♏	4✗	17✗	0♑	13♑	27♑	11≈
63	18✗	0♑	12♑	25♑	9≈	22≈	6♓	20♓	5♈	20♈	4♉	19♉	3♊	17♊	1♋
64	11♉	25♉	9♊	23♊	7♋	21♋	6♌	19♌	2♍	24♍	4≏	15≏	28≏	10♏	23♏
65	29♍	13≏	27≏	11♏	24♏	6✗	19✗	1♑	12♑	24♑	6≈	18≈	0♓	12♓	24♓
66	7♈	19♈	1♉	13♉	25♉	7♊	19♊	0♋	13♋	25♋	7♌	20♌	4♍	17♍	2≏
67	7♏	20♏	2✗	15✗	29✗	13♑	27♑	11≈	26≈	11♓	26♓	10♈	25♈	9♉	23♉
68	3♏	17♏	1✗	15✗	29✗	13♑	27♑	11≈	25≈	9♓	22♓	5♈	18♈	0♉	12♉
69	19♓	4♈	17♈	1♉	14♉	26♉	8♊	21♊	2♋	14♋	26♋	8♌	20♌	2♍	15♍
1970	28♋	10♌	21♌	3♍	15♍	27♍	9≏	21≏	3♏	16♏	28♏	11✗	25✗	9♑	23♑
71	27♏	10✗	22✗	6♑	19♑	3≈	17≈	2♓	17♓	2♈	17♈	2♉	17♉	1♊	15♊
72	25♈	9♉	23♉	8♊	22♊	6♋	19♋	3♌	16♌	29♌	12♍	25♍	7≏	20≏	2♏
73	10♍	24♍	7≏	21≏	4♏	16♏	28♏	10✗	22✗	4♑	16♑	28♑	10≈	22≈	5♓
74	18♑	0≈	11≈	23≈	5♓	17♓	29♓	11♈	24♈	7♉	20♉	3♊	16♊	0♋	14♋
75	18♉	0♊	13♊	26♊	9♋	23♋	8♌	23♌	8♍	23♍	8≏	23≏	8♏	22♏	6✗
76	17≏	1♏	16♏	0✗	14✗	27✗	11♑	24♑	7≈	20≈	3♓	16♓	28♓	10♈	22♈
77	1♓	14♓	28♓	11♈	23♈	6♉	18♉	0♊	12♊	23♊	5♋	16♋	28♋	10♌	22♌
78	8♋	20♋	2♌	14♌	26♌	8♍	20♍	2≏	15≏	28≏	11♏	25♏	8✗	22✗	6♑
79	8♏	21♏	3✗	17✗	0♑	14♑	29♑	14≈	29≈	14♓	29♓	14♈	29♈	13♉	27♉
1980	8♈	23♈	7♉	22♉	6♊	20♊	3♋	16♋	29♋	11♌	24♌	6♍	18♍	0≏	12≏
81	21♌	5♍	18♍	0≏	13≏	25≏	7♏	19♏	1✗	13✗	25✗	7♑	19♑	2≈	15≈
82	28✗	9♑	21♑	3≈	15≈	28≈	10♓	23♓	6♈	20♈	3♉	17♉	1♊	15♊	29♊
83	29♈	12♉	25♉	8♊	21♊	5♋	20♋	4♌	19♌	5♍	20♍	5≏	19≏	4♏	17♏
84	29♍	14≏	29≏	13♏	27♏	11✗	24✗	7♑	20♑	2≈	14≈	26≈	8♓	20♓	2♈
85	12≈	25≈	8♓	21♓	3♈	15♈	27♈	9♉	21♉	3♊	15♊	27♊	9♋	22♋	5♌
86	17♊	29♊	11♋	23♋	6♌	18♌	1♍	14♍	27♍	11≏	25≏	9♏	23♏	7✗	21✗
87	20≏	3♏	16♏	29♏	13✗	27✗	11♑	26♑	11≈	26≈	11♓	25♈	10♈	24♈	7♉
88	20♓	5♈	20♈	5♉	19♉	2♊	15♊	28♊	11♋	23♋	5♌	17♌	29♌	10♍	22♍
89	4♌	16♌	29♌	11♍	23♍	5≏	17≏	29≏	11♏	23♏	5✗	17✗	29✗	12♑	25♑

꧁381꧂

SEPTIEMBRE

	12	13	14	15	16	17	18	19	20	21	22	23	24	25	26
1960	15♊	27♊	9♋	21♋	3♌	15♌	27♌	9♍	22♍	5♎	18♎	2♏	15♏	29♏	13♐
61	16♎	28♎	11♏	24♏	7♐	20♐	4♑	18♑	2♒	17♒	1♓	16♓	1♈	16♈	1♉
62	26♒	11♓	26♓	11♈	26♈	11♉	26♉	10♊	23♊	6♋	19♋	1♌	14♌	26♌	8♍
63	15♋	28♋	11♌	24♌	7♍	20♍	2♎	14♎	26♎	8♏	20♏	2♐	14♐	26♐	8♑
64	5♐	16♐	28♐	10♑	22♑	4♒	17♒	29♒	12♓	26♓	9♈	23♈	7♉	21♉	5♊
65	7♈	19♈	2♉	15♉	28♉	12♊	25♊	9♋	23♋	7♌	21♌	5♍	19♍	3♎	16♎
66	17♌	1♍	14♍	28♍	11♎	25♎	8♏	22♏	5♐	19♐	2♑	16♑	29♑	13♒	26♒
67	6♑	20♑	3♒	15♒	28♒	11♓	24♓	7♈	20♈	3♉	16♉	29♉	12♊	25♊	8♋
68	24♑	7♒	20♒	3♓	16♓	29♓	12♈	25♈	8♉	21♉	4♊	17♊	0♋	13♋	26♋
69	27♍	10♎	23♎	6♏	19♏	2♐	15♐	28♐	11♑	24♑	7♒	20♒	3♓	16♓	29♓
1970	8♒	22♒	8♓	23♓	8♈	23♈	7♉	21♉	4♊	17♊	0♋	12♋	25♋	6♌	18♌
71	28♊	11♋	24♋	6♌	19♌	1♍	13♍	25♍	7♎	18♎	0♏	12♏	24♏	6♐	19♐
72	14♏	26♏	8♐	19♐	1♑	13♑	26♑	9♒	22♒	6♓	20♓	5♈	20♈	5♉	19♉
73	18♓	1♈	15♈	28♈	12♉	26♉	10♊	24♊	8♋	22♋	6♌	20♌	4♍	18♍	1♎
74	29♊	14♋	29♋	14♌	28♌	12♍	26♍	9♎	22♎	5♏	17♏	29♏	11♐	23♐	5♑
75	19♐	2♑	14♑	27♑	9♒	21♒	3♓	15♓	27♓	9♈	21♈	3♉	15♉	27♉	9♊
76	4♌	17♌	29♌	12♍	24♍	7♎	19♎	2♏	14♏	27♏	9♐	22♐	4♑	17♑	29♑
77	8♏	20♏	2♐	14♐	26♐	8♑	20♑	2♒	14♒	26♒	8♓	20♓	2♈	14♈	26♈
78	21♑	4♒	17♒	0♓	13♓	26♓	9♈	22♈	5♉	18♉	1♊	14♊	27♊	10♋	23♋
79	10♊	23♊	6♋	19♋	2♌	15♌	28♌	11♍	24♍	7♎	20♎	3♏	16♏	29♏	12♐
1980	24♎	7♏	20♏	3♐	16♐	29♐	12♑	25♑	8♒	21♒	5♓	18♓	1♈	15♈	28♈
81	29♒	12♓	25♓	10♈	24♈	8♉	22♉	7♊	21♊	6♋	20♋	4♌	18♌	1♍	14♍
82	13♋	27♋	11♌	26♌	10♍	24♍	8♎	21♎	5♏	17♏	0♐	12♐	24♐	6♑	18♑
83	0♐	13♐	26♐	9♑	22♑	5♒	18♒	1♓	14♓	27♓	10♈	23♈	6♉	19♉	2♊
84	14♈	28♈	12♉	26♉	10♊	24♊	8♋	22♋	6♌	20♌	4♍	18♍	2♎	16♎	0♏
85	19♌	2♍	15♍	28♍	11♎	24♎	7♏	20♏	3♐	16♐	29♐	12♑	25♑	8♒	21♒
86	5♑	18♑	1♒	14♒	27♒	10♓	23♓	6♈	19♈	2♉	15♉	28♉	11♊	24♊	7♋
87	20♉	2♊	15♊	27♊	10♋	22♋	5♌	17♌	29♌	11♍	23♍	5♎	17♎	0♏	13♏
88	4♎	16♎	28♎	10♏	22♏	4♐	16♐	28♐	10♑	22♑	4♒	16♒	28♒	10♓	22♓
89	9♒	23♒	7♓	21♓	5♈	19♈	3♉	17♉	1♊	15♊	29♊	13♋	27♋	11♌	25♌

POSICIONES DE LA LUNA

	SEPTIEMBRE				OCTUBRE										
	27	28	29	30	1	2	3	4	5	6	7	8	9	10	11
1960	27♐	11♑	26♑	10♒	24♒	8♓	22♓	6♈	19♈	3♉	16♉	28♉	11♊	23♊	5♋
61	15♉	29♉	12♊	25♊	7♋	19♋	1♌	13♌	25♌	7♍	18♍	0♎	13♎	25♎	8♏
62	20♍	1♎	13♎	25♎	7♏	19♏	1♐	13♐	26♐	9♑	22♑	5♒	19♒	4♓	19♓
63	20♑	3♒	16♒	0♓	14♓	29♓	14♈	29♈	14♉	29♉	13♊	28♊	12♋	25♋	8♌
64	20♊	4♋	18♋	2♌	16♌	0♍	13♍	27♍	10♎	23♎	6♏	18♏	0♐	12♐	24♐
65	5♏	19♏	2♐	14♐	27♐	9♑	21♑	3♒	14♒	26♒	8♓	21♓	3♈	16♈	29♈
66	10♓	24♓	8♈	22♈	6♉	21♉	5♊	20♊	5♋	20♋	5♌	19♌	3♍	16♍	29♍
67	11♋	24♋	7♌	21♌	5♍	20♍	5♎	20♎	5♏	20♏	5♐	19♐	3♑	16♑	29♑
68	12♐	26♐	10♑	24♑	8♒	21♒	5♓	18♓	1♈	13♈	26♈	8♉	20♉	2♊	14♊
69	25♈	9♉	21♉	4♊	16♊	29♊	10♋	22♋	4♌	16♌	28♌	11♍	23♍	6♎	19♎
1970	0♍	12♍	24♍	6♎	18♎	0♏	13♏	25♏	8♐	22♐	5♑	19♑	3♒	17♒	1♓
71	1♐	14♐	27♐	11♑	25♑	10♒	25♒	10♓	26♓	11♈	26♈	10♉	24♉	8♊	21♊
72	4♊	18♊	3♋	16♋	0♌	13♌	26♌	9♍	21♍	4♎	16♎	28♎	10♏	22♏	4♐
73	16♎	29♎	12♏	24♏	6♐	18♐	0♑	12♑	24♑	6♒	18♒	0♓	13♓	26♓	10♈
74	20♓	2♈	14♈	26♈	9♉	21♉	4♊	17♊	0♋	13♋	27♋	11♌	25♌	9♍	23♍
75	22♊	5♋	18♋	2♌	16♌	1♍	16♍	1♎	16♎	1♏	16♏	1♐	15♐	28♐	11♑
76	26♍	10♎	24♎	8♏	21♏	4♐	17♐	0♑	12♑	25♑	7♒	19♒	0♓	12♓	24♓
77	6♈	19♈	1♉	14♉	26♉	8♊	20♊	1♋	13♋	25♋	7♌	20♌	3♍	17♍	0♎
78	10♌	22♌	4♍	16♍	29♍	12♎	25♎	8♏	21♏	5♐	19♐	3♑	17♑	1♒	16♒
79	13♐	26♐	10♑	24♑	8♒	22♒	7♓	22♓	7♈	22♈	7♉	21♉	5♊	19♊	2♋
1980	17♉	2♊	16♊	0♋	13♋	26♋	8♌	21♌	3♍	15♍	27♍	9♎	20♎	2♏	14♏
81	26♍	9♎	21♎	4♏	16♏	28♏	9♐	21♐	3♑	15♑	27♑	10♒	23♒	6♓	20♓
82	29♑	11♒	24♒	6♓	19♓	2♈	16♈	29♈	13♉	27♉	11♊	25♊	10♋	24♋	8♌
83	5♊	18♊	1♋	15♋	29♋	14♌	29♌	13♍	28♍	13♎	28♎	12♏	25♏	9♐	21♐
84	8♏	23♏	7♐	20♐	4♑	16♑	29♑	11♒	23♒	5♓	17♓	29♓	11♈	23♈	5♉
85	17♓	0♈	12♈	24♈	6♉	17♉	29♉	11♊	23♊	5♋	17♋	0♌	13♌	27♌	11♍
86	19♍	1♎	14♎	26♎	9♏	23♏	6♐	20♐	4♑	19♑	3♒	17♒	2♓	16♓	0♈
87	26♉	10♊	23♊	7♋	22♋	6♌	20♌	5♍	19♍	4♎	18♎	2♏	15♏	28♏	11♐
88	28♈	13♉	27♉	11♊	24♊	7♋	20♋	2♌	14♌	26♌	7♍	19♍	1♎	13♎	25♎
89	8♍	20♍	2♎	14♎	26♎	7♏	19♏	1♐	13♐	25♐	8♑	21♑	4♒	17♒	1♓

OCTUBRE

	12	13	14	15	16	17	18	19	20	21	22	23	24	25	26
1960	17♋	29♋	10♌	23♌	5♍	17♍	0♎	13♎	27♎	11♏	25♏	9♐	24♐	8♑	22♑
61	21♏	4♐	17♐	0♑	14♑	28♑	12♒	26♒	11♓	25♓	10♈	25♈	9♉	23♉	7♊
62	4♈	19♈	5♉	20♉	4♊	19♊	2♋	15♋	28♋	11♌	23♌	5♍	17♍	28♍	10♎
63	21♌	4♍	16♍	29♍	11♎	23♎	5♏	17♏	29♏	11♐	22♐	4♑	16♑	29♑	11♒
64	6♑	18♑	0♒	12♒	24♒	7♓	20♓	4♈	18♈	2♉	17♉	1♊	16♊	0♋	15♋
65	12♉	25♉	9♊	22♊	6♋	20♋	4♌	18♌	3♍	17♍	2♎	16♎	0♏	13♏	27♏
66	25♍	10♎	25♎	10♏	25♏	9♐	22♐	5♑	18♑	1♒	13♒	25♒	7♓	19♓	0♈
67	12♒	25♒	7♓	19♓	1♈	13♈	25♈	7♉	19♉	1♊	13♊	25♊	7♋	19♋	2♌
68	26♊	8♋	20♋	2♌	14♌	27♌	10♍	24♍	8♎	23♎	7♏	22♏	7♐	22♐	6♑
69	3♏	16♏	0♐	14♐	28♐	13♑	27♑	11♒	25♒	9♓	23♓	7♈	20♈	4♉	17♉
1970	16♓	1♈	16♈	1♉	15♉	29♉	13♊	26♊	8♋	21♋	3♌	15♌	27♌	8♍	20♍
71	3♌	16♌	28♌	10♍	22♍	4♎	15♎	27♎	9♏	21♏	3♐	15♐	28♐	10♑	23♑
72	16♐	28♐	10♑	22♑	4♒	17♒	0♓	14♓	29♓	13♈	28♈	13♉	29♉	14♊	28♊
73	24♈	8♉	22♉	6♊	21♊	5♋	19♋	3♌	17♌	1♍	15♍	28♍	11♎	24♎	7♏
74	8♍	23♍	7♎	21♎	6♏	19♏	3♐	15♐	28♐	10♑	22♑	4♒	16♒	28♒	10♓
75	24♑	6♒	18♒	0♓	12♓	24♓	6♈	18♈	0♉	12♉	24♉	6♊	19♊	2♋	15♋
76	6♊	18♊	0♋	12♋	25♋	8♌	21♌	5♍	19♍	4♎	19♎	4♏	19♏	4♐	19♐
77	14♎	29♎	13♏	28♏	12♐	27♐	11♑	26♑	9♒	23♒	6♓	19♓	2♈	15♈	27♈
78	0♓	14♓	28♓	12♈	26♈	9♉	22♉	5♊	18♊	0♋	12♋	24♋	6♌	18♌	0♍
79	14♋	26♋	8♌	20♌	2♍	14♍	26♍	8♎	20♎	2♏	15♏	27♏	10♐	23♐	7♑
1980	26♏	8♐	20♐	3♑	15♑	28♑	12♒	26♒	10♓	25♓	10♈	25♈	10♉	25♉	10♊
81	5♈	20♈	4♉	20♉	4♊	19♊	4♋	18♋	1♌	15♌	28♌	11♍	23♍	6♎	18♎
82	22♌	6♍	19♍	3♎	17♎	0♏	13♏	25♏	8♐	20♐	2♑	13♑	25♑	7♒	19♒
83	4♑	16♑	28♑	10♒	22♒	4♓	16♓	28♓	10♈	23♈	5♉	18♉	2♊	15♊	28♊
84	17♊	29♊	11♋	24♋	6♌	19♌	3♍	17♍	1♎	16♎	1♏	16♏	1♐	16♐	1♑
85	26♍	10♎	25♎	11♏	26♏	10♐	25♐	9♑	23♑	6♒	19♒	2♓	14♓	27♓	9♈
86	14♒	28♒	11♓	24♓	7♈	20♈	3♉	15♉	27♉	9♊	21♊	3♋	15♋	27♋	9♌
87	24♓	6♈	18♈	0♉	12♉	23♉	5♊	18♊	0♋	13♋	26♋	9♌	23♌	6♍	20♍
88	7♏	20♏	2♐	15♐	28♐	11♑	25♑	9♒	23♒	7♓	22♓	7♈	22♈	6♉	20♉
89	16♓	1♈	16♈	1♉	17♉	2♊	16♊	0♋	14♋	27♋	10♌	23♌	5♍	17♍	29♍

POSICIONES DE LA LUNA

	OCTUBRE					NOVIEMBRE									
	27	28	29	30	31	1	2	3	4	5	6	7	8	9	10
1960	6♒	20♒	4♓	18♓	2♈	15♈	28♈	11♉	24♉	6♊	19♊	1♋	13♋	25♋	6♌
61	20♊	3♋	·15♋	27♋	9♌	21♌	3♍	15♍	27♍	9♎	21♎	4♏	17♏	0♐	14♐
62	22♎	4♏	16♏	28♏	11♐	23♐	6♑	19♑	2♒	15♒	29♒	13♓	28♓	13♈	28♈
63	25♒	8♓	22♓	7♈	22♈	7♉	22♉	8♊	23♊	7♋	21♋	5♌	18♌	1♍	14♍
64	29♋	13♌	26♌	10♍	23♍	6♎	19♎	2♏	14♏	27♏	9♐	21♐	2♑	14♑	26♑
65	10♈	22♈	5♉	17♉	29♉	10♊	22♊	4♋	16♋	29♋	11♌	24♌	7♍	20♍	2♎
66	12♈	24♈	7♉	19♉	1♊	14♊	27♊	10♋	23♋	7♌	21♌	5♍	19♍	4♎	18♎
67	16♌	29♌	13♍	28♍	13♎	28♎	13♏	28♏	13♐	28♐	12♑	26♑	9♒	22♒	4♓
68	21♍	5♎	18♎	2♏	15♏	27♏	10♐	22♐	5♑	17♑	29♑	11♒	23♒	5♓	18♓
69	29♊	12♋	24♋	6♌	18♌	0♍	12♍	24♍	6♎	18♎	1♏	14♏	26♏	9♐	22♐
1970	2♎	14♎	27♎	9♏	22♏	5♐	18♐	2♑	16♑	29♑	13♒	27♒	12♓	26♓	10♈
71	7♏	20♏	4♐	19♐	3♑	19♑	4♒	19♒	4♓	18♓	2♈	16♈	29♈	12♉	25♉
72	13♐	26♐	10♑	23♑	7♒	20♒	4♓	18♓	1♈	15♈	29♈	13♉	27♉	12♊	25♊
73	20♑	2♒	14♒	26♒	8♓	20♓	1♈	13♈	26♈	8♉	21♉	4♊	18♊	2♋	17♋
74	22♓	5♈	17♈	0♉	13♉	26♉	10♊	24♊	7♋	21♋	6♌	20♌	4♍	18♍	2♎
75	28♓	12♈	26♈	10♉	25♉	10♊	25♊	10♋	24♋	9♌	23♌	6♍	19♍	2♎	14♎
76	4♌	18♌	1♍	14♍	27♍	9♎	22♎	4♏	16♏	28♏	9♐	21♐	3♑	15♑	27♑
77	10♎	22♎	4♏	16♏	28♏	10♐	22♐	4♑	16♑	28♑	12♒	24♒	6♓	18♓	1♈
78	12♍	24♍	7♎	20♎	3♏	17♏	0♐	14♐	28♐	12♑	26♑	10♒	24♒	8♓	22♓
79	20♍	4♎	18♎	2♏	16♏	1♐	16♐	0♑	14♑	29♑	13♒	26♒	9♓	22♓	4♈
1980	25♊	9♋	22♋	5♌	18♌	0♍	12♍	24♍	6♎	17♎	29♎	11♏	23♏	5♐	18♐
81	0♏	12♏	24♏	6♐	18♐	0♑	11♑	23♑	6♒	18♒	1♓	15♓	28♓	13♈	28♈
82	1♓	14♓	27♓	10♈	24♈	8♉	22♉	7♊	21♊	6♋	20♋	5♌	19♌	2♍	16♍
83	12♋	26♋	10♌	24♌	9♍	23♍	7♎	21♎	6♏	20♏	3♐	16♐	29♐	12♑	24♑
84	15♐	29♐	12♑	26♑	8♒	20♒	2♓	14♓	26♓	8♈	20♈	2♉	14♉	26♉	8♊
85	21♈	2♉	14♉	26♉	8♊	20♊	2♋	14♋	26♋	9♌	22♌	5♍	19♍	4♎	18♎
86	21♌	4♍	17♍	0♎	14♎	29♎	13♏	28♏	13♐	28♐	13♑	27♑	11♒	25♒	8♓
87	4♒	18♒	3♓	17♓	1♈	15♈	29♈	13♉	27♉	10♊	23♊	6♋	19♋	1♌	14♌
88	5♊	19♊	2♋	15♋	28♋	10♌	22♌	4♍	16♍	27♍	9♎	21♎	4♏	16♏	29♏
89	11♎	23♎	4♏	16♏	28♏	10♐	22♐	5♑	17♑	0♒	13♒	26♒	10♓	24♓	9♈

NOVIEMBRE.

	11	12	13	14	15	16	17	18	19	20	21	22	23	24	25
1960	18♌	0♍	13♍	25♍	8♎	21♎	5♏	20♏	4♐	19♐	4♑	18♑	3♒	17♒	1♓
61	27♐	11♑	25♑	9♒	23♒	7♓	21♓	5♈	19♈	3♉	17♉	1♊	15♊	28♊	10♋
62	13♉	28♉	12♊	27♊	10♋	24♋	7♌	19♌	1♍	13♍	25♍	7♎	19♎	1♏	13♏
63	26♍	8♎	20♎	2♏	14♏	26♏	8♐	19♐	1♑	13♑	25♑	8♒	20♒	4♓	17♓
64	8♒	20♒	2♓	15♓	28♓	12♈	26♈	10♉	25♉	10♊	25♊	10♋	25♋	9♌	23♌
65	19♊	3♋	17♋	1♌	15♌	29♌	14♍	28♍	11♎	25♎	9♏	22♏	5♐	18♐	0♑
66	4♏	18♏	3♐	17♐	0♑	13♑	26♑	9♒	21♒	3♓	15♓	27♓	9♈	21♈	3♉
67	16♓	28♓	10♈	22♈	4♉	16♉	28♉	10♊	22♊	4♋	16♋	29♋	12♌	25♌	9♍
68	28♋	10♌	23♌	5♍	18♍	1♎	14♎	28♎	11♏	25♏	9♐	23♐	7♑	20♑	5♒
69	10♐	24♐	9♑	23♑	8♒	22♒	6♓	20♓	3♈	16♈	29♈	12♉	25♉	8♊	20♊
1970	25♈	9♉	23♉	7♊	20♊	4♋	16♋	29♋	11♌	23♌	4♍	16♍	28♍	10♎	22♎
71	7♍	19♍	0♎	12♎	24♎	6♏	18♏	0♐	13♐	25♐	8♑	20♑	3♒	17♒	0♓
72	18♑	0♒	13♒	26♒	9♓	23♓	7♈	21♈	6♉	22♉	7♊	22♊	7♋	22♋	6♌
73	1♎	16♎	0♏	15♏	0♐	14♐	28♐	11♑	25♑	8♒	21♒	4♓	16♓	28♓	10♈
74	16♎	27♎	11♏	25♏	9♐	23♐	6♑	19♑	2♒	15♒	28♒	11♓	24♓	7♈	20♈
75	27♊	11♋	25♋	9♌	23♌	7♍	20♍	3♎	16♎	29♎	12♏	24♏	6♐	18♐	0♑
76	9♌	21♌	4♍	17♍	0♎	14♎	28♎	12♏	27♏	12♐	27♐	12♑	27♑	12♒	26♒
77	22♍	4♎	17♎	0♏	13♏	26♏	10♐	23♐	7♑	20♑	4♒	18♒	2♓	16♓	1♈
78	8♏	22♏	6♐	20♐	4♑	18♑	2♒	15♒	28♒	11♓	24♓	7♈	20♈	2♉	15♉
79	16♑	29♑	12♒	25♒	8♓	21♓	4♈	17♈	0♉	13♉	26♉	9♊	22♊	5♋	18♋
1980	0♒	12♒	25♒	8♓	21♓	5♈	19♈	3♉	18♉	3♊	18♊	3♋	18♋	3♌	17♌
81	13♊	28♊	13♋	28♋	13♌	27♌	11♍	25♍	8♎	20♎	3♎	15♎	27♎	9♏	21♏
82	0♎	13♎	26♎	9♏	21♏	4♐	16♐	28♐	10♑	21♑	3♒	15♒	27♒	9♓	22♓
83	6♒	18♒	0♓	12♓	24♓	6♈	18♈	1♉	14♉	27♉	11♊	25♊	9♋	23♋	7♌
84	21♊	3♋	16♋	0♌	13♌	27♌	11♍	25♍	10♎	25♎	24♎	24♎	9♏	23♏	7♐
85	3♍	19♍	4♎	19♎	4♏	18♏	2♐	15♐	29♐	11♑	24♑	6♒	18♒	0♓	11♓
86	21♏	4♐	17♐	29♐	12♑	24♑	6♒	18♒	0♓	11♓	23♓	5♈	17♈	29♈	12♉
87	26♑	8♒	19♒	1♓	13♓	25♓	8♈	21♈	4♉	18♉	2♊	16♊	0♋	15♋	29♋
88	12♊	25♊	8♋	22♋	5♌	19♌	3♍	17♍	2♎	16♎	1♏	15♏	29♏	13♐	27♐
89	24♈	9♉	25♉	10♊	25♊	9♋	23♋	6♌	19♌	2♍	14♍	26♍	8♎	19♎	1♏

	NOVIEMBRE					DICIEMBRE									
	26	27	28	29	30	1	2	3	4	5	6	7	8	9	10
1960	15♓	28♓	12♈	25♈	7♉	20♉	3♊	15♊	27♊	9♋	21♋	3♌	15♌	26♌	8♍
61	23♋	5♌	17♌	29♌	11♍	22♍	4♎	17♎	29♎	12♏	25♏	9♐	23♐	7♑	21♑
62	25♏	7♐	20♐	3♑	16♑	29♑	12♒	25♒	9♓	23♓	8♈	22♈	7♉	21♉	6♊
63	1♈	15♈	0♉	15♉	0♊	16♊	1♋	15♋	0♌	14♌	27♌	10♍	23♍	5♎	17♎
64	7♍	20♍	3♎	16♎	29♎	11♏	23♏	5♐	17♐	29♐	11♑	23♑	4♒	16♒	28♒
65	12♑	24♑	6♒	18♒	29♒	11♓	24♓	6♈	19♈	2♉	15♉	29♉	13♊	28♊	12♋
66	15♉	28♉	10♊	23♊	7♋	20♋	4♌	18♌	2♍	16♍	0♎	14♎	29♎	13♏	27♏
67	22♍	7♎	21♎	6♏	21♏	6♐	21♐	6♑	20♑	4♒	17♒	0♓	13♓	25♓	7♈
68	28♒	12♓	24♓	7♈	19♈	2♉	14♉	25♉	7♊	19♊	1♋	13♋	25♋	7♌	19♌
69	26♋	14♌	26♌	8♍	20♍	2♎	14♎	26♎	9♏	22♏	5♐	19♐	4♑	19♑	3♒
1970	5♏	18♏	1♐	15♐	28♐	12♑	26♑	10♒	24♒	8♓	22♓	6♈	20♈	4♉	18♉
71	14♓	28♓	13♈	27♈	12♉	27♉	12♊	26♊	11♋	24♋	7♌	20♌	3♍	15♍	27♍
72	19♌	2♍	15♍	28♍	10♎	22♎	4♏	16♏	28♏	10♐	21♐	3♑	15♑	27♑	10♒
73	22♐	4♑	16♑	28♑	10♒	22♒	4♓	16♓	29♓	12♈	26♈	10♉	24♉	9♊	24♊
74	25♈	8♉	21♉	5♊	19♊	3♋	18♋	2♌	16♌	1♍	15♍	29♍	13♎	26♎	10♏
75	6♍	21♍	5♎	19♎	4♏	18♏	3♐	17♐	1♑	14♑	27♑	10♒	22♒	5♓	17♓
76	10♒	23♒	6♓	18♓	0♈	12♈	24♈	6♉	18♉	0♊	12♊	24♊	6♋	18♋	1♌
77	12♊	24♊	6♋	18♋	0♌	12♌	24♌	7♍	19♍	3♎	16♎	0♏	15♏	0♐	15♐
78	15♎	28♎	12♏	26♏	10♐	25♐	9♑	24♑	9♒	23♒	7♓	21♓	5♈	18♈	1♉
79	29♓	13♈	27♈	11♉	25♉	9♊	24♊	7♋	21♋	4♌	17♌	0♍	12♍	24♍	6♎
1980	0♌	13♌	26♌	8♍	20♍	2♎	14♎	26♎	8♏	20♏	2♐	14♐	27♐	9♑	22♑
81	3♐	15♐	27♐	8♑	20♑	2♒	15♒	27♒	10♓	23♓	7♈	21♈	6♉	21♉	6♊
82	5♈	18♈	2♉	16♉	1♊	16♊	1♋	16♋	0♌	15♌	29♌	13♍	27♍	10♎	23♎
83	21♌	5♍	19♍	4♎	17♎	1♏	15♏	28♏	12♐	24♐	7♑	19♑	2♒	14♒	26♒
84	20♑	3♒	16♒	28♒	10♓	22♓	4♈	16♈	28♈	10♉	22♉	4♊	17♊	0♋	13♋
85	23♉	5♊	17♊	29♊	11♋	23♋	6♌	18♌	1♍	15♍	28♍	13♎	27♎	12♏	27♏
86	25♍	8♎	22♎	6♏	21♏	6♐	21♐	7♑	22♑	6♒	21♒	5♓	18♓	1♈	14♈
87	14♒	28♒	12♓	26♓	9♈	23♈	6♉	19♉	2♊	15♊	27♊	10♋	22♋	4♌	15♌
88	10♋	23♋	6♌	18♌	0♍	12♍	24♍	5♎	17♎	0♏	12♏	25♏	8♐	21♐	4♑
89	13♏	25♏	7♐	19♐	2♑	14♑	27♑	10♒	23♒	6♓	20♓	4♈	18♈	3♉	18♉

DICIEMBRE

	11	12	13	14	15	16	17	18	19	20	21	22	23	24	25
1960	21♍	3♎	16♎	29♎	13♏	27♏	12♐	27♐	12♑	28♑	13♒	27♒	11♓	25♓	9♈
61	5♒	19♒	4♓	18♓	2♈	16♈	0♉	13♉	27♉	10♊	23♊	6♋	18♋	1♌	13♌
62	20♊	4♋	18♋	1♌	14♌	27♌	9♍	21♍	3♎	15♎	27♎	9♏	21♏	3♐	16♐
63	29♎	11♏	23♏	4♐	16♐	28♐	10♑	23♑	5♒	17♒	0♓	13♓	27♓	11♈	25♈
64	11♓	23♓	6♈	20♈	4♉	18♉	3♊	18♊	3♋	18♋	3♌	18♌	3♍	16♍	0♎
65	27♋	11♌	26♌	10♍	24♍	8♎	22♎	5♏	18♏	1♐	14♐	26♐	8♑	21♑	3♒
66	11♐	25♐	8♑	21♑	4♒	17♒	29♒	11♓	23♓	5♈	16♈	28♈	11♉	23♉	6♊
67	19♈	1♉	12♉	24♉	6♊	18♊	1♋	13♋	26♋	9♌	22♌	5♍	19♍	3♎	17♎
68	2♍	14♍	27♍	11♎	24♎	9♏	23♏	9♐	24♐	9♑	24♑	9♒	24♒	7♓	21♓
69	18♑	3♒	18♒	2♓	16♓	0♈	13♈	26♈	9♉	22♉	4♊	17♊	29♊	11♋	23♋
1970	2♊	15♊	29♊	12♋	24♋	6♌	19♌	0♍	12♍	24♍	6♎	18♎	0♏	13♏	26♏
71	9♎	21♎	2♏	14♏	27♏	9♐	21♐	4♑	17♑	0♒	14♒	27♒	11♓	25♓	9♈
72	22♒	5♓	18♓	2♈	16♈	0♉	15♉	0♊	15♊	0♋	15♋	0♌	14♌	28♌	11♍
73	9♋	25♋	9♌	24♌	8♍	22♍	5♎	18♎	1♏	13♏	25♏	7♐	19♐	1♑	13♑
74	23♏	6♐	19♐	1♑	14♑	26♑	8♒	20♒	2♓	14♓	26♓	8♈	20♈	3♉	16♉
75	28♈	10♉	22♉	4♊	16♊	29♊	12♋	25♋	8♌	21♌	5♍	19♍	3♎	17♎	1♏
76	14♌	27♌	10♍	24♍	7♎	22♎	6♏	21♏	6♐	21♐	6♑	20♑	4♒	18♒	1♓
77	0♑	16♑	1♒	15♒	29♒	13♓	26♓	9♈	21♈	4♉	16♉	28♉	9♊	21♊	3♋
78	14♌	27♌	9♍	22♍	4♎	16♎	28♎	10♏	22♏	4♐	16♐	28♐	10♑	23♑	6♒
79	18♍	0♎	12♎	24♎	6♏	19♏	2♐	15♐	29♐	13♑	27♑	11♒	25♒	10♓	24♓
1980	5♒	18♒	2♓	15♓	29♓	13♈	28♈	12♉	27♉	12♊	26♊	11♋	25♋	8♌	21♌
81	21♊	6♋	21♋	6♌	20♌	4♍	17♍	29♍	12♎	24♎	6♏	18♏	0♐	12♐	24♐
82	5♏	18♏	0♐	12♐	24♐	6♑	18♑	0♒	12♒	24♒	6♓	18♓	0♈	13♈	26♈
83	7♓	19♓	1♈	14♈	26♈	9♉	22♉	5♊	19♊	4♋	18♋	3♌	17♌	2♍	16♍
84	27♋	10♌	24♌	8♍	22♍	6♎	20♎	4♏	19♏	3♐	17♐	1♑	15♑	28♑	11♒
85	12♐	27♐	12♑	26♑	10♒	24♒	7♓	20♓	2♈	14♈	26♈	8♉	20♉	2♊	13♊
86	26♈	9♉	21♉	3♊	15♊	26♊	8♋	20♋	2♌	14♌	26♌	8♍	20♍	4♎	17♎
87	27♍	9♎	21♎	3♏	16♏	28♏	12♐	26♐	10♑	24♑	9♒	24♒	9♓	24♓	8♈
88	18♑	2♒	16♒	0♓	14♓	28♓	12♈	26♈	10♉	24♉	8♊	22♊	5♋	18♋	1♌
89	3♊	18♊	2♋	17♋	1♌	14♌	27♌	10♍	22♍	4♎	16♎	28♎	10♏	22♏	4♐

DICIEMBRE

	26	27	28	29	30	31
1960	22♈	4♉	17♉	29♉	12♊	24♊
61	25♌	7♍	18♍	0♎	12♎	24♎
62	29♐	12♑	25♑	9♒	22♒	6♓
63	9♉	24♉	9♊	24♊	9♋	23♋
64	13♎	26♎	8♏	20♏	2♐	14♐
65	15♒	26♒	8♓	20♓	2♈	14♈
66	19♊	2♋	16♋	0♌	14♌	28♌
67	1♏	15♏	0♐	15♐	29♐	14♑
68	4♈	16♈	28♈	11♉	22♉	4♊
69	5♌	17♌	28♌	10♍	22♍	4♎
1970	9♐	23♐	7♑	21♑	6♒	20♒
71	23♈	7♉	22♉	6♊	21♊	5♋
72	24♍	7♎	19♎	1♏	13♏	25♏
73	25♑	7♒	18♒	0♓	13♓	25♓
74	29♉	13♊	27♊	12♋	27♋	12♌
75	16♎	0♏	14♏	28♏	12♐	25♐
76	14♓	27♓	9♈	21♈	3♉	14♉
77	15♋	27♋	9♌	21♌	3♍	16♍
78	19♏	3♐	18♐	3♑	18♑	3♒
79	8♐	22♐	6♑	19♑	3♒	16♒
1980	4♍	16♍	28♍	10♎	22♎	4♏
81	5♑	17♑	0♒	12♒	24♒	7♓
82	10♋	24♋	9♌	24♌	9♍	24♍
83	0♎	14♎	28♎	11♏	25♏	8♐
84	24♒	6♓	18♓	0♈	12♈	24♈
85	26♊	8♋	20♋	3♌	16♌	28♌
86	0♏	15♏	29♏	14♐	29♐	15♑
87	22♓	6♈	20♈	3♉	16♉	29♉
88	14♌	26♌	8♍	20♍	1♎	13♎
89	16♐	28♐	11♑	24♑	7♒	20♒

MERCURIO

En relación con la Tierra, Mercurio siempre se desplaza en una constelación que se encuentra muy cerca de la que ocupa el Sol. Consecuentemente, el día de tu nacimiento Mercurio únicamente podía encontrarse en uno de estos tres signos: en el signo en el que tienes el Sol, en el signo anterior o o bien en el posterior. El siguiente cuadro te indicará en dónde se encontraba Mercurio cuando naciste.

FECHA	SIGNO ZODIACAL
1900	
01/01 al 08/01	sagitario
08/01 al 29/01	capricornio
29/01 al 14/02	acuario
14/02 al 03/03	piscis
03/03 al 29/03	aries
29/03 al 16/04	piscis
17/04 al 10/05	aries
10/05 al 26/05	tauro
26/05 al 09/06	géminis
09/06 al 27/06	cáncer
27/06 al 02/09	leo
02/09 al 18/09	virgo
18/09 al 07/10	libra
07/10 al 30/10	escorpión
30/10 al 18/11	sagitario
19/11 al 12/12	escorpión
12/12 al 31/12	sagitario
1901	
01/01 al 02/01	sagitario
02/01 al 20/01	capricornio
21/01 al 07/02	acuario
07/02 al 15/04	piscis
15/04 al 03/05	aries
03/05 al 17/05	tauro
17/05 al 01/06	géminis
01/06 al 09/08	cáncer
10/08 al 25/08	leo
25/08 al 10/09	virgo
11/09 al 30/09	libra
01/10 al 06/12	escorpión
06/12 al 26/12	sagitario
26/12 al 31/12	capricornio
1902	
01/01 al 13/01	capricornio
13/01 al 01/02	acuario
01/02 al 17/02	piscis
17/02 al 18/03	acuario
18/03 al 09/04	piscis
09/04 al 25/04	aries
25/04 al 09/05	tauro
09/05 al 29/05	géminis
29/05 al 25/06	cáncer
26/06 al 13/07	géminis
13/07 al 02/08	cáncer
02/08 al 17/08	leo
17/08 al 03/09	virgo
03/09 al 28/09	libra
28/09 al 15/10	escorpión
15/10 al 10/11	libra
10/11 al 29/11	escorpión
29/11 al 18/12	sagitario
18/12 al 31/12	capricornio
1903	
01/01 al 06/01	capricornio
06/01 al 14/03	acuario
14/03 al 01/04	piscis
01/04 al 16/04	aries
16/04 al 02/05	tauro
02/05 al 10/07	géminis

10/07 al 25/07	cáncer
25/07 al 09/08	leo
09/08 al 28/08	virgo
29/08 al 03/11	libra
04/11 al 22/11	escorpión
22/11 al 11/12	sagitario
11/12 al 31/12	capricornio

1904

01/01 al 02/01	capricornio
02/01 al 13/01	acuario
13/01 al 15/02	capricornio
15/02 al 07/03	acuario
07/03 al 23/03	piscis
23/03 al 07/04	aries
07/04 al 13/06	tauro
14/06 al 01/07	géminis
01/07 al 15/07	cáncer
15/07 al 01/08	leo
01/08 al 28/08	virgo
28/08 al 07/09	libra
07/09 al 08/10	virgo
08/10 al 26/10	libra
26/10 al 14/11	escorpión
14/11 al 04/12	sagitario
04/12 al 31/12	carpricornio

1905

01/01 al 08/02	capricornio
09/02 al 27/02	acuario
27/02 al 15/03	piscis
15/03 al 01/04	aries
01/04 al 28/04	tauro
28/04 al 15/05	aries
15/05 al 08/06	tauro
08/06 al 23/06	géminis
23/06 al 07/07	cáncer
07/07 al 27/07	leo
27/07 al 01/10	virgo
01/10 al 19/10	libra
19/10 al 07/11	escorpión
07/11 al 01/12	sagitario

02/12 al 09/12	capricornio
09/12 al 31/12	sagitario

1906

01/01 al 12/01	sagitario
12/01 al 02/02	capricornio
02/02 al 19/02	acuario
19/02 al 07/03	piscis
07/03 al 14/05	aries
14/05 al 31/05	tauro
31/05 al 14/06	géminis
14/06 al 30/06	cáncer
30/06 al 07/09	leo
07/09 al 23/09	virgo
23/09 al 11/10	libra
11/10 al 01/11	escorpión
01/11 al 06/12	sagitario
06/12 al 12/12	escorpión
12/12 al 31/12	sagitario

1907

01/01 al 06/01	sagitario
06/01 al 25/01	capricornio
25/01 al 12/02	acuario
12/02 al 03/03	piscis
03/03 al 13/03	aries
13/03 al 18/04	piscis
18/04 al 08/05	aries
08/05 al 23/05	tauro
23/05 al 06/06	géminis
06/06 al 27/06	cáncer
27/06 al 26/07	leo
26/07 al 12/08	cáncer
12/08 al 30/08	leo
31/08 al 15/09	virgo
16/09 al 04/10	libra
04/10 al 10/12	escorpión
10/12 al 30/12	sagitario
30/12 al 31/12	capricornio

1908

01/01 al 18/01	capricornio

18/01 al 04/02	acuario
04/02 al 12/04	piscis
12/04 al 29/04	aries
29/04 al 13/05	tauro
13/05 al 29/05	géminis
29/05 al 06/08	cáncer
06/08 al 21/08	leo
21/08 al 07/09	virgo
07/09 al 28/09	libra
28/09 al 01/11	escorpión
01/11 al 11/11	libra
11/11 al 03/12	escorpión
03/12 al 22/12	sagitario
22/12 al 31/12	capricornio

1909

01/01 al 10/01	capricornio
10/01 al 17/03	acuario
17/03 al 05/04	piscis
05/04 al 21/04	aries
21/04 al 05/04	tauro
05/05 al 12/07	géminis
13/07 al 29/07	cáncer
29/07 al 13/08	leo
13/08 al 31/08	virgo
31/08 al 07/11	libra
07/11 al 26/11	escorpión
26/11 al 15/12	sagitario
15/12 al 31/12	capricornio

1910

01/01 al 03/01	capricornio
03/01 al 30/01	acuario
30/01 al 15/02	capricornio
15/02 al 11/03	acuario
11/03 al 29/03	piscis
29/03 al 12/04	aries
12/04 al 30/04	tauro
30/04 al 01/06	géminis
01/06 al 11/06	tauro
11/06 al 06/07	géminis
06/07 al 21/07	cáncer

21/07 al 05/08	leo
05/08 al 26/08	virgo
27/08 al 28/09	libra
28/09 al 11/10	virgo
12/10 al 31/10	libra
31/10 al 19/11	escorpión
19/11 al 08/12	sagitario
08/12 al 31/12	capricornio

1911

01/01 al 12/02	capricornio
12/02 al 04/03	acuario
04/03 al 20/03	piscis
20/03 al 05/04	aries
05/04 al 12/06	tauro
12/06 al 28/06	géminis
28/06 al 12/07	cáncer
12/07 al 30/07	leo
30/07 al 06/10	virgo
06/10 al 23/10	libra
23/10 al 11/11	escorpión
11/11 al 02/12	sagitario
02/12 al 27/12	capricornio
27/12 al 31/12	sagitario

1912

01/01 al 14/01	sagitario
14/01 al 06/02	capricornio
06/02 al 24/02	acuario
25/02 al 11/03	piscis
11/03 al 16/05	aries
17/05 al 04/06	tauro
05/06 al 19/06	géminis
19/06 al 04/07	cáncer
04/07 al 26/07	leo
26/07 al 20/08	virgo
21/08 al 10/09	leo
10/09 al 27/09	virgo
28/09 al 16/10	libra
16/10 al 04/11	escorpión
04/11 al 31/12	sagitario

1913

01/01 al 09/01	sagitario
09/01 al 29/01	capricornio
29/01 al 16/02	acuario
16/02 al 04/03	piscis
04/03 al 07/04	aries
07/04 al 13/04	piscis
13/04 al 11/05	aries
12/05 al 27/05	tauro
27/05 al 10/06	géminis
10/06 al 27/06	cáncer
27/06 al 04/09	leo
04/09 al 20/09	virgo
20/09 al 08/10	libra
08/10 al 30/10	escorpión
30/10 al 23/11	sagitario
23/11 al 13/12	escorpión
13/12 al 31/12	sagitario

1914

01/01 al 03/01	sagitario
03/01 al 22/01	capricornio
22/01 al 08/02	acuario
08/02 al 16/04	piscis
16/04 al 04/05	aries
04/05 al 19/05	tauro
19/05 al 02/06	géminis
03/06 al 10/08	cáncer
11/08 al 27/08	leo
27/08 al 12/09	virgo
12/09 al 01/10	libra
02/10 al 07/12	escorpión
07/12 al 27/12	sagitario
27/12 al 31/12	capricornio

1915

01/01 al 14/01	capricornio
14/01 al 02/02	acuario
02/02 al 23/02	piscis
23/02 al 19/03	acuario
19/03 al 10/04	piscis
10/04 al 26/04	aries

26/04 al 10/05	tauro
10/05 al 29/05	géminis
29/05 al 04/08	cáncer
04/08 al 18/08	leo
19/08 al 05/09	virgo
05/09 al 28/09	libra
28/09 al 20/10	escorpión
20/10 al 11/11	libra
11/11 al 01/12	escorpión
01/12 al 20/12	sagitario
20/12 al 31/12	capricornio

1916

01/01 al 07/01	capricornio
07/01 al 14/03	acuario
14/03 al 02/04	piscis
02/04 al 17/04	aries
17/04 al 02/05	tauro
02/05 al 10/07	géminis
10/07 al 25/07	cáncer
25/07 al 09/08	leo
09/08 al 28/08	virgo
28/08 al 04/11	libra
04/11 al 22/11	escorpión
22/11 al 11/12	sagitario
12/12 al 31/12	capricornio

1917

01/01 al 17/01	acuario
17/01 al 14/02	capricornio
14/02 al 08/03	acuario
08/03 al 25/03	piscis
25/03 al 08/04	aries
08/04 al 14/06	tauro
14/06 al 03/07	géminis
03/07 al 17/07	cáncer
17/07 al 02/08	leo
02/08 al 26/08	virgo
26/08 al 14/09	libra
14/09 al 09/10	virgo
09/10 al 27/10	libra
27/10 al 15/11	escorpión

15/11 al 05/12	sagitario		08/05 al 23/05	tauro
05/12 al 31/12	capricornio		23/05 al 06/06	géminis
			06/06 al 26/06	cáncer
1918			26/06 al 02/08	leo
01/01 al 10/02	capricornio		02/08 al 10/08	cáncer
10/02 al 28/02	acuario		10/08 al 31/08	leo
01/03 al 16/03	piscis		31/08 al 16/09	virgo
16/03 al 02/04	aries		16/09 al 05/10	libra
02/04 al 09/06	tauro		05/10 al 30/10	escorpión
09/06 al 24/06	géminis		30/10 al 10/11	sagitario
24/06 al 08/07	cáncer		10/11 al 10/12	escorpión
08/07 al 27/07	leo		10/12 al 31/12	sagitario
27/07 al 02/10	virgo			
02/10 al 28/10	libra		**1921**	
29/10 al 08/11	escorpión		01/01 al 18/01	capricornio
08/11 al 01/12	sagitario		18/01 al 05/02	acuario
01/12 al 15/12	capricornio		05/02 al 13/04	piscis
15/12 al 31/12	sagitario		13/04 al 30/04	aries
			01/05 al 15/05	tauro
1919			15/05 al 30/05	géminis
01/01 al 13/01	sagitario		30/05 al 07/08	cáncer
13/01 al 03/02	capricornio		08/08 al 23/08	leo
03/02 al 21/02	acuario		23/08 al 08/09	virgo
21/02 al 09/03	piscis		08/09 al 29/09	libra
09/03 al 15/05	aries		29/09 al 04/12	escorpión
15/05 al 02/06	tauro		04/12 al 23/12	sagitario
02/06 al 16/06	géminis		24/12 al 31/12	capricornio
16/06 al 01/07	cáncer			
01/07 al 08/09	leo		**1922**	
08/09 al 25/09	virgo		01/01 al 11/01	capricornio
25/09 al 13/10	libra		11/01 al 01/02	acuario
13/10 al 02/11	escorpión		01/02 al 08/02	piscis
02/11 al 31/12	sagitario		08/02 al 17/03	acuario
			18/03 al 07/04	piscis
1920			07/04 al 22/04	aries
01/01 al 07/01	sagitario		22/04 al 06/05	tauro
07/01 al 27/01	capricornio		07/05 al 31/05	géminis
27/01 al 13/02	acuario		31/05 al 10/06	cáncer
13/02 al 02/03	piscis		10/06 al 13/07	géminis
03/03 al 19/03	aries		13/07 al 31/07	cáncer
19/03 al 17/04	piscis		31/07 al 15/08	leo
17/04 al 08/05	aries		15/08 al 01/09	virgo

01/09 al 01/10	libra
01/10 al 04/10	escorpión
04/10 al 08/11	libra
08/11 al 27/11	escorpión
27/11 al 16/12	sagitario
16/12 al 31/12	capricornio

1923

01/01 al 04/01	capricornio
04/01 al 06/02	acuario
06/02 al 13/02	capricornio
13/02 al 12/03	acuario
13/03 al 30/03	piscis
30/03 al 14/04	aries
14/04 al 30/04	tauro
01/05 al 08/07	géminis
08/07 al 22/07	cáncer
22/07 al 07/08	leo
07/08 al 27/08	virgo
27/08 al 04/10	libra
04/10 al 11/10	virgo
11/10 al 01/11	libra
01/11 al 20/11	escorpión
20/11 al 09/12	sagitario
09/12 al 31/12	capricornio

1924

01/01 al 13/02	capricornio
13/02 al 04/03	acuario
04/03 al 21/03	piscis
21/03 al 05/04	aries
05/04 al 12/06	tauro
12/06 al 29/06	géminis
29/06 al 13/07	cáncer
13/07 al 30/07	leo
30/07 al 06/10	virgo
06/10 al 24/10	libra
24/10 al 12/11	escorpión
12/11 al 02/12	sagitario
02/12 al 31/12	capricornio

1925

01/01 al 13/01	sagitario
14/01 al 06/02	capricornio
07/02 al 25/02	acuario
25/02 al 13/03	piscis
13/03 al 01/04	aries
01/04 al 15/04	tauro
15/04 al 16/05	aries
16/05 al 06/06	tauro
06/06 al 20/06	géminis
20/06 al 05/07	cáncer
05/07 al 26/07	leo
26/07 al 26/08	virgo
27/08 al 10/09	leo
10/09 al 29/09	virgo
29/09 al 16/10	libra
16/10 al 05/11	escorpión
05/11 al 31/12	sagitario

1926

01/01 al 10/01	sagitario
11/01 al 31/01	capricornio
31/01 al 17/02	acuario
17/02 al 05/03	piscis
05/03 al 13/05	aries
13/05 al 29/05	tauro
29/05 al 12/06	géminis
12/06 al 28/06	cáncer
28/06 al 05/09	leo
05/09 al 21/09	virgo
21/09 al 09/10	libra
09/10 al 31/10	escorpión
31/10 al 27/11	sagitario
27/11 al 13/12	escorpión
13/12 al 31/12	sagitario

1927

01/01 al 04/01	sagitario
04/01 al 23/01	capricornio
23/01 al 09/02	acuario
10/02 al 17/04	piscis
17/04 al 06/05	aries

06/05 al 20/05	tauro
20/05 al 04/06	géminis
04/06 al 28/06	cáncer
28/06 al 13/07	leo
13/07 al 11/08	cáncer
11/08 al 28/08	leo
28/08 al 13/09	virgo
13/09 al 03/10	libra
03/10 al 09/12	escorpión
09/12 al 29/12	sagitario
29/12 al 31/12	capricornio

1928

01/01 al 16/01	capricornio
16/01 al 03/02	acuario
03/02 al 28/02	piscis
29/02 al 17/03	acuario
17/03 al 10/04	piscis
10/04 al 27/04	aries
27/04 al 11/05	tauro
11/05 al 28/05	géminis
28/05 al 04/08	cáncer
04/08 al 19/08	leo
19/08 al 05/09	virgo
05/09 al 27/09	libra
27/09 al 24/10	escorpión
24/10 al 11/11	libra
11/11 al 01/12	escorpión
01/12 al 20/12	sagitario
20/12 al 31/12	capricornio

1929

01/01 al 08/01	capricornio
08/01 al 15/03	acuario
15/03 al 03/04	piscis
03/04 al 18/04	aries
18/04 al 03/05	tauro
03/05 al 11/07	géminis
11/07 al 27/07	cáncer
27/07 al 11/08	leo
11/08 al 29/08	virgo
30/08 al 05/11	libra

05/11 al 24/11	escorpión
24/11 al 13/12	sagitario
13/12 al 31/12	capricornio

1930

01/01 al 02/01	capricornio
02/01 al 22/01	acuario
22/01 al 15/02	capricornio
15/02 al 09/03	acuario
09/03 al 26/03	piscis
26/03 al 10/04	aries
10/04 al 30/04	tauro
01/05 al 17/05	géminis
17/05 al 14/06	tauro
14/06 al 04/07	géminis
04/07 al 18/07	cáncer
18/07 al 03/08	leo
03/08 al 26/08	virgo
26/08 al 19/09	libra
19/09 al 10/10	virgo
10/10 al 29/10	libra
29/10 al 16/11	escorpión
16/11 al 06/12	sagitario
06/12 al 31/12	capricornio

1931

01/01 al 11/02	capricornio
11/02 al 02/03	acuario
02/03 al 18/03	piscis
18/03 al 03/04	aries
03/04 al 10/06	tauro
11/06 al 26/06	géminis
26/06 al 10/07	cáncer
10/07 al 28/07	leo
28/07 al 04/10	virgo
04/10 al 21/10	libra
21/10 al 09/11	escorpión
09/11 al 01/12	sagitario
01/12 al 19/12	capricornio
20/12 al 31/12	sagitario

1932

01/01 al 14/01	sagitario
14/01 al 04/02	capricornio
04/02 al 22/02	acuario
22/02 al 09/03	piscis
09/03 al 15/05	aries
15/05 al 02/06	tauro
02/06 al 16/06	géminis
16/06 al 02/07	cáncer
02/07 al 27/07	leo
27/07 al 09/08	virgo
10/08 al 08/09	leo
09/09 al 25/09	virgo
25/09 al 13/10	libra
13/10 al 02/11	escorpión
02/11 al 31/12	sagitario

1933

01/01 al 08/01	sagitario
08/01 al 27/01	capricornio
27/01 al 13/02	acuario
13/02 al 03/03	piscis
03/03 al 25/03	aries
25/03 al 17/04	piscis
17/04 al 10/05	aries
10/05 al 25/05	tauro
25/05 al 08/06	géminis
08/06 al 26/06	cáncer
26/06 al 01/09	leo
02/09 al 17/09	virgo
17/09 al 06/10	libra
06/10 al 30/10	escorpión
30/10 al 15/11	sagitario
15/11 al 11/12	escorpión
11/12 al 31/12	sagitario

1934

01/01 al 01/01	sagitario
02/01 al 20/01	capricornio
20/01 al 06/02	acuario
06/02 al 14/04	piscis
14/04 al 02/05	aries
02/05 al 16/05	tauro
16/05 al 01/06	géminis
01/06 al 09/08	cáncer
09/08 al 24/08	leo
24/08 al 10/09	virgo
10/09 al 30/09	libra
30/09 al 05/12	escorpión
05/12 al 25/12	sagitario
25/12 al 31/12	capricornio

1935

01/01 al 12/01	capricornio
12/01 al 01/02	acuario
01/02 al 14/02	piscis
14/02 al 18/03	acuario
18/03 al 08/04	piscis
08/04 al 24/04	aries
24/04 al 08/05	tauro
08/05 al 29/05	géminis
29/05 al 20/06	cáncer
20/06 al 13/07	géminis
13/07 al 01/08	cáncer
01/08 al 16/08	leo
16/08 al 03/09	virgo
03/09 al 28/09	libra
28/09 al 12/10	escorpión
12/10 al 09/11	libra
09/11 al 28/11	escorpión
29/11 al 18/12	sagitario
18/12 al 31/12	capricornio

1936

01/01 al 05/01	capricornio
05/01 al 12/03	acuario
13/03 al 30/03	piscis
30/03 al 14/04	aries
14/04 al 30/04	tauro
30/04 al 08/07	géminis
08/07 al 23/07	cáncer
23/07 al 07/08	leo
07/08 al 27/08	virgo
27/08 al 02/11	libra

02/11 al 20/11	escorpión
20/11 al 09/12	sagitario
10/12 al 31/12	capricornio

1937

01/01 al 01/01	capricornio
02/01 al 09/01	acuario
09/01 al 13/02	capricornio
13/02 al 06/03	acuario
06/03 al 22/03	piscis
22/03 al 06/04	aries
06/04 al 13/06	tauro
13/06 al 30/06	géminis
30/06 al 14/07	cáncer
14/07 al 31/07	leo
31/07 al 08/10	virgo
08/10 al 25/10	libra
25/10 al 13/11	escorpión
13/11 al 03/12	sagitario
03/12 al 31/12	capricornio

1938

01/01 al 06/01	capricornio
06/01 al 12/01	sagitario
12/01 al 08/02	capricornio
08/02 al 26/02	acuario
26/02 al 14/03	piscis
14/03 al 01/04	aries
01/04 al 23/04	tauro
23/04 al 16/05	aries
16/05 al 07/06	tauro
07/06 al 22/06	géminis
22/06 al 06/07	cáncer
06/07 al 26/07	leo
26/07 al 02/09	virgo
02/09 al 10/09	leo
10/09 al 30/09	virgo
30/09 al 18/10	libra
18/10 al 06/11	escorpión
06/11 al 31/12	sagitario

1939

01/01 al 11/01	sagitario
12/01 al 01/02	capricornio
01/02 al 19/02	acuario
19/02 al 07/03	piscis
07/03 al 14/05	aries
14/05 al 30/05	tauro
30/05 al 13/06	géminis
13/06 al 30/06	cáncer
30/06 al 06/09	leo
06/09 al 22/09	virgo
22/09 al 10/10	libra
10/10 al 01/11	escorpión
01/11 al 02/12	sagitario
02/12 al 13/12	escorpión
13/12 al 31/12	sagitario

1940

01/01 al 06/01	sagitario
06/01 al 25/01	capricornio
25/01 al 11/02	acuario
11/02 al 04/03	piscis
04/03 al 07/03	aries
07/03 al 16/04	piscis
16/04 al 06/05	aries
06/05 al 21/05	tauro
21/05 al 04/06	géminis
04/06 al 26/06	cáncer
26/06 al 20/07	leo
20/07 al 11/08	cáncer
11/08 al 29/08	leo
29/08 al 14/09	virgo
14/09 al 03/10	libra
03/10 al 09/12	escorpión
09/12 al 29/12	sagitario
29/12 al 31/12	capricornio

1941

01/01 al 16/01	capricornio
16/01 al 03/02	acuario
03/02 al 06/03	piscis
07/03 al 16/03	acuario

16/03 al 12/04	piscis	05/08 al 26/08	virgo
12/04 al 28/04	aries	27/08 al 25/09	libra
28/04 al 12/05	tauro	25/09 al 11/10	virgo
12/05 al 29/05	géminis	11/10 al 30/10	libra
29/05 al 05/08	cáncer	30/10 al 18/11	escorpión
05/08 al 20/08	leo	18/11 al 07/12	sagitario
20/08 al 06/09	virgo	07/12 al 31/12	capricornio
06/09 al 28/09	libra		
28/09 al 29/10	escorpión	**1944**	
29/10 al 11/11	libra	01/01 al 12/02	capricornio
11/11 al 02/12	escorpión	12/02 al 02/03	acuario
02/12 al 21/12	sagitario	02/03 al 19/03	piscis
21/12 al 31/12	capricornio	19/03 al 03/04	aries
		03/04 al 11/06	tauro
1942		11/06 al 26/06	géminis
01/01 al 09/01	capricornio	26/06 al 11/07	cáncer
09/01 al 16/03	acuario	11/07 al 28/07	leo
16/03 al 04/04	piscis	28/07 al 04/10	virgo
05/04 al 20/04	aries	04/10 al 22/10	libra
20/04 al 04/05	tauro	22/10 al 10/11	escorpión
04/05 al 12/07	géminis	10/11 al 01/12	sagitario
12/07 al 28/07	cáncer	01/12 al 23/12	capricornio
28/07 al 12/08	leo	23/12 al 31/12	sagitario
12/08 al 31/08	virgo		
31/08 al 06/11	libra	**1945**	
11/06 al 25/11	escorpión	01/01 al 13/01	sagitario
25/11 al 14/12	sagitario	13/01 al 05/02	capricornio
14/12 al 31/12	capricornio	05/02 al 23/02	acuario
		23/02 al 11/03	piscis
1943		11/03 al 16/05	aries
01/01 al 03/01	capricornio	16/05 al 04/06	tauro
03/01 al 27/01	acuario	04/06 al 18/06	géminis
27/01 al 15/02	capricornio	18/06 al 03/07	cáncer
15/02 al 10/03	acuario	03/07 al 26/07	leo
10/03 al 28/03	piscis	26/07 al 17/08	virgo
28/03 al 11/04	aries	17/08 al 10/09	leo
11/04 al 30/04	tauro	10/09 al 27/09	virgo
30/04 al 26/05	géminis	27/09 al 14/10	libra
26/05 al 13/06	tauro	14/10 al 03/11	escorpión
13/06 al 06/07	géminis	03/11 al 31/12	sagitario
06/07 al 20/07	cáncer		
20/07 al 05/08	leo		

1946

01/01 al 09/01	sagitario
09/01 al 29/01	capricornio
29/01 al 15/02	acuario
15/02 al 04/03	piscis
04/03 al 01/04	aries
01/04 al 16/04	piscis
16/04 al 11/05	aries
11/05 al 26/05	tauro
26/05 al 09/06	géminis
09/06 al 27/06	cáncer
27/06 al 03/09	leo
03/09 al 19/09	virgo
19/09 al 07/10	libra
07/10 al 30/10	escorpión
30/10 al 20/11	sagitario
20/11 al 12/12	escorpión
12/12 al 31/12	sagitario

1947

01/01 al 02/01	sagitario
02/01 al 21/01	capricornio
21/01 al 07/02	acuario
07/02 al 15/04	piscis
15/04 al 03/05	aries
04/05 al 18/05	tauro
18/05 al 02/06	géminis
02/06 al 10/08	cáncer
10/08 al 26/08	leo
26/08 al 11/09	virgo
11/09 al 01/10	libra
01/10 al 07/12	escorpión
07/12 al 26/12	sagitario
26/12 al 31/12	capricornio

1948

01/01 al 13/01	capricornio
14/01 al 01/02	acuario
01/02 al 19/02	piscis
19/02 al 18/03	acuario
18/03 al 08/04	piscis
08/04 al 24/04	aries
24/04 al 08/05	tauro
09/05 al 28/05	géminis
28/05 al 28/06	cáncer
28/06 al 11/07	géminis
11/07 al 02/08	cáncer
02/08 al 17/08	leo
17/08 al 03/09	virgo
03/09 al 27/09	libra
27/09 al 16/10	escorpión
16/10 al 09/11	libra
09/11 al 29/11	escorpión
29/11 al 18/12	sagitario
18/12 al 31/12	capricornio

1949

01/01 al 06/01	capricornio
06/01 al 14/03	acuario
14/03 al 01/04	piscis
01/04 al 16/04	aries
16/04 al 01/05	tauro
01/05 al 09/07	géminis
09/07 al 24/07	cáncer
24/07 al 09/08	leo
09/08 al 28/08	virgo
28/08 al 03/11	libra
03/11 al 22/11	escorpión
22/11 al 11/12	sagitario
11/12 al 31/12	capricornio

1950

01/01 al 01/01	capricornio
02/01 al 14/01	acuario
15/01 al 14/02	capricornio
14/02 al 07/03	acuario
07/03 al 24/03	piscis
24/03 al 08/04	aries
08/04 al 14/06	tauro
14/06 al 02/07	géminis
02/07 al 16/07	cáncer
16/07 al 01/08	leo
01/08 al 27/08	virgo
27/08 al 10/09	libra

10/09 al 09/10	virgo		11/02 al 01/03	piscis
09/10 al 27/10	libra		02/03 al 14/03	aries
27/10 al 14/11	escorpión		15/03 al 16/04	piscis
14/11 al 04/12	sagitario		17/04 al 07/05	aries
04/12 al 31/12	capricornio		08/05 al 22/05	tauro
			23/05 al 05/06	géminis

1951

01/01 al 09/02	capricornio		26/06 al 27/07	leo
09/02 al 28/02	acuario		28/07 al 10/08	cáncer
28/02 al 16/03	piscis		11/08 al 29/08	leo
16/03 al 01/04	aries		30/08 al 14/09	virgo
01/04 al 14/05	aries		15/09 al 03/10	libra
15/05 al 09/06	tauro		04/10 al 30/10	escorpión
09/06 al 23/06	géminis		31/10 al 05/11	sagitario
23/06 al 08/07	cáncer		06/11 al 09/12	escorpión
08/07 al 27/07	leo		10/12 al 29/12	sagitario
27/07 al 02/10	virgo		30/12 al 31/12	capricornio
02/10 al 19/10	libra			
19/10 al 07/11	escorpión			

1954

07/11 al 01/12	sagitario		01/01 al 17/01	capricornio
01/12 al 12/12	capricornio		18/01 al 03/02	acuario
12/12 al 31/12	sagitario		04/02 al 12/04	piscis
			13/04 al 29/04	aries
			30/04 al 13/05	tauro

1952

01/01 al 12/01	sagitario		14/05 al 29/05	géminis
13/01 al 03/02	capricornio		30/05 al 06/08	cáncer
03/02 al 20/02	acuario		07/08 al 21/08	leo
20/02 al 07/03	piscis		22/08 al 07/09	virgo
07/03 al 14/05	aries		08/09 al 28/09	libra
14/05 al 31/05	tauro		29/09 al 03/11	escorpión
31/05 al 14/06	géminis		04/11 al 10/11	libra
14/06 al 30/06	cáncer		11/11 al 03/12	escorpión
30/06 al 07/09	leo		04/12 al 22/12	sagitario
07/09 al 23/09	virgo		23/12 al 31/12	capricornio
23/09 al 11/10	libra			
11/10 al 01/11	escorpión			

1955

01/11 al 31/12	sagitario		01/01 al 09/01	capricornio
			10/01 al 16/03	acuario

1953

01/01 al 05/01	sagitario		17/03 al 05/04	piscis
06/01 al 24/01	capricornio		06/04 al 21/04	aries
25/01 al 10/02	acuario		22/04 al 05/05	tauro
			06/05 al 12/07	géminis

13/07 al 29/07	cáncer
30/07 al 13/08	virgo
14/08 al 31/08	virgo
01/09 al 07/11	libra
08/11 al 26/11	escorpión
27/11 al 15/12	sagitario
16/12 al 31/12	capricornio

1956

01/01 al 03/01	capricornio
04/01 al 01/02	acuario
02/02 al 14/02	capricornio
15/02 al 10/03	acuario
11/03 al 27/03	piscis
28/03 al 11/04	aries
12/04 al 28/04	tauro
29/04 al 05/07	géminis
06/07 al 20/07	cáncer
21/07 al 04/08	leo
05/08 al 25/08	virgo
26/08 al 28/09	libra
29/09 al 10/10	virgo
11/10 al 30/10	libra
31/10 al 17/11	escorpión
18/11 al 07/12	sagitario
08/12 al 31/12	capricornio

1957

01/01 al 11/02	capricornio
12/02 al 03/03	acuario
04/03 al 19/03	piscis
20/03 al 03/04	aries
04/04 al 11/06	tauro
12/06 al 27/06	géminis
28/06 al 11/07	cáncer
12/07 al 29/07	leo
30/07 al 05/10	virgo
06/10 al 22/10	libra
23/10 al 10/11	escorpión
11/11 al 01/12	sagitario
02/12 al 27/12	capricornio
28/12 al 31/12	sagitario

1958

01/01 al 13/01	sagitario
14/01 al 05/02	capricornio
06/02 al 23/02	acuario
24/02 al 11/03	piscis
12/03 al 01/04	aries
02/04 al 09/04	tauro
10/04 al 16/05	aries
17/05 al 04/06	tauro
05/06 al 19/06	géminis
20/06 al 03/07	cáncer
04/07 al 25/07	leo
26/07 al 22/08	virgo
23/08 al 10/09	leo
11/09 al 27/09	virgo
28/09 al 15/10	libra
16/10 al 04/11	escorpión
05/11 al 31/12	sagitario

1959

01/01 al 09/01	sagitario
10/01 al 29/01	capricornio
30/01 al 16/02	acuario
17/02 al 04/03	piscis
05/03 al 11/05	aries
12/05 al 27/05	tauro
28/05 al 10/06	géminis
11/06 al 27/06	cáncer
28/06 al 04/09	leo
05/09 al 20/09	virgo
21/09 al 08/10	libra
09/10 al 30/10	escorpión
31/10 al 24/11	sagitario
25/11 al 12/12	escorpión
13/12 al 31/12	sagitario

1960

01/01 al 03/01	sagitario
04/01 al 22/01	capricornio
23/01 al 08/02	acuario
09/02 al 15/04	piscis
16/04 al 03/05	aries

04/05 al 18/05	tauro
19/05 al 01/06	géminis
02/06 al 30/06	cáncer
01/07 al 05/07	leo
06/07 al 09/08	cáncer
10/08 al 26/08	leo
27/08 al 11/09	virgo
12/09 al 30/09	libra
01/10 al 06/12	escorpión
07/12 al 26/12	sagitario
27/12 al 31/12	capricornio

1961

04/01 al 13/01	capricornio
14/01 al 31/01	acuario
01/02 al 23/02	piscis
24/02 al 17/03	acuario
18/03 al 09/04	piscis
10/04 al 25/04	aries
26/04 al 09/05	tauro
10/05 al 27/05	géminis
28/05 al 03/08	cáncer
04/08 al 17/08	leo
18/08 al 03/09	virgo
04/09 al 26/09	libra
27/09 al 21/10	escorpión
22/10 al 09/11	libra
10/11 al 29/11	escorpión
30/11 al 19/12	sagitario
20/12 al 31/12	capricornio

1962

01/01 al 06/01	capricornio
07/01 al 14/03	acuario
15/03 al 02/04	piscis
03/04 al 17/04	aries
18/04 al 02/05	tauro
03/05 al 10/07	géminis
11/07 al 25/07	cáncer
26/07 al 09/08	leo
10/08 al 28/08	virgo
29/08 al 04/11	libra

05/11 al 22/11	escorpión
23/11 al 11/12	sagitario
12/12 al 31/12	capricornio

1963

01/01 al 01/01	capricornio
02/01 al 19/01	acuario
20/01 al 14/02	capricornio
15/02 al 08/03	acuario
09/03 al 25/03	piscis
26/03 al 08/04	aries
09/04 al 02/05	tauro
03/05 al 09/05	géminis
10/05 al 13/06	tauro
14/06 al 03/07	géminis
04/07 al 17/07	cáncer
18/07 al 02/08	leo
03/08 al 25/08	virgo
26/08 al 15/09	libra
16/09 al 09/10	virgo
10/10 al 27/10	libra
28/10 al 15/11	escorpión
16/11 al 05/12	sagitario
06/12 al 31/12	capricornio

1964

01/01 al 09/02	capricornio
10/02 al 28/02	acuario
29/02 al 15/03	piscis
16/03 al 01/04	aries
02/04 al 08/06	tauro
09/06 al 23/06	géminis
24/06 al 08/07	cáncer
09/07 al 26/07	leo
27/07 al 02/10	virgo
03/10 al 19/10	libra
20/10 al 07/11	escorpión
08/11 al 29/11	sagitario
30/11 al 15/12	capricornio
16/12 al 31/12	sagitario

1965

01/01 al 12/01	sagitario
13/01 al 02/02	capricornio
03/02 al 20/02	acuario
21/02 al 08/03	piscis
09/03 al 14/05	aries
15/05 al 01/06	tauro
02/06 al 15/06	géminis
16/06 al 30/06	cáncer
01/07 al 30/07	leo
31/07 al 02/08	virgo
03/08 al 07/09	leo
08/09 al 24/09	virgo
25/09 al 11/10	libra
12/10 al 01/11	escorpión
02/11 al 31/12	sagitario

1966

01/01 al 06/01	sagitario
07/01 al 26/01	capricornio
27/01 al 12/02	acuario
13/02 al 02/03	piscis
03/03 al 21/03	aries
22/03 al 16/04	piscis
17/04 al 08/05	aries
09/05 al 23/05	tauro
24/05 al 06/06	géminis
07/06 al 25/06	cáncer
26/06 al 31/08	leo
01/09 al 16/09	virgo
17/09 al 04/10	libra
05/10 al 29/10	escorpión
30/10 al 12/11	sagitario
13/11 al 10/12	escorpión
11/12 al 31/12	sagitario

1967

01/01 al 18/01	capricornio
19/01 al 05/02	acuario
06/02 al 13/04	piscis
14/04 al 30/04	aries
01/05 al 15/05	tauro

16/05 al 30/05	géminis
31/05 al 07/08	cáncer
08/08 al 23/08	leo
24/08 al 08/09	virgo
09/09 al 29/09	libra
30/09 al 04/12	escorpión
05/12 al 23/12	sagitario
24/12 al 31/12	capricornio

1968

01/01 al 11/01	capricornio
12/01 al 31/01	acuario
01/02 al 10/02	piscis
11/02 al 16/03	acuario
17/03 al 06/04	piscis
07/04 al 21/04	aries
22/04 al 05/05	tauro
06/05 al 28/05	géminis
29/05 al 12/06	cáncer
13/06 al 12/07	géminis
13/07 al 30/07	cáncer
31/07 al 14/08	leo
15/08 al 31/08	virgo
01/09 al 27/09	libra
28/09 al 06/10	escorpión
07/10 al 07/11	libra
08/11 al 26/11	escorpión
27/11 al 15/12	sagitario
16/12 al 31/12	capricornio

1969

01/01 al 03/01	capricornio
04/01 al 11/03	acuario
12/03 al 29/03	piscis
30/03 al 13/04	aries
14/04 al 29/04	tauro
30/04 al 07/07	géminis
08/07 al 21/07	cáncer
22/07 al 06/08	leo
07/08 al 26/08	virgo
27/08 al 06/10	libra
07/10 al 08/10	virgo

09/10 al 31/10	libra
01/11 al 19/11	escorpión
20/11 al 08/12	sagitario
09/12 al 31/12	capricornio

1970

01/01 al 12/02	capricornio
13/02 al 04/03	acuario
05/03 al 21/03	piscis
22/03 al 05/04	aries
06/04 al 12/06	tauro
13/06 al 29/06	géminis
30/06 al 13/07	cáncer
14/07 al 30/07	leo
31/07 al 06/10	virgo
07/10 al 25/10	libra
26/10 al 12/11	escorpión
13/11 al 02/12	sagitario
03/12 al 31/12	capricornio

1971

01/01 al 01/01	capricornio
02/01 al 13/01	sagitario
14/01 al 06/02	capricornio
07/02 al 25/02	acuario
26/02 al 13/03	piscis
14/03 al 31/03	aries
01/04 al 17/04	tauro
18/04 al 16/05	aries
17/05 al 06/06	tauro
07/06 al 20/06	géminis
21/06 al 05/07	cáncer
06/07 al 25/07	leo
26/07 al 28/08	virgo
29/08 al 10/09	leo
11/09 al 29/09	virgo
30/09 al 16/10	libra
17/10 al 05/11	escorpión
06/11 al 31/12	sagitario

1972

01/01 al 10/01	sagitario

11/01 al 30/01	capricornio
31/01 al 17/02	acuario
18/02 al 04/03	piscis
05/03 al 11/05	aries
12/05 al 28/05	tauro
29/05 al 11/06	géminis
12/06 al 27/06	cáncer
28/06 al 04/09	leo
05/09 al 20/09	virgo
21/09 al 08/10	libra
09/10 al 29/10	escorpión
30/10 al 28/11	sagitario
29/11 al 11/12	escorpión
12/12 al 31/12	sagitario

1973

01/01 al 03/01	sagitario
04/01 al 22/01	capricornio
23/01 al 08/02	acuario
09/02 al 15/04	piscis
16/04 al 05/05	aries
06/05 al 19/05	tauro
20/05 al 03/06	géminis
04/06 al 26/06	cáncer
27/06 al 15/07	leo
16/07 al 10/08	cáncer
11/08 al 27/08	leo
28/08 al 12/09	virgo
13/09 al 01/10	libra
02/10 al 07/12	escorpión
08/12 al 27/12	sagitario
28/12 al 31/12	capricornio

1974

01/01 al 15/01	capricornio
16/01 al 01/02	acuario
02/02 al 01/03	piscis
02/03 al 16/03	acuario
17/03 al 10/04	piscis
11/04 al 27/04	aries
28/04 al 11/05	tauro
12/05 al 28/05	géminis

29/05 al 04/08	cáncer	29/10 al 15/11	escorpión
05/08 al 19/08	leo	16/11 al 05/12	sagitario
20/08 al 05/09	virgo	06/12 al 31/12	capricornio
06/09 al 27/09	libra		
28/09 al 25/10	escorpión	**1977**	
26/10 al 10/11	libra	01/01 al 09/02	capricornio
11/11 al 01/12	escorpión	10/02 al 01/03	acuario
02/12 al 20/12	sagitario	02/03 al 17/03	piscis
21/12 al 31/12	capricornio	18/03 al 02/04	aries
		03/04 al 09/06	tauro
1975		10/06 al 25/06	géminis
01/01 al 07/01	capricornio	26/06 al 09/07	cáncer
08/01 al 15/03	acuario	10/07 al 27/07	leo
16/03 al 03/04	piscis	28/07 al 03/10	virgo
04/04 al 18/04	aries	04/10 al 20/10	libra
19/04 al 03/05	tauro	21/10 al 08/11	escorpión
04/05 al 11/07	géminis	09/11 al 30/11	sagitario
12/07 al 27/07	cáncer	01/12 al 20/12	capricornio
28/07 al 11/08	leo	21/12 al 31/12	sagitario
12/08 al 29/08	virgo		
20/08 al 05/11	libra	**1978**	
06/11 al 24/11	escorpión	01/01 al 12/01	sagitario
25/11 al 13/12	sagitario	13/01 al 03/02	capricornio
14/12 al 31/12	capricornio	04/02 al 21/02	acuario
		22/02 al 09/03	piscis
1976		10/03 al 15/05	aries
01/01 al 01/01	capricornio	16/05 al 02/06	tauro
02/01 al 24/01	acuario	03/06 al 16/06	géminis
25/01 al 14/02	capricornio	17/06 al 01/07	cáncer
15/02 al 08/03	acuario	02/07 al 26/07	leo
09/03 al 25/03	piscis	27/07 al 12/08	virgo
26/03 al 09/04	aries	13/08 al 08/09	leo
10/04 al 28/04	tauro	09/09 al 25/09	virgo
29/04 al 18/05	géminis	26/09 al 13/10	libra
19/05 al 12/06	tauro	14/10 al 02/11	escorpión
13/06 al 03/07	géminis	03/11 al 31/12	sagitario
04/07 al 17/07	cáncer		
18/07 al 02/08	leo	**1979**	
03/08 al 24/08	virgo	01/01 al 07/01	sagitario
25/08 al 20/09	libra	08/01 al 27/01	capricornio
21/09 al 09/10	virgo	28/01 al 13/02	acuario
10/10 al 28/10	libra	14/02 al 02/03	piscis

03/03 al 27/03	aries		**1980**	
28/03 al 16/04	piscis		01/01 al 01/01	sagitario
17/04 al 09/05	aries		02/01 al 20/01	capricornio
10/05 al 25/05	tauro		21/01 al 06/02	acuario
26/05 al 08/06	géminis		07/02 al 13/04	piscis
09/06 al 26/06	cáncer		14/04 al 01/05	aries
27/06 al 01/09	leo		02/05 al 15/05	tauro
02/09 al 17/09	virgo		16/05 al 30/05	géminis
18/09 al 06/10	libra		31/05 al 08/08	cáncer
07/10 al 29/10	escorpión		09/08 al 23/08	leo
30/10 al 17/11	sagitario		24/08 al 09/09	virgo
18/11 al 11/12	escorpión		10/09 al 29/09	libra
12/12 al 31/12	sagitario		30/09 al 04/12	escorpión
			05/12 al 24/12	sagitario
			25/12 al 31/12	capricornio

VENUS

Al igual que Mercurio, Venus se encuentra entre la Tierra y el Sol y, consecuentemente, en relación con la Tierra siempre se localiza en una constelación cercana a la que actualmente ocupa el Sol. Venus se encuentra en el mismo signo en donde tienes al Sol o, como mucho, dos signos antes o después de éste. Venus tarda doscientos veinticinco días en recorrer el zodiaco, y permanece aproximadamente diecinueve días en cada signo.

Debido a que la posición de Venus prácticamente se repite el mismo día cada ocho años, hemos abreviado este cuadro. La posición en la que se encontró Venus al 1° de enero de 1910 y la que tuvo el 1° de enero de 1918 varía menos de un grado. Por esta razón, el cuadro que comprende desde el año 1890 hasta 1897 también puede utilizarse para otros años, siempre y cuando se sigan cuidadosamente las instrucciones para el año en cuestión. El siguiente cuadro te dirá en dónde se encontraba Venus cuando naciste.

FECHA	*SIGNO*		08/04 al 01/05	tauro
	ZODIACAL		02/05 al 26/05	géminis
			27/05 al 20/06	cáncer
1890			21/06 al 15/07	leo
01/01 al 01/01	sagitario		16/07 al 10/08	virgo
02/01 al 25/01	capricornio		11/08 al 06/09	libra
26/01 al 18/02	acuario		07/09 al 07/10	escorpión
19/02 al 14/03	piscis		08/10 al 31/12	sagitario
15/03 al 07/04	aries			

1891

01/01 al 05/02	sagitario
06/02 al 05/03	capricornio
06/03 al 01/04	acuario
02/04 al 26/04	piscis
27/04 al 22/05	aries
23/05 al 16/06	tauro
17/06 al 10/07	géminis
11/07 al 04/08	cáncer
05/08 al 28/08	leo
29/08 al 21/09	virgo
22/09 al 15/10	libra
16/10 al 08/11	escorpión
09/11 al 02/12	sagitario
03/12 al 26/12	capricornio
27/12 al 31/12	acuario

1892

01/01 al 20/01	acuario
21/01 al 13/02	piscis
14/02 al 09/03	aries
10/03 al 04/04	tauro
05/04 al 04/05	géminis
05/05 al 07/09	cáncer
08/09 al 07/10	leo
08/10 al 02/11	virgo
03/11 al 27/11	libra
28/11 al 22/12	escorpión
23/12 al 31/12	sagitario

1893

01/01 al 15/01	sagitario
16/01 al 08/02	capricornio
09/02 al 04/03	acuario
05/03 al 28/03	piscis
29/03 al 22/04	aries
23/04 al 16/05	tauro
17/05 al 09/06	géminis
10/06 al 04/07	cáncer
05/07 al 28/07	leo
29/07 al 22/08	virgo
23/08 al 16/09	libra

17/09 al 11/10	escorpión
12/10 al 06/11	sagitario
07/11 al 04/12	capricornio
05/12 al 31/12	acuario

1894

01/01 al 08/01	acuario
09/01 al 12/02	piscis
13/02 al 02/04	acuario
03/04 al 05/05	piscis
06/05 al 02/06	aries
03/06 al 29/06	tauro
30/06 al 24/07	géminis
25/07 al 18/08	cáncer
19/08 al 12/09	leo
13/09 al 06/10	virgo
07/10 al 30/10	libra
31/10 al 23/11	escorpión
24/11 al 17/12	sagitario
18/12 al 31/12	capricornio

1895

01/01 al 10/01	capricornio
11/01 al 03/02	acuario
04/02 al 27/02	piscis
28/02 al 23/03	aries
24/03 al 17/04	tauro
18/04 al 12/05	géminis
13/05 al 07/06	cáncer
08/06 al 06/07	leo
07/07 al 13/08	virgo
14/08 al 12/09	libra
13/09 al 06/11	virgo
07/11 al 08/12	libra
09/12 al 31/12	escorpión

1896

01/01 al 03/01	escorpión
04/01 al 29/01	sagitario
30/01 al 23/02	capricornio
24/02 al 18/03	acuario
19/03 al 12/04	piscis

13/04 al 06/05	aries
07/05 al 31/05	tauro
01/06 al 24/06	géminis
25/06 al 19/07	cáncer
20/07 al 12/08	leo
13/08 al 05/09	virgo
06/09 al 29/09	libra
30/09 al 24/10	escorpión
25/10 al 17/11	sagitario
18/11 al 12/12	capricornio
13/12 al 31/12	acuario

1897

01/01 al 06/01	acuario
07/01 al 01/02	piscis
02/02 al 04/03	aries
05/03 al 07/07	tauro
08/07 al 05/08	géminis
06/08 al 31/08	cáncer
01/09 al 26/09	leo
27/09 al 20/10	virgo
21/10 al 13/11	libra
14/11 al 07/12	escorpión
08/12 al 31/12	sagitario

AÑO	VER AÑO	RESTAR
1898	1890	1 día
1899	1891	1 día
1900	1892	1 día
1901	1893	1 día
1902	1894	1 día
1903	1895	1 día
1904	1896	1 día
1905	1897	1 día
1906	1890	—
1907	1891	—
1908	1892	—
1909	1893	—
1910	1894	—
1911	1895	—
1912	1896	—
1913	1897	—
1914	1890	1 día
1915	1891	1 día
1916	1892	1 día
1917	1893	1 día
1918	1894	1 día
1919	1895	1 día
1920	1896	1 día
1921	1897	1 día
1922	1890	1 día
1923	1891	1 día
1924	1892	1 día
1925	1893	1 día
1926	1894	1 día
1927	1895	1 día
1928	1896	1 día
1929	1897	1 día
1930	1890	2 días
1931	1891	2 días
1932	1892	2 días
1933	1893	2 días
1934	1894	2 días
1935	1895	2 días
1936	1896	2 días
1937	1897	2 días
1938	1890	3 días
1939	1891	3 días
1940	1892	3 días
1941	1893	3 días
1942	1894	3 días
1943	1895	3 días
1944	1896	3 días
1945	1897	3 días
1946	1890	3 días
1947	1891	3 días
1948	1892	3 días
1949	1893	3 días
1950	1894	3 días
1951	1895	3 días
1952	1896	3 días
1953	1897	3 días
1954	1890	4 días

AÑO	VER AÑO	RESTAR			
			1967	1895	4 días
			1968	1896	4 días
1955	1891	4 días	1969	1897	4 días
1956	1892	4 días	1970	1890	5 días
1957	1893	4 días	1971	1891	5 días
1958	1894	4 días	1972	1892	5 días
1959	1895	4 días	1973	1893	5 días
1960	1896	4 días	1974	1894	5 días
1961	1897	4 días	1975	1895	5 días
1962	1890	4 días	1976	1896	5 días
1963	1891	4 días	1977	1897	5 días
1964	1892	4 días	1978	1890	6 días
1965	1893	4 días	1979	1891	6 días
1966	1894	4 días	1980	1892	6 días

MARTE

El planeta Marte tarda aproximadamente dos años en dar la vuelta al zodiaco, y permanece casi dos meses en cada signo. El cuadro siguiente te indicará en dónde se localizaba Marte en la fecha de tu nacimiento.

FECHA   SIGNO ZODIACAL

1900
01/01 al 28/02 acuario
01/03 al 07/04 piscis
08/04 al 16/05 aries
17/05 al 26/06 tauro
27/06 al 09/08 géminis
10/08 al 26/09 cáncer
27/09 al 22/11 leo
23/11 al 31/12 virgo

1901
01/01 al 01/03 virgo
02/03 al 10/05 leo
11/05 al 13/07 virgo
14/07 al 31/08 libra
01/09 al 14/10 escorpión
15/10 al 23/11 sagitario

24/11 al 31/12 capricornio

1902
01/01 al 01/01 capricornio
02/01 al 08/02 acuario
09/02 al 17/03 piscis
18/03 al 26/04 aries
27/04 al 06/06 tauro
07/06 al 20/07 géminis
21/07 al 04/09 cáncer
05/09 al 23/10 leo
24/10 al 19/12 virgo
20/12 al 31/12 libra

1903
01/01 al 19/04 libra
20/04 al 30/05 virgo
31/05 al 06/08 libra
07/08 al 22/09 escorpión
23/09 al 02/11 sagitario

03/11 al 11/12	capricornio		23/02 al 06/04	tauro
12/12 al 31/12	acuario		07/04 al 22/05	géminis

1904

01/01 al 19/01	acuario		23/05 al 07/07	cáncer
20/01 al 26/02	piscis		08/07 al 23/08	leo
27/02 al 06/04	aries		23/08 al 09/10	virgo
07/04 al 17/05	tauro		10/10 al 25/11	libra
18/05 al 30/06	géminis		26/11 al 31/12	escorpión
01/07 al 14/08	cáncer			

1909

15/08 al 01/10	leo		01/01 al 09/01	escorpión
02/10 al 19/11	virgo		10/01 al 23/02	sagitario
20/11 al 31/12	libra		24/02 al 09/04	capricornio
			10/04 al 25/05	acuario

1905

			26/05 al 20/07	piscis
01/01 al 13/01	libra		21/07 al 26/09	aries
14/01 al 21/08	escorpión		27/09 al 20/11	piscis
22/08 al 07/10	sagitario		21/11 al 31/12	aries
08/10 al 17/11	capricornio			
18/11 al 27/12	acuario			

1910

28/12 al 31/12	piscis		01/01 al 22/02	aries
			23/02 al 13/03	tauro

1906

			14/03 al 01/05	géminis
01/01 al 04/02	piscis		02/05 al 18/06	cáncer
05/02 al 16/03	aries		19/06 al 05/08	leo
17/03 al 28/04	tauro		06/08 al 21/09	virgo
29/04 al 11/06	géminis		22/09 al 06/11	libra
12/06 al 27/07	cáncer		07/11 al 19/12	escorpión
28/07 al 12/09	leo		20/12 al 31/12	sagitario
13/09 al 29/10	virgo			
30/10 al 16/12	libra			

1911

17/12 al 31/12	escorpión		01/01 al 31/01	sagitario
			01/02 al 13/03	capricornio

1907

			14/03 al 22/04	acuario
01/01 al 04/02	escorpión		23/04 al 02/06	piscis
05/02 al 01/04	sagitario		03/06 al 15/07	aries
02/04 al 13/10	capricornio		16/07 al 05/09	tauro
14/10 al 28/11	acuario		06/09 al 29/11	géminis
29/11 al 31/12	piscis		30/11 al 31/12	tauro

1908

1912

01/01 al 10/01	piscis		01/01 al 30/01	tauro
01/01 al 22/02	aries		31/01 al 04/04	géminis

05/04 al 27/05	cáncer
28/05 al 16/07	leo
17/07 al 02/09	virgo
03/09 al 17/10	libra
18/10 al 29/11	escorpión
30/11 al 31/12	sagitario

1913

01/01 al 10/01	sagitario
11/01 al 18/02	capricornio
19/02 al 29/03	acuario
30/03 al 07/05	piscis
08/05 al 16/06	aries
17/06 al 28/07	tauro
29/07 al 15/09	géminis
16/09 al 31/12	cáncer

1914

01/01 al 01/05	cáncer
02/05 al 25/06	leo
26/06 al 14/08	virgo
15/08 al 28/09	libra
29/09 al 10/11	escorpión
11/11 al 21/12	sagitario
22/12 al 31/12	capricornio

1915

01/01 al 29/01	capricornio
30/01 al 09/03	acuario
10/03 al 16/04	piscis
17/04 al 25/05	aries
26/05 al 05/07	tauro
06/07 al 18/08	géminis
19/08 al 07/10	cáncer
08/10 al 31/12	leo

1916

01/01 al 28/05	leo
29/05 al 22/07	virgo
23/07 al 08/09	libra
09/09 al 21/10	escorpión
22/10 al 01/12	sagitario

02/12 al 31/12	capricornio

1917

01/01 al 09/01	capricornio
10/01 al 16/02	acuario
17/02 al 26/03	piscis
27/03 al 04/05	aries
05/05 al 14/06	tauro
15/06 al 27/07	géminis
28/07 al 11/09	cáncer
12/09 al 01/11	leo
02/11 al 31/12	virgo

1918

01/01 al 10/01	virgo
11/01 al 25/02	libra
26/02 al 23/06	virgo
24/06 al 16/08	libra
17/08 al 30/09	escorpión
31/09 al 10/11	sagitario
11/11 al 19/12	capricornio
20/12 al 31/12	acuario

1919

01/01 al 26/01	acuario
27/01 al 06/03	piscis
07/03 al 14/04	aries
15/04 al 25/05	tauro
26/05 al 08/07	géminis
09/07 al 22/08	cáncer
23/08 al 09/10	leo
10/10 al 29/11	virgo
30/11 al 31/12	libra

1920

01/01 al 31/01	libra
01/02 al 23/04	escorpión
24/04 al 10/07	libra
11/07 al 04/09	escorpión
05/09 al 18/10	sagitario
18/10 al 27/11	capricornio
28/11 al 31/12	acuario

1921

01/01 al 04/01	acuario
05/01 al 12/02	piscis
13/02 al 24/03	aries
25/03 al 05/05	tauro
06/05 al 19/06	géminis
20/06 al 02/08	cáncer
03/08 al 18/09	leo
19/09 al 06/11	virgo
07/11 al 25/12	libra
26/12 al 31/12	escorpión

1922

01/01 al 18/02	escorpión
19/02 al 13/09	sagitario
14/09 al 30/10	capricornio
31/10 al 11/12	acuario
12/12 al 31/12	piscis

1923

01/01 al 20/01	piscis
21/01 al 03/03	aries
04/03 al 15/04	tauro
16/04 al 30/05	géminis
31/05 al 15/07	cáncer
16/07 al 31/08	leo
01/09 al 17/10	virgo
18/10 al 03/12	libra
04/12 al 31/12	escorpión

1924

01/01 al 19/02	escorpión
20/02 al 06/03	sagitario
07/03 al 24/04	capricornio
25/04 al 24/06	acuario
25/06 al 24/08	piscis
25/08 al 19/10	acuario
20/10 al 18/12	piscis
19/12 al 31/12	aries

1925

01/01 al 04/02	aries
05/02 al 23/03	tauro
24/03 al 09/05	géminis
10/05 al 25/06	cáncer
26/06 al 12/08	leo
13/08 al 28/09	virgo
29/09 al 13/11	libra
14/11 al 27/12	escorpión
28/12 al 31/12	sagitario

1926

01/01 al 08/02	sagitario
09/02 al 22/03	capricornio
23/03 al 03/05	acuario
04/05 al 14/06	piscis
15/06 al 31/07	aries
01/08 al 31/12	tauro

1927

01/01 al 21/02	tauro
22/02 al 16/04	géminis
17/04 al 05/06	cáncer
06/06 al 24/07	leo
25/07 al 10/09	virgo
11/09 al 25/10	libra
26/10 al 07/12	escorpión
08/12 al 31/12	sagitario

1928

01/01 al 18/01	sagitario
19/01 al 27/02	capricornio
28/02 al 07/04	acuario
08/04 al 16/05	piscis
17/05 al 25/06	aries
26/06 al 08/08	tauro
09/08 al 02/10	géminis
03/10 al 19/12	cáncer
20/12 al 31/12	géminis

1929

01/01 al 10/03	géminis
11/03 al 12/05	cáncer
13/05 al 03/07	leo

04/07 al 21/08	virgo	19/11 al 27/12	capricornio
22/08 al 05/10	libra	28/12 al 31/12	acuario
06/10 al 18/11	escorpión		
19/11 al 26/12	sagitario	**1934**	
27/12 al 31/12	capricornio	01/01 al 03/02	acuario
		04/02 al 13/03	piscis
1930		14/03 al 21/04	aries
01/01 al 06/02	capricornio	22/04 al 01/06	tauro
07/02 al 16/03	acuario	02/06 al 14/07	géminis
17/03 al 24/04	piscis	15/07 al 29/08	cáncer
25/04 al 02/06	aries	30/08 al 17/10	leo
03/06 al 14/07	tauro	18/10 al 10/12	virgo
15/07 al 27/08	géminis	11/12 al 31/12	libra
28/08 al 20/10	cáncer		
21/10 al 31/12	leo	**1935**	
		01/01 al 28/07	libra
1931		29/07 al 15/09	escorpión
01/01 al 15/02	leo	16/09 al 27/10	sagitario
16/02 al 29/03	cáncer	28/10 al 06/12	capricornio
30/03 al 09/06	leo	07/12 al 31/12	acuario
10/06 al 31/07	virgo		
01/08 al 16/09	libra	**1936**	
17/09 al 29/10	escorpión	01/01 al 13/01	acuario
30/10 al 09/12	sagitario	14/01 al 21/02	piscis
10/12 al 31/12	capricornio	22/02 al 31/03	aries
		01/04 al 12/05	tauro
1932		13/05 al 24/06	géminis
01/01 al 17/01	capricornio	25/06 al 09/08	cáncer
18/01 al 24/02	acuario	10/08 al 25/09	leo
25/02 al 02/04	piscis	26/09 al 13/11	virgo
03/04 al 11/05	aries	14/11 al 31/12	libra
12/05 al 21/06	tauro		
22/06 al 03/08	géminis	**1937**	
04/08 al 19/09	cáncer	01/01 al 12/03	escorpión
20/09 al 12/11	leo	13/03 al 13/05	sagitario
13/11 al 31/12	virgo	14/05 al 07/08	escorpión
		08/08 al 29/09	sagitario
1933		30/09 al 11/10	capricornio
01/01 al 05/07	virgo	12/10 al 20/12	acuario
06/07 al 25/08	libra	21/12 al 31/12	piscis
26/08 al 08/10	escorpión		
09/10 al 18/11	sagitario	**1938**	
		01/01 al 29/01	piscis

30/01 al 11/03	aries	
12/03 al 22/04	tauro	
23/04 al 06/06	géminis	
07/06 al 21/07	cáncer	
22/07 al 06/09	leo	
07/09 al 24/10	virgo	
25/10 al 10/12	libra	
11/12 al 31/12	escorpión	

1939

01/01 al 28/01	escorpión
29/01 al 20/03	sagitario
21/03 al 23/05	capricornio
24/05 al 20/07	acuario
21/07 al 23/09	capricornio
24/09 al 18/11	acuario
19/11 al 31/12	piscis

1940

01/01 al 02/01	piscis
03/01 al 16/02	aries
17/02 al 31/03	tauro
01/04 al 16/05	géminis
17/05 al 02/07	cáncer
03/07 al 18/08	leo
19/08 al 04/10	virgo
05/10 al 19/11	libra
20/11 al 31/12	escorpión

1941

01/01 al 03/01	escorpión
04/01 al 16/02	sagitario
17/02 al 01/04	capricornio
02/04 al 15/05	acuario
16/05 al 01/07	piscis
02/07 al 31/12	aries

1942

01/01 al 10/01	aries
11/01 al 06/03	tauro
07/03 al 25/04	géminis
26/04 al 13/06	cáncer

14/06 al 31/07	leo
01/08 al 16/09	virgo
17/09 al 31/10	libra
01/11 al 14/12	escorpión
15/12 al 31/12	sagitario

1943

01/01 al 25/01	sagitario
26/01 al 07/03	capricornio
08/03 al 16/04	acuario
17/04 al 26/05	piscis
27/05 al 06/06	aries
07/06 al 22/08	tauro
23/08 al 31/12	géminis

1944

01/01 al 27/03	géminis
28/03 al 21/05	cáncer
22/05 al 11/07	leo
12/07 al 28/08	virgo
29/08 al 12/10	libra
13/10 al 24/11	escorpión
25/11 al 31/12	sagitario

1945

01/01 al 04/01	sagitario
05/01 al 13/02	capricornio
14/02 al 24/03	acuario
25/03 al 01/05	piscis
02/05 al 10/06	aries
11/06 al 22/07	tauro
23/07 al 06/09	géminis
07/09 al 10/11	cáncer
11/11 al 25/12	leo
26/12 al 31/12	cáncer

1946

01/01 al 21/04	cáncer
22/04 al 19/06	leo
20/06 al 08/08	virgo
09/08 al 23/09	libra
24/09 al 05/11	escorpión

06/11 al 16/12	sagitario
17/12 al 31/12	capricornio

1947

01/01 al 24/01	capricornio
25/01 al 03/03	acuario
04/03 al 10/04	piscis
11/04 al 20/05	aries
21/05 al 30/06	tauro
31/06 al 12/08	géminis
13/08 al 30/09	cáncer
01/10 al 30/11	leo
01/12 al 31/12	virgo

1948

01/01 al 11/02	virgo
12/02 al 17/05	leo
18/05 al 16/07	virgo
17/07 al 02/09	libra
03/09 al 16/10	escorpión
17/10 al 25/11	sagitario
26/11 al 31/12	capricornio

1949

01/01 al 03/01	capricornio
04/01 al 10/02	acuario
11/02 al 20/03	piscis
21/03 al 29/04	aries
30/04 al 09/06	tauro
10/06 al 22/07	géminis
23/07 al 06/09	cáncer
07/09 al 26/10	leo
27/10 al 25/12	virgo
26/12 al 31/12	libra

1950

01/01 al 27/03	libra
28/03 al 10/06	virgo
11/06 al 09/08	libra
10/08 al 24/09	escorpión
25/09 al 05/11	sagitario
06/11 al 14/12	capricornio

15/12 al 31/12	acuario

1951

01/01 al 21/01	acuario
22/01 al 28/02	piscis
01/03 al 09/04	aries
10/04 al 20/05	tauro
21/05 al 02/07	géminis
03/07 al 17/08	cáncer
18/08 al 03/10	leo
04/10 al 23/11	virgo
24/11 al 31/12	libra

1952

01/01 al 19/01	libra
20/01 al 26/08	escorpión
27/08 al 11/10	sagitario
12/10 al 20/11	capricornio
21/11 al 29/12	acuario
30/12 al 31/12	piscis

1953

01/01 al 07/02	piscis
08/02 al 19/03	aries
20/03 al 30/04	tauro
01/05 al 13/06	géminis
14/06 al 28/07	cáncer
29/07 al 13/09	leo
14/09 al 31/10	virgo
01/11 al 19/12	libra
20/12 al 31/12	escorpión

1954

01/01 al 08/02	escorpión
09/02 al 11/04	sagitario
12/04 al 02/07	capricornio
03/07 al 23/08	sagitario
24/08 al 20/10	capricornio
21/10 al 03/12	acuario
04/12 al 31/12	piscis

1955

01/01 al 14/01	piscis

15/01 al 25/02	aries		01/06 al 19/07	leo
26/02 al 09/04	tauro		20/07 al 04/09	virgo
10/04 al 25/05	géminis		05/09 al 20/10	libra
26/05 al 10/07	cáncer		21/10 al 02/12	escorpión
11/07 al 26/08	leo		03/12 al 31/12	sagitario
27/08 al 12/10	virgo			
13/10 al 28/11	libra		**1960**	
29/11 al 31/12	escorpión		01/01 al 13/01	sagitario
			14/01 al 22/02	capricornio
1956			23/02 al 01/04	acuario
01/01 al 13/01	escorpión		02/04 al 10/05	piscis
14/01 al 27/02	sagitario		11/05 al 19/06	aries
28/02 al 13/04	capricornio		20/06 al 01/08	tauro
14/04 al 02/06	acuario		02/08 al 20/09	géminis
03/06 al 05/12	piscis		21/09 al 31/12	cáncer
06/12 al 31/12	aries			
			1961	
1957			01/01 al 05/05	cáncer
01/01 al 27/02	aries		06/05 al 27/06	leo
28/02 al 16/03	tauro		28/06 al 16/08	virgo
17/03 al 03/05	géminis		17/08 al 30/09	libra
04/05 al 20/06	cáncer		01/10 al 12/11	escorpión
21/06 al 07/08	leo		13/11 al 23/12	sagitario
08/08 al 23/09	virgo		24/12 al 31/12	capricornio
24/09 al 07/11	libra			
08/11 al 22/12	escorpión		**1962**	
23/12 al 31/12	sagitario		01/01 al 31/01	capricornio
			01/02 al 11/03	acuario
1958			12/03 al 18/04	piscis
01/01 al 02/02	sagitario		19/04 al 27/05	aries
03/02 al 16/03	capricornio		28/05 al 08/07	tauro
17/03 al 26/04	acuario		09/07 al 21/08	géminis
27/04 al 06/06	piscis		22/08 al 10/10	cáncer
07/06 al 20/07	aries		11/10 al 31/12	leo
21/07 al 20/09	tauro			
21/09 al 28/10	géminis		**1963**	
29/10 al 31/12	tauro		01/01 al 02/06	leo
			03/06 al 26/07	virgo
1959			27/07 al 11/09	libra
01/01 al 09/02	tauro		12/09 al 24/10	escorpión
10/02 al 09/04	géminis		25/10 al 04/12	sagitario
10/04 al 31/05	cáncer		05/12 al 31/12	capricornio

1964

01/01 al 12/01	capricornio
13/01 al 19/02	acuario
20/02 al 28/03	piscis
29/03 al 06/05	aries
07/05 al 16/06	tauro
17/06 al 29/07	géminis
30/07 al 14/09	cáncer
15/09 al 05/11	leo
06/11 al 31/12	virgo

1965

01/01 al 28/06	virgo
29/06 al 19/08	libra
20/08 al 03/10	escorpión
04/10 al 13/11	sagitario
14/11 al 22/12	capricornio
23/12 al 31/12	acuario

1966

01/01 al 29/01	acuario
30/01 al 08/03	piscis
09/03 al 16/04	aries
17/04 al 27/05	tauro
28/05 al 10/07	géminis
11/07 al 24/08	cáncer
25/08 al 11/10	leo
12/10 al 03/12	virgo
04/12 al 31/12	libra

1967

01/01 al 11/02	libra
12/02 al 31/03	escorpión
01/04 al 18/07	libra
19/07 al 09/09	escorpión
10/09 al 22/10	sagitario
23/10 al 30/11	capricornio
01/12 al 31/12	acuario

1968

01/01 al 08/01	acuario
09/01 al 16/02	piscis

17/02 al 26/03	aries
27/03 al 07/05	tauro
08/05 al 20/06	géminis
21/06 al 04/08	cáncer
05/08 al 20/09	leo
21/09 al 08/10	virgo
09/10 al 28/12	libra
29/12 al 31/12	escorpión

1969

01/01 al 24/01	escorpión
25/01 al 20/09	sagitario
26/09 al 04/11	capricornio
05/11 al 13/12	acuario
14/12 al 31/12	piscis

1970

01/01 al 23/01	piscis
24/01 al 06/03	aries
07/03 al 17/04	tauro
18/07 al 01/06	géminis
02/06 al 17/07	cáncer
18/04 al 02/09	leo
03/09 al 19/10	virgo
20/10 al 05/12	libra
06/12 al 31/12	leo

1971

01/01 al 23/01	escorpión
24/01 al 12/03	sagitario
13/03 al 03/05	capricornio
04/05 al 06/11	acuario
07/11 al 26/12	piscis
27/12 al 31/12	aries

1972

01/01 al 10/02	aries
11/02 al 27/03	tauro
28/03 al 12/05	géminis
13/05 al 28/06	cáncer
29/06 al 15/08	leo
16/08 al 30/09	virgo

01/10 al 15/11	libra	21/11 al 31/12	sagitario
16/11 al 30/12	escorpión		
30/12 al 31/12	sagitario	**1977**	
		01/01 al 09/02	capricornio
1973		10/02 al 20/03	acuario
01/01 al 12/02	sagitario	21/03 al 27/04	piscis
13/02 al 26/03	capricornio	28/04 al 06/06	aries
27/03 al 08/05	acuario	07/06 al 17/07	tauro
09/05 al 20/06	piscis	18/07 al 01/09	géminis
21/06 al 12/08	aries	02/09 al 26/10	cáncer
13/08 al 29/10	tauro	27/10 al 31/12	leo
30/10 al 24/12	aries		
25/12 al 31/12	tauro	**1978**	
		01/01 al 26/01	leo
1974		27/01 al 10/04	cáncer
01/01 al 27/02	tauro	11/04 al 14/06	leo
28/02 al 20/04	géminis	15/06 al 04/08	virgo
21/04 al 09/06	cáncer	05/08 al 19/09	libra
10/06 al 27/07	leo	20/09 al 02/11	escorpión
28/07 al 12/09	virgo	03/11 al 12/12	sagitario
13/09 al 28/10	libra	13/12 al 31/12	capricornio
29/10 al 10/12	escorpión		
11/12 al 31/12	sagitario	**1979**	
		01/01 al 20/01	capricornio
1975		21/01 al 27/02	acuario
01/01 al 21/01	sagitario	28/02 al 07/04	piscis
22/01 al 03/03	capricornio	08/04 al 16/05	aries
04/03 al 11/04	acuario	17/05 al 26/06	tauro
12/04 al 21/05	piscis	27/06 al 08/08	géminis
22/05 al 01/07	aries	09/08 al 24/09	cáncer
02/07 al 14/08	tauro	25/09 al 19/11	leo
15/08 al 17/10	géminis	20/11 al 31/12	virgo
18/10 al 25/11	cáncer		
26/11 al 31/12	géminis	**1980**	
		01/01 al 11/03	virgo
1976		12/03 al 04/05	libra
01/01 al 18/03	géminis	05/05 al 10/07	escorpión
19/03 al 16/05	cáncer	11/07 al 29/08	sagitario
17/05 al 06/07	leo	30/08 al 12/10	capricornio
07/07 al 24/08	virgo	13/10 al 22/11	acuario
25/08 al 08/10	libra	23/11 al 31/12	piscis
09/10 al 20/11	escorpión		

JÚPITER

Júpiter tarda doce años en recorrer las constelaciones del zodiaco, y permanece en cada signo aproximadamente once meses. El siguiente cuadro te indicará en dónde se encontraba Júpiter cuando naciste.

FECHA	SIGNO ZODIACAL
01/01/1900 al 18/01/1901	sagitario
19/01/1901 al 06/02/1902	capricornio
07/02/1902 al 19/02/1903	acuario
20/02/1903 al 29/02/1904	piscis
01/03/1904 al 08/08/1904	aries
09/08/1904 al 31/08/1904	tauro
01/09/1904 al 07/03/1905	aries
08/04/1905 al 20/07/1905	tauro
21/07/1905 al 04/12/1905	géminis
05/12/1905 al 09/03/1906	tauro
10/03/1906 al 30/07/1906	géminis
31/07/1906 al 18/08/1907	cáncer
19/08/1907 al 11/09/1907	leo
12/09/1908 al 11/10/1909	virgo
12/10/1909 al 11/11/1910	libra
12/11/1910 al 09/12/1911	escorpión
10/12/1911 al 02/01/1913	sagitario
03/01/1913 al 21/01/1914	capricornio
22/01/1914 al 03/02/1915	acuario
04/02/1915 al 11/02/1916	piscis
12/02/1916 al 25/06/1916	aries
26/06/1916 al 26/10/1916	tauro
27/10/1916 al 12/02/1917	aries
13/02/1917 al 29/06/1917	tauro
30/06/1917 al 12/07/1918	géminis
13/07/1918 al 01/08/1919	cáncer
02/08/1919 al 26/08/1920	leo
27/08/1920 al 25/09/1921	virgo
26/09/1921 al 26/10/1922	libra
27/10/1922 al 24/11/1923	escorpión
25/11/1923 al 17/12/1924	sagitario
18/12/1924 al 05/01/1926	capricornio
06/01/1926 al 17/01/1927	acuario
18/01/1927 al 05/06/1927	piscis

06/06/1927 al 10/09/1927	aries
11/09/1927 al 22/01/1928	piscis
23/01/1928 al 03/06/1928	aries
04/06/1928 al 11/06/1929	tauro
12/06/1929 al 26/06/1930	géminis
27/06/1930 al 16/07/1931	cáncer
17/07/1931 al 10/08/1932	leo
11/08/1932 al 09/09/1933	virgo
10/09/1933 al 10/10/1934	libra
11/10/1934 al 08/11/1935	escorpión
09/11/1935 al 01/12/1936	sagitario
02/12/1936 al 19/12/1937	capricornio
20/12/1937 al 13/05/1938	acuario
14/05/1938 al 29/07/1938	piscis
30/07/1938 al 28/12/1938	acuario
29/12/1938 al 10/05/1939	piscis
11/05/1939 al 29/10/1939	aries
30/10/1939 al 19/12/1939	piscis
20/12/1939 al 15/05/1940	aries
16/05/1940 al 25/05/1941	tauro
26/05/1941 al 09/06/1942	géminis
10/06/1942 al 29/06/1943	cáncer
30/06/1943 al 25/07/1944	leo
26/07/1944 al 24/08/1945	virgo
25/08/1945 al 24/09/1946	libra
25/09/1946 al 23/10/1947	escorpión
24/10/1947 al 14/11/1948	sagitario
15/11/1948 al 11/04/1949	capricornio
12/04/1949 al 26/06/1949	acuario
27/06/1949 al 29/11/1949	capricornio
30/11/1949 al 14/04/1950	acuario
15/04/1950 al 14/09/1950	piscis
15/09/1950 al 01/12/1950	acuario
02/12/1950 al 20/04/1951	piscis
21/04/1951 al 27/04/1952	aries
28/04/1952 al 08/05/1953	tauro
09/05/1953 al 23/05/1954	géminis
24/05/1954 al 11/06/1955	cáncer
12/06/1955 al 16/11/1955	leo
17/11/1955 al 17/01/1956	virgo
18/01/1956 al 06/07/1956	leo
07/07/1956 al 11/12/1956	virgo

12/12/1956 al 18/02/1957	libra
19/02/1957 al 05/08/1957	virgo
06/08/1957 al 12/01/1958	libra
13/01/1958 al 19/03/1958	escorpión
20/03/1958 al 06/09/1958	libra
07/09/1958 al 09/02/1959	escorpión
10/02/1959 al 23/04/1959	sagitario
24/04/1959 al 04/10/1959	escorpión
05/10/1959 al 29/02/1960	sagitario
01/03/1960 al 09/06/1960	capricornio
10/06/1960 al 24/10/1960	sagitario
25/10/1960 al 14/03/1961	capricornio
15/03/1961 al 11/08/1961	acuario
12/08/1961 al 03/11/1961	capricornio
04/11/1961 al 24/03/1962	acuario
25/03/1962 al 03/04/1963	piscis
04/04/1963 al 11/04/1964	aries
12/04/1964 al 21/04/1965	tauro
22/04/1965 al 20/09/1965	géminis
21/09/1965 al 16/11/1965	cáncer
17/11/1965 al 04/05/1966	géminis
05/05/1966 al 26/09/1966	cáncer
27/09/1966 al 15/01/1967	leo
16/01/1967 al 22/05/1967	cáncer
23/05/1967 al 18/10/1967	leo
19/10/1967 al 26/02/1968	virgo
27/02/1968 al 14/06/1968	leo
15/06/1968 al 14/11/1968	virgo
15/11/1968 al 29/03/1969	libra
30/03/1969 al 14/07/1969	virgo
15/07/1969 al 15/12/1969	libra
16/12/1969 al 29/04/1970	escorpión
30/04/1970 al 14/08/1970	libra
15/08/1970 al 14/01/1971	escorpión
15/01/1971 al 05/06/1971	sagitario
06/06/1971 al 11/09/1971	escorpión
12/09/1971 al 06/02/1972	sagitario
07/02/1972 al 24/07/1972	capricornio
25/07/1972 al 25/09/1972	sagitario
26/09/1972 al 23/02/1973	capricornio
24/02/1973 al 08/03/1974	acuario
09/03/1974 al 18/03/1975	piscis

19/03/1975 al 26/03/1976	aries
27/03/1976 al 23/08/1976	tauro
24/08/1976 al 16/10/1976	géminis
17/10/1976 al 03/04/1977	tauro
04/04/1977 al 20/08/1977	géminis
21/08/1977 al 31/12/1977	cáncer
01/01/1978 al 12/04/1978	géminis
13/04/1978 al 05/09/1978	cáncer
06/09/1978 al 01/03/1979	leo
02/03/1979 al 20/04/1979	cáncer
21/04/1979 al 29/09/1979	leo
30/09/1979 al 27/10/1980	virgo

SATURNO

Saturno, planeta que se mueve más lentamente, tarda aproximadamente veintinueve años en recorrer el zodiaco, y permanece cerca de dos años y medio en cada signo. El siguiente cuadro te indicará en dónde se localizaba Saturno cuando naciste.

FECHA	*SIGNO ZODIACAL*
01/01/1900 al 20/01/1900	sagitario
21/01/1900 al 18/07/1900	capricornio
19/07/1900 al 16/10/1900	sagitario
17/10/1900 al 19/01/1903	capricornio
20/01/1903 al 12/04/1905	acuario
13/04/1905 al 16/08/1905	piscis
17/08/1905 al 07/01/1906	acuario
08/01/1906 al 18/03/1908	piscis
19/03/1908 al 16/05/1910	aries
17/05/1910 al 14/12/1910	tauro
15/12/1910 al 19/01/1911	aries
20/01/1911 al 06/07/1912	tauro
07/07/1912 al 30/11/1912	géminis
01/12/1912 al 25/03/1913	tauro
26/03/1913 al 24/08/1914	géminis
25/08/1914 al 06/12/1914	cáncer
07/12/1914 al 11/05/1915	géminis
12/05/1915 al 16/10/1916	cáncer
17/10/1916 al 07/12/1916	leo

08/12/1916 al 23/06/1917	cáncer
24/06/1917 al 11/08/1919	leo
12/08/1919 al 07/10/1921	virgo
08/10/1921 al 19/12/1923	libra
20/12/1923 al 05/04/1924	escorpión
06/04/1924 al 13/09/1924	libra
14/09/1924 al 02/12/1926	escorpión
03/12/1926 al 29/03/1929	sagitario
30/03/1929 al 04/05/1929	capricornio
05/05/1929 al 29/11/1929	sagitario
30/11/1929 al 22/02/1932	capricornio
23/02/1932 al 12/08/1932	acuario
13/08/1932 al 18/11/1932	capricornio
19/11/1932 al 13/02/1935	acuario
14/02/1935 al 24/04/1937	piscis
25/04/1937 al 17/10/1937	aries
18/10/1937 al 13/01/1938	piscis
14/01/1938 al 05/07/1939	aries
06/07/1939 al 21/09/1939	tauro
22/09/1939 al 19/03/1940	aries
20/03/1940 al 07/05/1942	tauro
08/05/1942 al 19/06/1944	géminis
20/06/1944 al 01/08/1946	cáncer
02/08/1946 al 18/09/1948	leo
19/09/1948 al 02/04/1949	virgo
03/04/1949 al 28/05/1949	leo
29/05/1949 al 19/11/1950	virgo
20/11/1950 al 06/03/1951	libra
07/03/1951 al 12/08/1951	virgo
13/08/1951 al 21/10/1953	libra
22/10/1953 al 11/01/1956	escorpión
12/01/1956 al 13/05/1956	sagitario
14/05/1956 al 09/10/1956	escorpión
10/10/1956 al 04/01/1959	sagitario
05/01/1959 al 09/01/1962	capricornio
10/01/1962 al 16/12/1964	acuario
17/12/1964 al 02/03/1967	piscis
03/03/1967 al 28/04/1969	aries
29/04/1969 al 18/06/1971	tauro
19/06/1971 al 10/01/1972	géminis
11/01/1972 al 21/02/1972	tauro
22/02/1972 al 01/08/1973	géminis

02/08/1973 al 07/01/1974	cáncer
08/01/1974 al 18/04/1974	géminis
19/04/1974 al 17/09/1975	cáncer
18/09/1975 al 14/01/1976	leo
15/01/1976 al 05/06/1976	cáncer
06/06/1976 al 17/11/1977	leo
18/11/1977 al 05/01/1978	virgo
06/01/1978 al 26/07/1978	leo
27/07/1978 al 21/09/1980	virgo

URANO

Urano, uno de los planetas de movimiento más lento, tarda un poco más de ochenta y cuatro años en recorrer todas las constelaciones del zodiaco. Permanece aproximadamente siete años en cada signo. El siguiente cuadro te indicará el sitio donde se encontraba este planeta cuando naciste.

FECHA	SIGNO ZODIACAL		
		07/06/34 al 09/10/34	tauro
		10/10/34 al 28/03/35	aries
		29/03/35 al 31/12/39	tauro
1900			
01/01/00 al 19/12/04	sagitario		
20/12/04 al 31/12/09	capricornio	**1940**	
		01/01/40 al 06/08/41	tauro
		07/08/41 al 04/10/41	géminis
1910		05/10/41 al 13/05/42	tauro
01/01/10 al 30/01/12	capricornio	14/05/42 al 29/08/48	géminis
31/01/12 al 04/09/12	acuario	30/08/48 al 11/11/48	cáncer
05/09/12 al 11/11/12	capricornio	12/11/48 al 09/06/49	géminis
12/11/12 al 31/03/19	acuario	10/06/49 al 31/12/49	cáncer
01/04/19 al 16/08/19	piscis		
17/08/19 al 31/12/19	acuario	**1950**	
		01/01/50 al 23/08/55	cáncer
1920		24/08/55 al 27/01/56	leo
01/01/20 al 21/01/20	acuario	28/01/56 al 08/06/56	cáncer
22/01/20 al 30/03/27	piscis	09/06/56 al 31/12/59	leo
31/03/27 al 04/11/27	aries		
05/11/27 al 12/01/28	piscis		
13/01/28 al 31/12/29	aries	**1960**	
		01/01/60 al 31/10/61	leo
1930		01/11/61 al 09/01/62	virgo
01/01/30 al 06/06/34	aries	10/01/62 al 08/08/62	leo

09/08/62 al 27/09/68	virgo	
28/09/68 al 20/05/69	libra	
21/05/69 al 23/06/69	virgo	
24/06/69 al 31/12/69	libra	

1970

01/01/70 al 21/11/74	libra
22/11/74 al 02/05/75	escorpión
03/05/75 al 07/09/75	libra
08/09/75 al 16/02/81	escorpión

NEPTUNO

Neptuno, uno de los planetas que más lentamente se desplaza, tarda casi ciento sesenta y cinco años en recorrer el zodiaco, o aproximadamente catorce años y medio en cada signo astrológico. El cuadro siguiente te indicará en qué signo se encontraba Neptuno cuando naciste.

FECHA   *SIGNO ZODIACAL*

1900

20/07/01 al 25/12/01	cáncer
26/12/01 al 20/05/02	géminis
21/05/02 al 31/12/09	cáncer

1910

01/01/10 al 22/09/14	cáncer
23/09/14 al 15/12/14	leo
16/12/14 al 18/07/15	cáncer
19/07/15 al 20/03/16	leo
21/03/16 al 01/05/16	cáncer
02/05/16 al 31/12/19	leo

1920

01/01/20 al 20/09/28	leo
21/09/28 al 18/02/29	virgo
19/02/29 al 23/07/29	leo
24/07/29 al 31/12/29	virgo

1930

01/01/30 al 31/12/39	virgo

1940

01/01/40 al 02/10/42	virgo
03/10/42 al 18/04/43	libra
19/04/43 al 02/08/43	virgo
03/08/43 al 31/12/49	libra

1950

01/01/50 al 23/12/55	libra
24/12/55 al 11/03/56	escorpión
12/03/56 al 18/10/56	libra
19/10/56 al 16/06/57	escorpión
17/06/57 al 04/08/57	libra
05/08/57 al 31/12/59	escorpión

1960

01/01/60 al 31/12/69	escorpión

1970

01/01/70 al 04/01/70	escorpión
05/01/70 al 02/05/70	sagitario
03/05/70 al 05/11/70	escorpión
06/11/70 al 31/12/79	sagitario

1980

01/01/80 al 18/01/84	sagitario

PLUTÓN

Plutón, el más lento de los planetas, tarda doscientos cuarenta y ocho años en desplazarse a través de todas las constelaciones del zodiaco. Este planeta permanece durante un promedio de veinte años en cada signo, aunque pasa mucho más tiempo en unos que en otros. El periodo más corto que Plutón permanece en un signo, que es escorpión, es de doce años, y el más largo es de treinta, cuando este planeta cruza la constelación de tauro. El siguiente cuadro ilustrará dónde se ubicaba Plutón cuando naciste.

FECHA	SIGNO ZODIACAL		
01/01/00 al 09/07/13	géminis	19/08/57 al 11/04/58	virgo
10/07/13 al 27/12/13	cáncer	12/04/58 al 10/06/58	leo
28/12/13 al 26/05/14	géminis	11/06/58 al 04/10/71	virgo
27/05/14 al 03/08/38	cáncer	05/10/71 al 16/04/72	libra
04/08/38 al 07/02/39	leo	17/04/72 al 30/07/72	virgo
08/02/39 al 13/06/39	cáncer	31/07/72 al 06/11/83	libra
14/06/39 al 18/08/57	leo		

CAPÍTULO DECIMOCUARTO:
LOS ECLIPSES PRENATALES

ECLIPSES SOLARES

Para localizar tu eclipse solar prenatal busca la fecha más próxima a tu nacimiento. Asegúrate de que ésta sea anterior, pues estos eclipses son prenatales.

FECHA	SIGNO	GRADO
28 de mayo, 1900	géminis	06'47"
22 de diciembre, 1900	escorpión	29'33"
18 de mayo, 1901	tauro	26'34"
11 de noviembre, 1901	escorpión	18'14"
08 de abril, 1902	aries	17'48"
07 de mayo, 1902	tauro	16'25"
23 de octubre, 1902	escorpión	06'59"
29 de marzo, 1903	aries	07'11"
21 de septiembre, 1903	virgo	27'01"
17 de marzo, 1904	piscis	26'13"
09 de septiembre, 1904	virgo	16'42"
06 de marzo, 1905	piscis	14'59"
30 de agosto, 1905	virgo	06'28"
23 de febrero, 1906	piscis	03'48"
21 de julio, 1906	cáncer	27'50"
20 de agosto, 1906	leo	26'07"
14 de enero, 1907	capricornio	22'56"
10 de julio, 1907	cáncer	17'12"
03 de enero, 1908	capricornio	12'08"
28 de junio, 1908	cáncer	06'32"
23 de diciembre, 1908	capricornio	01'17"
17 de junio, 1909	géminis	26'05"
12 de diciembre, 1909	sagitario	20'11"
09 de mayo, 1910	tauro	17'43"

02 de noviembre, 1910	escorpión	08'46"
28 de abril, 1911	tauro	07'30"
22 de octubre, 1911	libra	27'38"
17 de abril, 1912	aries	27'05"
10 de octubre, 1912	libra	16'53"
06 de abril, 1913	aries	16'19"
31 de agosto, 1913	virgo	07'48"
30 de septiembre, 1913	libra	06'25"
25 de febrero, 1914	piscis	05'33"
21 de agosto, 1914	leo	27'35"
14 de febrero, 1915	acuario	24'25"
10 de agosto, 1915	leo	17'12"
03 de febrero, 1916	acuario	13'31"
30 de julio, 1916	leo	06'34"
24 de diciembre, 1916	capricornio	02'44"
23 de enero, 1917	acuario	02'45"
19 de junio, 1917	géminis	27'39"
19 de julio, 1917	cáncer	25'51"
14 de diciembre, 1917	sagitario	21'50"
08 de junio, 1918	géminis	17'16"
03 de diciembre, 1918	sagitario	10'40"
29 de mayo, 1919	géminis	07'06"
22 de noviembre, 1919	escorpión	29'17"
18 de mayo, 1920	tauro	26'60"
10 de noviembre, 1920	escorpión	17'58"
08 de abril, 1921	aries	17'59"
01 de octubre, 1921	libra	07'47"
28 de marzo, 1922	aries	07'04"
21 de septiembre, 1922	virgo	27'24"
17 de marzo, 1923	piscis	25'55"
10 de septiembre, 1923	virgo	17'06"
05 de marzo, 1924	piscis	14'49"
31 de julio, 1924	leo	08'16"
30 de agosto, 1924	virgo	06'40"
24 de enero, 1925	acuario	04'08"
20 de julio, 1925	cáncer	27'37"
14 de enero, 1926	capricornio	23'21"
09 de julio, 1926	cáncer	16'57"
03 de enero, 1927	capricornio	12'29"
29 de junio, 1927	cáncer	06'31"
24 de diciembre, 1927	capricornio	01'21"
19 de mayo, 1928	tauro	28'17"

17 de junio, 1928	géminis	26'22"
12 de noviembre, 1928	escorpión	19'46"
09 de mayo, 1929	tauro	18'07"
01 de noviembre, 1929	escorpión	08'35"
28 de abril, 1930	tauro	07'45"
21 de octubre, 1930	libra	27'46"
18 de abril, 1931	aries	27'03"
12 de septiembre, 1931	virgo	18'27"
07 de marzo, 1932	piscis	16'32"
31 de agosto, 1932	virgo	08'10"
24 de febrero, 1933	piscis	05'29"
21 de agosto, 1933	leo	27'42"
14 de febrero, 1934	acuario	24'39"
10 de agosto, 1934	leo	17'02"
05 de enero, 1935	capricornio	13'57"
03 febrero, 1935	acuario	13'56"
30 de junio, 1935	cáncer	08'04"
30 de julio, 1935	leo	06'18"
25 de diciembre, 1935	capricornio	03'01"
19 de junio, 1936	géminis	27'44"
13 de diciembre, 1936	sagitario	21'49"
08 de junio, 1937	géminis	17'36"
02 de diciembre, 1937	sagitario	10'23"
29 de mayo, 1938	géminis	07'32"
22 de noviembre, 1938	escorpión	29'02"
19 de abril, 1939	aries	28'44"
12 de octubre, 1939	libra	18'37"
07 de abril, 1940	aries	17'51"
01 de octubre, 1940	libra	08'11"
27 de marzo, 1941	aries	06'46"
21 de septiembre, 1941	virgo	27'48"
16 de marzo, 1942	piscis	25'46"
12 de agosto, 1942	leo	18'45"
12 de septiembre, 1942	virgo	17'18"
04 de febrero, 1943	acuario	15'17"
01 de agosto, 1943	leo	08'03"
25 de enero, 1944	acuario	04'33"
20 de julio, 1944	cáncer	27'22"
14 de enero, 1945	capricornio	23'41"
09 de julio, 1945	cáncer	16'57"
12 de enero, 1946	capricornio	12'33"
08 de mayo, 1946	géminis	08'49"

29 de junio, 1946	cáncer	06'49"
23 de noviembre, 1946	sagitario	00'50"
20 de mayo, 1947	tauro	28'42"
12 de noviembre, 1947	escorpión	19'36"
09 de mayo, 1948	tauro	18'22"
08 de noviembre, 1948	escorpión	08'44"
28 de abril, 1949	tauro	07'42"
21 de octubre, 1949	libra	28'09"
18 de marzo, 1950	piscis	27'28"
12 de septiembre, 1950	virgo	18'48"
07 de marzo, 1951	piscis	16'29"
01 de septiembre, 1951	virgo	08'16"
25 de febrero, 1952	piscis	05'43"
20 de agosto, 1952	leo	27'31"
14 de febrero, 1953	acuario	25'03"
11 de julio, 1953	cáncer	18'30"
09 de agosto, 1953	leo	16'45"
05 de enero, 1954	capricornio	14'13"
30 de junio, 1954	cáncer	08'10"
25 de diciembre, 1954	capricornio	02'59"
20 de junio, 1955	géminis	28'05"
14 de diciembre, 1955	sagitario	21'31"
08 de junio, 1956	géminis	18'02"
02 de diciembre, 1956	sagitario	10'09"
29 de abril, 1957	tauro	09'23"
23 de octubre, 1957	libra	29'31"
19 de abril, 1958	aries	28'34"
12 de octubre, 1958	libra	19'01"
08 de abril, 1959	aries	17'34"
02 de octubre, 1959	libra	08'34"
27 de marzo, 1960	aries	06'39"
20 de septiembre, 1960	virgo	27'58"
15 de febrero, 1961	acuario	26'25"
11 de agosto, 1961	leo	18'31"
05 de febrero, 1962	acuario	15'43"
31 de julio, 1962	leo	07'49"
25 de enero, 1963	acuario	04'52"
20 de julio, 1963	cáncer	27'24"
14 de enero, 1964	capricornio	23'43"
10 de junio, 1964	géminis	19'19"
09 de julio, 1964	cáncer	17'16"
04 de diciembre, 1964	sagitario	11'56"

30 de mayo, 1965	géminis	09'13"
23 de noviembre, 1965	sagitario	00'40"
20 de mayo, 1966	tauro	28'55"
12 de noviembre, 1966	escorpión	19'45"
09 de mayo, 1967	tauro	18'18"
02 de noviembre, 1967	escorpión	09'07"
28 de marzo, 1968	aries	08'19"
22 de septiembre, 1968	virgo	29'30"
18 de marzo, 1969	piscis	27'25"
11 de septiembre, 1969	virgo	18'53"
07 de marzo, 1970	piscis	16'44"
31 de agosto, 1970	virgo	08'04"
25 de febrero, 1971	piscis	06'09"
22 de julio, 1971	cáncer	28'56"
20 de agosto, 1971	leo	27'15"
16 de enero, 1972	capricornio	25'25"
10 de julio, 1972	cáncer	18'37"
04 de enero, 1973	capricornio	14'10"
30 de junio, 1973	cáncer	08'32"
24 de diciembre, 1973	capricornio	02'40"
20 de junio, 1974	géminis	28'30"
13 de diciembre, 1974	sagitario	21'17"
11 de mayo, 1975	tauro	19'59"
03 de noviembre, 1975	escorpión	10'29"
29 de abril, 1976	tauro	09'13"
23 de octubre, 1976	libra	29'55"
18 de abril, 1977	aries	28'17"
12 de octubre, 1977	libra	19'24"
07 de abril, 1978	aries	17'27"
02 de octubre, 1978	libra	08'43"
26 de febrero, 1979	piscis	07'29"
22 de agosto, 1979	leo	29'01"
16 de febrero, 1980	acuario	26'50"
10 de agosto, 1980	leo	18'17"
04 de febrero, 1981	acuario	16'02"
31 de julio, 1981	leo	07'51"
25 de enero, 1982	acuario	04'54"
21 de junio, 1982	géminis	29'47"
20 de julio, 1982	cáncer	27'43"
15 de diciembre, 1982	sagitario	23'04"
11 de junio, 1983	géminis	19'43"
04 de diciembre, 1983	sagitario	11'47"

30 de mayo, 1984	géminis	09'26"
22 de noviembre, 1984	sagitario	00'50"
19 de mayo, 1985	tauro	28'50"
12 de noviembre, 1985	escorpión	20'09"
09 de abril, 1986	aries	19'06"
03 de octubre, 1986	libra	10'16"
29 de marzo, 1987	aries	08'18"
23 de septiembre, 1987	virgo	29'34"
18 de marzo, 1988	piscis	27'42"
11 de septiembre, 1988	virgo	18'40"
07 de marzo, 1989	piscis	17'10"
31 de agosto, 1989	virgo	07'48"
26 de enero, 1990	acuario	06'35"
22 de julio, 1990	cáncer	29'04"
15 de enero, 1991	capricornio	25'20"
11 de julio, 1991	cáncer	18'59"
04 de enero, 1992	capricornio	13'51"
30 de junio, 1992	cáncer	08'57"
24 de diciembre, 1992	capricornio	02'28"
21 de mayo, 1993	géminis	00'31"
13 de noviembre, 1993	escorpión	21'32"
10 de mayo, 1994	tauro	19'48"
03 de noviembre, 1994	escorpión	10'54"
29 de abril, 1995	tauro	08'56"
24 de octubre, 1995	escorpión	00'18"
17 de abril, 1996	aries	28'12"
12 de octubre, 1996	libra	19'32"
09 de marzo, 1997	piscis	18'31"
01 de septiembre, 1997	virgo	09'34"
26 de febrero, 1998	piscis	07'55"
22 de agosto, 1998	leo	28'48"
16 de febrero, 1999	acuario	27'08"
11 de agosto, 1999	leo	18'21"
05 de febrero, 2000	acuario	16'02"
31 de julio, 2000	leo	08'11"
25 de diciembre, 2000	capricornio	04'14"

ECLIPSES LUNARES

Para localizar tu eclipse lunar prenatal busca la fecha más cercana a tu nacimiento. Asegúrate de que ésta sea previa, pues estos eclipses son prenatales.

FECHA	SIGNO	GRADO
13 de junio, 1900	sagitario	21'39"
06 de diciembre, 1900	géminis	13'53"
03 de mayo, 1901	escorpión	12'36"
27 de octubre, 1901	tauro	03'30"
22 de abril, 1902	escorpión	01'42"
17 de octubre, 1902	aries	22'56"
12 de abril, 1903	libra	20'56"
06 de octubre, 1903	aries	12'11"
02 de marzo, 1904	virgo	11'07"
31 de marzo, 1904	libra	10'23"
24 de septiembre, 1904	aries	01'14"
19 de febrero, 1905	virgo	00'29"
15 de agosto, 1905	acuario	21'37"
09 de febrero, 1906	leo	19'40"
04 de agosto, 1906	acuario	11'13"
29 de enero, 1907	leo	08'31"
25 de julio, 1907	acuario	24'25"
18 de enero, 1908	acuario	27'05"
14 de junio, 1908	sagitario	23'04"
13 de julio, 1908	capricornio	21'02"
07 de diciembre, 1908	géminis	15'25"
04 de junio 1909	sagitario	12'46"
27 de noviembre, 1909	géminis	04'29"
24 de mayo, 1910	sagitario	02'10"
17 de noviembre, 1910	tauro	23'47"
13 de mayo, 1911	escorpión	21'22"
06 de noviembre, 1911	tauro	13'07"
01 de abril, 1912	libra	11'49"
26 de septiembre, 1912	aries	02'60"
22 de marzo, 1913	libra	01'16"
15 de septiembre, 1913	piscis	22'03"
12 de marzo, 1914	virgo	20'46"
04 de septiembre, 1914	piscis	11'11"
31 de enero, 1915	leo	10'14"
01 de marzo, 1915	virgo	10'06"

26 de julio, 1915	acuario	02'25"
24 de agosto, 1915	piscis	00'37"
20 de enero, 1916	cáncer	28'58"
15 de julio, 1916	capricornio	22'20"
08 de enero, 1917	cáncer	17'29"
04 de julio, 1917	capricornio	12'18"
28 de diciembre, 1917	cáncer	06'07"
24 de junio, 1918	capricornio	02'05"
17 de diciembre, 1918	géminis	25'04"
15 de mayo, 1919	escorpión	23'09"
07 de noviembre, 1919	tauro	14'31"
03 de mayo, 1920	escorpión	12'19"
27 de octubre, 1920	tauro	03'52"
22 de abril, 1921	escorpión	01'38"
16 de octubre, 1921	aries	23'02"
13 de marzo, 1922	virgo	22'06"
11 de abril, 1922	libra	21'10"
06 de octubre, 1922	aries	11'59"
03 de marzo, 1923	virgo	11'32"
26 de agosto, 1923	piscis	02'09"
20 de febrero, 1924	virgo	00'46"
14 de agosto, 1924	acuario	21'43"
08 de febrero, 1925	leo	19'39"
04 de agosto, 1925	acuario	11'34"
28 de enero, 1926	leo	08'14"
25 de junio, 1926	capricornio	03'31"
25 de julio, 1926	acuario	01'30"
19 de diciembre, 1926	géminis	26'35"
15 de junio, 1927	sagitario	23'14"
08 de diciembre, 1927	géminis	15'38"
03 de junio, 1928	sagitario	12'39"
27 de diciembre, 1928	géminis	04'54"
23 de mayo, 1929	sagitario	01'53"
17 de noviembre, 1929	tauro	24'10"
13 de abril, 1930	libra	22'35"
07 de octubre, 1930	aries	13'47"
02 de abril, 1931	libra	12'07"
26 de septiembre, 1931	aries	02'45"
22 de marzo, 1932	libra	01'41"
14 de septiembre, 1932	piscis	21'49"
10 de febrero, 1933	leo	21'22"
12 de marzo, 1933	virgo	21'05"

05 de agosto, 1933	acuario	12'53"
04 de septiembre, 1933	piscis	11'12"
30 de enero, 1934	leo	10'07"
26 de julio, 1934	acuario	02'48"
19 de enero, 1935	cáncer	28'39"
16 de julio, 1935	capricornio	22'45"
08 de enero, 1936	cáncer	17'19"
04 de julio, 1936	capricornio	12'51"
28 de diciembre, 1936	cáncer	06'16"
25 de mayo, 1937	sagitario	03'40"
18 de noviembre, 1937	tauro	25'35"
14 de mayo, 1938	escorpión	22'54"
07 de noviembre, 1938	tauro	14'51"
03 de mayo, 1939	escorpión	12'18"
28 de octubre, 1939	tauro	03'57"
23 de marzo, 1940	libra	03'01"
22 de abril, 1940	escorpión	01'54"
16 de octubre, 1940	aries	22'49"
13 de marzo, 1941	virgo	22'31"
05 de septiembre, 1941	piscis	12'45"
03 de marzo, 1942	virgo	11'48"
26 de agosto, 1942	piscis	02'17"
20 de febrero, 1943	virgo	00'43"
15 de agosto, 1943	acuario	22'05"
09 de febrero, 1944	leo	19'21"
06 de julio, 1944	capricornio	13'58"
04 de agosto, 1944	acuario	11'59"
29 de diciembre, 1944	cáncer	07'47"
25 de junio, 1945	capricornio	03'40"
19 de diciembre, 1945	géminis	26'50"
14 de junio, 1946	sagitario	23'05"
08 de diciembre, 1946	géminis	16'03"
03 de junio, 1947	sagitario	12'22"
28 de noviembre, 1947	géminis	05'16"
23 de abril, 1948	escorpión	03'18"
18 de octubre, 1948	aries	24'37"
13 de abril, 1949	libra	22'54"
07 de octubre, 1949	aries	13'30"
02 de abril, 1950	libra	12'22"
26 de septiembre, 1950	aries	02'31"
21 de febrero, 1951	virgo	02'26"
23 de marzo, 1951	libra	02'00"

17 de agosto, 1951	acuario	23'25"
15 de septiembre, 1951	piscis	21'52"
11 de febrero, 1952	leo	21'14"
05 de agosto, 1952	acuario	13'17"
29 de enero, 1953	leo	09'48"
26 de julio, 1953	acuario	03'12"
19 de enero, 1954	cáncer	28'30"
16 de julio, 1954	capricornio	22'57"
08 de enero, 1955	cáncer	17'28"
05 de junio, 1955	sagitario	14'08"
29 de noviembre, 1955	géminis	06'42"
24 de mayo, 1956	sagitario	03'25"
18 de noviembre, 1956	tauro	25'55"
13 de mayo, 1957	escorpión	22'52"
07 de noviembre, 1957	tauro	14'55"
04 de abril, 1958	libra	13'52"
03 de mayo, 1958	escorpión	12'34"
27 de octubre, 1958	tauro	03'43"
24 de marzo, 1959	libra	03'26"
17 de septiembre, 1959	piscis	23'24"
13 de marzo, 1960	virgo	22'47"
05 de septiembre, 1960	piscis	12'53"
02 de marzo, 1961	virgo	11'45"
26 de agosto, 1961	piscis	02'39"
19 de febrero, 1962	virgo	00'25"
17 de julio, 1962	capricornio	24'25"
15 de agosto, 1962	acuario	22'30"
09 de enero, 1963	cáncer	18'59"
06 de julio, 1963	capricornio	14'06"
30 de diciembre, 1963	cáncer	08'01"
25 de junio, 1964	capricornio	03'30"
19 de diciembre, 1964	géminis	27'14"
14 de junio, 1965	sagitario	22'48"
08 de diciembre, 1965	géminis	16'25"
04 de mayo, 1966	virgo	13'56"
29 de octubre, 1966	tauro	05'32"
24 de abril, 1967	escorpión	03'57"
18 de octubre, 1967	aries	24'21"
13 de abril, 1968	libra	23'20"
06 de octubre, 1968	aries	13'17"
02 de abril, 1969	libra	12'51"
27 de agosto, 1969	piscis	03'58"

25 de septiembre, 1969	aries	02'35"
21 de febrero, 1970	virgo	02'18"
17 de agosto, 1970	acuario	23'49"
15 de septiembre, 1970	piscis	22'12"
10 de febrero, 1971	leo	20'55"
06 de agosto, 1971	acuario	13'41"
30 de enero, 1972	leo	09'39"
26 de agosto, 1972	acuario	03'24"
18 de enero, 1973	cáncer	28'40"
15 de junio, 1973	sagitario	24'35"
15 de julio, 1973	capricornio	22'51"
10 de diciembre, 1973	géminis	17'51"
04 de junio, 1974	sagitario	13'54"
29 de noviembre, 1974	géminis	07'01"
25 de mayo, 1975	sagitario	03'25"
18 de noviembre, 1975	tauro	25'58"
13 de mayo, 1976	escorpión	23'10"
06 de noviembre, 1976	tauro	14'41"
04 de abril, 1977	libra	14'17"
27 de septiembre, 1977	aries	04'07"
24 de marzo, 1978	libra	03'40"
16 de septiembre, 1978	piscis	23'33"
13 de marzo, 1979	virgo	22'42"
22 de septiembre, 1979	piscis	13'16"
01 de marzo, 1980	virgo	11'26"
27 de julio, 1980	acuario	04'52"
26 de agosto, 1980	piscis	03'03"
20 de enero, 1981	leo	00'10"
17 de julio, 1981	capricornio	24'31"
09 de enero, 1982	cáncer	19'14"
06 de julio, 1982	capricornio	13'55"
30 de diciembre, 1982	cáncer	08'27"
25 de junio, 1983	capricornio	03'14"
20 de diciembre, 1983	géminis	27'36"
15 de mayo, 1984	escorpión	24'31"
13 de junio, 1984	sagitario	22'45"
08 de noviembre, 1984	tauro	16'30"
04 de mayo, 1985	escorpión	14'17"
28 de octubre, 1985	tauro	05'15"
24 de abril, 1986	escorpión	04'03"
17 de octubre, 1986	aries	24'07"
14 de abril, 1987	libra	23'38"

07 de octubre, 1987	aries	13'22"
08 de marzo, 1988	virgo	13'18"
27 de agosto, 1988	piscis	04'23"
20 de febrero, 1989	virgo	01'59"
17 de agosto, 1989	acuario	24'12"
09 de febrero, 1990	leo	20'47"
06 de agosto, 1990	acuario	13'52"
30 de febrero, 1991	leo	09'51"
27 de junio, 1991	capricornio	04'60"
26 de julio, 1991	acuario	03'16"
31 de diciembre, 1991	géminis	29'03"
15 de junio, 1992	sagitario	24'20"
09 de diciembre, 1992	géminis	18'10"
04 de junio, 1993	sagitario	13'55"
29 de noviembre, 1993	géminis	07'03"
25 de mayo, 1994	sagitario	03'43"
18 de noviembre, 1994	tauro	25'42"
15 de abril, 1995	libra	25'04"
08 de octubre, 1995	aries	14'54"
04 de abril, 1996	libra	14'31"
27 de septiembre, 1996	aries	04'17"
24 de marzo, 1997	libra	03'35"
16 de septiembre, 1997	piscis	23'56"
13 de marzo, 1998	virgo	23'24"
08 de agosto, 1998	leo	15'21"
06 de septiembre, 1998	piscis	13'40"
31 de enero, 1999	leo	11'20"
28 de julio, 1999	acuario	04'58"
21 de enero, 2000	leo	00'26"
16 de julio, 2000	capricornio	24'19"

SERVICIO COMPUTARIZADO

Aunque las posiciones planetarias que hemos ofrecido en estos cuadros son adecuadas para la gran mayoría de las cartas natales, las personas nacidas en las fechas límite, dependiendo de la hora de su nacimiento, quizá encuentren su planeta en el signo siguiente.

En caso de que el lector quisiera tener conocimiento de los cálculos matemáticos respecto de sus planetas con la máxima precisión, así como saber en qué casas se encuentran, recomendamos que pida su carta astrológica por computadora, a ORBIT ENTERPRISES P.O. BOX 1567 SOQUEL, CA 95073 U.S.A.